Bitcoin und Blockchain – Grundlagen und Programmierung

2. AUFLAGE

Bitcoin und Blockchain – Grundlagen und Programmierung

Die Blockchain verstehen, Anwendungen entwickeln

Andreas M. Antonopoulos

Deutsche Übersetzung von Peter Klicman

O'REILLY®

Andreas M. Antonopoulos

Lektorat: Ariane Hesse
Übersetzung: Peter Klicman
Korrektorat: Sibylle Feldmann, www.richtiger-text.de
Herstellung: Susanne Bröckelmann
Umschlaggestaltung: Michael Oréal, www.oreal.de
Satz: III-satz, www.drei-satz.de
Druck und Bindung: M.P. Media-Print Informationstechnologie GmbH, mediaprint-druckerei.de

Bibliografische Information der Deutschen Nationalbibliothek
Die Deutsche Nationalbibliothek verzeichnet diese Publikation in der Deutschen Nationalbibliografie; detaillierte bibliografische Daten sind im Internet über *http://dnb.d-nb.de* abrufbar.

ISBN
Print: 978-3-96009-071-7
PDF: 978-3-96010-171-0
ePub: 978-3-96010-172-7
mobi: 978-3-96010-173-4

Dieses Buch erscheint in Kooperation mit O'Reilly Media, Inc. unter dem Imprint »O'REILLY«.
O'REILLY ist ein Markenzeichen und eine eingetragene Marke von O'Reilly Media, Inc. und wird mit Einwilligung des Eigentümers verwendet.

2. Auflage 2018

Wieblinger Weg 17
69123 Heidelberg

5 4 3 2 1 0

Dedicated to my mum, Theresa (1946–2017)
She taught me to love books and question authority
Thank you, mum

Inhalt

Vorwort

Ein Bitcoin-Buch schreiben

Mitte 2011 stolperte ich das erste Mal über Bitcoin. Meine erste Reaktion war: »Pfft! Nerd-Geld!«, und ich ignorierte es für weitere sechs Monate, ohne seine Bedeutung zu erkennen. Diese Reaktion habe ich bei vielen der klügsten Menschen, die ich kenne, beobachtet, was mich ein bisschen tröstet. Als ich in einer Mailinglistendiskussion das zweite Mal über Bitcoin stolperte, entschied ich mich, das Whitepaper von Satoshi Nakamoto zu lesen, um die maßgebliche Quelle zu studieren und herauszufinden, worum es denn da eigentlich ging. Ich erinnere mich immer noch an den Moment, als ich diese neun Seiten gelesen hatte und begriff, dass Bitcoin nicht einfach eine digitale Währung, sondern ein Vertrauensnetzwerk ist, das die Basis für weit mehr als nur Währungen sein konnte. Die Erkenntnis, dass das »kein Geld, sondern ein dezentralisiertes Vertrauensnetzwerk« ist, schickte mich auf eine viermonatige Reise, in der ich jedes Quäntchen an Informationen über Bitcoin, das ich finden konnte, aufsaugte. Es hatte mich gepackt, und wie besessen verbrachte ich täglich zwölf Stunden und mehr vor dem Bildschirm, in denen ich las, schrieb, programmierte und so viel lernte, wie ich konnte. Nachdem ich aus diesem Zustand wieder erwachte, war ich zehn Kilogramm leichter und hatte mich entschieden, zukünftig an Bitcoin zu arbeiten.

Zwei Jahre später, nachdem ich eine Reihe kleiner Start-ups gegründet hatte, um verschiedene Bitcoin-bezogene Dienste und Produkte zu erforschen, entschied ich, dass es an der Zeit wäre, mein erstes Buch zu schreiben. Bitcoin hatte mich in einen Kreativitätsrausch versetzt und meine Gedanken bestimmt. Das war die aufregendste Technologie, der ich seit Beginn des Internets begegnet war – Zeit also, meine Leidenschaft für diese faszinierende Technologie mit einem breiteren Publikum zu teilen.

Leserkreis

Dieses Buch richtet sich hauptsächlich an Entwickler. Wenn Sie eine Programmiersprache beherrschen, lehrt Sie dieses Buch, wie kryptografische Währungen funktionieren, wie man sie nutzt und wie man Software entwickelt, die mit ihnen arbeitet. Die ersten Kapitel eignen sich ebenfalls als ausführliche Einführung in Bitcoin für Nichtprogrammierer, also für diejenigen, die die innere Funktionsweise von Bitcoin und Kryptowährungen verstehen wollen.

Warum sind Ameisen auf dem Cover?

Die Blattschneiderameise ist eine Spezies, die in einem Kolonie-Superorganismus ein hochkomplexes Verhalten zeigt. Doch jede einzelne Ameise agiert nach einem Satz einfacher Regeln, die durch soziale Interaktion und das Ausschütten chemischer Duftstoffe (Pheromone) gesteuert wird. Laut (englischer) Wikipedia bilden Blattschneiderameisen nach dem Menschen die größten und komplexesten Tiergesellschaften. Blattschneiderameisen essen keine Blätter, vielmehr nutzen sie sie, um einen Pilz anzubauen, der die zentrale Futterquelle der Kolonie bildet. Diese Ameisen betreiben also Landwirtschaft!

Zwar bilden Ameisen eine kastenbasierte Gesellschaft und haben eine Königin, die für den Nachwuchs sorgt, doch es gibt weder eine zentrale Autorität noch einen Anführer. Das hochgradig intelligente und komplexe Verhalten, das eine aus mehreren Millionen Ameisen bestehende Kolonie zeigt, ist eine emergente Eigenschaft der Interaktion von Individuen in einem sozialen Netzwerk.

Die Natur demonstriert, dass ein dezentralisiertes System robust, komplex und unglaublich ausgereift sein kann, ohne eine zentrale Autorität, eine Hierarchie oder komplexe Teile zu benötigen.

Bitcoin ist ein kunstvolles dezentralisiertes Vertrauensnetzwerk, das eine Vielzahl finanzieller Prozesse unterstützen kann. Dennoch folgt jeder Knoten im Bitcoin-Netzwerk nur einigen wenigen einfachen mathematischen Regeln. Die Interaktion zwischen vielen Knoten führt zu diesem ausgeklügelten Verhalten, nicht die Komplexität eines einzelnen Knotens oder das in ihn gesetzte Vertrauen. Wie eine Ameisenkolonie ist das Bitcoin-Netzwerk ein robustes Netzwerk einfacher Knoten, die einfachen Regeln folgen, um erstaunliche Dinge ohne zentrale Koordinierung zu erreichen.

Verwendete Konventionen

Im Buch folgen wir diesen typografischen Konventionen:

Kursivschrift
: Wird für neue Begriffe, URLs, E-Mail-Adressen, Dateinamen und Dateierweiterungen verwendet.

`Nichtproportionalschrift`
: Wird für Programmlistings verwendet. Im normalen Fließtext werden damit Programmelemente wie Variablen- oder Funktionsnamen, Datenbanken, Datentypen, Umgebungsvariablen, Anweisungen und Schlüsselwörter hervorgehoben.

`Nichtproportionalschrift fett`
Wird für Befehle oder andere Eingaben verwendet, die Sie wortwörtlich eingeben müssen.

`Nichtproportionalschrift kursiv`
Wird für Text verwendet, der durch benutzereigene oder durch den Kontext bestimmte Werte ersetzt wird, und für die Kommentare in Listings, um eine bessere Lesbarkeit zu gewährleisten..

Mit diesem Symbol wird ein Tipp oder ein Vorschlag angezeigt.

Mit diesem Symbol wird ein allgemeiner Hinweis angezeigt.

Hiermit wird eine Warnung angezeigt.

Codebeispiele

Die Beispiele sind in Python bzw. C++ geschrieben und verwenden die Kommandozeile Unix-artiger Betriebssysteme wie Linux oder macOS. Alle Code-Snippets finden Sie im Github-Repository (*https://github.com/bitcoinbook/bitcoinbook*) im *code*-Unterverzeichnis des Main-Repository. Laden Sie sich den Buchcode herunter, probieren Sie die Codebeispiele aus oder senden Sie Korrekturen über GitHub.

Alle Code-Snippets können für die meisten Betriebssysteme mit einer minimalen Installation der Compiler und Interpreter für die entsprechenden Sprachen repliziert werden. Wenn nötig, stellen wir grundlegende Installationsanweisungen und schrittweise Beispiele der Ausgaben bereit.

Einige der Code-Snippets wurden für den Druck aufbereitet. In diesen Fällen wurden die Zeilen mit einem Backslash-Zeichen (\) gefolgt von einem Newline-Zeichen getrennt. Wenn Sie mit den Beispielen arbeiten, sollten Sie diese beiden Zeichen entfernen und die Zeilen wieder zusammenfassen. Die Ergebnisse sollten dann denen der Beispiele entsprechen.

Alle Code Snippets verwenden wann immer möglich reale Werte und Berechnungen. Sie können sich also von Beispiel zu Beispiel vorarbeiten und kommen immer zu den gleichen Ergebnissen wie das Buch. Die privaten Schlüssel und die zugehörigen öffentlichen Schlüssel etwa sind alle echt. Sämtliche Beispieltransaktionen,

Blöcke und Blockchain-Referenzen wurden in die Blockchain eingetragen und sind Teil des öffentlichen »Kassenbuchs«, d.h., man kann sie sich auf jedem Bitcoin-System ansehen.

Verwendung der Codebeispiele

Dieses Buch ist dazu gedacht, Ihnen bei der Erledigung Ihrer Arbeit zu helfen. Im Allgemeinen dürfen Sie den Code in diesem Buch in Ihren eigenen Programmen oder Dokumentationen verwenden. Solange Sie den Code nicht in großem Umfang reproduzieren, brauchen Sie uns nicht um Erlaubnis zu bitten. Zum Beispiel benötigen Sie nicht unsere Erlaubnis, wenn Sie ein Programm unter Zuhilfenahme mehrerer Codestücke aus diesem Buch schreiben. Eine Frage mit einem Zitat oder einem Codebeispiel aus dem Buch zu beantworten, erfordert ebenfalls keine Genehmigung. Signifikante Teile von Beispielcode aus dem Buch für die eigene Produktdokumentation zu verwerten, ist dagegen genehmigungspflichtig.

Wir freuen uns über eine Quellenangabe, verlangen sie aber nicht unbedingt. Zu einer Quellenangabe gehören normalerweise Autor, Titel, Verlagsangabe, Veröffentlichungsjahr und ISBN, hier also: »Andreas M. Antonopoulos, *Mastering Bitcoin*, O'Reilly Media, Inc. 2017, ISBN 978-1-491-95438-6«.

Einige Auflagen dieses Buchs werden unter einer Open-Source-Lizenz wie CC-BY-NC (*https://creativecommons.org/licenses/by-nc/4.0/*) angeboten. In diesem Fall gelten die Bedingungen dieser Lizenz.

Sollten Sie befürchten, dass Ihre Verwendung der Codebeispiele gegen das Fairnessprinzip oder die Genehmigungspflicht verstoßen könnte, nehmen Sie bitte unter *permissions@oreilly.com* Kontakt mit uns auf.

Bitcoin-Adressen und -Transaktionen in diesem Buch

Die Bitcoin-Adressen, Transaktionen, Schlüssel, QR-Codes und Blockchain-Daten in diesem Buch sind größtenteils real. Das bedeutet, dass Sie die Blockchain durchgehen und den größten Teil real nachverfolgen können. Sie können also die Blockchain durchsuchen, sich die in den Beispielen enthaltenen Transaktionen genau ansehen und sie mit Ihren eigenen Skripten/Programmen abrufen.

Beachten Sie aber, dass die in diesem Buch zur Generierung von Adressen verwendeten privaten Schlüssel entweder in diesem Buch abgedruckt oder »verbrannt« wurden. Wenn Sie also Geld an diese Adressen senden, ist es für immer verloren, oder es kann von jedem abgeschöpft werden, der die hier abgedruckten privaten Schlüssel kennt.

Bitte senden Sie keinesfalls Geld an irgendeine der in diesem Buch verwendeten Adressen! Ihr Geld landet bei einem anderen Leser oder ist für immer verloren.

Den Autor kontaktieren

Sie erreichen mich, Andreas M. Antonopoulos, über meine persönliche Website: *https://antonopoulos.com/*

Informationen zu *Mastering Bitcoin*, zur Open Edition und zu Übersetzungen finden Sie hier: *https://bitcoinbook.info/*

Folgen Sie mir auf Facebook: *https://facebook.com/AndreasMAntonopoulos*

Folgen Sie mir auf Twitter: *https://twitter.com/aantonop*

Folgen Sie mir auf LinkedIn: *https://linkedin.com/company/aantonop*

Mein herzlicher Dank an alle meine Förderer, die meine Arbeit durch monatliche Spenden unterstützen. Meine Patreon-Page finden Sie hier:
https://patreon.com/aantonop

Danksagungen

Dieses Buch spiegelt die Bemühungen und Beiträge vieler Menschen wider. Ich bin sehr dankbar für die Hilfe, die ich von Freunden, Kollegen, aber auch völlig Fremden erhalten habe, die mich dabei unterstützt haben, diesen technischen Leitfaden zu Kryptowährungen und Bitcoin zu schreiben.

Es ist unmöglich, zwischen der Bitcoin-Technologie und der Bitcoin-Community zu unterscheiden, und dieses Buch ist ebenso ein Produkt dieser Community wie ein Buch über die Technologie. Meine Arbeit an diesem Buch wurde vom Anfang bis zum Ende von der Community befürwortet, angefeuert und unterstützt. Neben vielem anderen ermöglichte mir dieses Buch, über zwei Jahre Teil dieser wundervollen Community zu sein, und ich bin mehr als dankbar, in dieser Community akzeptiert worden zu sein. Eine große Menge an Menschen haben das Buch beeinflusst, und es sind viel zu viele, um sie beim Namen zu nennen. Es sind Menschen, die ich auf Konferenzen, Events, Seminaren, Meet-ups, beim Pizza-Plausch oder bei privaten Treffen kennengelernt habe, ebenso wie bei Twitter, auf reddit, bitcointalk.org und GitHub. Jede Idee, Analogie, Frage, Antwort und Erläuterung in diesem Buch wurde an irgendeinem Punkt durch die Community inspiriert, getestet und verbessert. Ich danke euch allen für die Unterstützung. Ohne euch hätte es dieses Buch nie gegeben, und ich bin euch für immer dankbar.

Der Weg zum Autor begann natürlich lange vor dem ersten Buch. Meine erste Sprache war Griechisch (und damit war auch mein erster Unterricht in Griechisch). Deshalb ich belegte im ersten Jahr an der Universität einen Schreibkurs. Ich danke meiner damaligen Lehrerin Diana Kordas, die mir in diesem Jahr dabei half, Selbstvertrauen und Fertigkeiten zu sammeln. Später schrieb ich für das *Network World Magazine* und entwickelte meine Fertigkeiten als technischer Autor im Bereich Data Center. Ich danke John Dix und John Gallant, die mir meinen ersten Job als Kolumnist bei *Network World* gaben, sowie meinem Lektor Michael Cooney und meinem

Kollegen Johna Till Johnson, die meine Kolumnen lektorierten und für eine Veröffentlichung aufbereiteten. Vier Jahre lang 500 Wörter pro Woche zu schreiben, sorgten für ausreichend Erfahrung, um ernsthaft über ein Dasein als Autor nachzudenken.

Vielen Dank auch an diejenigen, die mich unterstützten, nachdem ich meinen Buchvorschlag bei O'Reilly eingereicht hatte, indem sie Empfehlungen aussprachen und sich den Entwurf genauer ansahen. Mein Dank geht an John Gallant, Gregory Ness, Richard Stiennon, Joel Snyder, Adam B. Levine, Sandra Gittlen, John Dix, Johna Till Johnson, Roger Ver und Jon Matonis. Besonderer Dank geht an Richard Kagan und Tymon Mattoszko, die frühe Fassungen prüften, und an Matthew Taylor, der diese Fassung lektorierte.

Dank an Cricket Liu, Autor des O'Reilly-Titels *DNS and BIND*, der mich bei O'Reilly vorgestellt hat. Ein Dank auch an Michael Loukides und Allyson MacDonald von O'Reilly, die Monate daran arbeiteten, dass dieses Buch Wirklichkeit wurde. Allyson war besonders aufmerksam, wenn Abgabefristen verstrichen und Ergebnisse fehlten. Bei der zweiten Ausgabe gab Timothy McGovern die Richtung vor, Kim Cofer übernahm das Lektorat, und Rebecca Panzer sorgte für viele neue Diagramme.

Die ersten Entwürfe der ersten Kapitel waren die schwersten, schlicht weil Bitcoin ein kompliziertes Thema ist. Sobald ich einen Aspekt herauspickte, musste ich direkt schon wieder das große Ganze betrachten. Wiederholt blieb ich hängen und war frustriert, wenn ich versuchte, ein Thema leicht verständlich rüberzubringen, indem ich eine Geschichte um ein schwieriges technisches Thema herum erzählen wollte. Letztendlich entschied ich mich dafür, die Geschichte des Bitcoins über die Geschichten derjenigen zu erzählen, die Bitcoins nutzen. Das Buch zu schreiben, wurde dadurch erheblich einfacher. Ich schulde meinem Freund und Mentor Richard Kagan Dank, der mir dabei half, die Geschichte zu entwirren und meine Schreibblockaden zu überwinden. Ich danke Pamela Morgan, die frühe Fassungen jedes Kapitels der ersten und zweiten Auflage Korrektur las und die richtigen Fragen stellte. Mein Dank geht auch an die Entwickler der »San Francisco Bitcoin Developers Meetup«-Gruppe sowie an Taariq Lewis und Denise Terry, die dabei halfen, das frühe Material zu testen. Dank ebenfalls an Andrew Naugler für den Entwurf der Infografiken.

Während ich das Buch schrieb, machte ich frühe Fassungen auf GitHub verfügbar und lud dazu ein, diese zu kommentieren. Über 100 Kommentare, Vorschläge, Korrekturen und Beiträge sind daraufhin eingegangen. Für diese Beiträge bedanke ich mich explizit in »Early Release Draft (GitHub-Beiträge)« auf Seite XXI. Zuallererst gilt mein Dank meinen freiwilligen GitHub-Lektoren Ming T. Nguyen (erste Auflage) und Will Binns (zweite Auflage), die auf GitHub unermüdlich Pull-Requests kuratiert, verwaltet und aufgelöst, Reports veröffentlicht und Bug-Fixes vorgenommen haben.

Sobald die erste Fassung stand, wurde sie mehrfach von technischen Korrektoren überarbeitet. Vielen Dank an Cricket Liu und Lorne Lantz für deren sorgfältiges Korrekturlesen sowie ihre Kommentare und die Unterstützung.

Verschiedene Bitcoin-Entwickler steuerten Codebeispiele, Korrekturen und Kommentare bei. Dank an Amir Taaki und Eric Voskuil für Beispielcode und viele gute Kommentare, Chris Kleeschulte für den Bitcore-Anhang, Vitalik Buterin und Richard Kiss für Codebeiträge und ihre Hilfe bei der Mathematik elliptischer Kurven, Gavin Andresen für Korrekturen und Kommentare, Michalis Kargakis für Kommentare und Beiträge sowie Robin Inge für Fehlerkorrekturen der zweiten Auflage. Auch bei der zweiten Auflage erhielt ich wieder Hilfe von vielen Bitcoin-Core-Entwicklern, darunter Eric Lombrozo, der Segregated Witness entmystifizierte, Luke Dashjr, der mir beim Kapitel über Transaktionen half, Johnson Lau, der (unter anderem) das Kapitel zu Segregated Witness Korrektur las, und viele andere. Ich danke Joseph Poon, Tadge Dryja und Olaoluwa Osuntokun, die Lightning Networks erklärten, meinen Text Korrektur lasen und Fragen beantworteten, wenn ich nicht weiterkam.

Meine Liebe für Wörter und Bücher verdanke ich meiner Mutter Theresa, die mich in einem Haus aufzog, in dem Bücher jede Wand mit Beschlag belegten. Meine Mutter kaufte mir 1982 auch meinen ersten Computer, obwohl sie sich selbst als technophob beschrieb. Mein Vater Menelaos, ein Bauingenieur, der sein erstes Buch im Alter von 80 Jahren veröffentlichte, lehrte mich logisches und analytisches Denken und schürte meine Vorliebe für Wissenschaft und Technik.

Ich danke euch allen für eure Unterstützung während meiner Reise.

Early Release Draft (GitHub-Beiträge)

Viele Beitragende lieferten Kommentare, Korrekturen und Ergänzungen zum Early Release Draft auf GitHub. Ich danke euch allen für euren Beitrag zu diesem Buch.

Nachfolgend eine Liste wichtiger GitHub-Beitragender mit deren GitHub-IDs in Klammern:

- Alex Waters (alexwaters)
- Andrew Donald Kennedy (grkvlt)
- bitcoinctf
- Bryan Gmyrek (physicsdude)
- Casey Flynn (cflynn07)
- Chapman Shoop (belovachap)
- Christie D'Anna (avocadobreath)
- Cody Scott (Siecje)
- coinradar
- Cragin Godley (cgodley)
- dallyshalla
- Diego Viola (diegoviola)
- Dirk Jäckel (biafra23)
- Dimitris Tsapakidis (dimitris-t)
- Dmitry Marakasov (AMDmi3)
- drstrangeM
- Ed Eykholt (edeykholt)
- Ed Leafe (EdLeafe)

- Edward Posnak (edposnak)
- Elias Rodrigues (elias19r)
- Eric Voskuil (evoskuil)
- Eric Winchell (winchell)
- Erik Wahlström (erikwam)
- effectsToCause (vericoin)
- Esteban Ordano (eordano)
- ethers
- fabienhinault
- Frank Höger (francyi)
- Gaurav Rana (bitcoinsSG)
- genjix
- halseth
- Holger Schinzel (schinzelh)
- Ioannis Cherouvim (cherouvim)
- Ish Ot Jr. (ishotjr)
- James Addison (jayaddison)
- Jameson Lopp (jlopp)
- Jason Bisterfeldt (jbisterfeldt)
- Javier Rojas (fjrojasgarcia)
- Jeremy Bokobza (bokobza)
- JerJohn15
- Joe Bauers (joebauers)
- joflynn
- Johnson Lau (jl2012)
- Jonathan Cross (jonathancross)
- Jorgeminator
- Kai Bakker (kaibakker)
- Mai-Hsuan Chia (mhchia)
- Marzig (marzig76)
- Maximilian Reichel (phramz)
- Michalis Kargakis (kargakis)
- Michael C. Ippolito (michaelcippolito)
- Mihail Russu (MihailRussu)
- Minh T. Nguyen (enderminh)
- Nagaraj Hubli (nagarajhubli)
- Nekomata (nekomata-3)
- Robert Furse (Rfurse)
- Richard Kiss (richardkiss)
- Ruben Alexander (hizzvizz)
- Sam Ritchie (sritchie)
- Sergej Kotliar (ziggamon)
- Seiichi Uchida (topecongiro)
- Simon de la Rouviere (simondlr)
- Stephan Oeste (Emzy)
- takaya-imai
- Thiago Arrais (thiagoarrais)
- venzen
- Will Binns (wbnns)
- wintercooled
- wjx
- Wojciech Langiewicz (wlk)
- yurigeorgiev4

Glossar

Dieses Glossar umfasst viele der im Zusammenhang mit Bitcoin und Blockchain verwendeten Begriffe. Die Begriffe kommen im gesamten Buch ständig vor.

Adresse
: Eine Bitcoin-Adresse ist ein aus Buchstaben und Ziffern bestehender String wie beispielsweise 1DSrfJdB2AnWaFNgSbv3MZC2m74996JafV. Eigentlich handelt es sich um die base58check-codierte Version eines 160-Bit-Public-Key-Hash. Genau wie Sie jemanden bitten, Ihnen eine E-Mail an Ihre E-Mail-Adresse zu schicken, senden Ihnen andere Bitcoins an Ihre Bitcoin-Adressen.

Belohnung (Reward)
: In jedem neuen Block enthaltene Menge an Bitcoin, die der Miner erhält, der die Lösung für den Proof-of-Work gefunden hat, momentan (März 2018) 12,5 BTC pro Block.

Bestätigungen
: Ist eine Transaktion in einen Block aufgenommen worden, hat sie ihre erste Bestätigung erhalten. Sobald ein weiterer Block geschürft wird, hat die Transaktion zwei Bestätigungen und so weiter. Bei sechs oder mehr Bestätigungen gilt eine Transaktion als unumkehrbar.

BIP
: Bitcoin Improvement Proposals. Eine Reihe von Vorschlägen/Anträgen, die die Mitglieder der Bitcoin-Community eingereicht haben, um den Bitcoin zu verbessern. Zum Beispiel ist BIP-21 ein Vorschlag zur Verbesserung des Bitcoin-URI-Schemas (Uniform Resource Identifier).

Bitcoin
: Der Name einer Währungseinheit (des Coins), des Netzwerks und der Software.

Block
: Eine Gruppierung von Transaktionen, die mit einem Zeitstempel und einem Fingerprint des vorherigen Blocks markiert sind. Der Block-Header wird gehasht, um den Proof-of-Work zu erzeugen und damit die Transaktionen zu

validieren. Gültige Blöcke werden der Haupt-Blockchain durch Netzwerkkonsens hinzugefügt.

Block, veralteter (stale)
: Erfolgreich geschürfter Block, der nicht in die momentan beste Blockchain aufgenommen wurde, weil ein anderer Block der gleichen Höhe die Chain als Erster erweitert hat.

Blockchain
: Eine Liste validierter Blöcke. Jeder Block ist (bis zurück zum Genesis-Block) mit seinem Vorgänger verlinkt.

byzantinischen Generäle, Problem der
: Ein zuverlässiges Computersystem muss mit Fehlern einer oder mehrerer seiner Komponenten umgehen können. Eine fehlerhafte Komponente kann ein häufig übersehenes Verhalten zeigen, nämlich das Senden widersprüchlicher Informationen an unterschiedliche Teile des Systems. Das Problem des Umgangs mit dieser Art Fehler wird abstrakt oft als das Problem der byzantinischen Generäle beschrieben.

Coinbase
: Ein spezielles Feld, das als Input für Coinbase-Transaktionen verwendet wird. Mit der Coinbase kann man seinen Anspruch auf die Blockbelohnung geltend machen und bis zu 100 Byte beliebige Daten eintragen. Nicht zu verwechseln mit der Coinbase-Transaktion.

Coinbase-Transaktion
: Die erste Transaktion eines Blocks. Sie wird immer von einem Miner erzeugt und enthält eine einzelne Coinbase. Nicht zu verwechseln mit Coinbase.

Cold Storage
: Das Offlinespeichern von Bitcoins (oder zumindest eines Teils davon). Cold Storage erreicht man durch die Erzeugung privater Schlüssel und deren Offlinespeicherung in einer sicheren Umgebung. Cold Storage ist für jeden wichtig, der Bitcoins hält. Ist Ihr Computer online, ist er für Hackerangriffe anfällig. Er sollte deshalb nicht zur Speicherung signifikanter Bitcoin-Mengen genutzt werden.

Colored Coins
: Ein Open-Source-Bitcoin-2.0-Protokoll, das es Entwicklern erlaubt, digitale Vermögenswerte (Assets) auf der Bitcoin-Blockchain aufzusetzen und so die Funktionalität des Bitcoins über eine Währung hinaus zu erweitern.

Difficulty
: Eine netzwerkweit gültige Einstellung, die festlegt, wie viel Rechenleistung nötig ist, um den Proof-of-Work zu berechnen.

Difficulty Retargeting
: Eine netzwerkweite Neuberechnung der Difficulty. Erfolgt einmal alle 2.016 Blöcke und berücksichtigt die Hashing-Leistung der vorangegangenen 2.016 Blöcke.

Difficulty Target
: Eine Difficulty, bei der alle Berechnungen im Netzwerk im Schnitt alle zehn Minuten einen Block finden.

Double-Spending
: Double-Spending bedeutet, Geld erfolgreich zweimal ausgeben zu können. Bitcoin schützt sich vor Double-Spending, indem es jede Transaktion verifiziert, die in die Blockchain aufgenommen wird. Dabei wird sichergestellt, dass die Inputs der Transaktion nicht bereits eingelöst wurden.

ECDSA
: Elliptic Curve Digital Signature Algorithm, kurz ECDSA, ist ein kryptografischer Algorithmus, über den Bitcoin sicherstellt, dass die Mittel nur von ihren rechtmäßigen Besitzern ausgegeben werden können.

Extra Nonce
: Als die Difficulty anstieg, sind Miner häufig alle 4 Milliarden möglichen Werte für die Nonce durchgegangen, ohne einen Block gefunden zu haben. Weil das Coinbase-Skript zwischen 2 und 100 Bytes Daten speichern kann, begannen die Miner damit, diesen Platz für eine zusätzliche Nonce zu nutzen und so einen wesentlich größeren Bereich von Block-Header-Werten nach einem gültigen Block abzusuchen.

Fork
: Ein Fork tritt ein, wenn zwei oder mehr Blöcke die gleiche Blockhöhe aufweisen, sodass sich die Blockchain »teilt« (engl. Fork). Das passiert üblicherweise, wenn zwei oder mehr Miner nahezu gleichzeitig einen Block finden. Kann auch als Teil eines Angriffs vorkommen.

Gebühren
: Der Sender einer Transaktion fügt eine Gebühr für die Verarbeitung seiner Transaktion hinzu.

Geheimer Schlüssel (Secret Key oder auch Private Key)
: Die geheime Zahl, die die Bitcoins freigibt, die an die dazugehörige Adresse gesendet wurden. Ein solcher geheimer Schlüssel ist z.B.:
5J76sF8L5jTtzE96r66Sf8cka9y44wdpJjMwCxR3tzLh3ibVPxh.

Genesis-Block
: Der erste Block in der Blockchain, der zur Initialisierung der Kryptowährung verwendet wurde.

Hard Fork
: Ein Hard Fork ist eine permanente Teilung der Blockchain. Tritt häufig ein, wenn veraltete Nodes ihre UTXO-Datenbank nicht mehr aktualisieren können.

Hardware-Wallet
: Eine Hardware-Wallet ist eine spezielle Bitcoin-Wallet, die die privaten Schlüssel des Nutzers auf einer sicheren Hardware speichert.

Hash
: Der digitale Fingerabdruck einer binären Eingabe.

Hashlock
: Ein Hashlock ist eine Art Schuld, die das Einlösen eines Outputs erst erlaubt, wenn bestimmte Daten öffentlich werden. Hashlocks haben die nützliche Eigenschaft, dass alle anderen Hashlocks, die über den gleichen Schlüssel gesichert sind, ebenfalls geöffnet werden können, sobald dieser Hashlock bekannt ist. Auf diese Weise lassen sich mehrere Outputs erzeugen, die durch den gleichen Hashlock geschützt sind und zur gleichen Zeit eingelöst werden können.

HD-Protokoll
: Das Hierarchical Deterministic (HD) Key Creation and Transfer Protocol (BIP-32). Erlaubt die hierarchische Erzeugung von Child-Schlüsseln aus einem einzigen Parent-Schlüssel.

HD-Wallet
: Wallets, die das HD-Protokoll (BIP-32) verwenden.

HD-Wallet-Seed
: HD-Wallet-Seed oder Root-Seed ist ein (potenziell kurzer) Wert, der als Seed-Wert zur Generierung des privaten Master-Keys und Master-Chain-Codes verwendet wird.

HTLC
: Ein Hashed Time Lock Contract, kurz HTLC, ist eine Klasse von Hashlocks und Timelocks nutzenden Zahlungen, bei der der Empfänger einer Zahlung diese vor einer festgelegten Frist durch eine kryptografische Zahlungsbestätigung bescheinigt. Anderenfalls kann die Zahlung nicht mehr an ihn überwiesen werden, und der Betrag geht an den Zahlungspflichtigen zurück.

Konsens
: Konsens besteht, wenn mehrere Nodes (üblicherweise ein Großteil der Nodes im Netzwerk) die gleichen Blöcke in der lokal validierten »besten« Blockchain haben. Nicht zu verwechseln mit den Konsensregeln.

Konsensregeln
: Die Regeln für die Blockvalidierung, denen alle Full Nodes folgen, um den Konsens mit anderen Nodes zu erhalten. Nicht zu verwechseln mit Konsens.

KYC
: Know Your Customer (KYC), zu Deutsch etwa »kenne deinen Kunden«, ist der Prozess, mit dem ein Unternehmen die Identität seiner Kunden verifiziert. Der Begriff beschreibt auch die gesetzlichen Vorgaben, die diesen Prozess regeln.

LevelDB
: LevelDB ist ein als Bibliothek ausgelegter festplattenorientierter Schlüssel/Wert-Speicher. Die Bibliothek ist Open Source und für viele Plattformen verfügbar.

Lightning Network

Lightning Network ist eine vorgeschlagene Implementierung von HTLCs (Hashed Time Lock Contracts) mit bidirektionalen Zahlungskanälen, bei denen Zahlungen über mehrere Peer-to-Peer-Zahlungskanäle sicher geroutet werden können. Das erlaubt den Aufbau eines Netzwerks, bei dem jeder Peer im Netzwerk jeden anderen Peer bezahlen kann, selbst wenn es keinen direkten Kanal zwischen den beiden gibt.

Locktime

Locktime, oder etwas technischer nLockTime, ist der Teil einer Transaktion, der festlegt, zu welcher Zeit oder zu welchem Block eine Transaktion frühestens in die Blockchain eingefügt werden kann.

Mempool

Der Bitcoin-Mempool ist die Sammlung aller Transaktionsdaten eines Blocks, die von den Bitcoin-Nodes verifiziert, aber noch nicht bestätigt wurden.

Merkle Root

Die »Wurzel« eines Merkle Tree, d. h. der Stamm aller gehashten Paare in einem Baum. Block-Header müssen eine gültige Merkle Root für alle Transaktionen in einem Block enthalten.

Merkle Tree

Ein Baum, der durch das Hashing gepaarter Daten (der »Blätter«) erzeugt wird. Diese Paare werden dann immer weiter gehasht, bis nur noch ein einziger Hash übrig bleibt: die Merkle Root. Beim Bitcoin sind die Blätter fast immer Transaktionen eines einzelnen Blocks.

Miner

Eine Netzwerk-Node, die durch wiederholtes Hashing einen gültigen Proof-of-Work für neue Blöcke findet.

Multisignatur

Die Multisignatur (Multisig) verlangt mehr als einen Schlüssel für die Autorisierung einer Bitcoin-Transaktion.

Netzwerk

Ein Peer-to-Peer-Netzwerk, das Transaktionen und Blöcke an jede Bitcoin-Node im Netzwerk propagiert.

Nonce

Die Nonce in einem Bitcoin-Block ist ein 32 Bit-Feld (4 Byte) und wird so gesetzt, dass der Hash des Blocks eine bestimmte Anzahl führender Nullen enthält. Die restlichen Felder dürfen nicht verändert werden, da sie eine definierte Bedeutung haben.

Off-Chain-Transaktionen

Eine Off-Chain-Transaktion bewegt Werte außerhalb der Blockchain. Während eine On-Chain-Transaktion – die üblicherweise einfach als »Transaktion« bezeichnet wird – die Blockchain modifiziert und darauf angewiesen ist, dass die Blockchain deren Gültigkeit validiert, verwendet eine Off-Chain-Transaktion andere Methoden, um eine Transaktion festzuhalten und zu validieren.

Opcode
: Operationscodes (kurz Opcodes) der Bitcoin-eigenen Skriptsprache (Script), die in Pubkey- oder Signaturskripten Daten ablegen oder bestimmte Funktionen durchführen.

Open-Assets-Protokoll
: Das Open-Assets-Protokoll ist ein einfaches, aber leistungsfähiges Protokoll, das auf der Bitcoin-Blockchain aufsetzt. Es erlaubt die Emission und den Transfer selbst definierter »Assets« (Vermögenswerte). Das Open-Assets-Protokoll ist eine Weiterentwicklung des Colored-Coins-Konzepts.

OP_RETURN
: Ein Opcode, der in einem der Outputs einer OP_RETURN-Transaktion verwendet wird. Nicht zu verwechseln mit einer OP_RETURN-Transaktion.

OP_RETURN-Transaktion
: Ein Transaktionstyp, der standardmäßig seit Bitcoin Core 0.9.0 (und höher) weitergeleitet und geschürft wird. Fügt beliebige Daten zu einem nachweislich nicht einlösbaren Pubkey-Skript hinzu, das von Full Nodes nicht in deren UTXO-Datenbank gespeichert werden muss. Nicht zu verwechseln mit dem OP_RETURN-Opcode.

Output
: Output, Transaktions-Output oder TxOut ist das Ergebnis einer Transaktion und besteht aus zwei Feldern: einem Wertfeld zur Übertragung von null oder mehr Satoshis und einem Pubkey-Skript, das die Bedingungen festlegt, zu denen diese Satoshis eingelöst werden können.

P2PKH
: Transaktionen an eine Bitcoin-Adresse enthalten ein P2PKH- oder Pay-to-Public-Key-Hash-Skript. Ein Output, der an ein P2PKH-Skript gekoppelt ist, kann freigegeben (eingelöst) werden, indem man einen Public Key und eine mit dem dazugehörigen privaten Schlüssel erzeugte digitale Signatur vorlegt.

P2SH
: P2SH, oder Pay To Script Hash, ist eine mächtige neue Art von Transaktion, die den Einsatz komplexer Transaktionsskripte stark vereinfacht. Bei P2SH ist das komplexe Skript, das die Bedingungen für die Freigabe des Outputs (Redeem-Skript) festlegt, nicht im Locking-Skript enthalten. Stattdessen enthält das Locking-Skript nur einen Hash auf das Redeem-Skript.

P2SH-Adresse
: P2SH-Adressen sind Base58Check-codierte 20-Byte-Hashes eines Skripts. P2SH-Adressen verwenden das Versionspräfix 5, was Base58Check-codierte Adressen ergibt, die mit einer 3 beginnen. P2SH-Adressen verstecken die

gesamte Komplexität, d. h., die eine Zahlung vornehmende Person bekommt das Skript nicht zu sehen.

P2WPKH
: Die Signatur eines P2WPKH (Pay to Witness Public Key Hash) enthält die gleichen Informationen wie ein P2PKH, steht aber im Witness- und nicht im scriptSig-Feld. Der scriptPubKey wird ebenfalls modifiziert.

P2WSH
: Der Unterschied zwischen P2SH und P2WSH (Pay to Witness Script Hash) besteht darin, dass der kryptografische Beweis aus dem scriptSig- in das Witness-Feld verschoben wird. Der scriptPubKey wird ebenfalls modifiziert.

Paper-Wallet
: Im engeren Sinne ist eine Paper-Wallet ein Dokument, das alle Daten enthält, die notwendig sind, um eine beliebige Anzahl privater Bitcoin-Schlüssel zu erzeugen. Für die meisten Menschen ist sie eine Möglichkeit, Bitcoins (samt Paper Keys und Freigabecodes) offline in einem physischen Dokument zu speichern.

Pool-Mining
: Beim Pool-Mining tragen mehrere Clients zur Generierung eines neuen Blocks bei und teilen sich die Erlöse entsprechend der beigetragenen Leistung.

Proof-of-Stake
: Proof-of-Stake (PoS) ist eine Methode, nach der das Blockchain-Netzwerk einer Kryptowährung versucht, einen netzwerkweiten Konsens zu erzielen. Beim Proof-of-Stake müssen die Nutzer den Besitz einer bestimmten Menge der Währung (ihren »Anteil«, engl. Stake) nachweisen.

Proof-of-Work
: Ein Stück Daten, dessen Auffinden einen beträchtlichen rechnerischen Aufwand verlangt. Beim Bitcoin müssen Miner eine numerische Lösung für den SHA256-Algorithmus finden, die eine netzwerkweite Zielvorgabe, das sogenannte Difficulty Target, erfüllt.

RIPEMD-160
: RIPEMD-160 ist eine kryptografische 160-Bit-Hashfunktion. RIPEMD-160 ist eine erweiterte Version von RIPEMD mit einem Hashergebnis von 160 Bit. Man erwartet, dass sie für die nächsten zehn Jahre (oder mehr) sicher ist.

Satoshi Nakamoto
: Satoshi Nakamoto ist der Name, der von jener Person (oder den Personen) verwendet wurde, die den Bitcoin entworfen und die ursprüngliche Referenzimplementierung entwickelt hat. Als Teil der Implementierung hat er auch die erste Blockchain-Datenbank entwickelt, wobei er als Erster das Double-Spending-Problem für Digitalwährungen gelöst hat. Seine wahre Identität ist bis heute nicht bekannt.

Script
: Bitcoin verwendet ein Skripting-System für Transaktionen. Script orientiert sich an Forth und ist eine einfache, stackbasierte Sprache, die von links nach rechts verarbeitet wird. Sie verzichtet bewusst auf Schleifen und ist daher nicht Touring-vollständig.

ScriptPubKey (alias Pubkey Script)
: ScriptPubKey, oder Pubkey Script, ist ein in Outputs enthaltenes Skript, das die Bedingungen festlegt, die erfüllt werden müssen, um die Satoshis einlösen zu können. Die Daten, die zur Erfüllung dieser Bedingungen benötigt werden, können in einem Signaturskript bereitgestellt werden.

ScriptSig (aka Signaturskript)
: ScriptSig, oder Signaturskript, steht für die Daten, die der Einlösende generiert. Diese Daten werden fast immer als Variablen verwendet, um die Bedingungen eines Pubkey-Skripts zu erfüllen.

Segregated Witness
: Segregated Witness ist eine Erweiterung des Bitcoin-Protokolls. Sie trennt die Signaturdaten von den Bitcoin-Transaktionen ab. Segregated Witness ist ein Soft Fork, der die Regeln des Bitcoin-Protokolls technisch restriktiver handhabt.

SHA
: Der Secure-Hash-Algorithmus, kurz SHA, ist eine Familie kryptografischer Hashfunktionen, die vom National Institute of Standards and Technology (NIST) veröffentlicht wurde.

Soft Fork
: Ein Soft Fork ist eine temporäre Teilung der Blockchain. Tritt auf, wenn Miner nicht aktualisierte Nodes nutzen, die einer neuen Konsensregel nicht folgen. Nicht zu verwechseln mit Fork, Hard Fork, Software Fork oder Git Fork.

SPV (Simplified Payment Verification)
: SPV, oder Simplified Payment Verification, ist eine Methode, um zu verifizieren, ob bestimmte Transaktionen in einem Block enthalten sind, ohne den gesamten Block herunterladen zu müssen. Diese Methode wird von einigen leichtgewichtigen Bitcoin-Clients genutzt.

Timelocks
: Ein Timelock verhindert, dass Bitcoins vor einem bestimmten Zeitpunkt (oder einer bestimmten Blockhöhe) eingelöst werden können. Timelocks spielen bei vielen Bitcoin-Verträgen eine wichtige Rolle, einschließlich Zahlungskanälen und gehashten Timelock-Verträgen.

Transaktion
: Einfach ausgedrückt die Übertragung von Bitcoin von einer Adresse an eine andere. Genauer formuliert, ist eine Transaktion eine signierte Datenstruktur,

die den Transfer von Werten ausdrückt. Transaktionen werden über das Bitcoin-Netzwerk übertragen, von Minern gesammelt und in Blöcken eingetragen, um permanent in der Blockchain festgehalten zu werden.

Transaktionspool
: Ungeordnete Liste von Transaktionen, die nicht in Blöcken der Haupt-Chain enthalten sind, für die es aber Input-Transaktionen gibt.

Turing-Vollständigkeit
: Eine Programmiersprache ist »Turing-vollständig«, wenn sie bei ausreichend Zeit und Speicherplatz jedes Programm ausführen kann, das auch eine Turing-Maschine ausführen kann.

UTXO (Unspent Transaction Output)
: UTXO ist ein nicht eingelöster Transaktions-Output, der in einer neuen Transaktion als Input verwendet werden kann.

Verwaister Block
: Ein Block, dessen Parent-Block von der lokalen Node noch nicht verarbeitet ist und der daher noch nicht validiert werden konnte.

Verwaiste Transaktionen
: Transaktionen, die nicht in den Pool aufgenommen werden können, weil ein oder mehrere Input-Transaktionen fehlen.

Wallet
: Software, die ihre Bitcoin-Adressen und geheimen Schlüssel vorhält. Fungiert als elektronische Geldbörse, über die Sie Bitcoin senden, empfangen und speichern können.

WIF (Wallet Import Format)
: WIF, oder Wallet Import Format, ist ein Datenaustauschformat, das den Export und Import privater Schlüssel erlaubt. Ein Flag zeigt an, ob ein komprimierter öffentlicher Schlüssel verwendet wird oder nicht.

Zahlungskanäle
: Ein Mikrozahlungs- oder Zahlungskanal steht für eine Klasse von Techniken, die es den Nutzern ermöglichen, eine Vielzahl von Bitcoin-Transaktionen auszuführen, ohne alle Transaktionen in der Bitcoin Blockchain festhalten zu müssen. Bei einem typischen Zahlungskanal werden nur zwei Transaktionen in die Blockchain eingetragen, während dazwischen eine (nahezu) unbeschränkte Anzahl von Zahlungen zwischen den Parteien durchgeführt werden kann.

KAPITEL 1

Einführung

Was ist Bitcoin?

Bitcoin ist eine Sammlung von Konzepten und Technologien, die ein Ökosystem für digitales Geld bilden. Währungseinheiten namens Bitcoin werden genutzt, um Werte zu speichern und sie zwischen den Teilnehmern des Bitcoin-Netzwerks zu übertragen. Bitcoin-Nutzer kommunizieren miteinander über das Bitcoin-Protokoll. Das geschieht hauptsächlich über das Internet, andere Transportprotokolle sind aber auch möglich. Der Bitcoin-Protokollstack steht als Open-Source-Software zur Verfügung und ist auf einer Vielzahl von Geräten (einschließlich Laptops und Smartphones) lauffähig, d.h., der Zugang zu dieser Technik gestaltet sich einfach.

Nutzer können Bitcoin über das Netzwerk transferieren und damit das tun, was man auch mit normalem Geld macht: Güter kaufen und verkaufen, Geld an Menschen oder Organisationen überweisen oder jemandem einen Kredit gewähren. Bitcoin kann an speziellen Börsen gekauft, verkauft und gegen andere Währungen getauscht werden. Bitcoin ist in gewissem Sinn das perfekte Geld für das Internet, da es schnell und sicher ist und keine Grenzen kennt.

Im Gegensatz zu traditionellen Währungen ist Bitcoin vollständig virtuell. Es gibt keine Münzen im herkömmlichen Sinn und auch keine digitalen Münzen. Die Münzen (also die Coins) sind in Transaktionen enthalten, die Werte vom Sender zum Empfänger transferieren. Bitcoin-Nutzer verfügen über Schlüssel, die den Besitz von Bitcoins im Bitcoin-Netzwerk nachweisen. Mit diesen Schlüsseln können sie Transaktionen signieren, um den Betrag freizugeben und an einen neuen Eigentümer zu transferieren. Die Schlüssel werden häufig in einer digitalen Geldbörse (der *Wallet*) auf dem Computer oder Smartphone des Nutzers gespeichert. Der Besitz des Schlüssels, mit dem eine Transaktion signiert werden kann, ist die einzige Voraussetzung, um Bitcoins auszugeben, d.h., die Kontrolle liegt vollständig in den Händen der Nutzer.

Bitcoin ist ein verteiltes Peer-to-Peer-System. Daher gibt es keinen »zentralen« Server oder Kontrollpunkt. Bitcoins werden in einem als *Mining* bezeichneten Prozess erzeugt, bei dem darum gerungen wird, wer als Erster die Lösung eines mathematischen Problems findet, während die Bitcoin-Transaktionen verarbeitet werden. Jeder Teilnehmer am Bitcoin-Netzwerk (d.h. jeder, auf dessen Gerät der vollständige Bitcoin-Protokollstack läuft) kann als *Miner* fungieren und die Rechenleistung seines Computers nutzen, um Transaktionen zu verifizieren und festzuhalten. Im Schnitt ist alle zehn Minuten jemand in der Lage, die Transaktionen der letzten zehn Minuten zu verifizieren, und wird dafür mit neuen Bitcoins belohnt. Im Grunde dezentralisiert das Mining die Geldausgabe und die Abrechnung (das *Clearing*), wodurch eine Zentralbank überflüssig wird.

Das Bitcoin-Protokoll enthält fest eingebaute Algorithmen, die die Mining-Funktion innerhalb des Netzwerks regeln. Der Schwierigkeitsgrad (die *Difficulty*) der Rechenaufgabe, die die Miner lösen müssen, wird dynamisch so angepasst, dass im Durchschnitt alle zehn Minuten jemand erfolgreich ist, und zwar unabhängig davon, wie viele Miner (und wie viel Rechenleistung) gerade an der Lösung arbeiten. Das Protokoll halbiert alle vier Jahre die Geschwindigkeit, mit der neue Bitcoins erzeugt werden, und beschränkt die Gesamtzahl der Bitcoins auf etwas unter 21 Millionen. Das führt dazu, dass die im Umlauf befindlichen Bitcoins einer einfach vorhersagbaren Kurve folgen, nach der die 21 Millionen im Jahr 2140 erreicht werden. Durch die sinkende Geschwindigkeit der Ausgabe ist die Währung Bitcoin auf lange Sicht deflationär. Darüber hinaus kann der Bitcoin nicht »aufgeblasen« werden, indem man neue Coins über oder unter der erwarteten Ausgaberate »druckt«.

Hinter den Kulissen ist Bitcoin auch der Name eines Protokolls, eines Peer-to-Peer-Netzwerks und einer Innovation in Sachen Distributed Computing. Tatsächlich ist die Währung Bitcoin nur die erste Anwendung dieser innovativen Technik. Bitcoin repräsentiert den Höhepunkt jahrzehntelanger Forschung zu den Themen Kryptografie und verteilte Systeme. Sie fasst vier Schlüsselinnovationen in einer einmaligen und leistungsfähigen Kombination zusammen. Bitcoin besteht aus:

- einem dezentralisierten Peer-to-Peer-Netzwerk (dem Bitcoin-Protokoll),
- einem öffentlichen Kassenbuch (der Blockchain),
- einer Reihe von Regeln für die unabhängige Validierung von Transaktionen und die Geldausgabe (Konsensregeln) sowie
- einem Mechanismus, mit dem ein globaler, dezentralisierter Konsens zur jeweils gültigen Blockchain erreicht wird (Proof-of-Work-Algorithmus).

Als Entwickler sehe ich Bitcoin als eine Art Internet des Geldes, als Netzwerk für die Verteilung von Werten und die Sicherung des Eigentums an digitalen Vermögenswerten mithilfe verteilter Berechnungen. Hinter Bitcoin steht viel mehr, als es auf den ersten Blick scheint.

In diesem Kapitel wollen wir einige der wesentlichen Konzepte und Begriffe erläutern, uns die notwendige Software beschaffen und Bitcoin für einfache Transaktionen nutzen. In den folgenden Kapiteln sehen wir uns dann schrittweise die tieferen Schichten der Technik an, die Bitcoin möglich machen, und untersuchen das Innenleben des Bitcoin-Netzwerks und -Protokolls.

Digitale Währungen vor Bitcoin

Das Aufkommen brauchbarer digitaler Währung ist eng mit den Entwicklungen in der Kryptografie verknüpft. Das ist nicht weiter überraschend, wenn man die Herausforderungen betrachtet, vor denen man steht, wenn man Bits nutzt, um Werte zu repräsentieren, die gegen Güter und Dienste getauscht werden können. Für jeden, der digitales Geld akzeptiert, stellen sich drei grundlegende Fragen:

1. Kann ich sicher sein, dass das Geld echt und nicht gefälscht ist?
2. Kann ich sicher sein, dass digitales Geld nur einmal ausgegeben werden kann (das sogenannte »Double-Spending-Problem«)?
3. Kann ich sicher sein, dass niemand außer mir dieses Geld für sich beansprucht?

Die Herausgeber von Papiergeld bekämpfen das Fälschungsproblem mit immer ausgefeilteren Papieren und anspruchsvoller Drucktechnik. Physikalisches Geld verhindert das Problem des doppelten Ausgebens ganz einfach, weil eine Banknote nicht an zwei Orten gleichzeitig sein kann. Natürlich wird konventionelles Geld häufig digital gespeichert und überwiesen. In diesen Fällen werden Fälschungen und Double-Spending verhindert, indem alle elektronischen Transaktionen durch zentrale Instanzen verarbeitet werden, die eine globale Übersicht über alle im Umlauf befindlichen Währungen haben. Bei digitalem Geld, das nicht auf esoterische Tinten oder Hologramme zurückgreifen kann, bildet Kryptografie die Basis für das Vertrauen in die Legitimität eines Besitzanspruchs. Insbesondere kryptografische digitale Signaturen ermöglichen es einem Nutzer, ein digitales Gut oder eine Transaktion zu signieren und so das Eigentum an diesem Gut zu beweisen. Mit der richtigen Architektur können digitale Signaturen auch verwendet werden, um das Double-Spending-Problem in den Griff zu bekommen.

Als die Kryptografie in den späten 1980ern einer breiteren Masse zur Verfügung stand und besser verstanden wurde, versuchten viele Forscher, Kryptografie zum Aufbau digitaler Währungen zu nutzen. Diese frühen Projekte gaben digitales Geld heraus, das durch eine nationale Währung oder ein Edelmetall wie Gold gedeckt war.

Zwar funktionierten diese frühen digitalen Währungen, doch sie waren zentralisiert und dementsprechend von Regierungen und Hackern einfach anzugreifen. Frühe digitale Währungen nutzten (genau wie das traditionelle Bankensystem) eine zentrale Abrechnungsstelle, um alle Transaktionen in regelmäßigen Intervallen abzuwickeln. Leider gerieten die meisten dieser aufstrebenden digitalen Währungen ins Visier besorgter Regierungen und wurden letztendlich auf dem Rechtsweg aus dem Weg geschafft. Einige gingen spektakulär unter, als das Mutterunternehmen unvermittelt abgewickelt wurde. Um gegen Interventionen durch Antagonisten gewappnet zu sein, war eine *dezentralisierte* digitale Währung nötig, um einen zentralen Angriffspunkt zu vermeiden. Bitcoin ist ein solches System, es wurde bereits von Grund auf dezentralisiert entworfen. Es kommt vollständig ohne zentrale Autorität oder einer zentralen Kontrollstelle aus, die angegriffen oder geschädigt werden könnte.

Geschichte des Bitcoins

Bitcoin wurde 2008 in einem Papier mit dem Titel »Bitcoin: A Peer-to-Peer Electronic Cash System«[1] vorgestellt, das unter dem Pseudonym Satoshi Nakamoto (siehe Anhang A) veröffentlicht worden war. Nakamoto kombinierte verschiedene frühere Erfindungen wie b-money und Hashcash, um ein vollständig dezentralisiertes Electronic-Cash-System zu entwickeln, das völlig unabhängig war von einer zentralen Instanz für Geldausgabe und Abrechnung sowie die Validierung von Transaktionen. Die Kerninnovation war die Nutzung eines verteilten Rechensystems (das als *Proof-of-Work-Algorithmus* bezeichnet wird), um alle zehn Minuten eine globale »Wahl« durchzuführen, die dem dezentralisierten Netzwerk zu einem *Konsens* über den Zustand der Transaktionen verhilft. Das löst auf elegante Weise das Double-Spending-Problem, bei dem eine einzelne Währungseinheit zweimal ausgegeben werden kann. Bis dahin war das Double-Spending-Problem eine Schwäche digitaler Währungen, die dadurch gelöst wurde, dass alle Transaktionen über eine zentrale Abrechnungsstelle verarbeitet wurden.

Das Bitcoin-Netzwerk startete 2009 basierend auf einer Referenzimplementierung von Nakamoto, die seitdem von vielen anderen Programmierern überarbeitet wurde. Die Leistung der Proof-of-Work-Implementierung (Mining), die für die Sicherheit und Belastbarkeit des Bitcoins sorgt, ist exponentiell angestiegen und übertrifft mittlerweile die kombinierte Rechenleistung der Top-Supercomputer auf der Welt. Die Marktkapitalisierung des Bitcoins kratzt (je nach aktuellem Bitcoin-Dollar-Wechselkurs) an der 100-Milliarden-Dollar-Marke (Stand Oktober 2017). Die bisher größte durch das Netzwerk verarbeitete Transaktion war 150 Millionen Dollar schwer, wurde sofort übertragen und ohne Gebühren verarbeitet.

Satoshi Nakamoto zog sich im April 2011 zurück und übergab die Verantwortung für die Entwicklung des Codes und des Netzwerks an eine Gruppe von Freiwilligen. Die Identität der Person oder Personen hinter Bitcoin ist bisher nicht bekannt. Ungeachtet dessen kontrolliert weder Satoshi Nakamoto noch irgendwer sonst das Bitcoin-System. Es arbeitet auf vollständig transparenten mathematischen Prinzipien, Open-Source-Code und dem Konsens zwischen den Teilnehmern. Diese Erfindung ist für sich genommen schon bahnbrechend und hat bereits zu neuen Forschungen in den Bereichen Distributed Computing, Wirtschaftswissenschaften und Ökonometrie geführt.

1 »Bitcoin: A Peer-to-Peer Electronic Cash System,« Satoshi Nakamoto (*https://Bitcoin.org/Bitcoin.pdf*).

Eine Lösung für ein Distributed-Computing-Problem

Satoshi Nakamotos Erfindung liefert auch eine praktische und neue Lösung für ein Problem des Distributed Computing, das als »Problem der byzantinischen Generäle« bekannt ist. Kurz gefasst, besteht das Problem darin, sich über das Vorgehen oder den Zustand eines Systems zu einigen, in dem Informationen über ein unzuverlässiges und möglicherweise kompromittiertes Netzwerk ausgetauscht werden. Satoshi Nakamotos Lösung, die das Proof-of-Work-Konzept nutzt, um einen Konsens *ohne eine zentrale vertrauenswürdige Instanz* zu erzielen, stellt einen Bruch für das Distributed Computing dar und genießt unabhängig von Währungen eine breite Akzeptanz. Man kann auf diese Weise einen Konsens in dezentralisierten Netzwerken erreichen und so die Rechtmäßigkeit von Wahlen, Lotterien, Anlageregistern, digitalen notariellen Bestätigungen und vielem mehr bestätigen.

Bitcoin: Anwendungsfälle, Anwender und deren Geschichten

Bitcoin ist für die uralte Technik des Geldes eine Innovation. Im Kern erleichtert Geld den Tausch von (wie auch immer gearteten) Werten zwischen Menschen. Um Bitcoin und seine Anwendungsfälle vollständig verstehen zu können, wollen wir ihn daher aus der Perspektive der Menschen betrachten, die ihn nutzen. Jeder dieser Menschen sowie jede der hier für sie aufgeführten Geschichten illustriert einen oder mehrere spezifische Anwendungsfälle. Wir werden ihnen im Verlauf des Buchs immer wieder begegnen:

Endverbraucher
: Alice lebt in der Bay Area im nördlichen Kalifornien. Sie hat über ihre Techie-Freunde von Bitcoin gehört und möchte ihn nutzen. Wir begleiten sie dabei, wenn sie etwas über Bitcoins lernt, sich welche beschafft und dann einen Teil ihrer Bitcoins ausgibt, um sich einen Kaffee in Bobs Café in Palo Alto zu kaufen. Diese Geschichte führt uns aus der Perspektive eines Endverbrauchers in die Software, die Börsen und die grundlegenden Transaktionen ein.

Einzelhändler mit hochpreisigen Produkten
: Carol ist Besitzerin einer Kunstgalerie in San Francisco. Sie nutzt Bitcoins zum Verkauf teurer Bilder. Diese Geschichte zeigt uns die Risiken eines »51-%-Konsensangriffs« für einen Einzelhändler mit hochpreisigen Produkten auf.

Offshore-Verträge
: Bob, der Besitzer des Cafés in Palo Alto, baut eine neue Website auf. Er hat einen Vertrag mit einem indischen Webentwickler, Gopesh, geschlossen, der in Bangalore in Indien lebt. Gopesh hat einer Zahlung in Bitcoin zugestimmt.

Diese Geschichte untersucht die Nutzung des Bitcoins für das Outsourcing, für Dienstleistungsverträge und internationale Überweisungen.

Webshop
: Gabriel ist ein geschäftstüchtiger junger Teenager aus Rio de Janeiro, der in einem kleinen Webshop mit dem Bitcoin-Logo versehene T-Shirts, Becher und Aufkleber verkauft. Gabriel ist zu jung für ein eigenes Bankkonto, doch seine Eltern unterstützen seinen Unternehmergeist.

Gemeinnützige Spenden
: Eugenia ist Direktorin eines Kinderhilfswerks auf den Philippinen. Jüngst hat sie Bitcoin für sich entdeckt und möchte ihn nutzen, um eine ganz neue Gruppe fremder und einheimischer Spender für ihr Hilfswerk zu erreichen. Zudem untersucht sie Möglichkeiten, den Bitcoin dazu zu verwenden, Gelder schnell in bedürftige Gebiete zu schicken. Diese Geschichte zeigt, wie man den Bitcoin für globale Spendensammlungen über Währungs- und Ländergrenzen hinweg nutzt. Sie zeigt außerdem, wie ein offenes Kassenbuch für Transparenz bei Wohltätigkeitsorganisationen sorgen kann.

Import/Export
: Mohammed importiert Elektronik in Dubai. Er versucht, den Bitcoin zu nutzen, um Elektronik aus den USA und China in die Vereinigten Arabischen Emirate zu importieren. Er möchte auf diese Weise die Zahlungen für die Importe beschleunigen. Diese Geschichte zeigt, wie Bitcoins für große internationale B2B-Zahlungen genutzt werden können, die an physikalische Güter gebunden sind.

Bitcoin-Mining
: Jing studiert Informatik in Schanghai. Er hat seine Informatikkenntnisse genutzt und eine *Mining-Rig* gebaut, um sein Einkommen aufzubessern. Diese Geschichte untersucht die »industrielle« Basis des Bitcoins: die spezialisierte Ausrüstung, die verwendet wird, um das Bitcoin-Netzwerk abzusichern und neue Bitcoins zu erzeugen.

Jede dieser Geschichten basiert auf realen Menschen und realen Industrien, die momentan mithilfe des Bitcoins neue Märkte, neue Industrien und innovative Lösungen für globale ökonomische Fragen entwickeln.

Erste Schritte

Bitcoin ist ein Protokoll, auf das man über eine Clientanwendung zugreifen kann, die dieses Protokoll versteht. Eine *Bitcoin-Wallet* ist so etwas wie eine elektronische Geldbörse und die übliche Benutzerschnittstelle zum Bitcoin-System (so wie der Webbrowser die übliche Schnittstelle zum HTTP-Protokoll ist). Es gibt viele verschiedene Implementierungen von Bitcoin-Wallets, ebenso wie es die unterschiedlichsten Webbrowser gibt (z.B. Chrome, Safari, Firefox und Internet Explorer). Und genau wie wir unsere Lieblingsbrowser (Mozilla Firefox, Yay!) und die Schurken darunter (Internet Explorer) haben, variieren auch Bitcoin-Wallets in Qualität, Performance, Sicherheit, Privatsphäre und Zuverlässigkeit. Es gibt ebenfalls eine Referenzimplementierung des Bitcoin-Protokolls, die auch eine Wallet umfasst. Diese ist als »Satoshi-Client« oder »Bitcoin Core« bekannt und leitet sich aus der ursprünglich von Satoshi Nakamoto geschriebenen Implementierung ab.

Wahl einer Bitcoin-Wallet

Bitcoin-Wallets sind mit die am aktivsten entwickelten Anwendungen des Bitcoin-Ökosystems. Es herrscht ein starker Wettbewerb, und während wahrscheinlich gerade jetzt eine neue Wallet entwickelt wird, werden verschiedene Wallets aus dem letzten Jahr nicht mehr aktiv gepflegt. Viele Wallets konzentrieren sich auf bestimmte Plattformen oder auf spezielle Anwendungen. Einige eignen sich besser für Einsteiger, während andere vollgepackt sind mit Features für fortgeschrittene Anwender. Die Wahl einer Wallet ist eine hochgradig subjektive Angelegenheit und hängt von der Nutzung und dem Wissen des Anwenders ab. Es ist daher unmöglich, ein bestimmtes Produkt oder Projekt zu empfehlen. Ungeachtet dessen können wir Bitcoin-Wallets entsprechend ihrer Plattform und ihrer Funktion kategorisieren und etwas Klarheit in Bezug auf die verschiedenen Arten von Wallets schaffen. Darüber hinaus ist der Transfer von Geld zwischen Bitcoin-Wallets einfach, günstig und schnell. Es lohnt sich also, verschiedene Wallets auszuprobieren, bis man die gefunden hat, die den eigenen Bedürfnissen am besten entspricht.

Bitcoin-Wallets lassen sich entsprechend ihrer Plattform wie folgt klassifizieren:

Desktop-Wallet
: Die Desktop-Wallet war die erste Form der Wallet, die als Referenzimplementierung entwickelt wurde. Viele Nutzer verwenden Desktop-Wallets aufgrund ihrer Features, der Autonomie und der von ihnen gebotenen Kontrolle. Der Betrieb auf verbreiteten Betriebssystemen wie Windows und Mac OS ist aber nicht ganz so sicher, weil diese Plattformen selbst häufig unsicher und schlecht konfiguriert sind.

Mobile Wallet
: Mobile Wallets sind die am weitesten verbreitete Form der Bitcoin-Wallets. Sie laufen auf Smartphone-Betriebssystemen wie Apple iOS und Android und sind daher eine gute Wahl für neue Nutzer. Viele stellen Einfachheit und eine unkomplizierte Anwendung in den Vordergrund, doch es gibt auch voll ausgestattete mobile Wallets für Poweruser.

Web-Wallet
: Der Zugriff auf Web-Wallets erfolgt über den Webbrowser, und die Benutzer-Wallets liegen auf den Servern einer dritten Partei. Dies ähnelt Webmail, da man vollständig von Servern eines Drittanbieters abhängig ist. Einige dieser Dienste arbeiten mit clientseitigem Code, der auf dem Browser des Benutzers ausgeführt wird, wodurch der Nutzer die Kontrolle über die Schlüssel behält.

Die meisten stellen allerdings einen Kompromiss dar, bei dem die Kontrolle über die Schlüssel der Nutzer übernommen wird, um eine einfache Nutzung zu ermöglichen. Es ist nicht empfehlenswert, größere Mengen an Bitcoin auf Systemen von Drittanbietern zu speichern.

Hardware-Wallet
: Hardware-Wallets sind Geräte, die eine sichere eigenständige Bitcoin-Wallet auf spezieller Hardware betreiben. Sie werden per USB über einen Webbrowser am Desktop gesteuert oder per *Near Field Communication* (NFC) von einem mobilen Gerät. Da alle Bitcoin-bezogenen Operationen auf dieser speziellen Hardware abgewickelt werden, betrachtet man diese Wallets als besonders sicher und zur Speicherung großer Mengen an Bitcoins für geeignet.

Paper-Wallet
: Die Bitcoins kontrollierenden Schlüssel können zur längerfristigen Speicherung auch ausgedruckt werden. Man nennt sie daher Paper-Wallets, auch wenn andere Materialien (Holz, Metall etc.) genutzt werden können. Paper-Wallets stellen eine einfache, aber sehr sichere Technik dar, um Bitcoins für eine längere Zeit zu speichern. Diese Offlinespeicherung wird häufig als *Cold Storage* bezeichnet.

Eine andere Möglichkeit der Kategorisierung von Bitcoin-Wallets ist ihr Grad an Autonomie und wie sie mit dem Bitcoin-Netzwerk interagieren:

Full-Node-Client
: Ein vollwertiger Client, oder kurz eine *Full Node* (also ein »vollwertiger Knoten«), ist ein Client, der die gesamte Historie aller Bitcoin-Transaktionen (jede Transaktion jedes Nutzers) vorhält, Wallets verwaltet und Transaktionen im Bitcoin-Netzwerk direkt initiieren kann. Eine Full Node deckt alle Aspekte des Protokolls ab und kann unabhängig die gesamte Blockchain und jede Transaktion validieren. Ein Full-Node-Client benötigt einiges an Ressourcen (z.B. mehr als 125 GByte Plattenplatz und 2 GByte RAM), bietet aber vollständige Autonomie und die unabhängige Verifikation von Transaktionen.

Leichtgewichtiger Client
: Ein »leichtgewichtiger« (Lightweight) Client, auch bekannt als SPV-Client (*Simple Payment Verification*), stellt die Verbindung zu den oben erwähnten Full Nodes her, um auf die Bitcoin-Transaktionsdaten zuzugreifen. Er speichert die Wallet des Nutzers aber lokal ab und kann unabhängig Transaktionen erzeugen, validieren und übertragen. Leichtgewichtige Clients interagieren ohne Vermittler direkt mit dem Bitcoin-Netzwerk.

API-Client
: Ein API-Client interagiert mit Bitcoins über ein System eines Drittanbieters mithilfe von APIs (*Application Programming Interfaces*), statt eine direkte Verbindung mit dem Bitcoin-Netzwerk herzustellen. Die Wallet kann beim Nut-

zer oder auf den Servern des Fremdanbieters liegen, doch alle Transaktionen laufen über den Drittanbieter.

Kombiniert man diese Kategorien, fallen viele Bitcoin-Wallets in nur wenige Gruppen, von denen die gängigsten der Desktop Full Client, die mobile leichtgewichtige Wallet und die Web-Wallet eines Fremdanbieters sind. Die Grenzen zwischen den verschiedenen Kategorien sind oft etwas unscharf, weil viele Wallets auf mehreren Plattformen laufen und mit dem Netzwerk auf unterschiedlichen Wegen kommunizieren können.

Für die Zwecke dieses Buchs werden wir die Verwendung einer Reihe von Bitcoin-Clients demonstrieren, die man herunterladen kann. Das umfasst neben der Referenzimplementierung (Bitcoin Core) auch mobile und Web-Wallets. Einige der Beispiele verlangen den Einsatz von Bitcoin Core, das neben einer Full Node auch APIs für die Wallet, das Netzwerk und Transaktionen zur Verfügung stellt. Wenn Sie sich die Programmierschnittstellen für das Bitcoin-System ansehen wollen, müssen Sie Bitcoin Core oder einen der alternativen Clients (siehe »Alternative Clients, Bibliotheken und Toolkits« auf Seite 53) verwenden.

Schnelleinstieg

Alice, die wir in »Bitcoin: Anwendungsfälle, Anwender und deren Geschichten« auf Seite 5 bereits vorgestellt haben, ist keine technisch versierte Nutzerin und hat erst jüngst über ihren Freund Joe von Bitcoin gehört. Während einer Party schwärmt Joe mal wieder von Bitcoin und bietet eine Demonstration an. Neugierig fragt Alice, wie sie mit Bitcoin beginnen kann. Joe hält eine mobile Wallet für neue Nutzer für die beste Möglichkeit und empfiehlt einige seiner Lieblings-Wallets. Alice lädt sich *Mycelium* für Android herunter und installiert es auf ihrem Telefon.

Während Alice Mycelium zum ersten Mal ausführt, richtet die Anwendung (wie viele Bitcoin-Wallets) automatisch eine neue Wallet für sie ein. Alice sieht die Wallet auf ihrem Bildschirm, wie in Abbildung 1-1 gezeigt. (Hinweis: Senden Sie keine Bitcoins an diese Adresse, sie wären für immer verloren!)

Der wichtigste Teil dieses Screenshots ist die *Bitcoin-Adresse* von Alice. In der Abbildung ist sie als langer String aus Buchstaben und Ziffern zu erkennen: `1Cdid9KFAaatwczBwBttQcwXYCpvK8h7FK`. Neben der Bitcoin-Adresse der Wallet sieht man einen QR-Code, eine Art Barcode, der die gleichen Informationen in einem Format enthält, das von einer Smartphone-Kamera gescannt werden kann. Der QR-Code ist das Quadrat mit einem Muster aus schwarzen und weißen Punkten. Alice kann die Bitcoin-Adresse oder den QR-Code in ihre Zwischenablage kopieren, indem sie den QR-Code oder den *Receive*-Button antippt. Bei den meisten Wallets wird beim Antippen des QR-Codes dieser auch vergrößert, sodass er von einer Smartphone-Kamera einfacher eingescannt werden kann.

Abbildung 1-1: Die mobile Wallet Mycelium

Bitcoin-Adressen beginnen mit einer 1 oder einer 3. Wie E-Mail-Adressen können sie mit anderen Bitcoin-Nutzern geteilt werden, die ihnen dann Bitcoins direkt an ihre Wallet schicken können. Sicherheitsaspekte spielen bei Bitcoin-Adressen keine besondere Rolle. Man kann sie überall verteilen, ohne die Sicherheit des eigenen Kontos zu gefährden. Im Gegensatz zu E-Mail-Adressen können so viele Adressen erzeugt werden, wie man möchte, die alle Zahlungen an die eigene Wallet weiterleiten. Tatsächlich erzeugen viele moderne Wallets automatisch eine neue Adresse für jede Transaktion, um die Vertraulichkeit zu erhöhen. Eine Wallet ist einfach eine Sammlung von Adressen sowie der zugehörigen Schlüssel, die die darin enthaltenen Gelder freigeben.

Alice ist nun bereit, Zahlungen zu empfangen. Ihre Wallet-Anwendung hat einen zufälligen privaten Schlüssel erzeugt (der in »Private Schlüssel« auf Seite 60 ausführlicher beschrieben wird), zusammen mit der zugehörigen Bitcoin-Adresse. An diesem Punkt ist ihre Bitcoin-Adresse dem Bitcoin-Netzwerk nicht bekannt und auch bei keinem Teil des Bitcoin-Systems »registriert«. Ihre Bitcoin-Adresse ist einfach eine zu einem Schlüssel gehörende Zeichenfolge, mit deren Hilfe sie den Zugriff auf ihre Gelder kontrollieren kann. Sie wurde von ihrer Wallet unabhängig generiert, ohne sich bei irgendeinem Dienst registrieren oder eine Referenz erzeugen zu müssen. Tatsächlich gibt es bei den meisten Wallets keine Verknüpfung zwischen einer Bitcoin-Adresse und irgendwelchen extern identifizierbaren Informationen wie der Identität des Benutzers. Bis zu dem Augenblick, in dem diese Adresse als Empfänger eines Werts in einer Transaktion im Bitcoin-Kassenbuch auftaucht, ist diese Bitcoin-Adresse nur eine unter den immens vielen möglichen gültigen Bitcoin-Adressen. Erst wenn sie mit einer Transaktion verknüpft wird, ist sie Teil der bekannten Adressen des Netzwerks.

Alice ist nun bereit, ihre neue Bitcoin-Wallet zu nutzen.

Ihr erster Bitcoin

Der erste und für neue Nutzer häufig schwerste Schritt besteht darin, sich einige Bitcoins zu beschaffen. Im Gegensatz zu anderen Währungen können Sie Bitcoins nicht bei einer Bank oder in einer Wechselstube kaufen.

Bitcoin-Transaktionen sind unumkehrbar, während die meisten elektronischen Zahlungsnetzwerke wie Kreditkarten, EC-Karten, PayPal und Banküberweisungen umkehrbar sind. Für jemanden, der Bitcoins kauft, birgt dieser Unterschied das sehr hohe Risiko, dass ein Käufer eine elektronische Zahlung wieder rückgängig macht, nachdem er die Bitcoins erhalten hat, und auf diese Weise den Verkäufer betrügt. Um dieses Risiko zu minimieren, verlangen Unternehmen, die »normales« Geld gegen Bitcoin tauschen, üblicherweise eine Überprüfung der Identität sowie der Kreditwürdigkeit, was mehrere Tage oder sogar Wochen dauern kann. Für Sie als neuen Nutzer bedeutet das, dass Sie Bitcoins nicht einfach direkt über eine Kreditkarte kaufen können. Mit ein wenig Geduld und kreativem Denken ist das aber auch nicht nötig.

Hier einige Möglichkeiten, um als neuer Nutzer an Bitcoins zu gelangen.

- Finden Sie einen Freund, der Bitcoins besitzt, und kaufen Sie direkt bei ihm. Viele Bitcoin-Nutzer haben so angefangen. Diese Methode ist die einfachste. Eine Möglichkeit, Leute mit Bitcoins kennenzulernen, bieten lokale Bitcoin-Meet-ups, die auf Meetup.com (*https://meetup.com*) aufgeführt sind.
- Nutzen Sie einen Dienst wie localbitcoins.com, um einen Käufer in Ihrer Nähe zu finden, und kaufen Sie ihm Bitcoins direkt ab.
- Erwerben Sie Bitcoins, indem Sie ein Produkt oder einen Dienst für Bitcoin anbieten. Wenn Sie Entwickler sind, verkaufen Sie Ihre Programmierkenntnisse. Wenn Sie Friseur sind, schneiden Sie Haare für Bitcoin.

- Nutzen Sie einen Bitcoin-Automaten in Ihrer Stadt. Ein Bitcoin-Automat ist ein Gerät, das Bargeld akzeptiert und dafür Bitcoins an die Bitcoin-Wallet auf Ihrem Smartphone schickt. Sie finden Bitcoin-Automaten über die Onlinekarten von Coin ATM Radar (*http://coinatmradar.com*).[1]
- Verwenden Sie eine Bitcoin-Börse in Kombination mit Ihrem Bankkonto. In vielen Ländern gibt es mittlerweile Börsen, die einen Markt für Käufer und Verkäufer bieten, um Bitcoins gegen lokale Währungen zu tauschen. Wechselkursverzeichnisdienste wie BitcoinAverage (*https://bitcoinaverage.com*) bieten häufig Übersichten mit Bitcoin-Börsen für verschiedene Währungen an.

> Ein Vorteil von Bitcoin gegenüber anderen Zahlungssystemen besteht darin, dass dieses den Nutzern (wenn man es richtig einsetzt) wesentlich mehr Privatsphäre bietet. Um Bitcoins zu kaufen, zu besitzen oder auszugeben, müssen Sie keine sensiblen und sie persönlich identifizierbaren Informationen an Dritte weitergeben. Wo sich allerdings Bitcoin und traditionelle Systeme begegnen, etwa auf Börsen, gelten häufig nationale und internationale Bestimmungen. Um Bitcoin in Ihre nationale Währung zu tauschen, müssen Sie häufig Ihre Identität nachweisen und Bankdaten angeben. Nutzer sollten sich dessen bewusst sein, dass, sobald eine Bitcoin-Adresse mit einer Identität verknüpft ist, auch alle mit ihr verknüpften Transaktionen leicht identifiziert und verfolgt werden können. Das ist einer der Gründe dafür, dass viele Nutzer dedizierte Börsen-Accounts vorhalten, die nicht mit ihren Wallets verknüpft sind.

Alice wurde von einem Freund in Bitcoin eingeführt, für sie ist es also einfach, sich ihre ersten Bitcoins zu beschaffen. Wir wollen uns nun ansehen, wie sie Bitcoins von ihrem Freund Joe kauft und wie Joe diese Bitcoins an ihre Wallet sendet.

Den aktuellen Bitcoin-Preis ermitteln

Bevor Alice Bitcoins von Joe kaufen kann, müssen sie sich auf einen *Wechselkurs* zwischen Bitcoin und US-Dollar einigen. Das führt uns zur üblichen Frage von Bitcoin-Einsteigern: »Wer legt den Bitcoin-Preis fest?« Die kurze Antwort lautet, dass der Markt den Preis festlegt.

Für Bitcoin gilt, wie für die meisten anderen Währungen auch, ein *freier Wechselkurs*. Das bedeutet, dass der Wert des Bitcoins gegenüber anderen Währungen gemäß Angebot und Nachfrage an der jeweiligen Börse schwankt. Zum Beispiel wird der »Preis« des Bitcoins in US-Dollar an jeder Börse basierend auf dem letzten Trade von Bitcoin und US-Dollar berechnet. Daher neigt der Preis dazu, sich ständig zu ändern. Ein Preisermittlungsdienst fasst die Preise verschiedener Börsen zusammen und berechnet einen nach Volumen gewichteten Mittelwert, der einen relativ realistischen Wechselkurs für ein bestimmtes Handelspaar (z. B. BTC/USD) darstellt.

1 Anm. des Übers.: In Deutschland gibt es momentan keine Automaten.

Es gibt Hunderte von Anwendungen und Websites, die die aktuellen Wechselkurse zur Verfügung stellen. Hier einige der beliebtesten:

Bitcoin Average (http://bitcoinaverage.com/)
: Eine Site, die eine einfache Übersicht des nach Volumen gewichteten Durchschnitts für jede Währung enthält.

CoinCap (http://coincap.io/)
: Bietet eine Auflistung von Marktkapitalisierung und Wechselkursen Hunderter Kryptowährungen einschließlich Bitcoin.

Chicago Mercantile Exchange Bitcoin Reference Rate (http://bit.ly/cmebrr)
: Referenzwert, der als institutionelle und vertragliche Referenz dienen kann. Wird als Teil des Investment-Datenfeeds von der CME zur Verfügung gestellt.[1]

Neben den verschiedenen Sites und Anwendungen wandeln die meisten Bitcoin-Wallets zwischen Bitcoin und anderen Währungen um. Joe nutzt seine Wallet, um den Preis automatisch umzurechnen, bevor er Bitcoins an Alice schickt.

Bitcoin senden und empfangen

Alice hat sich entschieden, 10 US-Dollar in Bitcoin umzutauschen, um nicht zu viel Geld zu riskieren. Sie gibt Joe 10 Dollar in bar, öffnet ihre Mycelium-Wallet und wählt *Receive*. Daraufhin erscheint ein QR-Code mit Alice' erster Bitcoin-Adresse.

Joe wählt dann *Send* auf seiner Smartphone-Wallet, woraufhin eine Seite mit zwei Eingabefeldern erscheint:

- der Bitcoin-Zieladresse sowie
- der zu überweisenden Menge in Bitcoin (BTC) oder der lokalen Währung (USD).

Im Eingabefeld für die Bitcoin-Adresse gibt es ein kleines Icon, das wie ein QR-Code aussieht. Darüber kann Joe den Code mit seiner Smartphone-Kamera einscannen und spart sich so das mühsame Abtippen von Alice' Bitcoin-Adresse, die recht lang und mühsam einzugeben ist. Joe tippt das QR-Code-Icon an, aktiviert seine Kamera und scannt den QR-Code, der auf Alice' Smartphone erscheint.

Bei Joe erscheint nun Alice' Bitcoin-Adresse als Empfänger. Joe gibt die Menge von 10 Dollar ein, und seine Wallet wandelt das mithilfe eines Onlinediensts in die entsprechende Menge an Bitcoins zum aktuellen Wechselkurs um. Der Wechselkurs liegt zu diesem Zeitpunkt bei 100 US-Dollar pro Bitcoin, d.h., die 10 US-Dollar (USD) sind 0,10 Bitcoin (BTC) wert oder 100 Millibitcoin (mBTC), wie in dem Screenshot von Joes Wallet zu sehen (siehe Abbildung 1-2).

1 Anm. des Übers.: Für Deutschland liefern eher GDAX und Kraken den Referenzwert. Und natürlich auch *bitcoin.de*, wenn man in Deutschland kauft und verkauft. Da *Bitcoin.de* relativ klein ist, bilden sich die Preise daher an anderer Stelle.

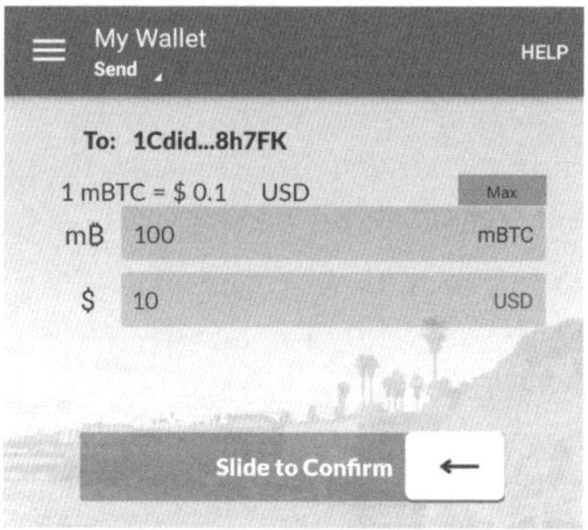

Abbildung 1-2: Sende-Screen der mobilen Airbitz-Bitcoin-Wallet

Joe überprüft sorgfältig seine Eingaben, weil er Geld überweisen möchte und Fehler nicht rückgängig gemacht werden können. Nachdem er alles noch mal nachkontrolliert hat, drückt er auf *Send*, um die Transaktion zu starten. Joes mobile Bitcoin-Wallet erzeugt eine Transaktion, die 0,10 BTC an die von Alice angegebene Adresse überweist. Sie bedient sich dabei aus Joes Wallet und signiert die Transaktion mit Joes privatem Schlüssel. Das teilt dem Bitcoin-Netzwerk mit, dass Joe den Transfer dieser Summe an Alice' neue Adresse autorisiert hat. Während die Transaktion über das Peer-to-Peer-Protokoll übertragen wird, breitet sie sich im Bitcoin-Netzwerk schnell aus. In weniger als einer Sekunde haben die meisten der gut angebundenen Netzwerkknoten die Transaktion empfangen und sehen Alice' Adresse zum ersten Mal.

Währenddessen »horcht« Alice' Wallet fortlaufend auf die im Bitcoin-Netzwerk veröffentlichten Transaktionen und sucht nach Adressen, die zu ihrer Wallet passen. Einige Sekunden nachdem Joes Wallet die Transaktion angestoßen hat, zeigt Alice' Wallet an, dass sie 0,10 BTC empfängt.

Bestätigungen

Zuerst zeigt Alice' Adresse an, dass die Transaktion von Joe »unbestätigt« ist. Das bedeutet, dass die Transaktion im Netzwerk verbreitet wurde, aber noch nicht im Bitcoin-Kassenbuch, auch bekannt als *Blockchain*, festgehalten wurde. Um bestätigt zu werden, muss eine Transaktion in einen Block eingetragen und in der Blockchain aufgenommen werden, was im Schnitt alle zehn Minuten passiert. In der Finanzwelt wird das traditionell als *Clearing* bezeichnet. Details zu Propagation, Validierung und Clearing (Bestätigung) von Bitcoin-Transaktionen finden Sie in Kapitel 10.

Alice ist nun stolze Besitzerin von 0,10 BTC, die sie jetzt ausgeben kann. Im nächsten Kapitel wird sie zum ersten Mal etwas mit Bitcoins kaufen, und wir sehen uns die zugrunde liegenden Transaktions- und Propagationstechniken im Detail an.

KAPITEL 2

Wie Bitcoin funktioniert

Transaktionen, Blöcke, Mining und die Blockchain

Das Bitcoin-System basiert, anders als die traditionellen Bank- und Zahlungssysteme, auf dezentralisiertem Vertrauen. Anstelle einer zentralen Vertrauensinstanz entsteht Vertrauen bei Bitcoin durch die Interaktion verschiedener Teilnehmer am Bitcoin-System. In diesem Kapitel verschaffen wir uns erst mal einen Überblick über Bitcoin im Allgemeinen. Wir verfolgen eine einzelne Transaktion auf dem Weg durch das Bitcoin-System und sehen, wie sie »vertrauenswürdig« wird, vom Bitcoin-Mechanismus des verteilten Konsenses akzeptiert und schließlich in der Blockchain eingetragen wird, dem verteilten Kassenbuch für alle Transaktionen. Die nachfolgenden Kapitel tauchen dann tiefer ein in die Technik hinter den Transaktionen, dem Netzwerk und dem Mining.

Bitcoin-Übersicht

Im Übersichtsdiagramm in Abbildung 2-1 sehen wir, aus welchen Elementen sich das Bitcoin-System zusammensetzt: Benutzer mit Wallets, die Schlüssel enthalten, im Netzwerk propagierte Transaktionen sowie Miner, die (durch konkurrierende Berechnungen) die Blockchain erzeugen, die das verbindliche Kassenbuch für alle Transaktionen darstellt.

Jedes Beispiel in diesem Kapitel basiert auf einer realen Transaktion, die im Bitcoin-Netzwerk durchgeführt wurde. Sie simuliert die Interaktion zwischen den Nutzern (Joe, Alice, Bob und Gopesh), indem sie Gelder von einer Wallet zu einer anderen sendet. Während wir eine Transaktion durch das Bitcoin-Netzwerk verfolgen, nutzen wir eine *Blockchain-Explorer-Site*, um jeden Schritt zu visualisieren. Ein Blockchain-Explorer ist eine Webanwendung, die als Bitcoin-Suchmaschine fungiert, d.h., sie erlaubt die Suche nach Adressen, Transaktionen und Blöcken und zeigt die Beziehung und den Fluss zwischen ihnen auf.

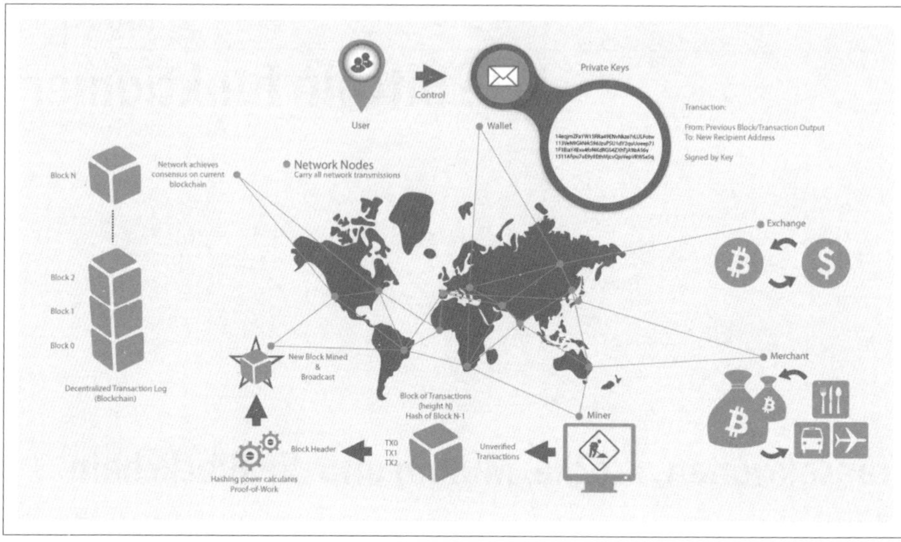

Abbildung 2-1: Bitcoin-Übersicht

Beliebte Blockchain-Explorer sind:

- Bitcoin Block Explorer (*https://blockexplorer.com*)
- BlockCypher Explorer (*https://live.blockcypher.com*)
- blockchain.info (*https://blockchain.info*)
- BitPay Insight (*https://insight.bitpay.com*)

Jeder verfügt über eine Suchfunktion, mit deren Hilfe Sie eine Bitcoin-Adresse, einen Transaktions-Hash, eine Blocknummer oder einen Block-Hash eingeben können und die dazugehörigen Informationen aus dem Bitcoin-Netzwerk abgerufen werden. Für jedes Beispiel einer Transaktion oder eines Block stellen wir eine URL bereit, sodass Sie diese Informationen selbst abrufen und untersuchen können.

Eine Tasse Kaffee kaufen

Alice, die wir im vorigen Kapitel kennengelernt haben, ist eine neue Nutzerin, die gerade erst ihre ersten Bitcoins erworben hat. In »Ihr erster Bitcoin« auf Seite 11 traf sich Alice mit ihrem Freund Joe, um Bitcoins gegen etwas Bargeld einzutauschen. Die von Joe durchgeführte Transaktion überwies 0,10 BTC an Alice' Wallet. Alice will nun ihre erste »Einzelhandelstransaktion« durchführen, d.h., sie möchte eine Tasse Kaffee in Bobs Coffeeshop in Palo Alto kaufen.

Bobs Café hat jüngst damit begonnen, Bitcoin-Zahlungen zu akzeptieren, indem Bob sein Kassensystem um eine Bitcoin-Option erweitert hat. Die Preise in Bobs Café sind in der lokalen Währung (US-Dollar) aufgeführt, doch an der Kasse haben die Kunden die Möglichkeit, in Dollar oder in Bitcoin zu bezahlen. Alice bestellt ihren Kaffee, und Bob gibt die Bestellung in die Kasse ein, wie er das mit allen Transaktionen macht. Das Kassensystem wandelt den Gesamtbetrag in US-Dollar automatisch mit dem aktuellen Wechselkurs um und gibt den Preis in beiden Währungen aus:

```
Total:
$1.50 USD
0.015 BTC
```

Bob sagt: »Das macht ein Dollar fünfzig oder fünfzehn Millibit.«

Bobs Kassensystem erzeugt darüber hinaus automatisch einen speziellen QR-Code, der eine *Zahlungsanforderung* enthält (siehe Abbildung 2-2).

Im Gegensatz zu einem QR-Code, der einfach nur eine Bitcoin-Zieladresse enthält, besteht eine Zahlungsanforderung aus einer QR-codierten URL, die die Zieladresse, den Betrag und eine allgemeine Beschreibung wie »Bob's Cafe« enthält. Das erlaubt der Bitcoin-Wallet-Anwendung, die Informationen für die Zahlung schon mal einzutragen, während der Nutzer gleichzeitig eine für ihn lesbare Beschreibung erhält. Sie können den QR-Code mit einer Bitcoin-Wallet-Anwendung scannen, um zu sehen, was Alice sehen würde.

Abbildung 2-2: QR-Code für die Zahlungsanforderung

Versuchen Sie, den QR-Code mit Ihrer Wallet einzuscannen, aber **senden Sie auf keinen Fall Geld!**

```
bitcoin:1GdK9UzpHBzqzX2A9JFP3Di4weBwqgmoQA?
amount=0.015&
label=Bob%27s%20Cafe&
message=Purchase%20at%20Bob%27s%20Cafe

Komponenten der URL

Eine Bitcoin-Adresse: "1GdK9UzpHBzqzX2A9JFP3Di4weBwqgmoQA"
Zahlungsbetrag: "0.015"
Beschreibung der Empfängeradresse: "Bob's Cafe"
Beschreibung der Zahlung: "Purchase at Bob's Cafe"
```

Alice nutzt ihr Smartphone, um den Code in der Anzeige einzuscannen. Ihr Smartphone zeigt eine Zahlung von `0,0150 BTC` an `Bob's Cafe` an, und sie wählt *Send*, um die Zahlung zu autorisieren. Innerhalb einiger Sekunden (die Dauer entspricht in etwa der einer Kreditkartenzahlung) sieht Bob die Transaktion in seiner Kasse, womit sie abgeschlossen ist.

Die folgenden Abschnitte untersuchen diese Transaktion genauer. Wir sehen uns an, wie Alice' Wallet sie aufgebaut hat, wie sie durch das Netzwerk propagiert und verifiziert wurde und wie schließlich Bob diesen Betrag in späteren Transaktionen ausgeben kann.

> Das Bitcoin-Netzwerk kann auch Teilwerte übertragen, etwa ein Milli-Bitcoin (1/1000stel Bitcoin) bis hinunter zu 1/100.000.000stel Bitcoin, was als »Satoshi« bezeichnet wird. In diesem Buch verwenden wir den Begriff »Bitcoin« für beliebige Mengen der Währung Bitcoin – vom kleinsten Betrag (1 Satoshi) bis zur Gesamtzahl (21.000.000) aller Bitcoins, die es jemals geben wird.

Sie können Alice' Überweisung an Bobs Café mithilfe einer Block-Explorer-Site in der Blockchain untersuchen (Beispiel 2-1):

Beispiel 2-1: Alice' Transaktion auf blockexplorer.com ansehen

```
https://blockexplorer.com/tx/
0627052b6f28912f2703066a912ea577f2ce4da4caa5a5fbd8a57286c345c2f2
```

Bitcoin-Transaktionen

Einfach ausgedrückt, teilt eine Transaktion dem Netzwerk mit, dass der Besitzer eines bestimmten Bitcoin-Werts den Transfer dieses Betrags an einen anderen Nutzer autorisiert hat. Der neue Besitzer kann nun diese Bitcoins einlösen, indem er eine weitere Transaktion anstößt, die den Transfer an einen anderen Benutzer autorisiert und so weiter. So entsteht eine Eigentümerkette.

Inputs und Outputs von Transaktionen

Transaktionen sind vergleichbar mit einzelnen Zeilen bei der doppelten Buchführung. Jede Transaktion enthält ein oder mehrere *Inputs*, also Eingänge, die den Abbuchungen des Bitcoin-Kontos entsprechen (Soll). Auf der anderen Seite der Transaktion stehen ein oder mehrere *Outputs*, Ausgänge, die für die Gutschriften auf das Bitcoin-Konto stehen (Haben). Die Inputs und Outputs (Soll und Haben) summieren sich nicht unbedingt zum gleichen Betrag auf. Vielmehr summieren sich die Outputs zu einem geringfügig geringeren Betrag auf, und der Unterschied repräsentiert die enthaltene *Transaktionsgebühr*, eine kleine Zahlung für den Miner, der die Transaktion ins Kassenbuch eingetragen hat. Eine Bitcoin-Transaktion in Form eines Kassenbucheintrags sehen Sie in Abbildung 2-3.

Die Transaktion enthält auch einen Eigentumsnachweis (Proof-of-Ownership) für jeden ausgegebenen Bitcoin-Betrag (Input). Dieser Nachweis liegt in Form einer digitalen Signatur vor, die von jedem unabhängig überprüft werden kann. Im Sinne von Bitcoin bedeutet »Bitcoin ausgeben« das Signieren einer Transaktion, die einen Betrag aus einer vorangegangenen Transaktion an einen neuen Besitzer überträgt, der durch eine Bitcoin-Adresse identifiziert wird.

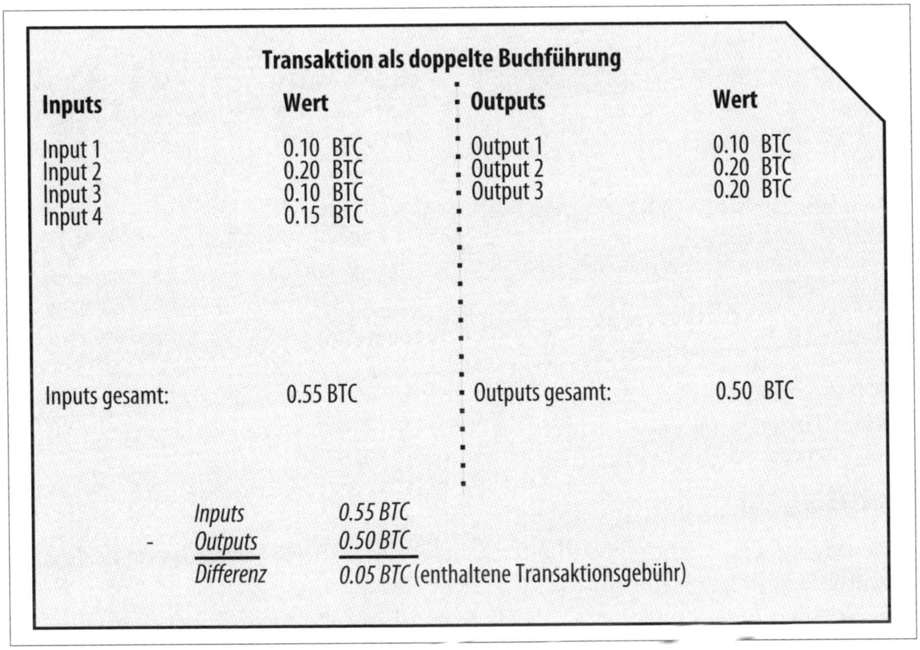

Abbildung 2-3: Transaktion als doppelte Buchführung

Transaktionsketten

Alice' Zahlung an Bobs Café verwendet den Output einer vorangegangenen Transaktion als Input. Im vorigen Kapitel hat Alice gegen Bargeld Bitcoin von ihrem Freund Joe bekommen. Diese Transaktion hat einen Bitcoin-Wert erzeugt, der durch Alice' Schlüssel geschützt ist. Ihre neue Transaktion an Bobs Café referenziert die vorherige Transaktion als Input und erzeugt neue Outputs, um den Kaffee zu bezahlen und ihr Wechselgeld zu erhalten. Die Transaktionen bilden eine Kette, bei der die Inputs der letzten Transaktion den Outputs der vorherigen Transaktionen entsprechen. Alice' Schlüssel bietet die Signatur, die diese vorhergehenden Transaktions-Outputs freischaltet. Sie beweist damit dem Bitcoin-Netzwerk, dass ihr die Mittel gehören. Sie hängt die Zahlung für den Kaffee an Bobs Adresse an und legt im Output fest, dass Bob eine Signatur liefert, um diesen Betrag ausgeben zu können. Das repräsentiert den Transfer eines Betrags zwischen Alice und Bob. Diese Kette von Transaktionen von Joe zu Alice zu Bob wird in Abbildung 2-4 veranschaulicht.

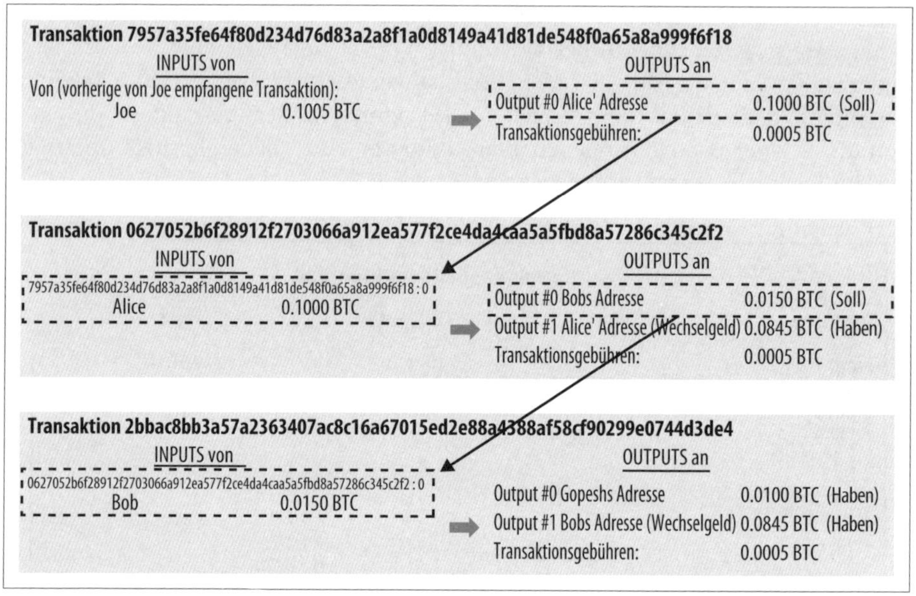

Abbildung 2-4: Eine Transaktionskette, bei der der Output einer Transaktion zum Input der nächsten Transaktion wird

Wechselgeld

Viele Bitcoin-Transaktionen enthalten Outputs, die sowohl die Adresse des neuen Eigentümers als auch die Adresse des aktuellen Besitzers enthalten. Die Adresse des aktuellen Eigentümers wird als *Change*-Adresse bezeichnet, zu Deutsch etwa »Wechselgeldadresse«. Das liegt daran, dass Transaktions-Inputs genau wie Geldnoten nicht geteilt werden können. Wenn Sie etwas für 5 Dollar im Laden kaufen und mit einer 20-Dollar-Note bezahlen, erwarten Sie 15 Dollar Wechselgeld. Das gleiche Konzept gilt auch für die Inputs von Bitcoin-Transaktionen. Wenn Sie etwas für den Preis von 5 Bitcoin kaufen, aber Ihr Input 20 Bitcoin aufweist, würden Sie einen Output von 5 Bitcoin an den Ladenbesitzer senden und einen Output von 15 Bitcoin als Wechselgeld zurück an sich selbst (abzüglich der Transaktionsgebühr). Wesentlich ist dabei, dass die Wechselgeldadresse nicht mit der Adresse übereinstimmen muss, die für den Input verwendet wurde. Aus Gründen der Vertraulichkeit wird häufig eine neue Adresse aus der Wallet des Eigentümers verwendet.

Unterschiedliche Wallets nutzen verschiedene Strategien bei der Zusammenfassung von Inputs, um die Zahlungsanforderung des Nutzers zu erzeugen. Sie können viele kleine Inputs zusammenfassen oder eine größere, die der gewünschten Zahlung entspricht. Wenn die Wallet keine Inputs zusammenfassen kann, die genau der gewünschten Zahlung und den Transaktionsgebühren entsprechen, muss sie auch das Wechselgeld generieren. Das ist dem sehr ähnlich, wie wir Menschen mit Bargeld umgehen. Wenn Sie immer mit dem größten Schein in Ihrer Brieftasche bezahlen, haben Sie irgendwann die Brieftasche voller Kleingeld. Bezahlen Sie dagegen immer mit Kleingeld, ist Ihre Brieftasche voller großer Scheine. Die meisten Menschen finden unbewusst eine gesunde Mischung dieser beiden Extreme, und die Entwickler von Bitcoin-Wallets streben diese Mischung an.

Zusammenfassend können wir sagen, dass *Transaktionen* Beträge von *Transaktions-Inputs* an *Transaktions-Outputs* bewegen. Ein Input ist eine Referenz auf den Output einer vorangegangenen Transaktion und zeigt, woher der Betrag kommt. Der Output einer Transaktion leitet einen bestimmten Betrag an die Bitcoin-Adresse des neuen Besitzers weiter und kann auch einen Output enthalten, der das Wechselgeld für den ursprünglichen Eigentümer enthält. Outputs einer Transaktion können als Inputs einer neuen Transaktion dienen. Auf diese Weise wird eine Kette der Eigentumsverhältnisse aufgebaut, während Beträge von einem Besitzer zum nächsten wandern (siehe Abbildung 2-4).

Gängige Transaktionsformen

Die gängigste Form einer Transaktion ist eine einfache Zahlung von einer Adresse an eine andere. Häufig umfasst das auch ein »Wechselgeld«, das an den ursprünglichen Eigentümer zurückübertragen wird. Dieser Transaktionstyp hat einen Input und zwei Outputs, wie in Abbildung 2-5 zu sehen.

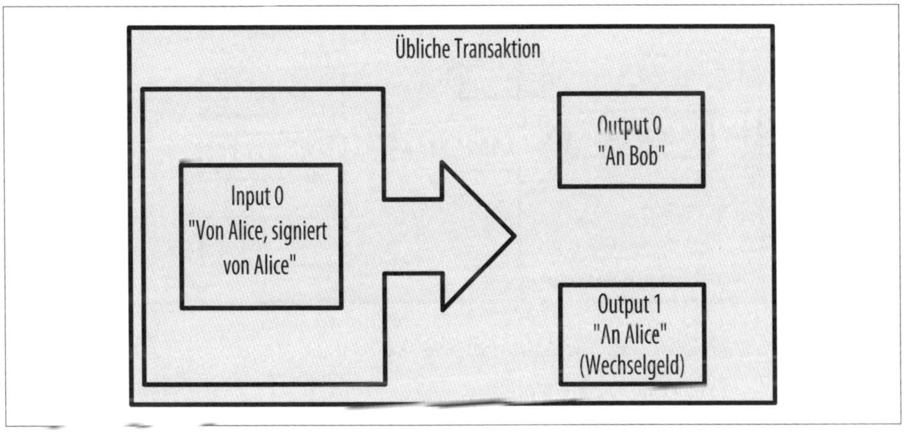

Abbildung 2-5: Gängigste Transaktion

Eine andere gängige Form von Transaktion fasst verschiedene Inputs zu einem einzigen Output zusammen (siehe Abbildung 2-6). Das stellt den Fall dar, in dem wir aus mehreren kleinen Münzen und Scheinen eine größere Summe zusammensuchen. Solche Transaktionen werden manchmal durch Wallet-Anwendungen generiert, um viele kleine Beträge zusammenzufassen, die als Wechselgeld für Zahlungen empfangen wurden.

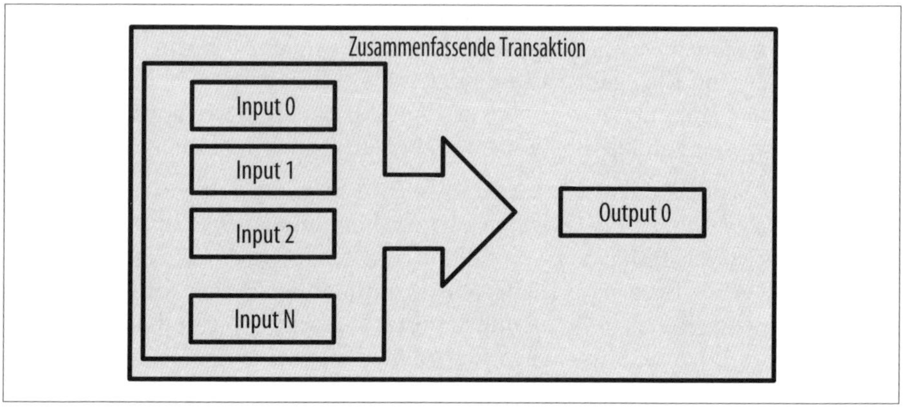

Abbildung 2-6: Zahlungen zusammenfassende Transaktion

Eine weitere typische Transaktionsform, die man oft im Bitcoin-Kassenbuch findet, ist schließlich diejenige, die einen Input auf mehrere Outputs verteilt, also an mehrere Empfänger (siehe Abbildung 2-7). Dieser Transaktionstyp wird manchmal von gewerblichen Teilnehmern genutzt, um Zahlungen (etwa Löhne) an mehrere Mitarbeiter zu verteilen.

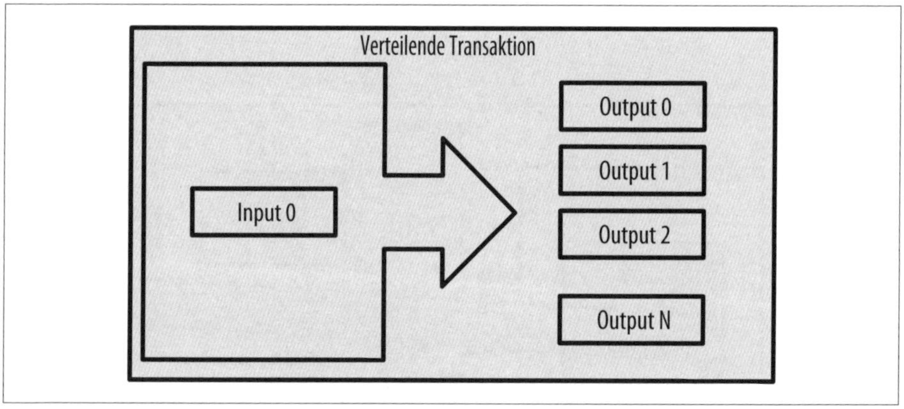

Abbildung 2-7: Zahlungen verteilende Transaktion

Eine Transaktion konstruieren

Alice' Wallet-Anwendung enthält die gesamte Logik, um die passenden Inputs und Outputs zu wählen und eine Transaktion nach Alice' Vorgaben zu konstruieren. Alice muss nur das Ziel und den Betrag angeben. Den Rest übernimmt die Wallet-Anwendung, ohne dass sie die Details sieht. Wichtig ist dabei, dass eine Wallet-Anwendung die Transaktionen auch erzeugen kann, wenn sie komplett offline ist. Genau wie Sie einen Scheck zu Hause ausstellen und später in die Post geben können, kann auch die Transaktion konstruiert und signiert werden, während keine Verbindung zum Bitcoin-Netzwerk besteht.

Die richtigen Inputs

Alice' Wallet-Anwendung muss zuerst die Inputs finden, mit denen sie den Betrag bezahlen kann, die sie an Bob senden möchte. Die meisten Wallets halten alle Outputs nach, die zu den Adressen in der Wallet gehören. Alice' Wallet würde also eine Kopie des Transaktions-Outputs enthalten, der durch den Barverkauf entstanden ist (siehe »Ihr erster Bitcoin« auf Seite 11). Eine Bitcoin-Wallet-Anwendung, die als Full-Node-Client läuft, enthält tatsächlich eine Kopie aller nicht ausgegebenen Outputs aller Transaktionen in der Blockchain. Das erlaubt der Wallet, Transaktions-Inputs aufzubauen und gleichzeitig zu prüfen, ob eingehende Transaktionen die korrekten Inputs besitzen. Da aber ein Full-Node-Client sehr viel Speicherplatz benötigt, sind die meisten Nutzer-Wallets »leichtgewichtige« Clients, die nur die ungenutzten Outputs des Nutzers nachhalten.

Hält die Wallet-Anwendung keine Kopie der nicht ausgegebenen Transaktions-Outputs vor, kann sie diese über das Bitcoin-Netzwerk abrufen. Hierzu steht eine Vielzahl von APIs verschiedener Anbieter bereit. Man kann aber auch eine Full Node über einen API-Aufruf abfragen. Beispiel 2-2 zeigt einen API-Request, der als HTTP-GET-Befehl an eine spezifische URL aufgebaut ist. Diese URL liefert alle nicht ausgegebenen Outputs einer Adresse zurück. Das gibt jeder Anwendung die Informationen, die nötig sind, um Transaktions-Outputs für Überweisungen zu konstruieren. Wir verwenden den einfachen HTTP-Kommandozeilenclient *cURL*, um die Antwort abzurufen.

Beispiel 2-2: Alle verfügbaren Outputs für Alice' Bitcoin-Adresse abrufen

```
$ curl https://blockchain.info/unspent?active=1Cdid9KFAaatwczBwBttQcwXYCpvK8h7FK

    {

            "unspent_outputs":[

                    {
                            "tx_hash":"186f9f998a5...2836dd734d2804fe65fa35779",
                            "tx_index":104810202,
                            "tx_output_n": 0,

    "script":"76a9147f9b1a7fb68d60c536c2fd8aeaa53a8f3cc025a888ac",
                            "value": 10000000,
                            "value_hex": "00989680",
                            "confirmations":0
                    }

            ]
    }
```

Die Response in Beispiel 2-2 zeigt einen ungenutzten Output (der noch nicht eingelöst wurde) im Besitz von Alice' Adresse `1Cdid9KFAaatwczBwBttQcwXYCpvK8h7FK`. Die Response enthält eine Referenz auf die Transaktion, in der dieser ungenutzte Output enthalten ist (die Zahlung von Joe) und dessen Wert in Satoshis. 10 Millionen entsprechen dabei 0,10 Bitcoin. Mit diesen Informationen kann Alice' Wallet-Anwendung eine Transaktion konstruieren, um diesen Wert an neue Adressen zu überweisen.

> Sehen Sie sich die Transaktion von Joe an Alice an (*http://bit.ly/1tAeeGr*).

Wie Sie sehen, enthält Alice' Wallet ausreichend Bitcoins in einem einzelnen ungenutzten Output, um den Kaffee zu bezahlen. Wäre das nicht der Fall, müsste Alice' Wallet-Anwendung eine Reihe kleinerer ungenutzter Outputs »durchsuchen«, bis sie genug zusammen hat, um den Kaffee bezahlen zu können (genau wie Sie Kleingeld zusammenklauben, bis es reicht). In beiden Fällen erhalten Sie möglicherweise Wechselgeld zurück, was wir im nächsten Abschnitt sehen, wenn die Wallet-Anwendung die Transaktions-Outputs (Zahlungen) erzeugt.

Die Outputs erzeugen

Ein Transaktions-Output wird in Form eines Skripts generiert, das einen Betrag erzeugt, der nur eingelöst werden kann, wenn dieses Skript fehlerfrei ausgeführt wird. Einfacher ausgedrückt, enthält Alice' Transaktions-Output ein Skript, das in etwa Folgendes besagt: »Dieser Output ist zahlbar an jeden, der eine Signatur mit dem Schlüssel von Bobs öffentlicher Adresse vorlegen kann.« Weil nur Bob die Wallet besitzt, die den zu dieser Adresse passenden Schlüssel enthält, kann nur Bobs Wallet diese Signatur vorlegen und diesen Output einlösen. Alice »belastet« daher den Output-Betrag mit der Forderung nach einer Signatur von Bob.

Diese Transaktion wird zusätzlich einen zweiten Output enthalten, weil ein Output in Höhe von 0,10 BTC vorliegt, also viel zu viel für den Kaufpreis von 0,015 BTC für den Kaffee. Alice muss also 0,085 BTC zurückerhalten. Alice' Wechselgeldzahlung wird von ihrer Wallet in der gleichen Transaktion erzeugt wie die Zahlung an Bob. Alice' Wallet teilt das Geld also in zwei Beträge auf: Einer geht an Bob und einer an sich selbst. Das Wechselgeld kann sie dann in einer nachfolgenden Transaktion verwenden (ausgeben).

Damit die Transaktion vom Netzwerk zeitnah verarbeitet wird, fügt Alice' Wallet-Anwendung eine kleine Gebühr hinzu. Diese ist nicht explizit in der Transaktion enthalten, sondern ergibt sich aus der Differenz zwischen Inputs und Outputs. Statt 0,085 BTC Wechselgeld erzeugt Alice nur 0,0845 BTC als zweiten Output, d.h., es bleiben 0,0005 BTC (ein halber Milli-Bitcoin) übrig. Die 0,10 BTC des Inputs werden durch die beiden Outputs nicht vollständig ausgegeben, weil sie zusammen weniger als 0,10 BTC ergeben. Die resultierende Differenz ist die *Transaktionsgebühr*, die der Miner für die Validierung und das Einfügen der Transaktion in einen Block erhält, der in der Blockchain festgehalten wird.

Die resultierende Transaktion können Sie sich, wie in Abbildung 2-8 zu sehen, mit einem Blockchain-Explorer ansehen.

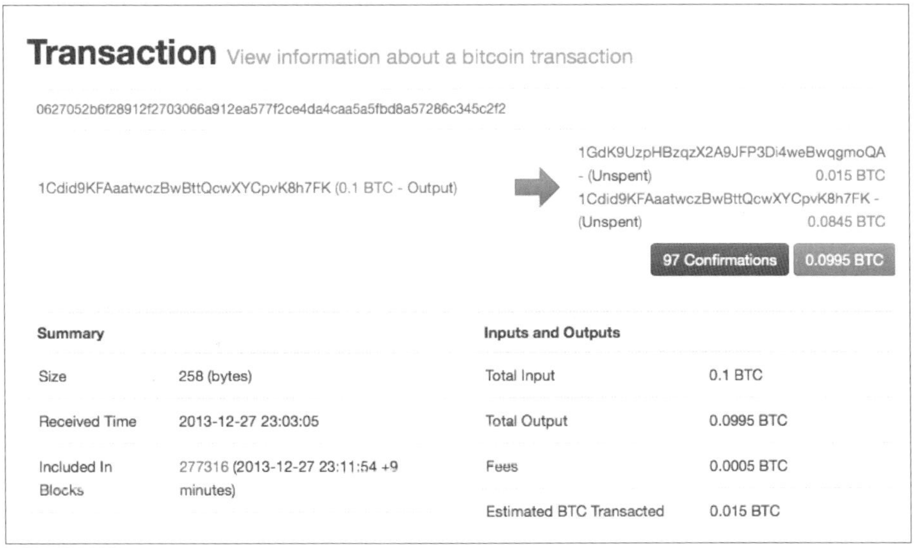

Abbildung 2-8: Alice' Transaktion an Bob's Cafe

Sehen Sie sich die Transaktion von Alice an Bob's Cafe an (*http://bit.ly/1u0FIGs*).

Die Transaktion zum Kassenbuch hinzufügen

Die von Alice' Wallet-Anwendung erzeugte Transaktion ist 258 Bytes lang und enthält alles, was nötig ist, um die Eigentümerschaft zu bestätigen und neue Eigentümer festzulegen. Die Transaktion muss nun an das Bitcoin-Netzwerk gesendet werden, wo sie Teil der Blockchain wird. Im nächsten Abschnitt erfahren Sie, wie die Transaktion Teil eines neuen Blocks wird und wie dieser Block »geschürft« wird. Zum Schluss sehen wir uns an, wie der neue Block immer vertrauenswürdiger wird, je mehr Blöcke hinzugefügt werden.

Die Transaktion senden

Da die Transaktion alle für die Verarbeitung benötigten Informationen enthält, spielt es keine Rolle, wo und wie sie an das Bitcoin-Netzwerk übertragen wird. Das Bitcoin-Netzwerk ist ein Peer-to-Peer-Netzwerk, an dem jeder Bitcoin-Client teilnimmt, indem er mit verschiedenen anderen Bitcoin-Clients verbunden ist. Die Aufgabe des Bitcoin-Netzwerks besteht darin, die Transaktionen und Blöcke an alle Teilnehmer zu propagieren.

Propagation

Jedes System, wie ein Server, eine Desktopanwendung oder eine Wallet, das am Bitcoin-Netzwerk teilnimmt, indem es das Bitcoin-Protokoll »spricht«, wird als *Bitcoin-Knoten* (Node) bezeichnet. Alice' Wallet-Anwendung kann die neue Transaktion an jeden Bitcoin-Knoten senden, mit dem sie irgendwie verbunden ist: kabelgebunden, per Wi-Fi, mobil etc. Ihre Bitcoin-Wallet muss nicht direkt mit Bobs Bitcoin-Wallet verbunden sein, und sie muss auch nicht die Internetverbindung nutzen, die im Café angeboten wird (auch wenn beide Optionen möglich sind). Jeder Bitcoin-Knoten, der eine gültige Transaktion empfängt, die er bisher noch nicht gesehen hat, leitet diese sofort an alle anderen Knoten weiter, mit denen er verbunden ist. Diese Propagationstechnik ist als *Fluten* (engl. Flooding) bekannt. So wird die Transaktion sehr schnell durch das Peer-to-Peer-Netzwerk durchpropagiert und erreicht den Großteil der Knoten innerhalb weniger Sekunden.

Bobs Sicht der Dinge

Wäre Bobs Wallet-Anwendung direkt mit Alice' Wallet-Anwendung verbunden, könnte Bobs Wallet-Anwendung der erste Knoten sein, der die Transaktion empfängt. Doch selbst wenn Alice' Wallet die Transaktion über andere Knoten sendet, erreicht sie Bobs Wallet innerhalb weniger Sekunden. Bobs Wallet erkennt Alice' Transaktion als eingehende Zahlung, weil sie Outputs enthält, die mit Bobs Schlüssel eingelöst werden können. Bobs Wallet-Anwendung kann auch unabhängig prüfen, ob die Transaktion wohlgeformt ist, bisher unverbrauchte Inputs verwendet und ausreichende Transaktionsgebühren enthält, um in den nächsten Block aufgenommen zu werden. An dieser Stelle kann Bob (bei nur geringem Risiko) davon ausgehen, dass die Transaktion in Kürze in einen Block aufgenommen und bestätigt wird.

Ein gängiger Irrglaube zu Bitcoin-Transaktionen ist, dass sie »bestätigt« werden müssen, indem man 10 Minuten auf einen neuen Block wartet bzw. bis zu 60 Minuten für volle sechs Bestätigungen. Zwar stellen Bestätigungen sicher, dass die Transaktion vom gesamten Netzwerk akzeptiert wurde, doch eine solche Verzögerung ist bei kleinen Werten wie einer Tasse Kaffee unnötig. Ein Händler kann kleine gültige Transaktionen auch ohne Bestätigungen akzeptieren und geht dabei kein größeres Risiko ein als bei Kreditkartenzahlungen ohne PIN oder Unterschrift, wie sie heutzutage üblich sind.

Bitcoin-Mining

Alice' Transaktion wurde nun in das Bitcoin-Netzwerk propagiert. Sie wird erst Teil der Blockchain, nachdem sie verifiziert und in einen Block eingefügt wurde. Dieser Prozess wird *Mining* genannt. Eine detaillierte Erläuterung finden Sie in Kapitel 10.

Vertrauen basiert im Bitcoin-System auf Berechnungen. Transaktionen werden in *Blöcken* zusammengefasst, deren Prüfung eine enorme Rechenleistung verlangt, doch es ist nur wenig Rechenleistung nötig, um die erfolgte Prüfung zu verifizieren. Der Mining-Prozess dient bei Bitcoin zwei Zwecken:

- Mining-Knoten validieren alle Transaktionen unter Berücksichtigungen der *Konsensregeln* von Bitcoin. Das Mining bietet daher Sicherheit für Bitcoin-Transaktionen, indem es ungültige oder fehlerhafte Transaktionen ablehnt.
- Das Mining erzeugt neue Bitcoins mit jedem Block – etwa so, wie eine Zentralbank neues Geld druckt. Die Menge der pro Block erzeugten Bitcoins ist limitiert und verringert sich mit der Zeit (nach einem festgelegten Ausgabeschema).

Durch Mining erreicht man eine gute Balance zwischen Kosten und Belohnungen. Das Mining verbraucht Strom, um ein mathematisches Problem zu lösen. Ein erfolgreicher Miner erhält eine *Belohnung* in Form neuer Bitcoins und Transaktionsgebühren. Die Belohnung gibt es aber nur, wenn alle Transaktionen nach den Regeln des *Konsenses* korrekt validiert wurden. Diese Balance bietet Sicherheit für den Bitcoin ohne eine zentrale Instanz.

Eine gute Möglichkeit, das Mining zu beschreiben, ist, es mit einem riesigen Sudoku-Turnier zu vergleichen, das immer neu beginnt, wenn jemand eine Lösung gefunden hat, wobei die Schwierigkeit automatisch so angepasst wird, dass etwa alle zehn Minuten eine Lösung gefunden wird. Stellen Sie sich ein riesiges Sudoku-Puzzle mit Tausenden von Zeilen und Spalten vor. Wenn ich Ihnen ein gelöstes Puzzle zeige, können Sie es recht schnell überprüfen. Doch wenn im Puzzle nur einige Kästchen ausgefüllt sind, ist es viel Arbeit, es zu lösen! Die Schwierigkeit des Sudokus kann über eine Anpassung der Größe verändert werden (mehr oder weniger Zeilen und Spalten). Dennoch kann es recht schnell überprüft werden, selbst wenn es sehr groß ist. Das bei Bitcoin verwendete »Puzzle« basiert auf einem kryptografischen Hash und weist ähnliche Eigenschaften auf: Es ist asymmetrisch schwer zu lösen, aber leicht zu verifizieren, und seine Schwierigkeit kann angepasst werden.

In »Bitcoin: Anwendungsfälle, Anwender und deren Geschichten« auf Seite 3 haben wir Jing kennengelernt, einen Entrepreneur aus Schanghai. Jing betreibt eine *Mining-Farm*, in der Tausende spezialisierte Mining-Computer laufen und um die Belohnung kämpfen. Etwa alle zehn Minuten treten Jings Mining-Computer gegen Tausende ähnliche Systeme in einem globalen Rennen an, um die Lösung für einen Transaktionsblock zu finden. Eine solche Lösung zu finden, den sogenannten *Proof-of-Work* (PoW), verlangt Billiarden von Hashing-Operationen im gesamten Bitcoin-Netzwerk. Der Algorithmus für den Proof-of-Work verlangt das wiederholte Hashing des Block-Headers und einer Zufallszahl mit dem kryptografischen SHA256-Algorithmus, bis eine Lösung gefunden ist, die einem vorbestimmten

Muster entspricht. Der erste Miner, der eine Lösung findet, gewinnt die Runde und veröffentlicht diesen Block in der Blockchain.

Jing begann 2010 mit dem Mining. Er nutzte damals einen schnellen Desktopcomputer, um einen passenden Proof-of-Work für neue Blöcke zu finden. Als weitere Miner in das Bitcoin-Netzwerk eintraten, erhöhte sich die Schwierigkeit (Difficulty) des zu lösenden Problems drastisch. Schnell rüsteten Jing und andere Miner auf spezialisierte Hardware um, etwa High-End-Grafikkarten (GPUs), wie sie in Gaming-PCs oder Spielkonsolen verwendet werden. Während diese Zeilen geschrieben werden, ist die Difficulty so hoch, dass ein profitables Mining nur mit ASICs (anwendungspezifischen integrierten Schaltungen) möglich ist. Dabei handelt es sich im Wesentlichen um Hunderte in Hardware gegossene Mining-Algorithmen, die auf einem einzelnen Chip parallel laufen. Jings Unternehmen beteiligt sich auch an einem *Mining-Pool*. Wie bei einer Lotteriegemeinschaft »zahlen« alle Teilnehmer in einen Topf ein (hier Rechenleistung) und teilen sich die Erträge. Jings Firma betreibt eine Lagerhalle mit Tausenden von ASCI-Minern, die 24 Stunden am Tag Bitcoins schürfen. Das Unternehmen bezahlt seine Stromrechnung, indem es einen Teil der geschürften Bitcoins verkauft. Was übrig bleibt, ist Jings Gewinn.

Transaktionen in Blöcke einfügen

Neue Transaktionen gehen fortlaufend über Nutzer-Wallets und andere Anwendungen im Netzwerk ein. Sobald ein Netzwerkknoten eine neue Transaktion erkennt, fügt er sie in einen temporären Pool nicht verifizierter Transaktionen ein, den jeder Knoten pflegt. Während Miner einen neuen Block konstruieren, fügen sie nicht verifizierte Transaktionen aus diesem Pool in den neuen Block ein und versuchen, die Gültigkeit dieses neuen Blocks mit dem Mining-Algorithmus (Proof-of-Work) zu verifizieren. Der Mining-Prozess wird in Kapitel 10 detailliert erläutert.

Transaktionen werden dem neuen Block, sortiert nach Gebühren (und einigen wenigen anderen Kriterien), hinzugefügt. Jeder Miner beginnt mit dem Mining eines neuen Transaktionsblocks, sobald er den vorherigen Block aus dem Netzwerk erhält. Die letzte Runde um einen neuen Block hat er verloren. Er erzeugt umgehend einen neuen Block, füllt ihn mit Transaktionen und dem Fingerprint des vorherigen Blocks auf und startet die Berechnung des Proof-of-Work für den neuen Block. Jeder Miner fügt eine spezielle Transaktion in seinen Block ein, die die Belohnung (momentan 12,5 neu generierte Bitcoin) und die Gebühren aller im Block enthaltenen Transaktionen an seine eigene Bitcoin-Adresse auszahlt. Findet er eine Lösung, die den Block gültig macht, »gewinnt« er die Belohnung, weil sein Block erfolgreich in die globale Blockchain eingetragen wird. Jing, der an einem Mining-Pool teilnimmt, hat seine Software, die neue Blöcke generiert, so eingestellt, dass die Belohnung an eine Pooladresse geht. Von dort wird die Belohnung an Jing und die anderen Miner verteilt, abhängig davon, wie viel Rechenleistung sie zur Lösung der letzten Runde beigetragen haben.

Alice' Transaktion wurde vom Netzwerk eingesammelt und in einen Pool nicht verifizierter Transaktionen eingetragen. Direkt nachdem die Mining-Software sie validiert hatte, wurde sie in einen neuen Block eingefügt, den sogenannten *Candidate-Block* (zu Deutsch etwa »Anwärterblock«), der von Jings Mining-Pool generiert wurde. Alle an diesem Pool teilnehmenden Miner beginnen sofort mit der Berechnung des Proof-of-Work für diesen Anwärterblock. Etwa fünf Minuten nachdem die Transaktion von Alice' Wallet übermittelt wurde, findet einer von Jings ASCI-Minern eine Lösung für den Anwärterblock und meldet sie dem Netzwerk. Sobald andere Miner den Gewinnerblock verifiziert haben, starten sie das Rennen um den nächsten Block.

Jings Gewinnerblock wird als Block #277316 Teil der Blockchain. Der Block enthält 420 Transaktionen, darunter auch Alice' Transaktion. Der Block, der Alice' Transaktion enthält, zählt als eine »Bestätigung« dieser Transaktion.

> Sie können sich den Block ansehen, der Alice' Zahlung enthält (*https://blockchain.info/block-height/277316*).

Etwa 19 Minuten später wird von einem anderen Miner der neue Block #277317 erschürft. Da dieser Block auf dem Block #277316 aufbaut, der Alice' Transaktion enthält, wurde noch mehr Rechenleistung in die Blockchain investiert, was das Vertrauen in diese Transaktionen weiter stärkt. Jeder Block, der über diesen einen Block geschürft wurde, der unsere Transaktion enthält, zählt als zusätzliche Bestätigung für Alice' Transaktion. Da die Blöcke aufeinander aufbauen, wird es exponentiell schwieriger, die Transaktion rückgängig zu machen. Dies erhöht das Vertrauen durch das Netzwerk immer weiter.

Im Diagramm in Abbildung 2-9 sehen wir Block #277316, der Alice' Transaktion enthält. Darunter liegen 277.316 Blöcke (einschließlich Block #0), die miteinander über eine Kette von Blöcken (die Blockchain) bis hinunter zu Block #0 (dem sogenannten *Genesis-Block*) verknüpft sind. Mit der Zeit, wenn die »Höhe« der Blöcke steigt, erhöht sich auch die rechnerische Schwierigkeit für jeden Block und die Kette (Chain) als Ganzes. Die Blöcke, die nach dem Block gemined werden, der Alice' Transaktion enthält, fungieren als zusätzliche Sicherheit, da sich immer mehr Berechnungen für eine immer länger werdende Kette ansammeln. Per Konvention wird jeder Block mit mehr als sechs Bestätigungen als unwiderruflich betrachtet, da es eine immense Rechenleistung erfordern würde, sechs Blöcke für ungültig zu erklären und neu zu berechnen. Wir sehen uns den Mining-Prozess und die Art und Weise, wie er Vertrauen aufbaut, detailliert in Kapitel 10 an.

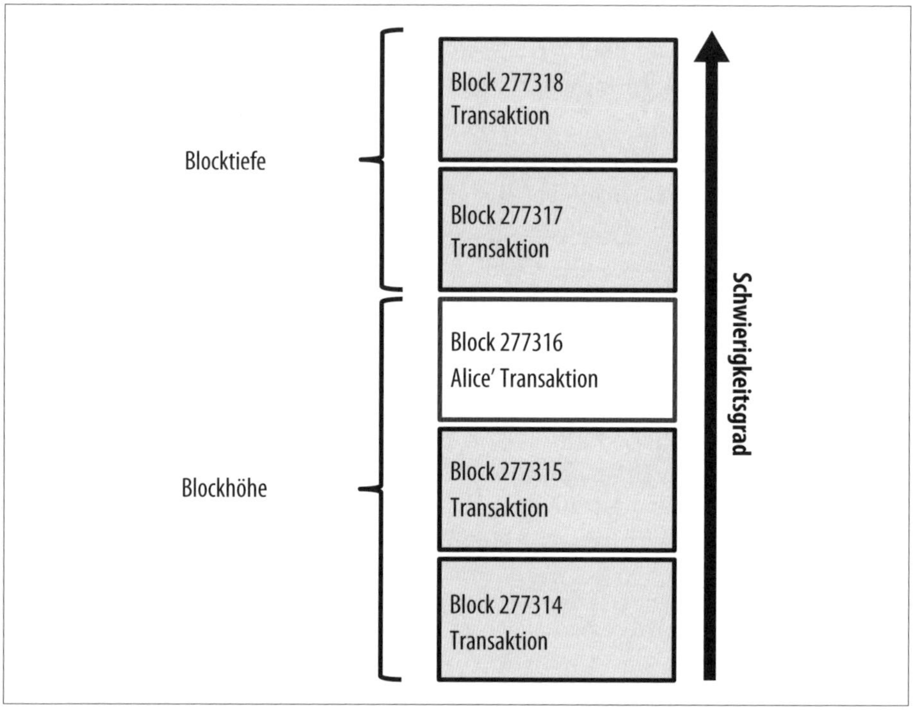

Abbildung 2-9: Alice' Transaktion in Block #277316

Die Transaktion einlösen

Nachdem Alice' Transaktion als Teil eines Blocks in die Blockchain aufgenommen wurde, ist sie Teil des Bitcoin-Kassenbuchs und für alle Bitcoin-Anwendungen sichtbar. Jeder Bitcoin-Client kann die Transaktion unabhängig als gültig und nutzbar verifizieren. Full-Node-Clients können die Quelle der Mittel von der ersten Generierung in einem Block schrittweise von Transaktion zu Transaktion verfolgen, bis Bobs Adresse erreicht ist. Leichtgewichtige (Lightweight) Clients können die sogenannte *Simplified Payment Verification* (»vereinfachte Zahlungsverifikation«, siehe »SPV-Nodes (Simplified Payment Verification)« auf Seite 184) nutzen, indem sie prüfen, ob eine Transaktion in der Blockchain steht und ob nach ihr weitere Blöcke gemined wurden, was sicherstellt, dass die Miner die Transaktion als gültig akzeptiert haben.

Bob kann nun über den Output dieser und anderer Transaktionen verfügen. Beispielsweise kann Bob einen Lieferanten bezahlen, indem er den Betrag von Alice' Kaffeezahlung an den neuen Eigentümer überträgt. Sehr wahrscheinlich wird Bobs Bitcoin-Software viele kleine Zahlungen zu einer größeren Zahlung zusammenfassen, etwa um die Tageseinnahmen zu einer einzigen Transaktion zu vereinen. Auf diese Weise würde aus den verschiedenen Zahlungen ein einzelner Output (und eine einzelne Adresse) werden. Ein Diagramm einer solchen zusammenfassenden Transaktion finden Sie in Abbildung 2-6.

Wenn Bob die von Alice und anderen Kunden empfangenen Zahlungen ausgibt, erweitert er die Transaktionskette. Nehmen wir an, Bob bezahlt seinen Webdesigner Gopesh in Bangalore für eine Seite der neuen Website. Die Transaktionskette sieht dann wie folgt aus (siehe Abbildung 2-10):

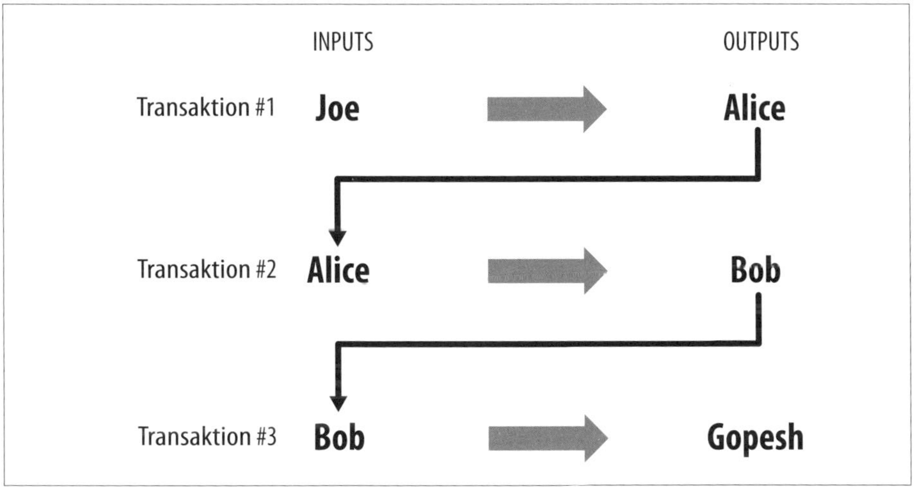

Abbildung 2-10: Alice' Transaktion als Teil der Transaktionskette von Joe an Gopesh

In diesem Kapitel haben wir gesehen, wie Transaktionen eine Kette bilden, die Werte von Besitzer zu Besitzer weitergeben. Wir haben Alice' Transaktion von dem Augenblick an verfolgt, in dem sie in ihrer Wallet erzeugt wurde, über das gesamte Netzwerk bis zu den Minern, die sie in der Blockchain festgehalten haben. Der Rest dieses Buchs beschäftigt sich mit den spezifischen Technologien hinter Wallets, Adressen, Signaturen, Transaktionen, dem Netzwerk und schließlich dem Mining.

KAPITEL 3

Bitcoin Core: die Referenzimplementierung

Bitcoin ist ein *Open-Source-Projekt*. Der Quellcode ist unter einer offenen (MIT-) Lizenz verfügbar und kann kostenlos heruntergeladen und für beliebige Zwecke genutzt werden. Open Source bedeutet nicht nur freie Nutzung, es bedeutet, dass der Bitcoin von einer offenen Community von Freiwilligen entwickelt wird. Zuerst bestand diese Community nur aus Satoshi Nakamoto. Im Jahr 2016 haben bereits mehr als 400 Freiwillige zum Bitcoin-Quellcode beigetragen. Über ein Dutzend Entwickler arbeiten mehr oder weniger Vollzeit und mehrere Dutzend in Teilzeit an dem Projekt. Jeder kann etwas zum Code beitragen – auch Sie!

Als Bitcoin von Satoshi Nakamoto entwickelt wurde, war die Software bereits fertig, bevor das in Anhang A wiedergegebene Whitepaper geschrieben wurde. Satoshi wollte sicherstellen, dass es funktioniert, bevor er darüber schreibt. Diese erste Implementierung wird einfach »Bitcoin« oder »Satoshi-Client« genannt und wurde stark modifiziert und verbessert. Sie hat sich zu dem entwickelt, was heute als *Bitcoin Core* bezeichnet wird, um es von anderen kompatiblen Implementierungen unterscheiden zu können. Bitcoin Core ist die *Referenzimplementierung* des Bitcoin-Systems, d.h. die maßgebliche Referenz, wie jeder Teil der Technologie zu implementieren ist. Bitcoin Core implementiert alle Aspekte des Bitcoins – einschließlich Wallets, einer Engine zur Validierung von Transaktionen und Blöcken sowie einer vollwertigen Netzwerk-Node innerhalb des Bitcoin-Peer-to-Peer Netzwerks.

> Zwar enthält Bitcoin Core die Referenzimplementierung einer Wallet, doch diese ist nicht als produktive Wallet für Nutzer oder Anwendungen gedacht. Anwendungsentwickler sind angehalten, Wallets mit modernen Standards wie BIP-39 und BIP 32 (siehe »Mnemonische Codewörter (BIP-39)« auf Seite 102 und »HD-Wallets (BIP-32/BIP-44)« auf Seite 98) zu entwickeln. BIP steht für *Bitcoin Improvement Proposal*, zu Deutsch etwa »Bitcoin-Verbesserungsvorschlag«.

Abbildung 3-1 zeigt die Architektur von Bitcoin Core.

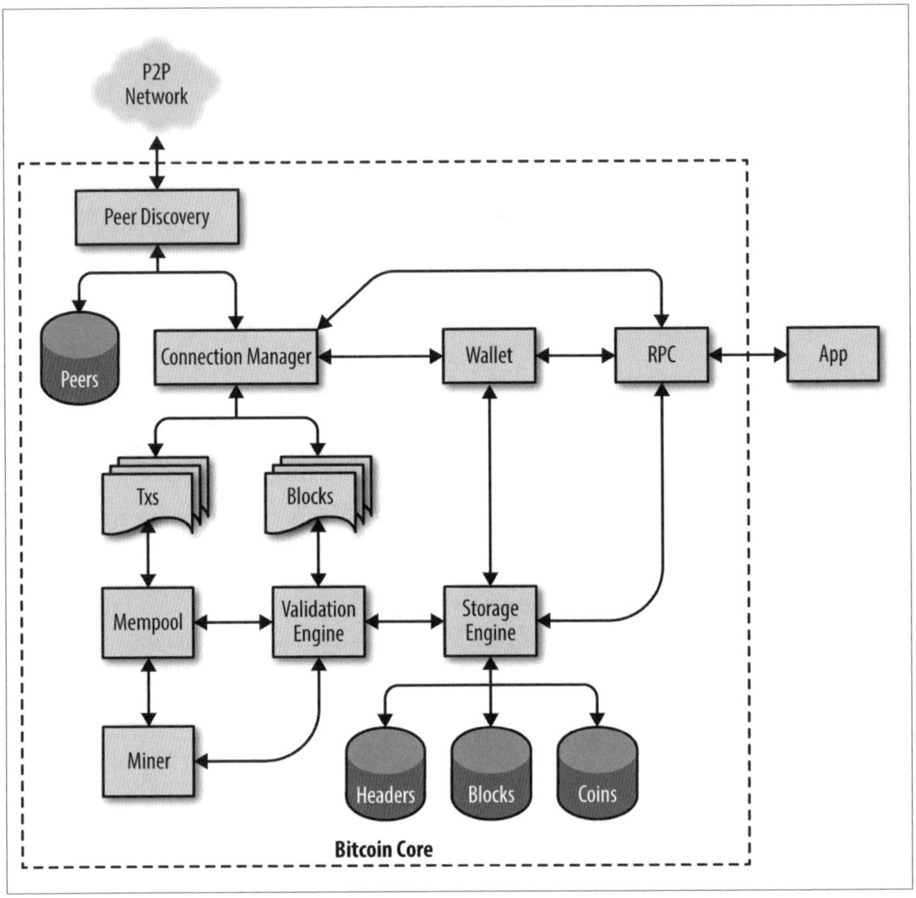

Abbildung 3-1: Bitcoin-Core-Architektur (Quelle: Eric Lombrozo)

Bitcoin-Entwicklungsumgebung

Als Entwickler werden Sie eine Entwicklungsumgebung einrichten wollen, die alle Tools, Bibliotheken und sämtliche Supportsoftware umfasst, die Sie zum Schreiben von Bitcoin-Anwendungen benötigen. In diesem sehr technischen Kapitel gehen wir diesen Prozess Schritt für Schritt durch. Wenn Ihnen das Material zu kompliziert wird (oder wenn Sie keine Entwicklungsumgebung einrichten wollen), machen Sie einfach mit dem nächsten Kapitel weiter, das nicht mehr ganz so viel Technik beinhaltet.

Bitcoin Core aus dem Quellcode kompilieren

Der Quellcode von Bitcoin Core kann als ZIP-Archiv heruntergeladen oder aus dem Quell-Repository von GitHub geklont werden. Auf der GitHub-Bitcoin-Seite (*https://github.com/bitcoin/bitcoin*) wählen Sie Download ZIP in der Seitenleiste. Alternativ können Sie die git-Kommandozeile nutzen, um eine lokale Kopie des Quellcodes auf Ihrem System anzulegen.

> Viele Beispiele in diesem Kapitel nutzen die Kommandozeilenschnittstelle (die »Shell«) des Betriebssystems, auf die über eine Terminalanwendung zugegriffen wird. Die Shell gibt einen Prompt aus, Sie geben einen Befehl ein, und die Shell antwortet mit einem Text oder einem neuen Prompt. Der Prompt kann bei Ihrem System anders aussehen, wir verwenden in den folgenden Beispielen das $-Symbol. Geben Sie in den folgenden Beispielen den auf das $-Symbol folgenden Text ein und drücken Sie die Enter-Taste, um den Befehl auszuführen. Die auf den Befehl folgenden Zeilen sind die Antwort des Programms auf diesen Befehl. Sobald Sie das nächste $ im Text sehen, wissen Sie, dass es sich um einen Befehl handelt, den Sie wieder eingeben müssen.

In diesem Beispiel nutzen wir den git-Befehl, um eine lokale Kopie des Quellcodes zu »klonen«:

```
$ git clone https://github.com/bitcoin/bitcoin.git
Cloning into 'bitcoin'...
remote: Counting objects: 66193, done.
remote: Total 66193 (delta 0), reused 0 (delta 0), pack-reused 66193
Receiving objects: 100% (66193/66193), 63.39 MiB | 574.00 KiB/s, done.
Resolving deltas: 100% (48395/48395), done.
Checking connectivity... done.
$
```

> Git ist das am häufigsten genutzte System zur verteilten Versionskontrolle und elementarer Bestandteil jedes Softwareentwicklungs-Toolkits. Falls es nicht schon vorhanden ist, müssen Sie den git-Befehl oder eine grafische git-Schnittstelle auf Ihrem Rechner installieren.

Sobald das Klonen abgeschlossen ist, besitzen Sie eine vollständige lokale Kopie des Quellcode-Repository im Verzeichnis *bitcoin*. Wechseln Sie in dieses Verzeichnis, indem Sie **`cd bitcoin`** in der Kommandozeile eingeben:

```
$ cd bitcoin
```

Wahl einer Bitcoin-Core-Release

Standardmäßig wird die lokale Kopie mit dem aktuellsten Code abgeglichen, bei dem es sich aber um eine instabile (»unstable«) oder eine Betaversion von Bitcoin handeln kann. Bevor Sie den Code kompilieren, sollten Sie daher eine spezifische Version verwenden, die Sie durch das Check-out eines bestimmten Release-Tags auswählen. Damit gleichen Sie die lokale Kopie mit einem bestimmten Snapshot ab, der durch ein Tag identifiziert wird. Um die verfügbaren Tags zu ermitteln, verwenden wir zuerst den Befehl `git tag`:

```
$ git tag
v0.1.5
v0.1.6test1
v0.10.0
...
v0.11.2
v0.11.2rc1
v0.12.0rc1
v0.12.0rc2
...
```

Die Liste der Tags zeigt alle veröffentlichten Bitcoin-Releases. Per Konvention werden *Release Candidates*, die zum Testen gedacht sind, durch die Endung rc gekennzeichnet. Stabile Releases, die in Produktivsystemen verwendet werden können, besitzen keine besondere Endung. Aus der obigen Liste wählen Sie die aktuelle Version aus. Während dies geschrieben wird, ist das v0.11.2. Um den lokalen Code mit dieser Version zu synchronisieren, nutzen Sie den Befehl `git checkout`:

```
$ git checkout v0.11.2
HEAD is now at 7e27892... Merge pull request #6975
```

Sie können prüfen, ob die gewünschte Version »ausgecheckt« wurde, indem Sie den Befehl `git status` ausführen:

```
$ git status
HEAD detached at v0.11.2
nothing to commit, working directory clean
```

Den Bitcoin-Core-Build konfigurieren

Der Quellcode umfasst auch die Dokumentation, die in einer Reihe von Dateien enthalten ist. Die Hauptdokumentation finden Sie in der Datei *README.md* im *bitcoin*-Verzeichnis. Sie können sie sich in der Kommandozeile durch Eingabe von **`more README.md`** ansehen. Mit der Leertaste gelangen Sie zur nächsten Seite. In diesem Kapitel wollen wir den Bitcoin-Client für die Kommandozeile erzeugen, der unter Linux als `bitcoind` bekannt ist. Sehen Sie sich die Anweisungen für die Kompilierung des `bitcoind`-Clients für Ihre Plattform per Eingabe von **`more doc/build-unix.md`** an. Anweisungen für andere Betriebssysteme wie macOS und Windows finden Sie im *doc*-Verzeichnis in *build-osx.md* bzw.*build-windows.md.*

Gehen Sie sorgfältig die für den Build verlangten Systemvoraussetzungen durch, die Sie im ersten Teil der Build-Dokumentation finden. Dabei handelt es sich um Bibliotheken, die auf Ihrem System vorhanden sein müssen, bevor Bitcoin kompiliert werden kann. Fehlen sie, bricht der Build-Prozess mit einem Fehler ab. Passiert das wegen einer fehlenden Bibliothek, installieren Sie diese einfach nach und wiederholen den Build-Prozess. Sind alle Voraussetzungen erfüllt, beginnen Sie mit der Generierung einer Reihe von Build-Skripten durch das Skript *autogen.sh*.

Der Build-Prozess von Bitcoin Core verwendet seit Version 0.9 das `autogen/configure/make`-System. Ältere Versionen nutzen ein einfaches Makefile und arbeiten etwas anders als nachfolgend beschrieben. Folgen Sie den Anweisungen der Version, die Sie kompilieren wollen. Das in Version 0.9 eingeführte `autogen/configure/make` wird wohl das Build-System sein, das von allen zukünftigen Versionen genutzt wird; deshalb werden wir es in den folgenden Beispielen verwenden.

```
$ ./autogen.sh
...
glibtoolize: copying file 'build-aux/m4/libtool.m4'
glibtoolize: copying file 'build-aux/m4/ltoptions.m4'
glibtoolize: copying file 'build-aux/m4/ltsugar.m4'
glibtoolize: copying file 'build-aux/m4/ltversion.m4'
...
configure.ac:10: installing 'build-aux/compile'
configure.ac:5: installing 'build-aux/config.guess'
configure.ac:5: installing 'build-aux/config.sub'
configure.ac:9: installing 'build-aux/install-sh'
configure.ac:9: installing 'build-aux/missing'
Makefile.am: installing 'build-aux/depcomp'
...
```

Das Skript *autogen.sh* erzeugt eine Reihe automatischer Konfigurationsskripte, die ihr System untersuchen, um die richtigen Einstellungen zu ermitteln und sicherzustellen, dass die zur Kompilierung des Codes benötigten Bibliotheken vorhanden sind. Das wichtigste dieser Skripte ist `configure`, das eine Reihe verschiedener Optionen anbietet, über die Sie den Build-Prozess individuell anpassen können. Geben Sie **`./configure --help`** ein, um sich die verschiedenen Optionen anzusehen:

```
$ ./configure --help
`configure' configures Bitcoin Core 0.11.2 to adapt to many kinds of systems.

Usage: ./configure [OPTION]... [VAR=VALUE]...

...
Optional Features:
  --disable-option-checking  ignore unrecognized --enable/--with options
  --disable-FEATURE       do not include FEATURE (same as --enable-FEATURE=no)
  --enable-FEATURE[=ARG]  include FEATURE [ARG=yes]

  --enable-wallet         enable wallet (default is yes)

  --with-gui[=no|qt4|qt5|auto]
...
```

Das `configure`-Skript erlaubt Ihnen, verschiedene Features von `bitcoind` zu aktivieren bzw. zu deaktivieren. Sie nutzen dazu die Flags `--enable-FEATURE` und `--disable-FEATURE`, wobei Sie `FEATURE` durch den Namen des Features ersetzen. Die Namen werden in der Skripthilfe aufgeführt. In diesem Kapitel werden wir `bitcoind` mit allen Standardfeatures kompilieren. Wir werden keine Konfigurations-Flags nutzen, doch Sie sollten sie sich ansehen, um zu verstehen, welche optionalen Features

Teil des Clients sind. Je nach Arbeitsumgebung werden Sie bestimmte Nutzungsbedingungen einhalten und Anwendungen z. B. in Ihrem Home-Verzeichnis (mit `--prefix=$HOME`) ablegen müssen. Hier einige nützliche Optionen, die das Standardverhalten des `configure`-Skripts ändern:

`--prefix=$HOME`
: Überschreibt den Standardinstallationspfad (*/usr/local/*) für das erzeugte Executable. Verwenden Sie `$HOME`, um alles in Ihrem Home-Verzeichnis abzulegen, oder einen anderen Pfad.

`--disable-wallet`
: Deaktiviert die Referenzimplementierung der Wallet.

`--with-incompatible-bdb`
: Erlaubt die Verwendung einer inkompatiblen Version der Berkeley DB-Bibliothek bei der Kompilierung der Wallet.

`--with-gui=no`
: Kompiliert die grafische Benutzerschnittstelle nicht, die die Qt-Bibliothek verlangt. Erzeugt nur die Server- und Kommandozeilenversionen.

Als Nächstes führen Sie das `configure`-Skript aus, um automatisch die benötigten Bibliotheken zu ermitteln und ein individuelles Build-Skript für Ihr System zu erzeugen:

```
$ ./configure
checking build system type... x86_64-unknown-linux-gnu
checking host system type... x86_64-unknown-linux-gnu
checking for a BSD-compatible install... /usr/bin/install -c
checking whether build environment is sane... yes
checking for a thread-safe mkdir -p... /bin/mkdir -p
checking for gawk... gawk
checking whether make sets $(MAKE)... yes
...
[Unmengen weiterer Konfigurationstests]
...
$
```

Geht alles gut, erzeugt der `configure`-Befehl die individuell angepassten Build-Skripte, die uns die Kompilierung von `bitcoind` erlauben. Wenn Bibliotheken fehlen oder andere Fehler auftreten, bricht der `configure`-Befehl mit einer entsprechenden Fehlermeldung ab und erzeugt keine Build-Skripte. Fehler treten hauptsächlich wegen fehlender oder inkompatibler Bibliotheken auf. Gehen Sie die Build-Dokumentation noch einmal durch und installieren Sie fehlende Systemvoraussetzungen nach. Führen Sie `configure` dann erneut aus und prüfen Sie, ob der Fehler damit behoben ist.

Die Bitcoin-Core-Executables erzeugen

Kompilieren Sie nun den Quellcode, was je nach CPU und verfügbarem Speicher bis zu einer Stunde dauern kann. Während der Kompilierung sehen Sie alle paar

Sekunden oder Minuten eine Ausgabe bzw. eine Fehlermeldung, wenn etwas schiefgeht. Kommt es zu einem Fehler oder wird die Kompilierung unterbrochen, können Sie sie durch die Eingabe von make jederzeit wieder starten. Geben Sie jetzt **make** ein, um mit der Kompilierung der Executables zu beginnen:

```
$ make
Making all in src
  CXX      crypto/libbitcoinconsensus_la-hmac_sha512.lo
  CXX      crypto/libbitcoinconsensus_la-ripemd160.lo
  CXX      crypto/libbitcoinconsensus_la-sha1.lo
  CXX      crypto/libbitcoinconsensus_la-sha256.lo
  CXX      crypto/libbitcoinconsensus_la-sha512.lo
  CXX      libbitcoinconsensus_la-hash.lo
  CXX      primitives/libbitcoinconsensus_la-transaction.lo
  CXX      libbitcoinconsensus_la-pubkey.lo
  CXX      script/libbitcoinconsensus_la-bitcoinconsensus.lo
  CXX      script/libbitcoinconsensus_la-interpreter.lo

[... Unmengen weiterer Compiler-Meldungen ...]

$
```

Wenn alles gut geht, ist Bitcoin Core nun kompiliert. Der letzte Schritt besteht darin, die verschiedenen Executables mit dem Befehl sudo make install auf Ihrem System zu installieren. Möglicherweise werden Sie nach Ihrem Passwort gefragt, da dieser Schritt administrative Rechte benötigt:

```
$ sudo make install
Password:
Making install in src
 ../build-aux/install-sh -c -d '/usr/local/lib'
libtool: install: /usr/bin/install -c bitcoind /usr/local/bin/bitcoind
libtool: install: /usr/bin/install -c bitcoin-cli /usr/local/bin/bitcoin-cli
libtool: install: /usr/bin/install -c bitcoin-tx /usr/local/bin/bitcoin-tx
...
$
```

Die Standardinstallation legt bitcoind in */usr/local/bin* ab. Sie können sicherstellen, dass Bitcoin Core korrekt installiert wurde, indem Sie das System nach dem Pfad der ausführbaren Programme fragen:

```
$ which bitcoind
/usr/local/bin/bitcoind

$ which bitcoin-cli
/usr/local/bin/bitcoin-cli
```

Einen Bitcoin-Core-Knoten ausführen

Bitcoins Peer-to-Peer-Netzwerk besteht aus Netzwerkknoten (Nodes), die hauptsächlich von Freiwilligen betrieben werden sowie von einigen Unternehmen, die Bitcoin-Anwendungen entwickeln. Die laufenden Bitcoin-Knoten haben einen direkten und autoritativen Blick auf die Bitcoin-Blockchain. Eine lokale Kopie aller Transaktionen wird dabei vorgehalten, die vom eigenen System unabhängig validiert werden kann. Durch den Betrieb eines eigenen Knotens sind Sie nicht von Dritten abhängig, um eine Transaktion zu validieren. Darüber hinaus tragen Sie mit einer eigenen Node zu einem stabileren Bitcoin-Netzwerk bei.

Der Betrieb eines solchen Knotens verlangt allerdings ein permanent mit dem Internet verbundenes System mit ausreichend Ressourcen zur Verarbeitung aller Bitcoin-Transaktionen. Wenn Sie alle Transaktionen indexieren und eine vollständige Kopie der Blockchain vorhalten wollen, benötigen Sie außerdem viel Plattenplatz und ausreichend RAM. Gegen Ende 2016 benötigte eine voll indexierte Node etwa 2 GByte RAM und 125 GByte auf der Festplatte, um genug Platz zum Wachsen zu haben. Darüber hinaus senden und empfangen Bitcoin-Nodes Bitcoin-Transaktionen und Blöcke, was Internetbandbreite verbraucht. Wenn Ihre Internetverbindung eingeschränkt ist, eine geringe Datenrate aufweist ober nach Datenvolumen abgerechnet wird, sollten Sie keinen Bitcoin-Knoten betreiben oder zumindest die Bandbreite beschränken (siehe Beispiel 3-2).

> Bitcoin Core hält standardmäßig eine vollständige Kopie der Blockchain vor, d.h. jede Transaktion im Bitcoin-Netzwerk seit seiner Einführung im Jahr 2009. Dieser Datensatz ist mehrere GByte groß und wird in Abhängigkeit von CPU-Leistung und Internetverbindung über Tage oder gar Wochen inkrementell heruntergeladen. Bitcoin Core kann keine Transaktionen verarbeiten und Kontostände aktualisieren, solange die vollständige Blockchain nicht heruntergeladen wurde. Sorgen Sie also für ausreichend Plattenplatz, Bandbreite und Zeit, um die initiale Synchronisation abschließen zu können. Sie können Bitcoin Core so konfigurieren, dass die Größe der Blockchain reduziert wird, indem alte Blöcke aussortiert werden (siehe Beispiel 3-2), doch Sie müssen dennoch den gesamten Datensatz herunterladen, bevor Daten aussortiert werden können.

Trotz dieser hohen Anforderungen werden Bitcoin-Knoten von Tausenden Freiwilligen betrieben. Einige dieser Systeme sind einfache Raspberry Pis (35-Euro-Computer im Kreditkartenformat). Viele Teilnehmer betreiben Bitcoin-Knoten auf gemieteten Servern, üblicherweise unter irgendeiner Linux-Variante. Ein *Virtual Private Server* (VPS) oder eine *Cloud Computing Server*-Instanz kann verwendet werden, um einen Bitcoin-Knoten zu betreiben. Solche Server sind für Preise ab etwa 20 Euro pro Monat von einer Vielzahl von Anbietern zu mieten.

Warum sollten Sie einen Knoten betreiben? Hier einige der häufigsten Gründe:

- Sie entwickeln Bitcoin-Software und sind auf einen Bitcoin-Knoten angewiesen, um über die API auf das Netzwerk und die Blockchain zugreifen zu können.
- Sie entwickeln Anwendungen, die Transaktionen entsprechend den Bitcoin-Konsensregeln validieren müssen. Üblicherweise betreiben Unternehmen für Bitcoin-Software mehrere Knoten.

- Sie wollen Bitcoin unterstützen. Der Betrieb eines Knotens macht das Netzwerk stabiler, und es können mehr Wallets, mehr Nutzer und mehr Transaktionen verarbeitet werden.
- Sie wollen sich nicht auf eine dritte Partei verlassen, um Ihre Transaktionen zu verarbeiten und zu validieren.

Wenn Sie dieses Buch lesen und an der Entwicklung von Bitcoin-Software interessiert sind, sollten Sie einen eigenen Knoten betreiben.

Bitcoin Core zum ersten Mal ausführen

Wenn Sie `bitcoind` zum ersten Mal ausführen, werden Sie aufgefordert, eine Konfigurationsdatei mit einem starken Passwort für die JSON-RPC-Schnittstelle anzulegen. Dieses Passwort kontrolliert den Zugriff auf die von Bitcoin Core angebotene API (*Application Programming Interface*).

Sie führen `bitcoind` aus, indem Sie **`bitcoind`** im Terminal eingeben:

```
$ bitcoind
Error: To use the "-server" option, you must set a rpcpassword in the
configuration file:
/home/ubuntu/.bitcoin/bitcoin.conf
It is recommended you use the following random password:
rpcuser=bitcoinrpc
rpcpassword=2XA4DuKNCbtZXsBQRRNDEwEY2nM6M4H9Tx5dFjoAVVbK
(you do not need to remember this password)
The username and password MUST NOT be the same.
If the file does not exist, create it with owner-readable-only file permissions.
It is also recommended to set alertnotify so you are notified of problems;
for example: alertnotify=echo %s | mail -s "Bitcoin Alert" admin@foo.com
```

Wie Sie sehen, wird Ihnen beim ersten Aufruf von `bitcoind` mitgeteilt, dass Sie eine minimale Konfigurationsdatei mit den Einträgen `rpcuser` und `rpcpassword` benötigen. Zusätzlich sollten Sie den Alarmmechanismus einrichten. Im nächsten Abschnitt untersuchen wir die verschiedenen Konfigurationsoptionen und richten eine Konfigurationsdatei ein.

Den Bitcoin-Core-Knoten konfigurieren

Editieren Sie die Konfigurationsdatei in dem von Ihnen bevorzugten Editor und legen Sie die nachfolgenden Parameter fest (wobei Sie das Passwort durch das von bitcoind vorgeschlagene starke Passwort ersetzen). Verwenden Sie keinesfalls das hier verwendete Passwort. Legen Sie im Verzeichnis .bitcoin (unterhalb Ihres Home-Verzeichnisses) eine Datei namens .bitcoin/bitcoin.conf an und legen Sie Benutzername und Passwort fest:

```
rpcuser=bitcoinrpc
rpcpassword=BITTE_ÄNDERN
```

Neben rpcuser und rpcpassword bietet Bitcoin Core mehr als 100 Konfigurationsoptionen. Diese kontrollieren das Verhalten des Netzwerkknotens, die Speicherung der Blockchain und viele andere Aspekte. Um sich eine Liste aller Optionen anzusehen, führen Sie `bitcoind --help` aus:

```
 bitcoind --help
Bitcoin Core Daemon version v0.11.2

Usage:
  bitcoind [options]                     Start Bitcoin Core Daemon

Options:

  -?
       This help message

  -alerts
       Receive and display P2P network alerts (default: 1)

  -alertnotify=<cmd>
       Execute command when a relevant alert is received or we see a really
       long fork (%s in cmd is replaced by message)
...
[viele weitere Optionen]
...

  -rpcsslciphers=<ciphers>
       Acceptable ciphers (default:
       TLSv1.2+HIGH:TLSv1+HIGH:!SSLv2:!aNULL:!eNULL:!3DES:@STRENGTH)
```

Hier einige der wichtigsten Konfigurationsoptionen. Sie können sie in der Konfigurationsdatei festlegen oder als Kommandozeilenparameter an `bitcoind` übergeben:

alertnotify
: Führt einen festgelegten Befehl oder ein Skript aus, um dem Betreiber dieses Knotens Alarmmeldungen zu senden (üblicherweise per E-Mail).

conf
: Lage der Konfigurationsdatei. Nur als Kommandozeilenparameter sinnvoll, da er nicht in der Konfigurationsdatei stehen kann, auf die er verweist.

datadir
: Legt Verzeichnis und das Dateisystem fest, in dem alle Blockchain-Daten abgelegt werden sollen. Standardmäßig ist das das *.bitcoin*-Unterverzeichnis in Ihrem Home-Verzeichnis. Stellen Sie sicher, dass Ihr Dateisystem mehrere GByte freien Speicherplatz enthält.

prune
: Reduziert den Bedarf an Plattenspeicher auf die angegebene Größe in MByte durch das Löschen alter Blöcke. Verwenden Sie diese Option bei einem ressourcenreduzierten Knoten, der nicht die gesamte Blockchain vorhalten kann.

txindex
Hält den Index aller Fransaktionen vor. Das bedeutet eine vollständige Kopie der Blockchain, die den programmatischen Abruf einer Transaktion über ihre ID ermöglicht.

maxconnections
Legt die maximale Anzahl von Knoten fest, von denen Verbindungen akzeptiert werden. Reduzieren Sie diesen Wert, sinkt die benötigte Bandbreite. Nutzen Sie diese Option, wenn Ihre Bandbreite beschränkt ist oder wenn Sie nach Datenvolumen abgerechnet werden.

maxmempool
Beschränkt den Speicherpool für Transaktionen auf die angegebene Größe in MByte. Nutzen Sie diese Option, um den Speicherbedarf Ihres Knotens zu reduzieren.

maxreceivebuffer/maxsendbuffer
Beschränkt den Speicherpuffer je Verbindung auf den angegebenen Wert mal 1.000 Byte. Nutzen Sie diese Option für Knoten mit beschränktem Hauptspeicher.

minrelaytxfee
Legt die minimale Transaktionsgebühr fest, zu der Sie Transaktionen weiterleiten. Unter diesem Wert wird die Transaktion so behandelt, als würde sie keine Transaktionsgebühr enthalten. Verwenden Sie diese Option bei Knoten mit beschränktem Hauptspeicher, um die Größe des im Speicher vorgehaltenen Transaktionspools zu reduzieren.

Index der Transaktionsdatenbank und die Option txindex

Standardmäßig baut Bitcoin Core eine Datenbank auf, die nur die Transaktionen enthält, die mit der Wallet des Nutzers verknüpft sind. Wenn Sie mit Befehlen wie `getrawtransaction` (siehe »Transaktionen untersuchen und decodieren« auf Seite 47) auf sämtliche Transaktionen zugreifen wollen, müssen Sie Bitcoin Core so konfigurieren, dass es einen vollständigen Transaktionsindex aufbaut. Dazu verwenden Sie die Option `txindex`, d.h., Sie tragen `txindex=1` in die Bitcoin-Core-Konfigurationsdatei ein. Ist diese Option vor dem ersten Start nicht gesetzt und möchten Sie dann später auf die vollständige Indexierung umsteigen, müssen Sie `bitcoind` mit der Option `-reindex` neu starten und warten, bis der Index neu aufgebaut ist.

Beispiel 3-1 zeigt, wie Sie die obigen Optionen zu einem vollständig indexierten Knoten kombinieren können, der als API-Backend für eine Bitcoin-Anwendung verwendet werden kann.

Beispiel 3-1: Beispielkonfiguration eines voll indexierten Knotens

```
alertnotify=myemailscript.sh "Alert: %s"
datadir=/lotsofspace/bitcoin
txindex=1
rpcuser=bitcoinrpc
rpcpassword=CHANGE_THIS
```

Beispiel 3-2 zeigt einen Knoten mit beschränkten Ressourcen, der auf einem kleineren Server läuft.

Beispiel 3-2: Beispielkonfiguration eines ressourcenbeschränkten Systems

```
alertnotify=myemailscript.sh "Alert: %s"
maxconnections=15
prune=5000
minrelaytxfee=0.0001
maxmempool=200
maxreceivebuffer=2500
maxsendbuffer=500
rpcuser=bitcoinrpc
rpcpassword=CHANGE_THIS
```

Sobald Sie die Konfigurationsdatei entsprechend Ihren Bedürfnissen angepasst haben, können Sie bitcoind mit dieser Konfiguration testen. Starten Sie Bitcoin Core mit der Option printtoconsole, um es im Vordergrund ausführen und die Ausgaben auf der Konsole verfolgen zu können:

```
$ bitcoind -printtoconsole

Bitcoin version v0.11.20.0
Using OpenSSL version OpenSSL 1.0.2e 3 Dec 2015
Startup time: 2015-01-02 19:56:17
Using data directory /tmp/bitcoin
Using config file /tmp/bitcoin/bitcoin.conf
Using at most 125 connections (275 file descriptors available)
Using 2 threads for script verification
scheduler thread start
HTTP: creating work queue of depth 16
No rpcpassword set - using random cookie authentication
Generated RPC authentication cookie /tmp/bitcoin/.cookie
HTTP: starting 4 worker threads
Bound to [::]:8333
Bound to 0.0.0.0:8333
Cache configuration:
* Using 2.0MiB for block index database
* Using 32.5MiB for chain state database
* Using 65.5MiB for in-memory UTXO set
init message: Loading block index...
Opening LevelDB in /tmp/bitcoin/blocks/index
Opened LevelDB successfully

[... weitere Startmeldungen ...]
```

Sie können das Programm mit Strg-C unterbrechen, wenn Sie sehen, dass die richtigen Einstellungen geladen wurden und es wie erwartet läuft. Um Bitcoin Core als Prozess im Hintergrund auszuführen, verwenden Sie die Option `daemon`.

Zur Überwachung des Laufzeitstatus Ihres Bitcoin-Knotens nutzen Sie den Befehl `bitcoin-cli getinfo`:

```
$ bitcoin-cli getinfo

{
    "version" : 110200,
    "protocolversion" : 70002,
    "blocks" : 396328,
    "timeoffset" : 0,
    "connections" : 15,
    "proxy" : "",
    "difficulty" : 120033340651.23696899,
    "testnet" : false,
    "relayfee" : 0.00010000,
    "errors" : ""
}
```

Das zeigt einen Knoten mit der Bitcoin-Core-Version 0.11.2, einer Blockchain-Höhe von 396.328 Blöcken und 15 aktiven Netzwerkverbindungen.

Sobald Sie mit Ihren Konfigurationsoptionen zufrieden sind, sollten Sie Bitcoin in die Startskripte Ihres Betriebssystems aufnehmen, damit es kontinuierlich läuft und auch neu gestartet wird, sobald Ihr Betriebssystem hochfährt. Beispiele dieser Startskripte für verschiedene Betriebssysteme finden Sie im Quellverzeichnis unter *contrib/init*. Die Datei *README.md* beschreibt, welches System welches Skript verwendet.

Bitcoin Core Application Programming Interface (API)

Der Bitcoin-Core-Client implementiert eine JSON-RPC-Schnittstelle, die auch über das Kommandozeilenhilfsprogramm `bitcoin-cli` verwendet werden kann. Die Kommandozeile erlaubt uns, interaktiv mit den Fähigkeiten zu experimentieren, die über die API auch für Programme zur Verfügung stehen. Zum Einstieg rufen wir sie mit `help` auf, um uns eine Liste der verfügbaren Bitcoin-RPC-Befehle anzusehen:

```
$ bitcoin-cli help
addmultisigaddress nrequired ["key",...] ( "account" )
addnode "node" "add|remove|onetry"
backupwallet "destination"
createmultisig nrequired ["key",...]
createrawtransaction [{"txid":"id","vout":n},...] {"address":amount,...}
decoderawtransaction "hexstring"
...
...
verifymessage "bitcoinaddress" "signature" "message"
walletlock
```

```
walletpassphrase "passphrase" timeout
walletpassphrasechange "oldpassphrase" "newpassphrase"
```

Jeder dieser Befehle verlangt eine Reihe von Parametern. Zusätzliche Hilfe mit einer detaillierten Beschreibung und Informationen zu den jeweiligen Parametern erhalten Sie, wenn Sie nach `help` den Befehlsnamen anfügen. Um also detaillierte Hilfe zum RPC-Befehl `getblockhash` abzurufen, geben Sie Folgendes ein:

```
$ bitcoin-cli help getblockhash
getblockhash index

Returns hash of block in best-block-chain at index provided.

Arguments:
1. index         (numeric, required) The block index

Result:
"hash"         (string) The block hash

Examples:
> bitcoin-cli getblockhash 1000
> curl --user myusername --data-binary '{"jsonrpc": "1.0", "id":"curltest",
"method": "getblockhash", "params": [1000] }' -H 'content-type: text/plain;'
http://127.0.0.1:8332/
```

Am Ende dieser Hilfe sehen Sie zwei Beispiele des RPC-Befehls. Der eine verwendet das Hilfsprogramm `bitcoin-cli`, der andere den HTTP-Client `curl`. Diese Beispiele demonstrieren, wie Sie den Befehl aufrufen. Kopieren Sie das erste Beispiel und sehen Sie sich das Ergebnis an:

```
$ bitcoin-cli getblockhash 1000
00000000c937983704a73af28acdec37b049d214adbda81d7e2a3dd146f6ed09
```

Das Ergebnis ist ein Block-Hash, der in den nächsten Kapiteln detaillierter beschrieben wird. Im Augenblick reicht es, wenn Ihr System das gleiche Ergebnis zurückgibt, was bedeutet, dass Ihr Bitcoin-Core-Knoten läuft, Befehle akzeptiert und Informationen über Block 1000 an Sie zurückliefert.

In den nächsten Abschnitten wollen wir einige sehr nützliche RPC-Befehle und deren erwartete Ausgaben vorstellen.

Informationen zum Status des Bitcoin-Core-Clients abrufen

Befehl: `getinfo`

Bitcoins RPC-Befehl `getinfo` gibt grundlegende Informationen über den Status des Bitcoin-Netzwerkknotens, zur Wallet und zur Blockchain-Datenbank aus. Nutzen Sie `bitcoin-cli`, um ihn auszuführen:

```
$ bitcoin-cli getinfo

{
    "version" : 110200,
    "protocolversion" : 70002,
```

```
    "blocks" : 396367,
    "timeoffset" : 0,
    "connections" : 15,
    "proxy" : "",
    "difficulty" : 120033340651.23696899,
    "testnet" : false,
    "relayfee" : 0.00010000,
    "errors" : ""
}
```

Die Daten werden im JSON-Format (*JavaScript Object Notation*) zurückgeliefert. Dieses Format kann von allen Programmiersprachen einfach verarbeitet werden, ist aber auch für uns Menschen recht gut lesbar. Unter den Daten finden Sie die Versionsnummer der Bitcoin-Clientsoftware (`110200`) und des Bitcoin-Protokolls (`70002`). Außerdem sehen Sie die aktuelle Blockhöhe, die uns angibt, wie viele Blöcke dieser Client kennt (`396367`). Dazu gibt es verschiedene Statistiken zum Bitcoin-Netzwerk und zu den Einstellungen des Clients.

> Es kann einige Zeit dauern, möglicherweise über einen Tag, bis der `bitcoind`-Client mit der aktuellen Blockhöhe »gleichzieht«, während er Blöcke von anderen Bitcoin-Clients herunterlädt. Sie können den Fortschritt überprüfen, indem Sie sich mit `getinfo` die Zahl der bekannten Blöcke ansehen.

Transaktionen untersuchen und decodieren

Befehle: `getrawtransaction`, `decoderawtransaction`

In »Eine Tasse Kaffee kaufen« auf Seite 16, hat Alice eine Tasse Kaffee in Bobs Café gekauft. Ihre Transaktion wurde in der Blockchain unter der Transaktions-ID (txid) `0627052b6f28912f2703066a912ea577f2ce4da4caa5a5fbd8a57286c345c2f2` festgehalten. Wir wollen die API nutzen, um diese Transaktion abzurufen und zu untersuchen. Wir übergeben dazu die Transaktions-ID als Parameter:

```
$ bitcoin-cli getrawtransaction 0627052b6f28912f2703066a912ea577f2ce4da4caa5a↵
5fbd8a57286c345c2f2

0100000001186f9f998a5aa6f048e51dd8419a14d8a0f1a8a2836dd734d2804fe65fa35779000↵
000008b483045022100884d142d86652a3f47ba4746ec719bbfbd040a570b1deccbb6498c75c4↵
ae24cb02204b9f039ff08df09cbe9f6addac960298cad530a863ea8f53982c09db8f6e3813014↵
10484ecc0d46f1918b30928fa0e4ed99f16a0fb4fde0735e7ade8416ab9fe423cc5412336376 7↵
89d172787ec3457eee41c04f4938de5cc17b4a10fa336a8d752adfffffffff0260e3160000000↵
0001976a914ab68025513c3dbd2f7b92a94e0581f5d50f654e788acd0ef8000000000001976a9↵
147f9b1a7fb68d60c536c2fd8aeaa53a8f3cc025a888ac00000000
```

> Eine Transaktions-ID ist nicht verbindlich, bis sie bestätigt wurde. Das Fehlen eines Transaktions-Hash in der Blockchain bedeutet nicht, dass die Transaktion nicht verarbeitet wurde. Das wird als *Transaktionsverformbarkeit* (engl. Transaction Malleability) bezeichnet, weil man Transaktions-Hashes modifizieren kann, bevor sie in einem Block bestätigt werden. Nach der Bestätigung ist die `txid` unveränderlich und autoritativ.

Der Befehl getrawtransaction liefert eine serialisierte Transaktion in hexadezimaler Notation zurück. Um diese zu decodieren, verwenden wir den Befehl decoderawtransaction, wobei wir die Hex-Daten als Parameter übergeben. Sie können den von getrawtransaction zurückgelieferten Hex-Wert kopieren und als Parameter an decoderawtransaction verwenden:

```
$ bitcoin-cli decoderawtransaction 0100000001186f9f998a5aa6f048e51dd8419a14d8↵
a0f1a8a2836dd734d2804fe65fa35779000000008b483045022100884d142d86652a3f47ba474↵
6ec719bbfbd040a570b1deccbb6498c75c4ae24cb02204b9f039ff08df09cbe9f6addac960298↵
cad530a863ea8f53982c09db8f6e381301410484ecc0d46f1918b30928fa0e4ed99f16a0fb4fd↵
e0735e7ade8416ab9fe423cc5412336376789d172787ec3457eee41c04f4938de5cc17b4a10fa↵
336a8d752adfffffffff0260e31600000000001976a914ab68025513c3dbd2f7b92a94e0581f5↵
d50f654e788acd0ef8000000000001976a9147f9b1a7fb68d60c536c2fd8aeaa53a8f3cc025a8↵
88ac00000000
```


```
{
  "txid": "0627052b6f28912f2703066a912ea577f2ce4da4caa5a5fbd8a57286c345c2f2",
  "size": 258,
  "version": 1,
  "locktime": 0,
  "vin": [
    {
      "txid": "7957a35fe64f80d234d76d83a2...8149a41d81de548f0a65a8a999f6f18",
      "vout": 0,
      "scriptSig": {
        "asm":"3045022100884d142d86652a3f47ba4746ec719bbfbd040a570b1decc...",
        "hex":"483045022100884d142d86652a3f47ba4746ec719bbfbd040a570b1de..."
      },
      "sequence": 4294967295
    }
  ],
  "vout": [
    {
      "value": 0.01500000,
      "n": 0,
      "scriptPubKey": {
        "asm": "OP_DUP OP_HASH160 ab68...5f654e7 OP_EQUALVERIFY OP_CHECKSIG",
        "hex": "76a914ab68025513c3dbd2f7b92a94e0581f5d50f654e788ac",
        "reqSigs": 1,
        "type": "pubkeyhash",
        "addresses": [
          "1GdK9UzpHBzqzX2A9JFP3Di4weBwqgmoQA"
        ]
      }
    },
    {
      "value": 0.08450000,
      "n": 1,
      "scriptPubKey": {
        "asm": "OP_DUP OP_HASH160 7f9b1a...025a8 OP_EQUALVERIFY OP_CHECKSIG",
        "hex": "76a9147f9b1a7fb68d60c536c2fd8aeaa53a8f3cc025a888ac",
        "reqSigs": 1,
```

```
            "type": "pubkeyhash",
            "addresses": [
              "1Cdid9KFAaatwczBwBttQcwXYCpvK8h7FK"
            ]
          }
        }
      ]
    }
```

Die Decodierung zeigt alle Komponenten der Transaktion einschließlich der Inputs und Outputs. In diesem Fall sehen wir, dass die Transaktion, bei der unsere neue Adresse für 15 Millibits eingetragen wurde, einen Input und zwei Outputs erzeugt hat. Der Input dieser Transaktion war die vorher bestätigte Transaktion (die unter `vin txid` angegebene mit `7957a35fe` beginnende Transaktion). Die beiden Ausgänge zeigen die 15-Millibit-Gebühr und das Wechselgeld für den Sender.

Wir können die Blockchain weiter untersuchen, indem wir uns die vorherige Transaktion ansehen, auf die Ihre `txid` verweist. Wir nutzen dazu die gleichen Befehle wie eben, z.B. `getrawtransaction`. Indem wir uns von Transaktion zu Transaktion bewegen, können wir verfolgen, wie die Coins von einer Adresse zur nächsten wandern.

Blöcke untersuchen

Befehle: `getblock`, `getblockhash`

Die Untersuchung von Blöcken ähnelt der Untersuchung von Transaktionen. Allerdings können Blöcke sowohl über ihre Höhe als auch über ihren Block-Hash referenziert werden. Zuerst wollen wir einen Block über seine Höhe finden. In »Eine Tasse Kaffee kaufen« auf Seite 16 haben wir gesehen, dass Alice' Transaktion in Block 277316 enthalten war.

Wir nutzen den Befehl `getblockhash`, der die Blockhöhe als Parameter erwartet und den Block-Hash dieses Blocks zurückliefert:

```
$ bitcoin-cli getblockhash 277316
0000000000000001b6b9a13b095e96db41c4a928b97ef2d944a9b31b2cc7bdc4
```

Da wir nun den Block kennen, in dem Alice' Transaktion enthalten war, können wir diesen Block abrufen. Wir nutzen dazu den Befehl `getblock` mit dem Block-Hash als Parameter:

```
$ bitcoin-cli getblock 0000000000000001b6b9a13b095e96db41c4a928b97ef2d944a9b3↵
1b2cc7bdc4


{
  "hash": "0000000000000001b6b9a13b095e96db41c4a928b97ef2d944a9b31b2cc7bdc4",
  "confirmations": 37371,
  "size": 218629,
  "height": 277316,
  "version": 2,
```

```
  "merkleroot":
"c91c008c26e50763e9f548bb8b2fc323735f73577effbc55502c51eb4cc7cf2e",
  "tx": [
    "d5ada064c6417ca25c4308bd158c34b77e1c0eca2a73cda16c737e7424afba2f",
    "b268b45c59b39d759614757718b9918caf0ba9d97c56f3b91956ff877c503fbe",
    "04905ff987ddd4cfe603b03cfb7ca50ee81d89d1f8f5f265c38f763eea4a21fd",
    "32467aab5d04f51940075055c2f20bbd1195727c961431bf0aff8443f9710f81",
    "561c5216944e21fa29dd12aaa1a45e3397f9c0d888359cb05e1f79fe73da37bd",
[... Hunderte Transaktionen ...]
    "78b300b2a1d2d9449b58db7bc71c3884d6e0579617e0da4991b9734cef7ab23a",
    "6c87130ec283ab4c2c493b190c20de4b28ff3caf72d16ffa1ce3e96f2069aca9",
    "6f423dbc3636ef193fd8898dfdf7621dcade1bbe509e963ffbff91f696d81a62",
    "802ba8b2adabc5796a9471f25b02ae6aeee2439c679a5c33c4bbcee97e081196",
    "eaaf6a048588d9ad4d1c092539bd571dd8af30635c152a3b0e8b611e67d1a1af",
    "e67abc6bd5e2cac169821afc51b207127f42b92a841e976f9b752157879ba8bd",
    "d38985a6a1bfd35037cb7776b2dc86797abbb7a06630f5d03df2785d50d5a2ac",
    "45ea0a3f6016d2bb90ab92c34a7aac9767671a8a84b9bcce6c019e60197c134b",
    "c098445d748ced5f178ef2ff96f2758cbec9eb32cb0fc65db313bcac1d3bc98f"
  ],
  "time": 1388185914,
  "mediantime": 1388183675,
  "nonce": 924591752,
  "bits": "1903a30c",
  "difficulty": 1180923195.258026,
  "chainwork":
"0000000000000000000000000000000000000000000934695e92aaf53afa1a",
  "previousblockhash":
"0000000000000002a7bbd25a417c0374cc55261021e8a9ca74442b01284f0569",
  "nextblockhash":
"000000000000000010236c269dd6ed714dd5db39d36b33959079d78dfd431ba7"
}
```


Der Block enthält 419 Transaktionen, und die 64. Transaktion (0627052b...) ist Alice' Zahlung für den Kaffee. Das height-Feld teilt uns mit, dass dies der 277316. Block in der Blockchain ist.

Die Bitcoin Core API nutzen

Das Hilfsprogramm bitcoin-cli ist sehr nützlich, wenn man die Bitcoin Core API kennenlernen und Funktionen testen möchte. Doch der eigentliche Punkt einer API ist der Zugriff auf die Funktionen aus einem Programm heraus. In diesem Abschnitt wollen wir zeigen, wie man von einem anderen Programm auf Bitcoin Core zugreift.

Die Bitcoin Cores API ist eine JSON-RPC-Schnittstelle. JSON steht für *JavaScript Object Notation* und ist eine sehr komfortable Möglichkeit, Daten darzustellen, die sowohl von Menschen als auch von Programmen einfach verarbeitet werden können. RPC steht für *Remote Procedure Call*, was bedeutet, dass wir Prozeduren (Funktionen) aufrufen, die remote (auf dem Bitcoin-Core-Knoten) über ein Netzwerkprotokoll erreichbar sind. In diesem Fall ist das Netzwerkprotokoll HTTP bzw. HTTPS (für verschlüsselte Verbindungen).

Als wir uns die Hilfe zum `bitcoin-cli`-Befehl angeschaut haben, sahen wir auch ein Beispiel für die Nutzung von `curl` (einem vielseitigen HTTP-Client für die Kommandozeile), der einen solchen JSON-RPC-Aufruf durchführte:

```
$ curl --user myusername --data-binary '{"jsonrpc": "1.0", "id":"curltest",
"method": "getinfo", "params": [] }' -H 'content-type: text/plain;' http://
127.0.0.1:8332/
```

Mit diesem Befehl sendet `curl` einen HTTP-Request an den lokalen Host (127.0.0.1) sowie den Bitcoin-Standardport (8332) und sendet einen `jsonrpc`-Request für die `getinfo`-Methode in `text/plain`-Codierung.

Wenn Sie JSON-RPC-Aufrufe in eigenen Programmen aufbauen, können Sie eine generische HTTP-Bibliothek verwenden, um den Aufruf wie im obigen `curl`-Beispiel aufzubauen.

Es gibt aber Bibliotheken für nahezu jede Programmiersprache, die die Bitcoin Core API in einer Form verpacken, die deren Nutzung wesentlich vereinfacht. Wir werden die `python-bitcoinlib`-Bibliothek verwenden, um den API-Zugriff zu vereinfachen. Denken Sie daran, dass eine Bitcoin-Core-Node laufen muss, die wir fur die JSON-RPC-Aufrufe verwenden.

Das Python-Skript in Beispiel 3-3 führt einen einfachen `getinfo`-Aufruf durch und gibt den `block`-Parameter aus den von Bitcoin Core zurückgelieferten Daten aus.

Beispiel 3-3: getinfo über die Bitcoin-Core-JSON-RPC-API ausführen

```
from bitcoin.rpc import RawProxy

# Verbindung mit der lokalen Bitcoin-Core-Node herstellen
p = RawProxy()

#getinfo-Befehl ausführen und Ergebnis in info ablegen
info = p.getinfo()

# 'blocks'-Element aus info abrufen
print(info['blocks'])
```

Wenn wir das Programm ausführen, erhalten wir das folgende Ergebnis:

```
$ python rpc_example.py
394075
```

Unser lokaler Bitcoin-Core-Knoten hat also 394.075 Blöcke in seiner Blockchain. Das ist nicht gerade spektakulär, demonstriert aber die grundlegende Nutzung der Bibliothek als vereinfachte Schnittstelle auf die JSON-RPC-API von Bitcoin Core.

Als Nachstes wollen wir die `getrawtransaction`- und `decodetransaction`-Aufrufe verwenden, um uns die Details zu Alice' Kaffeezahlung anzusehen. In Beispiel 3-4 haben wir Alice' Transaktion abgerufen und deren Outputs ausgegeben. Für jeden Output haben wir die Adresse des Empfängers und den Betrag gezeigt. Erinnern Sie sich daran, dass bei Alice' Transaktion ein Output als Zahlung an Bobs Café ging und ein Output als Wechselgeld zurück an Alice.

Beispiel 3-4: Transaktion abrufen und Outputs durchgehen

```
from bitcoin.rpc import RawProxy

p = RawProxy()

# Alice´ Transaktions-ID
txid = "0627052b6f28912f2703066a912ea577f2ce4da4caa5a5fbd8a57286c345c2f2"

# Zuerst Rohdaten der Transaktion im Hex-Format abrufen
raw_tx = p.getrawtransaction(txid)

# Rohdaten der Transaktion in JSON-Objekt umwandeln
decoded_tx = p.decoderawtransaction(raw_tx)

# Alle Outputs der Transaktion abrufen
for output in decoded_tx['vout']:
    print(output['scriptPubKey']['addresses'], output['value'])
```

Als Ergebnis erhalten wir:

```
$ python rpc_transaction.py
([u'1GdK9UzpHBzqzX2A9JFP3Di4weBwqgmoQA'], Decimal('0.01500000'))
([u'1Cdid9KFAaatwczBwBttQcwXYCpvK8h7FK'], Decimal('0.08450000'))
```

Diese Beispiele sind sehr einfach. Sie brauchen eigentlich kein Programm, um sie auszuführen, sondern könnten ebenso gut `bitcoin-cli` nutzen. Das nächste Beispiel benötigt allerdings mehrere Hundert RPC-Aufrufe und zeigt wesentlich klarer den Einsatz einer Programmierschnittstelle.

In Beispiel 3-5 rufen wir zuerst Block 277316 und anschließend nacheinander alle darin enthaltenen 419 Transaktionen über die jeweilige Transaktions-ID ab. Zum Schluss gehen wir alle Outputs einer Transaktion durch und addieren deren Beträge auf.

Beispiel 3-5: Block abrufen und alle Transaktions-Outputs addieren

```
from bitcoin.rpc import RawProxy

p = RawProxy()

# Höhe des Blocks, in der Alice´ Transaktion steht
blockheight = 277316

# Block-Hash des Blocks mit der Höhe 277316 ermitteln
blockhash = p.getblockhash(blockheight)

# Block mit diesem Hash abrufen
block = p.getblock(blockhash)

# Element tx enthält die Liste aller Transaktions-IDs im Block
transactions = block['tx']

block_value = 0
```

```
# Alle Transaktions-IDs des Blocks durchgehen
for txid in transactions:
    tx_value = 0
    # Rohdaten der Transaktion über ID abrufen
    raw_tx = p.getrawtransaction(txid)
    # Transaktion decodieren
    decoded_tx = p.decoderawtransaction(raw_tx)
    # Alle Outputs der Transaktion durchgehen
    for output in decoded_tx['vout']:
        # Wert jedes Outputs aufsummieren
        tx_value = tx_value + output['value']

    # Wert dieser Transaktion zum Gesamtwert aufaddieren
    block_value = block_value + tx_value

print("Total value in block: ", block_value)
```

Das Ergebnis sieht wie folgt aus:

```
$ python rpc_block.py

('Total value in block: ', Decimal('10322.07722534'))
```

Unser Beispielcode berechnet den Gesamtwert der in diesem Block abgewickelten Transaktionen mit 10322,07722534 BTC (inklusive einer Belohnung von 25 BTC und 0,0909 BTC-Gebühren). Vergleichen Sie das mit dem Betrag, den ein Block-Explorer für den Block-Hash bzw. die Blockhöhe liefert. Einige Block-Explorer geben den Gesamtwert allerdings ohne Belohnung und Gebühren aus. Schauen Sie nach, ob Sie einen Unterschied sehen.

Alternative Clients, Bibliotheken und Toolkits

Es gibt viele alternative Clients, Bibliotheken, Toolkits und sogar Implementierungen vollständiger Nodes im Bitcoin-Ökosystem. Diese sind in einer Vielzahl unterschiedlicher Programmiersprachen implementiert und bieten Programmierern native Schnittstellen zu ihren bevorzugten Sprachen.

Nachfolgend finden Sie einige der besten Bibliotheken, Clients und Toolkits, nach Programmiersprachen sortiert.

C/C++

Bitcoin Core (https://github.com/bitcoin/bitcoin)
: Die Bitcoin Referenzimplementierung.

libbitcoin (https://github.com/libbitcoin/libbitcoin)
: Plattformübergreifendes C++-Entwicklungs-Toolkit, Knoten und Konsensbibliothek.

bitcoin explorer (https://github.com/libbitcoin/libbitcoin-explorer)
: Libbitcoins Kommandozeilentool.

picocoin (https://github.com/jgarzik/picocoin)
Eine leichtgewichtige Bitcoin-Clientbibliothek in C von Jeff Garzik.

JavaScript

bcoin (http://bcoin.io/)
Eine modulare und skalierbare Full-Node-Implementierung mit API.

Bitcore (https://bitcore.io/)
Full Node, API und Bibliothek von Bitpay.

BitcoinJS (https://github.com/bitcoinjs/bitcoinjs-lib)
Reine Bitcoin-Bibliothek in JavaScript für node.js und Browser.

Java

bitcoinj (https://bitcoinj.github.io)
Java-Full-Node Clientbibliothek.

Bits of Proof (BOP) (https://bitsofproof.com)
Für Unternehmen geeignete Java-Implementierung von Bitcoin.

Python

python-bitcoinlib (https://github.com/petertodd/python-bitcoinlib)
Von Peter Todd in Python geschriebene Bitcoin-Bibliothek, Konsensbibliothek und Knoten.

pycoin (https://github.com/richardkiss/pycoin)
Python-Bitcoin-Bibliothek von Richard Kiss.

pybitcointools (https://github.com/vbuterin/pybitcointools)
Python-Bitcoin-Bibliothek von Vitalik Buterin.

Ruby

bitcoin-client (https://github.com/sinisterchipmunk/bitcoin-client)
Ein Ruby-Wrapper für die JSON-RPC-API.

Go

btcd (https://github.com/btcsuite/btcd)
Full-Node-Bitcoin-Client in Go.

Rust

rust-bitcoin (https://github.com/apoelstra/rust-bitcoin)
Rust-Bitcoin-Bibliothek für Serialisierung, Parsing und API-Aufrufe.

C#

NBitcoin (https://github.com/MetacoSA/NBitcoin)
Umfangreiche Bitcoin-Bibliothek für das .NET Framework.

Objective-C

CoreBitcoin (https://github.com/oleganza/CoreBitcoin)
Bitcoin-Toolkit für Objective-C und Swift.

Es gibt viele weitere Bibliotheken für eine Vielzahl anderer Programmiersprachen, und ständig kommen neue hinzu.

KAPITEL 4

Schlüssel und Adressen

Sie werden davon gehört haben, dass Bitcoin auf *Kryptografie* basiert, dem Zweig der Mathematik, der umfassend für Computersicherheit eingesetzt wird. Kryptografie bedeutet »geheim schreiben« auf Griechisch, doch bei der Wissenschaft der Kryptografie geht es um weit mehr als um »geheimes Schreiben«, auch Verschlüsselung genannt. Die Kryptografie kann ebenfalls genutzt werden, um das Wissen um ein »Geheimnis« zu überprüfen, ohne dieses Geheimnis (eine digitale Signatur) preiszugeben, oder um die Authentizität von Daten zu prüfen (digitaler Fingerabdruck). Diese Arten kryptografischer Nachweise bilden die mathematischen Werkzeuge, die für Bitcoin so wichtig sind und in Bitcoin-Anwendungen ausgiebig verwendet werden. Ironischerweise ist die Verschlüsselung kein wichtiger Teil von Bitcoin, da die Kommunikation und die Transaktionsdaten nicht verschlüsselt werden und auch nicht verschlüsselt werden müssen, um die Guthaben zu schützen. In diesem Kapitel stellen wir jene Mechanismen der Kryptografie vor, die Bitcoin in Form von Schlüsseln, Adressen und Wallets verwendet, um den Besitz von Guthaben zu kontrollieren.

Einführung

Der Besitz von Bitcoins wird über *digitale Schlüssel*, *Bitcoin-Adressen* und *digitale Signaturen* geregelt. Die digitalen Schlüssel werden nicht im Netzwerk gespeichert, sondern von den Nutzern erzeugt und in einer Datei (oder einer einfachen Datenbank) vorgehalten, die als *Wallet* (Geldbörse) bezeichnet wird. Die digitalen Schlüssel in der Wallet eines Nutzers sind vom Bitcoin-Protokoll völlig unabhängig und können von der Wallet-Software ohne Bezug zur Blockchain oder dem Zugriff auf das Internet erzeugt und verwaltet werden. Schlüssel machen viele interessante Eigenschaften des Bitcoins möglich, zum Beispiel dezentralisiertes Vertrauen, dezentralisierte Steuerung, die Bescheinigung von Eigentumsrechten und das auf kryptografischen Beweisen basierende Sicherheitsmodell.

Die meisten Bitcoin-Transaktionen verlangen eine gültige digitale Signatur, um in die Blockchain aufgenommen zu werden. Diese kann nur mit einem geheimen

Schlüssel erzeugt werden, was bedeutet, dass jeder, der über eine Kopie dieses Schlüssels verfügt, die Kontrolle über die jeweiligen Bitcoins hat. Die zur Überweisung von Geldmitteln verwendete digitale Signatur wird auch als *Witness* (»Zeuge«) bezeichnet, ein Begriff aus der Kryptografie. Die Witness-Daten in einer Bitcoin-Transaktion bezeugen das Eigentumsrecht an den übertragenen Werten.

Schlüssel treten paarweise auf und bestehen aus einem privaten (geheimen) und einem öffentlichen (public) Schlüssel. Wenn Sie sich den öffentlichen Schlüssel wie eine Kontonummer vorstellen, dann ist der private Schlüssel vergleichbar mit Ihrer geheimen PIN oder Ihrer Unterschrift auf einem Scheck, die die Kontrolle über das Konto ermöglicht. Diese digitalen Schlüssel sieht ein Bitcoin-Nutzer nur sehr selten. Meistens sind sie innerhalb der Wallet-Datei gespeichert und werden von der Wallet-Software verwaltet.

Im Zahlungsabschnitt einer Bitcoin-Transaktion wird der öffentliche Schlüssel des Empfängers durch dessen digitalen Fingerdruck, die *Bitcoin-Adresse*, repräsentiert. Sie wird in der gleichen Weise verwendet wie der Name des Begünstigten auf einem Scheck. In den meisten Fällen wird eine Bitcoin-Adresse aus einem öffentlichen Schlüssel erzeugt (und entspricht diesem auch). Allerdings repräsentieren nicht alle Bitcoin-Adressen öffentliche Schlüssel. Sie können auch andere Empfänger wie z.B. Skripte repräsentieren, wie wir später in diesem Kapitel noch sehen werden. Auf diese Weise abstrahieren Bitcoin-Adressen die Zahlungsempfänger, wodurch die Transaktionsziele flexibel werden: Ein einziges Zahlungsinstrument kann verwendet werden, um etwas auf private Konten zu überweisen oder auf Unternehmenskonten. Man kann per Rechnung oder in bar bezahlen. Die Bitcoin-Adresse ist der einzige Schlüssel, den der Nutzer regelmäßig sieht, weil das der Teil ist, den er mit der Welt teilen muss.

Zuerst wollen wir die Kryptografie näher betrachten und die von Bitcoin genutzte Mathematik erklären. Danach sehen wir uns an, wie Schlüssel erzeugt, gespeichert und verwaltet werden. Wir erläutern die verschiedenen Codierungsformate, die zur Darstellung privater und öffentlicher Schlüssel, Adressen und Skriptadressen verwendet werden. Abschließend schauen wir auf die fortgeschrittene Anwendung von Schlüsseln und Adressen: Vanity-Adressen, Multisignaturen, Skriptadressen und Papier-Wallets.

Public-Key-Kryptografie und Kryptowährungen

Die Public-Key-Kryptografie wurde in den 1970ern erfunden und ist die mathematische Grundlage der Computer- und Informationssicherheit.

Seit der Erfindung der Public-Key-Kryptografie wurden verschiedene geeignete mathematische Funktionen wie die diskrete Exponentialfunktion und Punktmultiplikation bei elliptischen Kurven entdeckt. Diese mathematischen Funktionen sind praktisch unumkehrbar, was bedeutet, dass man sie sehr leicht in die eine Richtung berechnen kann, während die Berechnung in die andere Richtung nahezu unmöglich ist. Basierend auf diesen mathematischen Funktionen, ermöglicht die Kryptografie die Erstellung digitaler »Secrets« und fälschungssicherer digitaler Signaturen. Bitcoin verwendet elliptische Kurven als Basis seiner Kryptografie.

Bei Bitcoin verwenden wir die Public-Key-Kryptografie, um ein Schlüsselpaar zu erzeugen, das den Zugriff auf unsere Bitcoins kontrolliert. Das Schlüsselpaar besteht aus einem privaten Schlüssel und – aus diesem abgleitet – einem eindeutigen öffentlichen Schlüssel. Der öffentliche Schlüssel wird verwendet, um Zahlungen zu empfangen, während wir mit dem privaten Schlüssel Transaktionen signieren.

Es besteht eine mathematische Beziehung zwischen dem öffentlichen und dem privaten Schlüssel. Diese erlaubt es, den privaten Schlüssel zu verwenden, um Signaturen für Nachrichten zu erzeugen. Eine solche Signatur kann über den öffentlichen Schlüssel validiert werden, ohne den privaten Schlüssel offenlegen zu müssen.

Bei der Überweisung von Bitcoins präsentiert der Besitzer in der entsprechenden Transaktion seinen öffentlichen Schlüssel und eine Signatur (jedes Mal eine andere, aber immer mit dem gleichen privaten Schlüssel erzeugt). Mit dem öffentlichen Schlüssel und der Signatur kann jeder im Bitcoin-Netzwerk die Transaktion verifizieren und als gültig akzeptieren. Auf diese Weise wird bestätigt, dass die überweisende Person zum Zeitpunkt des Transfers im Besitz dieser Bitcoins war.

Bei den meisten Wallet-Implementierungen werden die privaten und öffentlichen Schlüssel der Bequemlichkeit halber zusammen als *Schlüsselpaar* gespeichert. Allerdings lässt sich der öffentliche Schlüssel aus dem privaten Schlüssel berechnen. Es ist also auch möglich, nur den privaten Schlüssel zu speichern.

Private und öffentliche Schlüssel

Eine Bitcoin-Wallet besteht aus einer Reihe von Schlüsselpaaren, die jeweils aus einem privaten und einem öffentlichen Schlüssel bestehen. Der private Schlüssel (*k*) ist eine Zahl, die üblicherweise zufällig ausgewählt wird. Mit diesem privaten Schlüssel nutzen wir die Skalarmultiplikation der Punkte auf einer elliptischen Kurve (eine kryptografische Einwegfunktion), um den öffentlichen Schlüssel (*K*) zu erstellen. Mit diesem öffentlichen Schlüssel (*K*) erzeugen wir eine Bitcoin-Adresse (*A*) mithilfe einer kryptografischen Hashfunktion. In diesem Abschnitt beginnen wir mit der Erzeugung des privaten Schlüssels, sehen uns die elliptischen Kurven zugrunde liegende Mathematik an, die daraus einen öffentlichen Schlüssel machen, und generieren abschließend eine Bitcoin-Adresse aus dem öffentlichen Schlüssel. Die Beziehung zwischen privatem Schlüssel, öffentlichem Schlüssel und Bitcoin-Adresse ist in Abbildung 4-1 dargestellt.

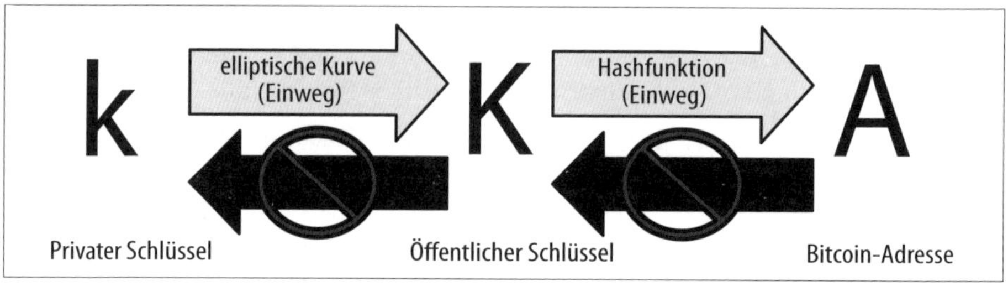

Abbildung 4-1: Privater Schlüssel, öffentlicher Schlüssel und Bitcoin-Adresse

Warum asymmetrische Kryptografie (Öffentliche/private Schlüssel)?

Warum wird bei Bitcoin asymmetrische Kryptografie genutzt? Sie wird nicht verwendet, um die Transaktionen zu »verschlüsseln«. Die nützliche Eigenschaft asymmetrischer Kryptografie ist vielmehr die Fähigkeit, *digitale Signaturen* erzeugen zu können. Ein privater Schlüssel kann auf den digitalen Fingerabdruck einer Transaktion angewandt werden, um eine numerische Signatur zu erzeugen. Diese Signatur kann nur von jemandem erzeugt werden, der den privaten Schlüssel kennt. Andererseits kann jeder, der Zugriff auf den öffentlichen Schlüssel und den Transaktionsfingerprint hat, die Signatur *verifizieren*. Diese nützliche Eigenschaft asymmetrischer Kryptografie macht es für jedermann möglich, jede Signatur jeder Transaktion zu verifizieren, während gleichzeitig nur der Besitzer des privaten Schlüssels gültige Signaturen erzeugen kann.

Private Schlüssel

Ein privater Schlüssel ist einfach eine zufällig gewählte Zahl. Der Besitz und die Kontrolle des privaten Schlüssels sind die Basis der Kontrolle des Benutzers über alle Mittel, die mit der entsprechenden Bitcoin-Adresse verknüpft sind. Mit dem privaten Schlüssel werden die Signaturen erzeugt, die benötigt werden, um Bitcoin ausgeben zu können, da sie das Eigentum an den in einer Transaktion überwiesenen Mitteln belegen. Der private Schlüssel muss immer geheim bleiben. Wenn Sie den Schlüssel einer dritten Partei gegenüber offenlegen, verlieren Sie die Kontrolle über die mit diesem Schlüssel gesicherten Bitcoins. Der private Schlüssel muss außerdem gesichert und vor Verlust geschützt werden. Geht er verloren, kann er nicht wiederhergestellt werden und die damit gesicherten Mittel sind für immer verloren.

Der private Schlüssel ist bei Bitcoin nur eine Zahl. Sie können Ihre eigenen Schlüssel ganz einfach mit einer Münze, einem Stift und etwas Papier selbst kreieren: Werfen Sie die Münze 256-mal, und Sie verfügen über die binären Ziffern eines zufälligen privaten Schlüssels, den Sie in einer Bitcoin-Wallet nutzen können. Der öffentliche Schlüssel kann dann aus dem privaten Schlüssel erzeugt werden.

Generierung eines privaten Schlüssels aus einer Zufallszahl

Der erste und wichtigste Schritt bei der Generierung eines Schlüssels besteht darin, eine sichere Quelle für die Entropie (die »Zufälligkeit«) zu finden. Die Erzeugung eines Bitcoin-Schlüssels ist im Wesentlichen ein »wähle eine Zahl zwischen 1 und 2^{256}«. Die genaue Methode, nach der Sie diese Zahl wählen, spielt keine Rolle, solange sie weder vorhersehbar noch reproduzierbar ist. Bitcoin-Software nutzt die Zufallszahlengeneratoren des verwendeten Betriebssystems, um 256 Bit an Entropie zu erzeugen. Üblicherweise wird der Zufallszahlengenerator des Betriebssystems über eine menschliche Quelle initialisiert, weshalb Sie möglicherweise aufgefordert werden, die Maus einige Sekunden zu bewegen.

Genauer gesagt, kann der private Schlüssel jede Zahl zwischen *1* und *n - 1* und sein, wobei *n* eine Konstante ist ($n = 1.158 * 10^{77}$, etwas weniger als 2^{256}), die als Ordnung der von Bitcoin verwendeten elliptischen Kurve definiert ist (siehe »Kryptografie mit elliptischen Kurven« auf Seite 63). Um einen solchen Schlüssel zu generieren, wählen wir eine zufällige 256-Bit-Zahl und stellen sicher, dass sie kleiner ist als *n - 1*. Programmtechnisch erreichen wir das üblicherweise, indem wir einen langen String zufälliger Bits erzeugen, die aus einer kryptografisch sicheren Entropiequelle stammen. Diesen String übergeben wir an den Hashalgorithmus SHA256, der praktischerweise eine 256-Bit-Zahl erzeugt. Ist das Ergebnis kleiner als *n - 1*, haben wir einen geeigneten privaten Schlüssel. Andernfalls versuchen wir es einfach mit einer weiteren Zufallszahl.

Entwickeln Sie keinen eigenen Code zur Generierung von Zufallszahlen und verwenden Sie auch keinen »einfachen« Zufallszahlengenerator, wie er von Ihrer Programmiersprache angeboten wird. Verwenden Sie einen kryptografisch sicheren Pseudozufallszahlengenerator (CSPRNG) mit einem Seed-Wert aus einer geeigneten Entropiequelle. Sehen Sie sich die Dokumentation der verwendeten Zufallszahlenbibliothek an, um sicherzustellen, dass sie kryptografisch sicher ist. Die korrekte Implementierung des CSPRNG ist von kritischer Bedeutung für die Sicherheit der Schlüssel.

Nachfolgend sehen Sie einen zufällig generierten privaten Schlüssel (*k*) im Hexadezimalformat (256 Bit in Form von 64 hexadezimalen Ziffern mit jeweils 4 Bit):

```
1E99423A4ED27608A15A2616A2B0E9E52CED330AC530EDCC32C8FFC6A526AEDD
```

Der von Bitcoin genutzte Schlüsselraum für den privaten Schlüssel (2^{256}) ist unvorstellbar groß. Er entspricht in etwa 10^{77} dezimal. Zum Vergleich: Man schätzt, dass das sichtbare Universum 10^{80} Atome enthält.

Um einen neuen Schlüssel mit dem Bitcoin-Core Client zu erzeugen (siehe Kapitel 3), verwenden wir den Befehl `getnewaddress`. Aus Sicherheitsgründen gibt er nur den öffentlichen Schlüssel aus, nicht den privaten. Soll `bitcoind` den privaten Schlüssel preisgeben, verwenden Sie den Befehl `dumpprivkey`. Dieser gibt den privaten Schlüssel in einem prüfsummencodierten Base58-Format aus, das als *Wallet Import Format* (WIF) bezeichnet wird. Wir sehen uns dieses Format in »Formate für private Schlüssel« auf Seite 73 genauer an. Hier ein Beispiel für die Generierung und Ausgabe eines privaten Schlüssels mit diesen beiden Befehlen:

```
$ bitcoin-cli getnewaddress
1J7mdg5rbQyUHENYdx39WVWK7fsLpEoXZy
$ bitcoin-cli dumpprivkey 1J7mdg5rbQyUHENYdx39WVWK7fsLpEoXZy
KxFC1jmwwCoACiCAWZ3eXa96mBM6tb3TYzGmf6YwgdGWZgawvrtJ
```

Der Befehl `dumpprivkey` öffnet die Wallet und extrahiert den privaten Schlüssel, der durch den `getnewaddress`-Befehl erzeugt wurde. Es ist für `bitcoind` nicht möglich, den privaten Schlüssel aus dem öffentlichen Schlüssel abzuleiten, wenn nicht beide in der Wallet gespeichert sind.

> Der `dumpprivkey`-Befehl erzeugt keinen privaten Schlüssel aus einem öffentlichen Schlüssel, weil das unmöglich ist. Der Befehl ruft einfach den privaten Schlüssel ab, der über den `getnewaddress`-Befehl erzeugt wurde und der Wallet bereits bekannt ist.

Sie können das Bitcoin-Explorer-Kommandozeilentool (siehe Anhang G) nutzen, um private Schlüssel zu generieren und auszugeben. Verwenden Sie hierzu die Befehle `seed`, `ec-new` und `ec-to-wif`:

```
$ bx seed | bx ec-new | bx ec-to-wif
5J3mBbAH58CpQ3Y5RNJpUKPE62SQ5tfcvU2JpbnkeyhfsYB1Jcn
```

Öffentliche Schlüssel

Der öffentliche Schlüssel wird aus dem privaten Schlüssel über eine Skalarmultiplikation der Punkte einer elliptischen Kurve berechnet. Diese Operation ist unumkehrbar: $K = k * G$, wobei k der private Schlüssel und G ein konstanter Punkt ist, genannt *Generatorpunkt*. K ist der resultierende öffentliche Schlüssel. Die Umkehroperation – berechne k für ein bekanntes K – ist ähnlich schwierig, als würde man alle möglichen Werte von k durchgehen, also eine Brute-Force-Suche. Bevor wir uns ansehen, wie ein öffentlicher Schlüssel aus einem privaten Schlüssel erzeugt wird, betrachten wir die Kryptografie mittels elliptischer Kurven etwas genauer.

> Die Skalarmultiplikation bei elliptischen Kurven ist eine Funktion, die Kryptografen als »Falltür« bezeichnen: Sie ist sehr einfach in einer Richtung durchzuführen (Multiplikation), aber so gut wie unmöglich in der anderen Richtung (Division). Der Besitzer des privaten Schlüssels kann den öffentlichen Schlüssel sehr einfach erzeugen und dann mit der Welt teilen, ohne sich darum sorgen zu müssen, dass jemand die Funktion umkehrt und den privaten Schlüssel aus dem öffentlichen Schlüssel berechnet. Dieser mathematische Trick ist die Grundlage (fälschungs-)sicherer Signaturen, die das Eigentumsrecht an Bitcoins belegen.

Kryptografie mit elliptischen Kurven

Kryptografie mittels elliptischer Kurven ist eine Form der asymmetrischen (oder Public-Key-) Kryptografie. Sie basiert auf dem »Diskreter Logarithmus«-Problem, wie es durch die Addition und Multiplikation von Punkten auf der elliptischen Kurve ausgedrückt wird.

Abbildung 4-2 ist ein Beispiel für eine elliptische Kurve, wie sie auch von Bitcoin genutzt wird.

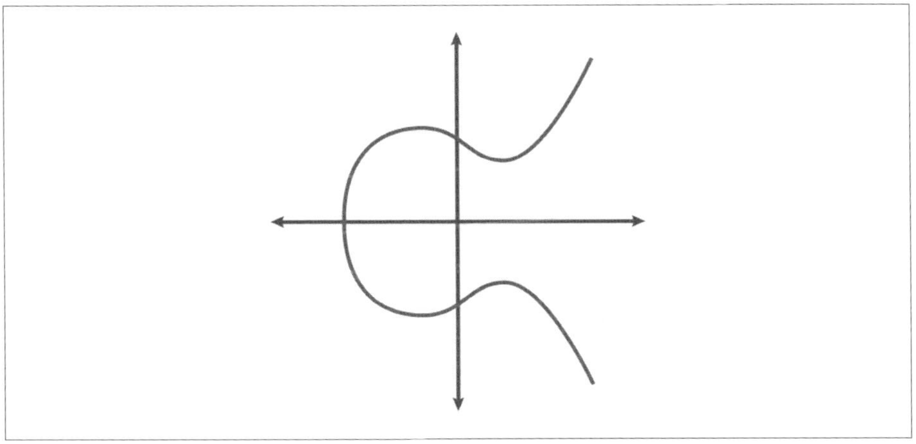

Abbildung 4-2: Eine elliptische Kurve

Bitcoin verwendet eine bestimmte elliptische Kurve und eine Reihe mathematischer Konstanten, die in einem vom *National Institute of Standards and Technology* (NIST) geschaffenen Standard namens `secp256k1` definiert sind. Die `secp256k1`-Kurve ist durch die folgende Funktion definiert, die die elliptische Kurve erzeugt:

$$y^2 = \left(x^3 + 7\right) \text{ über } \left(\mathbb{F}_p\right)$$

oder

$$y^2 \mod p = \left(x^3 + 7\right) \mod p$$

Das *mod p* (Modulo Primzahl p) gibt an, dass diese Kurve über den endlichen Körper *Fp* definiert ist, wobei p eine Primzahl ist (auch Primzahlkörper genannt). Das kann man auch wie folgt schreiben: $\mathbb{F}_p$, wobei $p = 2^{256} - 2^{32} - 2^9 - 2^8 - 2^7 - 2^6 - 2^4 - 1$ ist, eine sehr große Primzahl.

Weil diese Kurve über einen endlichen Primzahlkörper definiert ist und nicht über reelle Zahlen, sieht sie wie ein Muster aus Punkten aus, welches über zwei Dimensionen verteilt ist. Das macht die Visualisierung einfacher. Abbildung 4-3 zeigt beispielhaft die gleiche elliptische Kurve über einen wesentlich kleineren Primzahlenkörper *F17*. Sie erkennen ein Muster von Punkten in einem Gitternetz. Die secp256k1-Kurve von Bitcoin können Sie sich als wesentlich komplexeres Muster von Punkten auf einem unglaublich großen Gitternetz vorstellen.

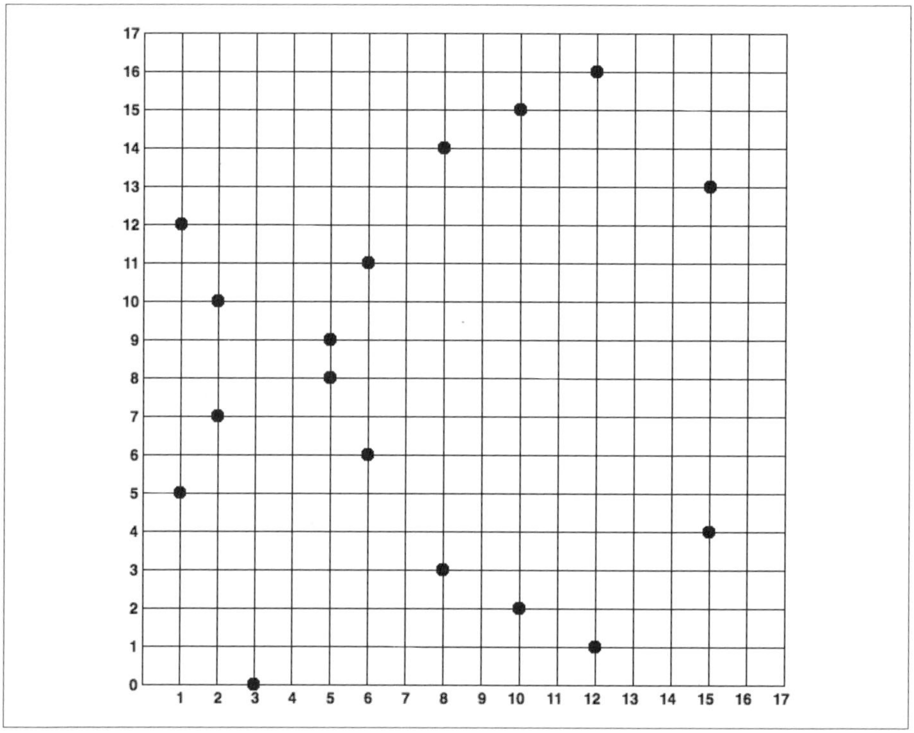

Abbildung 4-3: Kryptografie mit elliptischen Kurven: Visualisierung einer elliptischen Kurve über F(p) für p=17

Nachfolgend ein Punkt *P* mit den Koordinaten (x,y), der ein Punkt auf der secp256k1-Kurve ist:

```
P =
(55066263022277343669578718895168534326250603453777594175500187360389116729240,
32670510020758816978083085130507043184471273380659243275938904335757337482424)
```

Beispiel 4-1 zeigt, wie Sie das mit Python selbst überprüfen können:

Beispiel 4-1: Mit Python sicherstellen, dass dieser Punkt auf der elliptischen Kurve liegt

```
Python 3.4.0 (default, Mar 30 2014, 19:23:13)
[GCC 4.2.1 Compatible Apple LLVM 5.1 (clang-503.0.38)] on darwin
Type "help", "copyright", "credits" or "license" for more information.
>>> p = 115792089237316195423570985008687907853269984665640564039457584007908834671663
>>> x = 55066263022277343669578718895168534326250603453777594175500187360389116729240
>>> y = 32670510020758816978083085130507043184471273380659243275938904335757337482424
>>> (x ** 3 + 7 - y**2) % p
0
```

Bei elliptischen Kurven gibt es einen Punkt, der als »Unendlichkeitspunkt« bezeichnet wird und in etwa der Rolle einer Null bei der Addition entspricht. Auf Computern wird das manchmal mit $x = y = 0$ ausgedrückt (was nicht der Gleichung der elliptischen Kurve entspricht, aber einen einfachen separaten Fall darstellt, der überprüft werden kann).

Es gibt auch einen +-Operator, genannt »Addition«, der einige Ähnlichkeiten mit der traditionellen Addition reeller Zahlen aufweist, die wir als Grundschulkinder lernen. Nimmt man zwei Punkte P_1 und P_2 auf der elliptischen Kurve, gibt es einen dritten Punkt $P_3 = P_1 + P_2$, der ebenfalls auf der elliptischen Kurve liegt.

Geometrisch wird dieser dritte Punkt P_3 berechnet, indem man eine Linie zwischen P_1 und P_2 zeichnet. Diese Linie schneidet die elliptische Kurve an genau einer Stelle. Wir nennen diese Stelle $P_3' = (x, y)$. Dann spiegeln wir sie in der x-Achse und erhalten $P_3 = (x, -y)$.

Es gibt eine Reihe von Sonderfällen, die die Notwendigkeit eines »Unendlichkeitspunkts« erklären.

Sind P_1 und P_2 identisch, muss die Linie »zwischen« P_1 und P_2 zur Tangente der Kurve an dem Punkt P_1 verlängert werden. Diese Tangente schneidet die Kurve an genau einem neuen Punkt. Sie können Techniken der Analysis nutzen, um die Neigung der Berührungslinie zu bestimmen. Diese Techniken funktionieren seltsamerweise, obwohl sich unser Interesse auf Punkte dieser Kurve beschränkt, die über zwei ganzzahlige Koordinaten angegeben werden!

In manchen Fällen (z.B. wenn P_1 und P_2 den gleichen x-, aber unterschiedliche y-Werte aufweisen) ist die Berührungslinie exakt vertikal. In dem Fall ist P_3 der »Unendlichkeitspunkt«.

Ist P_1 der »Unendlichkeitspunkt«, dann ist $P_1 + P_2 = P_2$. Liegt P_2 am Unendlichkeitspunkt, ist hingegen $P_1 + P_2 = P_1$. Das verdeutlicht, wie der Unendlichkeitspunkt die Rolle der Null übernimmt.

Wie sich zeigt, ist + assoziativ, d.h., $(A + B) + C = A + (B + C)$. Wir können also $A + B + C$ ohne Klammern und Mehrdeutigkeiten schreiben.

Nachdem wir nun die Addition definiert haben, machen wir das Gleiche mit der Multiplikation, die die Addition auf die übliche Weise erweitert. Für einen Punkt P auf der elliptischen Kurve ist $kP = P + P + P + ... + P$ (k mal), sofern es sich bei k um eine ganze Zahl handelt. Beachten Sie, dass k manchmal verwirrenderweise als »Exponent« bezeichnet wird.

Einen öffentlichen Schlüssel generieren

Ausgehend von einem privaten Schlüssel in Form einer zufällig erzeugten Zahl k, multiplizieren wir diesen mit einem vorbestimmten Punkt der Kurve, der als *Generator* (Generator Point) G bezeichnet wird, um einen weiteren Punkt irgendwo auf der Kurve zu erzeugen. Der so berechnete Punkt ist der öffentliche Schlüssel K. Der

Generatorpunkt ist als Teil des `secp256k1`-Standards definiert und ist für alle Bitcoin-Schlüssel gleich:

$$K = k * G$$

Dabei ist k der private Schlüssel, G der Generator und K der daraus resultierende öffentliche Schlüssel, ein Punkt auf der Kurve. Da der Generator für alle Bitcoin-Nutzer gleich ist, liefert der private Schlüssel k multipliziert mit G immer den gleichen öffentlichen Schlüssel K. Die Beziehung zwischen k und K ist fest, kann aber nur in einer Richtung berechnet werden, nämlich von k nach K. Darum können Bitcoin-Adressen (die aus K abgeleitet werden) mit jedermann geteilt werden, ohne dass der private Schlüssel des Nutzers (k) offengelegt wird.

> Ein privater Schlüssel kann in einen öffentlichen Schlüssel umgewandelt werden, ein öffentlicher Schlüssel aber nicht wieder in einen privaten Schlüssel, weil die Mathematik nur in einer Richtung funktioniert.

Wir nehmen nun also den vorhin erzeugten privaten Schlüssel k und multiplizieren ihn wie beschrieben mit dem Generatorpunkt, um den öffentlichen Schlüssel K zu bestimmen:

```
K = 1E99423A4ED27608A15A2616A2B0E9E52CED330AC530EDCC32C8FFC6A526AEDD * G
```

Der öffentliche Schlüssel K ist als Punkt `K = (x,y)` definiert:

```
K = (x, y)

wobei:

x = F028892BAD7ED57D2FB57BF33081D5CFCF6F9ED3D3D7F159C2E2FFF579DC341A
y = 07CF33DA18BD734C600B96A72BBC4749D5141C90EC8AC328AE52DDFE2E505BDB
```

Um die Multiplikation eines Punkts mit einer ganzen Zahl zu veranschaulichen, verwenden wir die einfachere elliptische Kurve über reelle Zahlen. Denken Sie daran, dass die Mathematik identisch ist. Unser Ziel besteht darin, das Vielfache kG des Generatorpunkts G zu ermitteln. Das entspricht der k-fachen Addition von G mit sich selbst. Bei elliptischen Kurven entspricht die Addition mit sich selbst dem Zeichnen einer Tangente an diesem Punkt und der Bestimmung des Punkts, an dem die Kurve wieder geschnitten wird. Dann wird dieser Punkt auf der x-Achse gespiegelt.

Abbildung 4-4 zeigt den Prozess der Ableitung von G, $2G$, $4G$ als geometrische Operation über die Kurve.

> Die meisten Bitcoin-Implementierungen verwenden die OpenSSL-Kryptographie-Bibliothek (*http://bit.ly/1ql7bn8*) für die Mathematik hinter elliptischen Kurven. Um beispielsweise den öffentlichen Schlüssel abzuleiten, wird die Funktion `EC_POINT_mul()` genutzt.

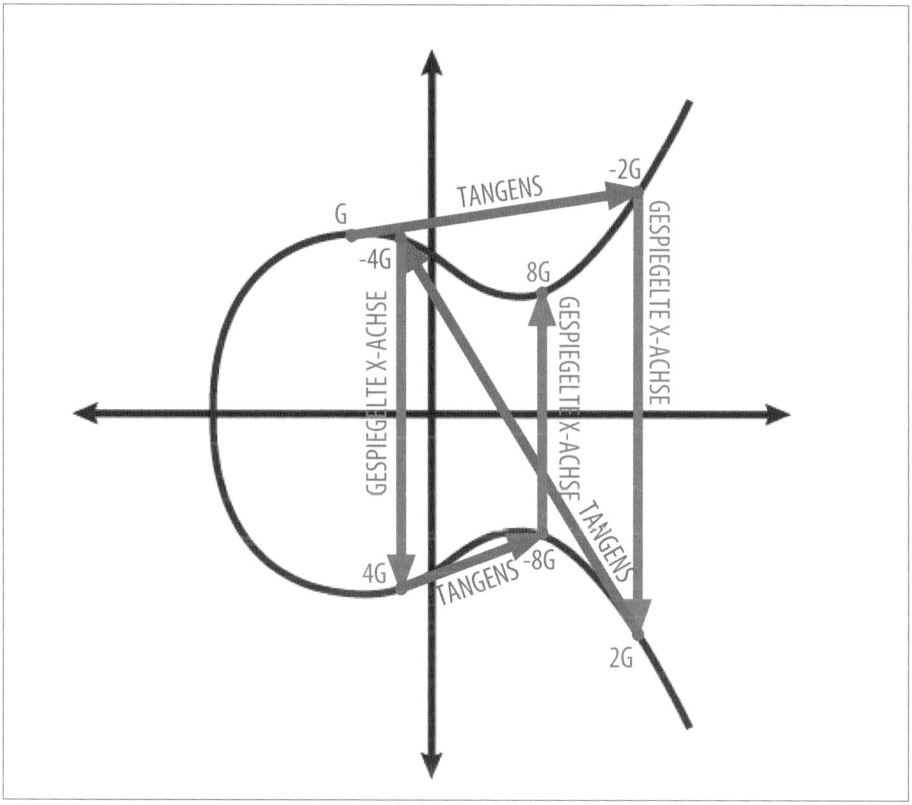

Abbildung 4-4: Kryptografie mittels elliptischer Kurven: Veranschaulichung der Multiplikation eines Punkts G mit einer ganzen Zahl k auf einer elliptischen Kurve

Bitcoin-Adressen

Eine Bitcoin-Adresse ist eine aus Ziffern und Zeichen bestehende Zeichenkette, die Sie jedem mitteilen können, der Ihnen Geld senden möchte. Aus öffentlichen Schlüsseln erzeugte Adressen bestehen aus einem String aus Zahlen und Buchstaben, die mit der Ziffer »1« beginnen. Hier ein Beispiel für eine Bitcoin-Adresse:

```
1J7mdg5rbQyUHENYdx39WVWK7fsLpEoXZy
```

Die Bitcoin-Adresse ist das, was in einer Transaktion üblicherweise als »Empfänger« einer Zahlung auftaucht. Vergleichen wir eine Bitcoin-Transaktion mit einem Scheck, ist die Bitcoin-Adresse der Begünstigte, den wir in das Überweisungsformular eintragen. Bei einem Scheck kann der Begünstigte eine Privatperson sein, aber auch ein Unternehmen, eine Institution oder einfach ein Barscheck. Weil Sie bei Schecks kein Konto angeben müssen, sind sie ein sehr flexibles Zahlungsinstrument. Bitcoin-Transaktionen verwenden eine ähnliche Abstraktion, die Bitcoin-Adresse, um flexible Zahlungen zu ermöglichen. Eine Bitcoin-Adresse kann den Besitzer eines Paars privater/öffentlicher Schlüssel repräsentieren, aber auch etwas anderes wie z.B. ein Zahlungsskript (wie wir in »Pay-to-Script-Hash (P2SH)« auf Seite 153 noch sehen werden). Für den Augenblick wollen wir den einfachen Fall untersuchen, bei dem eine Bitcoin-Adresse einen öffentlichen Schlüssel repräsentiert (und auch aus diesem abgeleitet wurde).

Die Bitcoin-Adresse wird mithilfe einer kryptografischen Hashfunktion aus dem öffentlichen Schlüssel generiert. Ein »Hashing-Algorithmus« oder kurz »Hashalgorithmus« ist eine Einwegfunktion, die einen Fingerabdruck (Fingerprint) oder »Hash« einer Eingabe beliebiger Größe erzeugt. Kryptografische Hashfunktionen werden bei Bitcoin ausgiebig genutzt: bei Bitcoin-Adressen, bei Skriptadressen und beim Mining für den Proof-of-Work-Algorithmus. Die zur Erzeugung einer Bitcoin-Adresse aus einem öffentlichen Schlüssel verwendeten Algorithmen sind der *Secure Hash Algorithm* (SHA) und der *RACE Integrity Primitives Evaluation Message Digest* (RIPEMD), genauer SHA256 und RIPEMD160.

Aus dem öffentlichen Schlüssel *K* berechnen wir zuerst den SHA256-Hash. Anschließend berechnen wir aus dem Ergebnis den RIPEMD160-Hash und erzeugen eine 160 Bit (20 Byte) lange Zahl:

$$A = RIPEMD160(SHA256(K))$$

Dabei ist *K* der öffentliche Schlüssel und *A* die resultierende Bitcoin-Adresse.

> Eine Bitcoin-Adresse ist nicht das Gleiche wie ein öffentlicher Schlüssel. Bitcoin-Adressen werden über eine Einwegfunktion aus dem öffentlichen Schlüssel abgeleitet.

Bitcoin-Adressen sind fast immer in »Base58Check« codiert (siehe »Base58- und Base58Check-Codierung« auf Seite 69), das 58 Zeichen (ein Zahlensystem zur Basis 58) und eine Prüfsumme verwendet. Das erhöht die Lesbarkeit, vermeidet Mehrdeutigkeiten und schützt vor Fehlern bei der Übertragung und Eingabe. Base58Check wird bei Bitcoin auf vielfältige Weise genutzt, sobald ein Benutzer eine Zahl (etwa eine Bitcoin-Adresse, einen privaten Schlüssel, einen verschlüsselten Schlüssel oder einen Skript-Hash) lesen und übertragen muss. Im nächsten Abschnitt sehen wir uns die Mechanismen der Base58Check-Codierung und -Decodierung an sowie die daraus resultierenden Darstellungen. Abbildung 4-5 veranschaulicht die Umwandlung eines öffentlichen Schlüssels in eine Bitcoin-Adresse.

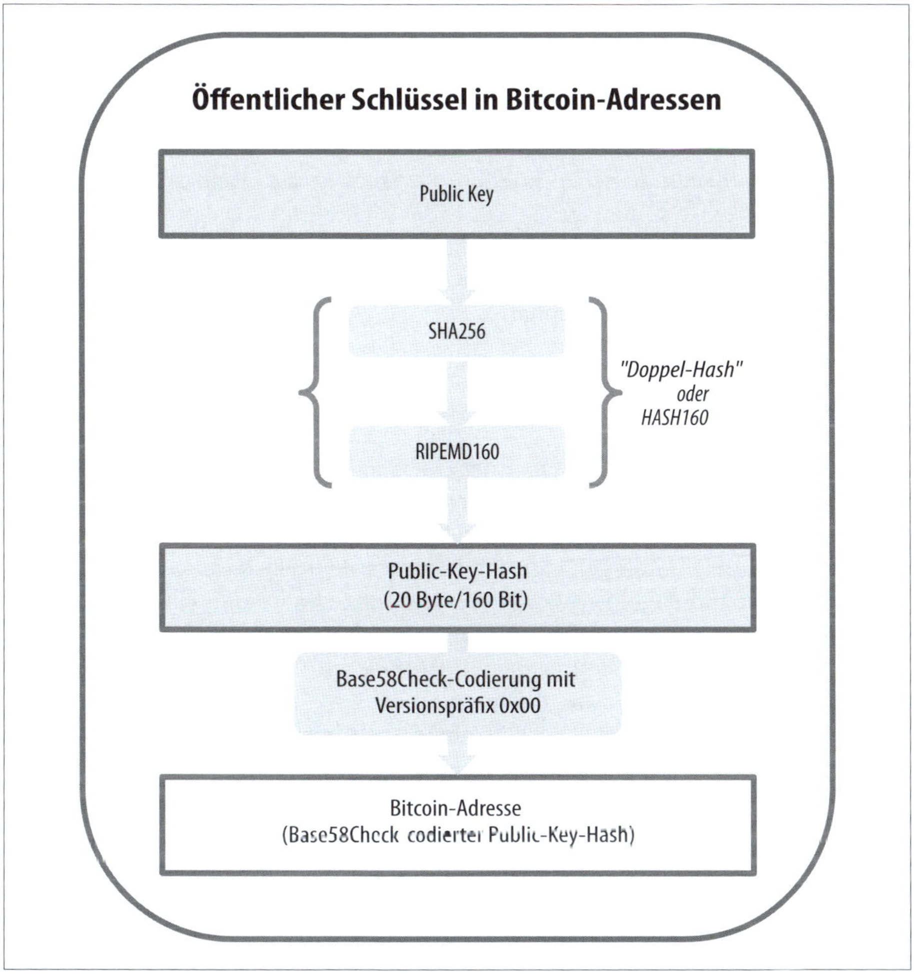

Abbildung 4-5: Umwandlung eines öffentlichen Schlüssels in eine Bitcoin-Adresse

Base58- und Base58Check-Codierung

Um lange Zahlen kompakt darstellen zu können, verwenden viele Computersysteme eine gemischte alphanumerische Darstellung mit einer Basis (Radix) höher als 10. Während das traditionelle Dezimalsystem beispielsweise mit den zehn Ziffern 0 bis 9 arbeitet, nutzt das Hexadezimalsystem 16, wobei die Buchstaben A bis F als zusätzliche Symbole dienen. Die Darstellung einer Zahl im Hexadezimalformat ist kürzer als die entsprechende Dezimaldarstellung. Noch kompakter ist die Base64-Darstellung, die mit 26 Kleinbuchstaben, 26 Großbuchstaben, 10 Ziffern und 2 weiteren Zeichen (»+« und »/«) arbeitet, um Binärdaten über textbasierte Medien wie etwa E-Mail zu übertragen. Base58 ist ein für den Einsatz mit Bitcoin entwickeltes textbasiertes Format zur Binärcodierung und wird auch von vielen anderen Kryptowährungen verwendet. Es bietet eine gute Mischung aus kompakter Darstellung, Lesbarkeit, Fehlererkennung und -prävention. Base58 ist eine Untermenge von Base64, nutzt Klein- und Großbuchstaben sowie Ziffern, vermeidet aber einige Zeichen, die häufig miteinander verwechselt werden und bei bestimmten Schriftarten gleich aussehen können. Genauer gesagt, ist Base58 ein Base64 ohne 0 (die Ziffer 0), O (das große O), l (das kleine L), I (das große I) sowie die Symbole »+« und »/«. Anders ausgedrückt, verwendet es Klein- und Großbuchstaben sowie Ziffern ohne die gerade erwähnten vier Symbole (0, O, l, I). Beispiel 4-2 zeigt das vollständige Base58-Alphabet.

Beispiel 4-2: Bitcoins Base58-Alphabet

```
123456789ABCDEFGHJKLMNPQRSTUVWXYZabcdefghijkmnopqrstuvwxyz
```

Als zusätzlichen Schutz vor Schreib- oder Übertragungsfehlern bietet Base58Check das Base58-Format mit zusätzlicher Fehlerprüfung an. Dieses Format wird von Bitcoin sehr häufig genutzt. Die Prüfsumme wird in zusätzlichen vier Bytes an das Ende der codierten Daten gehängt. Sie wird aus dem Hash der codierten Daten berechnet und kann daher verwendet werden, um Schreib- und Übertragungsfehler zu erkennen und zu vermeiden. Die Decodersoftware berechnet die Prüfsumme der Daten und vergleicht sie mit der Prüfsumme im Code. Stimmen die beiden nicht überein, ist ein Fehler aufgetreten, und die Base58Check-Daten sind ungültig. Dies verhindert, dass eine falsch geschriebene Bitcoin-Adresse von der Wallet-Software als gültiges Ziel akzeptiert wird (ein Fehler, der zum Verlust des Überweisungsbetrags führt).

Um Daten (eine Zahl) in das Base58Check-Format umzuwandeln, ergänzen wir diese zuerst um ein Präfix (das sogenannte »Versionsbyte«), das zur einfachen Identifizierung der zu codierenden Daten dient. Zum Beispiel ist das Präfix für eine Bitcoin-Adresse die Null (0x00 hex), während das Präfix für die Codierung eines privaten Schlüssels 128 (0x80 hex) lautet. Eine Liste gängiger Versionspräfixe sehen Sie in Tabelle 4-1.

Als Nächstes berechnen wir die »Doppel-SHA-Prüfsumme«, d. h., wir wenden den SHA256-Algorithmus zweimal auf das vorherige Ergebnis (Präfix und Daten) an:

```
prüfsumme = SHA256(SHA256(präfix+daten))
```

Aus dem daraus resultierenden 32-Byte-Hash (Hash eines Hash) verwenden wir nur die ersten vier Bytes. Diese dienen nun als Prüfsumme der Fehlererkennung und werden einfach an die Daten angehängt.

Das Ergebnis besteht aus drei Teilen – einem Präfix, den Daten und einer Prüfsumme – und wird entsprechend dem oben beschriebenen Base58-Alphabet codiert. Abbildung 4-6 veranschaulicht den Base58Check-Codierungsprozess.

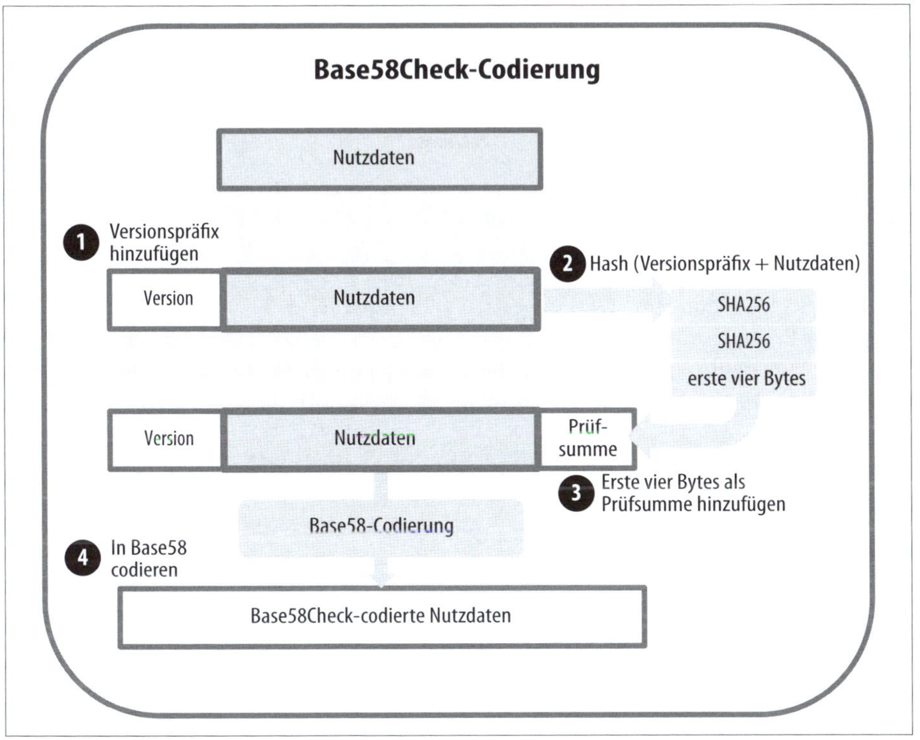

Abbildung 4-6: Base58Check-Codierung: Format zur eindeutigen Codierung von Bitcoin-Daten in Base58 mit Versionierung und Prüfsumme

Bei Bitcoin ist der Großteil der dem Benutzer präsentierten Daten Base58Check-codiert. Das macht die Darstellung kompakt, einfach zu lesen und erleichtert die Erkennung von Fehlern. Das Versionspräfix der Base58Check-Codierung erleichtert es, einfach zu unterscheidende Formate zu erzeugen. Bei der Base58Check-Codierung der Nutzdaten wird jeweils ein bestimmtes Zeichen vorangestellt. Auf diese Weise können wir Menschen die Art der codierten Daten leicht erkennen und wissen, wie sie zu nutzen sind. Dieses Präfix unterscheidet beispielsweise eine Base58Check-codierte Bitcoin-Adresse, die mit 1 beginnt, von einem Base58Check-codierten WIF (5). Einige Versionspräfixe und die entsprechenden Base58-Zeichen sind in Tabelle 4-1 zu sehen.

Tabelle 4-1: Base58Check-Versionspräfix und codiertes Ergebnis

Typ	Versionspräfix (hex)	Base58-codiertes Präfix
Bitcoin-Adresse	0x00	1
»Pay-to-Script-Hash«-Adresse	0x05	3
Bitcoin-Testnet-Adresse	0x6F	m oder n
Privater Schlüssel-WIF	0x80	5, K oder L

Tabelle 4-1: Base58Check-Versionspräfix und codiertes Ergebnis (Fortsetzung)

Typ	Versionspräfix (hex)	Base58-codiertes Präfix
BIP-38, verschlüsselter privater Schlüssel	0x0142	6P
BIP-32, erweiterter öffentlicher Schlüssel	0x0488B21E	xpub

Sehen wir uns den vollständigen Vorgang der Generierung einer Bitcoin-Adresse an: von einem privaten Schlüssel zu einem öffentlichen Schlüssel (einem Punkt auf der elliptischen Kurve) zu einer doppelt gehashten Adresse und abschließend zur Base58Check-Codierung. Der C++-Code in Beispiel 4-3 zeigt schrittweise den gesamten Prozess vom privaten Schlüssel bis zur Base58Check-codierten Bitcoin-Adresse. Der Code verwendet die `libbitcoin`-Bibliothek, die in »Alternative Clients, Bibliotheken und Toolkits« auf Seite 53 vorgestellt wurde.

Beispiel 4-3: Base58Check-codierte Bitcoin-Adresse aus privatem Schlüssel erzeugen

```
#include <bitcoin/bitcoin.hpp>

int main()
{
    // Privater geheimer Schlüssel string als base16
    bc::ec_secret decoded;
    bc::decode_base16(decoded,
        "038109007313a5807b2eccc082c8c3fbb988a973cacf1a7df9ce725c31b14776");

    bc::wallet::ec_private secret(
       decoded, bc::wallet::ec_private::mainnet_p2kh);

    // Öffentlichen Schlüssel berechnen
    bc::wallet::ec_public public_key(secret);
    std::cout << "Public key: " << public_key.encoded() << std::endl;

    // Bitcoin-Adresse erzeugen
    // Normalerweise können Sie Folgendes nutzen:
    //    bc::wallet::payment_address payaddr =
    //        public_key.to_payment_address(
    //            bc::wallet::ec_public::mainnet_p2kh);
    //    const std::string address = payaddr.encoded();

    // Berechne Hash des öffentlichen Schlüssels für P2PKH-Adresse
    bc::data_chunk public_key_data;
    public_key.to_data(public_key_data);
    const auto hash = bc::bitcoin_short_hash(public_key_data);

    bc::data_chunk unencoded_address;
    // Reserviere 25 Bytes
    //   [ Version:1  ]
    //   [ Hash:20    ]
    //   [ Prüfsumme:4 ]
    unencoded_address.reserve(25);
    // Versions-Byte, 0 für normale BTC-Adresse (P2PKH).
    unencoded_address.push_back(0);
    // Daten hashen
    bc::extend_data(unencoded_address, hash);
```

```
    // Prüfsumme sind 4 Byte der gehashten Daten
    bc::append_checksum(unencoded_address);
    // Abschließend muss das Ergebnis base58-codiert werden
    assert(unencoded_address.size() == 25);
    const std::string address = bc::encode_base58(unencoded_address);

    std::cout << "Address: " << address << std::endl;
    return 0;
}
```

Der Code verwendet einen vordefinierten privaten Schlüssel, um bei jeder Programmausführung die gleiche Bitcoin-Adresse zu erzeugen:

Beispiel 4-4: addr-Code kompilieren und ausführen

```
# addr.cpp-Code kompilieren
$ g++ -o addr addr.cpp $(pkg-config --cflags --libs libbitcoin)
# addr-Programm ausführen
$ ./addr
Public key: 0202a406624211f2abbdc68da3df929f938c3399dd79fac1b51b0e4ad1d26a47aa
Address: 1PRTTaJesdNovgne6Ehcdu1fpEdX7913CK
```

Schlüsselformate

Sowohl private als auch öffentliche Schlüssel können in einer Reihe unterschiedlicher Formate dargestellt werden. Alle Formate codieren die gleiche Zahl, auch wenn diese unterschiedlich aussieht. Sie werden hauptsächlich eingesetzt, um uns Menschen das Lesen und Übertragen der Schlüssel zu erleichtern und um Fehler zu vermeiden.

Formate für private Schlüssel

Der private Schlüssel kann in einer Reihe unterschiedlicher Formate ausgegeben werden, die alle der gleichen 256-Bit-Zahl entsprechen. Tabelle 4-2 zeigt drei gängige Formate zur Darstellung privater Schlüssel. Unterschiedliche Schlüssel finden ihren Einsatz für unterschiedliche Zwecke. Hexadezimale und binäre Rohformate werden intern von der Software verwendet und den Nutzern nur selten gezeigt, WIF wird zum Import/Export von Schlüsseln zwischen Wallets eingesetzt und häufig für die QR-Code-Darstellung privater Schlüssel verwendet.

Tabelle 4-2: Codierungsformate für private Schlüssel

Typ	Präfix	Beschreibung
Raw	ohne	32 Byte
Hex	ohne	64 hexadezimale Ziffern
WIF	5	Base58Check-Codierung: Base58 mit Versionspräfix (128) und 32-Bit-Prüfsumme
WIF-komprimiert	K oder L	wie oben mit zusätzlicher Endung 0x01 vor der Codierung

Tabelle 4-3 zeigt die privaten Schlüssel, die durch diese drei Formate erzeugt werden.

Tabelle 4-3: Beispiel: Gleicher Schlüssel, unterschiedliche Formate

Format	Privater Schlüssel
Hex	1e99423a4ed27608a15a2616a2b0e9e52ced330ac530edcc32c8ffc6a526aedd
WIF	5J3mBbAH58CpQ3Y5RNJpUKPE62SQ5tfcvU2JpbnkeyhfsYB1Jcn
WIF-komprimiert	KxFC1jmwwCoACiCAWZ3eXa96mBM6tb3TYzGmf6YwgdGWZgawvrtJ

Das sind drei verschiedene Möglichkeiten, die gleiche Zahl darzustellen. Sie sehen unterschiedlich aus, doch jedes dieser Formate kann sehr einfach in jedes andere Format umgewandelt werden. Beachten Sie, dass das binäre Rohformat (Raw) in Tabelle 4-3 fehlt, da jede schriftliche Darstellung per Definition keine Binärdaten wären.

Wir verwenden den Befehl `wif-to-ec` des Bitcoin Explorer (siehe Anhang G), um zu zeigen, dass beide WIF-Schlüssel den gleichen privaten Schlüssel repräsentieren:

```
$ bx wif-to-ec 5J3mBbAH58CpQ3Y5RNJpUKPE62SQ5tfcvU2JpbnkeyhfsYB1Jcn
1e99423a4ed27608a15a2616a2b0e9e52ced330ac530edcc32c8ffc6a526aedd

$ bx wif-to-ec KxFC1jmwwCoACiCAWZ3eXa96mBM6tb3TYzGmf6YwgdGWZgawvrtJ
1e99423a4ed27608a15a2616a2b0e9e52ced330ac530edcc32c8ffc6a526aedd
```

Base58Check-Decodierung

Die Bitcoin-Explorer-Befehle (siehe Anhang G) machen es leicht, Shell-Skripte und Kommandozeilen-»Pipes« zu entwickeln, welche die Bitcoin-Schlüssel, Adressen und Transaktionen bearbeiten. Sie können den Bitcoin Explorer nutzen, um das Base58Check-Format über die Kommandozeile zu decodieren.

Wir verwenden den Befehl `base58check-decode`, um den unkomprimierten Schlüssel zu decodieren:

```
$ bx base58check-decode 5J3mBbAH58CpQ3Y5RNJpUKPE62SQ5tfcvU2JpbnkeyhfsYB1Jcn
wrapper
{
    checksum 4286807748
    payload 1e99423a4ed27608a15a2616a2b0e9e52ced330ac530edcc32c8ffc6a526aedd
    version 128
}
```

Das Ergebnis enthält den Schlüssel als Nutzdaten, das WIF-Versionspräfix 128 und eine Prüfsumme.

Beachten Sie, dass die »Nutzdaten« des komprimierten Schlüssels mit dem Suffix `01` angehängt werden, was signalisiert, dass der abgeleitete, öffentliche Schlüssel komprimiert werden soll:

```
$ bx base58check-decode KxFC1jmwwCoACiCAWZ3eXa96mBM6tb3TYzGmf6YwgdGWZgawvrtJ
wrapper
{
    checksum 2339607926
    payload 1e99423a4ed27608a15a2616a2b0e9e52ced330ac530edcc32c8ffc6a526aedd01
    version 128
}
```

Hex-Format nach Base58Check codieren

Um nach Base58Check zu codieren (also das Gegenstück zu obigem Befehl), verwenden wir den `base58check-encode`-Befehl des Bitcoin Explorer (siehe Anhang G), übergeben den privaten Schlüssel im Hex-Format und hängen das WIF-Versionspräfix 128 an:

```
bx base58check-encode
1e99423a4ed27608a15a2616a2b0e9e52ced330ac530edcc32c8ffc6a526aedd --version 128
5J3mBbAH58CpQ3Y5RNJpUKPE62SQ5tfcvU2JpbnkeyhfsYB1Jcn
```

Hex-Format (komprimierter Schlüssel) nach Base58Check codieren

Um Base58Check als »komprimierten« privaten Schlüssel (siehe »Komprimierte private Schlüssel« auf Seite 78) zu codieren, hängen wir `01` an den Hex-Schlüssel an und codieren ihn dann wie im vorigen Abschnitt:

```
$ bx base58check-encode
1e99423a4ed27608a15a2616a2b0e9e52ced330ac530edcc32c8ffc6a526aedd01 --version 128
KxFC1jmwwCoACiCAWZ3eXa96mBM6tb3TYzGmf6YwgdGWZgawvrtJ
```

Das daraus resultierende komprimierte WIF-Format beginnt mit `K`. Dieses gibt wiederum an, dass der private Schlüssel mit `01` versehen ist und nur zur Erzeugung komprimierter privater Schlüssel verwendet wird (siehe »Komprimierte öffentliche Schlüssel« auf Seite 76).

Formate öffentlicher Schlüssel

Öffentliche Schlüssel können ebenfalls in unterschiedlicher Form dargestellt werden, üblicherweise als komprimierte oder unkomprimierte öffentliche Schlüssel.

Wie vorhin erläutert, ist der öffentliche Schlüssel ein Punkt auf der elliptischen Kurve mit den Koordinaten *x* und *y*. Er wird üblicherweise mit dem Präfix `04` gefolgt von zwei 256-Bit-Zahlen dargestellt: eine für die *x*-Koordinate des Punkts und die andere für die *y*-Koordinate. Das Präfix `04` wird verwendet, um unkomprimierte öffentliche Schlüssel von komprimierten öffentlichen Schlüsseln zu unterscheiden, die mit `02` oder `03` beginnen.

Dies ist der öffentliche Schlüssel, den wir vorhin mithilfe des privaten Schlüssels erzeugt haben, in Form von x- und y-Koordinaten:

```
x = F028892BAD7ED57D2FB57BF33081D5CFCF6F9ED3D3D7F159C2E2FFF579DC341A
y = 07CF33DA18BD734C600B96A72BBC4749D5141C90EC8AC328AE52DDFE2E505BDB
```

Und hier der gleiche öffentliche Schlüssel als 520-Bit-Zahl (130 Hex Ziffern) mit dem Präfix `04`, gefolgt von den x- und y-Koordinaten (`04 x y`):

```
K = 04F028892BAD7ED57D2FB57BF33081D5CFCF6F9ED3D3D7F159C2E2FFF579DC341A↵
07CF33DA18BD734C600B96A72BBC4749D5141C90EC8AC328AE52DDFE2E505BDB
```

Komprimierte öffentliche Schlüssel

Komprimierte öffentliche Schlüssel wurden bei Bitcoin eingeführt, um die Größe von Transaktionen zu reduzieren und Festplattenplatz auf den Nodes einzusparen, die die Blockchain-Datenbank vorhalten. Die meisten Transaktionen enthalten einen öffentlichen Schlüssel, der benötigt wird, um die Berechtigung des Eigentümers nachzuweisen und die Bitcoins ausgeben zu können. Jeder öffentliche Schlüssel verlangt 520 Bits (Präfix + x + y). Multipliziert man das mit den mehreren Hundert Transaktionen pro Block bzw. Zehntausenden Transaktionen pro Tag, macht das einen beträchtlichen Teil der Daten in der Blockchain aus.

Wie in Abschnitt »Öffentliche Schlüssel« auf Seite 62 gesehen, ist ein öffentlicher Schlüssel ein Punkt *(x,y)* auf einer elliptischen Kurve. Da diese Kurve eine mathematische Funktion ausdrückt, stellt ein Punkt auf der Kurve eine Lösung der Gleichung dar. Kennen wir also die *x*-Koordinate, können wir die *y*-Koordinate über die Gleichung $y^2 \bmod p = (x^3 + 7) \bmod p$ ermitteln. Auf diese Weise können wir nur die *x*-Koordinate des Punkts des öffentlichen Schlüssels speichern und uns die *y*-Koordinate sparen, was die Größe des Schlüssels und des benötigten Speichers um 256 Bits reduziert. Mit der Reduzierung der Größe um nahezu 50 % für jede Transaktion sparen wir mit der Zeit ganz schön viele Daten!

Während unkomprimierte öffentliche Schlüssel das Präfix `04` verwenden, beginnen komprimierte Schlüssel mit `02` oder `03`. Sehen wir uns an, warum es zwei mögliche Präfixe gibt: Da die linke Seite der Gleichung y^2 lautet, ist die Lösung für *y* eine Quadratwurzel, die ein positives oder negatives Ergebnis haben kann. Visuell bedeutet dies, dass die resultierende *y*-Koordinate über oder unter der x-Achse liegen kann. Wie Sie aus dem Diagramm der elliptischen Kurve in Abbildung 4-2 ersehen können, ist die Kurve symmetrisch, d.h., sie wird durch die x-Achse gespiegelt. Wir können also die *y*-Koordinate weglassen, müssen aber das Vorzeichen von *y* (positiv oder negativ) festhalten. Mit anderen Worten: Wir müssen uns merken, ob der Wert über oder unter der x-Achse liegt, da beide Möglichkeiten einen anderen Punkt und damit einen anderen öffentlichen Schlüssel darstellen. Bei der Berechnung der elliptischen Kurve in Binärarithmetik über dem Primzahlenkörper *p*, ist die *y*-Koordinate entweder gerade oder ungerade, was dem eben erläuterten positiven/negativen Vorzeichen entspricht. Um diese beiden möglichen *y*-Werte unterscheiden zu können, speichern wir einen komprimierten, öffentlichen Schlüssel mit dem Präfix `02` für gerade und mit `03` für ungerade *y* ab. Die Software kann daraus die korrekte *y*-Koordinate aus der *x*-Koordinate ableiten und die vollständigen Punktkoordinaten des öffentlichen Schlüssels wiederherstellen. Die Public-Key-Komprimierung veranschaulicht Abbildung 4-7.

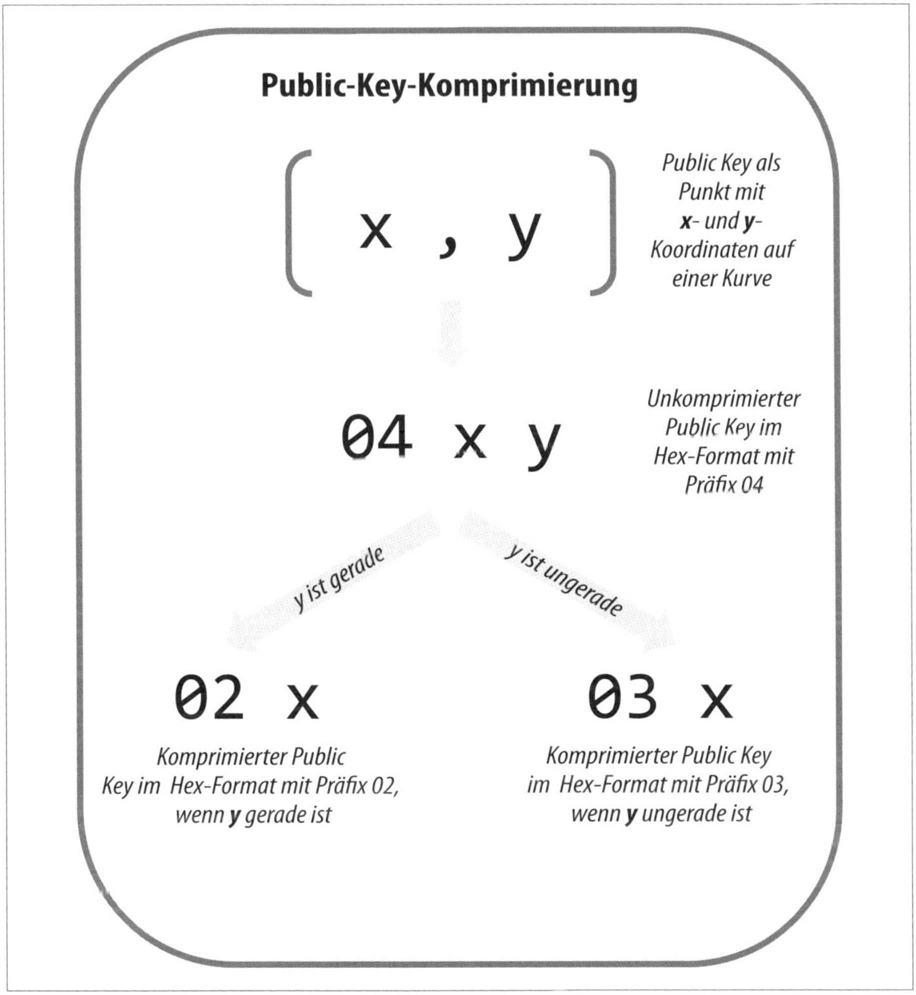

Abbildung 4-7: Public-Key-Komprimierung

Hier der vorhin generierte öffentliche Schlüssel in komprimierter Form, gespeichert in 264 Bits (66 Hex-Ziffern) mit dem Präfix `03` (d.h., die y-Koordinate ist ungerade):

```
K = 03F028892BAD7ED57D2FB57BF33081D5CFCF6F9ED3D3D7F159C2E2FFF579DC341A
```

Dieser komprimierte öffentliche Schlüssel wurde aus dem gleichen öffentlichen Schlüssel erzeugt, sieht aber anders aus als der unkomprimierte Public Key. Wichtiger ist jedoch, dass bei der Konvertierung des komprimierten öffentlichen Schlüssels in eine Bitcoin-Adresse über die Doppelhashfunktion (`RIPEMD160(SHA256(K))`) eine *andere* Bitcoin-Adresse erzeugt wird. Das kann verwirrend sein, weil es bedeutet, dass ein einzelner privater Schlüssel einen öffentlichen Schlüssel in zwei unterschiedlichen Formaten (komprimiert und unkomprimiert) erzeugen kann, die wiederum zwei verschiedene Bitcoin-Adressen erzeugen. Allerdings ist der private Schlüssel für beide Bitcoin-Adressen identisch.

Komprimierte öffentliche Schlüssel setzen sich bei Bitcoin-Clients zunehmend durch, da sie die Größe einer Transaktion (und damit der Blockchain) deutlich reduzieren. Allerdings unterstützen noch nicht alle Clients komprimierte öffentliche Schlüssel, und neuere Clients, die komprimierte öffentliche Schlüssel unterstützen, müssen entsprechende Vorkehrungen für ältere Clients treffen, die mit komprimierten öffentlichen Schlüsseln nicht umgehen können. Das ist besonders wichtig, wenn eine Wallet-Anwendung private Schlüssel aus einer anderen Wallet-Anwendung importiert, da die neue Wallet die Blockchain durchgehen muss, um die zu den importierten Schlüsseln gehörenden Transaktionen aufzuspüren. Nach welchen Bitcoin-Adressen soll gesucht werden, nach denen mit unkomprimierten oder mit komprimierten öffentlichen Schlüsseln? Beide sind gültige Bitcoin-Adressen und können mit dem privaten Schlüssel signiert werden, doch es handelt sich um unterschiedliche Adressen!

Um dieses Problem zu lösen, verwenden neuere Bitcoin-Wallets beim Export privater Schlüssel eine andere Implementierung des WIF-Formats. Damit wird angezeigt, dass diese privaten Schlüssel zur Generierung *komprimierter* öffentlicher Schlüssel (und damit komprimierter Bitcoin-Adressen) verwendet wurden. Das erlaubt der importierenden Wallet, zu unterscheiden, ob die privaten Schlüssel aus älteren oder neueren Wallets stammen. Die Blockchain kann dann nach Transaktionen durchsucht werden, die mit den Bitcoin-Adressen für die unkomprimierten bzw. komprimierten öffentlichen Schlüssel übereinstimmen. Wie das funktioniert, wollen wir uns im nächsten Abschnitt genauer ansehen.

Komprimierte private Schlüssel

Ironischerweise ist der Begriff »komprimierter privater Schlüssel« eine Fehlbenennung, da ein WIF-komprimierter privater Schlüssel tatsächlich ein Byte länger ist als der »unkomprimierte«. Das liegt daran, dass dem privaten Schlüssel ein zusätzliches Byte angehängt wird (in Tabelle 4-4 als 01 hex zu sehen), das angibt, dass der private Schlüssel aus einer neueren Wallet stammt und nur genutzt werden sollte, um komprimierte öffentliche Schlüssel zu erzeugen. Private Schlüssel selbst werden nicht komprimiert und können nicht komprimiert werden. Der Begriff »komprimierter privater Schlüssel« bedeutet also eigentlich »privater Schlüssel, über den nur komprimierte öffentliche Schlüssel erzeugt werden sollen«. Sie sollten nur das Exportformat als »WIF-komprimiert« oder »WIF« bezeichnen und private Schlüssel selbst nicht »komprimiert« nennen, um zusätzliche Verwirrung zu vermeiden.

Tabelle 4-4 zeigt den gleichen Schlüssel im WIF- und im WIF-komprimierten Format.

Tabelle 4-4: Beispiel: Gleicher Schlüssel, unterschiedliche Formate

Format	Privater Schlüssel
Hex	1E99423A4ED27608A15A2616A2B0E9E52CED330AC530EDCC32C8FFC6A526AEDD
WIF	5J3mBbAH58CpQ3Y5RNJpUKPE62SQ5tfcvU2JpbnkeyhfsYB1Jcn
Hex-komprimiert	1E99423A4ED27608A15A2616A2B0E9E52CED330AC530EDCC32C8FFC6A526AEDD01
WIF-komprimiert	KxFC1jmwwCoACiCAWZ3eXa96mBM6tb3TYzGmf6YwgdGWZgawvrtJ

Beachten Sie, dass dem Hex-komprimierten privaten Schlüssel ein zusätzliches Byte angehängt wird (hex 01). Während das Versionspräfix für die Base58-Codierung für die WIF- und WIF-komprimierten Formate identisch ist (0x80), führt das zusätzliche Byte am Ende der Zahl dazu, dass sich das erste Zeichen der Base58-Codierung von einer 5 in ein *K* oder *L* ändert. Stellen Sie sich das als Base58-Äquivalent zum Unterschied in der Codierung der Dezimalzahlen 100 und 99 vor. Die 100 ist eine Ziffer länger, und das Präfix wechselt von 9 in 1. Wenn sich die Länge ändert, wirkt sich das auf das Präfix aus. Bei Base58 wird das Präfix 5 zu einem *K* oder einem *L*, wenn sich die Länge der Zahl um ein Byte verändert.

Denken Sie daran, dass diese Formate nicht austauschbar sind. Neuere Wallets, die komprimierte öffentliche Schlüssel implementieren, exportieren private Schlüssel nur WIF-komprimiert (mit dem Präfix *K* oder *L*). Ältere Implementierungen der Wallet komprimieren öffentliche Schlüssel nicht, und die privaten Schlüssel werden nur im WIF-Format (mit dem Präfix *5*) exportiert. Damit soll anzeigt werden, ob beim Import dieser privaten Schlüssel die Blockchain nach komprimierten oder unkomprimierten öffentlichen Schlüsseln und Adressen durchsucht werden muss.

Ist eine Bitcoin-Wallet in der Lage, komprimierte öffentliche Schlüssel zu erzeugen, nutzt sie diese für alle Transaktionen. Die privaten Schlüssel in der Wallet werden genutzt, um die Punkte des öffentlichen Schlüssels auf der Kurve zu ermitteln, welche entsprechend komprimiert werden. Die komprimierten öffentlichen Schlüssel werden genutzt, um Bitcoin-Adressen zu erzeugen, und diese werden in Transaktionen genutzt. Beim Export privater Schlüssel aus einer Wallet, die die Komprimierung privater Schlüssel beherrscht, wird das WIF modifiziert, indem das Byte `01` an den privaten Schlüssel angehängt wird. Der daraus resultierende Base58Check-codierte private Schlüssel wird als »komprimiertes WIF« bezeichnet und beginnt mit den Buchstaben *K* oder *L* anstelle der 5 bei WIF-codierten (nicht komprimierten) Schlüsseln älterer Wallets.

»Komprimierte private Schlüssel« ist eine Fehlbenennung! Die Schlüssel sind nicht komprimiert. WIF komprimiert bedeutet vielmehr, dass die Schlüssel nur verwendet werden dürfen, um komprimierte öffentliche Schlüssel und die dazugehörigen Bitcoin-Adressen abzuleiten. Ironischerweise ist ein »WIF-komprimierter« privater Schlüssel ein Byte länger, da ihm ein 01 angehängt wird, um ihn von einem »unkomprimierten« Schlüssel zu unterscheiden.

Schlüssel und Adressen in Python implementieren

Die umfassendste Bitcoin-Bibliothek in Python ist pybitcointools (*https://github.com/vbuterin/pybitcointools*) von Vitalik Buterin. In Beispiel 4-5 verwenden wir die pybitcointools-Bibliothek (importiert als bitcoin), um Schlüssel und Adressen in verschiedenen Formaten zu generieren und auszugeben.

Beispiel 4-5: Generierung und Formatierung von Schlüsseln und Adressen mit der pybitcointools-Bibliothek

```
import bitcoin

# Zufälligen privaten Schlüssel erzeugen
valid_private_key = False
while not valid_private_key:
    private_key = bitcoin.random_key()
    decoded_private_key = bitcoin.decode_privkey(private_key, 'hex')
    valid_private_key =  0 < decoded_private_key < bitcoin.N

print "Private Key (hex) is: ", private_key
print "Private Key (decimal) is: ", decoded_private_key

# Privaten Schlüssel in WIF-Format umwandeln
wif_encoded_private_key = bitcoin.encode_privkey(decoded_private_key, 'wif')
print "Private Key (WIF) is: ", wif_encoded_private_key

# "01" anhängen, um komprimierten privaten Schlüssel anzuzeigen
compressed_private_key = private_key + '01'
print "Private Key Compressed (hex) is: ", compressed_private_key

# WIF-Format aus komprimiertem privatem Schlüssel erzeugen (WIF-komprimiert)
wif_compressed_private_key = bitcoin.encode_privkey(
    bitcoin.decode_privkey(compressed_private_key, 'hex'), 'wif')
print "Private Key (WIF-Compressed) is: ", wif_compressed_private_key

# Multipliziere EC-Generator-Punkt G mit privatem Schlüssel, um einen Public Key-Punkt
# zu erzeugen
public_key = bitcoin.fast_multiply(bitcoin.G, decoded_private_key)
print "Public Key (x,y) coordinates is:", public_key

# In Hex kodieren, Präfix 04
hex_encoded_public_key = bitcoin.encode_pubkey(public_key,'hex')
print "Public Key (hex) is:", hex_encoded_public_key

# Public Key komprimieren, Präfix an gerades/ungerades y anpassen
(public_key_x, public_key_y) = public_key
if (public_key_y % 2) == 0:
    compressed_prefix = '02'
else:
    compressed_prefix = '03'
hex_compressed_public_key = compressed_prefix + bitcoin.encode(public_key_x, 16)
print "Compressed Public Key (hex) is:", hex_compressed_public_key

# Bitcoin-Adresse aus Public Key erzeugen
print "Bitcoin Address (b58check) is:", bitcoin.pubkey_to_address(public_key)
```

```
# Komprimierte Bitcoin-Adresse aus komprimiertem Public Key erzeugen
print "Compressed Bitcoin Address (b58check) is:", \
    bitcoin.pubkey_to_address(hex_compressed_public_key)
```

Beispiel 4-6 zeigt die Ausgabe des ausgeführten Programms.

Beispiel 4-6: key-to-address-ecc-example.deutsch.py ausführen

```
$ python key-to-address-ecc-example.py
Private Key (hex) is:
 3aba4162c7251c891207b747840551a71939b0de081f85c4e44cf7c13e41daa6
Private Key (decimal) is:
 26563230048437957592232553826663696440606756685920117476832299673293013768870
Private Key (WIF) is:
 5JG9hT3beGTJuUAmCQEmNaxAuMacCTfXuw1R3FCXig23RQHMr4K
Private Key Compressed (hex) is:
 3aba4162c7251c891207b747840551a71939b0de081f85c4e44cf7c13e41daa601
Private Key (WIF-Compressed) is:
 KyBsPXxTuVD82av65KZkrGrWi5qLMah5SdNq6uftawDbgKa2wv6S
Public Key (x,y) coordinates is:
 (41637322786646325214887832269588396900663353932545912953362782457239403430124L,
 16388935128781238405526710466724741593761085120864331449066658622400339362166L)
Public Key (hex) is:
 045c0de3b9c8ab18dd04e3511243ec2952002dbfadc864b9628910169d9b9b00ec↵
243bcefdd4347074d44bd7356d6a53c495737dd96295e2a9374bf5f02ebfc176
Compressed Public Key (hex) is:
 025c0de3b9c8ab18dd04e3511243ec2952002dbfadc864b9628910169d9b9b00ec
Bitcoin Address (b58check) is:
 1thMirt546nngXqyPEz532S8fLwbozud8
Compressed Bitcoin Address (b58check) is:
 14cxpo3MBCYYWCgF74SWTdcmxipnGUsPw3
```

Beispiel 4-7 ist ein weiteres Beispiel, welches die Python-Bibliothek ECDSA für Berechnungen von elliptischen Kurven verwendet und ganz ohne spezielle Bitcoin-Bibliotheken auskommt.

Beispiel 4-7: Berechnung elliptischer Kurven für Bitcoin-Schlüssel

```
import ecdsa
import os
from ecdsa.util import string_to_number, number_to_string

# secp256k1, http://www.oid-info.com/get/1.3.132.0.10
_p = 0xFFFFFFFFFFFFFFFFFFFFFFFFFFFFFFFFFFFFFFFFFFFFFFFFFFFFFFFEFFFFFC2FL
_r = 0xFFFFFFFFFFFFFFFFFFFFFFFFFFFFFFFEBAAEDCE6AF48A03BBFD25E8CD0364141L
_b = 0x0000000000000000000000000000000000000000000000000000000000000007L
_a = 0x0000000000000000000000000000000000000000000000000000000000000000L
_Gx = 0x79BE667EF9DCBBAC55A06295CE870B07029BFCDB2DCE28D959F2815B16F81798L
_Gy = 0x483ada7726a3c4655da4fbfc0e1108a8fd17b448a68554199c47d08ffb10d4b8L
curve_secp256k1 = ecdsa.ellipticcurve.CurveFp(_p, _a, _b)
generator_secp256k1 = ecdsa.ellipticcurve.Point(curve_secp256k1, _Gx, _Gy, _r)
oid_secp256k1 = (1, 3, 132, 0, 10)
SECP256k1 = ecdsa.curves.Curve("SECP256k1", curve_secp256k1, generator_secp256k1,
oid_secp256k1)
ec_order = _r
```

```
curve = curve_secp256k1
generator = generator_secp256k1

def random_secret():
    convert_to_int = lambda array: int("".join(array).encode("hex"), 16)

    # 256 Bits zufälliger Daten vom kryptografisch sicheren Zufallszahlengenerator des
Betriebssystems abrufen
    byte_array = os.urandom(32)

    return convert_to_int(byte_array)

def get_point_pubkey(point):
    if point.y() & 1:
        key = '03' + '%064x' % point.x()
    else:
        key = '02' + '%064x' % point.x()
    return key.decode('hex')

def get_point_pubkey_uncompressed(point):
    key = '04' + \
          '%064x' % point.x() + \
          '%064x' % point.y()
    return key.decode('hex')


# Neuen privaten Schlüssel erzeugen
secret = random_secret()
print "Secret: ", secret

# Public-Key-Punkt ermitteln
point = secret * generator
print "EC point:", point

print "BTC public key:", get_point_pubkey(point).encode("hex")

# Für den Punkt (x, y) können wir das Objekt erzeugen
point1 = ecdsa.ellipticcurve.Point(curve, point.x(), point.y(), ec_order)
assert point1 == point
```

Beispiel 4-8 zeigt die durch dieses Skript erzeugte Ausgabe.

Beispiel 4-7 verwendet `os.urandom`, einen kryptografisch sicheren Zufallszahlengenerator (*Cryptographically Secure Random Number Generator*, CSRNG), der vom zugrunde liegenden Betriebssystem bereitgestellt wird. Ein Unix-artiges Betriebssystem wie Linux nutzt die Funktion `/dev/urandom`, um eine Zufallszahl zu erzeugen, während sie bei Windows von `CryptGenRandom()` erstellt wird. Ist keine geeignete Quelle für Zufallszahlen verfügbar, wird ein `NotImplementedError` ausgelöst. Der hier verwendete Zufallszahlengenerator reicht für Demonstrationszwecke aus, ist zur Generierung hochwertiger Bitcoin-Schlüssel aber nicht geeignet, weil er nicht ausreichend sicher ist.

Beispiel 4-8: Python-ECDSA-Bibliothek installieren und ec_math.py ausführen

```
$ # Paketmanager PIP installieren
$ sudo apt-get install python-pip
$ # Python-ECDSA-Bibliothek installieren
$ sudo pip install ecdsa
$ # Skript ausführen
$ python ec-math.py
Secret:
38090835015954358862481132628887443905906204995912378278060168703580660294000
EC point:
(70048853531867179489857750497606966272382583471322935454624595540007269312627,
105262206478686743191060800263479589329920209527285803935736021686045542353380)
BTC public key: 029ade3effb0a67d5c8609850d797366af428f4a0d5194cb221d807770a1522873
```

Fortgeschrittene Schlüssel und Adressen

In den folgenden Abschnitten sehen wir uns fortgeschrittene Formen von Schlüsseln und Adressen an. Dazu gehören verschlüsselte private Schlüssel, Skript- und Multisignatur-Adressen, Vanity-Adressen und Paper-Wallets.

Verschlüsselte private Adressen (Encrypted Private Keys, BIP-38)

Private Schlüssel müssen geheim bleiben. Die Notwendigkeit der *Vertraulichkeit* von privaten Schlüsseln ist eine Binsenweisheit, die in der Praxis nur schwer zu erzielen ist, da sich hier die gewünschte Sicherheit und die notwendige *Verfügbarkeit* unvereinbar gegenüberstehen. Den privaten Schlüssel geheim zu halten, ist wesentlich schwieriger, wenn man Sicherungskopien des privaten Schlüssels anlegen muss, um dessen Verlust zu vermeiden. Ein privater Schlüssel, der in einer Wallet abgelegt ist, die über ein Passwort gesichert ist, mag zwar sicher sein, doch die Wallet muss irgendwo gesichert werden. Manchmal muss ein Nutzer die Schlüssel von einer Wallet auf eine andere kopieren, um beispielsweise die Wallet-Software zu aktualisieren oder zu ersetzen. Sicherungskopien privater Schlüssel können auch auf Papier gespeichert werden (siehe »Paper-Wallets« auf Seite 91) oder auf einem externen Speichermedium wie einem USB-Stick. Doch was passiert, wenn das Backup selbst gestohlen wird oder verloren geht? Diese widersprüchlichen Datensicherheitsziele führten zur Entwicklung eines portablen und praktischen Standards zur Verschlüsselung privater Schlüssel, die von vielen verschiedenen Wallets und Bitcoin-Clients verstanden wird. Dieser Standard wird durch BIP-38 (siehe Anhang C) definiert.

BIP-38 empfiehlt einen Standard zur Verschlüsselung privater Schlüssel über eine Passphrase sowie ihre Codierung mit Base58Check, sodass sie sicher auf Backup-Medien gespeichert, zwischen Wallets ausgetauscht oder in jeder anderen Situation sicher bleiben, in der die Schlüssel offengelegt werden müssen. Die Verschlüsselung nutzt den *Advanced Encryption Standard* (AES), der vom NIST eingeführt wurde und bei Verschlüsselungssoftware für kommerzielle und militärische Anwendungen sehr verbreitet ist.

Das Verschlüsselungsschema von BIP-38 verlangt als Eingabe einen (üblicherweise WIF-codierten) privaten Bitcoin-Schlüssel in Form eines Base58Check-Strings mit dem Präfix 5. Zusätzlich verlangt BIP-38 eine Passphrase – ein langes Passwort –, die üblicherweise aus mehreren Wörtern oder einem komplexen String alphanumerischer Zeichen besteht. Das Ergebnis des BIP-38-Verschlüsselungsschemas ist ein Base58Check-codierter privater Schlüssel, der mit dem Präfix 6P beginnt. Er ist verschlüsselt und verlangt die Passphrase, um ihn wieder in einen privaten Schlüssel im WIF-Format (Präfix 5) umwandeln (entschlüsseln) und in einer Wallet nutzen zu können. Viele Wallet-Anwendungen erkennen mittlerweile BIP-38-verschlüsselte private Schlüssel und fordern vom Benutzer die Passphrase an, um den Schlüssel entschlüsseln und importieren zu können. Anwendungen von Drittanbietern, etwa das sehr nützliche browserbasierte *Bit Address* (*http://bitaddress.org*) (im Register *Wallet Details*), können zur Entschlüsselung von BIP-38-Schlüsseln verwendet werden.

Der häufigste Anwendungsfall für BIP-38-verschlüsselte Schlüssel sind Paper-Wallets, mit denen Sie private Schlüssel auf Papier festhalten können. Solange der Nutzer eine starke Passphrase wählt, sind BIP-38-verschlüsselte private Schlüssel ausgesprochen sicher und eine gute Möglichkeit, Bitcoins offline zu sichern (auch als »Cold Storage« bezeichnet).

Probieren Sie die verschlüsselten Schlüssel aus Tabelle 4-5 auf *bitaddress.org* aus. Geben Sie die Passphrase an, um den Schlüssel zu entschlüsseln.

Tabelle 4-5: Beispiel eines nach BIP-38 verschlüsselten privaten Schlüssels

Privater Schlüssel (WIF)	5J3mBbAH58CpQ3Y5RNJpUKPE62SQ5tfcvU2JpbnkeyhfsYB1Jcn
Passphrase	MyTestPassphrase
Entschlüsselter Schlüssel (BIP-38)	6PRTHL6mWa48xSopbU1cKrVjpKbBZxcLRRCdctLJ3z5yxE87MobKoXdTsJ

Pay-to-Script-Hash-(P2SH-)Adressen und Multisig-Adressen

Traditionelle Bitcoin-Adressen beginnen mit der Ziffer 1 und werden aus dem öffentlichen Schlüssel abgeleitet, der wiederum aus dem privaten Schlüssel abgeleitet wird. Jeder kann Bitcoins an eine 1er-Adresse überweisen, diese Bitcoins können aber nur eingelöst werden, wenn man die Signatur mit dem dazugehörigen privaten Schlüssel und den Public-Key-Hash präsentiert.

Mit der Zahl 3 beginnende Bitcoin-Adressen sind sogenannte *Pay-to-Skript-Adressen* (P2SH), die manchmal fälschlicherweise als Multisignatur- oder Multisig-Adressen bezeichnet werden. Sie legen den Empfänger einer Bitcoin-Transaktion über den Hash auf ein Skript fest und nicht den Eigentümer eines öffentlichen Schlüssels. Dieses Feature wurde im Januar 2012 mit BIP-16 eingeführt (siehe Anhang C) und hat sich stark verbreitet, weil es die Möglichkeit bietet, die Adresse selbst mit einer Funktionalität zu versehen. Im Gegensatz zu Transaktionen, die Beträge an traditionelle 1er-Adressen »senden«, was auch als *Pay-to-Public-Key-Hash* (P2PKH) bezeichnet wird, verlangen an 3er-Adressen gesendete Überweisungen mehr als nur den Public-Key-Hash und die Signatur mittels privatem Schlüssel, um das Eigentumsrecht nachzuweisen. Die Anforderungen werden bei der Erzeugung der Adresse innerhalb des Skripts festgelegt, und für alle Inputs an diese Adresse gelten die gleichen Anforderungen.

Eine P2SH-Adresse wird aus einem Transaktionsskript erzeugt, das definiert, wer den Output der Transaktion einlösen darf (weitere Details finden Sie in »Pay-to-Script-Hash (P2SH)« auf Seite 153). Die Codierung einer P2SH-Adresse verlangt die Nutzung der gleichen Doppelhashfunktion wie bei der Erzeugung einer Bitcoin-Adresse, nur dass diese auf das Skript und nicht auf den öffentlichen Schlüssel angewandt wird:

```
Skript-Hash = RIPEMD160(SHA256(Skript))
```

Der daraus resultierende »Skript-Hash« wird mit dem Versionspräfix `5` in Base58Check codiert. Das führt zu einer codierten Adresse, die mit `3` beginnt. Ein Beispiel für eine P2SH-Adresse ist `3F6i6kwkevjR7AsAd4te2YB2zZyASEm1HM`, die sich mit den Bitcoin-Explorer-Befehlen `script-encode`, `sha256`, `ripemd160` und `base58check-encode` (siehe Anhang G) wie folgt erzeugen lässt:

```
$ echo dup hash160 [ 89abcdefabbaabbaabbaabbaabbaabbaabbaabba ] equalverify
checksig > script
$ bx script-encode < script | bx sha256 | bx ripemd160 | bx base58check-encode
--version 5
3F6i6kwkevjR7AsAd4te2YB2zZyASEm1HM
```

P2SH ist nicht notwendigerweise das Gleiche wie eine Multisignatur-Standardtransaktion. Eine P2SH-Adresse repräsentiert meistens ein Multisignatur-Skript, doch es kann auch ein Skript repräsentieren, das andere Arten von Transaktionen codiert.

Multisignatur-Adressen und P2SH

Momentan ist die typische Implementierung einer P2SH-Funktion ein Multisignatur-Adressskript. Wie der Name andeutet, verlangt das zugrunde liegende Skript mehrere Signaturen, um das Eigentumsrecht zu beweisen und Beträge einlösen zu dürfen. Das Multisignatur-Feature von Bitcoin ist so ausgelegt, dass es M Signaturen (als »Threshold«, also Schwellenwert) von insgesamt N Schlüsseln verlangt. Man nennt das auch M-von-N-Multisig, wobei M gleich oder kleiner N ist. Zum Beispiel könnte Bob, der Besitzer des Cafés aus Kapitel 1, eine Multisignatur-Adresse verwenden, die eine von zwei (1 von 2) Signaturen verlangt. Einer der dazu notwendigen Schlüssel stammt von ihm, der andere von seiner Ehefrau. Auf diese Weise können beide signieren, um Bitcoins »auszugeben«, also um eine Bitcoin-Transaktion einer Multisignaturadresse zuzuweisen. Das ähnelt einem Gemeinschaftskonto, wie es traditionelle Banken anbieten, bei dem jeder Partner mit seiner Unterschrift über das Geld verfügen kann. Auch Gopesh, der von Bob bezahlte Webdesigner, könnte eine 2-von-3-Multisignatur-Adresse für sein Unternehmen verwenden, um sicherzustellen, dass keine Beträge eingelöst werden können, wenn nicht mindestens zwei Partner die Transaktion signieren.

Wie man Transaktionen erzeugt, die P2SH- und Multisignatur-Adressen nutzen, behandeln wir in Kapitel 6.

Vanity-Adressen

Vanity-Adressen sind gültige Bitcoin-Adressen, die für Menschen lesbare »Nachrichten« enthalten. Beispielsweise ist `1LoveBPzzD72PUXLzCkYAtGFYmK5vYNR33` eine gültige Adresse, die das Wort »Love« als erste vier Buchstaben der Base58-Codierung enthält. Um Vanity-Adressen zu erzeugen, müssen Milliarden privater Schlüssel erzeugt und verifiziert werden, bis eine Bitcoin-Adresse mit dem gewünschten Muster gefunden wird. Zwar kennt der Generierungsalgorithmus für Vanity-Adressen einige Optimierungen, doch grundsätzlich muss bei diesem Prozess ein privater Schlüssel zufällig gewählt, dann der öffentliche Schlüssel berechnet, die Bitcoin-Adresse erzeugt und schließlich mit dem gewünschten Vanity-Muster verglichen werden. Das wiederholt man zig Milliarden Mal, bis das gewünschte Muster gefunden wird.

Sobald die Vanity-Adresse mit dem gewünschten Muster übereinstimmt, kann der private Schlüssel, aus dem sie abgeleitet wurde, vom Besitzer verwendet werden, um Bitcoin, wie auch mit jeder anderen Adresse, zu nutzen. Vanity-Adressen sind nicht mehr oder weniger sicher als andere Adressen. Sie basieren wie alle anderen Adressen auf elliptischen Kurven und SHA. Der private Schlüssel einer Adresse, die mit einem Vanity-Muster beginnt, ist ebenso schwer zu knacken wie jede andere Adresse.

In Kapitel 1 haben wir Eugenia vorgestellt, die Leiterin einer Hilfsorganisation auf den Philippinen. Nehmen wir an, Eugenia organisiert eine Bitcoin-Spendenaktion und möchte eine Vanity-Adresse nutzen, um die Spendenaktion bekannt zu machen. Eugenia erzeugt dafür eine Vanity-Adresse, die mit `1Kids` beginnt. Sehen wir uns an, wie diese Vanity-Adresse erzeugt wird und was das für die Sicherheit von Eugenias Hilfsorganisation bedeutet.

Vanity-Adressen generieren

Es ist wichtig, zu verstehen, dass eine Bitcoin-Adresse einfach eine Zahl ist, die durch die Symbole des Base58-Alphabets repräsentiert wird. Die Suche nach einem Muster wie `1Kids` kann man als Suche nach einer Adresse im Bereich von `1Kids11111111111111111111111111111` bis `1Kidszzzzzzzzzzzzzzzzzzzzzzzzzzzzz` betrachten. Es gibt ungefähr 58^{29} (etwa $1,4 * 10^{51}$) Adressen in diesem Wertebereich, die alle mit `1Kids` beginnen. Tabelle 4-6 zeigt den Adressbereich mit dem Präfix `1Kids`.

Tabelle 4-6: Bereich der mit 1Kids beginnenden Vanity-Adressen

Von	`1Kids11111111111111111111111111111`
	`1Kids11111111111111111111111111112`
	`1Kids11111111111111111111111111113`
	...
Bis	`1Kidszzzzzzzzzzzzzzzzzzzzzzzzzzzzz`

Betrachten wir das Muster `1Kids` als Zahl und sehen wir uns an, wie oft man dieses Muster in einer Bitcoin-Adresse aufspüren kann (siehe Tabelle 4-7). Ein durchschnittlicher Desktop-PC ohne spezialisierte Hardware findet etwa 100.000 Schlüssel pro Sekunde.

Tabelle 4-7: Häufigkeit des Vanity-Musters 1KidsCharity und durchschnittliche Suchzeit auf einem Desktop-PC

Länge	Muster	Häufigkeit	Durchschnittliche Suchzeit
1	1K	1 in 58 Schlüsseln	< 1 Millisekunde
2	1Ki	1 in 3.364	50 Millisekunden
3	1Kid	1 in 195.000	< 2 Sekunden
4	1Kids	1 in 11 Millionen	1 Minute
5	1KidsC	1 in 656 Millionen	1 Stunde
6	1KidsCh	1 in 38 Milliarden	2 Tage
7	1KidsCha	1 in 2,2 Billionen	3 bis 4 Monate
8	1KidsChar	1 in 128 Billionen	13 bis 18 Jahre
9	1KidsChari	1 in 7 Billiarden	800 Jahre
10	1KidsCharit	1 in 400 Billiarden	46.000 Jahre
11	1KidsCharity	1 in 23 Trillionen	2,5 Millionen Jahre

Wie Sie sehen, kann Eugenia die Vanity-Adresse `1KidsCharity` nicht so bald erzeugen, selbst wenn sie Zugriff auf Tausende von Computern hätte. Jedes zusätzliche Zeichen erhöht die Schwierigkeit um den Faktor 58. Muster mit mehr als sieben Zeichen werden üblicherweise über spezialisierte Hardware gefunden, etwa über spezielle Desktops mit mehreren GPUs (Graphics Processing Unit, auf Deutsch Grafikprozessor, wird heute gerne benutzt, um rechenintensive Operationen zu beschleunigen). Häufig handelt es sich um umfunktionierte *Bitcoin-Mining-Rigs*, die nicht mehr profitabel schürfen, aber zur Suche nach Vanity-Adressen genutzt werden können. Die Suche nach Vanity-Adressen ist mit GPU-Systemen um viele Größenordnungen schneller als auf einer normalen CPU.

Eine andere Möglichkeit, Vanity-Adressen zu finden, besteht darin, die Arbeit an einen Pool von Vanity-Minern wie etwa Vanity Pool (*http://vanitypool.appspot.com*) auszulagern. Ein Pool ist ein Dienst, der es Leuten mit GPU-Hardware erlaubt, Bitcoins zu verdienen, indem sie für andere nach Vanity-Adressen suchen. Gegen eine kleine Gebühr (0,01 Bitcoin, umgerechnet etwa 5 Dollar,[1] während diese Zeilen geschrieben werden), kann Eugenia die Suche nach einer Vanity-Adresse mit dem aus sieben Zeichen bestehenden Muster auslagern und erhält das Ergebnis in wenigen Stunden, statt monatelang auf einer normalen CPU danach zu suchen.

Die Generierung einer Vanity-Adresse ist eine Brute-Force-Aufgabe: zufälligen Schlüssel ausprobieren, resultierende Adresse mit dem gewünschten Muster vergleichen und das so lange wiederholen, bis das gewünschte Muster gefunden ist. Beispiel 4-9 zeigt ein Beispiel für einen in C++ geschriebenen *Vanity-Miner*, der für die Suche nach Vanity-Adressen konzipiert wurde. Er verwendet die `libbitcoin`-Bibliothek, die in »Alternative Clients, Bibliotheken und Toolkits« auf Seite 53 vorgestellt wurde.

Beispiel 4-9: Miner für Vanity-Adressen

```
#include <random>
#include <bitcoin/bitcoin.hpp>

// Der String, nach dem wir suchen
const std::string search = "1kid";

// Zufälligen geheimen Schlüssel (32 Byte) erzeugen
bc::ec_secret random_secret(std::default_random_engine& engine);
// Bitcoin-Adresse aus EC-Secret extrahieren
std::string bitcoin_address(const bc::ec_secret& secret);
// Groß-/Kleinschreibung ignorierender Vergleich mit dem Suchstring
bool match_found(const std::string& address);

int main()
{
    // random_device verwendet bei Linux "/dev/urandom"
    // ACHTUNG: Abhängig von der Implementierung ist dieser Generator nicht sicher genug!
    // Verwenden Sie durch dieses Beispiel erzeugte Vanity-Schlüssel nicht im produktiven
    // Einsatz
    std::random_device random;
    std::default_random_engine engine(random());

    // Endlosschleife...
    while (true)
    {
        // Zufälliges Secret erzeugen
        bc::ec_secret secret = random_secret(engine);
        // Adresse erzeugen
        std::string address = bitcoin_address(secret);
        // Stimmt sie mit dem Suchstring überein? (1kid)
        if (match_found(address))
        {
            // Treffer!
            std::cout << "Found vanity address! " << address << std::endl;
            std::cout << "Secret: " << bc::encode_base16(secret) << std::endl;
```

1 Anm. des Übers.: Beim aktuellen Kurs sind das mittlerweile etwa 107 US-Dollar.

```
            return 0;
        }
    }
    // Sollten wir nie erreichen!
    return 0;
}

bc::ec_secret random_secret(std::default_random_engine& engine)
{
    // Neues Secret erzeugen...
    bc::ec_secret secret;
    // Jedes Byte durchgehen und zufälligen Wert setzen...
    for (uint8_t& byte: secret)
        byte = engine() % std::numeric_limits<uint8_t>::max();
    // Ergebnis zurückliefern
    return secret;
}

std::string bitcoin_address(const bc::ec_secret& secret)
{
    // Secret in Payment-Adresse umwandeln
    bc::wallet::ec_private private_key(secret);
    bc::wallet::payment_address payaddr(private_key);
    // Codierte Form zurückgeben
    return payaddr.encoded();
}

bool match_found(const std::string& address)
{
    auto addr_it = address.begin();
    // Suchstring durchgehen und mit den Kleinbuchstaben
    // der übergebenen Adresse vergleichen
    for (auto it = search.begin(); it != search.end(); ++it, ++addr_it)
        if (*it != std::tolower(*addr_it))
            return false;
    // Ende des Suchstrings erreicht, d.h. die Adresse passt
    return true;
}
```

Beispiel 4-10 verwendet `std::random_device`. Je nach Implementierung kann es sich um einen CSRNG (*Cryptographic Secure Pseudorandom Number Generator, auf Deutsch kryptografisch sicherer Zufallszahlengenerator*) handeln, der vom zugrunde liegenden Betriebssystem bereitgestellt wird. Im Fall eines Unix-artigen Betriebssystems wie Linux bezieht es die Zufallszahlen von `/dev/urandom`. Der hier verwendete Zufallszahlengenerator dient Demonstrationszwecken und ist nicht für die Generierung hochwertiger Bitcoin-Schlüssel geeignet, da er keine ausreichende Sicherheit implementiert.

Der Beispielcode muss mit einem C++-Compiler kompiliert und mit der `libbitcoin`-Bibliothek verlinkt werden. Die `libbitcoin`-Bibliothek selbst muss vorher auf dem System installiert werden. Um das Beispiel auszuführen, rufen Sie `vanity-miner` ohne Parameter auf (siehe Beispiel 4-10). Er versucht dann, eine Vanity-Adresse zu finden, die mit 1kid beginnt.

Beispiel 4-10: Vanity-Miner kompilieren und ausführen

```
$ # Code mit g++ kompilieren
$ g++ -o vanity-miner vanity-miner.cpp $(pkg-config --cflags --libs libbitcoin)
$ # Beispiel ausführen
$ ./vanity-miner
Found vanity address! 1KiDzkG4MxmovZryZRj8tK81oQRhbZ46YT
Secret: 57cc268a05f83a23ac9d930bc8565bac4e277055f4794cbd1a39e5e71c038f3f
$ # Erneute Ausführung liefert ein anderes Ergebnis
$ ./vanity-miner
Found vanity address! 1Kidxr3wsmMzzouwXibKfwTYs5Pau8TUFn
Secret: 7f65bbbbe6d8caae74a0c6a0d2d7b5c6663d71b60337299a1a2cf34c04b2a623
# Wir nutzen "time", um die Suchzeit zu ermitteln
$ time ./vanity-miner
Found vanity address! 1KidPWhKgGRQWD5PP5TAnGfDyfWp5yceXM
Secret: 2a802e7a53d8aa237cd059377b616d2bfcfa4b0140bc85fa008f2d3d4b225349

real    0m8.868s
user    0m8.828s
sys     0m0.035s
```

Wie unsere Messung mit dem Unix-Befehl time zeigt, braucht das Beispielprogramm ein paar Sekunden, um einen Treffer für das Suchmuster kid zu finden. Ändern Sie das Suchmuster search im Quellcode und sehen Sie, wie viel länger es dauert, aus vier oder fünf Zeichen bestehende Muster zu finden!

Sicherheit von Vanity-Adressen

Vanity-Adressen können Sicherheitsmaßnahmen verbessern, und sie können sie vereiteln. Sie sind tatsächlich ein zweischneidiges Schwert. Wollen Sie die Sicherheit erhöhen, macht es eine markante Adresse möglichen Feinden schwerer, die Adresse durch eine eigene zu ersetzen und Ihre Kunden dazu zu bringen, an die Bösewichte zu zahlen und nicht an Sie. Unglücklicherweise machen es Vanity-Adressen auch möglich, Adressen zu erzeugen, die dieser Adresse *ähneln*, um so Ihre Kunden zu täuschen.

Eugenia könnte eine zufällig generierte Adresse (z.B. 1J7mdg5rbQyUHENYdx39WVWK7fsLpEoXZy) verwenden, an die die Leute spenden können. Oder sie könnte eine Vanity-Adresse erzeugen, die mit 1Kids beginnt, um sie markanter zu machen.

In beiden Fällen besteht das Risiko einer einzelnen festen Adresse (anstelle einer dynamischen Adresse für jede Spende) darin, dass ein Bösewicht die Website infiltrieren, die Adresse durch seine eigene ersetzen und auf diese Weise die Spenden für sich einstreichen kann. Wenn Sie Ihre Spendenadresse an verschiedenen Stellen beworben haben, werden die Nutzer die Adresse vor einer Überweisung einer visuellen Prüfung unterziehen, um sicherzustellen, dass sie mit der auf Ihrer Website, in Ihrer E-Mail oder in Ihrem Flyer übereinstimmt. Im Fall einer zufälligen Adresse wie `1J7mdg5rbQyUHENYdx39WVWK7fsLpEoXZy` wird der durchschnittliche Nutzer die ersten Zeichen `1J7mdg` vergleichen und davon ausgehen, dass die Adresse stimmt. Mithilfe eine Generators für Vanity-Adressen kann ein Dieb eine ähnlich aussehende Adresse erzeugen, deren erste Zeichen mit Ihrer Adresse übereinstimmen (siehe Tabelle 4-8).

Tabelle 4-8: Generierung von Vanity-Adressen, die einer zufälligen Adresse ähneln

Ursprüngliche zufällige Adresse	1J7mdg5rbQyUHENYdx39WVWK7fsLpEoXZy
Vanity (4 übereinstimmende Zeichen)	1J7md1QqU4LpctBetHS2ZoyLV5d6dShhEy
Vanity (5 übereinstimmende Zeichen)	1J7mdgYqyNd4ya3UEcq31Q7sqRMXw2XZ6n
Vanity (6 übereinstimmende Zeichen)	1J7mdg5WxGENmwyJP9xuGhG5KRzu99BBCX

Erhöht eine Vanity-Adresse also die Sicherheit? Wenn Eugenia die Vanity-Adresse `1Kids33q44erFfpeXrmDSz7zEqG2FesZEN` erzeugt hat, werden sich die Nutzer das Vanity-Muster zusammen mit ein paar weiteren Zeichen ansehen und sich beispielsweise den `1Kids33`-Teil der Adresse merken. Das zwingt einen Angreifer dazu, eine Vanity-Adresse zu erzeugen, bei der mindestens sechs Zeichen übereinstimmen (zwei mehr). Das bedeutet einen 3.364-fach (58 × 58) höheren Aufwand, als ihn Eugenia für ihre vier Zeichen aufwenden musste. Der Aufwand, den Eugenia betreibt (oder einen Vanity-Pool betreiben lässt), zwingt den Angreifer dazu, längere Vanity-Muster zu erzeugen. Bezahlt Eugenia einen Pool für die Generierung einer Vanity-Adresse mit einem Muster von acht Zeichen, ist der Angreifer gezwungen, ein Muster mit etwa zehn Zeichen zu erzeugen, was mit einem normalen PC unmöglich und selbst mit einer Vanity-Mining-Rig oder einem Vanity-Pool teuer ist. Was für Eugenia erschwinglich ist, wird für einen Angreifer unbezahlbar, insbesondere wenn der Lohn nicht so hoch ist, dass er die Kosten der Generierung der Adresse deckt.

Paper-Wallets

Paper-Wallets sind auf Papier ausgedruckte private Bitcoin-Schlüssel. Häufig enthält die Paper-Wallet der Bequemlichkeit halber auch die dazugehörige Bitcoin-Adresse, was aber nicht notwendig ist, da sich diese aus dem privaten Schlüssel herleiten lässt. Paper-Wallets sind eine sehr effektive Möglichkeit der Sicherung oder Offlinespeicherung von Bitcoins, auch bezeichnet als *Cold Storage*. Als Backup-Lösung bietet eine Paper-Wallet Schutz vor dem Verlust eines Schlüssels durch eine Computerpanne, z.B. einen Festplattenfehler, durch Diebstahl oder durch versehentliches Löschen. Als »Cold Storage-Mechanismus« werden Paper-Wallet-Schlüssel offline erzeugt und nie auf einem Computer gespeichert. Das ist ein wirksamer Schutz vor Hackern, Keyloggern und anderen Computerangriffen.

Paper-Wallets gibt es in den unterschiedlichsten Formen, Größen und Designs, doch die grundlegendste Form ist ein auf Papier gedruckter Schlüssel und eine Adresse. Tabelle 4-9 zeigt die einfachste Form einer Paper-Wallet.

Tabelle 4-9: Die einfachste Form einer Paper-Wallet – ein Ausdruck einer Bitcoin-Adresse und eines privaten Schlüssels

Öffentliche Bitcoin-Adresse	Privater Schlüssel (WIF-codiert)
1424C2F4bC9JidNjjTUZCbUxv6Sa1Mt62x	5J3mBbAH58CpQ3Y5RNJpUKPE62SQ5tfcvU2JpbnkeyhfsYB1Jcn

Paper-Wallets lassen sich sehr einfach mit einem Tool wie dem clientseitigen JavaScript-Generator auf *bitaddress.org* erzeugen. Die Seite enthält sämtlichen Code, der zur Generierung von Schlüsseln und Paper-Wallets benötigt wird, selbst wenn man vollständig vom Internet getrennt ist. Um das Tool zu nutzen, speichern Sie die HTML-Seite auf Ihrem lokalen Rechner oder einen externen USB-Stick. Trennen Sie die Internetverbindung und öffnen Sie die Datei in einem Browser. Besser noch: Booten Sie Ihr System mit einem sauberen Betriebssystem, z. B. einem Linux von CD-ROM. Alle mit diesem Tool generierten Schlüssel, die Sie erzeugt haben, während Sie offline waren, können auf einem lokalen Drucker (der über USB-Kabel angeschlossen ist, nicht drahtlos) auf Papier ausgedruckt werden. Auf diese Weise erzeugen Sie Schlüssel, die nur auf dem Papier existieren und niemals online gespeichert wurden. Legen Sie diese Paper-Wallets in einen feuerfesten Safe und »senden« Sie Bitcoins an diese Bitcoin-Adresse. So haben Sie eine einfache, aber sehr wirkungsvolle Cold-Storage-Lösung. Abbildung 4-8 zeigt eine Paper-Wallet, wie sie von der *bitaddress.org*-Site generiert wird.

Abbildung 4-8: Beispiel einer einfachen Paper-Wallet von bitaddress.org

Der Nachteil eines einfachen Paper-Wallet-Systems ist, dass die gedruckten Schlüssel gestohlen werden können. Hat ein Dieb Zugriff auf den Ausdruck, kann er ihn stehlen oder die Schlüssel fotografieren und so die Kontrolle über die mit diesen Schlüsseln verknüpften Bitcoins erlangen. Ein ausgefeilteres Paper-Wallet-System verwendet daher BIP-38-verschlüsselte private Schlüssel. Die auf der Paper-Wallet abgedruckten Schlüssel sind durch eine Passphrase geschützt, die nur der Eigentümer kennt. Ohne diese Passphrase sind die verschlüsselten Schlüssel nutzlos. Solche Wallets sind immer noch sicherer als per Passphrase geschützte Online-Wallets, weil diese Schlüssel niemals online waren und physisch aus einem Safe oder einem anderen gesicherten Ort entnommen werden müssen. Abbildung 4-9 zeigt eine Paper-Wallet mit einem verschlüsselten privaten Schlüssel (BIP-38), wie er auf der *bitaddress.org*-Site generiert wird.

Abbildung 4-9: Beispiel einer verschlüsselten Paper-Wallet von bitaddress.org. Die Passphrase lautet »test«.

> Sie können wiederholt Beträge an eine Paper-Wallet senden, doch Sie sollten die Gelder nur einmal abheben und alles auf einmal ausgeben. Das liegt daran, dass bei Freigabe und Überweisung einige Wallets eine »Wechselgeldadresse« erzeugen, wenn nicht der gesamte Betrag ausgegeben wird. Ist der Computer, den Sie zur Signierung der Transaktion verwenden, kompromittiert, riskieren Sie außerdem noch die Enthüllung des privaten Schlüssels. Indem Sie den gesamten Betrag auf einmal ausgeben, reduzieren Sie dieses Risiko. Benötigen Sie nur einen kleineren Betrag, sollten Sie den Rest in der gleichen Transaktion an eine neue Paper-Wallet senden.

Paper-Wallets gibt es in vielen Designs und Größen sowie mit vielen verschiedenen Features. Einige sind als Geschenk gedacht und haben ein saisonales Thema wie Weihnachten oder Neujahr. Andere sind für die Aufbewahrung in einer Bank oder einem Safe konzipiert. Dabei wird der private Schlüssel in irgendeiner Form verborgen, etwa durch blickdichte, manipulationssichere Sticker oder gefalzte und versiegelte Folien. Die Abbildungen 4-10 bis 4-12 zeigen verschiedene Beispiele für Paper-Wallets mit Sicherheits- und Backup-Features.

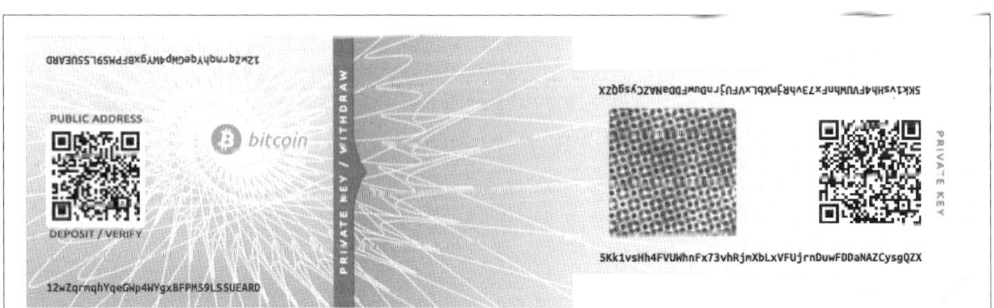

Abbildung 4-10: Beispiel einer Paper-Wallet von bitcoinpaperwallet.com mit dem privaten Schlüssel auf einer Ausklappseite

Abbildung 4-11: Paper-Wallet von bitcoinpaperwallet.com mit verborgenem privatem Schlüssel

Andere Designs bieten zusätzliche Kopien des Schlüssels und der Adresse in Form von »Abreißzetteln« an. Diese Kopien können dann an verschiedenen Stellen aufbewahrt werden, um sich vor Feuer, Flut und anderen Naturkatastrophen zu schützen.

Abbildung 4-12: Beispiel einer Paper-Wallet mit zusätzlichen Kopien des Schlüssels auf »Abreißzetteln«

KAPITEL 5

Wallets

Das Wort »Wallet« wird verwendet, um eine Reihe verschiedener Dinge bei Bitcoin zu beschreiben.

Aus einer übergeordneten Perspektive betrachtet, ist eine Wallet eine Anwendung, die als primäre Nutzerschnittstelle fungiert. Die Wallet kontrolliert den Zugriff auf das Geld des Nutzers, verwaltet Schlüssel und Adressen, hält den Kontostand nach und erzeugt und signiert Transaktionen.

Aus der etwas enger definierten Sicht eines Programmierers steht das Wort »Wallet« für die Datenstruktur, die zur Speicherung und Verwaltung des Schlüssels eines Benutzers verwendet wird.

In diesem Kapitel betrachten wir die zweite Sichtweise, in der Wallets Container für private Schlüssel sind, die üblicherweise in Form strukturierter Dateien oder einfacher Datenbanken implementiert werden.

Wallet-Technologie in der Übersicht

In diesem Abschnitt fassen wir die verschiedenen Technologien zusammen, die zum Aufbau benutzerfreundlicher, sicherer und flexibler Bitcoin-Wallets eingesetzt werden.

Ein gängiger Irrglaube in Bezug auf Bitcoin ist, dass Bitcoin-Wallets Bitcoins enthalten. Tatsächlich enthält die Wallet nur Schlüssel. Die »Coins« werden über das Bitcoin-Netzwerk in der Blockchain festgehalten. Nutzer kontrollieren die Coins im Netzwerk, indem sie Transaktionen mit den Schlüsseln in ihren Wallets signieren. So gesehen, ist eine Bitcoin-Wallet eher so etwas wie ein Schlüsselbund.

> Bitcoin-Wallets enthalten Schlüssel, keine Coins. Jeder Nutzer besitzt eine Wallet, die diese Schlüssel enthält. Wallets sind »Schlüsselbunde« mit Paaren privater/öffentlicher Schlüssel (siehe »Private und öffentliche Schlüssel« auf Seite 59). Nutzer signieren Transaktionen mit Schlüsseln, wodurch sie den Besitz an den Transaktions-Outputs (ihren Coins) beweisen. Die Coins werden in der Blockchain in Form von Transaktions-Outputs (oft `vout` oder `txout` genannt) gespeichert.

Es gibt zwei wesentliche Arten von Wallets, die sich dadurch unterscheiden, ob ihre Schlüssel miteinander in Beziehung stehen oder nicht.

Der erste Typ ist die *nichtdeterministische Wallet*, bei der jeder Schlüssel unabhängig voneinander aus einer Zufallszahl generiert wird. Die Schlüssel stehen in keinerlei Beziehung zueinander. Diese Art Wallet ist als JBOK-Wallet bekannt, was für *Just a Bunch Of Keys* steht, zu Deutsch etwa »nur ein Haufen Schlüssel«.

Der zweite Typ ist die *deterministische Wallet*, bei der die Schlüssel aus einem einzelnen Master-Schlüssel abgeleitet werden, der als *Seed* bezeichnet wird. Alle Schlüssel dieses Wallet-Typs sind miteinander verwandt und können erneut generiert werden, wenn man den ursprünglichen Seed-Wert kennt. Es gibt eine Reihe verschiedener Methoden zur Schlüsselableitung, die bei deterministischen Wallets verwendet werden. Die am weitesten verbreitete Methode zur Ableitung von Schlüsseln verwendet eine baumartige Struktur und ist als *hierarchisch deterministische* oder kurz *HD-Wallet* bekannt.

Deterministische Wallets werden über einen sogenannten Seed-Wert initialisiert. Um ihre Verwendung zu vereinfachen, werden Seeds in Form englischer Wörter codiert, den *mnemonischen Codewörtern* (Mnemonic Code Words).

Die nächsten Abschnitte führen auf hohem Niveau in diese Technologien ein.

Nichtdeterministische (zufallsbasierte) Wallets

Bei der ersten Bitcoin-Wallet (die jetzt Bitcoin Core heißt) waren Wallets Ansammlungen zufällig generierter privater Schlüssel. Beispielsweise hat der Original-Bitcoin-Core-Client beim ersten Programmstart 100 zufällige private Schlüssel vorgeneriert und weitere Schlüssel bei Bedarf erzeugt. Jeder dieser Schlüssel wurde nur einmal verwendet. Solche Wallets wurden durch deterministische Wallets ersetzt, da man sie nur schwer verwalten, sichern und importieren kann. Der Nachteil zufälliger Schlüssel ist, dass man viele generieren und Kopien aller Schlüssel vorhalten muss, d.h., die Wallet muss häufig gesichert werden. Jeder einzelne Schlüssel muss gesichert werden, oder die mit ihm verknüpften Mittel sind unwiederbringlich verloren, wenn man nicht mehr auf die Wallet zugreifen kann. Das widerspricht dem Prinzip, Adressen nicht wiederzuverwenden. Die Wiederverwendung von Adressen schränkt die Privatsphäre ein, weil mehrere Transaktionen und Adressen miteinander verknüpft werden. Eine nichtdeterministische Typ-0-Wallet ist für eine Wallet eine schlechte Wahl, insbesondere wenn Sie Adressen nicht wiederverwenden wollen, weil Sie viele Schlüssel verwalten müssen, was wiederum bedeutet, dass Sie häufig Backups anlegen müssen. Zwar enthält der Bitcoin-Core-Client eine Typ-0-Wallet, von deren Nutzung wird von den Bitcoin-Core-Entwicklern aber abgeraten. Abbildung 5-1 zeigt eine nichtdeterministische Wallet, die eine lose Sammlung zufälliger Schlüssel enthält.

> Außer für einfache Tests sollten Sie nichtdeterministische Wallets nicht verwenden. Sie sind einfach zu umständlich in der Handhabung und Sicherung. Nutzen Sie stattdessen eine auf dem Industriestandard basierende *HD-Wallet* mit *mnemonischem Seed* für das Backup.

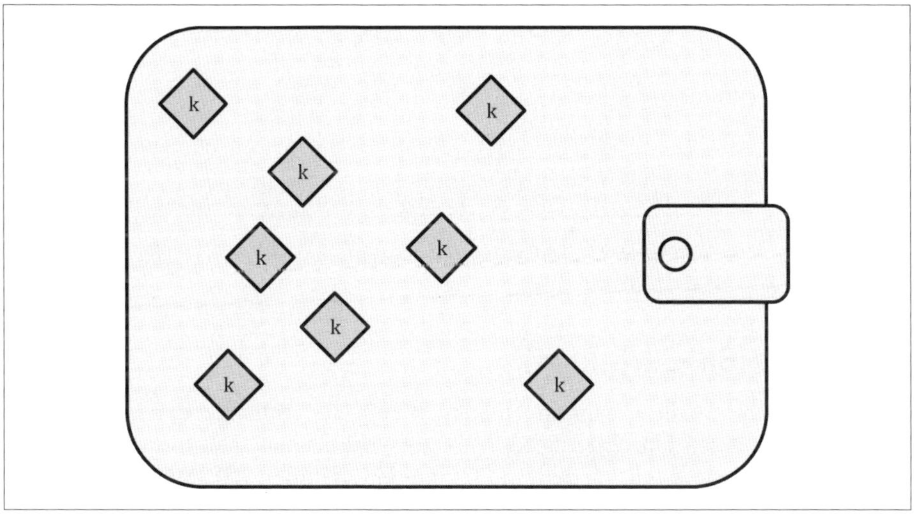

Abbildung 5-1: Nichtdeterministische (zufällige) Typ-0-Wallet: eine Sammlung zufällig generierter Schlüssel

Deterministische (Seed-basierte) Wallets

Bei deterministischen oder *Seed-basierten* Wallets werden die privaten Schlüssel von einem gemeinsamen Seed-Wert (engl. für »Saat«) abgeleitet. Dazu wird ein Einweg-Hash verwendet. Der Seed-Wert ist eine zufällig generierte Zahl, die mit anderen Daten kombiniert wird, etwa einem Index oder einem *Chain-Code* (siehe »HD-Wallets (BIP-32/BIP-44)« auf Seite 98), um die privaten Schlüssel abzuleiten. Bei einer deterministischen Wallet reicht der Seed aus, um alle daraus abgeleiteten Schlüssel wiederherzustellen, und darum genügt ein einmaliges Backup nach der Erstellung. Der Seed-Wert ist auch für den Wallet-Export und -Import ausreichend, was die einfache Migration der Schlüssel eines Nutzers zwischen verschiedenen Wallet-Implementierungen erlaubt. Abbildung 5-2 zeigt das logische Diagramm einer deterministischen Wallet.

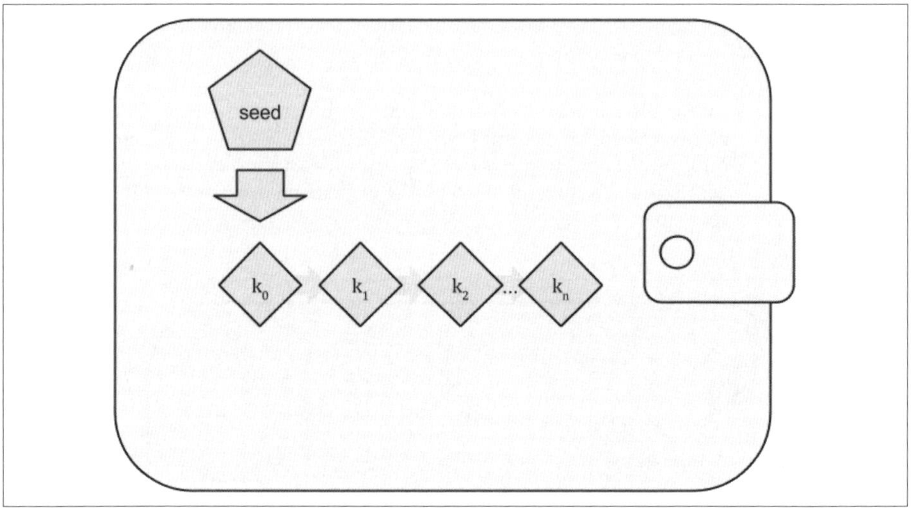

Abbildung 5-2: Deterministische (Seed-basierte) Wallet: eine deterministische Folge von Schlüsseln, abgeleitet aus dem Seed-Wert

HD-Wallets (BIP-32/BIP-44)

Deterministische Wallets wurden entwickelt, um die einfache Erzeugung vieler Schlüssel über einen einzelnen Seed-Wert zu vereinfachen. Die fortgeschrittenste Form der HD-Wallet ist durch den BIP-32-Standard definiert. HD-Wallets enthalten in einer Baumstruktur abgeleitete Schlüssel, bei denen der Parent-Schlüssel eine Folge von Child-Schlüsseln (»Kind-Schlüsseln«) ableiten kann, von denen jeder wiederum eine Folge von »Enkel-Schlüsseln« (engl. Grandchild) ableiten kann – und so weiter bis ins Unendliche. Diese Baumstruktur veranschaulicht Abbildung 5-3.

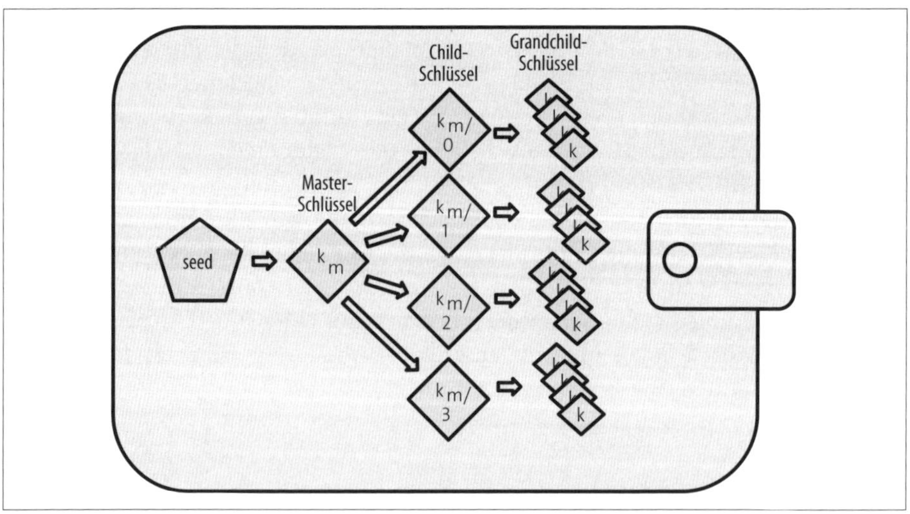

Abbildung 5-3: HD-Wallet (Typ 2): Baum von Schlüsseln, generiert aus einem einzigen Seed-Wert

HD-Wallets bieten gegenüber zufälligen (nichtdeterministischen) Schlüsseln zwei Vorteile. Zum einen kann die Baumstruktur genutzt werden, um eine zusätzliche organisatorische Bedeutung auszudrücken, etwa wenn ein bestimmter Zweig von Subschlüsseln für eingehende Zahlungen verwendet wird und ein anderer Zweig für dem Empfang des Wechselgelds bei ausgehenden Zahlungen. Diese Verzweigung von Schlüsseln kann auch in Unternehmen eingesetzt werden, indem etwa verschiedene Zweige für Abteilungen, Niederlassungen, spezielle Funktionen oder Rechnungslegungskategorien genutzt werden.

Der zweite Vorteil von HD-Wallets besteht darin, dass der Benutzer eine Reihe öffentlicher Schlüssel erzeugen kann, ohne auf die dazugehörigen privaten Schlüssel zugreifen zu müssen. HD-Wallets können daher auf unsicheren Servern oder in reinen Empfangssystemen verwendet werden, die für jede Transaktion einen anderen öffentlichen Schlüssel ausgeben. Die öffentlichen Schlüssel müssen nicht vorab hochgeladen oder berechnet werden, dennoch hat der Server keinen Zugriff auf die privaten Schlüssel, mit denen Guthaben eingelöst werden können.

Seeds und mnemonische Codes (BIP-39)

HD-Wallets sind ein sehr leistungsfähiger Mechanismus zur Verwaltung vieler Schlüssel und Adressen. Sie sind sogar noch nützlicher, wenn man sie mit einem standardisierten Verfahren kombiniert, bei dem Seeds aus einer Folge englischer Wörter erzeugt werden, die man einfach aufschreiben und über Wallets hinweg im- und exportieren kann. Dies wird als *Mnemonic* bezeichnet, und der Standard ist in BIP-39 definiert. Heutzutage verwenden die meisten Wallets (ebenso wie die Wallets anderer Kryptowährungen) diesen Standard und können mithilfe kompatibler Mnemonics Seeds für die (Rück-)Sicherung im- und exportieren.

Sehen wir uns das unter praktischen Gesichtspunkten an. Welcher der folgenden Seeds ist einfacher zu übertragen, auf Papier festzuhalten, fehlerfrei zu lesen oder an Wallets zu ex- und importieren?

```
0C1E24E5917779D297E14D45F14E1A1A
```

```
army van defense carry jealous true
garbage claim echo media make crunch
```

Die Wallet-Best-Practices

Während die Bitcoin-Wallet-Technologie gereift ist, haben sich verschiedene gängige Industriestandards entwickelt. Diese Standards sorgen dafür, dass Bitcoin-Wallets größtenteils kompatibel, einfach, sicher und flexibel sind. Diese gängigen Standards sind:

- mnemonische Codewörter, basierend auf BIP-39
- HD-Wallets, basierend BIP-32
- Mehrzweck-HD-Wallet-Strukturen, basierend auf BIP-43

- Wallets mit mehreren Währungen und Konten, basierend auf BIP-44

Diese Standards könnten sich ändern oder durch zukünftige Entwicklungen abgelöst werden, doch im Moment bilden sie einen Satz ineinandergreifender Technologien, der zum De-facto-Wallet-Standard für Bitcoin geworden ist.

Diese Standards wurden von einer Vielzahl von Software- und Hardware-Bitcoin-Wallets übernommen, wodurch all diese Wallets kompatibel sind. Ein Nutzer kann ein Mnemonic, das er auf einer dieser Wallets erzeugt hat, in eine andere Wallet importieren und alle Transaktionen, Schlüssel und Adressen wiederherstellen.

Einige Beispiele für Software-Wallets, die diese Standards unterstützen, sind (in alphabetischer Reihenfolge) Breadwallet, Copay, Multibit HD und Mycelium. Die diese Standards unterstützenden Hardware-Wallets sind unter anderem (in alphabetischer Reihenfolge) Keepkey, Ledger und Trezor.

Die folgenden Abschnitte sehen sich diese Technologien im Detail an.

> Wenn Sie eine Bitcoin-Wallet implementieren, sollte diese auf einer HD-Wallet aufbauen, mit codierten Seed-Werten als Mnemonischer Code für Backups arbeiten sowie den Standards BIP-32, BIP-39, BIP-43 und BIP-44 folgen, die in den folgenden Abschnitten beschrieben werden.

Eine Bitcoin-Wallet verwenden

In »Bitcoin: Anwendungsfälle, Anwender und deren Geschichten« auf Seite 5 haben wir Gabriel kennengelernt, einen rührigen Teenager aus Rio de Janeiro, der in einem einfachen Webshop Bitcoin-Fanartikel wie T-Shirts, Kaffeebecher und Aufkleber verkauft.

Gabriel nutzt die Bitcoin-Hardware-Wallet Trezor (Abbildung 5-4), um seine Bitcoins sicher verwalten zu können. Der Trezor ist ein einfaches USB-Gerät mit zwei Buttons, der Schlüssel (in Form einer HD-Wallet) speichert und Transaktionen signiert. Trezor-Wallets implementieren alle in diesem Kapitel behandelten Industriestandards, d. h., Gabriel ist weder von einer proprietären Technologie noch von einem einzelnen Anbieter abhängig.

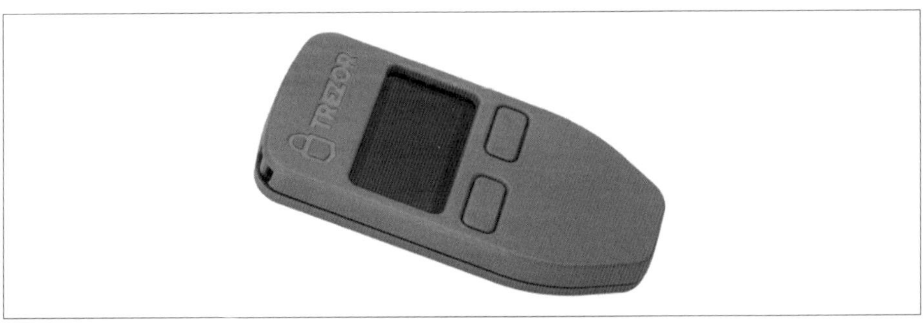

Abbildung 5-4: Trezor: eine Bitcoin-HD-Wallet als Hardware

Als Gabriel Trezor zum ersten Mal verwendete, generierte das Gerät ein Mnemonic und einen Seed-Wert über einen eingebauten Hardware-Zufallszahlengenerator. Während dieser Initialisierungsphase gab die Wallet eine nummerierte Folge von Wörtern (eines nach dem anderen) auf dem Display aus (siehe Abbildung 5-5).

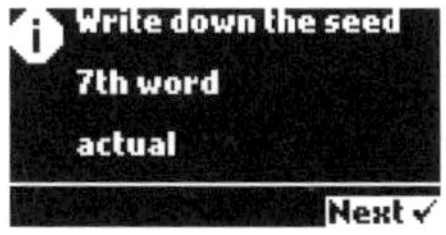

Abbildung 5-5: Trezor zeigt ein Mnemonic auf dem Display an.

Durch Aufschreiben dieser Mnemonics legt Gabriel eine Sicherung an (siehe Tabelle 5-1), die zur Wiederherstellung verwendet werden kann, falls der Trezor verloren oder defekt ist. Dieses Mnemonic kann zur Wiederherstellung mit einem neuen Trezor oder mit einer der vielen anderen kompatiblen Soft- und Hardware-Wallets verwendet werden. Beachten Sie, dass die Reihenfolge dieser Wörter wichtig ist, sie sind deshalb nummeriert. Gabriel muss jedes Wort in der angegebenen Reihenfolge festhalten, um die richtige Wortfolge zu erhalten.

Tabelle 5-1: Gabriels Papier-Backup des Mnemonic

1.	*army*	7.	*garbage*
2.	*van*	8.	*claim*
3.	*defense*	9.	*echo*
4.	*carry*	10.	*media*
5.	*jealous*	11	*make*
6.	*true*	12.	*crunch*

Der Einfachheit halber zeigt Tabelle 5-1 ein 12-Wort-Mnemonic. Tatsächlich generieren die meisten Hardware-Wallets ein sichereres 24-Wort-Mnemonic. Die Verwendung des Mnemonic ist unabhängig von der Länge immer gleich.

Für seinen ersten Webshop hat Gabriel eine einzige Bitcoin-Adresse genutzt, die er mit seinem Trezor erzeugt hat. Diese Adresse wird von allen Kunden für alle Bestellungen verwendet. Wie wir sehen werden, hat dieser Ansatz einige Nachteile und lässt sich mit einer HD-Wallet verbessern.

Details der Wallet-Technologie

Sehen wir uns jedes dieser wichtigen Industriestandards im Detail an, die von so vielen Bitcoin-Wallets verwendet werden.

Mnemonische Codewörter (BIP-39)

Mnemonische Codewörter sind Wortfolgen, die eine Zufallszahl repräsentieren (codieren), die als Seed-Wert genutzt wird, um eine deterministische Wallet abzuleiten. Die Reihenfolge der Wörter reicht aus, um den Seed-Wert und daraus dann die Wallet und alle abgeleiteten Schlüssel wiederherzustellen. Eine Wallet-Anwendung, die deterministische Wallets mit mnemonischen Wörtern implementiert, präsentiert dem Nutzer eine Folge von 12 bis 24 Wörtern, wenn er eine Wallet anlegt. Diese Wortfolge ist das Wallet-Backup und kann zur Wiederherstellung der Wallet sowie aller Schlüssel verwendet werden. Das funktioniert mit jeder kompatiblen Wallet-Anwendung. Mnemonische Wörter machen es den Benutzern einfacher, die Wallets zu sichern, da sie im Gegensatz zu einer zufälligen Zahlenfolge besser gelesen und aufgeschrieben werden können.

> Mnemonische Wörter werden häufig mit *Brainwallets* verwechselt, sind aber nicht identisch. Der wesentliche Unterschied besteht darin, dass eine Brainwallet (zu Deutsch »Gehirn-Wallet«) aus vom Nutzer gewählten Wörtern besteht, während mnemonische Wörter von der Wallet zufällig erzeugt werden. Dieser wesentliche Unterschied macht mnemonische Wörter wesentlich sicherer, weil Menschen eine schlechte Quelle für den »Zufall« darstellen.

Mnemonische Codes sind in BIP-39 (siehe Anhang C) definiert. Beachten Sie, dass BIP-39 eine Implementierung des Standards für mnemonische Codes ist. Es gibt einen anderen Standard (mit einem anderen Wortschatz), der von der Electrum-Wallet genutzt wird und älter ist als BIP-39. BIP-39 wurde von dem Unternehmen hinter der Trezor-Hardware-Wallet vorgeschlagen und ist mit Electrums Implementierung nicht kompatibel. Allerdings genießt BIP-39 breite Unterstützung durch die Industrie mit Dutzenden kompatiblen Implementierungen und kann daher als Defacto-Standard betrachtet werden.

BIP-39 definiert die Erzeugung eines mnemonischen Codes und eines Seed-Werts, den wir hier in neun Schritten erläutern wollen. Der Übersichtlichkeit halber wird der Prozess in zwei Teilen beschrieben: Die Schritte 1 bis 6 finden Sie in »Mnemonische Wörter erzeugen« auf Seite 102, die Schritte 7 bis 9 in »Vom Mnemonic zum Seed-Wert« auf Seite 104.

Mnemonische Wörter erzeugen

Mnemonische Wörter werden durch die Wallet automatisch generiert. Diese nutzt dazu einen standardisierten Prozess, der in BIP-39 definiert ist. Die Wallet startet mit einer Entropiequelle, fügt eine Prüfsumme hinzu und bildet die Entropie auf eine Wortliste ab:

1. Erzeuge eine zufällige Folge (Entropie) von 128 bis 256 Bits.
2. Erzeuge eine Prüfsumme der zufälligen Folge über einen SHA256-Hash der ersten Bits (Entropielänge/32).

3. Hänge die Prüfsumme an das Ende der Folge an.
4. Teile die Folge in Abschnitte von 11 Bits.
5. Bilde jeden 11-Bit-Wert auf ein Wort aus einem Wörterbuch mit 2.048 Wörtern ab.
6. Der mnemonische Code ist die Folge der Wörter.

Abbildung 5-6 zeigt, wie Entropie genutzt wird, um mnemonische Wörter zu erzeugen.

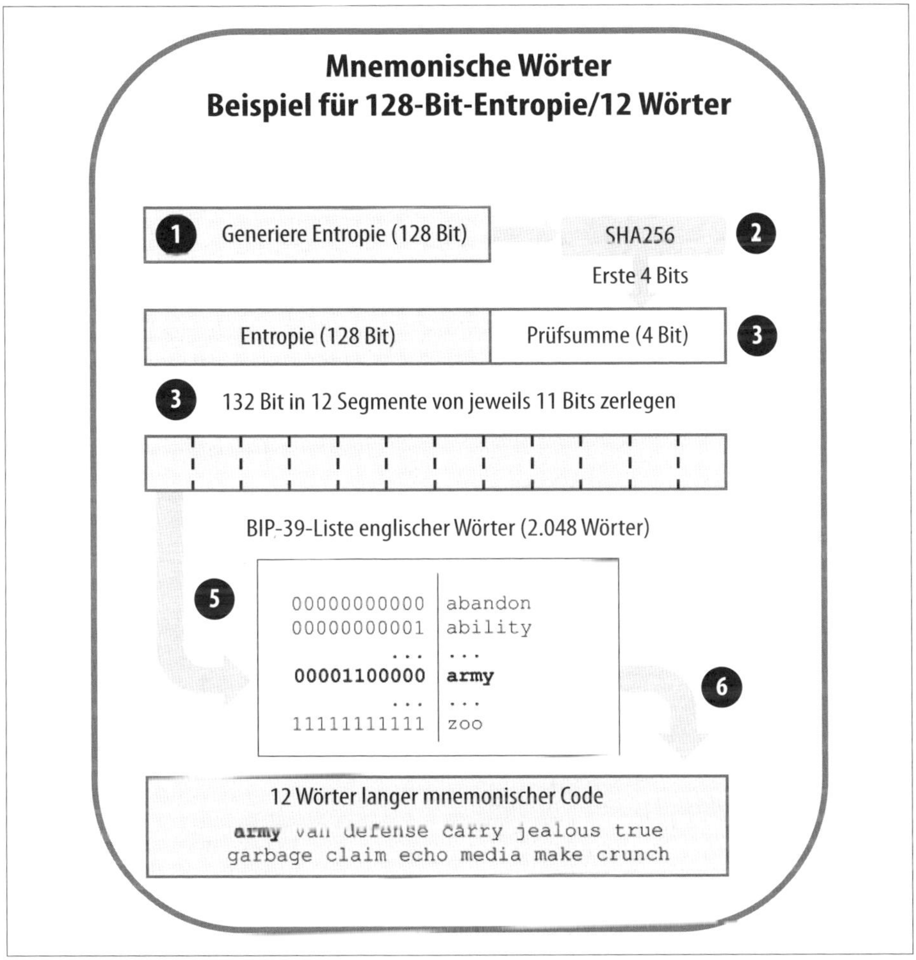

Abbildung 5-6: Entropie generieren und als mnemonische Wörter codieren

Tabelle 5-2 zeigt die Beziehung zwischen der Größe der Entropiedaten und der Länge mnemonischer Codes in Wörtern.

Tabelle 5-2: Mnemonische Codes: Entropie und Wortlänge

Entropie (Bits)	Prüfsumme (Bits)	Entropie + Prüfsumme (Bits)	Mnemonische Länge (Wörter)
128	4	132	12
160	5	165	15
192	6	198	18
224	7	231	21
256	8	264	24

Vom Mnemonic zum Seed-Wert

Die mnemonischen Wörter repräsentieren Entropie mit einer Länge zwischen 128 und 256 Bit. Die Entropie wird dann genutzt, um über die Funktion PBKDF2 den Seed-Wert auf 512 Bit zu strecken. Der so erzeugte Seed-Wert wird dann verwendet, um eine deterministische Wallet zu erzeugen und dessen Schlüssel abzuleiten.

Die den Schlüssel streckende Funktion verlangt zwei Parameter, das Mnemonic und einen sogenannten *Salt-Wert*. Die Aufgabe des Salt-Werts besteht darin, den Aufbau einer Lookup-Tabelle für Brute-Force-Angriffe zu erschweren. Im BIP-39-Standard dient der Salt-Wert einem weiteren Zweck: Er erlaubt die Einführung einer Passphrase, die als zusätzlicher Faktor den Seed-Wert schützt. Wir gehen darauf in »Optionale Passphrase bei BIP-39« auf Seite 106 genauer ein.

Der in den Schritten 7 bis 9 beschriebene Prozess knüpft nahtlos an die vorhin in »Mnemonische Wörter erzeugen« auf Seite 102 erläuterten Schritte an:

7. Der erste Parameter für die PBKDF2-Funktion ist das in Schritt 6 erzeugte Mnemonic.
8. Der zweite Parameter für die PBKDF2-Funktion ist ein Salt-Wert. Dieser besteht aus dem konstanten String `mnemonic` und einer vom Benutzer (optional) angegebenen Passphrase.
9. PBKDF2 »streckt« Mnemonic und Salt in 2.048 Hashing-Runden mit dem HMAC-SHA512-Algorithmus und erzeugt als Ergebnis einen 512-Bit-Wert. Dieser 512-Bit-Wert bildet dann den Seed-Wert.

Abbildung 5-7 zeigt ein zur Generierung des Seed-Werts verwendetes Mnemonic.

> Die zur Streckung des Schlüssels verwendete Hashfunktion bietet einen sehr effektiven Schutz vor Brute-Force-Angriffen auf das Mnemonic bzw. die Passphrase. Das Ausprobieren von mehr als ein paar Tausend Passphrase-Mnemonic-Kombinationen ist sehr rechenintensiv, während die Zahl möglicher Seed-Werte riesig ist (2^{512}).

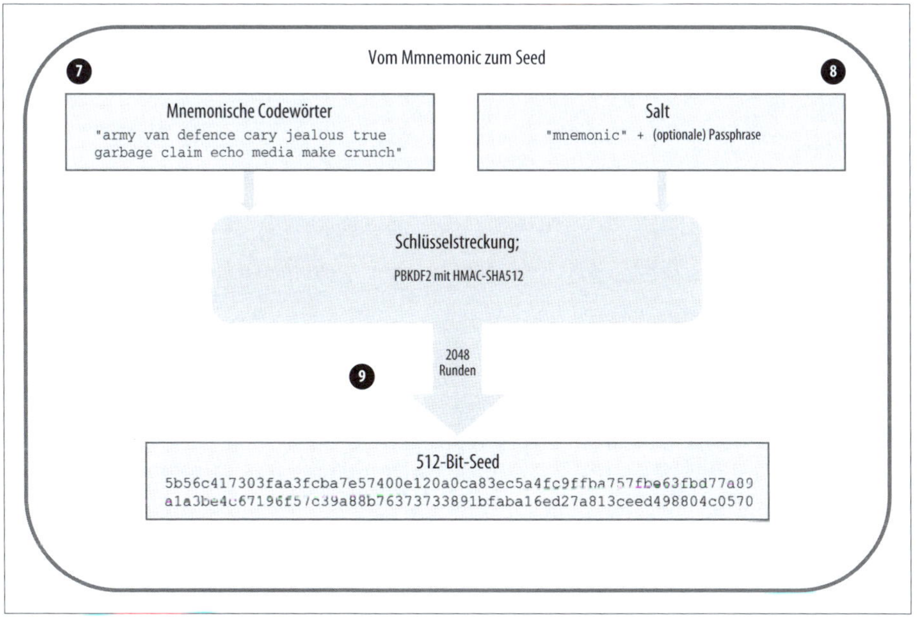

Abbildung 5-7: Vom Mnemonic zum Seed-Wert

Die Tabellen 5-3, 5-4 und 5-5 zeigen einige Beispiele mnemonischer Codes und den daraus ohne Passphrase erzeugten Seed-Werten.

Tabelle 5-3: Mnemonischer 128-Bit-Code, keine Passphrase, resultierender Seed-Wert

Entropie-Input (128 Bits)
`0c1e24e5917779d297e14d45f14e1a1a`
Mnemonic (12 Wörter)
`army van defense carry jealous true garbage claim echo media make crunch`
Passphrase
ohne
Seed (512 Bit)
`5b56c417303faa3fcba7e57400e120a0ca83ec5a4fc9ffba757fbe63fbd77a89a1a3be4c67196f57c39 a88b76373733891bfaba16ed27a813ceed498804c0570`

Tabelle 5-4: Mnemonischer 128-Bit-Code mit Passphrase, resultierender Seed-Wert

Entropie-Input (128 Bit)
`0c1e24e5917779d297e14d45f14e1a1a`
Mnemonic (12 Wörter)
`army van defense carry jealous true garbage claim echo media make crunch`

Tabelle 5-4: Mnemonischer 128-Bit-Code mit Passphrase, resultierender Seed-Wert (Fortsetzung)

Passphrase	SuperDuperSecret
Seed (512 Bit)	`3b5df16df2157104cfdd22830162a5e170c0161653e3afe6c88defeefb0818c793dbb28ab3ab091897d` `0715861dc8a18358f80b79d49acf64142ae57037d1d54`

Tabelle 5-5: Mnemonischer 256-Bit-Code ohne Passphrase, resultierender Seed-Wert

Entropie-Input (256 Bit)	`2041546864449caff939d32d574753fe684d3c947c3346713dd8423e74abcf8c`
Mnemonic (24 Wörter)	`cake apple borrow silk endorse fitness top denial coil riot stay wolf` `luggage oxygen faint major edit measure invite love trap field dilemma oblige`
Passphrase	ohne
Seed (512 Bit)	`3269bce2674acbd188d4f120072b13b088a0ecf87c6e4cae41657a0bb78f5315b33b3a04356e53d062e` `55f1e0deaa082df8d487381379df848a6ad7e98798404`

Optionale Passphrase bei BIP-39

Der BIP-39-Standard erlaubt bei der Ableitung des Seed-Werts die Verwendung einer optionalen Passphrase. Wird keine Passphrase verwendet, wird das Mnemonic mit einem Salt-Wert mit dem konstanten String `"mnemonic"` gestreckt, und ein spezifischer 512-Bit-Seed-Wert für jedes übergebene Mnemonic wird erzeugt. Wenn eine Passphrase verwendet wird, erzeugt die Funktion einen anderen Seed-Wert für das gleiche Mnemonic. Tatsächlich führt für ein einzelnes Mnemonic jede Passphrase zu einem anderen Seed-Wert. Grundsätzlich gibt es keine »falsche« Passphrase. Alle Passphrasen sind gültig, sie führen zu unterschiedlichen Seed-Werten und bilden so eine riesige Menge möglicher (nicht initialisierter) Wallets. Die Menge möglicher Wallets ist so groß (2^{512}), dass ein Brute-Force-Angriff praktisch unmöglich ist und auch die zufällige Auswahl kaum eine genutzte Wallet ergibt.

> Es gibt keine »falschen« Passphrasen bei BIP-39. Jede Passphrase führt zu einer leeren Wallet (wenn sie noch nicht verwendet wurde).

Die optionale Passphrase führt zwei wichtige Features ein:

- Einen zweiten (auswendig gelernten) Faktor, der ein Mnemonic für sich genommen nutzlos macht. Das schützt Backups von Mnemonics vor einer Gefährdung durch Diebe.
- Eine Art »Fake-Wallet«, bei der die gewählte Passphrase zu einer Wallet mit nur geringen Mitteln führt, um einen Angreifer von der »echten« Wallet abzulenken, die den Großteil der Mittel enthält.

Allerdings ist es wichtig, zu bemerken, dass die Verwendung einer Passphrase auch mit dem Risiko des Verlusts behaftet ist:

- Ist der Besitzer der Wallet verstorben oder handlungsunfähig, ist der Seed-Wert nutzlos, und alle in der Wallet gespeicherten Mittel sind für immer verloren.
- Bewahrt der Eigentümer die Passphrase hingegen am gleichen Ort auf wie den Seed-Wert, macht er den eigentlichen Zweck eines zweiten Faktors zunichte.

Zwar sind Passphrasen sehr nützlich, doch sie sollten nur in Kombination mit einem sorgfältig geplanten Backup/Recovery-Prozess eingesetzt werden. Dabei sollte auch das mögliche Ableben des Eigentümers berücksichtigt und eine Nutzung des Vermögens durch die Erben ermöglicht werden.

Mit mnemonischen Codes arbeiten

BIP-39 ist in Form einer Bibliothek für viele verschiedene Programmiersprachen implementiert:

python-mnemonic (https://github.com/trezor/python-mnemonic)
: Die Referenzimplementierung des Standards durch das SatoshiLabs-Team (das BIP-39 vorgeschlagen hat) in Python.

bitcoinjs/bip39 (https://github.com/bitcoinjs/bip39)
: Eine Implementierung von BIP-39 für das beliebte bitcoinJS-Framework in JavaScript.

libbitcoin/mnemonic (https://github.com/libbitcoin/libbitcoin/blob/master/src/wallet/mnemonic.cpp)
: Eine Implementierung von BIP-39 als Teil des beliebten Libbitcoin-Frameworks in C++.

Es gibt auch einen als eigenständige Webseite implementierten BIP-39-Generator, der für Tests und Experimente sehr nützlich ist. Abbildung 5-8 zeigt diese Website, die Mnemonics, Seed-Werte und erweiterte private Schlüssel erzeugt.

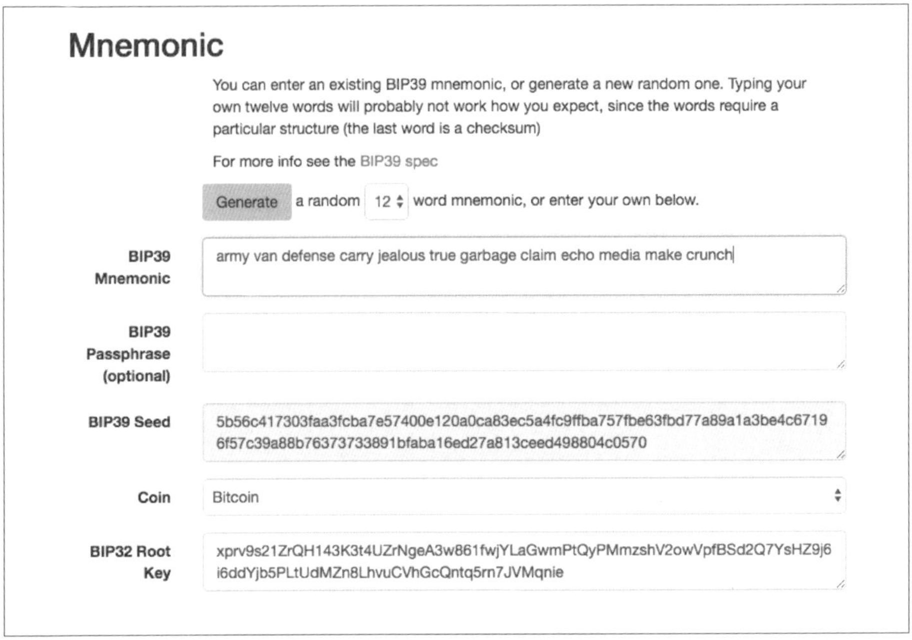

Abbildung 5-8: Ein BIP-39-Generator als eigenständige Website

Die Seite (*https://iancoleman.github.io/bip39/*) kann offline in einem Browser genutzt werden, ist aber auch online verfügbar.

Eine HD-Wallet aus dem Seed-Wert erzeugen

HD-Wallets werden aus einem einzigen *Stamm-Seed-Wert (Root Seed)* erzeugt, einer 128, 256 oder 512 Bit langen Zufallszahl. Üblicherweise wird dieser Seed-Wert, wie im vorigen Abschnitt beschrieben, aus einem Mnemonic erzeugt.

Jeder Schlüssel in der HD-Wallet wird deterministisch aus dem Root Seed abgeleitet. Das macht es möglich, die gesamte HD-Wallet aus diesem Seed-Wert auf jeder kompatiblen HD-Wallet wiederherzustellen. Auf diese Weise können Sie HD-Wallets mit Tausenden oder sogar Millionen von Schlüsseln sichern, wiederherstellen sowie exportieren/importieren, indem Sie nur das Mnemonic übertragen, aus dem der Root Seed abgeleitet ist.

Der Prozess, aus dem die Master-Schlüssel und der Master-Chain-Code für eine HD-Wallet erzeugt werden, ist in Abbildung 5-9 zu sehen.

Der Root Seed wird an den HMAC-SHA512-Algorithmus übergeben, und der daraus resultierende Hashwert wird genutzt, um einen *privaten Master-Schlüssel* (m) und einen *Master-Chaincode* (c) zu erzeugen.

Der private Master-Schlüssel (m) erzeugt dann den entsprechenden öffentlichen Master-Schlüssel (M) über die übliche Multiplikation elliptischer Kurven $m * G$, die wir aus »Öffentliche Schlüssel« auf Seite 62 kennen.

Der Chaincode (c) wird genutzt, um Entropie für die Funktion bereitzustellen, die Child-Schlüssel aus Parent-Schlüsseln erzeugt (was im nächsten Abschnitt beschrieben wird).

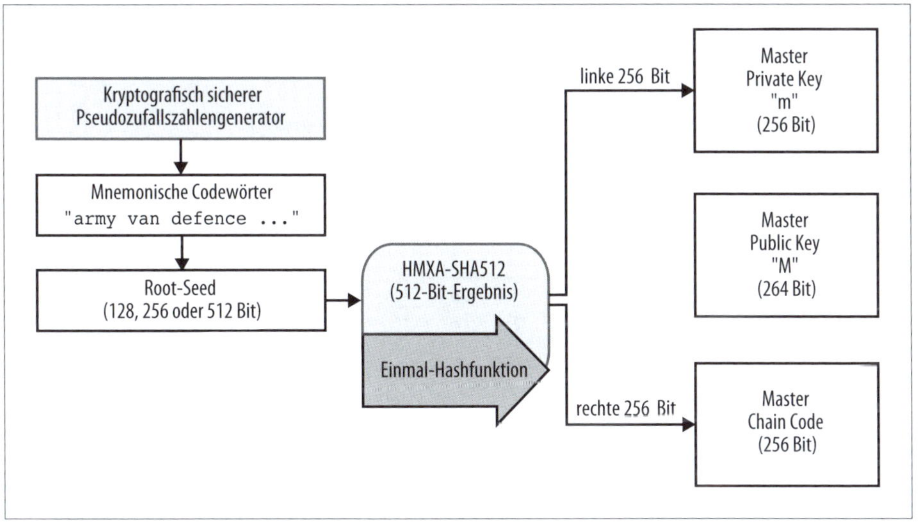

Abbildung 5-9: Master-Schlüssel und Chain-Code aus dem Root Seed erzeugen

Ableitung privater Child-Schlüssel

HD-Wallets verwenden eine Funktion zur Ableitung von Child-Schlüsseln aus Parent-Schlüsseln (*Child Key Derivation*, CKD).

Die CKD-Funktion basiert auf einem Einweg-Hash, der Folgendes kombiniert:

- einen privaten oder öffentlichen Parent-Schlüssel (einen nicht komprimierte, ECDSA-Schlüssel),
- einen als Chaincode (256 Bit) bezeichneten Seed-Wert,
- einen Index (32 Bit).

Der Chaincode führt deterministische zufällige Daten in den Prozess ein, sodass es nicht reicht, den Index und einen Child-Schlüssel zu kennen, um andere Child-Schlüssel ableiten zu können. Wer den Child-Schlüssel kennt, kann dessen Geschwister nicht ableiten, solange er nicht auch den Chaincode kennt. Der initiale Chaincode (am Stamm des Baums) wird aus dem Seed-Wert erzeugt, während nachfolgende Child-Chaincodes aus dem Parent-Chaincode abgeleitet werden.

Diese drei Elemente (Parent-Schlüssel, Chaincode und Index) werden kombiniert in einer Hashfunktion zur Generierung von Child-Schlüsseln verwendet.

Der öffentliche Parent-Schlüssel sowie Chaincode und Index werden kombiniert, und über den HMAC-SHA512-Algorithmus wird daraus ein 512-Bit-Hashwert erzeugt. Dieser 512-Bit-Hash wird in zwei Teile von jeweils 256 Bits halbiert. Die 256 Bits der rechten Hälfte des erzeugten Hash werden zum Chaincode für das

Child. Die linke Hälfte und der Index werden zum privaten Parent-Schlüssel addiert, um den privaten Child-Schlüssel zu erzeugen. In Abbildung 5-10 ist dieser Vorgang zu sehen, wobei der Index 0 verwendet wird, um den ersten Child (nach Index) des Parents zu erzeugen.

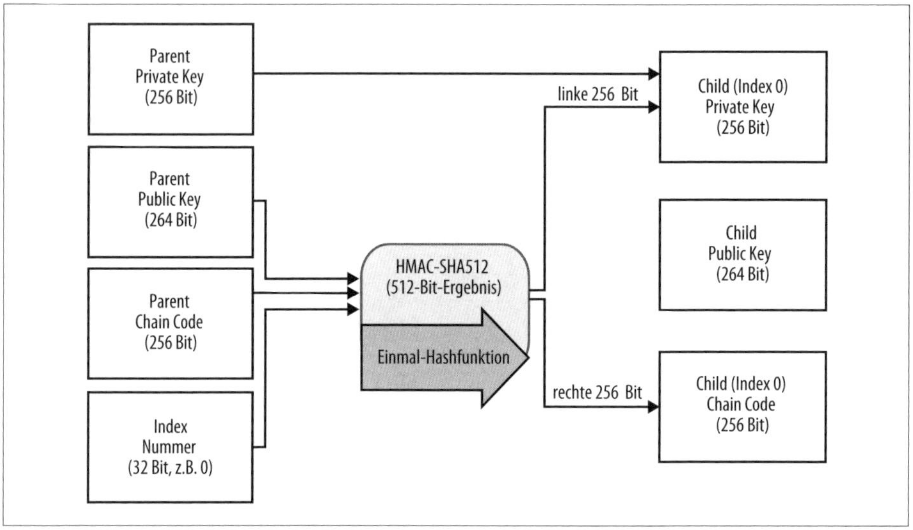

Abbildung 5-10: Privaten Parent-Schlüssel erweitern, um einen privaten Child-Schlüssel zu erzeugen

Durch Änderung des Index können wir den Parent erweitern und nacheinander weitere Children, z.B. Child 0, Child 1, Child 2 etc. Jeder Parent-Schlüssel kann 2.147.483.647 (2^{31}) Children besitzen. (2^{31} ist die Hälfte des gesamten Wertebereichs von 2^{32}. Die andere Hälfte ist für eine spezielle Art der Ableitung reserviert, über die wir später noch sprechen werden.)

Wiederholt man diesen Prozess eine Stufe tiefer, wird jedes Child zu einem Parent und kann eigene Children mit einer unendlichen Reihe von Nachfahren erzeugen.

Abgeleitete Child-Schlüssel verwenden

Private Child-Schlüssel sind von nichtdeterministischen (zufälligen) Schlüsseln nicht zu unterscheiden. Da die Ableitungsfunktion eine Einwegfunktion ist, kann der Child-Schlüssel nicht verwendet werden, um den Parent-Schlüssel zu ermitteln. Der Child-Schlüssel kann ebenfalls nicht dazu genutzt werden, irgendwelche Geschwisterschlüssel zu finden. Wenn Sie den n-ten Child-Schlüssel kennen, können Sie dessen Geschwister wie etwa Child n–1 oder Child n+1 oder eines der anderen Children dieser Sequenz nicht ermitteln. Nur der Parent-Schlüssel und der Chaincode können alle Children ableiten. Ohne Chaincode kann der Child-Schlüssel auch nicht verwendet werden, um irgendwelche »Enkel« abzuleiten. Sie benötigen sowohl den privaten Child-Schlüssel als auch den Child-Chaincode, um einen neuen Zweig zu eröffnen und »Enkel« abzuleiten.

Wozu kann also der private Child-Schlüssel allein verwendet werden? Er kann genutzt werden, um einen öffentlichen Schlüssel und eine Bitcoin-Adresse zu erzeugen. Dann kann er eingesetzt werden, um Transaktionen zu signieren und so über die in dieser Adresse gespeicherten Mittel zu verfügen.

> Ein privater Child-Schlüssel, der dazugehörige öffentliche Schlüssel und die Bitcoin-Adresse sind von zufällig erzeugten Schlüsseln und Adressen nicht zu unterscheiden. Die Tatsache, dass sie Teile einer Folge sind, ist außerhalb der HD-Wallet-Funktion, die sie erzeugt hat, nicht zu ersehen. Einmal erzeugt, arbeitet er wie ein »normaler« Schlüssel.

Erweiterte Schlüssel

Wie Sie vorhin gesehen haben, kann die Funktion zur Schlüsselableitung verwendet werden, um Children auf jeder Ebene des Baums zu erzeugen. Dazu verwenden wir drei Inputs: einen Schlüssel, einen Chaincode und den Index des gewünschten Childs. Die beiden grundlegenden Zutaten sind der Schlüssel und der Chaincode. Kombiniert man die beiden, erhält man einen sogenannten *erweiterten Schlüssel*. Man kann sich diesen erweiterten Schlüssel auch als »erweiterbaren« Schlüssel vorstellen, da aus einem solchen Schlüssel Child-Schlüssel abgeleitet werden können.

Erweiterte Schlüssel sind einfach die Verkettung des 256-Bit-Schlüssels und des 256-Bit-Chaincodes in einer 512-Bit-Sequenz, und so werden sie auch gespeichert und dargestellt. Es gibt zwei Arten erweiterter Schlüssel. Ein erweiterter privater Schlüssel ist die Kombination aus einem privaten Schlüssel und einem Chaincode. Dieser kann verwendet werden, um private Child-Schlüssel abzuleiten (und daraus öffentliche Child-Schlüssel). Ein erweiterter öffentlicher Schlüssel besteht aus einem öffentlichen Schlüssel und einem Chaincode. Aus diesem lassen sich öffentliche Child-Schlüssel (nur öffentliche) erzeugen, wie es in »Einen öffentlichen Schlüssel generieren« auf Seite 65 beschrieben wird.

Stellen Sie sich einen erweiterten Schlüssel als Wurzel eines Zweigs in der Baumstruktur der HD-Wallet vor. Von der Wurzel des Stamms können Sie den ganzen Rest ableiten. Der erweiterte private Schlüssel kann einen vollständigen Stamm erzeugen, während der erweiterte öffentliche Schlüssel lediglich einen Zweig mit öffentlichen Schlüsseln erzeugen kann.

> Ein erweiterter Schlüssel besteht aus einem privaten oder öffentlichen Schlüssel sowie einem Chaincode. Ein erweiterter Schlüssel kann Child-Schlüssel erzeugen und so einen eigenen Zweig in der Baumstruktur anlegen. Wer den erweiterten Schlüssel kennt, hat Zugriff auf den gesamten Zweig.

Erweiterte Schlüssel werden in Base58Check codiert, um sie einfach zwischen unterschiedlichen BIP-32-kompatiblen Wallets im- und exportieren zu können. Die Base58Check-Codierung für erweiterte Schlüssel verwendet eine spezielle Versionsnummer, die zu den Präfixen `xprv` und `xpub` in den Base58-codierten Zeichen führt, wodurch sie leicht zu erkennen sind. Da die erweiterten Schlüssel aus 512 oder 513 Bit bestehen, sind sie auch wesentlich länger als die anderen Base58Check-codierten Strings, die wir bisher gesehen haben.

Hier ein Beispiel für einen erweiterten *privaten* Schlüssel, codiert in Base58Check:

```
xprv9tyUQV64JT5qs3RSTJkXCWKMyUgoQp7F3hA1xzG6ZGu6u6Q9VMNjGr67Lctvy5P8oyaYAL9CAWrUE9
i6GoNMKUga5biW6Hx4tws2six3b9c
```

Hier der dazugehörige erweiterte *öffentliche* Schlüssel, ebenfalls in Base58Check codiert:

```
xpub67xpozcx8pe95XVuZLHXZeG6XWXHpGq6Qv5cmNfi7cS5mtjJ2tgypeQbBs2UAR6KECeeMVKZBPLrtJ
unSDMstweyLXhRgPxdp14sk9tJPW9
```

Ableitung öffentlicher Child-Schlüssel

Wie bereits erwähnt, ist eine sehr nützliche Charakteristik von HD-Wallets die Fähigkeit, öffentliche Child-Schlüssel aus öffentlichen Parent-Schlüsseln abzuleiten, ohne den privaten Schlüssel zu besitzen. Das bietet uns zwei Möglichkeiten, einen öffentlichen Child-Schlüssel abzuleiten: entweder aus dem privaten Child-Schlüssel oder direkt aus dem öffentlichen Parent-Schlüssel.

Ein erweiterter öffentlicher Schlüssel kann also verwendet werden, um alle öffentlichen Schlüssel (und nur die öffentlichen Schlüssel) in diesem Zweig der Struktur der HD-Wallet abzuleiten.

Diese Verknüpfung kann genutzt werden, um Deployments mit sehr sicheren, rein öffentlichen Schlüsseln aufzubauen, bei denen ein Server oder eine Anwendung nur einen erweiterten öffentlichen Schlüssel und keinerlei private Schlüssel enthält. Diese Form des Deployments kann eine unendliche Zahl von öffentlichen Schlüsseln und Bitcoin-Adressen erzeugen, ohne auf das an diese Adressen gesendete Geld zugreifen zu können. Gleichzeitig kann auf einem anderen (sichereren) Server der erweiterte private Schlüssel alle passenden privaten Schlüssel ableiten, mit denen eine Transaktion signiert und Geld eingelöst werden kann.

Eine typische Anwendung dieser Lösung ist die Installation eines erweiterten öffentlichen Schlüssels auf einem Webserver mit einer E-Commerce-Anwendung. Der Webserver kann neue Bitcoin-Adressen für jede Transaktion mithilfe des öffentlichen Schlüssels erzeugen (etwa für den Warenkorb eines Kunden). Auf dem Webserver selbst liegen keine privaten Schlüssel, die man stehlen könnte. Ohne HD-Wallets müsste man schon im Vorfeld Tausende von Bitcoin-Adressen auf einem separaten sicheren Server erzeugen und auf den E-Commerce-Server hochladen. Dieser Ansatz ist umständlich und verlangt eine regelmäßige Pflege, damit dem E-Commerce-Server die Schlüssel nicht ausgehen.

Eine weitere gängige Anwendung dieser Lösung bilden Cold Storage oder Hardware-Wallets. In diesem Szenario kann der erweiterte private Schlüssel auf einer Paper- oder Hardware-Wallet (wie etwa einem Trezor) gespeichert werden, während die erweiterten privaten Schlüssel online vorgehalten werden. Der Benutzer kann beliebige »Empfängeradressen« erzeugen, während die privaten Schlüssel offline sicher aufbewahrt werden. Um die Mittel auszugeben, kann der Nutzer den erweiterten privaten Schlüssel auf einem offline liegenden Bitcoin-Client oder einer Hardware-Wallet verwenden. Abbildung 5-11 verdeutlicht den Mechanismus, bei dem aus einem Parent-Schlüssel öffentliche Child-Schlüssel abgeleitet werden.

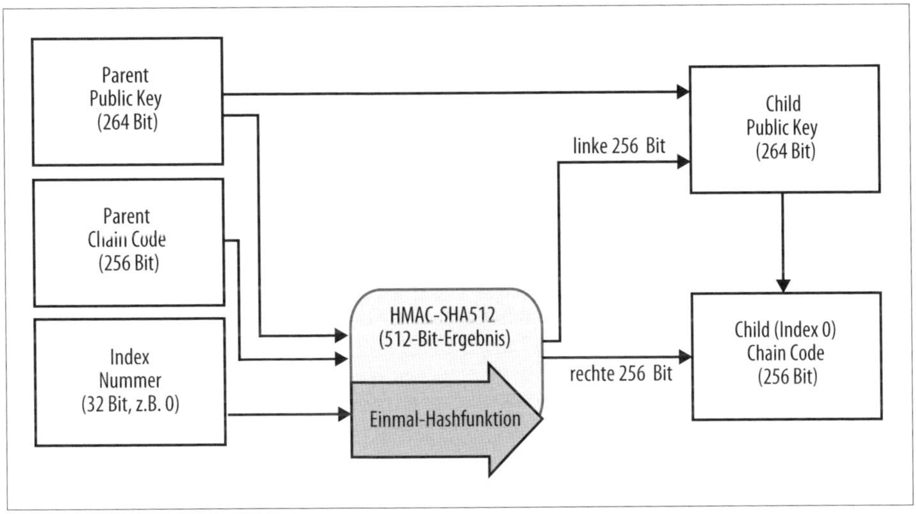

Abbildung 5-11: Öffentlichen Parent-Schlüssel erweitern, um öffentliche Child-Schlüssel zu erzeugen

Einen erweiterten öffentlichen Schlüssel in einem Webshop nutzen

Kehren wir zu Gabriels Webshop zurück und sehen wir uns an, wie HD-Wallets eingesetzt werden.

Für Gabriel war der Webshop zuerst nur ein Hobby und basierte auf einer einfachen gehosteten WordPress-Seite. Der Shop war mit nur wenigen Seiten und einer einzelnen Bitcoin-Adresse sehr einfach aufgebaut.

Gabriel nutzte die erste von seinem Trezor erzeugte Bitcoin-Adresse für seinen Shop. Auf diese Weise würden alle eingehenden Zahlungen an eine Adresse gehen, die durch die Hardware-Wallet kontrolliert wird.

Kunden können Bestellungen über ein Formular aufgeben und Zahlungen an die von Gabriel veröffentlichte Bitcoin-Adresse senden. Er erhält daraufhin eine E-Mail mit den Daten, die er zur Abwicklung des Auftrags benötigt. Bei nur wenigen Aufträgen pro Woche hat das System ausreichend gut funktioniert.

Doch der Shop wurde schnell erfolgreich, und es gingen viele Bestellungen von der lokalen Community ein. Schon bald wurde Gabriel mit Bestellungen überschwemmt, und es wurde zunehmend schwerer, die Bestellungen mit den Zahlungen abzugleichen, insbesondere wenn zeitnah mehrere Bestellungen mit den gleichen Beträgen eingingen.

Die HD-Wallet bot mit der Fähigkeit, öffentliche Child-Schlüssel abzuleiten, ohne die privaten Schlüssel kennen zu müssen, hier eine wesentlich bessere Lösung an. Gabriel kann einen erweiterten öffentlichen Schlüssel (xpub) auf seine Website laden und für jede Bestellung eine eindeutige Adresse ableiten. Er kann die Beträge über seinen Trezor einlösen, der auf die Website geladene xpub kann nur Adressen generieren und Zahlungen empfangen. Diese Möglichkeit von HD-Wallets ist ein tolles Sicherheits-Feature. Gabriels Website enthält keine privaten Schlüssel und stellt daher keine besonders hohen Sicherheitsanforderungen.

Zum Export des xpub verwendet Gabriel eine webbasierte Software im Zusammenspiel mit seiner Trezor-Wallet. Der Trezor muss angeschlossen sein, um die öffentlichen Schlüssel exportieren zu können. Beachten Sie, dass Hardware-Wallets niemals private Schlüssel exportieren – diese verbleiben immer auf dem Gerät. Abbildung 5-12 zeigt die Webschnittstelle, die Gabriel zum Export des xpub verwendet.

Abbildung 5-12: Export eines xpub aus einer Trezor-Wallet

Gabriel kopiert den xpub in die Bitcoin-Software seines Webshops. Er verwendet *Mycelium Gear*, ein Open-Source-Webshop-Plug-in für eine Vielzahl von Webhosting- und Content-Plattformen. Mycelium Gear verwendet den xpub, um eine eindeutige Adresse für jeden Kauf zu erzeugen.

Gehärtete Ableitung von Child-Schlüsseln

Die Fähigkeit, einen Zweig öffentlicher Schlüssel aus einem xpub abzuleiten, ist sehr nützlich, aber es gibt ein potenzielles Risiko. Durch den Zugriff auf einen xpub gelangen Sie nicht an die privaten Child-Schlüssel. Doch weil der xpub den Chaincode enthält, können Sie, falls der private Schlüssel irgendwie durchsickert, alle anderen privaten Child-Schlüssel ableiten. Ein einziger durchgesickerter privater Child-Schlüssel legt zusammen mit einem Parent-Chaincode alle privaten Schlüssel aller Children offen. Schlimmer noch: Mit dem privaten Child-Schlüssel und einem Parent-Chaincode können Sie den privaten Parent-Schlüssel ableiten.

Um diesem Risiko entgegenzuwirken, verwenden HD-Wallets eine alternative Ableitungsfunktion, die als *gehärtete Ableitung* bezeichnet wird. Diese »bricht« die Beziehung zwischen öffentlichem Parent-Schlüssel und Child-Chaincode auf. Die gehärtete Ableitungsfunktion verwendet den privaten Parent-Schlüssel anstelle des öffentlichen Parent-Schlüssels, um den Child-Chaincode abzuleiten. Auf diese Weise wird eine »Firewall« in der Parent/Child-Sequenz erzeugt, da der Chaincode nicht mehr genutzt werden kann, um einen privaten Parent- oder Child-Schlüssel abzuleiten. Die gehärtete Ableitungsfunktion ist nahezu identisch mit der normalen Ableitung des privaten Child-Schlüssels. Anstelle des öffentlichen Parent-Schlüssels wird aber der private Parent-Schlüssel als Input für die Hashfunktion verwendet (siehe Abbildung 5-13).

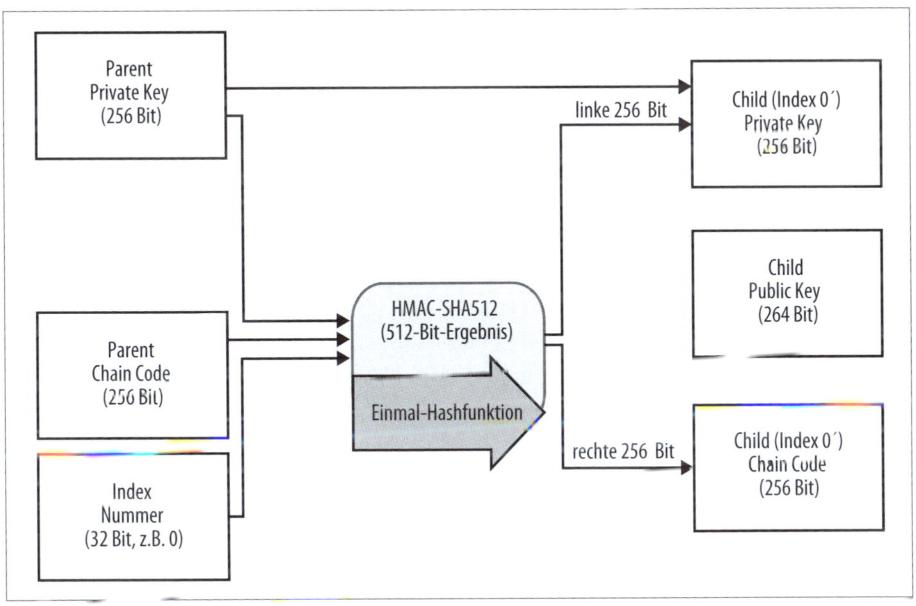

Abbildung 5-13: Gehärtete Ableitung eines Child Schlüssels, vermeidet den öffentlichen Parent-Schlüssel

Wird die gehärtete Ableitungsfunktion verwendet, unterscheiden sich der resultierende private Child-Schlüssel und der Chaincode völlig von dem Ergebnis der normalen Ableitungsfunktion. Der resultierende »Zweig« von Schlüsseln kann zur Erzeugung erweiterter öffentlicher Schlüssel genutzt werden, die nicht angreifbar sind, weil der darin enthaltene Chaincode nicht ausgenutzt werden kann, um private Schlüssel offenzulegen. Die gehärtete Ableitung wird daher genutzt, um an der Stelle eine »Lücke« zu schaffen, an der erweiterte Schlüssel verwendet werden.

Wenn Sie die Bequemlichkeit eines xpub zur Ableitung von »Zweigen« mit öffentlichen Schlüsseln verwenden wollen, ohne sich selbst der Gefahr eines durchgesickerten Chaincodes aussetzen zu wollen, sollten Sie diesen nicht von einem »normalen«, sondern von einem gehärteten Parent ableiten. Es hat sich bewährt, den ersten Child-Schlüssel des Master-Schlüssels über eine gehärtete Ableitung zu erzeugen, um eine Gefährdung des Master-Schlüssels zu verhindern.

Indizes für normale und gehärtete Ableitungen

Der Index, der für die Ableitungsfunktion verwendet wird, ist ein 32-Bit-Integerwert. Um einfach zwischen der normalen und der gehärteten Ableitungsfunktion unterscheiden zu können, wird der Index in zwei Wertebereiche geteilt. Indizes zwischen 0 und $2^{31}-1$ (0x0 bis 0x7FFFFFFF) werden ausschließlich für die normale Ableitung verwendet, die Indizes zwischen 2^{31} und $2^{32}-1$ (0x80000000 bis 0xFFFFFFFF) nur für die gehärtete Ableitung. Bei Werten kleiner als 2^{31} handelt es sich um einen normalen Child-Schlüssel, bei Indizes größer oder gleich 2^{31} um gehärtete Child-Schlüssel.

Um den Index besser lesen und darstellen zu können, beginnt die Darstellung der Indizes gehärterer Children bei null, wird aber zusätzlich mit einem Hochkomma versehen. Der erste normale Child-Schlüssel wird also als 0 dargestellt, während das erste gehärtete Child (Index 0x80000000) als `0'` ausgegeben wird. Dementsprechend wird der zweite gehärtete Schlüssel mit dem Index 0x80000001 als `1'` dargestellt werden und so weiter. Ein HD-Wallet-Index von `i'` bedeutet also $2^{31}+i$.

HD-Wallet-Schlüsselbezeichner (Pfad)

Die Schlüssel in einer Wallet werden über einen »Pfad« identifiziert, wobei jede Stufe durch ein Slash (/) getrennt wird (siehe Tabelle 5-6). Vom Master-Schlüssel abgeleitete private Schlüssel beginnen mit einem `m`. Aus dem öffentlichen Master-Schlüssel abgeleitete öffentliche Schlüssel beginnen mit einem `M`. Der erste private Child-Schlüssel des privaten Master-Schlüssels ist also `m/0`. Der erste öffentliche Child-Schlüssel ist `M/0`. Der »Enkel« des ersten Childs ist dann `m/0/1` und so weiter.

Die »Herkunft« eines Schlüssels wird von rechts nach links gelesen, bis man den Master-Schlüssel erreicht, aus dem er abgeleitet ist. Der Bezeichner `m/x/y/z` beschreibt beispielsweise das z-te Child des Schlüssels `m/x/y`, der das y-te Child des Schlüssels `m/x` ist, der wiederum das x-te Child von `m` darstellt.

Tabelle 5-6: HD-Wallet-Pfadbeispiel

HD-Pfad	Beschriebener Schlüssel
m/0	Der erste (0) private Child-Schlüssel des privaten Master-Schlüssels (m).
m/0/0	Erster privater Enkel-Schlüssel des ersten Schlüssels (m/0).
m/0'/0	Erster normaler Enkel des ersten gehärteten Child-Schlüssels (m/0').
m/1/0	Erster privater Enkel-Schlüssel des zweiten Child-Schlüssels (m/1).
M/23/17/0/0	Erster öffentlicher Ururenkel des ersten Urenkels des 18. Urenkels des 24. Child-Schlüssels.

Durch die Baumstruktur der HD-Wallet navigieren

Die Baumstruktur der HD-Wallet bietet eine enorme Flexibilität. Jeder erweiterte Parent-Schlüssel kann vier Milliarden Child-Schlüssel besitzen, jeweils zwei Milliarden normale und zwei Milliarden gehärtete Child-Schlüssel. Jeder dieser Child-Schlüssel kann weitere vier Milliarden Child-Schlüssel erzeugen und so weiter. Der Baum kann beliebig tief sein mit einer unendlichen Anzahl von Nachkommen. Bei all der Flexibilität wird es aber recht schwierig, durch den Baum zu navigieren. Besonders schwer ist der Transfer von HD-Wallets zwischen Implementierungen, da die interne Organisation in Verzweigungen und Unterverzweigungen schier endlos ist.

Zwei BIPs bieten eine Lösung für diese Komplexität, indem sie Standards für die Struktur der HD-Wallet-Bäume empfehlen. BIP-43 empfiehlt die Verwendung des ersten gehärteten Child-Index als speziellen Bezeichner, der den »Zweck« der Baumstruktur verdeutlicht. Basierend auf BIP-43 soll eine HD-Wallet nur einen Zweig der ersten Ebene verwenden, bei dem der Indexwert die Struktur und den Namensraum für den Rest des Baums festlegt, indem er dessen »Zweck« definiert. Zum Beispiel dient eine HD-Wallet, die ausschließlich den Zweig m/i'/ verwendet, einem bestimmten Zweck, der durch i identifiziert wird.

Auf dieser Spezifikation aufbauend, schlägt BIP-44 eine Multi-Account-Struktur mit der »Zweck«-Nummer `44'` unter BIP-43 vor. Alle der BIP-44-Struktur folgenden HD-Wallets können daran erkannt werden, dass sie nur einen Zweig des Baums, nämlich m/44'/, nutzen.

BIP-44 legt die Struktur mit fünf vordefinierten Baumebenen fest:

```
m / purpose' / coin_type' / account' / change / address_index
```

Der »Zweck« (`purpose`) der ersten Ebene ist immer `44'`. Der »Cointyp« (`coin_type`) der zweiten Ebene legt die Kryptowährung fest. Das erlaubt Mehrwährungs-Wallets, bei denen jede Währung einen eigenen Teilbaum unterhalb der zweiten Ebene besitzt. Momentan sind drei Währungen definiert: Bitcoin ist m/44'/0', Bitcoin Testnet ist `m/44'/1'` und Litecoin ist `m/44'/2'`.

Die dritte Ebene des Baums ist das Konto (`account`). Darüber kann der Nutzer seine Wallet in separate, logische Unterkonten für buchhalterische oder organisatorische Zwecke aufteilen. Eine HD-Wallet könnte beispielsweise zwei Bitcoin-Konten enthalten: m/44'/0'/0' und m/44'/0'/1'. Jedes Konto bildet den Stamm eines eigenen Teilbaums.

Auf der vierten Ebene, change, besitzt eine HD-Wallet zwei Teilbäume. Einer dient der Erzeugung von Empfängeradressen, während der andere für Change-Adressen, also »Wechselgeldadressen« gedacht ist. Während die vorangegangenen Ebenen die gehärtete Ableitung nutzen, verwendet dieses Level die normale Ableitung. Das erlaubt dieser Ebene des Baums, erweiterte öffentliche Schlüssel zu exportieren, die in ungeschützten Umgebungen eingesetzt werden können. Verwendbare Adressen werden von der HD-Wallet als Child-Elemente des vierten Levels erzeugt, was die fünfte Ebene des Baums zum »Adressindex« macht. Zum Beispiel wäre M/44'/0'/0'/0/2 die dritte Empfängeradresse für Bitcoin-Zahlungen des primären Kontos. Tabelle 5-7 zeigt einige weitere Beispiele.

Tabelle 5-7: Beispiele der BIP-44-HD-Wallet-Struktur

HD-Pfad	Beschriebener Schlüssel
M/44'/0'/0'/0/2	Dritter empfangender öffentlicher Schlüssel des primären Bitcoin-Kontos.
M/44'/0'/3'/1/14	15. öffentlicher Schlüssel für Change-Adressen des vierten Bitcoin-Kontos.
m/44'/2'/0'/0/1	Zweiter privater Schlüssel im Litecoin-Hauptkonto zum Signieren von Transaktionen.

KAPITEL 6
Transaktionen

Einführung

Transaktionen sind der wichtigste Teil des Bitcoin-Systems. Alles andere im Bitcoin-System soll sicherstellen, dass Transaktionen angelegt, durch das Netzwerk propagiert, validiert und schließlich dem globalen Kassenbuch (der Blockchain) hinzugefügt werden können. Transaktionen sind Datenstrukturen, die den Transfer von Werten zwischen den Teilnehmern des Bitcoin-Systems codieren. Jede Transaktion ist ein öffentlicher Eintrag in der Bitcoin-Blockchain, dem globalen Bitcoin-Kassenbuch (mit doppelter Buchführung).

In diesem Kapitel sehen wir uns die verschiedenen Formen von Transaktionen an, was sie enthalten, wie man sie erzeugt, wie sie verifiziert werden und wie sie dauerhaft im Kassenbuch festgehalten werden. Wenn wir in diesem Kapitel von der »Wallet« sprechen, geht es um die Software, die diese Transaktionen aufbaut, nicht einfach um die Datenbank mit den Schlüsseln.

Transaktionen im Detail

In Kapitel 2 haben wir uns die Transaktion, die Alice zur Zahlung des Kaffees in Bobs Café durchgeführt hat, mit einem Block-Explorer angesehen (Abbildung 6-1).

Der Block-Explorer zeigt eine Transaktion von Alice' »Adresse« an Bobs »Adresse«. Das ist ein stark vereinfachter Blick auf das, was in einer Transaktion enthalten ist. Tatsächlich wird, wie Sie noch sehen werden, ein Großteil der dargestellten Informationen vom Block-Explorer erzeugt und ist nicht in der Transaktion selbst enthalten.

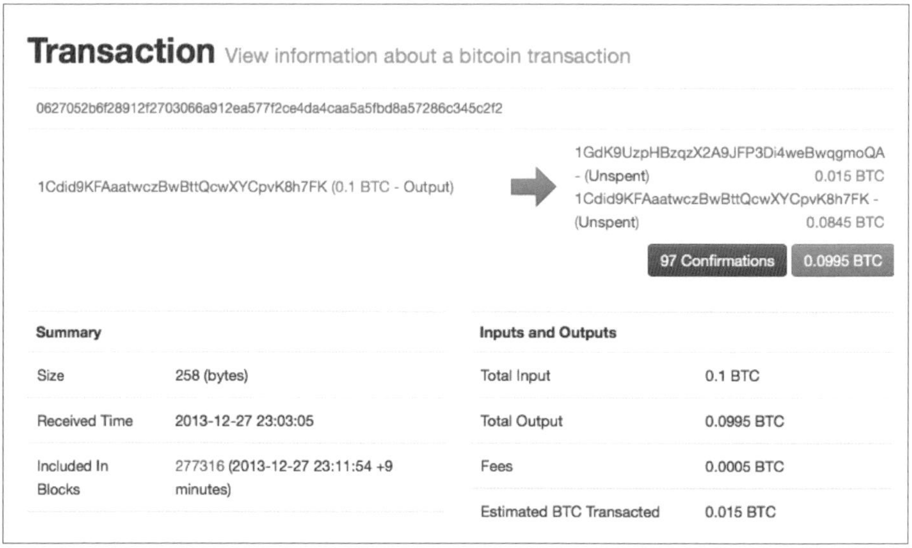

Abbildung 6-1: Alice' Transaktion an Bob's Cafe

Transaktionen – hinter den Kulissen

Hinter den Kulissen sieht eine Transaktion ganz anders aus als eine, die uns ein typischer Block-Explorer zeigt. Tatsächlich gibt es die meisten auf hoher Ebene angesiedelten Konstrukte, die wir von den verschiedenen Bitcoin-Anwendungen kennen, im Bitcoin-System gar nicht.

Wir können die Bitcoin-Core-Kommandozeile (`getrawtransaction` und `decoderawtransaction`) nutzen, um Alice' »Rohtransaktion« abzurufen, sie zu decodieren und uns anzusehen, was sie enthält. Das Ergebnis sieht wie folgt aus:

```
{
  "version": 1,
  "locktime": 0,
  "vin": [
    {
      "txid": "7957a35fe64f80d234d76d83a2a8f1a0d8149a41d81de548f0a65a8a999f6f18",
      "vout": 0,
      "scriptSig" :
"3045022100884d142d86652a3f47ba4746ec719bbfbd040a570b1deccbb6498c75c4ae24cb02204b9
f039ff08df09cbe9f6addac960298cad530a863ea8f53982c09db8f6e3813[ALL]
0484ecc0d46f1918b30928fa0e4ed99f16a0fb4fde0735e7ade8416ab9fe423cc5412336376789d172
787ec3457eee41c04f4938de5cc17b4a10fa336a8d752adf",
      "sequence": 4294967295
    }
  ],
  "vout": [
    {
      "value": 0.01500000,
      "scriptPubKey": "OP_DUP OP_HASH160
ab68025513c3dbd2f7b92a94e0581f5d50f654e7 OP_EQUALVERIFY OP_CHECKSIG"
```

```
    },
    {
      "value": 0.08450000,
      "scriptPubKey": "OP_DUP OP_HASH160
7f9b1a7fb68d60c536c2fd8aeaa53a8f3cc025a8 OP_EQUALVERIFY OP_CHECKSIG",
    }
  ]
}
```

Ihnen werden bei dieser Transaktion sicher einige Dinge aufgefallen sein, wahrscheinlich die Dinge, die fehlen! Wo ist Alice' Adresse? Wo ist Bobs Adresse? Wo ist der von Alice gesendete »Input« von 0,1 BTC? Beim Bitcoin gibt es keine Coins, keine Sender, keine Empfänger, keine Kontostände, keine Konten und keine Adressen. All das wird auf höherer Ebene erzeugt, damit es für die Benutzer verständlicher ist.

Sie werden auch viele seltsame oder unverständliche Felder und Hexadezimalstrings bemerkt haben. Keine Sorge, wir werden jedes der hier gezeigten Felder in diesem Kapitel detailliert erläutern.

Transaktions-Outputs und -Inputs

Der fundamentale Grundbaustein einer Bitcoin-Transaktion ist der *Transaktions-Output*. Dabei handelt es sich um unteilbare Bitcoin-Einheiten, die in der Blockchain enthalten sind und vom gesamten Netzwerk als gültig betrachtet werden. Bitcoin-Full-Nodes halten alle verfügbaren und einlösbaren Outputs nach. Sie werden als *Unspent Transaction Output*, kurz *UTXO* (zu Deutsch etwa »nicht ausgegebener Transaktions-Output«) bezeichnet. Die Summe aller UTXOs wird *UTXO-Set* genannt, und es gibt momentan viele Millionen UTXOs. Das UTXO-Set wächst, wenn neue UTXOs erzeugt werden, und schrumpft, wenn UTXOs eingelöst werden. Jede Transaktion stellt eine Änderung (einen Zustandsübergang) im UTXO-Set dar.

Wenn wir sagen, dass die Wallet eines Nutzers Bitcoin »empfangen« hat, meinen wir eigentlich, dass die Wallet einen UTXO erkannt hat, der mit einem von dieser Wallet kontrollierten Schlüssel eingelöst werden kann. Der Bitcoin-»Kontostand« eines Nutzers ist also die Summe aller UTXOs, die die Wallet des Nutzers einlösen kann. Diese UTXOs können dabei über Hunderte von Transaktionen und Hunderte von Blöcken verteilt sein. Das Konzept eines Kontostands kommt aber von der Wallet-Anwendung. Die Wallet berechnet den Kontostand des Nutzers, indem sie die Blockchain durchgeht und den Wert aller UTXOs addiert, die die Wallet mit den von ihr kontrollierten Schlüsseln einlösen kann. Die meisten Wallets pflegen eine Datenbank oder nutzen einen Datenbankdienst, um eine Referenz aller verfügbaren UTXOs vorzuhalten.

Ein Transaktions-Output kann einen beliebigen (ganzzahligen) Wert enthalten, der als Vielfaches von Satoshis angegeben wird. Genau wie ein Euro auf zwei Dezimalstellen in Cent aufgeteilt werden kann, können Bitcoins auf acht Dezimalstellen in Satoshis aufgeteilt werden. Der Output kann zwar einen beliebigen Wert enthalten, doch sobald er angelegt ist, kann er nicht mehr geteilt werden. Das ist eine wichtige Charakteristik von Outputs, die wir hervorheben wollen: Outputs sind *eigenständige* und *unteilbare* Werteinheiten, gestückelt in ganzzahlige Satoshis. Ein ungenutzter Output kann nur in seiner Gesamtheit durch eine Transaktion verbraucht werden.

Ist ein UTXO größer als der gewünschte Wert einer Transaktion, muss er dennoch in seiner Gesamtheit verbraucht werden, und die Transaktion muss »Wechselgeld« erzeugen. Wenn Sie also einen UTXO im Wert von 20 Bitcoin besitzen, aber nur 1 Bitcoin ausgeben wollen, muss die Transaktion den kompletten 20-Bitcoin-UTXO verbrauchen und zwei Outputs erzeugen: eine mit der Zahlung von 1 Bitcoin an den gewünschten Empfänger und eine weitere, die 19 Bitcoin Wechselgeld an Ihre Wallet herausgibt. Aufgrund der unteilbaren Natur von Transaktions-Outputs müssen die meisten Bitcoin-Transaktionen Wechselgeld herausgeben.

Stellen Sie sich vor, jemand kaufe ein Getränk für 1,50 Euro. Er sucht in seinem Portemonnaie nach passenden Münzen (z.B. einer 1-Euro-Münze und einer 50-Cent-Münze oder auch kleiner nach zwei 50-Cent-Münzen und fünf 10-Cent-Münzen). Hat er es nicht passend, muss er mit einer größeren Summe (etwa einem 5-Euro-Schein) bezahlen. Zahlt er mit einem 5-Euro-Schein, erwartet er ein Wechselgeld von 3,50 Euro, das er in einem Portemonnaie verstaut und später ausgeben kann.

In gleicher Weise muss eine Bitcoin-Transaktion mit den UTXOs (und den Summen) ausgeführt werden, die dem Benutzer zur Verfügung stehen. Dieser kann den UTXO nicht einfach halbieren und als dann Zahlungsmittel verwenden, ebenso wenig wie er einen 5-Euro-Schein halbieren kann, um damit zu bezahlen. Die Wallet-Anwendung des Nutzers wählt üblicherweise die passenden UTXOs aus, mit denen eine Summe größer oder gleich dem gewünschten Transaktionsbetrag gebildet werden kann.

Im richtigen Leben kann die Bitcoin-Anwendung verschiedene Strategien nutzen, um die benötigte Summe zusammenzubekommen: mehrere kleine Einheiten kombinieren, die genaue Summe finden oder eine einzelne Einheit, die größer ist als der gewünschte Betrag. Dieser komplexe Zusammenbau nutzbarer UTXOs erfolgt automatisch durch die Wallet und für die Nutzer unsichtbar. Er ist nur relevant, wenn Sie programmgesteuert Transaktionen aus UTXOs aufbauen wollen.

Eine Transaktion löst zuvor festgehaltene, ungenutzte Transaktions-Outputs ein und erzeugt neue Transaktions-Outputs, die in einer zukünftigen Transaktion ausgegeben werden können. Auf diese Weise wandern Bitcoin-Werte in einer Kette von Transaktionen (die UTXOs einlösen und erzeugen) von Eigentümer zu Eigentümer.

Die Ausnahme dieser Output- und Input-Kette ist eine spezielle Form der Transaktion, die als *Coinbase-Transaktion* bezeichnet wird. Sie ist die erste Transaktion eines jeden Blocks und wird dort von dem Miner platziert, der diesen Block »gewonnen« hat. Die Transaktion erzeugt dann brandneue Bitcoins, die diesem Miner als

Belohnung für das Mining ausbezahlt werden. Eine solche spezielle Coinbase-Transaktion verbraucht keine UTXOs, sondern enthält einen speziellen Input-Typ, der als *Coinbase* bezeichnet wird. Auf diese Weise wird Bitcoins Geldmenge während des Mining-Prozesses generiert, wie wir in Kapitel 10 noch sehen werden.

> Was kommt zuerst? Input oder Output? Huhn oder Ei? Genau genommen kommen Outputs zuerst, weil Bitcoins erzeugende Coinbase-Transaktionen keine Inputs besitzen und Outputs »aus dem Nichts« generieren.

Transaktions-Outputs

Jede Bitcoin-Transaktion erzeugt Outputs, die im Bitcoin-Kassenbuch festgehalten werden. Nahezu alle diese Outputs erzeugen, mit einer Ausnahme (siehe »Data Recording Output (RETURN)« auf Seite 157), nutzbare Bitcoin-Mengen (UTXOs), die vom gesamten Netzwerk erkannt werden und dem Eigentümer in einer zukünftigen Transaktion zur Verfügung stehen.

UTXOs werden von jedem Full-Node-Client im UTXO-Set festgehalten. Neue Transaktionen konsumieren einen oder mehrere dieser Outputs aus dem UTXO-Set (geben also Bitcoins aus).

Transaktions-Outputs bestehen aus zwei Teilen:

- einem Bitcoin-Betrag, angegeben in Satoshis, der kleinsten Bitcoin-Einheit, und
- einem kryptografischen Puzzle, das die Bedingungen festlegt, zu denen der Output eingelöst werden darf.

Das kryptografische Puzzle wird auch als *Locking-Skript*, *Witness-Skript* oder *scriptPubKey* bezeichnet.

Die Transaktionsskriptsprache, die für das oben genannte Locking-Skript verwendet wird, behandelt detailliert »Transaktionsskripte und Skriptsprache« auf Seite 132.

Wir sehen uns noch mal Alice' Transaktion (aus »Transaktionen – hinter den Kulissen« auf Seite 120) an und versuchen, die Outputs zu identifizieren. In der JSON-Codierung finden wir die Outputs in einem Array (einer Liste) namens `vout`:

```
"vout": [
  {
    "value": 0.01500000,
    "scriptPubKey": "OP_DUP OP_
HASH160 ab68025513c3dbd2f7b92a94e0581f5d50f654e7 OP_EQUALVERIFY
    OP_CHECKSIG"
  },
  {
    "value": 0.08450000,
    "scriptPubKey": "OP_DUP OP_
HASH160 7f9b1a7fb68d60c536c2fd8aeaa53a8f3cc025a8 OP_EQUALVERIFY OP_CHECKSIG",
  }
]
```

Wie Sie sehen können, enthält die Transaktion zwei Outputs. Jeder Output ist durch einen Wert und ein kryptografisches Puzzle definiert. In der von Bitcoin Core verwendeten Codierung erscheint der Wert in Bitcoin, doch die Transaktion selbst nutzt Satoshis. Der zweite Teil jedes Outputs ist das kryptografische Puzzle, das die Bedingungen festlegt, zu denen die Bitcoins eingelöst werden dürfen. Bitcoin Core zeigt uns das als `scriptPubKey` und präsentiert uns eine für Menschen lesbare Form des Skripts.

Das Thema Locking und Unlocking von UTXOs wird später in »Konstruktion von Skripten (Lock + Unlock)« auf Seite 134 diskutiert. Die Skriptsprache, die für das Skript in `scriptPubKey` verwendet wird, behandeln wir in »Transaktionsskripte und Skriptsprache« auf Seite 132. Doch bevor wir uns diesen Themen zuwenden können, müssen wir die allgemeine Struktur von Transaktions-Inputs und -Outputs verstehen.

Transaktionsserialisierung – Outputs

Werden Transaktionen im Netzwerk übertragen oder zwischen Anwendungen ausgetauscht, sind sie serialisiert. *Serialisierung* ist die Konvertierung der internen Darstellung einer Datenstruktur in ein Format, das Byte für Byte (als sogenannter Bytestream) übertragen werden kann. Die Serialisierung wird üblicherweise zur Codierung von Datenstrukturen verwendet, die über ein Netzwerk übertragen oder in einer Datei gespeichert werden sollen. Das Serialisierungsformat eines Transaktions-Outputs sehen Sie in Tabelle 6-1.

Tabelle 6-1: Serialisierung des Transaktions-Outputs

Größe	Feld	Beschreibung
8 Bytes (Little-Endian)	Menge	Bitcoin-Wert in Satoshis (10^{-8} Bitcoin)
1–9 Bytes (VarInt)	Locking-Skript-Länge	Locking-Skript-Länge in Bytes
Variabel	Locking-Skript	Skript, das die Bedingungen definiert, zu denen der Output eingelöst werden darf

Die meisten Bitcoin-Bibliotheken und -Frameworks speichern Transaktionen intern nicht als Bytestreams ab, da das bei jedem Zugriff auf ein einzelnes Feld ein komplexes Parsing verlangen würde. Der Bequemlichkeit und Lesbarkeit halber speichern Bitcoin-Bibliotheken Transaktionen intern in Datenstrukturen (üblicherweise objektorientierten Strukturen) ab.

Den Prozess, bei dem die Bytestream-Darstellung einer Transaktion in die interne Datenstruktur einer Bibliothek umgewandelt wird, bezeichnet man als *Deserialisierung* oder *Transaktions-Parsing*. Die Umwandlung in einen Bytestream zur Übertragung über das Netzwerk, zum Hashing oder zur Speicherung auf Festplatte wird *Serialisierung* genannt. Die meisten Bitcoin-Bibliotheken besitzen fest integrierte Funktionen zur Serialisierung und Deserialisierung von Transaktionen.

Lassen Sie uns Alice' Transaktion von Hand aus der serialisierten Hexadezimalform decodieren und einige der Elemente finden, die wir vorhin gesehen haben. Der Abschnitt, der die beiden Outputs enthält, ist in Beispiel 6-1 fett hervorgehoben:

Beispiel 6-1: Alice' serialisierte Transaktion in hexadezimaler Notation

```
0100000001186f9f998a5aa6f048e51dd8419a14d8a0f1a8a2836dd73
4d2804fe65fa35779000000008b483045022100884d142d86652a3f47
ba4746ec719bbfbd040a570b1deccbb6498c75c4ae24cb02204b9f039
ff08df09cbe9f6addac960298cad530a863ea8f53982c09db8f6e3813
01410484ecc0d46f1918b30928fa0e4ed99f16a0fb4fde0735e7ade84
16ab9fe423cc5412336376789d172787ec3457eee41c04f4938de5cc1
7b4a10fa336a8d752adffffffff0260e31600000000001976a914ab6
8025513c3dbd2f7b92a94e0581f5d50f654e788acd0ef800000000000
1976a9147f9b1a7fb68d60c536c2fd8aeaa53a8f3cc025a888ac 00000000
```

Hier einige Hinweise:

- Es gibt zwei Outputs im hervorgehobenen Bereich, jeder ist wie in Tabelle 6-1 beschrieben serialisiert.
- Der Wert von 0,015 Bitcoin entspricht 1500000 Satoshis. Das ist `16 e3 60` hexadezimal.
- In der serialisierten Transaktion wird der Wert `16 e3 60` im Little-Endian-Format codiert (niederwertigstes Byte zuerst), wird also als `60 e3 16` dargestellt.
- Die `scriptPubKey`-Länge beträgt 25 Byte oder `19` hexadezimal.

Transaktions-Inputs

Transaktions-Inputs identifizieren (per Referenz), welcher UTXO eingelöst wird, und beweisen über ein Unlocking-Skript die Eigentümerschaft.

Um die geforderte Zahlung auszuführen, wählt die Wallet aus den von ihr kontrollierten UTXOs einen UTXO mit ausreichend Guthaben aus und erzeugt damit eine entsprechende Transaktion. Manchmal reicht ein UTXO aus, manchmal werden mehrere benötigt. Für jeden UTXO, der in dieser Zahlung verbraucht wird, erzeugt die Wallet einen Input, der auf den UTXO verweist, und gibt ihn mit einem Unlocking-Skript frei.

Sehen wir uns die Komponenten für einen Input genauer an. Der erste Teil eines Inputs ist ein Zeiger auf einen UTXO. Dieser ist ein Verweis auf den Transaktions-Hash und die Sequenznummer, an der der UTXO in der Blockchain steht. Der zweite Teil ist das Unlocking-Skript, das die Wallet erzeugt, um den im UTXO fest gelegten Bedingungen zu entsprechen. Meistens ist das Unlocking-Skript eine digitale Signatur und ein öffentlicher Schlüssel, die den Besitz der Bitcoins beweisen. Allerdings enthalten nicht alle Unlocking-Skripte Signaturen. Der dritte Teil ist eine Sequenznummer, die wir später noch diskutieren.

Denken Sie an unser Beispiel aus »Transaktionen – hinter den Kulissen« auf Seite 120 zurück. Die Transaktions-Inputs stehen in einem Array (einer Liste) namens `vin`:

```
"vin": [
  {
    "txid": "7957a35fe64f80d234d76d83a2a8f1a0d8149a41d81de548f0a65a8a999f6f18",
    "vout": 0,
    "scriptSig" :
"3045022100884d142d86652a3f47ba4746ec719bbfbd040a570b1deccbb6498c75c4ae24cb02204b9
f039ff08df09cbe9f6addac960298cad530a863ea8f53982c09db8f6e3813[ALL]
0484ecc0d46f1918b30928fa0e4ed99f16a0fb4fde0735e7ade8416ab9fe423cc5412336376789d172
787ec3457eee41c04f4938de5cc17b4a10fa336a8d752adf",
    "sequence": 4294967295
  }
]
```

Wie Sie sehen können, gibt es in der Liste nur einen Input (weil der verwendete UTXO einen ausreichend hohen Wert aufweist). Der Input besteht aus vier Elementen:

- einer Transaktions-ID, die die Transaktion referenziert, die den auszugebenden UTXO enthält,
- einem Output-Index (`vout`), der angibt, welcher UTXO aus dieser Transaktion referenziert wird (beginnend bei null),
- einem `scriptSig`, das die im UTXO festgelegten Bedingungen erfüllt und so die Bitcoins freigibt, sowie
- einer Sequenznummer (die später noch diskutiert wird).

In Alice' Transaktion zeigt der Input auf die folgende Transaktions-ID:

```
7957a35fe64f80d234d76d83a2a8f1a0d8149a41d81de548f0a65a8a999f6f18
```

und verwendet den Output-Index `0` (also den ersten von dieser Transaktion erzeugten UTXO). Das Unlocking-Skript wird von Alice' Wallet aufgebaut. Dazu wird zuerst der referenzierte UTXO abgerufen, dessen Locking-Skript wird untersucht und dann ein Unlocking-Skript erzeugt, das die darin festgelegten Bedingungen erfüllt.

Wenn Sie sich den Input ansehen, wird Ihnen auffallen, dass Sie nichts über diesen UTXO wissen. Sie besitzen lediglich eine Referenz auf die ihn enthaltende Transaktion. Sie kennen dessen Wert (Menge an Satoshis) nicht, und Sie kennen auch das Locking-Skript nicht, das die Bedingungen für dessen Freigabe definiert. Um an diese Information zu gelangen, müssen wir den referenzierten UTXO abrufen, indem wir die zugrunde liegende Transaktion abrufen. Weil der Wert des Inputs nicht explizit angegeben wurde, müssen wir den referenzierten UTXO ebenfalls nutzen, um die Gebühren zu berechnen, die für diese Transaktion gezahlt werden (siehe »Transaktionsgebühren (Fees)« auf Seite 128).

Nicht nur Alice' Wallet muss die in den Inputs referenzierten UTXOs abrufen. Sobald die Transaktion im Netzwerk verteilt wird, muss jeder validierende Knoten im Netzwerk die in den Transaktions-Inputs referenzierten UTXOs abrufen, um die Transaktion validieren zu können.

Für sich genommen sind Transaktionen unvollständig, da ihnen der Kontext fehlt. Sie referenzieren UTXOs in ihren Inputs, doch ohne diese UTXOs abzurufen, kennen wir weder den Wert der Inputs noch die Bedingungen für ihre Freigabe. Wenn Sie Bitcoin-Software entwickeln und eine Transaktion decodieren, um sie zu validieren, Gebühren zu berechnen oder das Unlocking-Skript zu prüfen, muss Ihr Programm zuerst den referenzierten UTXO aus der Blockchain abrufen, der durch die UTXOs impliziert wird, aber nicht verfügbar ist. Wenn Sie z.B. die Gebühren berechnen wollen, müssen Sie die Summe der Werte von Inputs und Outputs kennen. Doch ohne die in den Inputs referenzierten UTXOs kennen Sie deren Wert nicht. Eine scheinbar einfache Operation wie die Berechnung von Gebühren in einer einzelnen Transaktion verlangt also mehrere Schritte und Daten aus mehreren Transaktionen.

Wir können bei Bitcoin Core die gleiche Befehlsfolge verwenden, die wir zum Abruf von Alice' Transaktion genutzt haben (`getrawtransaction` und `decoderawtransaction`). Damit können wir die im vorangegangenen Input referenzierten UTXOs ermitteln und einen Blick darauf werfen:

```
"vout": [
   {
     "value": 0.10000000,
     "scriptPubKey": "OP_DUP OP_HASH160
7f9b1a7fb68d60c536c2fd8aeaa53a8f3cc025a8 OP_EQUALVERIFY OP_CHECKSIG"
   }
 ]
```

Wir sehen, dass dieser UTXO einen Wert von 0,1 BTC hat und dass das Locking-Skript (`scriptPubKey`) »OP_DUP OP_HASH160...« enthält.

> Um Alice' Transaktion vollständig zu verstehen, müssten wir die vorangegangene(n) Transaktion(en) abrufen, die als Inputs referenziert werden. Eine Funktion, um vorangegangene Transaktionen und ungenutzte Transaktions-Outputs abzurufen, ist sehr verbreitet und in nahezu jeder Bitcoin-Bibliothek und -API vorhanden.

Transaktionsserialisierung – Inputs

Wird eine Transaktion für die Übertragung im Netzwerk serialisiert, erfolgt die Codierung der Inputs in einen Bytestream, wie in Tabelle 6-2 gezeigt.

Tabelle 6-2: Serialisierung des Transaktions-Inputs

Größe	Feld	Beschreibung
32 Bytes	Transaktions-Hash	Zeiger auf die Transaktion, die den auszugebenden UTXO enthält.
4 Bytes	Output-Index	Index des auszugebenden UTXO; beginnt bei 0.
1–9 Bytes (VarInt)	Unlocking-Skript-Länge	Länge des nachfolgenden Unlocking-Skripts in Bytes.
Variabel	Unlocking-Skript	Skript, das die Bedingungen des UTXO-Locking-Skripts erfüllt.
4 Bytes	Sequenznummer	Wird für locktime oder disabled (0xFFFFFFFF) genutzt.

Wie bei den Outputs wollen wir die Inputs in Alice' Transaktion im serialisierten Format aufspüren. Hier zuerst die decodierten Inputs:

```
"vin": [
  {
    "txid": "7957a35fe64f80d234d76d83a2a8f1a0d8149a41d81de548f0a65a8a999f6f18",
    "vout": 0,
    "scriptSig" :
"3045022100884d142d86652a3f47ba4746ec719bbfbd040a570b1deccbb6498c75c4ae24cb02204b9
f039ff08df09cbe9f6addac960298cad530a863ea8f53982c09db8f6e3813[ALL]
0484ecc0d46f1918b30928fa0e4ed99f16a0fb4fde0735e7ade8416ab9fe423cc5412336376789d172
787ec3457eee41c04f4938de5cc17b4a10fa336a8d752adf",
    "sequence": 4294967295
  }
],
```

Lassen Sie uns nun sehen, ob wir diese Felder in der serialisierten Hex-Codierung in Beispiel 6-2 identifizieren können:

Beispiel 6-2: Alice' serialisierte Transaktion in hexadezimaler Notation

```
0100000001186f9f998a5aa6f048e51dd8419a14d8a0f1a8a2836dd73
4d2804fe65fa35779000000008b483045022100884d142d86652a3f47
ba4746ec719bbfbd040a570b1deccbb6498c75c4ae24cb02204b9f039
ff08df09cbe9f6addac960298cad530a863ea8f53982c09db8f6e3813
01410484ecc0d46f1918b30928fa0e4ed99f16a0fb4fde0735e7ade84
16ab9fe423cc5412336376789d172787ec3457eee41c04f4938de5cc1
7b4a10fa336a8d752adffffffff0260e31600000000001976a914ab6
8025513c3dbd2f7b92a94e0581f5d50f654e788acd0ef800000000000
1976a9147f9b1a7fb68d60c536c2fd8aeaa53a8f3cc025a888ac00000 000
```

Hinweise:

- Die Transaktions-ID ist in invertierter Byteordnung angegeben, d.h., sie beginnt mit (hex) `18` und endet mit `79`.
- Der Output-Index ist eine 4 Byte lange Gruppe aus Nullen, die man leicht identifizieren kann.
- Die Länge von `scriptSig` ist 139 Bytes oder `8b` (hex).
- Die Sequenznummer ist auf `FFFFFFFF` gesetzt, was ebenfalls einfach zu identifizieren ist.

Transaktionsgebühren (Fees)

Die meisten Transaktionen enthalten Gebühren (Fees), die den Bitcoin-Minern die Absicherung des Netzwerks vergüten. Gebühren bilden auch einen eigenen Sicherheitsmechanismus, da es sich für Angreifer ökonomisch nicht lohnt, das Netzwerk mit Transaktionen zu fluten. Das Mining und die Gebühren/Belohnungen, die die Miner erwirtschaften, werden in Kapitel 10 ausführlicher diskutiert.

Dieser Abschnitt untersucht, wie Transaktionsgebühren in eine typische Transaktion eingefügt werden. Die meisten Wallets berechnen Transaktionsgebühren selbstständig und fügen sie automatisch ein. Wenn Sie Transaktionen hingegen programmgesteuert erzeugen oder eine Kommandozeilenschnittstelle nutzen, müssen Sie diese Gebühren von Hand berechnen und einfügen.

Transaktionsgebühren dienen einerseits als Anreiz, eine Transaktion in den nächsten Block einzufügen (zu schürfen), und verhindern andererseits den Missbrauch des Systems, indem jeder Transaktionen ein kleiner Preis auferlegt wird. Die Transaktionsgebühr erhält der Miner, der den Block schürft, der also die Transaktion in der Blockchain festhält.

Transaktionsgebühren berechnen sich aus der Größe der Transaktion in Kilobyte, nicht aus dem Bitcoin-Wert der Transaktion. Grundsätzlich werden die Transaktionsgebühren durch die Marktgegebenheiten innerhalb des Bitcoin-Netzwerks bestimmt. Die Miner priorisieren Transaktionen basierend auf unterschiedlichen Kriterien, einschließlich der Gebühren, und können Transaktionen unter gewissen Umständen auch kostenlos verarbeiten. Transaktionsgebühren beeinflussen die Priorität der Verarbeitung, d.h., eine Transaktion mit einer ausreichend hohen Gebühr wird wohl in den nächsten Block einfügt, während eine Transaktion ohne ausreichende Gebühr nur verzögert (oder auch gar nicht) in einem der nächsten Blöcke verarbeitet wird. Transaktionsgebühren sind keine Pflicht, und Transaktionen ohne Gebühren werden irgendwann auch verarbeitet, doch die Transaktionsgebühren erhöhen die Verarbeitungspriorität.

Im Laufe der Zeit haben sich die Art der Gebührenberechnung und deren Einfluss auf die Transaktionspriorisierung weiterentwickelt. Zuerst waren die Transaktionsgebühren festgelegt und über das gesamte Netzwerk konstant. Schrittweise lockerte sich die Gebührenstruktur und wurde durch Marktgegebenheiten (wie Netzwerkkapazität und Transaktionsvolumen) beeinflusst. Spätestens seit Anfang 2016 haben Kapazitätsgrenzen zu einem Wettbewerb zwischen Transaktionen geführt. Die Gebühren sind gestiegen, und kostenlose Transaktionen waren Geschichte. Transaktionen ohne oder mit nur geringen Gebühren werden nur selten verarbeitet und gelegentlich nicht einmal durch das Netzwerk propagiert.

Bei Bitcoin Core wird die gebührenbasierte Weiterleitung einer Transaktion über die Option `minrelaytxfee` festgelegt. Die aktuelle Voreinstellung für `minrelaytxfee` liegt bei 0,00001 Bitcoin oder einem Hundertstel eines Millibitcoin pro Kilobyte. Standardmäßig werden alle Transaktionen mit einer Gebühr unter 0,0001 Bitcoin als kostenlos betrachtet und nur weitergeleitet, wenn noch Platz im Mempool ist. Anderenfalls werden sie verworfen. Bitcoin-Nodes können die Standardgebühr ändern, indem sie den Wert von `minrelaytxfee` anpassen.

Jeder Transaktionen generierende Bitcoin-Dienst, wie Wallets, Börsen, Anwendungen für den Einzelhandel etc., muss dynamische Gebühren implementieren. Dynamische Gebühren können über den Gebührenberechnungsdienst eines Drittanbieters implementiert werden oder mit einem fest integrierten Algorithmus zur Gebührenberechnung. Wenn Sie unsicher sind, beginnen Sie mit dem Service eines Drittanbieters. Sobald Sie genug Erfahrungen gesammelt haben, können Sie einen eigenen Algorithmus entwickeln und auf den Drittanbieter verzichten.

Algorithmen zur Gebührenabschätzung berechnen eine angemessene Gebühr basierend auf der Kapazität und den Gebühren, die von »konkurrierenden« Transaktionen geboten werden. Die Algorithmen reichen von einfach (durchschnittliche Gebühr im letzten Block) bis ausgefeilt (statistische Analyse). Sie schätzen die notwendige Gebühr (in Satoshi pro Byte), bei der eine hohe Wahrscheinlichkeit besteht, innerhalb einer bestimmten Anzahl von Blöcken verarbeitet zu werden. Die meisten Dienste bieten ihren Nutzern die Wahl zwischen Gebühren für eine hohe, eine mittlere und eine niedrige Priorität. Hohe Priorität bedeutet, dass der Benutzer eine höhere Gebühr bezahlt, die Transaktion dafür aber wahrscheinlich im nächsten Block verarbeitet wird. Mittlere und niedrige Prioritäten bedeuten, dass der Nutzer weniger Gebühren bezahlt, die Bestätigung der Transaktion dafür aber auch länger dauert.

Viele Wallet-Anwendungen nutzen Dienste von Drittanbietern zur Berechnung der Gebühren. Ein beliebter Service ist *http://bitcoinfees.earn.com*. Er stellt ein Diagramm zur Verfügung, das die Gebühr in Satoshi pro Byte für unterschiedliche Prioritäten darstellt, und bietet darüber hinaus eine API an.

> Statische Gebühren sind im Bitcoin-Netzwerk mittlerweile unbrauchbar. Wallets mit statischen Gebühren hinterlassen beim Nutzer keinen guten Eindruck, weil Transaktionen häufig »hängen bleiben« und nicht bestätigt werden. Benutzer, die Bitcoin-Transaktionen und Gebühren nicht verstehen, sind durch »hängen gebliebene« Transaktionen verunsichert und glauben, ihr Geld verloren zu haben.

Das Diagramm in Abbildung 6-2 zeigt die Echtzeitgebührenschätzung in Schritten von 10 Satoshis pro Byte sowie die erwartete Bestätigungszeit (in Minuten und Anzahl von Blöcken) für Transaktionen mit Gebühren dieser Größenordnungen. Für jeden Gebührenbereich (z.B. 61 bis 70 Satoshis pro Byte) zeigen zwei horizontale Balken die Anzahl unbestätigter Transaktionen (1.405) sowie die Gesamtzahl der Transaktionen der letzten 24 Stunden (102.975) an. Laut diesem Diagramm lag die empfohlene Gebühr für Transaktionen hoher Priorität bei 80 Satoshis pro Byte. Bei dieser Gebühr wird die Transaktion sehr wahrscheinlich schon im nächsten Block verarbeitet. Die durchschnittliche Transaktionsgröße liegt bei 226 Byte, was bedeutet, die empfohlene Gebühr für eine Transaktion dieser Größe läge bei 18.080 Satoshis (0,00018080 BTC).

Die Daten der Gebührenschätzung können über eine einfache HTTP-REST-API an *https://bitcoinfees.earn.com/api/v1/fees/recommended* abgerufen werden. In der Kommandozeile mit `curl` sieht das etwa so aus:

```
$ curl https://bitcoinfees.21.co/api/v1/fees/recommended

{"fastestFee":80,"halfHourFee":80,"hourFee":60}
```

Die API gibt ein JSON-Objekt mit einer Gebührenschätzung für die schnellste Bestätigung (`fastestFee`), die Bestätigung innerhalb von drei (`halfHourFee`) und die innerhalb von sechs Blöcken (`hourFee`) in Satoshis pro Byte zurück.

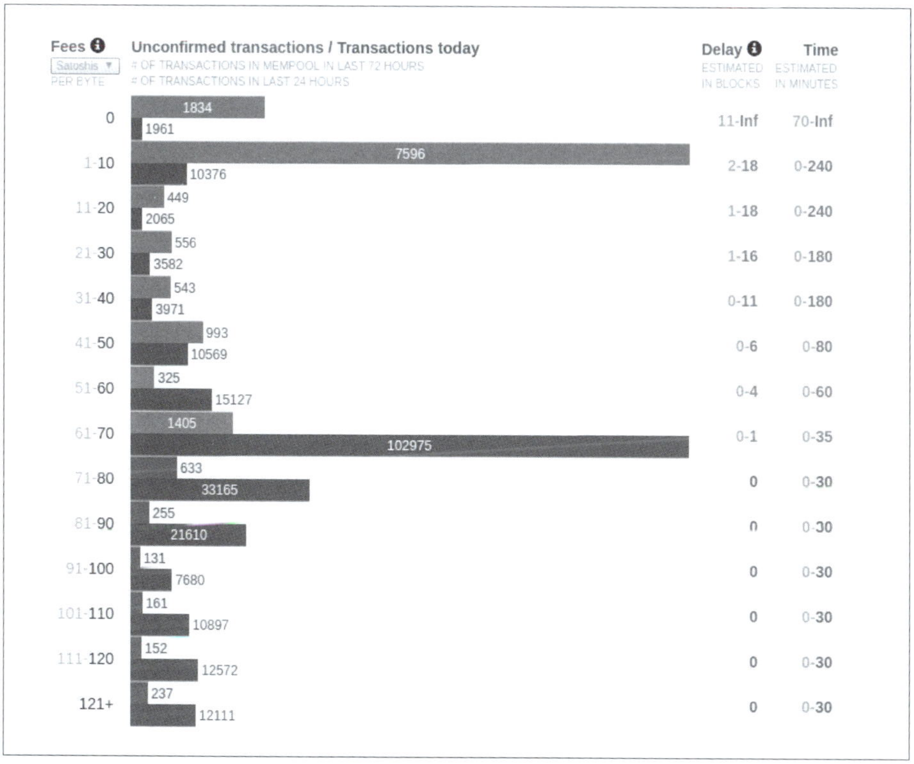

Abbildung 6-2: Gebührenschätzung mit dem Service von bitcoinfees.earn.com

Gebühren in Transaktionen einfügen

Die Datenstruktur für Transaktionen kennt kein Feld für Gebühren. Sie werden vielmehr implizit als die Differenz der Summe von Inputs und Outputs aufgefasst. Jeder Betrag, der nach Abzug aller Outputs von allen Inputs übrig bleibt, ist die Gebühr, die der Miner einbehält:

```
Gebühren = Summe(Inputs) - Summe(Outputs)
```

Dieser Aspekt bei Transaktionen verwirrt ein wenig, und es ist wichtig, dass Sie ihn verstehen, da Sie beim Aufbau eigener Transaktionen sicherstellen müssen, nicht versehentlich zu viele Gebühren zu zahlen, weil Sie die Inputs falsch angesetzt haben. Sie müssen also alle Inputs berücksichtigen und bei Bedarf Wechselgeld erzeugen, sonst geben Sie den Minern ein sehr hohes Trinkgeld!

Wenn Sie beispielsweise einen 20-Bitcoin-UTXO für eine Zahlung von einem Bitcoin verwenden, muss ein Wechselgeld 19 Bitcoin an Ihre Wallet zurückgehen. Ansonsten gilt das »Überbleibsel« von 19 Bitcoin als Transaktionsgebühr und wird von dem Miner eingesackt, der Ihre Transaktion in einen Block schreibt. Zwar ist die Verarbeitungspriorität sehr hoch, und Sie machen einen Miner ziemlich glücklich, in Ihrem Sinne ist das aber sicher nicht.

Wenn Sie vergessen, den Change-Output (also das »Wechselgeld«) in Ihre händisch erzeugte Transaktion einzutragen, zahlen Sie dieses Wechselgeld als Transaktionsgebühr. »Der Rest ist für Sie« ist aber sicher nicht ganz das, was Sie beabsichtigt hatten.

Sehen wir uns anhand des Kaffeekaufs von Alice an, wie das in der Praxis funktioniert. Alice muss 0,015 Bitcoin ausgeben, um den Kaffee zu bezahlen. Um sicherzustellen, dass die Transaktion zügig verarbeitet wird, möchte sie eine Transaktionsgebühr von sagen wir 0,001 Bitcoin einfügen. Die Gesamtkosten der Transaktion belaufen sich also auf 0,016 BTC. Ihre Wallet muss dann einen Satz von UTXOs heraussuchen, der sich auf 0,016 Bitcoin oder mehr summiert und bei Bedarf entsprechendes Wechselgeld erzeugen. Nehmen wir an, der Wallet steht ein UTXO mit 0,2 Bitcoin zur Verfügung. Wir werden also aus diesem UTXO einen Output mit 0,015 BTC für Bob's Cafe und einen zweiten Output mit 0,184 BTC Wechselgeld für Alice erzeugen. Bleiben 0,001 nicht zugeteilte BTC als implizite Gebühr in der Transaktion übrig.

Sehen wir uns ein weiteres Szenario an. Eugenia, die Direktorin des Kinderhilfswerks auf den Philippinen, hat eine Spendenaktion für den Kauf von Schulbüchern für die Kinder abgeschlossen. Sie hat mehrere kleine Spenden von Menschen überall auf der Welt erhalten, die sich auf insgesamt 50 Bitcoin summieren. Ihre Wallet ist also voller kleiner Zahlungen (UTXOs). Sie möchte nun die Schulbücher bei einem lokalen Verlag kaufen und in Bitcoin bezahlen.

Während Eugenias Wallet-Anwendung versucht, eine einzelne größere Zahlung zu erstellen, nutzt sie das verfügbare UTXO-Set, das aus vielen kleinen Zahlungen besteht. Die resultierende Transaktion wird also viele UTXOs mit kleinen Summen als Input enthalten sowie einen großen Output für den Verlag. Eine Transaktion mit so vielen Inputs ist größer als ein Kilobyte. Dementsprechend ist die Gebühr viel höher als für eine mittelgroße Transaktion.

Eugenias Wallet-Anwendung berechnet eine angemessene Gebühr, indem sie die Größe der Transaktion bestimmt und diese mit der Gebühr pro Kilobyte multipliziert. Viele Wallets zahlen für große Transaktionen mehr als nötig, um eine schnelle Verarbeitung zu gewährleisten. Die höhere Gebühr hat nichts mit der höheren Summe zu tun, die Eugenia ausgibt, sondern damit, dass die Transaktion komplexer und größer ist. Die Gebühr selbst hängt also nicht vom Bitcoin-Wert der Transaktion ab.

Transaktionsskripte und Skriptsprache

Die Skriptsprache für Bitcoin-Transaktionen heißt *Script*. Es handelt sich dabei um eine Forth-ähnliche Sprache mit umgekehrter polnischer Notation und stackbasierter Ausführung. Falls das für Sie nach Kauderwelsch klingt, haben Sie sich niemals mit den Programmiersprachen der 1960er beschäftigt, aber das ist nicht weiter tragisch, wir werden das alles in diesem Kapitel erläutern. Sowohl das Locking-Skript, das auf einen UTXO angewandt wird, als auch das Unlocking-Skript sind in dieser Skriptsprache geschrieben. Wird eine Transaktion validiert, wird das Unlocking-Skript für jeden Input neben dem Unlocking-Skript ausgeführt, um zu prüfen, ob die Freigabebedingungen erfüllt sind.

Script ist eine sehr einfache Sprache mit eingeschränktem Anwendungsgebiet, die auf unterschiedlichster Hardware lauffähig ist, sogar auf einfachen Embedded-Geräten. Sie benötigt nur geringen Verarbeitungsaufwand und kann viele der ganzen tollen Dinge nicht, die moderne Programmiersprachen beherrschen. Für die Validierung programmierbaren Gelds ist das ein ganz bewusstes Sicherheits-Feature.

Heutzutage haben die meisten im Bitcoin-Netzwerk verarbeiteten Transaktionen die Form »Zahlung an Bobs Bitcoin-Adresse« und basieren auf einem Skript namens *Pay-to Public-Key-Hash*. Allerdings sind Bitcoin-Transaktionen nicht auf dieses »Zahlung an Bobs Bitcoin-Adresse«-Skript beschränkt. Tatsächlich können Locking-Skripte geschrieben werden, die eine Vielzahl komplexer Bedingungen ausdrücken. Um diese komplexeren Skripte verstehen zu können, müssen wir zuerst die Grundlagen von Skripten und Skriptsprachen kennen.

In diesem Abschnitt stellen wir die grundlegenden Komponenten der Skriptsprache für Bitcoin-Transaktionen vor. Wir zeigen, wie man damit einfache Bedingungen für die Freigabe ausdrückt und wie diese Bedingungen durch Unlocking-Skripte erfüllt werden können.

> Die Validierung einer Bitcoin-Transaktion basiert nicht auf statischen Mustern, sondern erfolgt über die Ausführung einer Skriptsprache. Diese Sprache erlaubt es, eine nahezu unendliche Vielzahl von Bedingungen auszudrücken. Auf diese Weise erhält Bitcoin seine Leistungsfähigkeit als »programmierbares Geld«.

Turing-Unvollständigkeit

Die Skriptsprache für Bitcoin-Transaktionen kennt viele Operatoren, ist aber in einem wichtigen Punkt ganz bewusst eingeschränkt – es gibt keine Schleifen und keine komplexe Flusssteuerung (außer der bedingten Ausführung). Damit ist die Sprache nicht *Turing-vollständig*, d.h., die Komplexität der Skripte ist beschränkt, und ihre Ausführungszeiten sind vorhersagbar. Script ist keine Allzwecksprache. Die Einschränkungen stellen sicher, dass die Sprache nicht für Endlosschleifen oder andere Formen von »Logik-Bomben« verwendet werden kann, die eingebettet in eine Transaktion zu einem Denial-of-Service-Angriff auf das Bitcoin-Netzwerk führen konnten. Denken Sie daran, dass jede Transaktion von jeder Full Node im Bitcoin-Netzwerk validiert wird. Eine Sprache mit beschränkten Fähigkeiten verhindert, dass der Validierungsmechanismus als Schwachstelle ausgenutzt wird.

Zustandslose Verifikation

Die Skriptsprache für Bitcoin-Transaktionen ist zustandslos. Das bedeutet, es gibt keinen Zustand vor der Ausführung des Skripts, und es wird nach der Ausführung des Skripts auch kein Zustand festgehalten. Daher sind alle Informationen, die zur Ausführung des Skripts benötigt werden, im Skript enthalten. Ein Skript wird vorhersehbar auf jedem System gleich ausgeführt. Wenn Ihr System ein Skript verifiziert, können Sie sicher sein, dass jedes andere System im Bitcoin-Netzwerk das Skript ebenfalls verifiziert, was wiederum bedeutet, dass eine gültige Transaktion für jedermann gültig ist und jedermann das auch weiß. Diese Vorhersehbarkeit der Ergebnisse ist ein wesentlicher Vorteil des Bitcoin-Systems.

Konstruktion von Skripten (Lock + Unlock)

Bitcoins Validierungs-Engine für Transaktionen basiert auf zwei Arten von Skripten: einem Locking- und einem Unlocking-Skript.

Ein Locking-Skript versieht einen Output mit einer Ausgabebedingung, d.h., es legt die Bedingungen fest, nach denen der Output zukünftig eingelöst werden kann. Historisch bedingt, wurde das Locking-Skript als `scriptPubKey` bezeichnet, weil es üblicherweise einen öffentlichen Schlüssel oder eine Bitcoin-Adresse (Public-Key-Hash) enthielt. In diesem Buch bevorzugen wir den Begriff »Locking-Skript«, um die wesentlich umfassenderen Möglichkeiten dieser Skripting-Technik hervorzuheben. Was wir als Locking-Skript bezeichnen, erscheint in den meisten Bitcoin-Anwendungen im Quellcode als `scriptPubKey`. Sie werden für das Locking-Skript auch dem Begriff *Witness-Skript* (siehe Anhang D) oder allgemeiner dem Ausdruck *kryptografisches Puzzle* begegnen. Diese Begriffe bedeuten auf verschiedenen Abstraktionsebenen immer das Gleiche.

Ein Unlocking-Skript »löst« (erfüllt) die Bedingungen, die im Output durch das Locking-Skript festgelegt wurden, und ermöglicht es, den Output einzulösen. Unlocking-Skripte sind Teil jedes Transaktions-Inputs. Meistens enthalten sie eine digitale Signatur, die von der Wallet des Nutzers aus dessen privatem Schlüssel erzeugt wurde. Historisch bedingt, wurde das Unlocking-Skript `scriptSig` genannt, da es üblicherweise eine digitale Signatur enthielt. Bei den meisten Bitcoin-Anwendungen bezeichnet der Quellcode das Unlocking-Skript als `scriptSig`. Manchmal wird das Unlocking-Skript auch als »Zeuge« (*Witness*, siehe Anhang D) bezeichnet. In diesem Buch bevorzugen wir den Begriff »Unlocking-Skript«, um die wesentlich umfassenderen Möglichkeiten dieser Skripting-Technik hervorzuheben. Nicht alle Unlocking-Skripte müssen Signaturen enthalten.

Jeder Bitcoin validierende Knoten prüft Transaktionen, indem er das Locking- und das Unlocking-Skript zusammen ausführt. Jeder Input enthält ein Unlocking-Skript und verweist auf einen vorher existierenden UTXO. Die Validierungssoftware kopiert das Unlocking-Skript, ruft den durch den Input referenzierten UTXO ab und kopiert das Locking-Skript aus diesem UTXO. Die Unlocking- und Locking-Skripte werden dann nacheinander ausgeführt. Der Input ist gültig, wenn das Unlocking-

Skript die Bedingungen des Locking-Skripts erfüllt (siehe »Separate Ausführung der Unlocking- und Locking-Skripte« auf Seite 138). Alle Inputs werden als Teil der Gesamtvalidierung der Transaktion unabhängig voneinander validiert.

Beachten Sie, dass der UTXO permanent in der Blockchain festgehalten wird und daher unveränderlich ist. Versuche, ihn in einer neuen Transaktion zu referenzieren und einzulösen, schlagen fehl. Nur eine gültige Transaktion, die die Bedingungen des Outputs erfüllt, gilt als »ausgegeben« und wird aus dem Set nicht eingelöster Transaktions-Outputs (UTXO-Set) entfernt.

Abbildung 6-3 ist ein Beispiel für die Unlocking- und Locking-Skripte für den gängigsten Typ von Bitcoin-Transaktion (einer Zahlung an einen Public-Key-Hash). Es zeigt das kombinierte Skript, das sich aus der Verkettung der Unlocking- und Locking-Skripte vor der Skriptvalidierung ergibt.

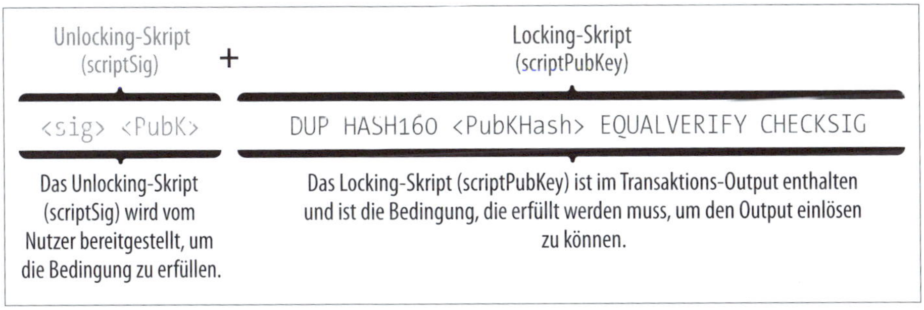

Abbildung 6-3: scriptSig und scriptPubKey zur Evaluierung eines Transaktionsskripts kombinieren

Der Skript-Ausführungsstack

Bitcoins Skriptsprache wird als stackbasierte Sprache bezeichnet, da es eine *Stack* (Stapel) genannte Datenstruktur verwendet. Ein Stack ist eine sehr einfache Datenstruktur, die man sich wie einen Kartenstapel vorstellen kann. Ein Stack kennt zwei Operationen: Push und Pop. Ein Push legt ein Element auf den Stapel. Ein Pop entfernt ein Element vom Stapel. Die Operationen arbeiten nur mit dem obersten Element des Stapels. Eine Stackdatenstruktur wird auch *Last-In-First-Out-* oder *LIFO-Queue* genannt.

Die Skriptsprache führt das Skript aus, indem es nacheinander jedes Element von links nach rechts verarbeitet. Zahlen (Konstanten) werden auf den Stack geschoben. Operatoren entfernen ein oder mehr Elemente vom Stack oder legen sie darauf ab, verarbeiten sie und können ein Ergebnis auf dem Stack ablegen. Beispielsweise entfernt OP_ADD zwei Elemente vom Stack, addiert sie und legt das Ergebnis wieder auf dem Stack ab.

Konditionaloperatoren evaluieren eine Bindung und erzeugen ein boolesches Ergebnis der Form TRUE (wahr) oder FALSE (falsch). Zum Beispiel entfernt OP_EQUAL zwei Elemente vom Stack und legt TRUE (TRUE wird durch die Zahl 1 repräsentiert) ab, wenn die Werte gleich sind, bzw. FALSE (repräsentiert durch die 0), wenn sie ungleich sind. Bitcoin-Transaktionsskripte enthalten üblicherweise einen

Konditionaloperator, damit sie das Ergebnis TRUE erzeugen können, der eine gültige Transaktion signalisiert.

Ein einfaches Skript

Wir wollen nun das, was wir über Skripte und Stacks gelernt haben, in einigen einfachen Beispielen anwenden.

In Abbildung 6-4 demonstriert das Skript `2 3 OP_ADD 5 OP_EQUAL` den Additionsoperator `OP_ADD`. Es addiert zwei Zahlen, legt das Ergebnis auf dem Stack ab und überprüft dann mit dem Konditionaloperator `OP_EQUAL`, ob die Summe der Addition gleich `5` ist. In der schrittweisen Erklärung lassen wir `OP_` der Kürze halber weg. Weitere Details zu den verfügbaren Skriptoperatoren und -funktionen finden Sie in Anhang B.

Zwar verweisen die meisten Locking-Skripte auf einen Public-Key-Hash (eine Bitcoin-Adresse), wodurch ein Eigentumsnachweis benötigt wird, um die Mittel einlösen zu können, doch das Skript muss nicht notwendigerweise so komplex sein. Jede Kombination aus Locking- und Unlocking-Skript ist gültig, die einen TRUE-Wert ergibt. Die einfache Arithmetik, die wir als Beispiel für die Skriptsprache verwendet haben, ist ebenfalls ein gültiges Locking-Skript, mit dem der Transaktions-Output »verriegelt« werden kann.

Verwenden Sie einen Teil unseres Beispielskripts als Locking-Skript:

```
3 OP_ADD 5 OP_EQUAL
```

Dann können Sie die Bedingung der Transaktion mit einem Input mit dem folgenden Unlocking-Skript erfüllen:

```
2
```

Die Validierungssoftware kombiniert Locking- und Unlocking-Skript zu folgendem Gesamtskript:

```
2 3 OP_ADD 5 OP_EQUAL
```

Wie wir in Abbildung 6-4 gesehen haben, liefert die Ausführung des Skripts das Ergebnis `OP_TRUE` und macht so die Transaktion gültig. Das ist nicht nur ein gültiges Locking-Skript für Transaktions-Outputs, der resultierende UTXO kann auch von jedem ausgegeben werden, der mathematisch ausreichend bewandert ist, um zu wissen, dass die Zahl 2 die Bedingung des Skripts erfüllt.

> Transaktionen sind gültig, wenn nach der Ausführung auf dem Stack der Wert `TRUE` (`{0x01}`) oder ein anderer Wert ungleich null liegt oder wenn der Stack leer ist. Transaktionen sind ungültig, wenn der oberste Wert auf dem Stack `FALSE` (ein leerer Wert der Länge null, dargestellt als `{}`) ist oder wenn die Ausführung des Skripts explizit durch einen Operator wie `OP_VERIFY`, `OP_RETURN` bzw. einen Konditionalterminator wie `OP_ENDIF` angehalten wird. Details dazu finden Sie in Anhang B.

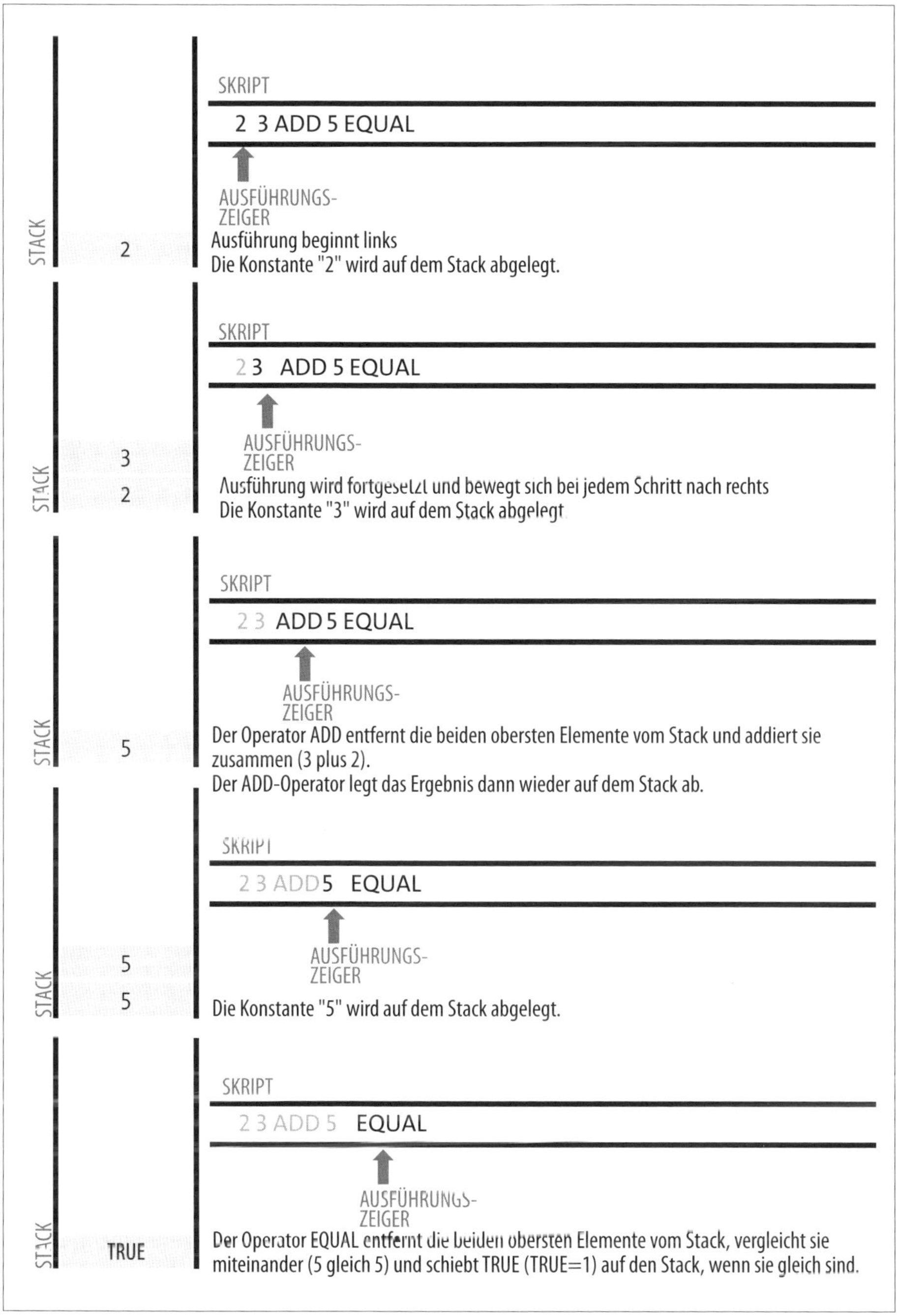

Abbildung 6-4: Bitcoins Skriptvalidierung löst eine einfache Rechenaufgabe.

Es folgt ein etwas komplexeres Skript, das `2 + 7-3 + 1` berechnet. Folgen in einem Skript mehrere Operatoren aufeinander, erlaubt der Stack, dass das Ergebnis eines Operators vom nächsten Operator weiterverwendet werden kann:

```
2 7 OP_ADD 3 OP_SUB 1 OP_ADD 7 OP_EQUAL
```

Versuchen Sie, dieses Skript mit Papier und Bleistift selbst zu validieren. Wenn die Skriptausführung endet, sollte der Wert `TRUE` auf dem Stack liegen.

Separate Ausführung der Unlocking- und Locking-Skripte

Im ursprünglichen Bitcoin-Client wurden die Unlocking- und Locking-Skripte aneinandergehängt und der Reihe nach ausgeführt. Das wurde im Jahr 2010 geändert, weil es eine Sicherheitslücke in Unlocking-Skripten erlaubte, Daten auf dem Stack abzulegen und das Locking-Skript zu korrumpieren. In der aktuellen Implementierung werden die Skripte separat ausgeführt, und der Stack wird zwischen den Ausführungen (wie nachfolgend beschrieben) transferiert.

Zuerst wird das Unlocking-Skript ausgeführt. Wird es ohne Fehler durchlaufen (d.h., es bleiben keine Operatoren übrig), wird der Hauptstack (nicht der Alternativstack) kopiert und das Locking-Skript ausgeführt. Ergibt die Ausführung des Locking-Skripts mit den vom Unlocking-Skript kopierten Stackdaten TRUE, hat das Unlocking-Skript die Bedingungen des Locking-Skripts erfüllt, der Input hat eine gültige Autorisierung. Bleibt nach der Ausführung der beiden Skripte etwas anderes als TRUE übrig, ist der Input ungültig, weil die für das Einlösen des UTXO festgelegten Bedingungen nicht erfüllt wurden.

Pay-to-Public-Key-Hash (P2PKH)

Der größte Teil der vom Bitcoin-Netzwerk verarbeiteten Transaktionen gibt Outputs mit einem Pay-to-Public-Key-Hash-(P2PKH-)Skript frei. Diese Outputs enthalten ein Locking-Skript, das den Output an einen Public-Key-Hash koppelt, besser bekannt als Bitcoin-Adresse. Ein Output mit einem P2PKH-Skript kann durch »Vorlage« eines öffentlichen Schlüssels und einer digitalen Signatur, die mit dem zugehörigen privaten Schlüssel (siehe »Digitale Signaturen (ECDSA)« auf Seite 140) erzeugt wurde, freigegeben werden.

Sehen wir uns als Beispiel noch einmal Alice' Zahlung an Bob's Cafe an. Alice hat eine Zahlung von 0,015 Bitcoin an die Bitcoin-Adresse des Cafés getätigt. Der Output dieser Transaktion hätte folgendes Locking-Skript:

```
OP_DUP OP_HASH160 <Cafe Public Key Hash> OP_EQUALVERIFY OP_CHECKSIG
```

Der `Cafe Public Key Hash` entspricht der Bitcoin-Adresse des Cafés ohne Base58Check-Codierung. Die meisten Anwendungen würden den Public-Key-Hash in hexadezimaler Codierung ausgeben und nicht im vertrauten Base58Check-Format (das mit einer »1« beginnt).

Die Bedingung des vorstehenden Locking-Skripts kann mit folgendem Unlocking-Skript erfüllt werden:

```
<Cafe Signatur> <Cafe Public Key>
```

Die beiden Skripte zusammen ergeben folgendes Validierungsskript:

```
<Cafe Signatur> <Cafe Public Key> OP_DUP OP_HASH160
<Cafe Public Key Hash> OP_EQUALVERIFY OP_CHECKSIG
```

Bei der Ausführung evaluiert das kombinierte Skript zu TRUE, wenn (und nur wenn) das Unlocking-Skript die durch das Locking-Skript aufgestellten Regeln erfüllt. Mit anderen Worten, das Ergebnis ist TRUE, wenn das Unlocking-Skript eine gültige Signatur aus dem privaten Schlüssel des Cafés vorweisen kann, die zum Public-Key-Hash passt.

Die Abbildungen 6-5 und 6-6 zeigen (in zwei Teilen), wie schrittweise ein kombiniertes Skript ausgeführt wird, das beweist, dass eine Transaktion valide ist.

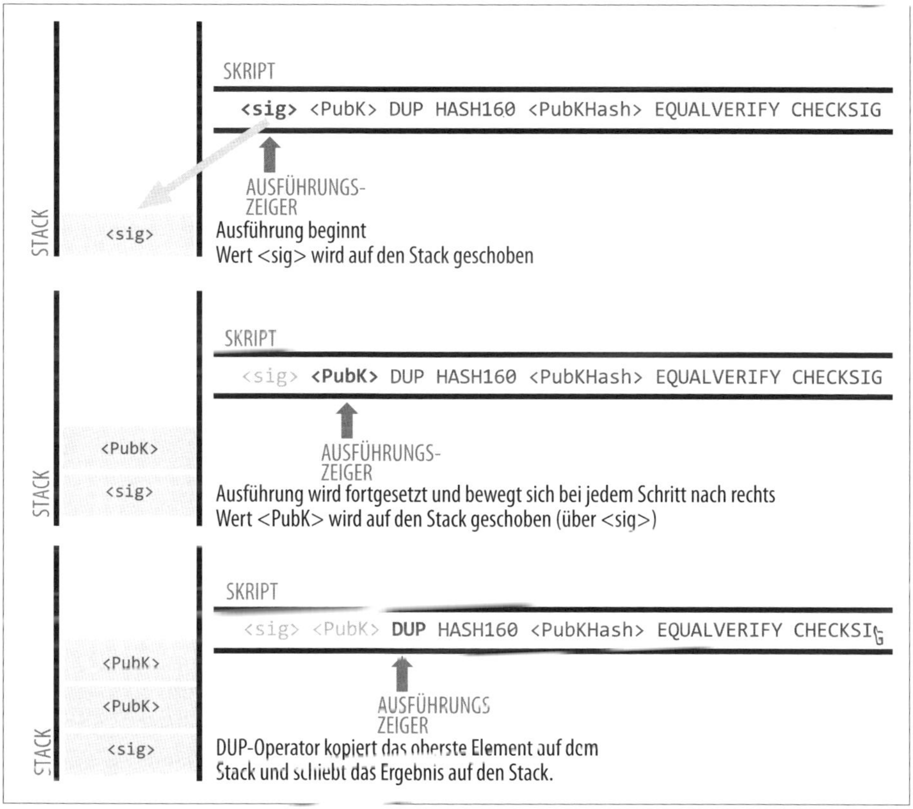

Abbildung 6-5: Evaluierung eines Skripts für eine P2PKH-Transaktion (Teil 1 von 2)

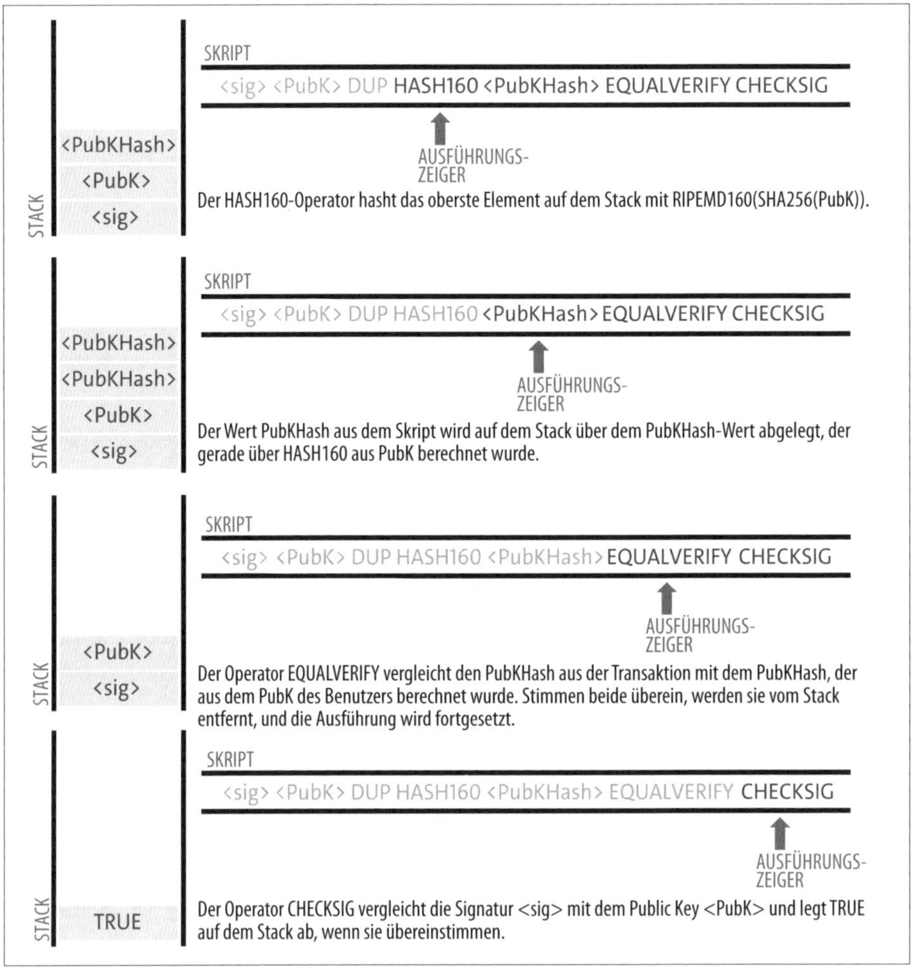

Abbildung 6-6: Evaluierung eines Skripts für eine P2PKH-Transaktion (Teil 2 von 2)

Digitale Signaturen (ECDSA)

Bisher haben wir uns nicht weiter mit »digitalen Signaturen« beschäftigt. In diesem Abschnitt sehen wir uns an, wie digitale Signaturen funktionieren und wie sie den Eigentumsnachweis für einen privaten Schlüssel erbringen, ohne den privaten Schlüssel preiszugeben.

Der bei Bitcoin für digitale Signaturen genutzte Algorithmus heißt *Elliptic Curve Digital Signature Algorithm*, kurz *ECDSA*. ECDSA ist der Algorithmus, der für digitale Signaturen basierend auf Paaren privater/öffentlicher Schlüssel aus elliptischen Kurven (wie in »Kryptografie mit elliptischen Kurven« auf Seite 63 beschrieben) verwendet wird. ECDSA wird von den Skriptfunktionen `OP_CHECKSIG`, `OP_CHECKSIG`

VERIFY, OP_CHECKMULTISIG und OP_CHECKMULTISIGVERIFY verwendet. Wenn Sie diese in einem Locking-Skript sehen, muss das Unlocking-Skript eine ECDSA-Signatur enthalten.

Eine digitale Signatur dient bei Bitcoin drei Zwecken (siehe Kasten). Erstens beweist die Signatur, dass der Besitzer des privaten Schlüssels, der implizit auch der Eigentümer der Geldmittel ist, die Ausgabe dieser Mittel *autorisiert hat*. Zweitens ist der Beweis der Autorisierung *nicht abstreitbar* (nonrepudiation). Und drittens stellt die Signatur sicher, dass die Transaktion (oder bestimmte Teile der Transaktion) nach der Signierung durch Dritte *nicht modifiziert werden können* (Integrität).

Beachten Sie, dass jeder Transaktions-Input unabhängig signiert wird. Das ist ein wesentlicher Punkt, weil weder Signaturen noch Inputs den gleichen »Besitzern« gehören noch von ihnen verwendet werden müssen. Tatsächlich nutzt ein bestimmtes Transaktionsschema namens »CoinJoin« diese Tatsache, um durch Mehrparteientransaktionen für Vertraulichkeit zu sorgen.

> Jeder Transaktions-Input und jede darin enthaltene Signatur ist völlig unabhängig von jedem anderen Input und jeder anderen Signatur. Mehrere Parteien können zusammenarbeiten, um Transaktionen zu erzeugen und jeweils nur einen Input zu signieren.

> **Wikipedias Definition einer »digitalen Signatur«**
>
> A digital signature is a mathematical scheme for demonstrating the authenticity of a digital message or documents. A valid digital signature gives a recipient reason to believe that the message was created by a known sender (authentication), that the sender cannot deny having sent the message (nonrepudiation), and that the message was not altered in transit (integrity).
>
> *Source: https://en.wikipedia.org/wiki/Digital_signature*

Wie digitale Signaturen funktionieren

Eine digitale Signatur ist ein aus zwei Teilen bestehendes *mathematisches Schema*. Der erste Teil ist ein Algorithmus, der aus einer Nachricht (der Transaktion) und einem privaten Schlüssel (dem Signierschlüssel) eine Signatur erzeugt. Den zweiten Teil bildet ein Algorithmus, der jedem erlaubt, die Signatur für eine Nachricht und einen öffentlichen Schlüssel zu verifizieren.

Eine digitale Signatur erzeugen

Bei der Bitcoin-Implementierung des ECDSA-Algorithmus ist die zu signierende »Nachricht« die Transaktion oder, genauer gesagt, ein Hash einer bestimmten Teilmenge der Daten der Transaktion (siehe »Arten von Signatur-Hashes (SIGHASH)«

auf Seite 143). Der Signierschlüssel ist der private Schlüssel des Nutzers. Das Ergebnis ist die Signatur:

$$Sig = F_{sig}(F_{hash}(m), dA)$$

Dabei gilt:

- dA ist der signierende private Schlüssel
- m ist die Transaktion (oder ein Teil von ihr)
- F_{hash} ist die Hashfunktion
- F_{sig} ist der Signieralgorithmus
- *Sig* ist die resultierende Signatur

Details zur Mathematik hinter ECDSA finden Sie in »Die Mathematik hinter ECDSA« auf Seite 145.

Die Funktion F_{sig} erzeugt eine Signatur `Sig`, die aus den beiden Werten `R` und `S` besteht:

```
Sig = (R, S)
```

Sind die beiden Werte `R` und `S` berechnet, erfolgt die Serialisierung in einen Bytestream. Sie verwendet ein internationales Standard-Codierungsschema namens *Distinguished Encoding Rules*, kurz *DER*.

Serialisierung von Signaturen (DER)

Sehen wir uns erneut Alice' Transaktion an. Der Transaktions-Input enthält ein Unlocking-Skript, das die folgende DER-codierte Signatur aus Alice' Wallet enthält:

```
3045022100884d142d86652a3f47ba4746ec719bbfbd040a570b1deccbb6498c75c4ae24cb02204b9f
039ff08df09cbe9f6addac960298cad530a863ea8f53982c09db8f6e381301
```

Diese Signatur ist der serialisierte Bytestream der `R`- und `S`-Werte, den Alice' Wallet erzeugt hat, um zu beweisen, dass sie den privaten Schlüssel besitzt, der die Ausgabe dieses Outputs autorisieren kann. Das Serialisierungsformat besteht aus den folgenden neun Elementen:

- `0x30` – signalisiert den Beginn einer DER-Sequenz
- `0x45` – die Länge der Sequenz (69 Bytes)
- `0x02` – ein Integerwert folgt
- `0x21` – die Länge des Integerwerts (33 Bytes)
- `R` – `00884d142d86652a3f47ba4746ec719bbfbd040a570b1deccbb6498c75c4ae24cb`
- `0x02` – ein weiterer Integerwert folgt
- `0x20` – die Länge des Integerwerts (32 Bytes)
- `S` – `4b9f039ff08df09cbe9f6addac960298cad530a863ea8f53982c09db8f6e3813`
- Endung (`0x01`), die den verwendeten Hashtyp (`SIGHASH_ALL`) angibt

Schauen Sie, ob Sie Alice' serialisierte (DER-codierte) Signatur mithilfe dieser Liste decodieren können. Wichtig sind die Zahlen `R` und `S`; die restlichen Daten sind Teil der DER-Codierung.

Die Signatur verifizieren

Zur Verifikation der Signatur benötigen Sie die Signatur (`R` und `S`), die serialisierte Transaktion und den öffentlichen Schlüssel (der zu dem privaten Schlüssel gehört, der zur Signierung genutzt wurde). Im Wesentlichen bedeutet die Verifikation einer Signatur: »Nur der Besitzer des privaten Schlüssels, der diesen öffentlichen Schlüssel erzeugt hat, kann diese Signatur für diese Transaktion erzeugt haben.«

Der Algorithmus zur Verifikation der Signatur nimmt die Nachricht (einen Hash der Transaktion oder eines Teils davon), den öffentlichen Schlüssel des Unterzeichners sowie die Signatur (die Werte für `R` und `S`) und gibt TRUE zurück, wenn die Signatur für diese Nachricht und diesen öffentlichen Schlüssel gültig ist.

Arten von Signatur-Hashes (SIGHASH)

Digitale Signaturen werden auf Nachrichten angewandt. Im Fall von Bitcoin sind diese Nachrichten die Transaktionen. Die Signatur impliziert eine *Zusage* des Unterzeichners zu bestimmten Transaktionsdaten. In ihrer einfachsten Form gilt die Signatur für die gesamte Transaktion, bestätigt also alle Inputs, Outputs und alle anderen Transaktionsfelder. Allerdings kann die Signatur auch nur einen Teil der Daten einer Transaktion bestätigen, was für eine Reihe von Anwendungen nützlich ist, die wir in diesem Abschnitt noch kennenlernen werden.

Bitcoin-Signaturen zeigen über das `SIGHASH`-Flag an, welcher Teil der Transaktionsdaten im Hash enthalten ist. Das `SIGHASH`-Flag ist ein einzelnes Byte, das an die Signatur angehängt wird. Jede Signatur hat ein solches `SIGHASH`-Flag, und das Flag kann von Input zu Input verschieden sein. Eine Transaktion mit drei signierten Inputs kann drei Signaturen mit unterschiedlichen `SIGHASH`-Flags aufweisen, von denen jede Signatur einen anderen Teil der Transaktion signiert (bestätigt).

Erinnern Sie sich daran, dass jeder Input eine Signatur in seinem Unlocking-Skript enthalten kann. Eine Transaktion mit mehreren Inputs kann also Signaturen mit unterschiedlichen `SIGHASH`-Flags enthalten, die unterschiedliche Teile der Transaktion in den jeweiligen Inputs bestätigen. Beachten Sie auch, dass Bitcoin-Transaktionen Inputs verschiedener »Besitzer« enthalten können, die nur einen Input in einer partiell konstruierten (und ungültigen) Transaktion signieren und mit anderen zusammenarbeiten, um die für eine gültige Transaktion notwendigen Signaturen zusammenzubekommen. Viele Arten von `SIGHASH`-Flags ergeben nur Sinn, wenn man an mehrere Teilnehmer denkt, die außerhalb des Bitcoin-Netzwerks zusammenarbeiten und eine teilweise signierte Transaktion aktualisieren.

Es gibt drei `SIGHASH`-Flags: `ALL`, `NONE` und `SINGLE`, wie in Tabelle 6-3 zu sehen.

Tabelle 6-3: Arten von SIGHASHs und deren Bedeutung

SIGHASH-Flag	Wert	Beschreibung
ALL	0x01	Signatur gilt für alle Inputs und Outputs.
NONE	0x02	Signatur gilt für alle Inputs und keinen Output.
SINGLE	0x03	Signatur gilt für alle Inputs, aber nur für den Output mit dem gleichen Index wie der signierte Input.

Zusätzlich gibt es das Modifikator-Flag `SIGHASH_ANYONECANPAY`, das mit jedem der vorstehenden Flags kombiniert werden kann. Ist `ANYONECANPAY` gesetzt, wird nur ein Input signiert, und die restlichen Inputs (und deren Sequenznummern) bleiben für Modifikationen offen. `ANYONECANPAY` hat den Wert `0x80` und wird durch bitweises ODER angewandt, was die kombinierten Flags aus Tabelle 6-4 ergibt.

Tabelle 6-4: Arten von SIGHASHs mit Modifikatoren und deren Bedeutung

SIGHASH-Flag	Wert	Beschreibung
ALL|ANYONECANPAY	0x81	Signatur gilt für einen Input und alle Outputs.
NONE|ANYONECANPAY	0x82	Signatur gilt für einen Input und keinen Output.
SINGLE|ANYONECANPAY	0x83	Signatur gilt für einen Input und den Output mit dem gleichen Index.

Die `SIGHASH`-Flags werden während der Signierung und Verifikation angewandt, indem eine Kopie der Transaktion erzeugt und bestimmte Felder darin abgeschnitten (auf die Länge null gesetzt und geleert) werden. Die daraus resultierende Transaktion wird serialisiert. Das `SIGHASH`-Flag wird an das Ende der serialisierten Transaktion angehängt, und das Ergebnis wird gehasht. Der Hash selbst ist die signierte »Nachricht«. Abhängig vom verwendeten `SIGHASH`-Flag werden unterschiedliche Teile der Transaktion abgeschnitten. Der resultierende Hash hängt von unterschiedlichen Teilmengen der Daten in der Transaktion ab. Indem der `SIGHASH` als letzter Schritt vor dem Hashing eingefügt wird, bestätigt die Signatur auch den `SIGHASH`-Typ, sodass dieser nicht mehr geändert werden kann (z.B. durch einen Miner).

> Alle `SIGHASH`-Typen signieren das `nLocktime`-Feld der Transaktion (siehe »Transaktions-Locktime (nLocktime)« auf Seite 159). Darüber hinaus wird der `SIGHASH`-Typ selbst vor der Signierung an die Transaktion angehängt, damit er nach der Signierung nicht verändert werden kann.

Bei Alice' Transaktion (siehe die Liste in »Serialisierung von Signaturen (DER)« auf Seite 142) haben wir gesehen, dass der letzte Teil der DER-codierten Signatur den Wert `01` enthielt, was für das `SIGHASH_ALL`-Flag steht. Das »verriegelt« die Transaktionsdaten, und Alice' Signatur bestätigt den Status aller Inputs und Outputs. Das ist die gängigste Form einer Signatur.

Sehen wir uns einige der anderen `SIGHASH`-Typen an und wie sie in der Praxis genutzt werden können:

`ALL|ANYONECANPAY`
: Diese Konstruktion kann für Crowdfunding-artige Transaktionen genutzt werden. Jemand, der Spenden sammeln möchte, kann eine Transaktion mit einem einzigen Output konstruieren. Dieser Output definiert das »Ziel« der Spendensammlung. Eine solche Transaktion ist natürlich nicht gültig, da sie keine Inputs hat. Andere könnten das aber um einen eigenen Input mit dem vorgesehenen Spendenbetrag ergänzen. Sie signieren den eigenen Input mit `ALL|ANYONECANPAY`. Solange nicht genug Inputs zusammenkommen, um den Wert des Outputs zu erreichen, ist die Transaktion ungültig. Jede Spende ist ein »Pfand«, das durch den Spendensammler erst eingesammelt werden kann, wenn das Gesamtziel erreicht ist.

`NONE`
: Dieses Konstrukt kann als »Blankoscheck« verwendet werden. Es bestätigt den Input, erlaubt aber die Änderung des Output-Locking-Skripts. Jeder kann seine eigene Bitcoin-Adresse in das Output-Locking-Skript eintragen und die Transaktion vornehmen. Der Output-Wert selbst ist durch die Signatur aber fest.

`NONE|ANYONECANPAY`
: Dies kann zum Aufbau eine »Staubfängers« verwendet werden. Benutzer mit sehr kleinen UTXOs können sie nicht einlösen, ohne dass die Gebühren den Wert des »Staubs« übersteigen würden. Mit dieser Art von Signatur können Sie diese Kleinst-UTXOs jemandem spenden, der sie einsammeln und nach Belieben ausgeben kann.

Es gibt eine Reihe von Vorschlägen zur Modifikation und Erweiterung des `SIGHASH`-Systems. Einer dieser Vorschläge ist *Bitmask Sighash Modes* von Blockstreams Glenn Willen als Teil des Elements-Projekts. Er soll als flexibler Ersatz für `SIGHASH`-Typen dienen, der »beliebige durch Miner überschreibbare Bitmasken für Inputs und Outputs« erlaubt, die »komplexere vertragliche Vorbindungsschemata« ermöglichen.

> Sie werden `SIGHASH`-Flags nicht als Option in einer Wallet Anwendung finden. Mit nur wenigen Ausnahmen erzeugen Wallets P2PKH-Skripte und signieren mit `SIGHASH_ALL`-Flags. Um ein anderes `SIGHASH`-Flag zu verwenden, müssten Sie eine eigene Software entwickeln, die Transaktionen konstruiert und signiert. `SIGHASH`-Flags können aber von speziellen Bitcoin-Anwendungen eingesetzt werden, die neue Nutzungsmöglichkeiten bieten.

Die Mathematik hinter ECDSA

Wie bereits erwähnt, werden Signaturen durch die mathematische Funktion F_{sig} generiert, die eine aus den beiden Werten R und S bestehende Signatur erzeugt. In diesem Abschnitt sehen wir uns die Funktion F_{sig} genauer an.

Der Signaturalgorithmus generiert zuerst einen *kurzlebigen* (temporären) öffentlichen und privaten Schlüssel. Dieses kurzlebige Schlüsselpaar wird zur Berechnung der Werte von *R* und *S* genutzt, nachdem eine Transformation mit dem signierenden privaten Schlüssel und dem Transaktions-Hash erfolgt ist.

Das temporäre Schlüsselpaar basiert auf der Zufallszahl *k*, die als temporärer privater Schlüssel verwendet wird. Aus *k* generieren wir den dazugehörigen temporären öffentlichen Schlüssel *P*. Dieser berechnet sich wie öffentliche Bitcoin-Schlüssel (siehe »Öffentliche Schlüssel« auf Seite 62) als $P = k*G$. Der *R*-Wert der digitalen Signatur ist dann die x-Koordinate des temporären öffentlichen Schlüssels *P*.

Daraus berechnet der Algorithmus den Wert *S* der Signatur wie folgt:

$$S = k^{-1} (Hash(m) + dA * R) \bmod p$$

Dabei gilt:

- *k* ist der temporäre private Schlüssel
- *R* ist die x-Koordinate des temporären öffentlichen Schlüssels
- *dA* ist der signierende private Schlüssel
- *m* sind die Transaktionsdaten
- *p* ist der Primzahlenkörper der elliptischen Kurve

Die Verifikation ist die Inverse der Signaturgenerierungsfunktion. Sie verwendet die Werte *R*, *S* und den öffentlichen Schlüssel, um einen Wert *P* zu berechnen, der ein Punkt auf der elliptischen Kurve ist (der temporäre öffentliche Schlüssel, der zur Signaturgenerierung verwendet wurde):

$$P = S^{-1} * Hash(m) * G + S^{-1} * R * Qa$$

Dabei gilt:

- *R* und *S* sind die Signaturwerte
- *Qa* ist Alice' öffentlicher Schlüssel
- *m* sind die signierten Transaktionsdaten
- *G* ist der Generatorpunkt der elliptischen Kurve

Ist die x-Koordinate des berechneten Punkts *P* gleich *R*, kann der Verifikator von einer gültigen Signatur ausgehen.

Beachten Sie, dass der private Schlüssel bei der Verifikation der Signatur weder bekannt ist noch offengelegt wird.

> Die Mathematik hinter ECDSA ist komplex und schwer zu verstehen. Online finden Sie eine Reihe hilfreicher Einführungen. Suchen Sie nach »ECDSA Erklärung« oder probieren Sie es mit *http://bit.ly/2r0HhGB*.

Die Bedeutung der Zufälligkeit für Signaturen

Wie wir in »Die Mathematik hinter ECDSA« auf Seite 145 gesehen haben, verwendet der Algorithmus zur Signaturgenerierung einen zufälligen Schlüssel *k* als Basis für ein temporäres Paar öffentlicher/privater Schlüssel. Der Wert von *k* ist nicht wichtig, *solange er zufällig ist*. Wird der gleiche Wert *k* für zwei Signaturen für verschiedene Nachrichten (Transaktionen) verwendet, kann der signierende private Schlüssel von jedem berechnet werden. Die Wiederverwendung eines *k*-Werts in einem Signaturalgorithmus führt zur Offenlegung des privaten Schlüssels!

> Wird derselbe Wert *k* zur Signierung zweier verschiedener Transaktionen verwendet, kann der private Schlüssel berechnet und offengelegt werden!

Das ist keine rein theoretische Möglichkeit. Wir haben Fälle der Offenlegung privater Schlüssel in einigen wenigen Implementierungen Transaktionen signierender Algorithmen bei Bitcoin beobachtet. Menschen wurden ihre Bitcoins gestohlen, weil sie versehentlich einen *k*-Wert wiederverwendet haben. Der Hauptgrund für die Wiederverwendung eines *k*-Werts ist ein unsachgemäß initialisierter Zufallszahlengenerator.

Um diese Schwachstelle auszumerzen, besteht die bewährte Methode darin, *k* nicht mit einem Zufallszahlengenerator mit normalem Seed-Wert zu erzeugen, sondern einen deterministisch-zufälligen Prozess zu nutzen, bei dem die Transaktionsdaten selbst den Seed-Wert bilden. Das stellt sicher, dass jede Transaktion ein anderes *k* erzeugt. Der Standardalgorithmus für die deterministische Initialisierung von *k* wurde von der Internet Engineering Task Force in RFC 6979 (*https://tools.ietf.org/html/rfc6979*) definiert.

Wenn Sie einen Algorithmus zur Signierung von Bitcoin-Transaktionen implementieren, müssen Sie RFC 6979 oder einen vergleichbaren deterministisch-zufälligen Algorithmus verwenden, um sicherzustellen, dass Sie für jede Transaktion ein anderes *k* generieren.

Bitcoin-Adressen, Guthaben und andere Abstraktionen

Wir haben dieses Kapitel mit der Erkenntnis begonnen, dass Transaktionen »hinter den Kulissen« ganz anders aussehen, als sie uns in Wallets, Blockchain-Explorern und anderen nutzerorientierten Anwendungen präsentiert werden. Viele einfache und vertraute Konzepte aus früheren Kapiteln, etwa Bitcoin-Adressen und Guthaben, scheinen bei der Transaktionsstruktur zu fehlen. Wir haben gesehen, dass Transaktionen per se keine Bitcoin-Adressen enthalten, sondern stattdessen mit Skripten arbeiten, um Bitcoin-Werte zu schützen und freizugeben. Kontostände findet man in diesem System nirgendwo, und doch gibt jede Wallet-Anwendung den Kontostand gut sichtbar aus.

Nachdem wir untersucht haben, was in einer Bitcoin-Transaktion tatsächlich enthalten ist, können wir uns ansehen, wie diese auf höherem Niveau angesiedelten Abstraktionen aus den scheinbar primitiven Komponenten der Transaktion abgeleitet werden.

Werfen wir also noch einmal einen Blick darauf, wie Alice' Transaktion auf einem beliebten Block-Explorer (Abbildung 6-7) dargestellt wird.

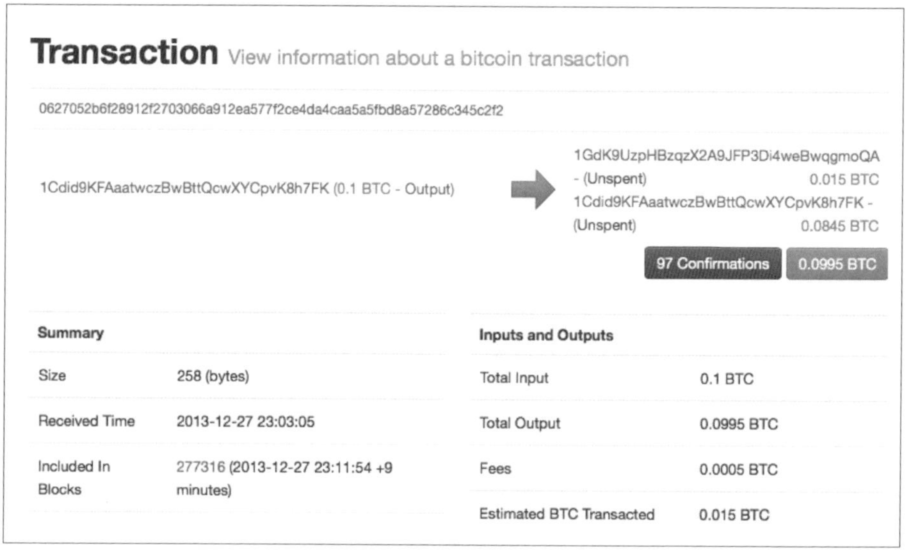

Abbildung 6-7: Alice' Transaktion an Bob's Cafe

Auf der linken Seite der Transaktion zeigt der Blockchain-Explorer Alice' Bitcoin-Adresse als »Sender« an. Tatsächlich steht diese Information nicht in der Transaktion selbst. Als der Blockchain-Explorer die Transaktion abrief, hat er gleichzeitig auch die vorherige Transaktion abgerufen, die im Input referenziert wird, und den ersten Output dieser älteren Transaktion extrahiert. In diesem Output ist ein Locking-Skript, das den UTXO mit Alice' Public-Key-Hash (einem P2PKH-Skript) verknüpft. Der Blockchain-Explorer extrahiert den Public-Key-Hash und verwendet die Base58Check-Codierung, um die Bitcoin-Adresse zu erzeugen und auszugeben, die dieser öffentliche Schlüssel repräsentiert.

In gleicher Weise zeigt die rechte Seite des Blockchain-Explorers zwei Outputs, die erste an Bobs und die zweite an Alice' Bitcoin-Adresse (als Wechselgeld). Um diese Bitcoin-Adressen zu erstellen, extrahiert der Blockchain-Explorer erneut das Locking-Skript aus jedem Output, erkennt es als P2PKH-Skript und extrahiert den darin enthaltenen Public-Key-Hash. Abschließend codiert der Blockchain-Explorer den Public-Key-Hash wieder mit Base58Check, um die Bitcoin-Adressen zu erstellen und auszugeben.

Klicken Sie Bobs Bitcoin-Adresse an, zeigt der Blockchain-Explorer die Ansicht aus Abbildung 6-8.

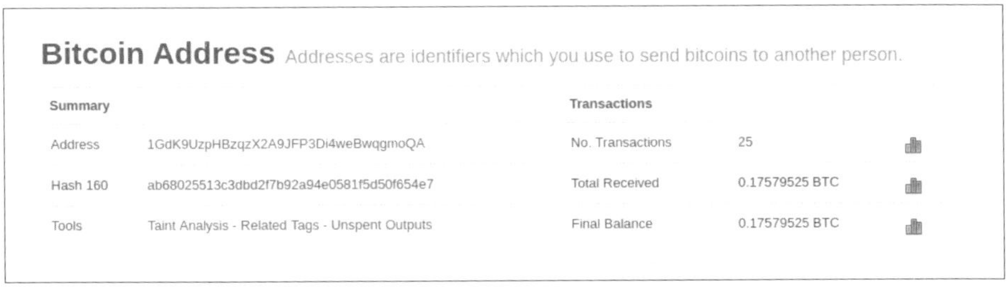

Abbildung 6-8: Kontostand auf Bobs Bitcoin-Adresse

Der Blockchain-Explorer gibt den Kontostand für Bobs Bitcoin-Adresse aus. Doch im Bitcoin-System gibt es das Konzept eines »Kontostands« nicht. Vielmehr erzeugt der Blockchain-Explorer die dargestellten Werte wie nachfolgend erläutert.

Um die insgesamt empfangenen Bitcoins (»Total Received«) zu ermitteln, decodiert der Blockchain-Explorer zuerst die Base58Check-Codierung der Bitcoin-Adresse, um den 160-Bit-Hash von Bobs öffentlichem Schlüssel zu extrahieren, der in der Adresse codiert ist. Dann geht der Blockchain-Explorer die Transaktionsdatenbank durch und sucht nach Outputs mit P2PKH-Locking-Skripten, die Bobs Public-Key-Hash enthalten. Indem er die Werte all dieser Outputs aufsummiert, kann der Blockchain-Explorer die Gesamtsumme berechnen.

Den aktuellen Kontostand (dargestellt als »Final Balance«) zu berechnen, verlangt etwas mehr Arbeit. Der Blockchain-Explorer hält eine separate Datenbank aller aktuell nicht ausgegebenen Outputs (das UTXO-Set) vor. Um diese Datenbank zu pflegen, muss er das Bitcoin-Netzwerk in Echtzeit überwachen, neu erzeugte UTXOs hinzufügen und ausgegebene UTXOs entfernen, sobald diese in unbestätigten Transaktionen auftauchen. Das ist ein komplizierter Prozess, der das Nachhalten der Transaktionen während der Propagation verlangt, aber auch die Wahrung des Konsenses im Bitcoin-Netzwerk, um sicherzustellen, dass man der richtigen Chain folgt. Manchmal ist der Blockchain Explorer nicht mehr synchron, und sein UTXO-Set ist unvollständig oder falsch.

Aus dem UTXO-Set summiert der Blockchain Explorer alle nicht ausgegebenen Outputs auf, die Bobs Public-Key-Hash referenzieren, und zeigt sie dem Nutzer als aktuellen Kontostand (»Final Balance«).

Um diese beiden »Kontostände« zu erzeugen, muss der Blockchain-Explorer Dutzende, Hunderte oder sogar Hundertausende von Transaktionen indexieren und durchsuchen.

Zusammenfassend lässt sich sagen, dass die den Benutzern über Wallet-Anwendungen, Blockchain-Explorer und andere Bitcoin-Benutzerschnittstellen präsentierten Informationen häufig auf hohem Niveau angesiedelte Abstraktionen sind, die aus der Suche in vielen verschiedenen Transaktionen und der Verarbeitung ihrer Inhalte abgeleitet werden. Diese vereinfachte Sicht einer Bitcoin-Transaktion als »Überweisung« von einem Sender zu einem Empfänger verlangt von den

Anwendungen die Verarbeitung vieler unter der Haube versteckter Details. Sie konzentrieren sich meist auf die gängigsten Transaktionsarten: P2PKH mit `SIGHASH_ALL`-Signaturen in jedem Input. Bitcoin-Anwendungen können auf diese Weise mehr als 80 % aller Transaktionen in einfach lesbarer Form aufbereiten, stolpern manchmal aber über Transaktionen, die von der Norm abweichen. Transaktionen mit komplexeren Locking-Skripten, anderen `SIGHASH`-Flags oder vielen In- und Outputs machen die Einfachheit und die Schwächen dieser Abstraktionen deutlich.

Jeden Tag werden Hunderte von Transaktionen in der Blockchain bestätigt, die keine P2PKH-Outputs enthalten. Blockchain-Explorer zeigen diese häufig in Rot mit der Warnung, dass sie die Adresse nicht decodieren können. Der folgende Link enthält die jüngsten »Strange Transactions« (also »seltsamen Transaktionen«), die nicht vollständig decodiert wurden: *https://blockchain.info/strange-transactions*.

Wie wir im nächsten Kapitel sehen werden, müssen diese Transaktionen nicht notwendigerweise »seltsam« sein. Es sind Transaktionen mit komplexeren Locking-Skripten als dem üblichen P2PKH. Sie werden hier lernen, komplexere Skripte zu decodieren und zu verstehen. Auch die sie unterstützenden Anwendungen werden vorgestellt.

KAPITEL 7

Transaktionen und Skripting für Fortgeschrittene

Einführung

Im vorigen Kapitel haben wir die grundlegenden Elemente einer Bitcoin-Transaktion vorgestellt und uns den gängigsten Typ eines Transaktionsskripts, das P2PKH-Skript, angesehen. In diesem Kapitel wollen wir uns dem fortgeschrittenen Skripting zuwenden und sehen, wie man Transaktionen mit komplexeren Bedingungen entwickelt.

Zuerst widmen wir uns den *Multisignatur*-Skripten. Danach untersuchen wir das zweitgängigste Transaktionsskript, *Pay-to-Script-Hash*, das eine ganze Welt komplexer Skripte eröffnet. Dann werden wir uns neue Skriptoperatoren ansehen, die Bitcoin durch sogenannte *Timelocks* um eine zeitliche Dimension erweitern.

Multisignatur

Multisignatur-Skripte definieren eine Bedingung, bei der N öffentliche Schlüssel im Skript festgehalten werden, von denen mindestens M Schlüssel Signaturen bereitstellen müssen, um die Mittel freizugeben. Das wird auch als *M-von-N-Schema* bezeichnet, wobei N die Gesamtzahl der Schlüssel und M der für die Validierung benötigte Schwellenwert von Signaturen ist. Bei einer 2-von-3-Multisignatur werden also beispielsweise drei öffentliche Schlüssel als potenzielle Unterzeichner aufgeführt, von denen mindestens zwei signieren müssen, um eine gültige Transaktion zu erzeugen (und die Mittel einzulösen). Im Moment sind Multisignatur-Skripte auf maximal 15 öffentliche Schlüssel beschrankt, d. h., es sind Multisignaturen von 1-von-1 bis 15-von-15 (und allem dazwischen) möglich. Das Limit von 15 Schlüsseln ist möglicherweise schon angehoben worden, wenn dieses Buch veröffentlicht wird. Nutzen Sie also die `isStandard()`-Funktion, um den aktuell vom Netzwerk akzeptierten Wert zu ermitteln.

Die allgemeine Form eines Locking-Skripts mit einer M-von-N-Multisignatur-Bedingung ist:

```
M <Public Key 1> <Public Key 2> ... <Public Key N> N CHECKMULTISIG
```

wobei `N` die Gesamtzahl der öffentlichen Schlüssel und `M` der Schwellenwert benötigter Signaturen ist, um den Output einlösen zu können.

Ein Locking-Skript mit einer 2-von-3-Multisignatur-Bedingung sieht wie folgt aus:

```
2 <Public Key A> <Public Key B> <Public Key C> 3 CHECKMULTISIG
```

Das obige Locking-Skript kann durch ein Unlocking-Skript freigegeben werden, das Paare von Signaturen und öffentlichen Schüsseln enthält:

```
<Signatur B> <Signatur C>
```

oder eine Kombination aus zwei Signaturen der privaten Schlüssel, die den drei aufgeführten öffentlichen Schlüsseln entsprechen.

Die beiden Skripte würden zusammen das folgende Validierungsskript ergeben:

```
<Signatur B> <Signatur C> 2 <Public Key A> <Public Key B> <Public Key C> 3
CHECKMULTISIG
```

Bei der Ausführung dieses Skripts ist das Ergebnis TRUE, wenn, und nur wenn, das Unlocking-Skript die durch das Locking-Skript festgelegten Bedingungen erfüllt. In diesem Fall lautet die Bedingung, dass das Unlocking-Skript eine gültige Signatur von zwei privaten Schlüsseln vorlegen muss, die zu den drei angegebenen öffentlichen Schlüsseln gehören.

Ein Bug in der CHECKMULTISIG-Ausführung

`CHECKMULTISIG` ist fehlerhaft und benötigt einen kleinen Workaround. Bei der Ausführung von `CHECKMULTISIG` sollten M+N+2 Elemente des Stacks als Parameter verarbeitet werden. Durch einen Bug entfernt `CHECKMULTISIG` aber einen Wert mehr als erwartet.

Sehen wir uns das etwas genauer anhand des obigen Beispiels an:

```
<Signatur B> <Signatur C> 2 <Public Key A> <Public Key B> <Public Key C> 3
CHECKMULTISIG
```

Zuerst nimmt `CHECKMULTISIG` das oberste Element (`N`, in diesem Beispiel 3). Dann verarbeitet es `N` Elemente, d.h. die signierfähigen Public Keys, hier die Public Keys A, B und C. Dann entfernt es das Element `M`, das Quorum (das die beschlussfähige Anzahl der Signaturen angibt). Hier ist `M` = 2. An diesem Punkt sollte `CHECKMULTISIG` die finalen `M` Elemente vom Stack entfernen, also die Signaturen, und prüfen, ob sie gültig sind. Unglücklicherweise entfernt `CHECKMULTISIG` durch einen Fehler in der Implementierung ein Element mehr (M+1), als es sollte. Dieses zusätzliche Element wird bei der Signaturprüfung nicht berücksichtigt, hat auf `CHECKMULTISIG` selbst also keine Auswirkungen. Allerdings muss ein zusätzlicher Wert vorhanden sein, weil `CHECKMULTISIG` ansonsten beim Versuch, etwas von einem leeren Stack zu entfernen, einen Stackfehler erzeugt und das Skript fehlschlägt (was die Transaktion ungültig macht). Da dieses zusätzliche Element ignoriert wird, kann es sich um alles handeln, üblicherweise wird aber die `0` verwendet.

Weil dieser Bug zu einem Teil der Konsensregeln wurde, muss er für immer repliziert werden. Die korrekte Skriptvalidierung sieht daher wie folgt aus:

```
0 <Signatur B> <Signatur C> 2 <Public Key A> <Public Key B> <Public Key C> 3
CHECKMULTISIG
```

Das für Multisig verwendete Unlocking-Skript ist also nicht:

```
<Signature B> <Signature C>
```

sondern:

```
0 <Signature B> <Signature C>
```

Wenn Sie ab jetzt ein Multisig-Unlocking-Skript sehen, sollte eine zusätzliche 0 am Anfang stehen, deren einziger Zweck der Workaround für einen Bug ist, der versehentlich eine Konsensregel wurde.

Pay-to-Script-Hash (P2SH)

Pay-to-Script-Hash (P2SH) wurde 2012 als leistungsfähiger neuer Transaktionstyp eingeführt, der die Verwendung komplexer Transaktionsskripte deutlich vereinfacht. Um die Notwendigkeit für P2SH zu erklären, wollen wir uns ein praktisches Beispiel ansehen.

In Kapitel 1 haben wir Mohammed vorgestellt, einen Elektronikimporteur aus Dubai. Mohammeds Unternehmen setzt das Multisignatur-Feature von Bitcoin für die Unternehmenskonten ein. Multisignatur-Skripte sind das am häufigsten genutzte Anwendungsgebiet für Bitcoins fortgeschrittene Skripting-Fähigkeiten und ein sehr mächtiges Feature. Mohammeds Firma verwendet ein Multisignatur-Skript für alle Kundenzahlungen, die in der Buchhaltung als *Forderungen* (*Accounts Receivable*, kurz AR) bezeichnet werden. Mit diesem Multisignatur-Schema werden alle Kundenzahlungen derart geschützt, dass deren Freigabe mindestens zwei Signaturen verlangt: eine von Mohammed und eine von seinem Partner bzw. von seinem Anwalt, der einen Backup-Schlüssel besitzt. Ein solches Multisignatur-Schema bietet der Unternehmensführung Kontrolle und schützt vor Diebstahl, Veruntreuung und Verlust.

Das entsprechende Skript ist recht lang und sieht wie folgt aus:

```
2 <Mohammeds Public Key> <Partner1 Public Key> <Partner2 Public Key> <Partner3
Public Key> <Anwalt Public Key> 5 CHECKMULTISIG
```

Multisignatur-Skripte sind ein mächtiges Feature, in ihrer Anwendung aber etwas mühsam. Mohammed müsste das obige Skript vor jeder Zahlung an jeden Kunden weitergeben. Jeder Kunde müsste spezielle Bitcoin-Wallet-Software nutzen, die in der Lage ist, maßgeschneiderte Transaktionsskripte zu erzeugen, und jeder Kunde müsste wissen, wie man Transaktionen mit solchen Skripten aufbaut. Darüber hinaus wäre die resultierende Transaktion etwa fünfmal größer als eine einfache Zahlung, weil dieses Skript sehr lange öffentliche Schlüssel enthält. Die Last dieser großen Transaktion würde dem Kunden in Form von Gebühren auferlegt werden. Schließlich würde eine große Transaktion wie diese im UTXO-Set im RAM jeder Full Node vorgehalten werden, bis die Freigabe erfolgt. All diese Aspekte machen komplexe Locking-Skripte in der Praxis schwierig.

P2SH wurde entwickelt, um diese praktischen Schwierigkeiten zu lösen und komplexe Skripte so einfach zu machen wie Zahlungen an eine Bitcoin-Adresse. Mit P2SH-Zahlungen wird das komplexe Locking-Skript durch seinen digitalen Fingerabdruck (einen kryptografischen Hash) ersetzt. Versucht eine Transaktion später, diesen UTXO auszugeben, muss sie neben dem Unlocking-Skript auch das Skript enthalten, das diesem Hash entspricht. Einfach ausgedrückt, bedeutet P2SH: »Zahle an das Skript aus, das diesem Hash entspricht und das später vorgelegt wird, wenn der Output eingelöst wird.«

Bei P2SH-Transaktionen wird das Locking-Skript, das durch den Hash ersetzt wird, als *Einlöseskript* (englisch Redeem Script) bezeichnet, weil es dem System erst bei der Einlösung (und nicht als Locking-Skript) vorgelegt wird. Tabelle 7-1 zeigt das Skript ohne P2SH und Tabelle 7-2 das gleiche Skript in P2SH codiert.

Tabelle 7-1: Komplexes Skript ohne P2SH

Locking-Skript	2 PubKey1 PubKey2 PubKey3 PubKey4 PubKey5 5 CHECKMULTISIG
Unlocking-Skript	Sig1 Sig2

Tabelle 7-2: Komplexes Skript als P2SH

Redeem-Skript	2 PubKey1 PubKey2 PubKey3 PubKey4 PubKey5 5 CHECKMULTISIG
Locking-Skript	HASH160 <20-Byte-Hash des Redeem-Skripts> EQUAL
Unlocking-Skript	Sig1 Sig2 <Redeem-Skript>

Wie Sie sehen, ist bei P2SH das komplexe Skript, das die Bedingung für die Freigabe des Outputs festlegt (das Redeem-Skript), nicht im Locking-Skript enthalten. Stattdessen enthält das Locking-Skript nur einen entsprechenden Hash, und das Redeem-Skript selbst wird später als Teil des Unlocking-Skripts vorgelegt, wenn der Output eingelöst wird. Die Last der Gebühren und der Komplexität gehen also vom Sender auf den Empfänger der Transaktion über.

Sehen wir uns Mohammeds Unternehmen, das komplexe Multisignatur-Skript und die resultierenden P2SH-Skripte an.

Zuerst das Multisignatur-Skript, das Mohammeds Unternehmen für alle eingehenden Kundenzahlungen verwendet:

```
2 <Mohammeds Public Key> <Partner1 Public Key> <Partner2 Public Key> <Partner3
Public Key> <Anwalt Public Key> 5 CHECKMULTISIG
```

Werden die Platzhalter durch reale öffentliche Schlüssel ersetzt (die hier als mit `04` beginnende 520-Bit-Zahlen dargestellt sind), sehen Sie, dass das Skript sehr lang wird:

```
2
04C16B8698A9ABF84250A7C3EA7EEDEF9897D1C8C6ADF47F06CF73370D74DCCA01CDCA79DCC5C395D7
EEC6984D83F1F50C900A24DD47F569FD4193AF5DE762C58704A2192968D8655D6A935BEAF2CA23E3FB
87A3495E7AF308EDF08DAC3C1FCBFC2C75B4B0F4D0B1B70CD2423657738C0C2B1D5CE65C97D78D0E34
224858008E8B49047E63248B75DB7379BE9CDA8CE5751D16485F431E46117B9D0C1837C9D5737812F3
93DA7D4420D7E1A9162F0279CFC10F1E8E8F3020DECDBC3C0DD389D99779650421D65CBD7149B25538
2ED7F78E946580657EE6FDA162A187543A9D85BAAA93A4AB3A8F044DADA618D087227440645ABE8A35
DA8C5B73997AD343BE5C2AFD94A5043752580AFA1ECED3C68D446BCAB69AC0BA7DF50D56231BE0AABF
1FDEEC78A6A45E394BA29A1EDF518C022DD618DA774D207D137AAB59E0B000EB7ED238F4D800 5
CHECKMULTISIG
```

Das ganze Skript lässt sich stattdessen durch einen 20 Byte langen kryptografischen Hash darstellen. Dazu wenden wir zuerst den SHA256-Algorithmus auf das Skript an und darauf dann den RIPEMD160-Algorithmus. Der 20-Byte-Hash für das obige Skript lautet:

```
54c557e07dde5bb6cb791c7a540e0a4796f5e97e
```

Eine P2SH-Transaktion bindet den Output über das folgende Locking-Skript an diesen Hash (anstelle des längeren Skripts):

```
HASH160 54c557e07dde5bb6cb791c7a540e0a4796f5e97e EQUAL
```

Wie Sie sehen können, ist das wesentlich kürzer. Anstelle eines »zahle an dieses 5-Schlüssel-Multisig-Skript«, lautet das entsprechende P2SH-Skript »zahle an das Skript mit diesem Hash«. Ein Kunde, der eine Zahlung an Mohammeds Firma leisten möchte, muss in seiner Überweisung nur dieses wesentlich kürzere Locking-Skript einbinden. Wollen Mohammed und seine Partner diesen UTXO einlösen, müssen sie zur Freigabe das Original-Redeem-Skript (dessen Hash mit dem UTXO verknüpft ist) und die notwendigen Signaturen vorlegen:

```
<Sig1> <Sig2> <2 PK1 PK2 PK3 PK4 PK5 5 CHECKMULTISIG>
```

Die beiden Skripte werden in zwei Schritten vereint. Zuerst wird das Redeem-Skript überprüft, um sicherzustellen, dass die Hashes passen:

```
<2 PK1 PK2 PK3 PK4 PK5 5 CHECKMULTISIG> HASH160 <redeem scriptHash> EQUAL
```

Stimmen die Hashes überein, wird das Unlocking-Skript für sich ausgeführt, um das Redeem-Skript freizugeben:

```
<Sig1> <Sig2> 2 PK1 PK2 PK3 PK4 PK5 5 CHECKMULTISIG
```

Nahezu alle in diesem Kapitel beschriebenen Skripte können nur als P2SH-Skripte implementiert werden. Man kann sie nicht direkt im Locking-Skript eines UTXO verwenden.

P2SH-Adressen

Ein weiterer wichtiger Teil von P2SH ist die Möglichkeit, den Skript-Hash als Adresse zu codieren. Der entsprechende Standard ist in BIP-13 definiert. P2SH-Adressen sind Base58Check-codierte 20-Byte-Hashes eines Skripts (genau wie Bitcoin-Adressen die Base58Check-codierten 20-Byte-Hashes eines öffentlichen Schlüssels sind). P2SH-Adressen haben das Präfix `5`, was zu Base58Check-codierten Adressen führt, die mit `3` beginnen. Mohammeds komplexes Skript wird, gehasht und Base58Check-codiert, zur P2SH-Adresse `39RF6JqABiHdYHkfChV6USGMe6Nsr66Gzw`. Mohammed kann nun diese »Adresse« an seine Kunden weitergeben, und diese können mit nahezu jeder Bitcoin-Wallet eine einfache Zahlung vornehmen, als würde es sich um eine normale Bitcoin-Adresse handeln. Das Präfix `3` ist ein Hinweis darauf, dass es sich um eine spezielle Art von Adresse handelt, die auf ein Skript verweist und nicht auf einen öffentlichen Schlüssel. Ansonsten funktioniert sie aber genauso wie jede andere Zahlung an eine Bitcoin-Adresse.

P2SH-Adressen verstecken die ganze Komplexität, was bedeutet, dass die Person, die die Zahlung vornimmt, von dem Skript nichts zu sehen bekommt.

Vorteile von P2SH

Verglichen mit der direkten Nutzung komplexer Skripte zum Schutz der Outputs bietet die Verwendung von P2SH die folgenden Vorteile:

- Komplexe Skripte werden im Transaktions-Output durch kurze Fingerabdrücke ersetzt, wodurch die Transaktion kleiner wird.
- Skripte können als Adressen codiert werden, sodass der Sender und die Wallet des Senders keine komplizierte Technik benötigen, um P2SH zu implementieren.
- Bei P2SH muss der Empfänger das Skript erzeugen, nicht der Sender.
- P2SH verlagert die Datenspeicherung langer Skripte vom Output (der im UTXO-Set liegt) an den Input (der in der Blockchain gespeichert ist).
- P2SH verlagert die Datenspeicherung langer Skripte vom Jetzt (Zahlung) in die Zukunft (wenn der Output ausgegeben wird).
- P2SH legt die Transaktionskosten dem Empfänger (der das lange Redeem-Skript vorlegen muss) und nicht dem Sender auf.

Redeem-Skript und Validierung

Vor Version 0.9.2 des Bitcoin-Core-Clients war Pay-to-Script-Hash (durch die Funktion `isStandard()`) auf die Standardtypen von Bitcoin-Transaktionsskripten beschränkt. Das bedeutet, dass das in einer freigebenden Transaktion präsentierte Redeem-Skript nur eines der Standardtypen sein kann: P2PK, P2PKH oder Multisig, ohne `RETURN` und P2SH selbst.

Seit Version 0.9.2 dürfen P2SH-Transaktionen jedes gültige Skript enthalten, was den P2SH-Standard wesentlich flexibler macht und das Experimentieren mit vielen neuen und komplexen Transaktionstypen erlaubt.

Denken Sie daran, dass Sie kein P2SH- in ein P2SH-Redeem-Skript einfügen können, da die P2SH-Spezifikation nicht rekursiv ist. Zwar ist es technisch möglich, ein `RETURN` in ein Redeem-Skript einzufügen (da die Regeln das nicht verbieten), doch ist das ohne praktischen Nutzen, da ein `RETURN` während der Validierung zu einer ungültigen Transaktion führt.

Sie sollten beachten, dass das Redeem-Skript dem Netzwerk nicht bekannt ist, bis ein P2SH-Output eingelöst werden soll. Wenn Sie einen Output mit dem Hash eines ungültigen Redeem-Skripts versehen, wird er daher trotzdem verarbeitet. Der UTXO wird erfolgreich gesperrt. Allerdings werden Sie nicht in der Lage sein, ihn einzulösen, weil die freigebende Transaktion, die das Redeem-Skript enthält, nicht akzeptiert wird, da es sich um ein ungültiges Skript handelt. Das ist also ein Risiko, da Sie Bitcoins in einem P2SH sperren können, die später nicht eingelöst werden können. Das Netzwerk akzeptiert das P2SH-Locking-Skript, selbst wenn es einem ungültigen Redeem-Skript entspricht, weil der Skript-Hash nichts über das Skript selbst aussagt.

> P2SH-Locking-Skripte enthalten den Hash eines Redeem-Skripts, der keinerlei Hinweise auf den Inhalt des Redeem-Skripts selbst enthält. Die P2SH-Transaktion wird als gültig betrachtet und akzeptiert, selbst wenn das Redeem-Skript ungültig ist. Sie könnten versehentlich Bitcoins sperren, die später nicht mehr eingelöst werden können.

Data Recording Output (RETURN)

Bitcoins verteiltes und mit Zeitstempeln versehenes Kassenbuch, die Blockchain, bietet potenzielle Anwendungsmöglichkeiten, die weit über einfache Zahlungen hinausgehen. Viele Entwickler haben versucht, die Transaktionsskriptsprache und Vorteile der Sicherheit und Robustheit des Systems zu nutzen, um Anwendungen wie digitale Notardienste, Börsenzertifikate und »Smart Contracts« zu nutzen. Frühe Versuche, die Skriptsprache von Bitcoin für diese Zwecke zu nutzen, verlangten die Erzeugung von Transaktions-Outputs, die Daten in der Blockchain festhielten, zum Beispiel den digitalen Fingerabdruck einer Akte in einer Weise, in der jedermann die Existenz dieser Akte zu einem bestimmten Datum nachweisen kann, indem er auf diese Transaktion verweist.

Die Nutzung der Bitcoin-Blockchain zur Speicherung von Daten, die nichts mit Zahlungen zu tun haben, ist ein kontroverses Thema. Viele Entwickler sehen in einer solchen Nutzung einen Missbrauch und möchten diesen verhindern. Andere betrachten sie als Demonstration der Leistungsfähigkeit der Blockchain-Technologie und möchten solche Experimente vorantreiben. Die Gegner argumentieren, dass die Aufnahme dieser »Nichtzahlungsdaten« die Blockchain »aufblähen« und Full-Node-Betreibern die Kosten für die Speicherung von Daten auferlegen würde, für die die Blockchain nie gedacht war. Darüber hinaus erzeugen solche Transaktionen UTXOs, die nicht eingelöst werden können. Da die Adresse für Daten verwendet wird und zu keinem privaten Schlüssel passt, kann der resultierende UTXO niemals eingelöst werden. Es handelt sich also um Scheinzahlungen. Diese können niemals ausgegeben und daher niemals aus dem UTXO-Set entfernt werden, wodurch sich die Größe der UTXO-Datenbank immer weiter ausdehnt.

In Version 0.9 des Bitcoin-Core-Clients wurde durch die Einführung des `RETURN`-Operators ein Kompromiss erzielt. `RETURN` erlaubt den Entwicklern, 80 Byte Nichtzahlungsdaten in einen Transaktions-Output einzufügen. Doch im Gegensatz zu einem »Schein-UTXO« erzeugt der `RETURN`-Operator einen explizit *nachweislich nicht einzulösenden* Output, der nicht im UTXO-Set festgehalten werden muss. `RETURN`-Outputs werden in der Blockchain festgehalten, verbrauchen also Plattenplatz und tragen zur Erhöhung der Blockchain-Größe bei, müssen aber nicht im UTXO-Set gespeichert werden und blähen daher den UTXO-Speicherpool nicht auf. Full Nodes bleiben also von den Kosten für mehr Speicher verschont.

`RETURN`-Skripte sehen wie folgt aus:

```
RETURN <daten>
```

Die Daten sind auf eine Länge von 80 Byte beschränkt und werden meist durch einen Hash repräsentiert, z.B. durch das Ergebnis des SHA256-Algorithmus' (32 Byte). Viele Anwendungen stellen den Daten ein Präfix voran, das bei der Identifikation der Anwendung hilft. Zum Beispiel verwendet der digitale Notardienst Proof of Existence (*http://proofofexistence.com*) das 8-Byte-Präfix `DOCPROOF`. In ASCII codiert, entspricht das hexadezimal `44 4f 43 50 52 4f 4f 46`.

Denken Sie daran, dass es kein »Unlocking-Skript« für `RETURN` gibt, das verwendet werden könnte, um den `RETURN`-Output einzulösen. Der einzige Zweck von `RETURN` besteht darin, anzuzeigen, dass das Geld in diesem Output nicht ausgegeben werden kann und daher nicht im UTXO-Set vorgehalten werden muss. `RETURN` kann *nachweislich nicht eingelöst werden*. `RETURN` ist üblicherweise ein Output mit null Bitcoin, da jeder diesem Output zugewiesene Bitcoin-Betrag für immer verloren ist. Wird ein `RETURN` als Input in einer Transaktion referenziert, hält die Validierungs-Engine die Ausführung an und markiert das Skript als ungültig. Bei der Ausführung von `RETURN` wird `FALSE` zurückgegeben. und das Skript wird angehalten. Wenn Sie also versehentlich einen `RETURN`-Output als Input in einer Transaktion referenzieren, ist diese Transaktion ungültig.

Eine Standardtransaktion (die den `isStandard()`-Checks entspricht) kann nur einen `RETURN`-Output besitzen. Ein einzelner `RETURN`-Output kann in einer Transaktion aber mit Outputs aller anderen Typen kombiniert werden.

Zwei entsprechende neue Kommandozeilenoptionen wurden in die Bitcoin-Core-Version 0.10 aufgenommen. Die Option `datacarrier` steuert die Weiterleitung und das Mining von `RETURN`-Transaktionen. Voreingestellt ist sie mit »1«, um sie zu erlauben. Die Option `datacarriersize` legt die maximale Größe in Bytes für das

RETURN-Skript fest. Voreingestellt sind 83 Byte, d.h. maximal 80 Byte RETURN-Daten plus 1 Byte für den RETURN-Opcode und 2 Byte für den PUSHDATA-Opcode.

> RETURN wurde ursprünglich mit einem Limit von 80 Byte vorgeschlagen, doch dieses Limit wurde auf 40 Byte reduziert, als das Feature veröffentlicht wurde. Mit Version 0.10 von Bitcoin Core im Februar 2015 wurde das Limit wieder auf 80 Byte erhöht. Nodes können wählen, ob sie RETURN weiterleiten oder minen oder ob sie RETURN nur weiterleiten oder minen, wenn sie weniger als 80 Datenbytes enthalten.

Timelocks

Timelocks sind Beschränkungen für Transaktionen oder Outputs, die eine Freigabe erst ab einem bestimmten Zeitpunkt erlauben. Bitcoin besaß von Anfang an ein Timelock-Feature auf Transaktionsebene. Es wird durch das `nLocktime`-Feld in einer Transaktion implementiert. Ende 2015 und Mitte 2016 wurden zwei neue Timelock-Features eingeführt, die Timelocks auf UTXO-Ebene bieten, und zwar `CHECKLOCKTIMEVERIFY` und `CHECKSEQUENCEVERIFY`.

Timelocks sind nützlich, um Transaktionen nachzudatieren oder Zahlungen bis zu einem bestimmten Zeitpunkt zu sperren. Durch Timelocks wird das Bitcoin-Skripting um die Dimension der Zeit erweitert, was die Tür zu komplexen, aus mehreren Schritten bestehenden Smart Contracts öffnet.

Transaktions-Locktime (nLocktime)

Von Anfang an besaß Bitcoin ein Timelock-Feature auf Transaktionsebene. Transaktions-Locktime ist eine Einstellung auf Transaktionsebene (ein Feld in der Transaktionsdatenstruktur), die den frühesten Zeitpunkt definiert, zu der eine Transaktion gültig ist und im Netzwerk weitergeleitet oder in die Blockchain aufgenommen werden kann. Locktime ist auch als `nLocktime` bekannt, dem in der Bitcoin-Core-Codebasis verwendeten Variablennamen. Sie ist bei den meisten Transaktionen auf null gesetzt, was die sofortige Weiterleitung und Verarbeitung bedeutet. Ist `nLocktime` ungleich null und unter 500 Millionen, wird sie als Blockhöhe interpretiert, d.h., die Transaktion ist nicht gültig und wird so lange nicht weitergeleitet und in die Blockchain aufgenommen, bis die angegebene Blockhöhe erreicht ist. Liegt der Wert über 500 Millionen, wird er als Unix-Epoche interpretiert (also die seit dem 1.1.1970 vergangene Anzahl von Sekunden), und die Transaktion ist vor der angegebenen Zeit nicht gültig. Transaktionen, deren `nLocktime` einen Block oder eine Zeit in der Zukunft angeben, müssen auf dem Ursprungssystem vorgehalten und dürfen erst nach Erreichen des Zeitpunkts in das Bitcoin-System übertragen werden. Wird eine Transaktion vor der angegebenen `nLocktime` ins Netzwerk eingespeist, wird sie vom ersten Knoten als ungültig abgelehnt und nicht an andere Knoten weitergeleitet. Die Nutzung von `nLocktime` entspricht also der Nachdatierung eines Schecks.

Einschränkungen von Transaktions-Locktimes

`nLocktime` erlaubt es zwar, Outputs erst in der Zukunft auszugeben, verhindert aber nicht, dass Inputs bis zu dieser Zeit ausgegeben werden. Lassen Sie uns das mit dem folgenden Beispiel veranschaulichen.

Alice signiert eine Transaktion an Bobs Adresse und setzt dabei die `nLocktime` auf drei Monate in der Zukunft. Bei dieser Transaktion wissen Alice und Bob, dass:

- Bob die Mittel nicht freigeben kann, bis drei Monate verstrichen sind, und dass
- Bob die Transaktion nach drei Monaten freigeben kann.

Allerdings:

- Alice kann eine weitere Transaktion erzeugen, die den gleichen Input ohne Locktime noch einmal ausgibt. Alice kann den gleichen UTXO ausgeben, bevor die drei Monate verstrichen sind.
- Bob hat keine Garantie, dass Alice das nicht macht.

Es ist wichtig, die Beschränkungen der `nLocktime` einer Transaktion zu verstehen. Es besteht nur die Garantie, dass Bob keine Freigabe erhält, bevor nicht drei Monate verstrichen sind. Es gibt keine Garantie, dass Bob die Mittel erhält. Um das zu erreichen, muss die Timelock-Beschränkung nicht auf die Transaktion, sondern auf den UTXO selbst angewandt werden und Teil des Locking-Skripts sein. Das wird durch die nächste Form des Timelocks erreicht, die *Check Lock Time Verify* genannt wird.

Check Lock Time Verify (CLTV)

Im Dezember 2015 wurde eine neue Art von Timelock als Soft-Fork-Update in Bitcoin eingeführt. Basierend auf der Spezifikation in BIP-65 wurde ein neuer Skriptoperator namens `CHECKLOCKTIMEVERIFY` (`CLTV`) in die Skriptsprache aufgenommen. `CLTV` ist ein Output-basierter Timelock, kein transaktionsbezogener wie `nLocktime`. Das erlaubt eine deutlich größere Flexibilität bei der Anwendung von Timelocks.

Durch Hinzufügen des `CLTV`-Opcodes in das Redeem-Skript eines Outputs kann dieser erst ausgegeben werden, wenn die festgelegte Zeit verstrichen ist.

> Während `nLocktime` ein transaktionsbasierter Timelock ist, arbeitet `CLTV` auf Output-Ebene.

`CLTV` ist kein Ersatz für `nLocktime`, sondern schränkt UTXOs nur insoweit ein, dass sie erst in einer zukünftigen Transaktion freigegeben werden können, deren `nLocktime` größer oder gleich dem hier festgelegten Wert ist.

Der CLTV-Opcode verlangt als Parameter eine Zahl im gleichen Format wie nLocktime (entweder als Blockhöhe oder als Unix-Epoche). Wie durch die VERIFY-Endung angedeutet, ist CLTV die Art Opcode, die die Ausführung des Skripts anhält, wenn das Ergebnis FALSE ist. Ist das Ergebnis TRUE, wird die Ausführung fortgesetzt.

Um einen Output per CLTV zu sperren, fügen Sie es in das Redeem-Skript für diesen Output ein. Wenn Alice an Bobs Adresse überweist, würde der Output normalerweise folgendes P2PKH enthalten:

```
DUP HASH160 <Bobs Public Key Hash> EQUALVERIFY CHECKSIG
```

Um es an eine Zeit zu koppeln, z.B. »in drei Monaten«, wäre die Transaktion eine P2SH-Transaktion mit folgendem Redeem-Skript:

```
<in drei Monaten> CHECKLOCKTIMEVERIFY DROP DUP HASH160 <Bobs Public Key Hash>
EQUALVERIFY CHECKSIG
```

wobei <in drei Monaten> eine Blockhöhe oder eine Zeit ist, die schätzungsweise drei Monate vom Zeitpunkt des Minings der Transaktion entfernt ist: aktuelle Blockhöhe + 12.960 (Blöcke) oder aktuelle Unix-Epoche + 7.760.000 (Sekunden). Machen Sie sich im Moment keine Gedanken um den DROP-Opcode, der auf CHECKLOCKTIMEVERIFY folgt. Wir erklären ihn gleich.

Versucht Bob, diesen UTXO einzulösen, konstruiert er eine Transaktion, die den UTXO als Input referenziert. Er verwendet seine Signatur und seinen Public Key im Unlocking-Skript dieses Inputs und setzt die nLocktime auf einen Wert größer oder gleich dem von Alice gesetzten Timelock in CHECKLOCKTIMEVERIFY. Diese Transaktion setzt Bob dann im Bitcoin-Netzwerk ab.

Bobs Transaktion wird wie folgt evaluiert. Ist der von Alice gesetzte CHECKLOCKTIMEVERIFY-Parameter kleiner oder gleich der nLocktime der Transaktion, wird die Ausführung des Skripts fortgesetzt (als wäre ein NOP-Opcode ausgeführt worden). Anderenfalls wird das Skript angehalten und die Transaktion als ungültig angesehen.

Genauer gesagt, wird bei einem Fehlschlag von CHECKLOCKTIMEVERIFY die Ausführung angehalten und die Transaktion als ungültig markiert, wenn (Quelle BIP-65):

1. der Stack leer ist,
2. das oberste Stackelement kleiner 0 ist,
3. der Locktime-Typ (Höhe gegen Timestamp) des obersten Stackelements und das nLocktime-Feld nicht gleich sind,
4. das oberste Stackelement größer ist als das nLocktime-Feld der Transaktion oder
5. das nSequence-Feld des Inputs den Wert 0xffffffff enthält.

> `CLTV` und `nLocktime` verwenden das gleiche Format für Timelocks, d.h. entweder die Blockhöhe oder die seit der Unix-Epoche verstrichene Zeit in Sekunden. Werden sie zusammen verwendet, müssen die Formate von `nLocktime` und `CLTV` in den Inputs gleich sein, also entweder die Blockhöhe oder die Zeit in Sekunden angeben.

Ist die `CLTV`-Bedingung nach der Ausführung erfüllt, liegt der vorherige Zeitparameter noch auf dem Stack und muss möglicherweise per `DROP` vom Stack entfernt werden, damit nachfolgende Skript-Opcodes korrekt ausgeführt werden. Aus diesem Grund werden Sie in Skripten häufig `CHECKLOCKTIMEVERIFY` gefolgt von einem `DROP` sehen.

Durch die Verwendung von `nLocktime` im Zusammenspiel mit `CLTV` ändert sich das Szenario aus »Einschränkungen von Transaktions-Locktimes« auf Seite 160. Weil Alice den UTXO selbst gesperrt hat, ist es weder ihr noch Bob möglich, den Betrag vor der dreimonatigen Sperre einzulösen.

Durch die direkte Einführung der Timelock-Funktionalität in die Skriptsprache erlaubt `CLTV` die Entwicklung einiger sehr interessanter komplexer Skripte.

Der Standard ist in BIP-65 (CHECKLOCKTIMEVERIFY) (*https://github.com/bitcoin/bips/blob/master/bip-0065.mediawiki*) definiert.

Relative Timelocks

`nLocktime` und `CLTV` sind beides *absolute Timelocks*, d.h., sie geben einen absoluten Zeitpunkt an. Die beiden nächsten vorgestellten Timelock-Features sind *relative Timelocks*, die (als Bedingung für die Freigabe des Outputs) eine zu verstreichende Zeitspanne ab der Bestätigung des Outputs in der Blockchain festlegen.

Relative Timelocks sind nützlich, da sie eine Kette von zwei oder mehr unabhängigen Transaktionen außerhalb der Chain vorhalten können und einer Transaktion gleichzeitig eine zeitliche Beschränkung auferlegen, die auf der seit der Bestätigung der vorherigen Transaktion verstrichenen Zeit basiert. Mit anderen Worten, die Uhr beginnt erst zu ticken, wenn der UTXO in der Blockchain festgehalten wird. Diese Funktionalität ist insbesondere für bidirektionale Zustandskanäle und Lightning Networks nützlich, wie wir in »Zahlungs- und Zustandskanäle« auf Seite 290 noch sehen werden.

Relative Timelocks sind genau wie absolute Timelocks auf Transaktions- und auf Skriptebene implementiert. Der transaktionsbasierte relative Timelock ist per Konsensregel als Wert von `nSequence` implementiert, einem Feld, das für jeden Transaktions-Input gesetzt wird. Relative Timelocks auf Skriptebene sind über den Opcode `CHECKSEQUENCEVERIFY` (`CSV`) implementiert.

Relative Timelocks sind entsprechend den Spezifikationen in BIP-68, Relative locktime using consensus-enforced sequence numbers (*https://github.com/bitcoin/bips/blob/master/bip-0068.mediawiki*) und BIP-112, CHECKSEQUENCEVERIFY (*https://github.com/bitcoin/bips/blob/master/bip-0112.mediawiki*) implementiert.

BIP-68 und BIP-112 wurden im Mai 2016 als Soft-Fork-Upgrade zu den Konsensregeln aktiviert.

Relative Timelocks mit nSequence

Relative Timelocks können für jeden Input einer Transaktion festgelegt werden, indem das `nSequence`-Feld gesetzt wird.

Ursprüngliche Bedeutung von nSequence

Das `nSequence`-Feld war ursprünglich dafür gedacht, die Modifikation von Transaktionen im Mempool zu ermöglichen (was aber nie richtig implementiert wurde). In diesem Fall zeigte eine Transaktion mit Inputs mit einem `nSequence`-Wert unter 2^{32} (0xFFFFFFFF) an, dass die Transaktion noch nicht »finalisiert« war. Eine solche Transaktion würde im Mempool vorgehalten werden, bis sie durch eine andere Transaktion mit den gleichen Inputs und einem höheren `nSequence`-Wert ersetzt worden wäre. Sobald eine Transaktion eingegangen ist, deren Inputs einen `nSequence`-Wert von 2^{32} aufweisen, würde sie als »finalisiert« betrachtet und geschürft werden.

Die ursprüngliche Bedeutung von `nSequence` wurde nie richtig implementiert, und der Wert von `nSequence` wird üblicherweise auf 2^{32} gesetzt, wenn Transaktionen keine Timelocks nutzen. Bei Transaktionen mit `nLocktime` oder `CHECKLOCKTIMEVERIFY` muss der `nSequence`-Wert kleiner als 2^{32} sein, damit der Timelock-Schutz aktiv wird. Üblicherweise wird er auf $2^{32} - 1$ (0xFFFFFFFE) gesetzt.

nSequence als konsenserzwungener relativer Timelock

Seit der Aktivierung von BIP-68 gelten neue Konsensregeln für alle Transaktionen mit einem Input, dessen `nSequence`-Wert unter 2^{31} liegt (Bit 1<<31 ist nicht gesetzt). Programmtechnisch bedeutet dies, dass das höchstwertige Bit (Bit 1<<31) nicht gesetzt ist. Es dient als Flag für die »relative Locktime«. Anderenfalls (Bit 1<<31 gesetzt) ist der `nSequence`-Wert für andere Anwendungen reserviert, etwa die Aktivierung von `CHECKLOCKTIMEVERIFY`, `nLocktime`, »Opt-In-Replace-By-Fee« und andere zukünftige Entwicklungen.

Transaktions-Inputs mit `nSequence`-Werten kleiner als 2^{31} werden so interpretiert, als würden sie einen relativen Timelock besitzen. Eine solche Transaktion ist nur gültig, wenn der Input um die relative Timelock-Zeit »gealtert« ist. Hat eine Transaktion beispielsweise einen Input mit einem relativen `nSequence`-Timelock von 30 Blöcken, ist er nur gültig, wenn 30 Blöcke verstrichen sind, seit der im Input referenzierte UTXO geschürft wurde. Da `nSequence` ein Input-basiertes Feld ist, kann eine Transaktion eine beliebige Anzahl mit Timelocks versehener Inputs enthalten, die alle ausreichend alt sein müssen, damit die Transaktion gültig ist. Eine Transaktion kann sowohl Inputs mit (`nSequence` $< 2^{31}$) als auch Inputs ohne relative Timelocks (`nSequence` $>= 2^{31}$) enthalten.

Der `nSequence`-Wert kann in Blöcken oder Sekunden angegeben werden, wenn auch in einem leicht anderen Format, als wir es von `nLocktime` kennen. Ein Typ-Flag wird verwendet, um zwischen Werten in Blöcken und Werten in Sekunden zu unterscheiden. Das Typ-Flag wird im 23. niederwertigsten Bit (Bit 1<<22) gesetzt. Ist es gesetzt, wird der `nSequence`-Wert als Vielfaches von 512 Sekunden interpretiert. Ist es nicht gesetzt, wird der Wert als Anzahl der Blöcke interpretiert.

Wird `nSequence` als relativer Timelock interpretiert, werden nur die 16 niederwertigsten Bits berücksichtigt. Sobald die Flags (Bits 32 und 23) evaluiert sind, wird der `nSequence`-Wert üblicherweise mit einer 16-Bit-Maske »maskiert« (z. B. `nSequence` & 0x0000FFFF).

Abbildung 7-1 zeigt das in BIP-68 definierte binäre Layout des `nSequence`-Werts.

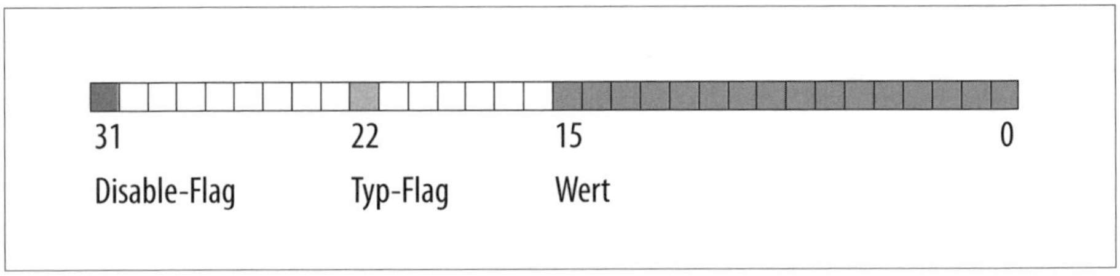

Abbildung 7-1: BIP-68-Definition der nSequence-Codierung (Quelle: BIP-68)

Relative Timelocks, die auf dem durch Konsens erzwungenen `nSequence`-Wert basieren, sind in BIP-68 definiert.

Der Standard ist in BIP-68, Relative lock-time using consensus-enforced sequence numbers (*https://github.com/bitcoin/bips/blob/master/bip-0068.mediawiki*) definiert.

Relative Timelocks mit CSV

Wie für `CLTV` und `nLocktime` gibt es auch einen Skript-Opcode für relative Timelocks, die den `nSequence`-Wert in Skripten verarbeiten. Dieser Opcode ist `CHECKSEQUENCEVERIFY`, kurz `CSV`.

Der `CSV`-Opcode im Redeem-Skript eines UTXO erlaubt nur die Freigabe in einer Transaktion, deren `nSequence`-Wert im Input größer oder gleich dem `CSV`-Parameter ist. Im Wesentlichen beschränkt das die Freigabe eines UTXO auf eine bestimmte Zeit (in Blöcken oder Sekunden) nach dem Mining dieses UTXO.

Wie bei `CLTV` muss der Wert im `CSV` dem Format in der dazugehörigen `nSequence` entsprechen. Wird also `CSV` in Blöcken angegeben, muss auch `nSequence` in Blöcken angegeben werden. Wird `CSV` in Sekunden angegeben, muss auch `nSequence` in diesem Format angegeben werden.

Relative Timelocks mit `CSV` sind besonders nützlich, wenn mehrere (verkettete) Transaktion erzeugt und signiert, aber nicht propagiert werden, d. h., man sie »offchain«, also außerhalb der (Blockchan-)Kette vorhält. Eine Child-Transaktion kann nicht verwendet werden, solange die Parent-Transaktion nicht propagiert sowie »gemint« ist und das im relativen Timelock festgelegte »Alter« nicht erreicht hat. Einen solchen Anwendungsfall finden Sie in »Zahlungs- und Zustandskanäle« auf Seite 290 und »Geroutete Zahlungskanäle (Lightning Network)« auf Seite 304.

`CSV` ist ausführlich in BIP-112, CHECKSEQUENCEVERIFY (*https://github.com/bitcoin/bips/blob/master/bip-0112.mediawiki*) definiert.

Median-Time-Past

Als Teil der Aktivierung relativer Timelocks gab es auch eine Änderung in der Art und Weise, wie »Zeit« für (absolute und relative) Timelocks berechnet wird. Bei Bitcoin gibt es einen kleinen, aber sehr signifikanten Unterschied zwischen Wall- und Konsenszeit. Bitcoin ist ein dezentrales Netzwerk, d.h., jeder Teilnehmende hat die eigene Vorstellung von »Zeit«. Events im Netzwerk finden nicht unmittelbar überall im Netzwerk statt. Netzwerklatenzen müssen für jede Node berücksichtigt werden. Irgendwann ist dann alles synchron, und ein gemeinsames Kassenbuch kann geführt werden. Bitcoin erreicht den Konsens über den Status des Kassenbuchs, wie es in der Vergangenheit existiert hat, alle zehn Minuten.

Die in Block-Headern eingetragenen Timestamps stammen von den Minern. Die Konsensregeln erlauben einen gewissen Spielraum, wenn es um die Unterschiede der Genauigkeit der Clocks dezentralisierter Nodes geht. Leider führt das zu einem unglücklichen Anreiz für die Miner, die Zeit in einem Block nicht ganz korrekt anzugeben, um zusätzliche Gebühren einzustreichen, indem Timelock-Transaktionen eingefügt werden, deren Zeit eigentlich noch nicht gekommen ist. Weitere Informationen finden Sie im folgenden Abschnitt.

Um diesen Anreiz zu nehmen und die Sicherheit von Timelocks zu erhöhen, wurde ein BIP vorgeschlagen und zur gleichen Zeit aktiviert wie die BIPs für relative Timelocks. Dieser BIP, BIP-113, definiert eine neue Zeitmessung namens *Median-Time-Past*.

Median-Time-Past berechnet sich aus dem Median der Timestamps der letzten elf Blöcke. Diese Median-Zeit wird zur Konsenszeit und wird für alle Timelock-Berechnungen genutzt. Indem man in etwa die Mitte aus den letzten beiden Stunden nimmt, reduziert man den Einfluss des Timestamps eines einzelnen beliebigen Blocks. Durch die Berücksichtigung von elf Blöcken kann ein einzelner Miner die Timestamps nicht dahin gehend beeinflussen, Transaktionen aufzunehmen (und so die Gebühren einzustreichen), deren Timelocks eigentlich noch nicht verstrichen sind.

Median-Time-Past ändert die Implementierung der Zeitberechnungen für `nLocktime`, `CLTV`, `nSequence` und `CSV`. Die durch Median-Time-Past berechnet Konsenszeit ist immer ungefähr eine Stunde hinter der Wall-Time zurück. Wenn Sie Timelock-Transaktion erzeugen, sollten Sie das berücksichtigen, wenn Sie den Wert für `nLocktime`, `nSequence`, `CLTV` und `CSV` berechnen.

Median-Time-Past ist in BIP-113 (*https://github.com/bitcoin/bips/blob/master/bip-0113.mediawiki*) spezifiziert.

Timelock-Schutz gegen Fee-Sniping

Fee-Sniping, zu Deutsch etwa »Gebühren schneiden«, ist ein theoretisches Angriffsszenario, bei dem Miner versuchen, zurückliegende Blöcke neu zu schreiben und Transaktionen mit höheren Gebühren aus zukünftigen Blöcken einzufügen, um die Profitabilität zu steigern.

Nehmen wir zum Beispiel an, der höchste existierende Block ist #100000. Statt nun Block #100001 zu minen, um die Kette zu erweitern, könnten einige Miner versuchen, Block #100000 erneut zu schürfen. Diese Miner könnten jede gültige Transaktion (die noch nicht gemined wurde) in ihren Kandidatenblock #100000 aufnehmen. Sie müssen den Block nicht mit den gleichen Transaktionen erneut schürfen. Vielmehr versuchen sie, die profitabelsten Transaktionen (mit den höchsten Gebühren pro KB) in ihren Block aufzunehmen. Sie können jegliche Transaktion aus dem »alten« Block #100000 aufnehmen sowie jede Transaktion aus dem aktuellen Mempool. Prinzipiell haben sie also die Möglichkeit, Transaktionen aus der »Gegenwart« in die »Vergangenheit« zu schreiben, indem sie den Block #100000 neu schreiben.

Heutzutage ist dieser Angriff nicht sehr lukrativ, weil die Belohnung für den Block wesentlich höher ist als die Gebühren. Doch irgendwann in der Zukunft werden Transaktionsgebühren den Großteil der Belohnung (oder sogar die einzige Belohnung) darstellen. Zu diesem Zeitpunkt wird dieses Szenario unausweichlich.

Um dieses »Fee-Sniping« zu unterbinden, nutzt Bitcoin Core bei der Erzeugung von Transaktionen `nLocktime`, um sie standardmäßig auf den »nächsten Block« zu beschränken. In unserem Beispiel würde Bitcoin Core `nLocktime` bei jeder erzeugten Transaktion auf 100001 setzen. Unter normalen Bedingungen hat dieser `nLocktime`-Wert keinen Einfluss, da die Transaktionen sowieso nur in Block #100001, also den nächsten Block, aufgenommen werden.

Bei einem Blockchain-Fork-Angriff wären die Miner nun aber nicht mehr in der Lage, die Transaktionen mit hohen Gebühren aus dem Mempool zu ziehen, weil diese Transaktionen über den Timelock an Block #100001 gekoppelt sind. Sie könnten nur Block #100000 mit den zu dieser Zeit gültigen Gebühren neu minen, ohne zusätzliche Gebühren abgreifen zu können.

Um das zu erreichen, setzt Bitcoin Core die `nLocktime` aller neuen Transaktionen auf <aktueller Block + 1> und `nSequence` bei allen Inputs auf 0xFFFFFFFE, um `nLocktime` zu aktivieren.

Skripte mit Ablaufsteuerung (Bedingungsklauseln)

Eines der leistungsfähigeren Features von Bitcoin Script ist die Ablaufsteuerung, auch Bedingungsklausel genannt. Die Ablaufsteuerung ist Ihnen wahrscheinlich aus verschiedenen Programmiersprachen vertraut, die das Konstrukt `IF...THEN...ELSE` verwenden. Bedingungsklauseln sehen bei Bitcoin etwas anders aus, haben grundsätzlich aber den gleichen Aufbau.

Auf der elementaren Ebene erlauben die konditionalen Opcodes von Bitcoin die Konstruktion eines Redeem-Skripts, das auf zwei Arten freigegeben werden kann, was wiederum vom TRUE/FALSE-Ergebnis der logischen Bedingung abhängt. Ist zum Beispiel x TRUE, wird Redeem-Skript A verwendet anderenfalls (ELSE) Redeem-Skript B.

Darüber hinaus können konditionale Ausdrücke unendlich tief »geschachtelt« werden, d.h., eine Bedingung kann eine weitere Bedingung enthalten, die wiederum eine weitere Bedingung enthält und so weiter. Mit der Ablaufsteuerung von Bitcoin Script können sehr komplexe Skripte mit Hunderten oder sogar Tausenden möglicher Ausführungspfade konstruiert werden. Es gibt kein Limit für die Verschachtelung, doch die Konsensregeln legen als Limit die maximale Größe eines Skripts (in Bytes) fest.

Bitcoin implementiert die Ablaufsteuerung über die Opcodes IF, ELSE, ENDIF und NOTIF. Zusätzlich können konditionale Ausdrücke Boolesche Operatoren wie BOOLAND, BOOLOR und NOT enthalten.

Auf den ersten Blick ist die Ablaufsteuerung bei Bitcoin etwas verwirrend. Das liegt daran, dass Bitcoin Script eine stackbasierte Sprache ist. Genau wie 1 + 1 etwas seltsam aussieht, wenn man es als 1 1 ADD ausdrückt, wirken auch die Klauseln zur Ablaufsteuerung bei Bitcoin etwas merkwürdig.

Bei den meisten traditionellen (prozeduralen) Programmiersprachen sieht die Ablaufsteuerung etwa so aus:

```
if (bedingung):
  auszuführender code, wenn die bedingung wahr ist
else:
  auszuführender code, wenn die bedingung falsch ist
in beiden fällen auszuführender code
```

Bei einer stackbasierten Sprache wie Bitcoin Script kommt die logische Bedingung vor dem IF, was die Sache ein wenig »seltsam« aussehen lässt:

```
bedingung
IF
  auszuführender code, wenn die bedingung wahr ist
ELSE
  auszuführender code, wenn die bedingung falsch ist
ENDIF
in beiden fällen auszuführender code
```

Wenn Sie Bitcoin Script lesen, müssen Sie daran denken, dass die zu evaluierende Bedingung vor dem IF-Opcode steht.

Bedingungsklauseln mit VERIFY-Opcodes

Eine andere Form von Bedingung bei Bitcoin Script ist jeder Opcode, der mit VERIFY endet. Die Endung VERIFY bedeutet, dass bei einer Evaluierung ungleich TRUE das Skript sofort beendet und die Transaktion als ungültig betrachtet wird.

Im Gegensatz zur IF-Klausel, die alternative Ausführungspfade bietet, fungiert die Endung VERIFY als *Schutzklausel* (Guard Clause), bei der die Ausführung nur fortgesetzt wird, wenn eine Vorbedingung erfüllt ist.

Zum Beispiel verlangt das folgende Skript Bobs Signatur und ein Secret, das einen bestimmten Hash erzeugt. Zur Freigabe müssen beide Bedingungen erfüllt sein:

```
HASH160 <erwarteter Hash> EQUALVERIFY <Bobs Pubkey> CHECKSIG
```

Um das freigeben zu können, muss Bob ein Unlocking-Skript erzeugen, das ein gültiges Secret und eine Signatur präsentiert:

```
<Bobs Sig> <hash secret>
```

Ohne das Secret zu präsentieren, kann Bob nicht zu dem Teil des Skripts gelangen, das die Signatur prüft.

Dieses Skript kann auch mit einem IF formuliert werden:

```
HASH160 <erwarteter Hash> EQUAL
IF
   <Bobs Pubkey> CHECKSIG
ENDIF
```

Bobs Unlocking-Skript bleibt gleich:

```
<Bobs Sig> <Hash secret>
```

Das Skript mit dem IF macht das Gleiche wie die Verwendung eines Opcodes mit der Endung VERIFY. Beide dienen als Schutzklauseln, allerdings ist das VERIFY-Konstrukt effektiver, da es weniger Opcodes nutzt.

Wann verwenden wir nun also VERIFY und wann IF? Wollen wir nur eine Vorbedingung einbinden (eine Schutzklausel), ist VERIFY besser. Wenn wir hingegen mehr als einen Ausführungspfad wünschen (Ablaufsteuerung), müssen wir eine IF...ELSE-Klausel verwenden.

> Ein Opcode wie EQUAL legt das Ergebnis (TRUE/FALSE) auf dem Stack ab, wo es von nachfolgenden Opcodes weiterverarbeitet werden kann. Im Gegensatz dazu hinterlässt ein Opcode mit der Endung EQUALVERIFY nichts auf dem Stack. Opcodes mit der Endung VERIFY hinterlassen das Ergebnis nicht auf dem Stack.

Die Ablaufsteuerung in Skripten nutzen

Eine sehr gängige Anwendung der Ablaufsteuerung in Bitcoin Script ist die Konstruktion eines Redeem-Skripts, das mehrere Ausführungspfade anbietet, die jeweils unterschiedliche Möglichkeiten zur Freigabe des UTXO anbieten.

Sehen wir uns ein einfaches Beispiel an, in dem wir zwei Unterzeichner haben (Alice und Bob), von denen jeder zur Freigabe berechtigt ist. Bei Multisig würden wir das mit einem 1-von-2-Multisig-Skript ausdrücken. Zu Demonstrationszwecken wollen wir das Gleiche mit einer IF-Klausel formulieren:

```
IF
 <Alice´ Pubkey> CHECKSIG
ELSE
 <Bobs Pubkey> CHECKSIG
ENDIF
```

Wenn Sie sich das Redeem-Skript ansehen, fragen Sie sich wahrscheinlich, wo denn die Bedingung ist. Es steht ja nichts vor der IF-Klausel!

Die Bedingung ist nicht Teil des Redeem-Skripts. Stattdessen wird die Bedingung vom Unlocking-Skript geliefert, was es Alice und Bob erlaubt, den gewünschten Ausführungspfad zu »wählen«.

Alice gibt den Betrag mit folgendem Unlocking-Skript frei:

```
<Alice´ Sig> 1
```

Die 1 am Ende dient als Bedingung (TRUE), nach der die IF-Klausel den ersten Ausführungspfad wählt, für den Alice eine Signatur besitzt.

Damit Bob den Betrag freigeben kann, muss er den zweiten Ausführungspfad wählen, indem er FALSE an die IF übergibt:

```
<Bobs Sig> 0
```

Bobs Unlocking-Skript legt eine 0 auf dem Stack ab, weshalb die IF-Klausel das zweite Skript (ELSE) ausführt, das Bobs Signatur verlangt.

Da IF-Klauseln verschachtelt werden dürfen, können wir ein ganzes »Labyrinth« an Ausführungspfaden aufbauen. Das Unlocking-Skript kann einen »Plan« aufstellen, nach dem die Ausführungspfade ausgewählt werden:

```
IF
  skript A
ELSE
  IF
    skript B
  ELSE
    skript C
  ENDIF
ENDIF
```

Bei diesem Szenario gibt es drei Ausführungspfade (skript A, skript B und skript C). Das Unlocking-Skript stellt einen Pfad in Form einer Folge von TRUE- oder FALSE-Werten bereit. Um beispielsweise den Pfad skript B zu wählen, muss das Unlocking-Skript mit 1 0 (TRUE, FALSE) enden. Diese Werte werden auf dem Stack abgelegt, und der zweite Wert (FALSE) landet dabei als oberster Wert auf dem Stack. Die äußere IF-Klausel entfernt den FALSE-Wert und führt die erste ELSE-Klausel aus. Nun liegt TRUE im Stack obenauf, wird durch das innere (verschachtelte) IF evaluiert, und der Ausführungspfad B wird gewählt.

Mit diesem Konstrukt können Sie Redeem-Skripte mit Dutzenden oder Hunderten Ausführungspfaden entwickeln, die unterschiedliche Möglichkeiten zur Freigabe eines UTXO bieten. Für die Freigabe entwickeln wir ein Unlocking-Skript, das sich durch die Ausführungspfade bewegt, indem es an jedem Kontrollpunkt die gewünschten TRUE- oder FALSE-Werte ablegt.

Komplexes Skriptbeispiel

In diesem Abschnitt wollen wir viele Konzepte aus diesem Kapitel in einem einzigen Beispiel zusammenfassen.

Unser Beispiel dreht sich um Mohammed, den Unternehmer aus Dubai, der ein Import/Export-Geschäft betreibt.

In unserem Beispiel möchte Mohammed ein Unternehmenskonto mit flexiblen Regeln aufbauen. Das von ihm entwickelte Schema verlangt verschiedene Autorisierungsebenen, die von Timelocks abhängig sind. Die Teilnehmer an diesem Multisig-Schema sind Mohammed, seine beiden Partner Saeed und Zaira sowie der Unternehmensanwalt Abdul. Die drei Partner treffen ihre Entscheidungen mehrheitlich, d. h., zwei von drei müssen zustimmen. Doch für den Fall, dass es ein Problem mit den Schlüsseln gibt, soll ihr Anwalt in der Lage sein, die Mittel mit einem der drei Partnerschlüssel wieder freizugeben. Sollten alle Partner abwesend oder handlungsunfähig sein, soll der Anwalt schließlich das Konto direkt verwalten dürfen.

Hier das von Mohammed zu diesem Zweck entwickelte Skript:

```
IF
  IF
    2
  ELSE
    <30 Tage> CHECKSEQUENCEVERIFY DROP
    <Abduls Pubkey> CHECKSIGVERIFY
    1
  ENDIF
  <Mohammeds Pubkey> <Saeeds Pubkey> <Zairas Pubkey> 3 CHECKMULTISIG
ELSE
  <90 days> CHECKSEQUENCEVERIFY DROP
  <Abduls Pubkey> CHECKSIG
ENDIF
```

Mohammeds Skript implementiert drei Ausführungspfade über verschachtelte IF...ELSE-Klauseln.

Im ersten Ausführungspfad wird das Skript als einfaches 2-von-3-Multisig-Skript mit den drei Partnern betrieben. Der Ausführungspfad besteht aus den Zeilen 3 und 9. Zeile 3 legt die Beschlussfähigkeit der Multisignatur mit 2 (2-von-3) fest. Der Ausführungspfad kann gewählt werden, indem man TRUE TRUE an das Ende des Unlocking-Skripts anhängt:

```
0 <Mohammeds Sig> <Zairas Sig> TRUE TRUE
```

Die 0 zu Beginn des Unlocking-Skripts umgeht einen Bug in CHECK MULTISIG, der einen Wert zu viel vom Stack entfernt. Dieser zusätzliche Wert wird von CHECKMULTISIG zwar ignoriert, muss aber vorhanden sein, da das Skript sonst mit einem Fehler abbricht. Der Push einer 0 (üblicherweise) dient als Workaround für diesen Bug und wird in »Ein Bug in der CHECKMULTISIG-Ausführung« auf Seite 152 beschrieben.

Der zweite Ausführungspfad kann nur genutzt werden, wenn seit der Erzeugung des UTXO 30 Tage vergangen sind. Zu diesem Zeitpunkt verlangt es die Signatur des Anwalts Abdul und eines der drei Partner (1-aus-3-Multisig). Das wird in Zeile 7 erreicht, wo die Beschlussfähigkeit der Multisignatur mit 1 festgelegt wird. Um diesen Ausführungspfad zu wählen, endet das Unlocking-Skript mit FALSE TRUE:

```
0 <Saeeds Sig> <Abduls Sig> FALSE TRUE
```

Warum FALSE TRUE? Ist das nicht falsch herum? Weil die beiden Werte auf den Stack geschoben werden, d.h. zuerst FALSE und dann TRUE. TRUE wird daher zuerst vom ersten IF-Opcode verwendet.

Schließlich erlaubt der dritte Ausführungspfad dem Anwalt Abdul, alle Mittel allein freizugeben, doch erst nach 90 Tagen. Für diesen Ausführungspfad muss das Unlocking-Skript mit FALSE enden:

```
<Abduls Sig> FALSE
```

Führen Sie das Skript auf Papier aus und sehen Sie sich an, wie es sich auf dem Stack verhält.

Wenn Sie sich das Beispiel ansehen, stellen sich noch einige Fragen. Schauen Sie, ob Sie die Antworten finden:

- Warum kann der Anwalt nicht einfach zu jedem Zeitpunkt den dritten Ausführungspfad wählen, indem er FALSE in das Unlocking-Skript einträgt?
- Wie viele Ausführungspfade sind 5, 35 und 105 Tage nach dem Mining des UTXO möglich?
- Sind die Mittel verloren, wenn der Anwalt seinen Schlüssel verliert? Ändert sich Ihre Antwort, wenn 91 Tage verstrichen sind?
- Wie setzen die Partner die Uhr nach 29 bzw. 89 Tagen zurück, damit der Anwalt nicht einfach auf die Mittel zugreifen kann?
- Warum verwenden einige CHECKSIG-Opcodes in diesem Skript die Endung VERIFY und andere nicht?

KAPITEL 8

Das Bitcoin-Netzwerk

Peer-to-Peer-Netzwerkarchitektur

Bitcoin ist über dem Internet als Peer-to-Peer-Netzwerk angelegt. Der Begriff *Peer-to-Peer*, kurz P2P, bedeutet, dass die am Netzwerk teilnehmenden Computer alle gleich sind, dass es keine »speziellen« Knoten gibt und dass sich alle Knoten (Nodes) die Last des Netzwerkdiensts teilen. Die Netzwerkknoten verbinden sich in einer »flachen« Topologie zu einem Netzwerk. Es gibt keine Server, keinen zentralisierten Dienst und keine Hierarchie innerhalb dieses Netzwerks. Die Nodes in einem P2P-Netzwerk nutzen Dienste, bieten gleichzeitig aber auch Dienste an. Diese Gegenseitigkeit dient als Anreiz zur Teilnahme an diesem Netzwerk. P2P-Netzwerke sind von Natur aus robust, dezentralisiert und offen. Ein herausragendes Beispiel für eine P2P-Netzwerkarchitektur ist das frühe Internet selbst, bei dem die Knoten im IP-Netzwerk alle gleich waren. Die heutige Internetarchitektur ist etwas hierarchischer strukturiert, doch das Internetprotokoll hat seine flache Topologie beibehalten. Neben Bitcoin ist die größte und erfolgreichste Anwendung der P2P-Techniken das Filesharing. Napster war dabei der Pionier, und BitTorrent ist die jüngste Evolution dieser Architektur.

Bitcoins P2P-Architektur ist weit mehr als nur die Entscheidung für eine Topologie. Bitcoin ist ganz bewusst ein P2P-basiertes System digitalen Geldes, und die Netzwerkarchitektur spiegelt das wider, ist gleichzeitig aber auch die Grundlage dieses Kernmerkmals. Die Dezentralisierung der Kontrolle ist ein wesentlicher Gestaltungsgrundsatz, der nur durch ein flaches, dezentralisiertes P2P-Konsensnetzwerk erreicht werden kann.

Der Begriff *Bitcoin-Netzwerk* steht für eine Reihe von Nodes, die das Bitcoin-P2P-Protokoll ausführen. Darüber hinaus gibt es andere Protokolle wie Stratum, das zum Mining und für leichtgewichtige oder mobile Wallets genutzt wird. Diese zusätzlichen Protokolle werden von Servern bereitgestellt, die als Gateway-Router fungieren, mit dem Netzwerk über das Bitcoin-P2P-Protokoll kommunizieren und dieses Netzwerk dann um Nodes erweitern, die diese Protokolle verwenden. Zum Beispiel verbinden Stratum-Server Mining-Nodes über das Stratum-Protokoll mit dem Bitcoin-Netzwerk und binden das Stratum-Protokoll in das Bitcoin-P2P-Protokoll ein. Wir verwenden den Begriff *erweitertes Bitcoin-Netzwerk* für das Gesamtnetzwerk einschließlich des Bitcoin-P2P-Protokolls, der Pool-Mining-Protokolle, des Stratum-Protokolls und aller anderen Protokolle, die Komponenten des Bitcoin-Systems miteinander verbinden.

Arten und Rollen von Nodes

Obwohl die Nodes im Bitcoin-P2P-Netzwerk gleich sind, können sie unterschiedliche Rollen einnehmen, je nachdem, welche Funktionalität sie anbieten. Eine Bitcoin-Node umfasst eine ganze Reihe von Funktionen: Routing, Blockchain-Datenbank, Mining und Wallet-Dienste. Eine Full Node, die alle vier der genannten Funktionen übernimmt, ist in Abbildung 8-1 zu sehen.

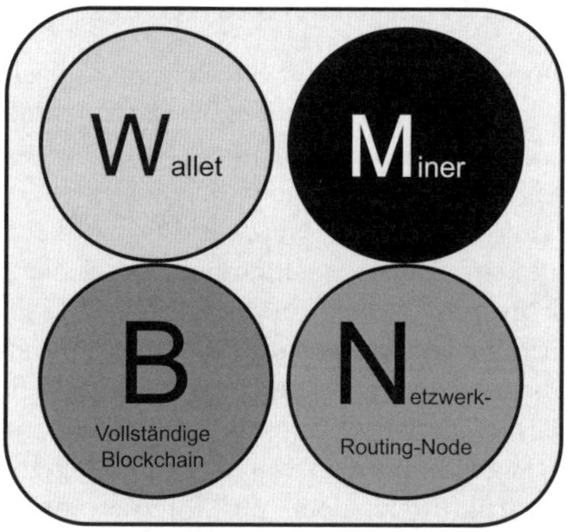

Abbildung 8-1: Eine Bitcoin-Node mit allen vier Funktionen: Wallet, Miner, vollständige Blockchain-Datenbank und Netzwerk-Routing

Alle Nodes schließen die Routing-Funktion ein, um am Netzwerk teilnehmen zu können, und können darüber hinaus andere Funktionen anbieten. Alle Nodes validieren und propagieren Transaktionen und Blöcke, erkennen Peers und pflegen die Verbindung mit ihnen. Im Full-Node-Beispiel in Abbildung 8-1 wird die Routing-Funktion mit einem orangefarbenen Kreis namens »Netzwerk-Routing-Node« bzw. dem Buchstaben »N« dargestellt.

Einige Nodes, sogenannte Full Nodes, halten auch eine vollständige und aktuelle Kopie der Blockchain vor. Full Nodes können jede Transaktion ohne externe Referenz autonom und verbindlich verifizieren. Einige Nodes halten nur einen Teil der Blockchain vor und verifizieren Transaktionen über eine Methode namens *Simplified Payment Verification*, kurz SPV. Diese Nodes werden als SPV-Nodes oder leichtgewichtige Nodes bezeichnet. Im obigen Full-Node-Beispiel wird die Full-Node-Blockchain-Datenbank durch einen blauen Kreis namens »Vollständige Blockchain« bzw. den Buchstaben »B« dargestellt. In Abbildung 8-3 werden SPV-

Nodes ohne den blauen Kreis dargestellt, um zu zeigen, dass sie keine vollständige Kopie der Blockchain vorhalten.

Mining-Nodes konkurrieren bei der Erzeugung neuer Blöcke. Dazu betreiben sie spezialisierte Hardware, um den Proof-of-Work-Algorithmus zu lösen. Einige Mining-Nodes sind Full Nodes, halten also eine vollständige Kopie der Blockchain vor, während es sich bei anderen um leichtgewichtige Nodes handelt, die am Pool-Mining teilnehmen und dem Poolserver die Pflege der Full Node überlassen. Die Mining-Funktion wird in der Full Node als schwarzer Kreis namens »Miner« bzw. durch den Buchstaben »M« dargestellt.

Nutzer-Wallets können Teil einer Full Node sein, was bei Desktop-Bitcoin-Clients üblicherweise der Fall ist. Zunehmend sind Nutzer-Wallets SPV-Nodes, insbesondere bei schwach ausgestatteten Geräten wie Smartphones. Die Wallet-Funktion wird in Abbildung 8-1 als grüner Kreis namens »Wallet« bzw. durch den Buchstaben »W« dargestellt.

Neben den Node-Hauptarten im Bitcoin-P2P-Protokoll gibt es Server und Nodes, die andere Protokolle ausführen, z.B. spezialisierte Pool-Mining-Protokolle und Protokolle für den leichtgewichtigen Zugriff durch Clients.

Abbildung 8-2 zeigt die gängigsten Arten von Nodes im erweiterten Bitcoin-Netzwerk.

Das erweiterte Bitcoin-Netzwerk

Das Bitcoin-Hauptnetzwerk, das das Bitcoin-P2P-Protokoll ausführt, besteht aus etwa 5.000 bis 8.000 Nodes, die verschiedene Versionen des Bitcoin-Referenzclients (Bitcoin Core) ausführen, sowie einigen Hundert Nodes, die verschiedene andere Implementierungen des Bitcoin-P2P-Protokolls wie Bitcoin Classic, Bitcoin Unlimited, BitcoinJ, Libbitcoin, btcd oder bcoin ausführen. Ein kleiner Prozentsatz der Nodes im Bitcoin-P2P-Netzwerk sind auch Mining-Nodes, die im Mining-Prozess miteinander konkurrieren, d.h. Transaktionen validieren und neue Blöcke erzeugen. Verschiedene große Unternehmen stellen die Verbindung mit dem Bitcoin-Netzwerk über auf dem Bitcoin-Core-Client basierende Full Nodes her, d.h., sie halten vollständige Kopien der Blockchain und einen Netzwerkknoten vor, stellen aber weder Mining- noch Wallet-Funktionen bereit. Diese Nodes fungieren als sogenannte Egde-Router, auf denen verschiedene andere Dienste (Börsen, Wallets, Block-Explorer, Zahlungsabwicklung) aufbauen können.

Das erweiterte Bitcoin-Netzwerk umfasst das (vorhin beschriebene) Netzwerk, in dem das Bitcoin-P2P-Protokoll läuft, sowie Nodes mit spezialisierten Protokollen. An das Bitcoin-Hauptnetzwerk angeschlossen, läuft eine Reihe von Poolservern und Protokoll-Gateways, die andere Protokolle ausführende Nodes anbinden. Bei diesen anderen Nodes handelt es sich größtenteils um Pool-Mining-Nodes (siehe Kapitel 10) und leichtgewichtige Wallet-Clients, die keine vollständige Kopie der Blockchain vorhalten.

Abbildung 8-3 zeigt das erweiterte Bitcoin-Netzwerk mit den verschiedenen Arten von Knoten, Gateway-Servern, Edge-Routern und Wallet-Clients sowie die verschiedenen Protokolle, über die sie sich untereinander verbinden.

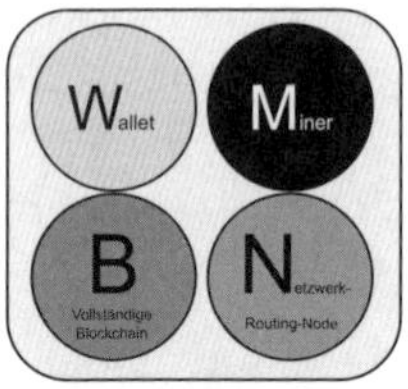

Referenzclient (Bitcoin Core)

Enthält Wallet, Miner, die vollständige Blockchain-Datenbank und die Netzwerk-Routing-Node im Bitcoin-P2P-Netzwerk.

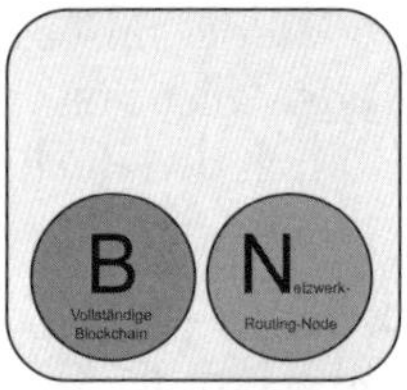

Vollständige Blockchain-Node

Enthält die vollständige Blockchain-Datenbank und die Netzwerk-Routing-Node im Bitcoin-P2P-Netzwerk.

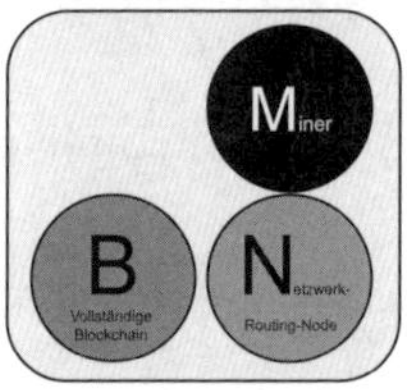

Solo Miner

Enthält die Mining-Funktion mit einer vollständigen Kopie der Blockchain und eine P2P-Netzwerk-Routing-Node.

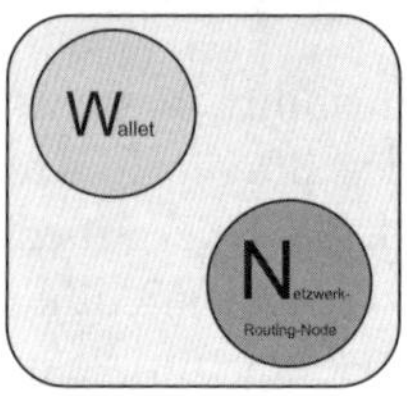

Leichtgewichtige (SPV-)Wallet

Enthält eine Wallet und eine Netzwerk-Routing-Node im Bitcoin-P2P-Protokoll, aber keine Blockchain.

Pool-Protokoll-Server

Gateway-Router, die das Bitcoin-P2P-Netzwerk mit Nodes verbinden, die andere Protokolle ausführen, etwa Pool-Mining-Nodes oder Stratum-Nodes.

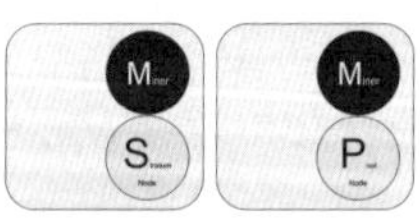

Mining-Nodes

Enthalten eine Mining-Funktion (aber keine Blockchain) mit der Stratum-Protokoll-Node (S) oder einer anderen Pool-Protokoll-Node (P).

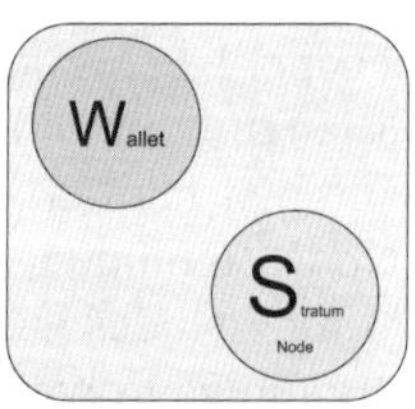

Leichtgewichtige (SPV-)Stratum-Wallet

Enthält eine Wallet und eine Netzwerk-Node im Stratum-Protokoll ohne Blockchain.

Abbildung 8-2: Verschiedene Node-Arten im erweiterten Bitcoin-Netzwerk

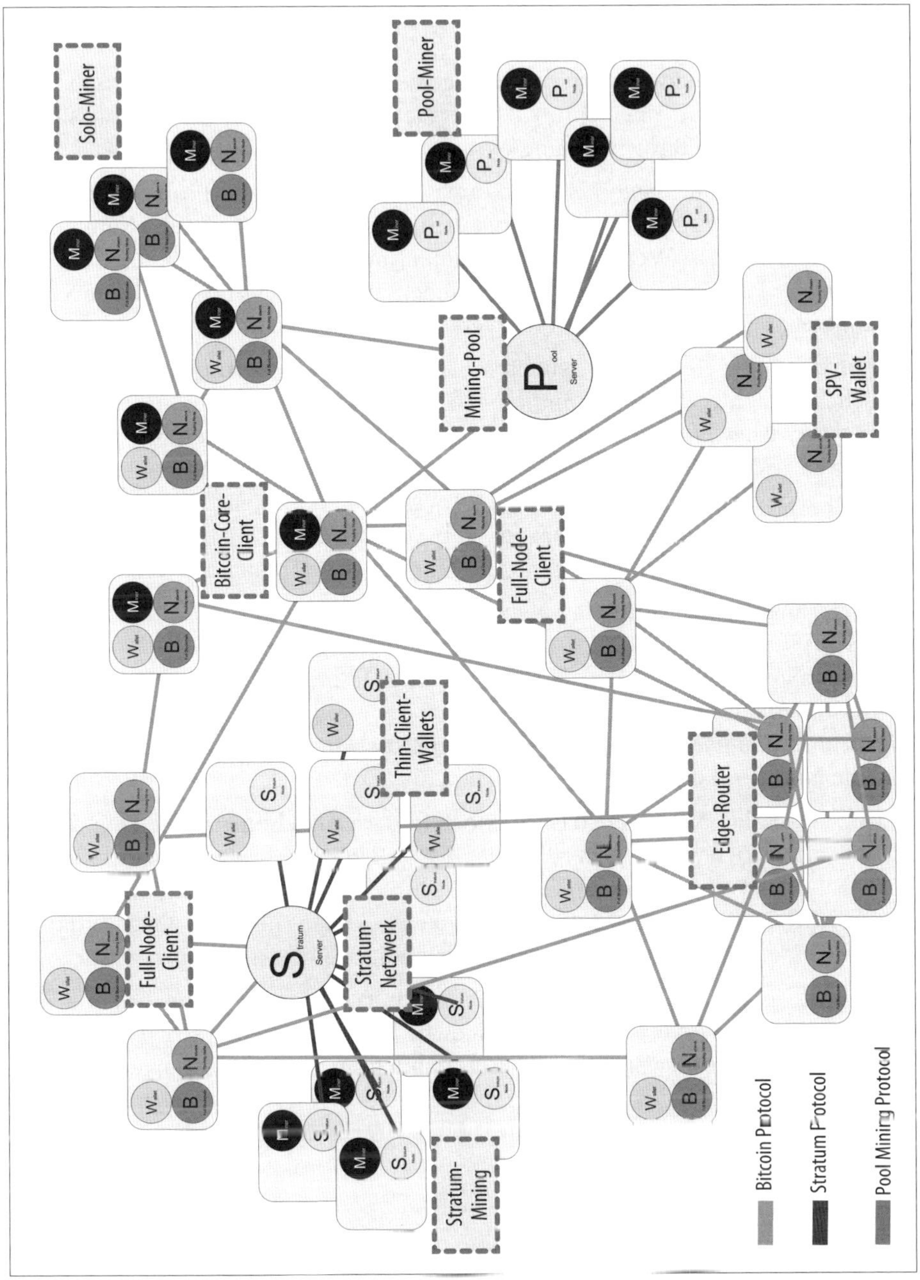

Abbildung 8-3: Erweitertes Bitcoin-Netzwerk mit den verschiedenen Node-Arten, Gateways und Protokollen

Bitcoin-Relay-Netzwerke

Das Bitcoin-P2P-Netzwerk erfüllt die allgemeinen Anforderungen einer Vielzahl von Node-Arten, hat aber eine zu hohe Netzwerklatenz für die spezialisierten Anforderungen von Bitcoin-Mining-Nodes.

Bitcoin-Miner konkurrieren bei der Lösung des Proof-of-Work-Problems in einem zeitkritischen Wettbewerb um die Erweiterung der Blockchain (siehe Kapitel 10). Wenn sie an diesem Wettbewerb teilnehmen, müssen die Bitcoin-Miner die Zeit zwischen der Propagation des siegreichen Blocks und dem Start der nächsten Runde minimieren. Beim Mining ist die Netzwerklatenz direkt mit den Profiten verknüpft.

Ein *Bitcoin-Relay-Netzwerk* versucht, die Latenz bei der Übertragung von Blöcken zwischen den Minern zu minimieren. Das ursprüngliche Bitcoin-Relay-Netzwerk (*http://www.bitcoinrelaynetwork.org*) wurde 2015 vom Core-Entwickler Matt Corallo entwickelt, um die schnelle Synchronisation von Blöcken zwischen Minern mit sehr geringer Latenz zu ermöglichen. Das Netzwerk bestand aus mehreren spezialisierten Nodes, die über Amazon Web Services auf der ganzen Welt verteilt waren und den Großteil der Miner und Mining-Pools miteinander verbanden.

Das ursprüngliche Bitcoin-Relay-Netzwerk wurde 2016 durch die *Fast Internet Bitcoin Relay Engine*, kurz *FIBRE* (*http://bitcoinfibre.org*), ersetzt, die ebenfalls von Matt Corallo entwickelt wurde. FIBRE ist ein UDP-basiertes Relay-Netzwerk, das Blöcke innerhalb eines Netzwerks von Knoten verteilt. FIBRE implementiert die sogenannte *Compact Block*-Optimierung, um die Menge der übertragenen Daten und die Netzwerklatenz weiter zu reduzieren.

Ein anderes Relay-Netzwerk (das sich noch in der Empfehlungsphase befindet) ist *Falcon* (*http://www.falcon-net.org/about*). Es basiert auf Forschungen der Cornell University und verwendet »Cut-Through«- statt »Store-and-Forward«-Routing. Die Latenz wird dabei reduziert, indem Teilblöcke direkt nach dem Empfang weiterpropagiert werden, statt zu warten, bis ein vollständiger Block empfangen wurde.

Relay-Netzwerke sind kein Ersatz für Bitcoins P2P-Netzwerk. Vielmehr handelt es sich um ein Overlay-Netzwerk, das zusätzliche Konnektivität zwischen Knoten mit spezialisierten Anforderungen bietet. Autobahnen sind nur Abkürzungen zwischen zwei Punkten mit hohem Verkehrsaufkommen. Dennoch benötigt man noch Landstraßen, um die Autobahnen miteinander zu verbinden.

Netzwerkerkundung

Wird eine neue Node gestartet, muss sie andere Bitcoin-Nodes im Netzwerk finden, um am Netzwerk teilnehmen zu können. Um diese Erkundung zu starten, muss ein neuer Knoten zumindest eine existierende Node im Netzwerk finden und die Verbindung herstellen. Die geografische Lage der anderen Node ist dabei irrelevant. Die Topologie des Bitcoin-Netzwerks ist nicht geografisch definiert. Daher kann zufällig jeder existierende Bitcoin-Knoten gewählt werden.

Die Verbindung zu einem bekannten Peer erfolgt über TCP üblicherweise an Port 8333 (der standardmäßig von Bitcoin genutzt wird) oder über einen anderen Port, falls einer angegeben wurde. Sobald die Verbindung steht, startet die Node einen »Handshake« (siehe Abbildung 8-4), indem sie eine `version`-Nachricht sendet, die grundlegende Informationen enthält, die die Node identifizieren. Dazu gehören:

`nVersion`
: Die Version des Bitcoin-P2P-Protokolls, die der Client »spricht« (z.B. 70002).

`nLocalServices`
: Eine Liste der durch den Client unterstützten lokalen Dienste, momentan nur `NODE_NETWORK`.

`nTime`
: Die aktuelle Zeit.

`addrYou`
: Die IP-Adresse der entfernten Node.

`addrMe`
: Die IP-Adresse der lokalen Node.

`subver`
: Subversion der auf dieser Node laufenden Software (z.B. `/Satoshi:0.9.2.1/`).

`BestHeight`
: Die Blockhöhe der Blockchain dieser Node.

Ein Beispiel für eine `version`-Nachricht finden Sie auf GitHub (*http://bit.ly/1qlsC7w*).

Die `version`-Nachricht ist immer die erste Nachricht, die von einem Peer zu einem anderen Peer gesendet wird. Der die `version`-Nachricht empfangende lokale Peer untersucht die vom entfernten Peer gesendete `nVersion` und entscheidet, ob dieser kompatibel ist. Ist der entfernte Peer kompatibel, bestätigt der lokale Peer die `version`-Nachricht und stellt die Verbindung über eine `verack`-Nachricht her.

Wie findet ein neuer Knoten Peers? Die erste Methode besteht in einer DNS-Abfrage bei einer Reihe sogenannter *DNS-Seeds*, die eine Liste mit IP-Adressen von Bitcoin-Nodes liefern. Einige dieser DNS-Seeds liefern eine statische Liste mit den IP-Adressen stabiler Bitcoin-Nodes zurück. Andere DNS-Seeds sind angepasste Implementierungen von BIND (*Berkeley Internet Name Daemon*), die eine zufällige Subliste von Bitcoin-Node-Adressen zurückgeben, die ein Crawler oder eine lang laufende Bitcoin-Node gesammelt hat. Der Bitcoin-Core-Client enthält die Namen von fünf verschiedenen DNS-Seeds. Diese Vielfalt unterschiedlicher Eigentümer und Implementierungen der DNS-Seeds sorgt für ein hohes Maß an Zuverlässigkeit beim Bootstrapping-Prozess. Im Bitcoin-Core-Client heißt die Option zur Verwendung des DNS-Seeds `-dnsseed`. Die Option ist standardmäßig auf 1 gesetzt, um den DNS-Seed zu verwenden.

Einem gerade startenden Knoten, der nichts über das Netzwerk weiß, muss alternativ die IP-Adresse mindestens eines Bitcoin-Knotens übergeben werden, über die er Verbindungen herstellen kann, nachdem er sich bei weiteren Nodes »vorgestellt« hat. Das Kommandozeilenargument `-seednode` kann verwendet werden, um die Verbindung mit einem Knoten herzustellen und sich dort vorzustellen. Nachdem diese Seed-Node für die Vorstellung genutzt wurde, trennt der Client die Verbindung und verwendet die neu entdeckten Peers.

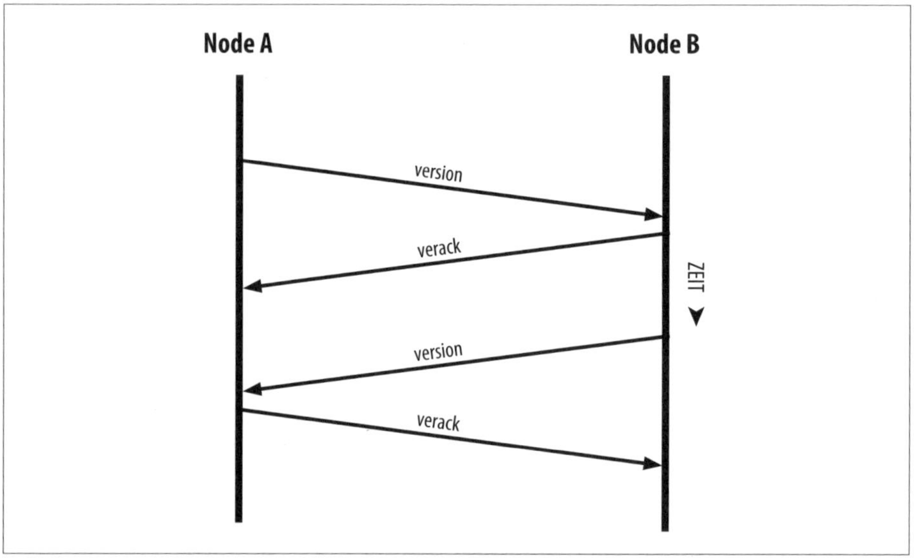

Abbildung 8-4: Der initiale Handshake zwischen Peers

Sobald eine oder mehrere Verbindungen stehen, sendet der neue Knoten eine `addr`-Nachricht mit der eigenen IP-Adresse an seine Nachbarn. Die Nachbarn leiten die `addr`-Nachricht wiederum an ihre Nachbarn weiter und stellen so sicher, dass der neue Knoten bekannter wird und gut verbunden ist. Darüber hinaus sendet die neue Node eine `getaddr`-Nachricht an die Nachbarn, um eine Liste von IP-Adressen anderer Peers zu erhalten. Auf diese Weise kann eine Node Peers aufspüren, mit denen sie die Verbindung herstellen kann, und gibt ihre Existenz gleichzeitig im Netzwerk bekannt, sodass andere Peers sie finden können. Abbildung 8-5 zeigt das Protokoll zum Aufspüren von Adressen.

Eine Node muss die Verbindung mit verschiedenen Peers herstellen, um mehrere Pfade im Bitcoin-Netzwerk aufzubauen. Pfade sind nicht zuverlässig – Nodes kommen und gehen. Deshalb muss eine Node auch weiterhin neue Nodes aufspüren, um den Verlust alter Verbindungen auszugleichen, aber auch um andere Knoten beim Bootvorgang zu unterstützen. Für das Booten ist nur eine Verbindung nötig, weil der erste Knoten seine Peer-Nodes vorstellen kann und diese Peers wieder andere Peers kennen. Andererseits ist es unnötig und eine Verschwendung von Netzwerkressourcen, die Verbindung zu mehr als einer Handvoll Peers herzustellen. Nach dem Start merkt sich jede Node die letzten erfolgreichen Peer-Verbindungen, sodass sie nach einem Neustart die Verbindung zum alten Peer-Netzwerk schnell wieder herstellen kann. Antwortet keiner der früheren Peers auf die Verbindungsanfrage, kann die Node die Seed-Knoten für einen neuen Bootstrap verwenden.

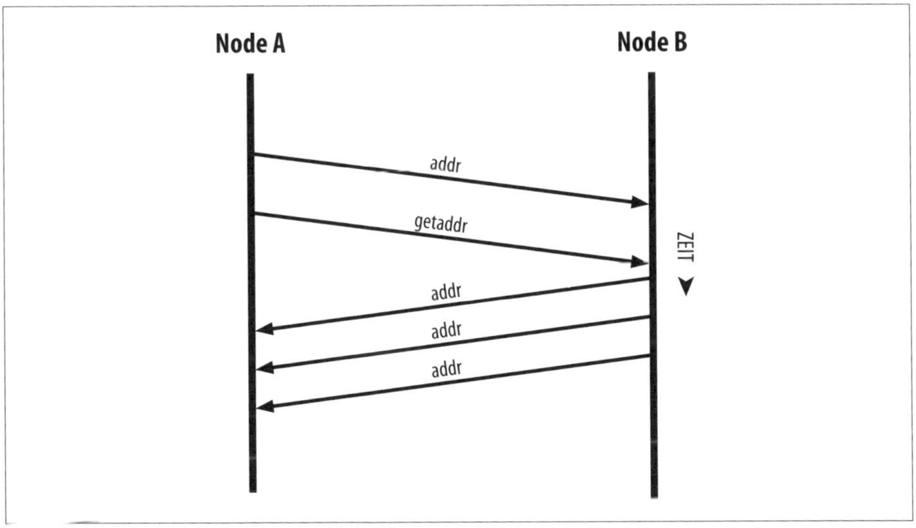

Abbildung 8-5: Adressen propagieren und aufspüren

Auf einer Node, die den Bitcoin-Core-Client ausführt, können Sie sich die Peer-Verbindungen mit dem Befehl getpeerinfo ansehen:

```
$ bitcoin-cli getpeerinfo
```

```
[
    {
        "addr" : "85.213.199.39:8333",
        "services" : "00000001",
        "lastsend" : 1405634126,
        "lastrecv" : 1405634127,
        "bytessent" : 23487651,
        "bytesrecv" : 138679099,
        "conntime" : 1405021768,
        "pingtime" : 0.00000000,
        "version" : 70002,
        "subver" : "/Satoshi:0.9.2.1/",
        "inbound" : false,
        "startingheight" : 310131,
        "banscore" : 0,
        "syncnode" : true
    },
    {
        "addr" : "58.23.244.20:8333",
        "services" : "00000001",
        "lastsend" : 1405634127,
        "lastrecv" : 1405634124,
        "bytessent" : 4460918,
        "bytesrecv" : 8903575,
        "conntime" : 1405559628,
        "pingtime" : 0.00000000,
        "version" : 70001,
        "subver" : "/Satoshi:0.8.6/",
        "inbound" : false,
```

```
            "startingheight" : 311074,
            "banscore" : 0,
            "syncnode" : false
        }
    ]
```

Um die automatische Verwaltung von Peers abzuschalten und stattdessen eine Liste von IP-Adressen anzugeben, können Nutzer die Option `-connect=<IPAdresse>` verwenden und eine oder mehrere IP-Adressen angeben. Wird diese Option verwendet, stellt die Node die Verbindung nur zu den angegebenen IP-Adressen her, statt Verbindungen automatisch aufzuspüren und zu pflegen.

Laufen keine Daten über eine Verbindung, senden die Nodes periodisch eine Nachricht, um die Verbindung aufrechtzuerhalten. Hat ein Knoten seit mehr als 90 Minuten nicht mehr über eine Verbindung kommuniziert, wird davon ausgegangen, dass die Verbindung unterbrochen wurde, und ein neuer Peer wird gesucht. Auf diese Weise reagiert das Netzwerk dynamisch auf transiente Nodes sowie Netzwerkprobleme und kann ohne zentrale Kontrolle organisch wachsen oder schrumpfen.

Full Nodes

Full Nodes sind Knoten, die die vollständige Blockchain mit allen Transaktionen vorhalten. Eigentlich sollte man sie wohl »vollständige Blockchain-Nodes« nennen. In den Anfangsjahren waren alle Bitcoin-Nodes Full Nodes, und momentan ist der Bitcoin-Core-Client ebenfalls ein Full-Node-Client. In den vergangenen beiden Jahren wurden aber neue Formen von Bitcoin-Clients eingeführt, die keine vollständige Blockchain vorhalten, sondern als leichtgewichtige Clients ausgeführt werden. Wir sehen uns diese im nächsten Abschnitt genauer an.

Vollständige Blockchain-Nodes pflegen eine komplette und aktuelle Kopie der Bitcoin-Blockchain mit allen Transaktionen. Diese wird, beginnend mit dem ersten Block (dem sogenannten Genesis-Block) bis zum letzten bekannten Block, unabhängig aufgebaut und verifiziert. Eine Full Node kann eigenständig und verbindlich jede Transaktion verifizieren, ohne auf eine andere Node angewiesen zu sein. Die Full Node nutzt das Netzwerk, um neue Blöcke zu empfangen, die sie dann verifiziert und in die lokale Kopie der Blockchain einfügt.

Der Betrieb einer Full Node ist die pure Bitcoin-Erfahrung: unabhängige Verifikation aller Transaktionen, ohne von anderen Systemen abhängig zu sein (und diesen vertrauen zu müssen). Es ist leicht zu erkennen, ob Sie eine Full Node betreiben, da diese über 100 GByte Plattenplatz benötigt. Wenn die Synchronisation mit dem Netzwerk zwei oder drei Tage dauert, betreiben Sie eine Full Node. Das ist der Preis für die vollständige Unabhängigkeit von einer zentralen Autorität.

Es gibt alternative Implementierungen von Full-Node-Clients, die mit unterschiedlichen Programmiersprachen und Softwarearchitekturen entwickelt wurden. Die am weitesten verbreitete Implementierung ist der Referenzclient Bitcoin Core, der auch Satoshi-Client genannt wird. Mehr als 75 % der Nodes im Bitcoin-Netzwerk führen verschiedene Versionen von Bitcoin Core aus. Der Client identifiziert sich als »Satoshi« im Subversionsstring, den wir in der `version`-Nachricht gesendet und im `getpeerinfo`-Befehl gesehen haben (z.B. `/Satoshi:0.8.6/`).

»Inventar« austauschen

Das Erste, das eine Full Node macht, nachdem sie die Verbindung mit den Peers hergestellt hat, ist der Aufbau einer vollständigen Blockchain. Handelt es sich um einen brandneuen Knoten, der noch keine Blockchain besitzt, kennt er nur einen Block, den Genesis-Block, der statisch in die Clientsoftware eingebettet ist. Beginnend mit Block #0 (dem Genesis-Block), muss die neue Node Hundertausende Blöcke herunterladen, um sich mit dem Netzwerk zu synchronisieren und die komplette Blockchain aufzubauen.

Die Synchronisation der Blockchain beginnt mit der `version`-Nachricht, weil diese die `BestHeight` enthält, d.h. die aktuelle Blockchain-Höhe (die Anzahl der Blöcke). Eine Node sieht die `version`-Nachrichten seiner Peers, weiß, wie viele Blöcke sie jeweils besitzen, und kann das mit der Anzahl von Blöcken in der eigenen Blockchain vergleichen. Peers tauschen eine `getblocks`-Nachricht aus, die den Hash (Fingerabdruck) des obersten Blocks ihrer lokalen Blockchain enthält. Einer der Peers wird den empfangenen Hash als zu einem Block gehörend identifizieren, der nicht ganz oben liegt, sondern zu einem älteren Block gehört. Daraus kann er ableiten, dass seine lokale Blockchain länger ist als die der Peers.

Der Peer mit der längeren Blockchain hat mehr Blöcke als die andere Node und kann feststellen, welche Blöcke die andere Node benötigt, um »gleichzuziehen«. Er identifiziert die ersten 500 zu verteilenden Blöcke und sendet deren Hashes in einer `inv`-Nachricht (für »Inventory«, also Inventar). Der Knoten, dem diese Blöcke fehlen, ruft sie dann über eine Reihe von `getdata`-Nachrichten ab. Diese Nachrichten rufen wiederum die vollständigen Blockdaten ab und identifizieren die fraglichen Blöcke über die Hashes aus der `inv`-Nachricht.

Nehmen wir zum Beispiel an, dass eine Node nur den Genesis-Block besitzt. Sie erhält von ihren Peers eine `inv`-Nachricht mit den nächsten 500 Blöcken der Kette. Sie beginnt dann damit, Blöcke von allen aktiven Peers anzufordern, wobei die Last verteilt wird, um die einzelnen Peers nicht zu überlasten. Der Knoten hält dabei nach, wie viele Blöcke pro Verbindung gerade »unterwegs« sind, d.h., wie viele Blöcke angefordert, aber noch nicht empfangen wurden, wobei ein bestimmtes Limit (`MAX_BLOCKS_IN_TRANSIT_PER_PEER`) nicht überschritten werden darf. Werden sehr viele Blöcke angefordert, wird auf diese Weise sichergestellt, dass nur so viele Blöcke angefordert werden, wie gerade verarbeitet wurden. Auf diese Weise wird die Geschwindigkeit der Updates reguliert und das Netzwerk nicht überlastet. Wie in Kapitel 9 erläutert, wird jeder empfangene Block in die Blockchain eingefügt.

Während die lokale Blockchain schrittweise aufgebaut wird, werden weitere Blöcke angefordert und empfangen. Dieser Prozess wird fortgesetzt, bis der Knoten zum Rest des Netzwerks aufgeschlossen hat.

Dieser Prozess des Vergleichs der lokalen Blockchain mit den Peers und dem Abruf fehlender Blöcke findet immer dann statt, wenn ein Knoten eine Zeit lang offline war. Egal ob eine Node nur ein paar Minuten offline war und lediglich ein paar Blöcke fehlen oder ob sie mehrere Monate lang weg war und ein paar Tausend Blöcke fehlen: Sie beginnt immer mit dem Senden eines `getblocks`, erhält eine `inv`-Response und startet den Download der fehlenden Blöcke. Abbildung 8-6 verdeutlicht das Protokoll für das Inventar und die Blockpropagation.

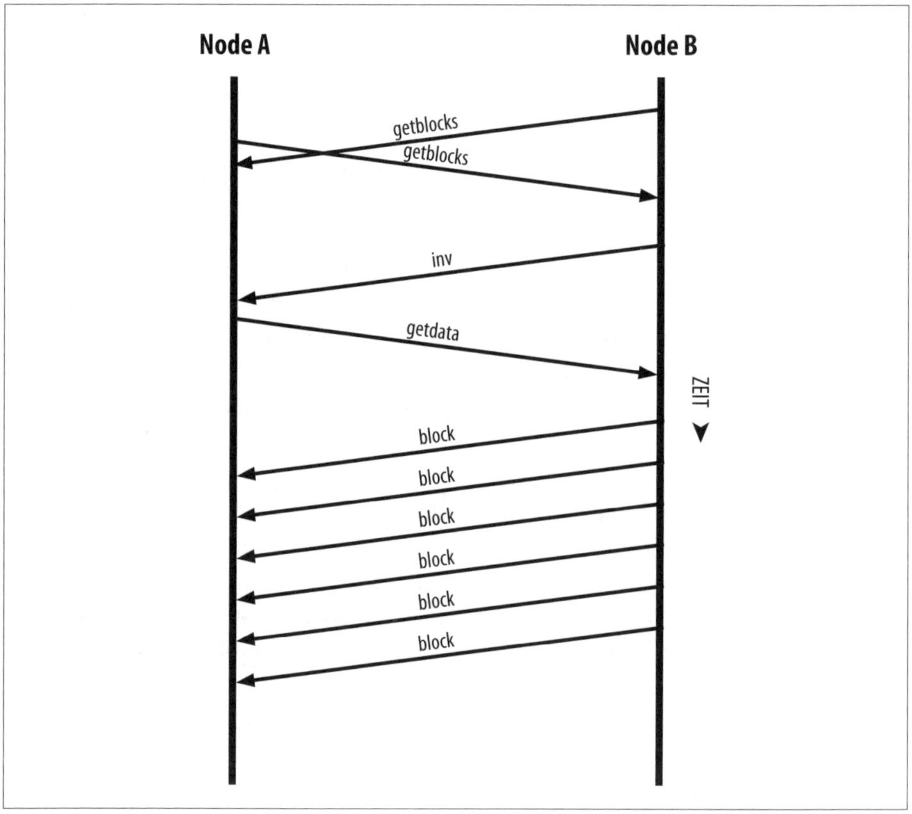

Abbildung 8-6: Blockchain-Synchronisation einer Node durch den Abruf der Blöcke eines Peer

SPV-Nodes (Simplified Payment Verification)

Nicht alle Nodes sind in der Lage, die gesamte Blockchain vorzuhalten. Viele Bitcoin-Clients wurden für Geräte mit eingeschränktem Speicherplatz und geringer Leistung wie z.B. Smartphones, Tablets oder eingebettete Systeme entwickelt. Bei solchen Geräten wird die »vereinfachte Zahlungsverifikation« (*Simplified Payment Verification*, SPV) verwendet, um die Aufgaben erledigen zu können, ohne die vollständige Blockchain speichern zu müssen. Diese Arten von Clients werden SPV-Clients oder leichtgewichtige Clients genannt. Mit der Steigerung der Bitcoin-Akzeptanz wird die SPV-Node zur gängigen Form der Bitcoin-Node, insbesondere für Bitcoin-Wallets.

SPV-Nodes laden nur die Block-Header herunter und nicht die in jedem Block enthaltenen Transaktionen. Die resultierende Transaktionskette ohne Transaktionen ist 1.000-mal kleiner als die vollständige Blockchain. SPV-Nodes können sich kein vollständiges Bild der verfügbaren UTXOs machen, da sie nichts über all die Transaktionen im Netzwerk wissen. SPV-Nodes verifizieren Transaktionen über eine leicht veränderte Methode, die davon abhängt, dass Peers einen partiellen Überblick über relevante Teile der Blockchain liefern.

Sie können eine Full Node mit einem Touristen in einer fremden Stadt vergleichen, der mit einem vollständigen Stadtplan mit allen Straßen und Adressen ausgerüstet ist. Die SPV-Node ist eher wie ein Tourist in einer fremden Stadt, der nur die Hauptstraße kennt und den nächstbesten Fremden nach dem Weg fragt. Beide Touristen können die Existenz einer Straße durch ihren Besuch bestätigen, doch der Tourist ohne Stadtplan weiß nicht, was links und rechts der Straße liegt und welche anderen Straßen es gibt. Steht er vor der »23 Church Street«, weiß der Tourist ohne Stadtplan nicht, ob es nicht ein Dutzend weiterer 23 Church Streets in der Stadt gibt und ob diese die richtige ist. Seine beste Chance besteht darin, genügend Leute zu fragen und darauf zu hoffen, dass man ihn nicht ausraubt.

SPV verifiziert Transaktionen anhand ihrer *Tiefe* in der Blockchain und nicht anhand ihrer *Höhe*. Während eine vollständige Blockchain eine komplett verifizierte Kette mit Tausenden von Blöcken und Transaktionen bis hinunter zum Genesis-Block aufbaut, verifiziert eine SPV-Node die Kette aller Blöcke (aber nicht aller Transaktionen) und verknüpft diese Kette mit der Transaktion von Interesse.

Bei der Untersuchung einer Transaktion in Block 300.000 verknüpft eine Full Node alle 300.000 Blöcke bis hinunter zum Genesis-Block und baut eine vollständige Datenbank aller UTXOs auf. Die Gültigkeit der Transaktion wird dadurch bestätigt, dass der UTXO nicht ausgegeben wurde. Eine SPV-Node stellt stattdessen über einen *Merkle-Pfad* (siehe »Merkle Trees (Hashbäume)« auf Seite 202) einen Link zwischen der Transaktion und dem sie enthaltenden Block her. Die SPV-Node wartet dann, bis die sechs Blöcke 300.001 bis 300.006 an den die Transaktion enthaltenden Block angehängt wurden, und verifiziert ihn durch dessen Tiefe unter den Blöcken 300.006 bis 300.001. Die Tatsache, dass andere Knoten im Netzwerk den Block 300.000 akzeptiert und die notwendige Arbeit für sechs weitere Blöcke geleistet haben, dient als Beweis dafür, dass die Transaktion nicht doppelt ausgegeben wurde.

Sie können eine SPV-Node nicht glauben machen, dass eine Transaktion in einem Block existiert, wenn diese Transaktion nicht tatsächlich vorhanden ist. Die SPV-Node bestimmt die Existenz einer Transaktion in einem Block, indem sie als Beweis den Merkle-Pfad anfordert, und durch die Validierung des Proof-of-Work in der Blockkette. Allerdings kann man die Existenz einer Transaktion vor einer SPV-Node »verstecken«. Eine SPV-Node kann definitiv belegen, dass eine Transaktion existiert, kann aber nicht verifizieren, ob nicht eine Transaktion existiert, die den gleichen UTXO noch einmal ausgeben will, da sie nicht alle Transaktionen vorhält. Diese Lücke kann für Denial-of-Service- oder Double-Spending-Angriffe auf SPV-Nodes genutzt werden. Um sich davor zu schützen, muss eine SPV-Node zufällige Verbindungen mit unterschiedlichen Nodes herstellen, um die Wahrscheinlichkeit zu erhöhen, zumindest mit einer »ehrlichen« Node zu kommunizieren. Diese Notwendigkeit zufälliger Verbindungen macht SPV-Nodes auch anfällig für Netzwerkpartitionierungs- oder Sybil-Angriffe, bei denen sie mit fingierten Nodes oder Netzwerken verbunden sind und keinen Zugriff auf »ehrliche« Nodes oder das reale Bitcoin-Netzwerk haben.

Aus praktischer Sicht sind gut angebundene SPV-Nodes sicher genug und stellen eine gute Balance zwischen Ressourcenbedarf, Praxistauglichkeit und Sicherheit dar. Wer hingegen hohen Wert auf Sicherheit legt, kommt am Betrieb einer Full Node nicht vorbei.

> Eine Full Node verifiziert eine Transaktion, indem sie die gesamte Kette von Tausenden darunterliegenden Blöcken durchgeht und so garantieren kann, dass der UTXO nicht eingelöst wurde. Die SPV-Node prüft hingegen nur, wie viele Blöcke über der fraglichen Transaktion liegen.

Um an die Block-Header zu gelangen, verwenden SPV-Nodes `getheaders` anstelle von `getblocks`. Der antwortende Peer sendet bis zu 2.000 Block-Header in einer einzigen `headers`-Nachricht. Ansonsten entspricht der Prozess dem einer Full Node, die komplette Blöcke abruft. SPV-Nodes legen auch Filter für die Peer-Verbindungen fest, um von ihnen gesendete zukünftige Blöcke und Transaktionen auszusortieren. Alle Transaktionen von Interesse werden über einen `getdata`-Request abgerufen. Der Peer generiert im Gegenzug eine `tx`-Nachricht mit den Transaktionen. Abbildung 8-7 zeigt die Synchronisation der Block-Header.

Weil SPV-Nodes bestimmte Transaktionen abrufen müssen, um diese selektiv zu verifizieren, stellen sie ein gewisses Risiko für die Privatsphäre dar. Im Gegensatz zu Full Nodes, die alle Transaktionen innerhalb jedes Blocks sammeln, kann der Abruf spezifischer Daten durch SPV-Nodes zur Aufdeckung der Adressen in der Wallet führen. Zum Beispiel könnte eine dritte Partei das Netzwerk überwachen und alle Transaktionen festhalten, die von einer Wallet in einer SPV-Node angefordert wurden. Auf diese Weise könnten Bitcoin-Adressen mit dem Nutzer einer Wallet verknüpft werden, und die Privatsphäre wäre dahin.

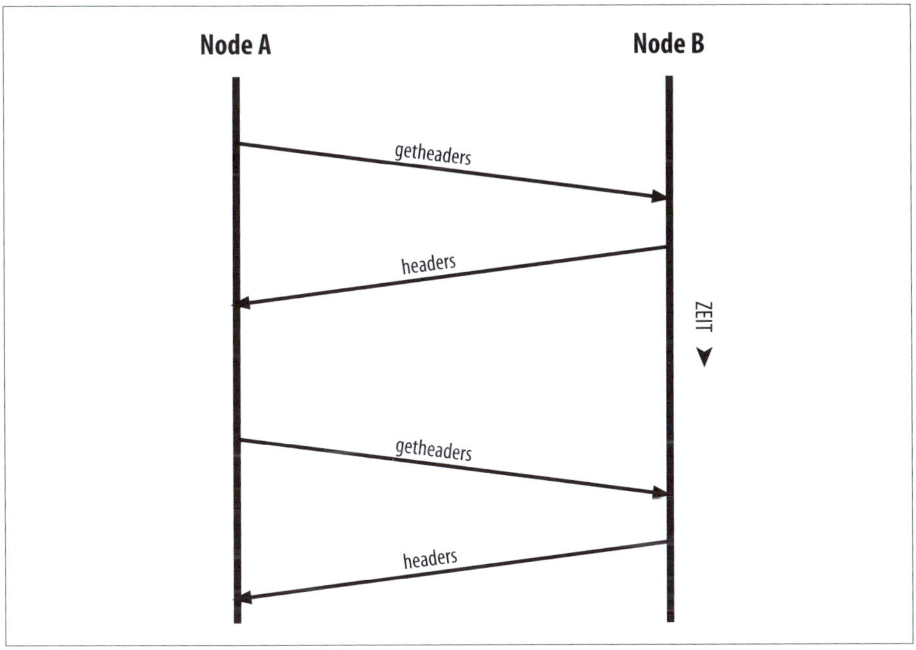

Abbildung 8-7: Sychronisation der Block-Header einer SPV-Node

Kurz nach der Einführung von SPV-Nodes haben die Bitcoin-Entwickler ein Feature, die sogenannten *Bloomfilter*, ergänzt, um der Gefahr für die Privatsphäre bei SPV-Nodes entgegenzuwirken. Bloomfilter erlauben SPV-Nodes, eine Teilmenge von Transaktionen abzurufen, ohne sagen zu müssen, an welchen Adressen sie genau interessiert sind. Das geschieht mithilfe eines Filtermechanismus, der Wahrscheinlichkeiten anstelle fester Muster verwendet.

Bloomfilter

Ein Bloomfilter ist ein probabilistischer Suchfilter, mit dessen Hilfe Sie das gewünschte Muster beschreiben, ohne es genau angeben zu müssen. Bloomfilter sind eine effektive Möglichkeit, Suchmuster auszudrücken und gleichzeitig die Privatsphäre zu schützen. Sie werden von SPV-Nodes verwendet, um einem bestimmten Muster entsprechende Transaktionen von den Peers anzufordern, ohne genau angeben zu müssen, nach welchen Adressen, Schlüsseln oder Transaktionen sie suchen.

Entsprechend unserer früheren Analogie fragt der Tourist ohne Stadtplan nach dem Weg zu einer bestimmten Adresse: »23 Church St«. Die Frage nach dem Weg gibt unweigerlich das Ziel preis. Ein Bloomfilter fragt eher »gibt es Straßen in der Nähe, die mit R-C-H enden«? Eine solche Frage gibt etwas weniger über das eigentliche Ziel preis als die Frage nach »23 Church St.«. Mit dieser Technik könnte unser Tourist die gewünschte Adresse etwas detaillierter angeben, etwa als »mit

U-R-C-H endend« oder, weniger detailliert, als »mit H endend«. Durch die Veränderung der Genauigkeit der Suche gibt der Tourist mehr oder weniger Informationen preis und erhält dafür im Gegenzug mehr oder weniger genaue Ergebnisse. Bei einem weniger spezifischen Muster erhält man mehr mögliche Adressen und eine bessere Privatsphäre, doch viele Ergebnisse sind irrelevant. Je genauer das Muster ist, desto weniger Ergebnisse erhält man, Sie verlieren aber gleichzeitig auch immer mehr an Privatsphäre.

Bloomfilter übernehmen diese Funktion, indem sie der SPV-Node ermöglichen, Suchmuster für Transaktionen festzulegen, die sich in Richtung Genauigkeit oder Privatsphäre anpassen lassen. Je genauer der Bloomfilter ist, desto besser sind die Ergebnisse, doch gleichzeitig wird auch offenbar, an welchen Mustern die SPV-Node interessiert ist, d. h., die Wallet-Adressen der Eigentümer können aufgedeckt werden. Ein weniger genauer Bloomfilter erzeugt mehr Transaktionsdaten, von denen viele für die Node irrelevant sind, sorgt aber für eine bessere Privatsphäre.

Wie Bloomfilter funktionieren

Bloomfilter sind als Arrays variabler Größe mit N binären Ziffern (einem Bitfeld) und einer variablen Zahl von M Hashfunktionen implementiert. Die Hashfunktionen sind so entworfen, dass ihre Ausgaben immer zwischen 1 und N (der Größe des Arrays der binären Ziffern) liegen. Die Hashfunktionen werden deterministisch erzeugt, d. h., jede Node, die einen Bloomfilter implementiert, nutzt immer die gleichen Hashfunktionen und liefert für eine bestimmte Eingabe immer das gleiche Ergebnis zurück. Durch die Wahl unterschiedlich langer Bloomfilter (N) und einer unterschiedlichen Zahl (M) von Hashfunktionen kann der Bloomfilter angepasst, Genauigkeit und Privatsphäre können variiert werden.

In Abbildung 8-8 verwenden wir ein sehr kleines Array aus 16 Bits und drei Hashfunktionen, um die Funktionsweise von Bloomfiltern zu demonstrieren.

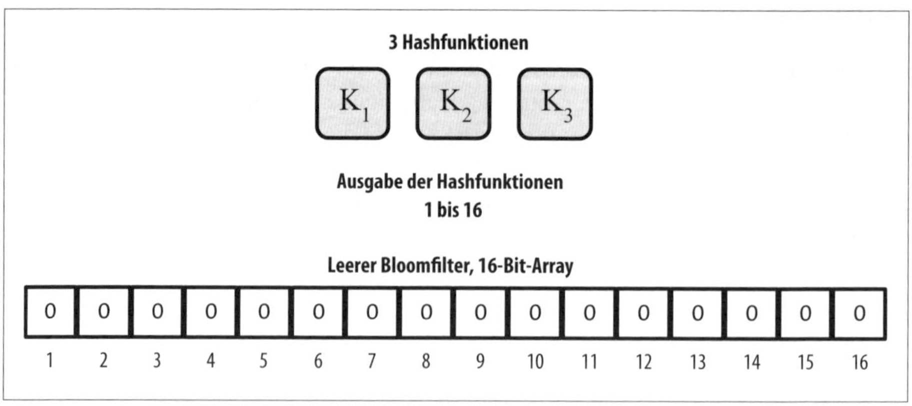

Abbildung 8-8: Beispiel eines sehr einfachen Bloomfilters mit einem 16-Bit-Feld und drei Hashfunktionen

Der Bloomfilter wird so initialisiert, dass alle Bits des Arrays null sind. Um dem Bloomfilter ein Muster hinzuzufügen, wird es nacheinander von jeder Hashfunktion gehasht. Die Anwendung der ersten Hashfunktion auf die Eingabe führt zu einer Zahl zwischen 1 und N. Das entsprechende Bit im Array (von 1 bis N) wird auf 1 gesetzt, wodurch das Ergebnis der Hashfunktion festgehalten wird. Dann wird die nächste Hashfunktion verwendet und ein weiteres Bit gesetzt und so weiter. Sobald die M Hashfunktionen angewandt wurden, steht das Suchmuster in Form von M auf 1 gesetzten Bits im Bloomfilter.

Abbildung 8-9 fügt beispielhaft das Muster »A« in unseren einfachen Bloomfilter aus Abbildung 8-8 ein.

Um ein zweites Muster hinzuzufügen, wird der Prozess einfach wiederholt. Das Muster wird nacheinander durch jede Hashfunktion gehasht, und das Ergebnis wird durch das Setzen des entsprechenden Bits auf 1 festgehalten. Wird der Bloomfilter mit zusätzlichen Mustern gefüllt, könnte eine Hashfunktion ein Bit liefern, das bereits auf 1 gesetzt ist. In diesem Fall wird das Bit nicht geändert. Steigt die Anzahl der Filter, erhöht sich mit der Zeit auch die Zahl der auf 1 gesetzten Bits im Bloomfilter, und die Genauigkeit des Filters sinkt. Darum ist dieser Filter eine probabilistische Datenstruktur – die Genauigkeit sinkt, je mehr Muster hinzugefügt werden. Die Genauigkeit ist abhängig von der Anzahl der Muster in Relation zur Größe des Bit-Arrays (N) und der Anzahl der Hashfunktionen (M). Ein größeres Bit-Array und mehr Hashfunktionen können mehr Muster mit höherer Genauigkeit festhalten. Ein kleineres Array oder weniger Hashfunktionen halten weniger Muster fest und sind weniger genau.

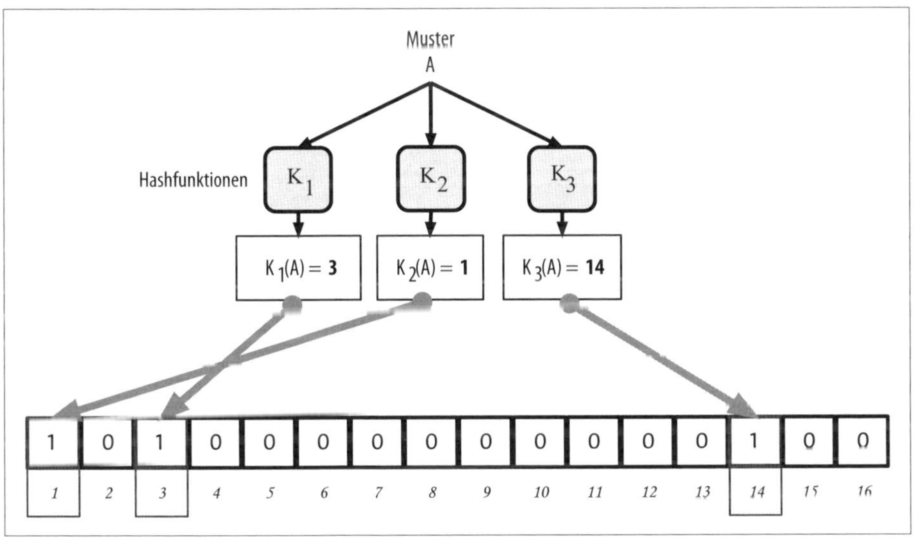

Abbildung 8-9: Muster »A« zu unserem einfachen Bloomfilter hinzufügen

Abbildung 8-10 zeigt beispielhaft das Hinzufügen eines zweiten Musters »B« zu unserem einfachen Bloomfilter.

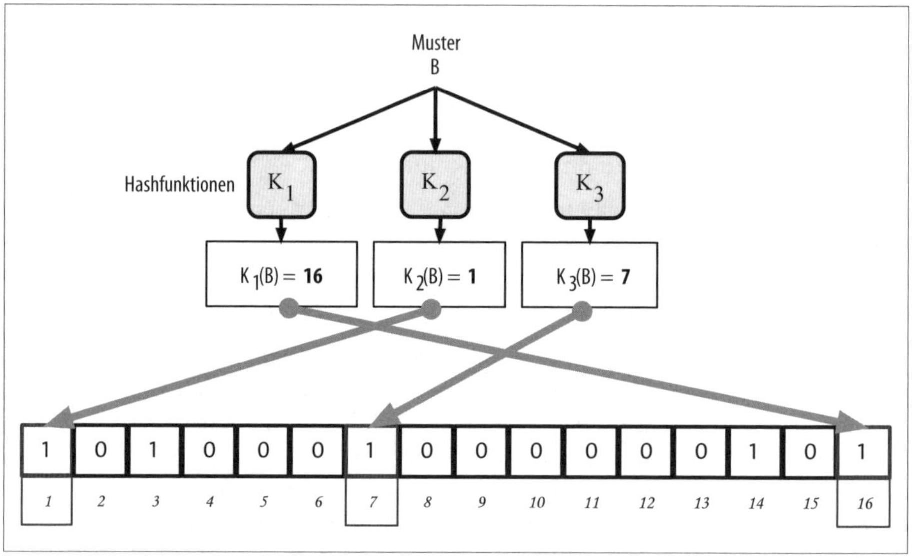

Abbildung 8-10: Ein zweites Muster »B« zu unserem einfachen Bloomfilter hinzufügen

Um zu testen, ob ein Muster Teil eines Bloomfilters ist, wird das Muster von jeder Hashfunktion gehasht, und das resultierende Bitmuster wird mit dem Bit-Array verglichen. Sind alle durch die Hashfunktionen indexierten Bits auf `1` gesetzt, ist das Muster *wahrscheinlich* im Bloomfilter enthalten. Da die Bits durch sich überlappende Muster gesetzt worden sein können, ist die Antwort nicht sicher, sondern eher probabilistisch. Anders ausgedrückt, bedeutet ein positiver Treffer des Bloomfilters ein »möglicherweise ja«.

Abbildung 8-11 ist ein Beispiel für den Test der Existenz des Musters »X« in unserem einfachen Bloomfilter. Die entsprechenden Bits sind auf `1` gesetzt, d.h., das Muster ist möglicherweise ein Treffer.

Wird andererseits ein Muster gegen den Bloomfilter geprüft und ist eines der Bits auf `0` gesetzt, ist das Muster garantiert nicht im Bloomfilter enthalten. Das negative Ergebnis ist nicht wahrscheinlich, sondern Gewissheit. Anders ausgedrückt, bedeutet ein negativer Treffer: »Definitiv nicht!«

Abbildung 8-12 zeigt beispielhaft den Test des Vorhandenseins des Musters »Y« in unserem einfachen Bloomfilter. Eines der entsprechenden Bits ist auf `0` gesetzt, weshalb das Muster definitiv kein Treffer ist.

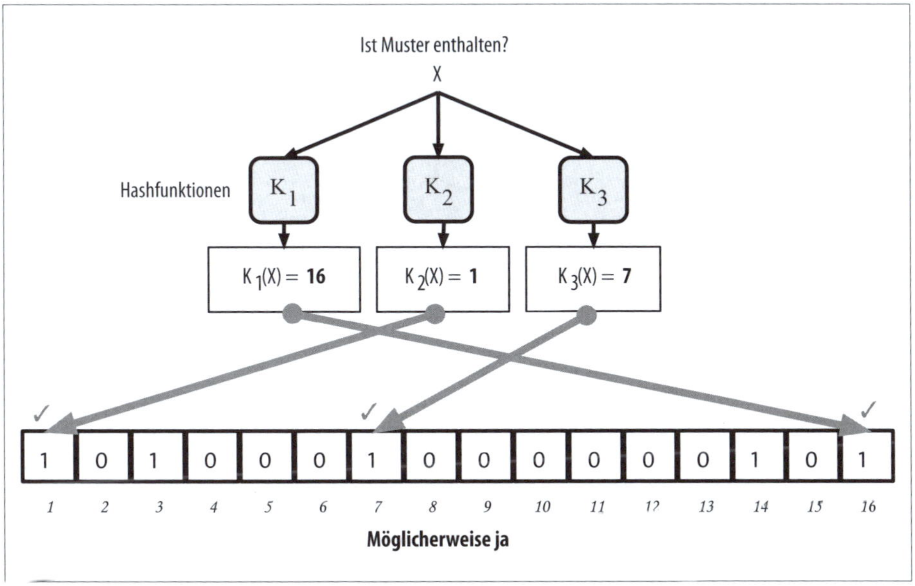

Abbildung 8-11: Test der Existenz des Musters »X« im Bloomfilter. Das Ergebnis ist ein probabilistisch positiver Treffer, also ein »möglicherweise ja«.

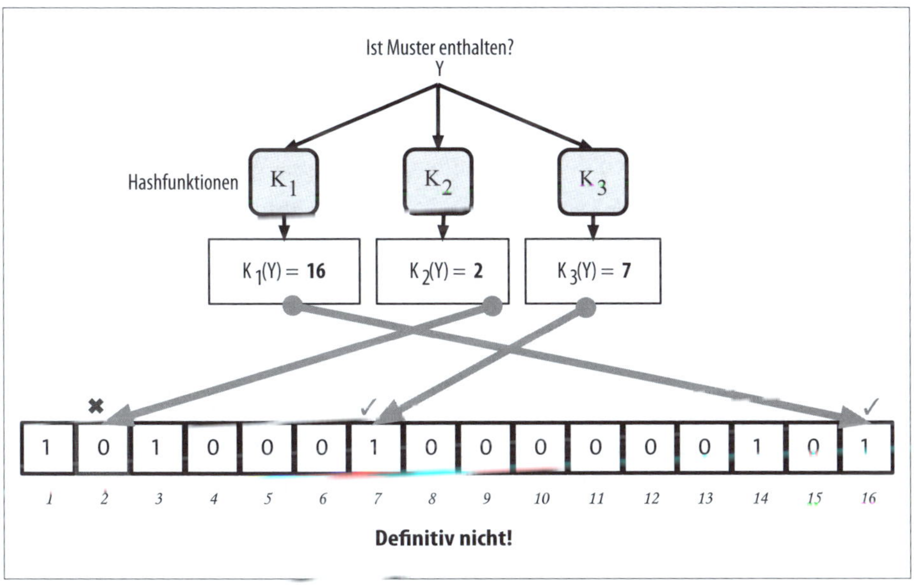

Abbildung 8-12: Test der Existenz des Musters »Y« im Bloomfilter. Das Ergebnis ist ein definitiv negativer Treffer, also ein »Definitiv nicht!«

Wie SPV-Nodes Bloomfilter nutzen

Bloomfilter werden zum Filtern von Transaktionen (und den sie enthaltenden Blöcken) verwendet, die eine SPV-Node von ihren Peers empfängt. Dabei werden nur für die SPV-Node interessante Transaktionen ausgewählt, ohne die Adressen oder Schlüssel preiszugeben, an denen sie interessiert ist.

Nach der Initialisierung durch die SPV-Node ist der Bloomfilter »leer«. In diesem Zustand erkennt er keinerlei Muster. Die SPV-Node erzeugt dann eine Liste aller Adressen, Schlüssel und Hashes, an denen sie interessiert ist. Das geschieht durch Extrahierung der Public-Key-Hashes, der Skript-Hashes und Transaktions-IDs aus den UTXOs, die durch die Wallet kontrolliert werden. Diese werden dann von der SPV-Node in den Bloomfilter eingefügt, d.h., der Bloomfilter »erkennt«, wenn diese Muster in einer Transaktion enthalten sind, ohne die Muster selbst offenlegen zu müssen.

Die SPV-Node sendet dann eine `filterload`-Meldung an ihre Peers, die den Bloomfilter enthält, der für diese Verbindung genutzt werden soll. Auf Peer-Seite werden die Bloomfilter mit den eingehenden Transaktionen verglichen. Die Full Node überprüft verschiedene Teile der Transaktion über den Bloomfilter und sucht nach Treffern für:

- die Transaktions-ID,
- die Datenkomponenten von Locking-Skripten aller Transaktions-Outputs (jeden Schlüssel und Hash im Skript),
- jeden Transaktions-Input sowie
- alle Datenkomponenten der Input-Signatur (oder des Witness-Skripts).

Durch die Prüfung all dieser Komponenten können Bloomfilter Public-Key-Hashes, Skripte, `OP_RETURN`-Werte, öffentliche Schlüssel in Signaturen und alle zukünftigen Komponenten eines Smart Contract oder komplexen Skripts erkennen.

Nachdem der Filter eingerichtet ist, testet der Peer die Outputs jeder Transaktion gegen den Bloomfilter. Nur Transaktionen, die zum Filter passen, werden an die Node gesendet. Als Antwort auf eine `getdata`-Meldung von der Node senden Peers eine `merkleblock`-Meldung, die nur Block-Header für Blöcke enthalten, die zum Filter passen, sowie einen Merkle-Pfad (siehe »Merkle Trees (Hashbäume)« auf Seite 202) für jede passende Transaktion. Der Peer sendet dann auch `tx`-Nachrichten mit den zum Filter passenden Transaktionen.

Während die Full Node Transaktionen an die SPV-Node sendet, entfernt diese alle falschen Positive und verwendet nur die richtigen Transaktionen, um das UTXO-Set und die Wallet zu aktualisieren. Während sie ihre eigene Sicht des UTXO-Sets aktualisiert, modifiziert sie auch den Bloomfilter, um zukünftige Transaktionen zu erkennen, die den neu gefundenen UTXOs entsprechen. Die Full Node verwendet dann den neuen Bloomfilter, um neue Transaktionen zu erkennen, und der gesamte Prozess beginnt von vorne.

Die den Bloomfilter setzende Node kann interaktiv Muster zum Filter hinzufügen, indem sie eine `filteradd`-Nachricht sendet. Um den Bloomfilter zu leeren, sendet die Node eine `filterclear`-Nachricht. Da es nicht möglich ist, ein Muster aus einem Bloomfilter zu entfernen, muss die Node den Filter löschen und einen neuen Bloomfilter senden, wenn ein bestimmtes Muster nicht länger benötigt wird.

Das Netzwerkprotokoll und der Bloomfiltermechanismus für SPV-Nodes sind in BIP-37 (Peer Services) (*http://bit.ly/1x6qCiO*) definiert.

SPV-Nodes und Privatsphäre

Bei SPV implementierenden Nodes ist die Privatsphäre niedriger als bei einer Full Node. Eine Full Node empfängt alle Transaktionen und gibt daher keine Informationen darüber heraus, ob sie eine bestimmte Adresse in ihrer Wallet nutzt. Eine SPV-Node empfängt eine gefilterte Liste von Transaktionen, die in Beziehung zu den Adressen in ihren Wallets steht. Das reduziert wiederum die Privatsphäre des Nutzers.

Bloomfilter sind eine Möglichkeit, den Verlust der Privatsphäre zu reduzieren. Ohne sie würde eine SPV-Node explizit die Adressen angeben müssen, an denen sie interessiert ist, was eine schwerwiegende Verletzung der Privatsphäre wäre. Doch selbst mit Bloomfiltern kann ein Gegenspieler, der den Datenverkehr eines SPV-Clients überwacht oder in einem P2P-Netzwerk als Node direkt mit dem Client verbunden ist, mit der Zeit die Adressen in der Wallet des SPV-Clients ermitteln.

Verschlüsselte und authentifizierte Verbindungen

Die meisten Bitcoin-Neulinge gehen davon aus, dass die Netzwerkkommunikation einer Bitcoin-Node verschlüsselt erfolgt. Tatsächlich kommuniziert die Originalimplementierung des Bitcoin völlig unverschlüsselt. Für Full Nodes ist das mit Blick auf die Privatsphäre nicht von Bedeutung, für SPV-Nodes ist das hingegen ein riesiges Problem.

Zwei Lösungen bieten die Verschlüsselung der Kommunikation und erhöhen so die Privatsphäre und Sicherheit des Bitcoin-P2P-Netzwerks: *Tor-Transport* und *P2P Authentication and Encryption* nach BIP-150/151.

Tor-Transport

Tor, was für *The Onion Routing Network* steht, ist ein Softwareprojekt und ein Netzwerk, die die Verschlüsselung und Kapselung von Daten über randomisierte Netzwerkpfade bereitstellen. Diese Pfade bieten Anonymität, Privatsphäre und sind nicht zurückverfolgbar.

Bitcoin Core kennt verschiedene Konfigurationsoptionen, die es der Bitcoin-Node erlauben, ihren Traffic über das Tor-Netzwerk zu transportieren. Darüber hinaus kann Bitcoin Core einen Tor Hidden Service anbieten, mit dem Tor-Nodes über Tor direkt mit ihrer Node kommunizieren können.

Seit Bitcoin-Core-Version 0.12 bietet ein Knoten automatisch einen Tor-Service an, wenn er sich mit einem lokalen Tor-Service verbinden kann. Wenn Sie Tor installiert haben und der Bitcoin-Core-Prozess unter einem Benutzer läuft, der ausreichende Rechte besitzt, um auf das Tor-Authentifizierungs-Cookie zuzugreifen, sollte das automatisch laufen. Verwenden Sie das `debug`-Flag, um das Bitcoin-Core-Debugging für den Tor-Service zu aktivieren:

```
$ bitcoind --daemon --debug=tor
```

Sie sollten `tor: ADD_ONION successful` in den Logs sehen, was bedeutet, dass Bitcoin Core einen Hidden Service in das Tor-Netzwerk eingebunden hat.

Eine Anleitung zum Betrieb von Bitcoin Core als Tor Hidden Service finden Sie in der Bitcoin-Core-Dokumentation (*docs/tor.md*) und in verschiedenen Online-Tutorials.

Peer-to-Peer-Authentifizierung und -Verschlüsselung

Zwei Bitcoin Improvement Proposals, BIP-150 und BIP-151, erweitern das Bitcoin-P2P-Netzwerk um P2P-Authentifizierung und -Verschlüsselung. Diese beiden BIPs definieren optionale Dienste, die von kompatiblen Bitcoin-Nodes angeboten werden können. BIP-151 ermöglicht die Verschlüsselung der gesamten Kommunikation zweier Nodes, die BIP-151 unterstützen. BIP-150 bietet die optionale Peer-Authentifizierung, die die Identität zwischen Nodes per ECDSA und privaten Schlüsseln authentifiziert. BIP-150 verlangt vor der Authentifizierung den Aufbau einer verschlüsselten Kommunikation nach BIP-151.

Während diese Zeilen geschrieben werden, sind BIP-150 und BIP-151 in Bitcoin Core noch nicht implementiert. Allerdings wurden die beiden Proposals von zumindest einem alternativen Bitcoin-Client namens *bcoin* umgesetzt.

BIP-150 und BIP-151 erlauben den Nutzern, SPV-Clients auszuführen, die verschlüsselt und authentifiziert die Verbindung zu einer vertrauenswürdigen Full Node herzustellen, um so die Privatsphäre des SPV-Clients zu schützen.

Darüber hinaus kann die Authentifizierung verwendet werden, um Netzwerke vertrauenswürdiger Bitcoin-Nodes aufzubauen und Man-in-the-Middle-Angriffe zu verhindern. Letztlich würde die P2P-Verschlüsselung, wenn sie großflächig eingesetzt werden würde, die Widerstandsfähigkeit von Bitcoin gegenüber Traffic-Analysen und die Privatsphäre aushöhlende Überwachungsmaßnahmen erhöhen, insbesondere in totalitären Staaten, wo das Internet stark kontrolliert und überwacht wird.

Der Standard ist in BIP-150 (Peer Authentication) (*https://github.com/bitcoin/bips/blob/master/bip-0150.mediawiki*) und BIP-151 (Peer-to-Peer Communication Encryption) (*https://github.com/bitcoin/bips/blob/master/bip-0151.mediawiki*) definiert.

Transaktionspools

Nahezu jede Node im Bitcoin-Netzwerk pflegt eine temporäre Liste unbestätigter Transaktionen, die als *Memory-Pool* (*Mempool*) oder *Transaktionspool* bezeichnet wird. Nodes nutzen diesen Pool, um die Transaktionen nachzuhalten, die dem Netzwerk bekannt sind, aber noch nicht in die Blockchain aufgenommen wurden. Zum Beispiel nutzt eine Wallet-Node den Transaktionspool, um für die Wallet des Nutzers eingehende Zahlungen nachzuhalten, die im Netzwerk eingegangen sind, aber noch nicht bestätigt wurden.

Beim Empfang und der Verifikation von Transaktionen werden diese in den Transaktionspool eingefügt und an benachbarte Nodes weitergeleitet, um sie durch das Netzwerk zu propagieren.

Einige Node-Implementierungen pflegen einen separaten Pool für »verwaiste« Transaktionen. Zeigt der Input einer Transaktion auf eine noch nicht bekannte Transaktion, wird diese verwaiste Transaktion temporär in einem »Waisenpool« abgelegt, bis die Parent-Transaktion eintrifft.

Wird eine Transaktion in den Transaktionspool eingetragen, wird auch geprüft, ob im Waisenpool Referenzen auf die Transaktions-Outputs enthalten sind. Ist das der Fall, sind diese »Waisen« validiert. Sind sie gültig, werden sie aus dem Waisenpool entfernt und in den Transaktionspool eingefügt, und die mit der Parent-Transaktion begonnene Kette ist komplett. Im Zuge dieser neu hinzufügten Transaktion, die nicht länger verwaist ist, wird der Prozess rekursiv wiederholt und nach weiteren Abkömmlingen gesucht. Durch diesen Prozess löst das Eintreffen einer Parent-Transaktion eine kaskadierte Rekonstruktion einer ganzen Kette voneinander abhängiger Transaktionen aus, die die Waisen mit ihren Parents wieder vereint.

Sowohl der Transaktionspool als auch der Waisenpool (wenn implementiert) werden im lokalen Speicher vorgehalten und nicht auf Festplatte gesichert. Sie werden also über die im Netzwerk eingehenden Nachrichten dynamisch befüllt. Beim Start einer Node sind beide Pools leer und werden allmählich mit neuen Transaktionen gefüllt, die über das Netzwerk empfangen werden.

Einige Implementierungen des Bitcoin-Clients pflegen auch einen UTXO-Pool (eine UTXO-Datenbank), d.h. die Menge aller nicht ausgegebenen Outputs der Blockchain. Auch wenn der Begriff »UTXO-Pool« dem Transaktionspool ähnelt, handelt es sich doch um einen völlig anderen Datensatz. Im Gegensatz zu den Transaktions- und Waisenpools ist der UTXO-Pool nach der Initialisierung nicht leer, sondern enthält Millionen von Einträgen nicht ausgegebener Transaktions-Outputs (und zwar bis hinunter zum Genesis-Block). Der UTXO-Pool kann im lokalen Speicher vorliegen oder als indexierte Datenbanktabelle auf einer Festplatte.

Während die Transaktions- und Waisenpools die lokale Perspektive einer einzelnen Node widerspiegeln und sich, je nachdem, wann sie gestartet (oder neu gestartet) wurden, deutlich unterscheiden können, repräsentiert der UTXO-Pool den kommenden Konsens des Netzwerks und unterscheidet sich daher kaum zwischen den Nodes. Außerdem enthalten die Transaktions- und Waisenpools nur unbestätigte Transaktionen, während der UTXO-Pool ausschließlich bestätigte Transaktionen enthält.

KAPITEL 9

Die Blockchain

Einführung

Die Blockchain-Datenstruktur ist eine geordnete, rückwärts verlinkte Liste von Blöcken mit Transaktionen. Die Blockchain kann als normale Textdatei oder als einfache Datenbank gespeichert werden. Der Bitcoin-Core-Client speichert die Blockchain-Metadaten in Googles LevelDB-Datenbank ab. Blöcke sind »rückwärts« verlinkt, d. h., sie verweisen auf den vorherigen Block in der Kette. Die Blockchain wird oft als vertikaler Stapel dargestellt, bei dem die Blöcke übereinanderliegen und der erste Block als Basis des Stapels dient. Dieses Aufeinanderstapeln von Blöcken führt zu Begriffen wie »Höhe« für die Distanz vom ersten Block oder »Top« für den jüngst hinzugefügten Block.

Jeder Block in der Blockchain wird über einen Hash identifiziert, der über den SHA256-Algorithmus aus dem Block-Header erzeugt wird. Jeder Block referenziert außerdem den vorherigen Block, den sogenannten *Parent-Block*, über das Feld *vorheriger Block-Hash* im Block-Header. Mit anderen Worten, jeder Block enthält den Hash seines Parents innerhalb des eigenen Headers. Diese Folge von Hashes, die jeden Block mit seinem Parent verknüpft, erzeugt eine Kette, die bis zurück zum ersten Block reicht, dem sogenannten *Genesis-Block*.

Obwohl ein Block nur einen Parent hat, kann er kurzfristig mehrere Children besitzen. Jeder Child-Block zeigt auf denselben Block wie dessen Parent und enthält den gleichen (Parent-)Hash im Feld *vorheriger Block-Hash*. Mehrere Children treten während eines *Blockchain-Forks* auf. Dieser (temporäre) Zustand tritt ein, wenn verschiedene Blöcke nahezu gleichzeitig von verschiedenen Minern gefunden werden (siehe »Blockchain-Forks« auf Seite 243). Letztlich wird nur ein Child-Block Teil der Blockchain, und der *Fork* wird aufgelöst. Zwar kann ein Block mehr als ein Child besitzen, doch jeder Block kann nur einen Parent haben. Das liegt am Feld *vorheriger Block-Hash*, der den einzigen Parent referenziert.

Das Feld *vorheriger Block-Hash* liegt innerhalb des Block-Headers und beeinflusst daher den Block-Hash des *aktuellen* Blocks. Die Identität des Child-Blocks ändert sich, wenn sich die Identität des Parent-Blocks ändert. Wird der Parent in irgendeiner Weise verändert, ändert sich auch dessen Hash. Diese Änderung im Parent-Hash verlangt eine Änderung im Feld *vorheriger Block-Hash* des Childs. Dadurch ändert sich nun der Hash des Childs, was eine Änderung des Zeigers im »Grandchild« verlangt, was wiederum den Grandchild ändert und so weiter. Sobald einem Block also viele Generationen folgen, stellt dieser Kaskadeneffekt sicher, dass der Block nicht mehr geändert werden kann, ohne auch die Neuberechnung aller nachfolgenden Blöcke zu erzwingen. Da eine solche Neuberechnung eine enorme Rechenleistung (und einen riesigen Energieverbrauch) erfordern würde, sorgt die lange Kette von Blöcken dafür, dass die Geschichte der Blockchain unveränderlich ist. Das ist ein Schlüsselelement der Sicherheit der Blockchain.

Stellen Sie sich die Blockchain wie die Schichten einer geologischen Formation vor. Die oberflächlichen Schichten können sich mit den Jahreszeiten ändern oder sogar fortgeweht werden, bevor sie Zeit haben, sich zu setzen. Doch sobald sie ein paar Zentimeter tief liegen, werden sie zusehends stabiler. Wenn Sie dann einige Hundert Meter tief graben, sehen Sie einen Schnappschuss der Vergangenheit, der sich seit Millionen von Jahren nicht geändert hat. Bei der Blockchain können ein paar der jüngeren Blöcke revidiert werden, wenn eine Chain durch einen Fork neu berechnet wird. Die obersten sechs Blöcke sind wie ein paar Zentimeter des Mutterbodens. Doch sobald Sie tiefer als sechs Blöcke in der Blockchain graben, sinkt die Wahrscheinlichkeit einer Änderung der Blöcke immer weiter. Hundert Blöcke tief ist die Sache so stabil, dass die Coinbase-Transaktion – die Transaktion, die neu geschürfte Bitcoins enthält – eingelöst werden kann. Einige Tausend Blöcke zurück (etwa einen Monat) ist die Blockchain (für praktisch jeden Anwendungszweck) festgeschriebene Geschichte. Zwar erlaubt es das Protokoll jederzeit, eine Kette durch eine längere Kette zu ersetzen, und es ist auch jederzeit möglich, dass ein Block annulliert wird, doch die Wahrscheinlichkeit eines solchen Ereignisses nimmt mit der Zeit immer weiter ab.

Struktur eines Blocks

Ein Block ist eine Container-Datenstruktur. Er fasst Transaktionen zusammen, um sie in das öffentliche Kassenbuch, die Blockchain, einzufügen. Der Block besteht aus einem Header mit Metadaten, gefolgt von einer langen Liste mit Transaktionen, die das Gros seiner Größe ausmachen. Der Block-Header ist 80 Byte lang, während eine durchschnittliche Transaktion mindestens 250 Byte groß ist. Durchschnittlich enthält ein Block mehr als 500 Transaktionen. Ein vollständiger Block mit allen Transaktionen ist daher etwas 1.000-mal größer als der Block-Header. Tabelle 9-1 beschreibt die Struktur eines Blocks.

Tabelle 9-1: Die Struktur eines Blocks

Größe	Feld	Beschreibung
4 Bytes	Blockgröße	Größe des Blocks (in Byte), der auf dieses Feld folgt.
80 Bytes	Block-Header	Verschiedene Felder bilden den Block-Header.

Tabelle 9-1: Die Struktur eines Blocks (Fortsetzung)

Größe	Feld	Beschreibung
1–9 Bytes (VarInt)	Transaktionszähler	Wie viele Transaktionen folgen.
Variabel	Transaktionen	Die Transaktionen in diesem Block.

Block-Header

Der Block-Header besteht aus drei Gruppen von Block-Metadaten. Zuerst enthält er einen Verweis auf den Hash des vorherigen Blocks, was diesen Block in der Blockchain mit dem vorherigen Block verknüpft. Die zweite Metadatengruppe, namentlich *difficulty*, *timestamp* und *nonce*, gehören zum Mining und werden in Kapitel 10 erläutert. Den dritten Teil der Metadaten bildet die *Merkle Root*, eine Datenstruktur, die alle Transaktionen im Block effizient zusammenfasst. Tabelle 9-2 beschreibt die Struktur des Block-Headers.

Tabelle 9-2: Die Struktur des Block-Headers

Größe	Feld	Beschreibung
4 Bytes	Version	Versionsnummer für Software-/Protokoll-Updates.
32 Bytes	Vorheriger Block-Hash	Verweis auf den Hash des vorherigen (Parent-)Blocks in der Kette.
32 Bytes	Merkle Root	Ein Hash der Wurzel des Hashbaums der Transaktionen in diesem Block.
4 Bytes	Timestamp	Ungefähre Erstellungszeit dieses Blocks (Sekunden seit der Unix-Epoche).
4 Bytes	Difficulty Target	Difficulty Target des Proof-of-Work-Algorithmus' für diesen Block.
4 Bytes	Nonce	Ein vom Proof-of-Work-Algorithmus verwendeter Zähler.

Nonce, *Difficulty Target* und *Timestamp* werden vom Mining verwendet und in Kapitel 10 detailliert erläutert.

Blockkennungen: Block-Header und Blockhöhe

Die primäre Kennung eines Blocks ist sein kryptografischer Hash (ein digitaler Fingerabdruck), der durch das doppelte Hashing des Block-Headers mit dem SHA256-Algorithmus erzeugt wird. Der resultierende 32-Byte-Hash wird *Block-Hash* genannt, obwohl er eigentlich *Block-Header-Hash* heißen müsste, da nur der Block-Header zu seiner Berechnung verwendet wird. So ist beispielsweise `000000000019d6689c085ae165831e934ff763ae46a2a6c172b3f1b60a8ce26f` der Block-Hash des ersten jemals erzeugten Bitcoin-Blocks. Der Block-Hash identifiziert einen Block eindeutig und kann von jeder Node unabhängig ableitet werden, indem sie einfach den Block-Header hasht.

Beachten Sie, dass der Block-Hash nicht Teil der Datenstruktur des Blocks ist, weder bei der Übertragung im Netzwerk noch als Teil der Blockchain bei der Speicherung auf der Festplatte einer Node. Stattdessen wird der Block-Hash von jeder

Node berechnet, wenn sie einen Block vom Netzwerk empfängt. Der Block-Hash kann in einer separaten Datenbanktabelle als Teil der Metadaten des Blocks gespeichert werden, um eine Indexierung und so den schnelleren Abruf eines Blocks von der Festplatte zu ermöglichen.

Eine zweite Möglichkeit der Identifizierung eines Blocks ist seine Position innerhalb der Blockchain, was man als *Blockhöhe* bezeichnet. Der erste jemals erzeugte Block liegt auf Blockhöhe 0 (null) und ist der gleiche Block, den wir vorhin über den Block-Hash `000000000019d6689c085ae165831e934ff763ae46a2a6c172b3f1b60a8ce26f` referenziert haben. Ein Block kann also auf zwei Arten identifiziert werden: über den Block-Hash sowie über die Blockhöhe. Jeder neue Block wird auf den letzten »obendrauf« gelegt und liegt »höher« in der Blockchain, genau wie Kartons, die man aufeinanderstapelt. Die Blockhöhe lag am 1. Januar 2017 bei ca. 446.000, d.h., 446.000 Blöcke wurden über den ersten Block gestapelt, der im Januar 2009 erzeugt wurde.

Im Gegensatz zum Block-Hash ist die Blockhöhe keine eindeutige Kennung. Zwar hat ein einzelner Block immer eine bestimmte und unveränderliche Blockhöhe, doch der umgekehrte Fall trifft nicht unbedingt zu – die Blockhöhe muss nicht immer einen einzelnen Block identifizieren. Zwei oder mehr Blöcke können die gleiche Blockhöhe haben, wenn sie um die gleiche Position in der Blockchain wetteifern. Dieses Szenario wird unter »Blockchain-Forks« auf Seite 243 im Detail behandelt. Die Blockhöhe ist ebenfalls nicht Teil der Block-Datenstruktur, d.h., sie wird nicht innerhalb des Blocks gespeichert. Jede Node bestimmt dynamisch die Position (Höhe) in der Blockchain, wenn sie einen Block aus dem Bitcoin-Netzwerk empfängt. Die Blockhöhe kann ebenfalls als Metadaten in einer indexierten Datenbanktabelle abgelegt werden, um einen Block schneller abrufen zu können.

> Der *Block Hash* identifiziert einen einzelnen Block immer eindeutig. Ein Block hat auch immer eine bestimmte *Blockhöhe*. Allerdings kann die Blockhöhe nicht unbedingt einen einzelnen Block eindeutig identifizieren, da zwei oder mehr Blöcke um eine bestimmte Position in der Blockchain wetteifern können.

Der Genesis-Block

Der erste Block in der Blockchain wurde 2009 erzeugt und wird Genesis-Block genannt. Er ist der gemeinsame Urahn aller Blöcke in der Blockchain. Wenn Sie bei einem beliebigen Block beginnen und die Kette in der Zeit zurückverfolgen, landen Sie letztendlich beim Genesis-Block.

Jede Node beginnt mit einer Blockchain mit mindestens einem Block, weil der Genesis-Block fest in die Bitcoin-Clientsoftware integriert ist, sodass er nicht verändert werden kann. Jeder Knoten »kennt« den Hash des Genesis-Blocks, die Zeit, zu der er erzeugt wurde, und sogar die einzige darin enthaltene Transaktion. Auf diese Weise hat jede Node einen Anfangspunkt für die Blockchain, einen sicheren »Stamm«, von dem aus eine vertrauenswürdige Blockchain aufgebaut werden kann.

Sie können sich den fest codierten Genesis-Block des Bitcoin-Core-Clients unter *chainparams.cpp* (*http://bit.ly/1x6rcwP*) ansehen.

Die folgende Hashkennung gehört zum Genesis-Block:

```
000000000019d6689c085ae165831e934ff763ae46a2a6c172b3f1b60a8ce26f
```

Sie können nach diesem Block-Hash auf jeder Block-Explorer-Website wie *blockchain.info* suchen und werden eine Seite finden, die den Inhalt dieses Blocks beschreibt. Sie verwenden dazu eine URL, der den Hash angibt:

https://blockchain.info/block/000000000019d6689c085ae165831e934ff763ae46a2a6c172b3f1b60a8ce26f

https://blockexplorer.com/block/000000000019d6689c085ae165831e934ff763ae46a2a6c172b3f1b60a8ce26f

Für den Bitcoin-Core-Referenzclient geben Sie in der Kommandozeile Folgendes ein:

```
$ bitcoin-cli getblock
000000000019d6689c085ae165831e934ff763ae46a2a6c172b3f1b60a8ce26f

{
    "hash" : "000000000019d6689c085ae165831e934ff763ae46a2a6c172b3f1b60a8ce26f",
    "confirmations" : 308321,
    "size" : 285,
    "height" : 0,
    "version" : 1,
    "merkleroot" :
"4a5e1e4baab89f3a32518a88c31bc87f618f76673e2cc77ab2127b7afdeda33b",
    "tx" : [
        "4a5e1e4baab89f3a32518a88c31bc87f618f76673e2cc77ab2127b7afdeda33b"
    ],
    "time" : 1231006505,
    "nonce" : 2083236893,
    "bits" : "1d00ffff",
    "difficulty" : 1.00000000,
    "nextblockhash" :
"00000000839a8e6886ab5951d76f411475428afc90947ee320161bbf18eb6048"
}
```

Im Genesis-Block ist eine versteckte Nachricht enthalten. Der Coinbase-Transaktions-Input enthält den Text »The Times 03/Jan/2009 Chancellor on brink of second bailout for banks«. Diese Nachricht war als Beweis für den frühesten Zeitpunkt gedacht, zu dem dieser Block erzeugt werden konnte, indem sie die Schlagzeile der britischen Zeitung *The Times* zitiert. Sie dient auch als ironische Erinnerung an die Bedeutung eines unabhängigen Währungssystems, wurde Bitcoin doch zur der Zeit einer noch nie da gewesenen weltweiten Finanzkrise vorgestellt. Die Nachricht wurde von Satoshi Nakamoto (dem Erfinder des Bitcoins) in den ersten Block eingefügt.

Blöcke in der Blockchain verlinken

Full Nodes halten bei Bitcoin eine lokale Kopie der Blockchain vor, beginnend mit dem Genesis-Block. Diese lokale Kopie wird laufend aktualisiert, sobald neue Blöcke gefunden werden und die Kette erweitern. Wenn eine Node aus dem Netzwerk eingehende Blöcke empfängt, validiert sie diese Blöcke und verlinkt sie mit der existierenden Blockchain. Um einen Link herzustellen, untersucht die Node den Header des eingehenden Blocks und sieht sich den *vorherigen Block-Hash* an.

Nehmen wir beispielsweise an, dass eine Node 277.314 Blöcke in ihrer lokalen Kopie der Blockchain vorhält. Der letzte Block, den die Node kennt, ist Block 277.314 mit dem folgenden Block-Header-Hash:

```
00000000000000027e7ba6fe7bad39faf3b5a83daed765f05f7d1b71a1632249
```

Die Bitcoin-Node empfängt dann einen neuen Block aus dem Netzwerk, den sie wie folgt analysiert:

```
{
    "size" : 43560,
    "version" : 2,
    "previousblockhash" :
        "00000000000000027e7ba6fe7bad39faf3b5a83daed765f05f7d1b71a1632249",
    "merkleroot" :
        "5e049f4030e0ab2debb92378f53c0a6e09548aea083f3ab25e1d94ea1155e29d",
    "time" : 1388185038,
    "difficulty" : 1180923195.25802612,
    "nonce" : 4215469401,
    "tx" : [
        "257e7497fb8bc68421eb2c7b699dbab234831600e7352f0d9e6522c7cf3f6c77",

  #[... viele, viele weitere Transaktionen ...]

        "05cfd38f6ae6aa83674cc99e4d75a1458c165b7ab84725eda41d018a09176634"
    ]
}
```

In diesem neuen Block findet die Node das Feld `previousblockhash`, das den Hash des Parent-Blocks enthält. Dieser Hash ist der Node bekannt, es handelt sich um den letzten Block in der Kette mit der Höhe 277.314. Daher ist dieser neue Block ein Child-Block des letzten Block der Kette und erweitert die existierende Blockchain. Die Node hängt diesen neuen Block an das Ende der Kette an und verlängert die Blockchain mit einer neuen Höhe von 277.315. Abbildung 9-1 zeigt die Kette für drei Blöcke, die über Referenzen im `previousblockhash`-Feld verlinkt sind.

Merkle Trees (Hashbäume)

Jeder Block in der Bitcoin-Blockchain enthält eine Zusammenfassung aller Transaktionen des Blocks über einen sogenannten *Merkle Tree*.

Ein *Merkle Tree*, auch *binärer Hashbaum* genannt, ist eine Datenstruktur, die zur effizienten Zusammenfassung bei der Integritätsprüfung großer Datensätze verwendet wird. Merkle Trees sind binäre Bäume, die kryptografische Hashes enthalten. Der Begriff »Baum« (engl. Tree) wird in der Informatik verwendet, um sich verzweigende Datenstrukturen zu beschreiben, allerdings werden diese Bäume üblicherweise »auf dem Kopf stehend« dargestellt, d.h., der »Stamm« (oder die »Wurzel«, engl. Root) ist oben und die »Blätter« unten, wie Sie in den folgenden Beispielen sehen werden.

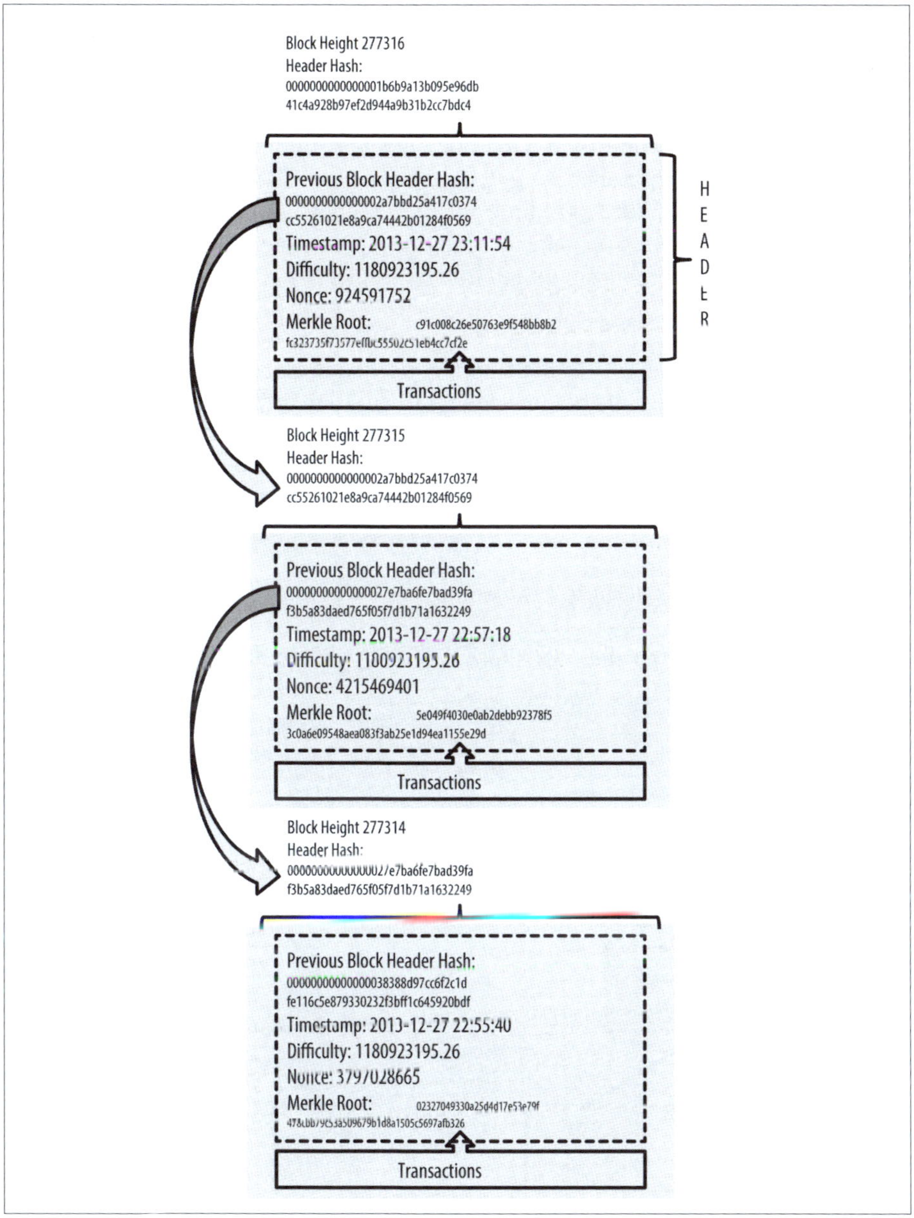

Abbildung 9-1: In einer Kette verlinkte Blöcke referenzieren den vorherigen Block-Header-Hash.

Merkle Trees werden bei Bitcoin genutzt, um alle Transaktionen in einem Block zusammenzufassen und einen digitalen Fingerabdruck für den gesamten Satz an Transaktionen zu erzeugen. Auf diese Weise lässt sich sehr effizient verifizieren, ob eine Transaktion in einem Block enthalten ist. Ein Merkle Tree wird erzeugt, indem rekursiv Knotenpaare gehasht werden, bis nur noch ein Hash übrig bleibt, die sogenannte *Root* oder *Merkle Root*. Der für Bitcoins Merkle Trees verwendete Hashalgorithmus SHA256 wird dabei zweimal angewandt.

Werden N Datenelemente in einem Merkle Tree zusammengefasst, können Sie mit maximal $2*\log_2(N)$ Berechnungen prüfen, ob ein Datenelement im Baum vorhanden ist, was ihn zu einer sehr effektiven Datenstruktur macht.

Der Merkle Tree wird von unten nach oben erzeugt. Im folgenden Beispiel beginnen wir mit vier Transaktionen A, B, C und D, die die »Blätter« (engl. Leaves) des Merkle Tree bilden (siehe Abbildung 9-2). Die Transaktionen werden nicht im Merkle Tree gespeichert, vielmehr werden deren Daten gehasht, und dieser Hash wird in jedem Blattknoten als H_A, H_B, H_C und H_D gespeichert:

$$H_A = SHA256(SHA256(Transaktion A))$$

Aufeinanderfolgende Paare von Blattknoten werden dann in einem Parent-Knoten zusammengefasst, indem die beiden Hashes verbunden und dann gehasht werden. Um beispielsweise den Parent-Knoten H_{AB} zu erzeugen, werden die beiden 32-Byte-Hashes der Children zu einem 64-Byte-String verbunden. Dieser String wird dann zweimal gehasht, um den Hash des Parent-Knotens zu erzeugen:

$$H_{AB} = SHA256(SHA256(H_A + H_B))$$

Dieser Prozess wird wiederholt, bis oben nur noch ein Knoten übrig bleibt, der als Merkle Root bezeichnet wird. Dieser 32-Byte-Hash wird im Block-Header gespeichert und fasst alle Daten aller vier Transaktionen zusammen. Abbildung 9-2 zeigt, wie die Merkle Root durch die paarweisen Hashes der Knoten berechnet wird.

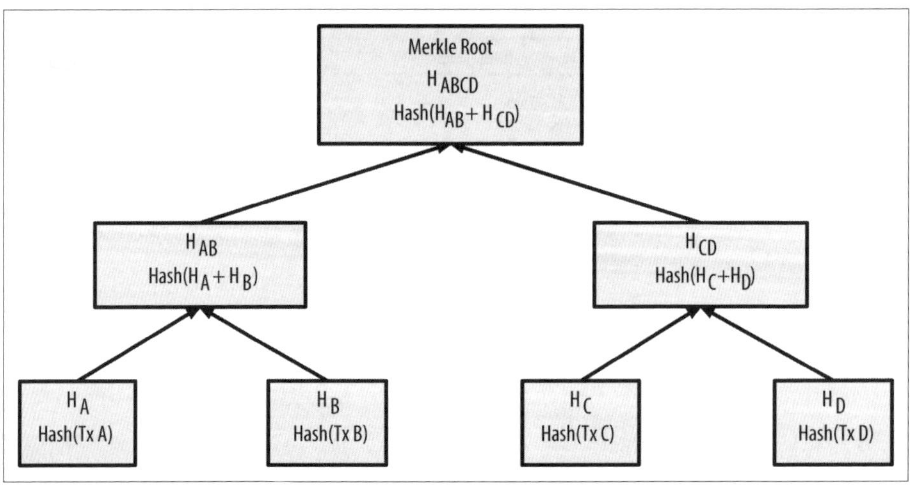

Abbildung 9-2: Berechnung der Knoten in einem Merkle Tree

Da ein Merkle Tree ein binärer Baum ist, benötigt er eine gerade Anzahl von Knoten. Bei einer ungeraden Zahl von Transaktionen wird der Hash der letzten Transaktion dupliziert, um für eine gerade Anzahl von Knoten zu sorgen. Man nennt das einen *balancierten Baum*. Dieser ist in Abbildung 9-3 zu sehen, wo Transaktion C dupliziert wurde.

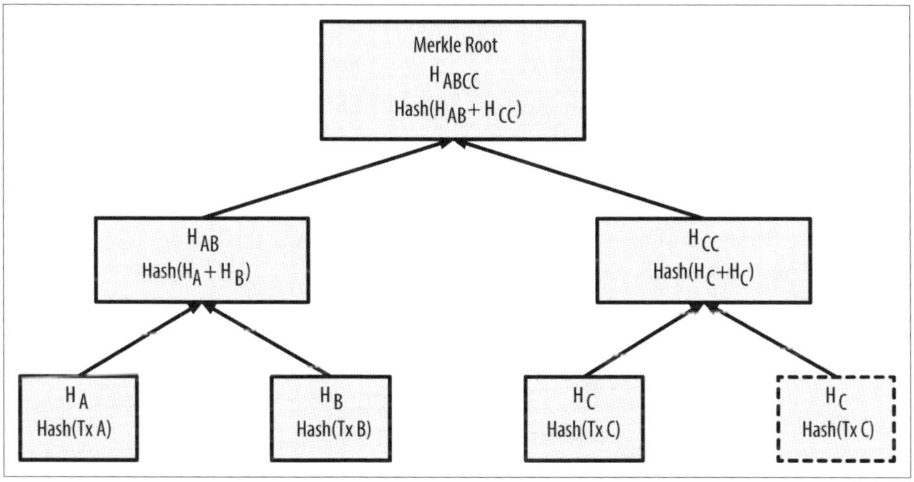

Abbildung 9-3: Die Duplizierung eines Datenelements sorgt für eine gerade Anzahl von Datenelementen.

Diese Methode zur Konstruktion eines Baums aus vier Transaktionen kann generalisiert werden, um Bäume beliebiger Größe aufzubauen. Beim Bitcoin sind bis zu 1.000 Transaktionen in einem einzigen Block enthalten, die auf genau die gleiche Weise zu einer nur 32 Byte langen Merkle Root zusammengefasst werden. In Abbildung 9-4 sehen Sie einen aus 16 Transaktionen aufgebauten Baum. Der Stamm sieht im Diagramm zwar größer aus als die Blätter, hat aber exakt die gleiche Größe, also 32 Bytes. Egal ob eine oder 100.000 Transaktionen im Block enthalten sind, die Merkle Root ist immer 32 Bytes lang.

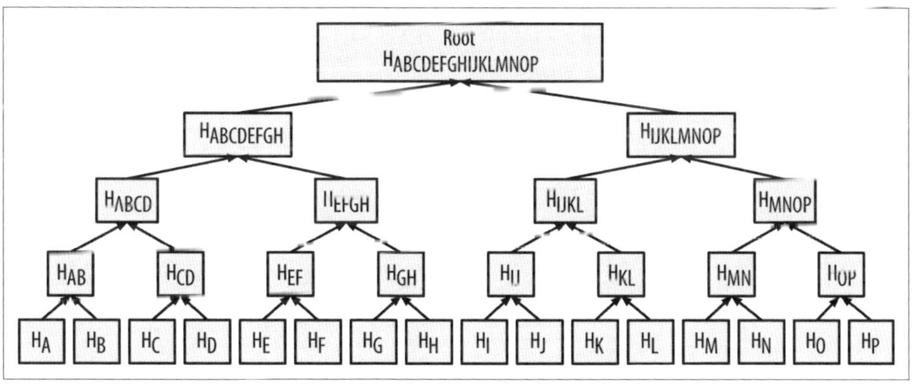

Abbildung 9-4: Viele Datenelemente zusammenfassender Merkle Tree

Um zu prüfen, ob eine bestimmte Transaktion in einem Block enthalten ist, muss eine Node nur $\log_2(N)$ 32-Byte-Hashes erzeugen, die einen *Authentifizierungspfad* oder *Merkle-Pfad* bilden, der die Transaktion mit der Merkle Root verbindet. Das ist besonders wichtig, wenn die Anzahl der Transaktionen steigt, weil der Logarithmus zur Basis 2 wesentlich langsamer ansteigt. Bitcoin-Nodes können auf diese Weise effizient Pfade aus zehn oder zwölf Hashes erzeugen (320–384 Bytes), die belegen, ob eine einzelne Transaktion in einem Megabyte-großen Block mit mehr als 1.000 Transaktionen enthalten ist.

In Abbildung 9-5 kann eine Node prüfen, ob die Transaktion K im Block enthalten ist, indem sie einen Merkle-Pfad erzeugt, der nur vier 32-Byte-Hashes lang ist (zu erkennen am schraffierten Hintergrund in Abbildung 9-5): H_L, H_{IJ}, H_{MNOP} und $H_{ABCDEFGH}$. Mit diesen vier Hashes als Authentifizierungspfad kann jede Node nachweisen, dass H_K (unten im Diagramm mit schwarzem Hintergrund) in der Merkle Root enthalten ist, indem sie paarweise die vier Hashes H_{KL}, H_{IJKL}, $H_{IJKLMNOP}$ sowie die Merkle Root (im Diagramm schraffiert dargestellt) berechnet.

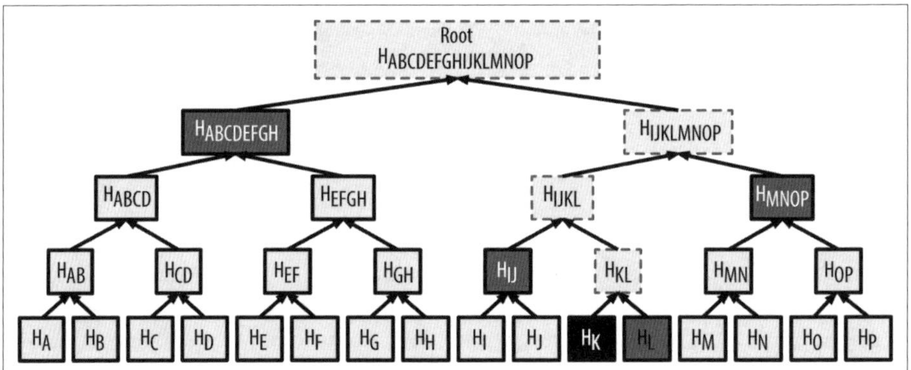

Abbildung 9-5: Ein Merkle-Pfad belegt, ob ein Datenelement enthalten ist.

Der Code in Beispiel 9-1 demonstriert, wie man einen Merkle Tree aus den Hashes der Blätter bis hoch zur Wurzel erzeugt. Er nutzt die `libbitcoin`-Bibliothek für einige Hilfsfunktionen.

Beispiel 9-1: Einen Merkle Tree aufbauen

```
#include <bitcoin/bitcoin.hpp>

bc::hash_digest create_merkle(bc::hash_list& merkle)
{
    // Bei leerer Seite anhalten.
    if (merkle.empty())
        return bc::null_hash;
    else if (merkle.size() == 1)
        return merkle[0];

    // Solange es mehr als einen Hash in der Liste gibt...
    while (merkle.size() > 1)
```

```
    {
        // Ist die Anzahl der Hashes ungerade, letzten Hash der Liste duplizieren.
        if (merkle.size() % 2 != 0)
            merkle.push_back(merkle.back());
        // Listengröße ist nun gerade.
        assert(merkle.size() % 2 == 0);

        // Neue Hash-Liste.
        bc::hash_list new_merkle;
        // Jeweils zwei Hashes durchgehen.
        for (auto it = merkle.begin(); it != merkle.end(); it += 2)
        {
            // Die beiden Hashes verketten.
            bc::data_chunk concat_data(bc::hash_size * 2);
            auto concat = bc::serializer<
                decltype(concat_data.begin())>(concat_data.begin());
            concat.write_hash(*it);
            concat.write_hash(*(it + 1));
            // Beide Hashes hashen.
            bc::hash_digest new_root = bc::bitcoin_hash(concat_data);
            // In die neue Liste einfügen.
            new_merkle.push_back(new_root);
        }
        // Die neue Liste.
        merkle = new_merkle;

        // DEBUGGING-Ausgabe. -------------------------------------
        std::cout << "Current merkle hash list:" << std::endl;
        for (const auto& hash: merkle)
            std::cout << "  " << bc::encode_base16(hash) << std::endl;
        std::cout << std::endl;
        // --------------------------------------------------
    }
    // Zum Schluss landen wir bei einem Element.
    return merkle[0];
}

int main()
{
    // Ersetzen Sie diese Hashes durch diejenigen eines Blocks, um die gleiche Merkle-
Root zu erzeugen.
    bc::hash_list tx_hashes{{
        bc::hash_lit
eral("0000000000000000000000000000000000000000000000000000000000000000"),
        bc::hash_lit
eral("0000000000000000000000000000000000000000000000000000000000000011"),
        bc::hash_lit
eral("0000000000000000000000000000000000000000000000000000000000000022"),
    }};
    const bc::hash_digest merkle_root = create_merkle(tx_hashes);
    std::cout << "Result: " << bc::encode_base16(merkle_root) << std::endl;
    return 0;
}
```

Beispiel 9-2 zeigt das Ergebnis der Kompilierung und Ausführung des Codes.

Beispiel 9-2: Kompilierung und Ausführung des Merkle-Beispielcodes

```
$ # merkle.cpp kompilieren
$ g++ -o merkle merkle.cpp $(pkg-config --cflags --libs libbitcoin)
$ # Das merkle-Executable ausführen
$ ./merkle
Current merkle hash list:
  32650049a0418e4380db0af81788635d8b65424d397170b8499cdc28c4d27006
  30861db96905c8dc8b99398ca1cd5bd5b84ac3264a4e1b3e65afa1bcee7540c4

Current merkle hash list:
  d47780c084bad3830bcdaf6eace035e4c6cbf646d103795d22104fb105014ba3

Result: d47780c084bad3830bcdaf6eace035e4c6cbf646d103795d22104fb105014ba3
```

Die Effektivität von Merkle Trees wird offensichtlich, wenn sich die Größe erhöht. Tabelle 9-3 zeigt die Menge der Daten an, die in einem Merkle-Pfad ausgetauscht werden müssen, um zu belegen, dass eine Transaktion Teil eines Blocks ist.

Tabelle 9-3: Effektivität eines Merkle Tree

Anzahl der Transaktionen	Ungefähre Größe des Blocks	Größe des Pfads (Hash)	(Bytes)
16 Transaktionen	4 KByte	4 Hashes	128 Byte
512 Transaktionen	128 KByte	9 Hashes	288 Byte
2.048 Transaktionen	512 KByte	11 Hashes	352 Byte
65.535 Transaktionen	16 MByte	16 Hashes	512 Byte

Wie Sie der Tabelle entnehmen können, steigt die Blockgröße von 4 KByte bei 16 Transaktionen auf 16 MByte für 65.535 Transaktionen an, während der für den Beleg nötige Merkle-Pfad von 128 auf nur 512 Byte wesentlich langsamer ansteigt. Mit Merkle Trees muss eine Node nur die Block-Header (80 Byte pro Block) herunterladen und kann dennoch ermitteln, ob eine Transaktion in einem Block enthalten ist, indem sie einen kleinen Merkle-Pfad von einer Full Node abruft. Sie muss nicht die gesamte Blockchain speichern oder herunterladen, die mehrere Gigabytes groß ist. Nodes, die nicht die gesamte Blockchain vorhalten, sogenannte SPV-Nodes (*Simplified Payment Verification*), verwenden Merkle-Pfade, um Transaktionen zu verifizieren, ohne ganze Blöcke herunterladen zu müssen.

Merkle Trees und Simplified Payment Verification (SPV)

Merkle Trees werden von SPV-Nodes ausgiebig genutzt, da diese nicht alle Transaktionen vorhalten und auch keine vollständigen Blöcke herunterladen. Um zu prüfen, ob eine Transaktion in einem Block enthalten ist, ohne alle Transaktionen im Block herunterladen zu müssen, verwenden sie einen Authentifizierungspfad (Merkle-Pfad).

Nehmen wir beispielsweise an, dass eine SPV-Node an eingehenden Zahlungen für eine ihrer Wallet-Adressen interessiert ist. Die SPV-Node richtet einen Bloomfilter (siehe »Bloomfilter« auf Seite 187) für die Verbindungen mit den Peers ein, um nur Transaktionen mit der gewünschten Adresse zu empfangen. Sieht ein Peer eine Transaktion, die auf den Bloomfilter passt, sendet er diesen Block in einer `merkleblock`-Nachricht. Die `merkleblock`-Nachricht enthält den Block-Header sowie den Merkle-Pfad, der die fragliche Transaktion mit der Merkle Root des Blocks verknüpft. Die SPV-Node kann diesen Merkle-Pfad nutzen, um die Transaktion mit dem Block zu verknüpfen und festzustellen, ob die Transaktion im Block enthalten ist. Die SPV-Node nutzt den Block-Header auch, um den Block mit dem Rest der Blockchain zu verknüpfen. Die Kombination dieser beiden Links zwischen der Transaktion und dem Block sowie zwischen dem Block und der Blockchain beweist, dass die Transaktion in der Blockchain festgehalten wurde. Alles in allem empfängt die SPV-Node weniger als 1 KByte an Daten für den Block-Header und den Merkle-Pfad, also etwa tausendmal weniger als für einen vollständigen Block (momentan etwa 1 MByte).

Bitcoins Test-Blockchains

Möglicherweise überrascht es Sie, zu erfahren, dass es mehr als eine Blockchain gibt. Die »Haupt-Bitcoin-Blockchain«, die Satoshi Nakamoto am 3. Januar 2009 mit dem Genesis-Block (den Sie weiter oben in diesem Kapitel kennengelernt haben) erzeugt hat, wird `mainnet` genannt. Neben diesem Hauptnetz gibt es andere Bitcoin-Blockchains, die zu Testzwecken genutzt werden. Im Moment sind das `testnet`, `segnet` und `regtest`. Sehen wir sie uns etwas näher an.

Testnet – Bitcoins Testspielwiese

Testnet ist der Name der Test-Blockchain, des Testnetzwerks und der Testwährung, die zu Testzwecken verwendet werden. Das Testnet ist ein vollwertiges Live-P2P-Netzwerk mit Wallets, Test-Bitcoins (Testnet-Coins), Mining und allen anderen Features des Hauptnetzes. Tatsächlich gibt es nur zwei Unterschiede: Testnet-Coins sind wertlos, und die Mining-Difficulty sollte niedrig genug sein, damit jeder Testnet-Coins relativ einfach schürfen kann (wodurch sie auch weiterhin wertlos bleiben).

Jede für den Produktiveinsatz im Bitcoin-Hauptnetz gedachte Softwareentwicklung sollte zuerst im Testnet mit Testnet-Coins getestet werden. Das schützt die Entwickler vor durch Bugs verursachte finanzielle Verluste und das Netzwerk vor unbeabsichtigtem Verhalten.

Die Coins wertlos und das Mining einfach zu halten, ist aber leichter gesagt als getan. Trotz der eindringlichen Appelle von Entwicklern verwenden einige Nutzer fortgeschritteneres Mining-Equipment ((GPUs und ASICs) für das Mining im Testnet. Das erhöht die Difficulty und macht das Mining mit einer CPU unmöglich, was die Gewinnung von Test-Coins letztendlich so schwierig macht, dass die Nutzer sie doch wertschätzen und sie nicht länger wertlos sind. Daher muss das Testnet ab und zu ausrangiert und mit einem neuen Genesis-Block neu gestartet werden, um die Difficulty zurückzusetzen.

Das aktuelle Testnet heißt `testnet3` und ist die dritte Testnet-Iteration. Es wurde im Februar 2011 neu gestartet, um die Difficulty des alten Netzes wieder zurückzusetzen.

Denken Sie daran, dass auch `testnet3` eine große Blockchain besitzt, Anfang 2017 waren es über 20 GByte. Die vollständige Synchronisation dauert etwa einen Tag, und das verbraucht einige Ressourcen auf Ihrem Computer. Sie ist nicht so groß wie im Mainnet, aber auch nicht wirklich »leichtgewichtig«. Eine gute Möglichkeit zum Betrieb einer Testnet-Node bieten Images für virtuelle Maschinen (z. B. VirtualBox, Docker, Cloud Server etc.), die speziell für diesen Zweck gedacht sind.

Das Testnet nutzen

Bitcoin Core unterstützt, wie die meiste andere Bitcoin-Software auch, den Betrieb im Testnet anstelle des Mainnet. Es ermöglicht auch das Mining von Testnet-Coins und den Betrieb einer vollständigen Testnet-Node.

Um Bitcoin Core mit dem Testnet anstelle des Mainnet zu starten, verwenden Sie die Option `testnet`:

```
$ bitcoind -testnet
```

In den Logs sollten Sie sehen können, dass `bitcoind` eine neue Blockchain im Unterverzeichnis *testnet3* des `bitcoind`-Standardverzeichnisses aufbaut:

```
bitcoind: Using data directory /home/username/.bitcoin/testnet3
```

Die Verbindung zu `bitcoind` stellen wir mit dem Kommandozeilenwerkzeug `bitcoin-cli` her, müssen aber auch in den `testnet`-Modus schalten:

```
$ bitcoin-cli -testnet getinfo
{
  "version": 130200,
  "protocolversion": 70015,
  "walletversion": 130000,
  "balance": 0.00000000,
  "blocks": 416,
  "timeoffset": 0,
  "connections": 3,
  "proxy": "",
  "difficulty": 1,
  "testnet": true,
  "keypoololdest": 1484801486,
  "keypoolsize": 100,
  "paytxfee": 0.00000000,
  "relayfee": 0.00001000,
  "errors": ""
}
```

Sie können ebenfalls den `getblockchaininfo`-Befehl nutzen, um sich die Details der `testnet3`-Blockchain und des Synchronisationsvorgangs anzusehen:

```
$ bitcoin-cli -testnet getblockchaininfo
{
  "chain": "test",
  "blocks": 1088,
  "headers": 139999,
  "bestblockhash":
"0000000063d29909d475a1c4ba26da64b368e56cce5d925097bf3a2084370128",
  "difficulty": 1,
  "mediantime": 1337966158,
  "verificationprogress": 0.001644065914099759,
  "chainwork": "0000000000000000000000000000000000000000000000000000044104410441",
  "pruned": false,
  "softforks": [

  [...]
```

Sie können `testnet3` auch mit anderen Full-Node-Implementierungen nutzen, wie etwa `btcd` (geschrieben in Go) und `bcoin` (geschrieben in JavaScript), um mit anderen Programmiersprachen und Frameworks zu experimentieren und sie kennenzulernen.

Anfang 2017 unterstützte testnet3 alle Features des Mainnet sowie zusätzlich Segregated Witness (siehe Anhang D), das im Mainnet noch aktiviert werden muss.

Segnet – das Segregated-Witness-Testnet

Im Jahr 2016 wurde ein spezielles Testnetz gestartet, um die Entwicklung und den Test von Segregated Witness (kurz Segwit, siehe Anhang D) zu unterstützen. Diese Test-Blockchain wird `segnet` genannt und kann über eine spezielle Version (Branch) von Bitcoin Core ausgeführt werden.

Seit Segwit zu `testnet3` hinzugefügt wurde, ist die Nutzung von `segnet` zum Testen von Segwit-Features nicht mehr nötig.

In Zukunft wird es sehr wahrscheinlich andere Test-Blockchains geben, um ein einzelnes neues Feature oder architektonische Änderungen wie `segnet` testen zu können.

Regtest – die lokale Blockchain

Regtest (steht für *Regression Testing*) ist ein Bitcoin-Core-Feature, das den Aufbau einer lokalen Blockchain zu Testzwecken erlaubt. Im Gegensatz zu `testnet3`, das eine öffentliche und von allen geteilte Test-Blockchain ist, sind Regtest-Blockchains für geschlossene Systeme und lokale Tests gedacht. Sie starten eine Regtest-Blockchain von Grund auf, indem Sie einen lokalen Genesis-Block erzeugen, Sie können andere Nodes in das Netzwerk einbinden oder nur eine einzelne Node nutzen, um die Bitcoin-Core-Software zu testen.

Um Bitcoin Core im regtest-Modus zu starten, verwenden Sie das regtest-Flag:

```
$ bitcoind -regtest
```

Genau wie bei testnet initialisiert Bitcoin Core eine neue Blockchain im Unterverzeichnis *regtest* ihres bitcoind-Stammverzeichnisses:

```
bitcoind: Using data directory /home/username/.bitcoin/regtest
```

Wenn Sie die Kommandozeilentools nutzen, müssen Sie ebenfalls das regtest-Flag angeben. Lassen Sie uns die Regtest-Blockchain mit dem Befehl getblockchaininfo inspizieren:

```
$ bitcoin-cli -regtest getblockchaininfo
{
  "chain": "regtest",
  "blocks": 0,
  "headers": 0,
  "bestblockhash":
"0f9188f13cb7b2c71f2a335e3a4fc328bf5beb436012afca590b1a11466e2206",
  "difficulty": 4.656542373906925e-10,
  "mediantime": 1296688602,
  "verificationprogress": 1,
  "chainwork": "0000000000000000000000000000000000000000000000000000000000000002",
  "pruned": false,
  [...]
```

Wie Sie sehen können, gibt es noch keine Blöcke. Lassen Sie uns einige (500) Blöcke minen und die Belohnung einstreichen:

```
$ bitcoin-cli -regtest generate 500
[
  "7afed70259f22c2bf11e406cb12ed5c0657b6e16a6477a9f8b28e2046b5ba1ca",
  "1aca2f154a80a9863a9aac4c72047a6d3f385c4eec5441a4aafa6acaa1dada14",
  "4334ecf6fb022f30fbd764c3ee778fabbd53b4a4d1950eae8a91f1f5158ed2d1",
  "5f951d34065efeaf64e54e91d00b260294fcdfc7f05dbb5599aec84b957a7766",
  "43744b5e77c1dfece9d05ab5f0e6796ebe627303163547e69e27f55d0f2b9353",
   [...]
  "6c31585a48d4fc2b3fd25521f4515b18aefb59d0def82bd9c2185c4ecb754327"
]
```

Es dauert nur ein paar Sekunden, um all diese Blöcke zu minen, was das Testen besonders einfach macht. Wenn Sie sich den Kontostand Ihrer Wallet ansehen, werden Sie die Belohnung für die ersten 400 Blöcke vorfinden (Coinbase-Belohnungen müssen 100 Blöcke tief liegen, bevor sie eingelöst werden dürfen):

```
$ bitcoin-cli -regtest getbalance
12462.50000000
```

Test-Blockchains für die Entwicklung nutzen

Bitcoins unterschiedliche Blockchains (regtest, segnet, testnet3, mainnet) bieten eine Reihe von Testumgebungen für die Bitcoin-Entwicklung. Verwenden Sie diese Test-Blockchains, wenn Sie für Bitcoin Core, einen anderen Full-Node-Client, eine

Anwendung wie etwa eine Wallet, eine Börse, eine E-Commerce-Site oder auch neuartige Smart Contracts oder komplexe Skripten entwickeln.

Sie können die Test-Blockchains nutzen, um eine Entwicklungs-Pipeline einzurichten. Testen Sie Ihren Code während der Entwicklung lokal unter `regtest`. Sobald Sie so weit sind, Ihre Entwicklung in einem öffentlichen Netzwerk auszuprobieren, wechseln Sie ins `testnet`, um Ihren Code einer etwas dynamischeren Umgebung mit vielfältigerem Code und diversen Anwendungen auszusetzen. Wenn Sie schließlich sicher sind, dass Ihr Code wie erwartet funktioniert, wechseln Sie zum `mainnet`. Sobald Sie Änderungen, Verbesserungen, Bug-Fixes etc. vornehmen, starten Sie die Pipeline von vorne und wenden jede Änderung zuerst auf `regtest`, dann im `testnet` und schließlich produktiv im `mainnet` an.

KAPITEL 10

Mining und Konsens

Einführung

Der Begriff *Mining* ist etwas irreführend. Da wir dabei an die Gewinnung wertvoller Metalle denken, richten wir unsere Aufmerksamkeit auf die Belohnung für das Minen, d.h. auf die neuen Bitcoins, die mit jedem Block erzeugt werden. Zwar wird das Mining durch diese Belohnung gefördert, doch die Hauptaufgabe des Minings ist nicht die Belohnung bzw. die Generierung neuer Coins. Wenn Sie das Mining nur als den Prozess der Generierung neuer Coins betrachten, verwechseln Sie das Mittel (den Anreiz) mit dem eigentlichen Ziel dieses Prozesses. Das Mining ist der Mechanismus für die dezentralisierte Verrechnungsstelle, durch die Transaktionen validiert und verrechnet werden. Das Mining ist die Erfindung, die den Bitcoin so besonders macht: ein dezentralisierter Sicherheitsmechanismus, der die Basis für digitales P2P-Geld bildet.

Das Mining *sichert das Bitcoin-System* ab und ermöglicht die Bildung eines netzwerkweiten *Konsens ohne zentrale Autorität*. Die Belohnung durch neu geschürfte Coins und Transaktionsgebühren bildet ein Anreizsystem, das die Arbeit der Miner mit der Sicherheit des Netzwerks verknüpft und gleichzeitig für die Geldversorgung sorgt.

> Die Aufgabe des Minings ist nicht die Erzeugung neuer Bitcoins, diese bildet nur ein Anreizsystem. Das Mining ist der Mechanismus, durch den die Sicherheit von Bitcoins dezentralisiert wird.

Miner müssen neue Transaktionen validieren und im globalen Kassenbuch festhalten. Ein neuer Block, der die Transaktionen seit dem letzten Block enthält, wird durchschnittlich alle zehn Minuten »geschürft«, wodurch diese Transaktionen in die Blockchain aufgenommen werden. Transaktionen, die Teil eines Blocks sind und in die Blockchain aufgenommen werden, gelten als »bestätigt«, und die neuen Besitzer können die mit diesen Transaktionen empfangenen Bitcoins einlösen.

Miner erhalten für die Absicherung durch das Mining zwei Arten von Vergütungen: neue Coins, die mit jedem neuen Block erzeugt werden, sowie die Gebühren aller Transaktionen, die im Block enthalten sind. Um diese Vergütung zu erhalten, konkurrieren die Miner bei der Lösung eines schwierigen mathematischen Problems, das auf einem kryptografischen Hashalgorithmus basiert. Die Lösung des Problems, der sogenannte Proof-of-Work, wird in den neuen Block aufgenommen und dient als Beweis, dass der Miner eine erhebliche Rechenleistung erbracht hat. Der Wettstreit um die Lösung des Proof-of-Work-Algorithmus und damit das Recht, Transaktionen in der Blockchain festzuhalten und die Vergütung einzustreichen, bilden die Basis von Bitcoins Sicherheitsmodell.

Der Prozess wird als Mining bezeichnet, weil die Vergütung (die Generierung neuer Coins) so entworfen wurde, dass sich, wie beim Schürfen von Edelmetallen, mit der Zeit sinkende Erträge ergeben. Bitcoins Geldvorrat wird durch das Mining erzeugt, ähnlich wie eine Zentralbank neues Geld ausgibt, indem sie Banknoten druckt. Die maximale Menge neu erzeugter Bitcoins, die ein Miner in neu erzeugte Blöcke eintragen kann, sinkt etwa alle vier Jahre (genauer gesagt alle 210.000 Blöcke). Es begann mit 50 Bitcoin pro Block im Januar 2009 und wurde im November 2012 auf 25 Bitcoin pro Block halbiert. Im Juli 2016 wurde die Menge erneut auf 12,5 Bitcoin halbiert. Basierend auf dieser Formel sinkt die Mining-Vergütung exponentiell bis etwa ins Jahr 2140, wenn alle Bitcoins (2.099.999.998 Millionen) ausgegeben sein werden. Nach 2140 gibt es keine neuen Bitcoins.

Bitcoin-Miner erhalten außerdem Gebühren für die Transaktionen. Jede Transaktion kann eine Transaktionsgebühr enthalten, die sich aus dem Unterschied zwischen den Inputs und Outputs der Transaktion ergibt. Der »siegreiche« Bitcoin-Miner darf den »Rest« der im Block enthaltenen Transaktionen behalten. Heutzutage stellen die Gebühren etwa 0,5 % (oder weniger) des Einkommens der Bitcoin-Miner dar. Während die Vergütung mit der Zeit sinkt und die Anzahl der Transaktionen pro Block steigt, wird aber ein größerer Teil des Ertrags der Bitcoin-Miner von Gebühren stammen. Schrittweise wird die Mining-Vergütung von Transaktionsgebühren dominiert werden und das primären Anreiz für die Miner bilden. Nach 2140 sinkt die Menge neuer Bitcoins für jeden neuen Block auf null, und das Mining wird sich nur über die Gebühren finanzieren.

In diesem Kapitel wollen wir zuerst das Mining als Mechanismus zur Geldversorgung untersuchen und uns dann die wichtigste Funktion des Minings ansehen: den dezentralisierten Konsensmechanismus, der für die Sicherheit des Bitcoins sorgt.

Um Mining und Konsens zu verstehen, wollen wir verfolgen, wie Alice' Transaktion von Jings Mining-Equipment empfangen und in einen Block aufgenommen wird. Wir sehen uns an, wie der Block geschürft, in die Blockchain aufgenommen und letztlich durch einen Prozess wachsenden Konsenses vom Bitcoin-Netzwerk akzeptiert wird.

Bitcoin-Ökonomie und Währungsgenerierung

Bitcoins werden während der Erzeugung jedes Blocks mit einer festen und abnehmenden Rate »geschürft«. Jeder Block, der durchschnittlich alle zehn Minuten generiert wird, enthält neue Bitcoins aus dem Nichts. Alle 210.000 Blöcke, also ungefähr alle vier Jahre, wird die Ausgaberate um 50 % verringert. In den ersten vier Betriebsjahren enthielt jeder Block 50 neue Bitcoins.

Im November 2012 wurde die Ausgaberate neuer Bitcoins auf 25 Bitcoins pro Block reduziert. Im Juli 2016 wurde sie erneut reduziert, diesmal auf 12,5 Bitcoins pro Block. Sie wird sich bei Block 630.000, der irgendwann im Jahr 2020 gemined wird, erneut halbieren (auf 6,25 Bitcoins). Die Ausgaberate für neue Coins sinkt exponentiell über 32 solcher »Halbierungen« bis zu Block 6.720.000 (der etwa im Jahr 2137 gemined wird), bis die kleinste Währungseinheit von 1 Satoshi erreicht ist. Nach 6,93 Millionen Blöcken, also ca. im Jahr 2140, werden nahezu 2.099.999.997.690.000 Satoshi (also fast 21 Millionen Bitcoin) ausgegeben worden sein. Danach werden Blöcke keine neuen Bitcoins mehr enthalten, und die Miner werden allein durch die Transaktionsgebühren entlohnt. Abbildung 10-1 zeigt die im Umlauf befindlichen Bitcoins über die Zeit, während die Ausgaberate sinkt.

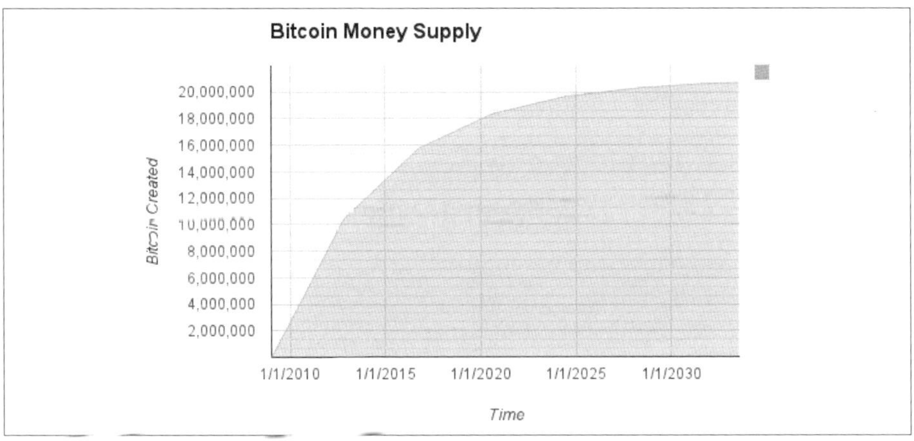

Abbildung 10-1: Bitcoin-Menge über die Zeit mit geometrisch abnehmender Ausgaberate

> Die maximale Anzahl geschürfter Coins ist die *obere Grenze* der möglichen Mining-Vergütung. In der Praxis kann ein Miner bewusst einen Block schürfen und weniger als die maximale Vergütung einstreichen. Solche Blöcke wurden bereits geschürft, und weitere könnten in Zukunft geschürft werden, was zu einer geringeren Ausgaberate führen würde.

Der Beispielcode in Beispiel 10-1 berechnet die Gesamtmenge der Bitcoins, die ausgegeben werden.

Beispiel 10-1: Ein Skript zur Berechnung der Gesamtmenge ausgegebener Bitcoins

```
# Ursprüngliche Belohnung für einen Block lag bei 50 BTC
start_block_reward = 50
# 210000 sind bei einem Block-Intervall von 10 Minuten etwa 4 Jahre
reward_interval = 210000

def max_money():
    # 50 BTC = 50 0000 0000 Satoshi
    current_reward = 50 * 10**8
    total = 0
    while current_reward > 0:
        total += reward_interval * current_reward
        current_reward /= 2
    return total

print "Total BTC to ever be created:", max_money(), "Satoshis"
```

Beispiel 10-2 zeigt die von diesem Skript erzeugte Ausgabe.

Beispiel 10-2: Ausführung des max_money.py-Skripts

```
$ python max_money.py
Total BTC to ever be created: 2099999997690000 Satoshis
```

Die endliche und sinkende Ausgabe sorgt für eine feste Geldversorgung, die eine Inflation verhindert. Im Gegensatz zu Fiatwährungen, die von Zentralbanken in beliebiger Zahl gedruckt werden können, kann Bitcoin nicht einfach nachgedruckt und damit auch nicht künstlich »aufgebläht« werden.

Deflationäres Geld

Die wichtigste und am häufigsten diskutierte Konsequenz einer festen und sinkenden Geldausgabe ist, dass die Währung von Natur aus dazu neigt, deflationär zu sein. *Deflation* beschreibt das Phänomen der Wertsteigerung durch ein Missverhältnis von Angebot und Nachfrage, das den Wert (und den Wechselkurs) einer Währung nach oben treibt. Als Gegenteil der Inflation bedeutet die Deflation, dass das Geld mit der Zeit mehr Kaufkraft besitzt.

Viele Volkswirte sagen, dass eine deflationäre Ökonomie eine Katastrophe ist und um jeden Preis vermieden werden sollte. Der Grund ist, dass in Zeiten einer rapiden Deflation die Leute dazu neigen, ihr Geld zu horten, statt es auszugeben, in der Hoffnung, dass die Preise fallen. Ein solches Phänomen ist während Japans »verlorener Dekade« aufgetreten, in der ein kompletter Zusammenbruch der Nachfrage die Währung in eine Deflationsspirale trieb.

Bitcoin-Experten argumentieren, dass eine Deflation per se nicht schlecht ist. Vielmehr wird die Deflation mit dem Zusammenbruch der Nachfrage verbunden, weil das das einzige Beispiel einer Deflation ist, die wir untersuchen müssen. Bei einer Fiatwährung mit der Möglichkeit des unendlichen Druckens von Geld ist eine

Deflationsspirale sehr schwer zu erreichen, es sei denn, die Nachfrage bricht völlig ein, und man ist gleichzeitig nicht gewillt, neues Geld zu drucken. Deflation erfolgt beim Bitcoin nicht durch den Zusammenbruch der Nachfrage, sondern durch eine vorhersehbar beschränkte Geldmenge.

Der positive Aspekt der Deflation ist natürlich, dass sie das Gegenteil von Inflation ist. Inflation sorgt für eine langsame, aber unaufhaltsame Abwertung einer Währung, was zu einer Form verdeckter Besteuerung führt, die Sparer bestraft, um Schuldnern aus der Patsche zu helfen (einschließlich des größten Schuldners, nämlich des Staats selbst). Währungen unter staatlicher Kontrolle leiden unter der Gefahr des einfachen Schuldenmachens, die später auf Kosten der Sparer durch die Abwertung der Währung getilgt werden.

Es bleibt abzuwarten, ob der deflationäre Aspekt der Währung ein Problem darstellt, wenn er nicht durch zügige wirtschaftliche Gegenmaßnahmen gesteuert wird, oder ob der Schutz vor Inflation und Abwertung die Risiken der Deflation mehr als aufwiegt.

Dezentralisierter Konsens

Im vorherigen Kapitel haben wir uns die Blockchain angesehen, das globale öffentliche Kassenbuch aller Transaktionen, die jeder im Bitcoin-Netzwerk als verbindliche Aufzeichnung der Besitzverhältnisse akzeptiert.

Doch wie kann jeder im Netzwerk einer universellen »Wahrheit« zustimmen, ohne irgendwem vertrauen zu müssen? Alle traditionellen Zahlungssysteme basieren auf einem Vertrauensmodell, das eine zentrale Autorität zur Verfügung stellt, die als Verrechnungsstelle fungiert und grundsätzlich alle Transaktionen prüft und abrechnet. Bitcoin kennt keine zentrale Autorität. Jede Full Node besitzt nur eine vollständige Kopie des öffentlichen Kassenbuchs, dem als zentrale Autorität vertraut wird. Die Blockchain wird nicht von einer zentralen Autorität erstellt, sondern unabhängig von jeder Node im Netzwerk erzeugt. Irgendwie kommt jede Node im Netzwerk mit den Informationen, die über unsichere Verbindungen aus dem Netzwerk eingehen, zum gleichen Ergebnis und baut eine Kopie des Kassenbuchs auf, die überall gleich ist. Dieses Kapitel sieht sich den Prozess an, durch den das Bitcoin-Netzwerk einen globalen Konsens ohne zentrale Autorität erzielt.

Satoshi Nakamotos wesentliche Erfindung ist der dezentralisierte Mechanismus für *entstehenden (emerging) Konsens*. Entstehend, weil der Konsens nicht explizit erreicht wird. Es gibt keine Wahl und auch keinen festen Zeitpunkt, zu dem der Konsens erreicht wird. Vielmehr ist der Konsens ein entstehendes Artefakt der asynchronen Interaktion Tausender unabhängiger Nodes, die alle einfachen Regeln folgen. Alle Eigenschaften des Bitcoins, inklusive Währung, Transaktionen und Zahlungen, sowie das Sicherheitsmodell, das nicht auf einer zentralen Autorität oder auf Vertrauen basiert, leiten sich aus dieser Erfindung ab.

Bitcoins dezentralisierter Konsens entsteht aus dem Zusammenspiel von vier Prozessen, die unabhängig voneinander auf den Nodes im Netzwerk ablaufen:

- Unabhängige Verifikation jeder Transaktion durch jede Full Node basierend auf einer umfassenden Liste von Kriterien.
- Unabhängige Zusammenfassung dieser Transaktionen in neuen Blöcken durch Mining-Nodes, gekoppelt an die erwiesene Berechnung durch einen Proof-of-Work-Algorithmus.
- Unabhängige Verifikation jedes neuen Blocks durch jede Node und Einfügen in eine Kette.
- Durch jede Node unabhängige Wahl der Chain mit der höchsten kumulierten Berechnung, die durch Proof-of-Work bewiesen wurde.

In den nächsten Abschnitten wollen wir uns diese Prozesse ansehen und beschreiben, wie sie interagieren, um den entstehenden netzwerkweiten Konsens zu erreichen, der es jeder Bitcoin-Node erlaubt, eine eigene Kopie des verbindlichen, vertrauenswürdigen, öffentlichen Kassenbuchs aufzubauen.

Unabhängige Verifikation von Transaktionen

In Kapitel 6 haben Sie gesehen, wie Wallet-Software Transaktionen erzeugt, indem sie UTXOs sammelt, die passenden Unlocking-Skripte bereitstellt und dann an den neuen Eigentümer gerichtete neue Outputs konstruiert. Die resultierende Transaktion wird dann an die benachbarten Nodes im Bitcoin-Netzwerk geschickt, damit sie sich im gesamten Bitcoin-Netzwerk verbreiten kann.

Doch bevor sie Transaktionen an ihre Nachbarn weiterleitet, überprüft jede Node zuerst jede eingehende Transaktion. Das stellt sicher, dass nur gültige Transaktionen im Netzwerk propagiert werden, während ungültige Transaktionen von der ersten Node, die sie entdeckt, aussortiert werden.

Jede Node prüft jede Transaktion anhand einer langen Checkliste:

- Syntax und Struktur der Transaktion müssen korrekt sein.
- Listen mit Inputs und Outputs dürfen nicht leer sein.
- Die Größe der Transaktion in Bytes ist kleiner als `MAX_BLOCK_SIZE`.
- Jeder Output-Wert sowie der Gesamtwert müssen im Bereich der erlaubten Werte liegen (unter 21 Millionen Coins und oberhalb der *Dust*-Schwelle).
- Keiner der Inputs hat `hash=0, N=-1` (Coinbase-Transaktionen dürfen nicht weitergeleitet werden).
- `nLocktime` ist gleich `INT_MAX`, oder `nLocktime` und `nSequence` werden entsprechend `MedianTimePast` erfüllt.

- Die Größe der Transaktion in Bytes ist größer oder gleich 100.
- Die Anzahl der in der Transaktion enthaltenen Signaturoperationen liegt unter der Grenze für Signaturoperationen.
- Das Unlocking-Skript (`scriptSig`) kann nur Zahlen auf den Stack schieben, und die Locking-Skripte müssen den `isStandard`-Formen entsprechen. (Nicht dem Standard entsprechende Transaktionen werden also abgelehnt.)
- Eine passende Transaktion im Pool oder in einem Block im Hauptzweig muss existieren.
- Die Transaktion muss für jeden Input abgelehnt werden, für den der referenzierte Output in einer anderen Transaktion im Pool vorhanden ist.
- Für jeden Input wird im Hauptzweig und im Transaktionspool nach der referenzierten Output-Transaktion gesucht. Fehlt die Output-Transaktion für einen Input, handelt es sich um eine verwaiste Transaktion. Sie wird in den Pool verwaister Transaktionen aufgenommen, wenn die passende Transaktion noch nicht im Pool steht.
- Ist die referenzierte Output-Transaktion für einen Input ein Coinbase-Output, muss sie mindestens `COINBASE_MATURITY` (100) Bestätigungen aufweisen.
- Der referenzierte Output muss für jeden Input existieren und darf nicht bereits ausgegeben worden sein.
- Mithilfe der referenzierten Output-Transaktionen, die genutzt werden, um an die Input-Werte zu gelangen, wird geprüft, ob jeder Input-Wert sowie der Gesamtwert innerhalb des erlaubten Wertebereichs liegen (unter 21 Millionen Coins und größer als 0).
- Ablehnung, wenn die Summe der Input-Werte kleiner ist als die Summe der Output-Werte.
- Ablehnung, wenn die Transaktionsgebühr zu niedrig ist (`minRelayTxFee`), um in einen Block aufgenommen zu werden.
- Die Unlocking-Skripte für jeden Input müssen zu entsprechenden Output-Locking-Skripten passen.

Diese Bedingungen können Sie sich im Detail in den Funktionen `AcceptToMemoryPool`, `CheckTransaction` und `CheckInputs` in Bitcoin Core ansehen. Beachten Sie, dass sich die Bedingungen mit der Zeit ändern können, um neuen Formen von DoS-Angriffen entgegenzuwirken, manchmal aber auch, um die Regeln zu lockern, um neue Arten von Transaktionen zu ermöglichen.

Durch die unabhängige Verifikation jeder Transaktion beim Eintreffen und vor ihrer Propagation baut jede Node einen Pool gültiger (aber unbestätigter) Transaktionen auf, der als *Transaktionspool*, *Memory-Pool* oder *Mempool* bezeichnet wird.

Mining-Nodes

Einige der Nodes im Bitcoin-Netzwerk sind spezialisierte Nodes, die als *Miner* bezeichnet werden. In Kapitel 1 haben wir den Bitcoin-Miner Jing vorgestellt, einen Informatikstudenten aus Schanghai. Jing verdient Bitcoins, indem er eine *Mining-Rig* betreibt, ein auf das Mining von Bitcoins spezialisiertes Hardwaresystem. Jings spezialisierte Hardware ist mit einem Server verbunden, der eine Full Node betreibt. Im Gegensatz zu Jing schürfen einige Miner ohne Full Node, wie wir in »Mining-Pools« auf Seite 253 noch sehen werden. Wie jede andere Full Node empfängt und propagiert Jings Node unbestätigte Transaktionen im Bitcoin-Netzwerk. Jings Node fasst diese Transaktionen aber auch zu neuen Blöcken zusammen.

Jings Node wartet wie auch alle anderen Nodes auf neue Blöcke, die im Bitcoin-Netzwerk propagiert werden. Das Eintreffen eines neuen Blocks hat für eine Mining-Node allerdings eine besondere Bedeutung. Der Wettstreit zwischen den Minern endet effektiv mit der Propagation eines neuen Blocks, die als Bekanntgabe eines Gewinners dient. Für Miner bedeutet der Empfang eines gültigen neuen Blocks, dass jemand anderes das Rennen um diesen Block gewonnen hat. Doch das Ende einer Runde ist gleichzeitig der Anfang der nächsten Runde. Der neue Block ist nicht nur die Zielflagge, die das Ende des Rennens markiert, sondern gleichzeitig auch der Startschuss für das Rennen um den nächsten Block.

Transaktionen in Blöcken zusammenfassen

Nach der Validierung der Transaktionen fügt eine Bitcoin-Node sie in den *Memory-Pool* (*Transaktionspool*) ein, wo die Transaktionen warten, bis sie in einen Block aufgenommen (*gemint*) werden. Jings Node sammelt, validiert und leitet Transaktionen weiter wie jede andere Node auch. Im Gegensatz zu anderen Nodes fasst Jings Node diese in einem sogenannten *Anwärterblock* (engl. Candidate Block) zusammen.

Lassen Sie uns die Blöcke verfolgen, die erzeugt wurden, während Alice eine Tasse Kaffee in Bobs Café gekauft hat (siehe »Eine Tasse Kaffee kaufen« auf Seite 16). Alice' Transaktion war in Block 277.316 enthalten. Um die Konzepte dieses Kapitels zu demonstrieren, wollen wir annehmen, dass Jings Mining-System diesen Block geschürft hat. Sehen wir uns an, wie Alice' Transaktion Teil eines neuen Blocks wurde.

Jings Mining-Node hält eine lokale Kopie der Blockchain vor. Während Alice eine Tasse Kaffee kauft, hat Jings Node die Kette bis hin zu Block 277.314 aufgebaut. Jings Node wartet auf Transaktionen, versucht, einen neuen Block zu schürfen, und achtet auch auf Blöcke, die von anderen Nodes erschürft wurden. Während Jings Node schürft, empfängt sie Block 277.315 über das Bitcoin-Netzwerk. Das Eintreffen dieses Blocks signalisiert das Ende des Rennens um Block 277.315 und den Start des Rennens um die Erzeugung von Block 277.316.

In den vergangenen zehn Minuten, in denen Jings Node nach einer Lösung für Block 277.315 suchte, hat sie gleichzeitig Transaktionen als Vorbereitung für den nächsten Block gesammelt. Bisher haben sich einige Hundert Transaktionen im Memory-Pool angesammelt. Während Block 277.315 empfangen und validiert wird, vergleicht Jings Node ihn auch mit den Transaktionen im Memory-Pool und entfernt alle Transaktionen, die in Block 277.315 enthalten sind. Im Memory-Pool verbliebene Transaktionen sind noch nicht bestätigt und warten darauf, in einem neuen Block festgehalten zu werden.

Jings Node erzeugt direkt einen neuen leeren Block, einen Anwärter auf Block 277.316. Dieser Block wird *Anwärterblock* genannt, weil es sich noch nicht um einen gültigen Block handelt, da er noch keinen gültigen Proof-of-Work enthält. Der Block wird nur gültig, wenn der Miner eine Lösung für den Proof-of-Work-Algorithmus findet.

Nachdem Jings Node alle Transaktionen aus dem Memory-Pool zusammengefasst hat, beinhaltet der neue Anwärterblock 418 Transaktionen mit Transaktionsgebühren von insgesamt 0,09094928 Bitcoin. Sie können sich diesen Block über die Kommandozeilenschnittstelle des Bitcoin-Core-Clients ansehen:

Beispiel 10-3: Block 277.316 über die Kommandozeile abrufen

```
$ bitcoin-cli getblockhash 277316

0000000000000001b6b9a13b095e96db41c4a928b97ef2d944a9b31b2cc7bdc4

$ bitcoin-cli getblock 0000000000000001b6b9a13b095e96db41c4a928b97ef2d9\
44a9b31b2cc7bdc4

    {
        "hash" : "0000000000000001b6b9a13b095e96db41c4a928b97ef2d944a9b31b2cc7bdc4",
        "confirmations" : 35561,
        "size" : 218629,
        "height" : 277316,
        "version" : 2,
        "merkleroot" :
    "c91c008c26e50763e9f548bb8b2fc323735f73577effbc55502c51eb4cc7cf2e",
        "tx" : [
            "d5ada064c6417ca25c4308bd158c34b77e1c0eca2a73cda16c737e7424afba2f",
            "b268b45c59b39d759614757718b9918caf0ba9d97c56f3b91956ff877c503fbe",

            ... 417 weitere Transaktionen ...

          ],
        "time" : 1388185914,
        "nonce" : 924591752,
        "bits" : "1903a30c",
        "difficulty" : 1180923195.25802612,
        "chainwork" :
    "000000000000000000000000000000000000000000000934695e92aaf53afa1a",
        "previousblockhash" :
    "0000000000000002a7bbd25a417c0374cc55261021e8a9ca74442b01284f0569"
    }
```

Die Coinbase-Transaktion

Die erste Transaktion eines jeden Blocks ist eine spezielle als *Coinbase-Transaktion* bezeichnete Transaktion. Diese Transaktion wird von Jings Node erzeugt und enthält die *Belohnung* für sein Mining.

> Als Block 277.316 geschürft wurde, lag die Belohnung bei 25 Bitcoin pro Block. Seitdem ist eine *Halving-Periode* vergangen. Die Belohnung für einen Block hat sich im Juli 2016 auf 12,5 Bitcoin halbiert. Sie wird in 210.000 Blöcken (im Jahr 2020) wieder halbiert.

Jings Node erzeugt die Coinbase-Transaktion als Zahlung an seine eigene Wallet: »Zahle an Jings Adresse 25,09094928 Bitcoin.« Die Gesamtsumme der Belohnung, die Jing für das Mining eines Blocks erhält, setzt sich aus der Coinbase-Belohnung (25 neue Bitcoins) und den Transaktionsgebühren (0,09094928) aller im Block enthaltenen Transaktionen zusammen (siehe Beispiel 10-4).

Beispiel 10-4: Coinbase-Transaktion

```
$ bitcoin-cli getrawtransaction
d5ada064c6417ca25c4308bd158c34b77e1c0eca2a73cda16c737e7424afba2f 1

    {
        "hex" :
    "01000000010000000000000000000000000000000000000000000000000000000000000000fffffff
    f0f03443b0403858402062f503253482ffffffff0110c08d9500000000232102aa970c592640d19de
    03ff6f329d6fd2eecb023263b9ba5d1b81c29b523da8b21ac00000000",
        "txid" : "d5ada064c6417ca25c4308bd158c34b77e1c0eca2a73cda16c737e7424afba2f",
        "version" : 1,
        "locktime" : 0,
        "vin" : [
            {
                "coinbase" : "03443b0403858402062f503253482f",
                "sequence" : 4294967295
            }
        ],
        "vout" : [
            {
                "value" : 25.09094928,
                "n" : 0,
                "scriptPubKey" : {
                    "asm" :
    "02aa970c592640d19de03ff6f329d6fd2eecb023263b9ba5d1b81c29b523da8b21OP_CHECKSIG",
                    "hex" :
    "2102aa970c592640d19de03ff6f329d6fd2eecb023263b9ba5d1b81c29b523da8b21ac",
                    "reqSigs" : 1,
                    "type" : "pubkey",
                    "addresses" : [
                        "1MxTkeEP2PmHSMze5tUZ1hAV3YTKu2Gh1N"
                    ]
                }
            }
        ]
    }
```

Im Gegensatz zu normalen Transaktionen verbraucht die Coinbase-Transaktion keine UTXOs als Inputs. Stattdessen verwendet sie nur einen Input, die sogenannte *Coinbase*, die Bitcoins »aus dem Nichts« erzeugt. Die Coinbase-Transaktion hat lediglich einen Output, zahlbar an die Bitcoin-Adresse des Miners. Der Output der Coinbase-Transaktion sendet 25,09094928 Bitcoin an die Bitcoin-Adresse des Miners, in diesem Fall ist das `1MxTkeEP2PmHSMze5tUZ1hAV3YTKu2Gh1N`.

Coinbase-Belohnungen und Gebühren

Um die Coinbase-Transaktion aufzubauen, berechnet Jings Node zuerst die Summe der Transaktionsgebühren durch Aufsummieren aller Inputs und Outputs der 418 im Block enthaltenen Transaktionen. Die Gebühren berechnen sich wie folgt:

```
Gebühren = Summe (Inputs) - Summe (Outputs)
```

In Block 277.316 summieren sich die Transaktionsgebühren auf 0,09094928 Bitcoin.

Als Nächstes berechnet Jings Node die korrekte Belohnung für den neuen Block. Die Berechnung der Belohnung basiert auf der Blockhöhe. Sie beginnt bei 50 Bitcoin pro Block und halbiert sich alle 210.000 Blöcke. Da dieser Block die Höhe 277.316 hat, ist 25 Bitcoin die korrekte Belohnung.

Die Berechnung können Sie sich in der Funktion `GetBlockSubsidy` im Bitcoin-Core-Client ansehen, die in Beispiel 10-5 zu sehen ist.

Beispiel 10-5: Berechnung der Blockbelohnung – Funktion GetBlockSubsidy, Bitcoin-Core-Client, main.cpp

```
CAmount GetBlockSubsidy(int nHeight, const Consensus::Params& consensusParams)
{
    int halvings = nHeight / consensusParams.nSubsidyHalvingInterval;
    // Force block reward to zero when right shift is undefined.
    if (halvings >= 64)
        return 0;

    CAmount nSubsidy = 50 * COIN;
    // Subsidy is cut in half every 210,000 blocks which will occur approximately
every 4 years.
    nSubsidy >>= halvings;
    return nSubsidy;
}
```

Die anfängliche Belohnung berechnet sich in Satoshis durch Multiplikation von 50 mit der Konstanten `COIN` (100.000.000 Satoshis). Die anfängliche Belohnung (`nSubsidy`) lag also bei 5 Milliarden Satoshis.

Als Nächstes berechnet die Funktion die Anzahl der Halvings über die Division der aktuellen Blockhöhe durch das Halving-Intervall (`SubsidyHalvingInterval`). Im Fall von Block 277.316 ergibt sich bei einem Halving-Intervall von 210.000 Blöcken als Ergebnis ein Halving.

Die Zahl der maximal erlaubten Halvings ist 64, weshalb der Code keine Belohnung vergibt (sondern nur die Gebühren zurückgibt), wenn die 64 Halvings überschritten wurden.

Danach verwendet die Funktion eine binäre Schiebeoperation nach rechts, um die Belohnung (`nSubsidy`) für jedes Halving durch zwei zu teilen. Im Fall von Block 277.316 wird die Belohnung von 5 Milliarden Satoshis einmal (ein Halving) binär nach rechts geschoben. Das Ergebnis sind 2,5 Milliarden Satoshis oder 25 Bitcoins. Der binäre Rechts-Shift-Operator wird genutzt, weil er wesentlich effizienter ist als mehrere sich wiederholende Divisionen. Um einen möglichen Bug zu vermeiden, wird die Shift-Operation nach 63 Halvings übersprungen und die Belohnung auf 0 gesetzt.

Zum Schluss wird die Belohnung (`nSubsidy`) auf die Transaktionsgebühren (`nFees`) aufaddiert, und die Summe wird zurückgegeben.

> Was hält Jings Mining-Node davon ab, eine Belohnung von 100 oder 1.000 Bitcoin in die Coinbase-Transaktion zu schreiben? Die Antwort ist, dass eine falsche Belohnung im Block von allen anderen für ungültig erklärt wird. Jing würde also nur unnötig Strom für den Proof-of-Work verbraten. Er kann seine Belohnung nur einlösen, wenn der Block von allen akzeptiert wird.

Struktur der Coinbase-Transaktion

Mithilfe dieser Berechnungen baut Jings Node schließlich eine Coinbase-Transaktion auf, um sich selbst 25,09094928 Bitcoin auszuzahlen.

Wie Sie in Beispiel 10-4 sehen, hat die Coinbase-Transaktion ein spezielles Format. Anstelle eines Transaktions-Inputs, der den vorherigen UTXO angibt, wird ein »Coinbase«-Input verwendet. Wir haben Transaktionen in Tabelle 6-2 untersucht. Lassen Sie uns einen normalen Transaktions-Input mit einem Coinbase-Transaktions-Input vergleichen. Tabelle 10-1 zeigt die Struktur einer regulären Transaktion, während Tabelle 10-2 die Struktur des Inputs der Coinbase-Transaktion verdeutlicht.

Tabelle 10-1: Struktur eines »normalen« Transaktions-Inputs

Größe	Feld	Beschreibung
32 Bytes	Transaktions-Hash	Zeiger auf die Transaktion, die den UTXO enthält.
4 Bytes	Output-Index	Index des auszugebenden UTXO, beginnend bei 0.
1–9 Bytes (VarInt)	Größe des Unlocking-Skripts	Länge des nachfolgenden Unlocking-Skripts in Bytes.
Variabel	Unlocking-Skript	Ein Skript, das die Bedingungen des UTXO-Locking-Skripts erfüllt.
4 Bytes	Sequenznummer	Momentan deaktiviert. TX-Ersatz, auf 0xFFFFFFFF gesetzt.

Tabelle 10-2: Struktur eines Coinbase-Transaktions-Inputs

Größe	Feld	Beschreibung
32 Bytes	Transaktions-Hash	Alle Bits auf null gesetzt: keine Transaktions-Hashreferenz.
4 Bytes	Output-Index	Alle Bits auf eins gesetzt: 0xFFFFFFFF.
1–9 Bytes (VarInt)	Größe der Coinbase-Daten	Länge der Coinbase-Daten (zwischen 2 und 100 Byte).
Variabel	Coinbase-Daten	Beliebige Daten. Verwendet für Extra-Nonce und Mining-Tags. Muss bei v2-Blöcken mit der Blockhöhe beginnen.
4 Bytes	Sequenznummer	Auf 0xFFFFFFFF gesetzt.

Bei einer Coinbase-Transaktion enthalten die beiden ersten Felder Werte, die keine UTXO-Referenz darstellen. Anstelle des »Transaktions-Hash« werden die 32 Bytes des ersten Felds komplett auf null gesetzt. Die vier Bytes des »Output-Index« werden auf 0xFF (255 dezimal) gesetzt. Das »Unlocking-Skript« (`scriptSig`) wird durch Coinbase-Daten ersetzt. Dieses Datenfeld wird von Minern genutzt und als Nächstes erklärt.

Coinbase-Daten

Coinbase-Transaktionen besitzen kein Unlocking-Skript (`scriptSig`). Stattdessen wird dieses Feld durch die Coinbase-Daten ersetzt, die zwischen 2 und 100 Bytes lang sind. Mit Ausnahme der ersten paar Bytes können die Coinbase-Daten von Minern in jeder gewünschten Weise genutzt werden. Die Daten sind frei wählbar.

In den Genesis-Block hat Satoshi Nakamoto beispielsweise den Text »The Times 03/Jan/2009 Chancellor on brink of second bailout for banks« in die Coinbase-Daten eingefügt. Er hat damit ein Datum bewiesen und eine Botschaft übermittelt. Momentan verwenden Miner die Coinbase-Daten, um zusätzliche Nonce-Werte zu übertragen, und fügen Strings ein, die den Mining-Pool identifizieren.

Die ersten paar Bytes waren ursprünglich ebenfalls beliebig, doch das ist nicht länger der Fall. Seit BIP-34 müssen Blöcke der Version 2 (Blöcke, deren Versionsfeld auf 2 gesetzt ist) den Blockhöhenindex als »Push-Operation« an den Anfang des Coinbase-Felds stellen.

In Block 277.316 sehen wir, dass die Coinbase (siehe Beispiel 10-4), die anstelle des Unlocking-Skripts (`scriptSig`) der Transaktion vorhanden ist, den hexadezimalen Wert `03443b0403858402062f503253482f` enthält. Lassen Sie uns diesen Wert decodieren.

Das erste Byte, `03`, weist die Skript-Engine an, die nächsten drei Bytes auf den Skript-Stack zu schieben (siehe Tabelle B-1). Die nächsten drei Bytes, `0x443b04`, sind die Blockhöhe im Little-Endian-Format (rückwärts, das niederwertigste Byte zuerst). Kehren Sie die Reihenfolge der Bytes um, und Sie erhalten `0x043b44` oder dezimal 277316.

Die nächsten hexadezimalen Ziffern (0385840206) codieren eine *Extra-Nonce* (siehe »Die Lösung mit der Extra-Nonce« auf Seite 252) oder einen zufälligen Wert, der genutzt wird, um eine geeignete Proof-of-Work-Lösung zu finden.

Der letzte Teil der Coinbase-Daten (2f503253482f) ist der ASCII-codierte String /P2SH/, der signalisiert, dass die Mining-Node, die diesen Block geschürft hat, das in BIP-16 definierte P2SH-Improvement unterstützt. Die Einführung der P2SH-Fähigkeit verlangte von den Minern, dass sie die Unterstützung für BIP-16 oder BIP-17 signalisieren. Zur Befürwortung der BIP-16-Implementierung sollte /P2SH/ in die Coinbase-Daten eingetragen werden. Diejenigen, die die BIP-17-Implementierung unterstützen wollten, sollten p2sh/CHV in ihre Coinbase-Daten eintragen. BIP-16 wurde zum Sieger gewählt, und viele Miner tragen auch weiterhin den String /P2SH/ in ihre Coinbase ein, um die Unterstützung für dieses Feature zu signalisieren.

Beispiel 10-6 verwendet die in »Alternative Clients, Bibliotheken und Toolkits« auf Seite 53 vorgestellte libbitcoin-Bibliothek, um die Coinbase-Daten aus dem Genesis-Block zu extrahieren und Satoshis Nachricht auszugeben. Beachten Sie, dass die libbitcoin-Bibliothek eine statische Kopie des Genesis-Blocks enthält, sodass der Beispielcode den Genesis-Block direkt aus der Bibliothek abruft.

Beispiel 10-6: Coinbase-Daten aus dem Genesis-Block extrahieren

```
/*
  Von Satoshi im Genesis-Block eingefügte Nachricht ausgeben.
*/
#include <iostream>
#include <bitcoin/bitcoin.hpp>

int main()
{
    // Genesis-Block erzeugen
    bc::chain::block block = bc::chain::block::genesis_mainnet();
    // Genesis-Block enthält eine einzige Coinbase-Transaktion
    assert(block.transactions().size() == 1);
    // Erste Transaktion im Block (Coinbase) abrufen.
    const bc::chain::transaction& coinbase_tx = block.transactions()[0];
    // Coinbase tx hat einen Input
    assert(coinbase_tx.inputs().size() == 1);
    const bc::chain::input& coinbase_input = coinbase_tx.inputs()[0];
    // Input-Skript in Rohformat umwandeln
    const auto prefix = false;
    const bc::data_chunk& raw_message = coinbase_input.script().to_data(prefix);
    // Das in std::string umwandeln
    std::string message(raw_message.begin(), raw_message.end());
    // Nachricht im Genesis-Block ausgeben
    std::cout << message << std::endl;
    return 0;
}
```

Wir kompilieren den Code mit dem GNU-C++-Compiler und führen dann das Executable aus.

Beispiel 10-7: Kompilierung und Ausführung des satoshi-words-Beispielcodes

```
$ # Code kompilieren
$  g++ -o satoshi-words satoshi-words.cpp $(pkg-config --cflags --libs libbitcoin)
$ # Executable ausführen
$ ./satoshi-words
^D��<GS>^A^DEThe Times 03/Jan/2009 Chancellor on brink of second bailout for banks
```

Die Block-Header aufbauen

Um den Block-Header aufzubauen, muss die Mining-Node sechs Felder ausfüllen, die in Tabelle 10-3 aufgeführt sind.

Tabelle 10-3: Struktur des Block-Headers

Größe	Feld	Beschreibung
4 Bytes	Version	Versionsnummer zum Nachhalten von Software-/Protokoll-Updates.
32 Bytes	vorheriger Block-Hash	Referenz auf den Hash des vorherigen (Parent-)Blocks in der Kette.
32 Bytes	Merkle Root	Hash der Root des Merkle Tree der Transaktionen dieses Blocks.
4 Bytes	Zeitstempel	Ungefähre Erstellungszeit dieses Blocks (Sekunden seit Unix-Epoche).
4 Bytes	Target	Target des Proof-of-Work-Algorithmus für diesen Block.
4 Bytes	Nonce	Ein für den Proof-of-Work-Algorithmus verwendeter Zähler.

Zu der Zeit, als Block 277.316 geschürft wurde, lag die die Blockstruktur beschreibende Versionsnummer bei 2, was im Little-Endian-Format in 4 Bytes als `0x02000000` codiert wird.

Als Nächstes muss die Mining-Node den vorherigen Block-Hash (`prevhash`) hinzufügen. Das ist der Hash des Block-Headers von Block 277.315, also dem vom Netzwerk vorher empfangenen Block. Diesen hat Jings Node akzeptiert und als *Parent* des Anwärterblocks 277.316 gewählt. Der Block-Header-Hash für Block 277.315 lautet:

```
0000000000000002a7bbd25a417c0374cc55261021e8a9ca74442b01284f0569
```

> Durch die Wahl eines bestimmten Parent-Blocks, der im Feld *vorheriger Block-Hash* des Anwärterblocks steht, legt sich Jing fest, seine Mining-Leistung für die Erweiterung der Kette zu verwenden, die mit diesem konkreten Block endet. Im Grunde stimmt Jing mit seiner Mining-Leistung über die gültige Kette ab.

Der nächste Schritt besteht darin, alle Transaktionen mit einem Merkle Tree zusammenzufassen, um die Merkle Root in den Block-Header einzufügen. Die Coinbase-Transaktion steht dabei als erste Transaktion im Block. Darauf folgen

418 weitere Transaktionen, d.h., insgesamt stehen 419 Transaktionen im Block. Wie wir in »Merkle Trees (Hashbäume)« auf Seite 202 gesehen haben, muss der Baum eine gerade Anzahl von »Blattknoten« aufweisen, weshalb die letzte Transaktion dupliziert wird. Diese 420 Knoten enthalten jeweils den Hash einer Transaktion. Diese Transaktions-Hashes werden dann zu Paaren kombiniert und bilden so die jeweilige Ebene des Baums, bis alle Transaktionen zu einem Knoten an der Wurzel (Root) des Baums zusammengefasst wurden. Die Root des Merkle Tree fasst alle Transaktionen in einem einzigen 32-Byte-Wert zusammen, der als »Merkle Root« in Beispiel 10-3 steht:

```
c91c008c26e50763e9f548bb8b2fc323735f73577effbc55502c51eb4cc7cf2e
```

Jings Mining-Node fügt dann einen 4 Byte langen Zeitstempel hinzu, der als »Unix-Epoche« codiert ist, d. h. die Anzahl der Sekunden, die seit dem 1. Januar 1970 um Mitternacht (UTC/GMT) verstrichen ist. Die Zeitangabe `1388185914` entspricht dabei Freitag, dem 27. Dezember 2013, 23:11:54 UTC/GMT.

Jings Node trägt dann das *Target* ein, das den Proof-of-Work angibt, der benötigt wird, um diesen Block zu einem gültigen Block zu machen. Das Target wird im Block in Form der »Target-Bits-Metrik« eingetragen, einer Mantisse/Exponent-Codierung des Targets. Diese Codierung verwendet einen 1-Byte-Exponenten gefolgt von einer 3-Byte-Mantisse (Koeffizient). In Block 277.316 lautet dieser Target-Bits-Wert beispielsweise `0x1903a30c`. Der erste Teil (`0x19`) ist der hexadezimale Exponent, während der Rest (`0x03a30c`) den Koeffizienten darstellt. Das Konzept des Targets wird in »Retargeting zur Anpassung der Difficulty« auf Seite 238 erläutert, die »Target-Bits-Darstellung« in »Target-Darstellung« auf Seite 237.

Das letzte Feld ist die Nonce, die mit Nullen initialisiert wird.

Nachdem alle anderen Felder ausgefüllt sind, ist der Block-Header komplett, und der Mining-Prozess kann beginnen. Das Ziel besteht nun darin, einen Wert für die Nonce zu finden, die zu einem Block-Header-Hash führt, der kleiner ist als das Target. Die Mining-Node muss jetzt Abermilliarden von Nonce-Werten berechnen, bevor einer gefunden wird, der die Anforderung erfüllt.

Mining des Blocks

Wurde ein Anwärterblock durch Jings Node aufgebaut, ist es für Jings Mining-Rig an der Zeit, den Block zu »schürfen«, d.h. eine Lösung für den Proof-of-Work-Algorithmus zu finden, die den Block gültig werden lässt. Im Verlauf dieses Buchs haben wir immer wieder kryptografische Hashfunktionen studiert, die für verschiedene Aspekte des Bitcoin-Systems verwendet werden. Die Hashfunktion SHA256 wird in Bitcoins Mining-Prozess genutzt.

Einfach ausgedrückt, ist das Mining der Prozess, bei dem der Block-Header wiederholt (mit einem geänderten Parameter) gehasht wird, bis der resultierende Hash mit einem bestimmten Ziel, dem Target, übereinstimmt. Das Ergebnis der Hashfunktion kann nicht im Voraus bestimmt werden, und es kann auch kein Muster erzeugt werden, das einen bestimmten Hashwert produziert. Dieses Merkmal von Hashfunktionen bedeutet, dass die einzige Möglichkeit, einen Hashwert zu erzeugen, der einem bestimmten Target entspricht, darin besteht, es immer und immer wieder zu versuchen (wobei die Eingabe zufällig modifiziert wird), bis sich der gewünschte Hashwert zufällig ergibt.

Proof-of-Work-Algorithmus

Ein Hashalgorithmus erwartet als Eingabe Daten beliebiger Länge und erzeugt ein deterministisches Ergebnis fester Länge, einen Fingerabdruck der Eingabe. Für eine bestimmte Eingabe ist der resultierende Hash immer gleich und kann von jedermann, der den gleichen Hashalgorithmus implementiert, einfach berechnet und verifiziert werden. Die Schlüsselcharakteristik eines kryptografischen Hashalgorithmus ist, dass es rechentechnisch unmöglich ist, zwei unterschiedliche Eingaben zu finden, die den gleichen Fingerabdruck erzeugen (was man als *Kollision* bezeichnet). Die logische Konsequenz ist, dass es nahezu unmöglich ist, eine Eingabe zu wählen, die den gewünschten Fingerabdruck erzeugt. Man muss Eingaben nach dem Zufallsprinzip ausprobieren.

Bei SHA256 ist die Ausgabe immer 256 Bits lang, unabhängig von der Größe der Eingabe. In Beispiel 10-8 verwenden wir den Python-Interpreter, um den SHA256-Hash des Satzes »I am Satoshi Nakamoto« zu berechnen.

Beispiel 10-8: SHA256-Beispiel

```
$ python

Python 2.7.1
>>> import hashlib
>>> print hashlib.sha256("I am Satoshi Nakamoto").hexdigest()
5d7c7ba21cbbcd75d14800b100252d5b428e5b1213d27c385bc141ca6b47989e
```

Beispiel 10-8 zeigt das Ergebnis der Berechnung des Hash von »I am Satoshi Nakamoto«:`5d7c7ba21cbbcd75d14800b100252d5b428e5b1213d27c385bc141ca6b47989e`. Diese 256-Bit-Zahl ist der *Hash* (oder *Digest*) des Satzes und von jedem Teil des Satzes abhängig. Wenn Sie einen einzelnen Buchstaben, ein Interpunktionszeichen oder jedes andere Zeichen hinzufügen, ergibt sich ein anderer Hashwert.

Sobald wir den Satz ändern, sollten wir also völlig andere Hashes sehen. Wir wollen das probieren, indem wir eine Zahl an das Ende des Texts anhängen. Dazu verwenden wir das einfache Python-Skript in Beispiel 10-9.

Beispiel 10-9: SHA256-Skript zur Generierung vieler Hashes durch Iteration über eine Nonce

```
# Beispiel für die Iteration einer Nonce in der Eingabe des Hashing-Algorithmus

import hashlib

text = "I am Satoshi Nakamoto"
```

```
# Nonce 0 bis 19 durchlaufen
for nonce in xrange(20):

    # Nonce an das Ende des Texts anhängen
    input = text + str(nonce)

    # SHA256-Hash des Inputs berechnen (text+nonce)
    hash = hashlib.sha256(input).hexdigest()

    # Input und Hash ausgeben
    print input, '=>',  hash
```

Wenn Sie das Skript ausführen, erzeugt es die Hashes für verschiedene Sätze, die sich durch die an das Ende des Texts angehängte Zahl unterscheiden. Durch Inkrementieren der Zahl erhalten wir unterschiedliche Hashes, wie in Beispiel 10-10 zu sehen.

Beispiel 10-10: SHA256-Ausgabe des Skripts zur Generierung vieler Hashes durch Iteration über eine Nonce

```
$ python hash_example.py

I am Satoshi Nakamoto0 => a80a81401765c8eddee25df36728d732...
I am Satoshi Nakamoto1 => f7bc9a6304a4647bb41241a677b5345f...
I am Satoshi Nakamoto2 => ea758a8134b115298a1583ffb80ae629...
I am Satoshi Nakamoto3 => bfa9779618ff072c903d773de30c99bd...
I am Satoshi Nakamoto4 => bce8564de9a83c18c31944a66bde992f...
I am Satoshi Nakamoto5 => eb362c3cf3479be0a97a20163589038e...
I am Satoshi Nakamoto6 => 4a2fd48e3be420d0d28e202360cfbaba...
I am Satoshi Nakamoto7 => 790b5a1349a5f2b909bf74d0d166b17a...
I am Satoshi Nakamoto8 => 702c45e5b15aa54b625d68dd947f1597...
I am Satoshi Nakamoto9 => 7007cf7dd40f5e933cd89fff5b791ff0...
I am Satoshi Nakamoto10 => c2f38c81992f4614206a21537bd634a...
I am Satoshi Nakamoto11 => 7045da6ed8a914690f087690e1e8d66...
I am Satoshi Nakamoto12 => 60f01db30c1a0d4cbce2b4b22e88b9b...
I am Satoshi Nakamoto13 => 0ebc56d59a34f5082aaef3d66b37a66...
I am Satoshi Nakamoto14 => 27ead1ca85da66981fd9da01a8c6816...
I am Satoshi Nakamoto15 => 394809fb809c5f83ce97ab554a2812c...
I am Satoshi Nakamoto16 => 8fa4992219df33f50834465d3047429...
I am Satoshi Nakamoto17 => dca9b8b4f8d8e1521fa4eaa46f4f0cd...
I am Satoshi Nakamoto18 => 9989a401b2a3a318b01e9ca9a22b0f3...
I am Satoshi Nakamoto19 => cda56022ecb5b67b2bc93a2d764e75f...
```

Jeder Satz erzeugt einen völlig anderen Hashwert. Sie sehen total zufällig aus, doch Sie können die Ergebnisse dieses Beispiels auf jedem Computer mit Python reproduzieren.

Die in diesem Szenario als Variable verwendete Zahl wird als *Nonce* bezeichnet. Die Nonce wird verwendet, um die Ausgabe einer kryptografischen Funktion zu variieren, in diesem Fall den SHA256-Fingerabdruck eines Satzes.

Um daraus eine Aufgabe zu machen, legen wir ein Ziel (das Target) fest: Finde einen Satz, der einen hexadezimalen Hash erzeugt, der mit null beginnt. Glücklicherweise ist das nicht schwer! Beispiel 10-10 zeigt, dass der Satz »I am Satoshi Nakamoto13« den Hash `0ebc56d59a34f5082aaef3d66b37a661696c2b618e62432727216ba9531041a5` erzeugt, der dieses Kriterium erfüllt. Es hat 13 Versuche gebraucht, um ihn zu finden. Ist das Ergebnis der Hashfunktion gleichmäßig verteilt, würden wir in Bezug auf die Wahrscheinlichkeit erwarten, ein Ergebnis mit einer 0 als hexadezimalem Präfix alle 16 Hashes zu finden (eine der 16 Hexadezimalziffern von 0 bis F). Numerisch betrachtet, suchen wir einen Hashwert, der kleiner ist als `0x1000000000000000000000000000000000000000000000000000000000000000`. Wir nennen diesen Schwellenwert *Target*, und das Ziel ist, einen Hash zu finden, der numerisch kleiner ist als das Target. Wenn wir das Target verkleinern, wird die Suche nach einem Hash, der kleiner ist als das Target, immer schwieriger.

Eine einfache Analogie ist ein Spiel, bei dem die Spieler wiederholt zwei Würfel werfen und versuchen, weniger als ein vorgegebenes Target zu würfeln. In der ersten Runde ist das Target 12. Solange Sie nicht zwei Sechsen würfeln, haben Sie gewonnen. In der zweiten Runde wird das Target auf 11 verringert. Die Spieler müssen 10 oder weniger würfeln, um zu gewinnen. Auch das ist nicht besonders schwer. Nach einigen Runden ist das Target auf 5 gefallen. Nun wird mehr als die Hälfte aller Würfe über dem Target liegen und daher ungültig sein. Wenn das Target kleiner wird, braucht man exponentiell mehr Würfe, um zu gewinnen. Zum Schluss, wenn das Target bei 2 liegt (dem möglichen Minimum), wird nur einer von 36 Würfen (also 2 %) gewinnen.

Aus Sicht eines Beobachters, der weiß, dass das Target bei 2 liegt, waren für einen Gewinnerwurf durchschnittlich 36 Würfe erforderlich. Man kann also abschätzen, wie viel Arbeit geleistet werden musste, um den durch das Target vorgegebenen Schwierigkeitsgrad (die Difficulty) zu meistern. Basiert ein Algorithmus auf einer deterministischen Funktion wie SHA256, ist der Eingabewert selbst der Beweis (*Proof*) dafür, dass eine bestimmte Menge an Arbeit (*Work*) geleistet wurde, um ein Ergebnis unter dem Target zu erzielen – daher: *Proof-of-Work*.

> Zwar erzeugt jeder Versuch ein zufälliges Ergebnis, doch die Wahrscheinlichkeit jedes möglichen Ergebnisses kann im Voraus berechnet werden. Deshalb ist das Ergebnis einer festgelegten Difficulty der Beweis für die geleistete Arbeit.

In Beispiel 10-10 ist die 13 die »Sieger-Nonce«, und das kann von jedem unabhängig bestätigt werden. Jeder kann die Zahl 13 an den Satz »I am Satoshi Nakamoto« anhängen, den Hash berechnen und verifizieren, dass er kleiner ist als das Target. Das erfolgreiche Ergebnis ist gleichzeitig der Proof-of-Work, weil es beweist, dass wir die Arbeit geleistet haben, diese Nonce zu finden. Während die Verifikation nur die Berechnung eines Hash verlangt, mussten wir 13 Hashes berechnen, um eine passende Nonce zu finden. Bei einem kleineren Target (einer höheren Difficulty) sind mehr Hashberechnungen nötig, um eine passende Nonce zu finden, doch jeder muss nur einen Hash berechnen, um sie zu verifizieren. Wenn man das Target kennt, kann man darüber hinaus mithilfe der Statistik die Difficulty abschätzen und weiß daher, wie viel Arbeit nötig ist, um diese Nonce zu finden.

> Der Proof-of-Work muss einen Hash erzeugen, der *kleiner als* ist das Target. Ein größeres Target bedeutet, dass es einfacher ist, einen Hash zu finden, der unter dem Target liegt, ein kleineres Target macht es schwieriger, einen Hash unter dem Target zu finden. Target und Difficulty stehen umgekehrt proportional zueinander.

Bitcoins Proof-of-Work ist der Aufgabe aus Beispiel 10-10 sehr ähnlich. Der Miner baut einen Anwärterblock auf, der mit Transaktionen gefüllt ist. Dann berechnet der Miner den Hash des Headers dieses Blocks und überprüft, ob er kleiner ist als das aktuelle Target. Ist der Hash nicht kleiner als das Target, modifiziert der Miner die Nonce (üblicherweise durch eine Inkrementierung um eins) und versucht es erneut. Bei der aktuellen Difficulty des Bitcoin-Netzwerks müssen die Miner Abermilliarden Versuche starten, bevor sie eine Nonce mit einem ausreichend kleinen Block-Header-Hash finden.

Einen sehr stark vereinfachten Proof-of-Work-Algorithmus implementiert das Python-Skript aus Beispiel 10-11.

Beispiel 10-11: Einfache Proof-of-Work-Implementierung

```
#!/usr/bin/env python
# Beispiel für Proof-of-Work-Algorithmus

import hashlib
import time

max_nonce = 2 ** 32 # 4 billion

def proof_of_work(header, difficulty_bits):

    # Difficulty-Target berechnen
    target = 2 ** (256-difficulty_bits)

    for nonce in xrange(max_nonce):
        hash_result = hashlib.sha256(str(header)+str(nonce)).hexdigest()

        # Prüfe auf gültiges Ergebnis unter dem Target
        if long(hash_result, 16) < target:
            print "Success with nonce %d" % nonce
            print "Hash is %s" % hash_result
            return (hash_result,nonce)

    print "Failed after %d (max_nonce) tries" % nonce
    return nonce


if __name__ == '__main__':
```

```
    nonce = 0
    hash_result = ''

    # Difficulty von 0 bis 31 Bits
    for difficulty_bits in xrange(32):

        difficulty = 2 ** difficulty_bits
        print "Difficulty: %ld (%d bits)" % (difficulty, difficulty_bits)

        print "Starting search..."

        # Aktuelle Zeit festhalten
        start_time = time.time()

        # Neuen Block aufbauen, der den Hash des vorheringen Blocks enthält
        # Wir fingieren einen Block mit Transaktionen - nur ein String
        new_block = 'test block with transactions' + hash_result

        # gültige Nonce für den neuen Block finden
        (hash_result, nonce) = proof_of_work(new_block, difficulty_bits)

        # Zeit nach gefundener Lösung festhalten
        end_time = time.time()

        elapsed_time = end_time - start_time
        print "Elapsed Time: %.4f seconds" % elapsed_time

        if elapsed_time > 0:

            # Hashes pro Sekunde ermitteln
            hash_power = float(long(nonce)/elapsed_time)
            print "Hashing Power: %ld hashes per second" % hash_power
```

Bei der Ausführung dieses Codes können Sie die gewünschte Schwierigkeit angeben (wie viele führende Bits null sein müssen) und schauen, wie lange Ihr Computer dazu braucht, eine Lösung zu finden. Beispiel 10-12 zeigt, wie lange es auf einem durchschnittlichen Laptop dauert.

Beispiel 10-12: Ausführung des Proof-of-Work-Beispiels mit verschiedenen Difficulties

```
$ python proof-of-work-example.py*

Difficulty: 1 (0 bits)

[...]

Difficulty: 8 (3 bits)
Starting search...
Success with nonce 9
Hash is 1c1c105e65b47142f028a8f93ddf3dabb9260491bc64474738133ce5256cb3c1
Elapsed Time: 0.0004 seconds
Hashing Power: 25065 hashes per second
Difficulty: 16 (4 bits)
Starting search...
Success with nonce 25
```

```
Hash is 0f7becfd3bcd1a82e06663c97176add89e7cae0268de46f94e7e11bc3863e148
Elapsed Time: 0.0005 seconds
Hashing Power: 52507 hashes per second
Difficulty: 32 (5 bits)
Starting search...
Success with nonce 36
Hash is 029ae6e5004302a120630adcbb808452346ab1cf0b94c5189ba8bac1d47e7903
Elapsed Time: 0.0006 seconds
Hashing Power: 58164 hashes per second

[...]

Difficulty: 4194304 (22 bits)
Starting search...
Success with nonce 1759164
Hash is 0000008bb8f0e731f0496b8e530da984e85fb3cd2bd81882fe8ba3610b6cefc3
Elapsed Time: 13.3201 seconds
Hashing Power: 132068 hashes per second
Difficulty: 8388608 (23 bits)
Starting search...
Success with nonce 14214729
Hash is 000001408cf12dbd20fcba6372a223e098d58786c6ff93488a9f74f5df4df0a3
Elapsed Time: 110.1507 seconds
Hashing Power: 129048 hashes per second
Difficulty: 16777216 (24 bits)
Starting search...
Success with nonce 24586379
Hash is 0000002c3d6b370fccd699708d1b7cb4a94388595171366b944d68b2acce8b95
Elapsed Time: 195.2991 seconds
Hashing Power: 125890 hashes per second

[...]

Difficulty: 67108864 (26 bits)
Starting search...
Success with nonce 84561291
Hash is 0000001f0ea21e676b6dde5ad429b9d131a9f2b000802ab2f169cbca22b1e21a
Elapsed Time: 665.0949 seconds
Hashing Power: 127141 hashes per second
```

Wie Sie sehen können, führt die Erhöhung der Difficulty um 1 Bit zur Verdopplung der Zeit, die zum Finden einer Lösung benötigt wird. Halten Sie sich den gesamten 256-Bit-Zahlenraum vor Augen, führt jede Beschränkung um ein Bit zur Halbierung des Suchraums. In Beispiel 10-12 dauert es 84 Millionen Versuche, um eine Nonce zu finden, deren 26 führende Bits null sind. Selbst bei einer Geschwindigkeit von mehr als 120.000 Hashes pro Sekunde dauert es auf einem Laptop zehn Minuten, um diese Lösung zu finden.

Während diese Zeilen geschrieben werden, sucht das Netzwerk einen Block, dessen Header-Hash kleiner ist als:

```
0000000000000000029AB9000000000000000000000000000000000000000000
```

Wie Sie sehen, stehen da sehr viele Nullen am Anfang des Targets, d.h., der akzeptable Bereich von Hashes ist viel kleiner, und es ist daher schwieriger, einen gültigen Hash aufzuspüren. Das Netzwerk braucht im Schnitt 1,8 Septa-Hashes (Tausend Milliarden Milliarden Hashes) pro Sekunde, um den nächsten Block zu finden. Das hört sich nach einer unlösbaren Aufgabe an, doch glücklicherweise verfügt das Netzwerk über 3 Exa-Hashes pro Sekunde (EH/s) Rechenleistung, die einen Block in durchschnittlich zehn Minuten finden.

Target-Darstellung

In Beispiel 10-3 haben wir gesehen, dass der Block das Target in einer Notation enthält, die *Target Bits* oder einfach *Bits* genannt wird. In Block 277.316 hat es den Wert `0x1903a30c`. Diese Notation drückt das Proof-of-Work-Target in einem Format aus Koeffizienten und Exponenten aus. Die ersten beiden hexadezimalen Ziffern sind der Exponent, und die nächsten sechs hexadezimalen Ziffern bilden den Koeffizienten. In diesem Block hat der Exponent also den Wert `0x19`, und der Koeffizient ist `0x03a30c`.

Die Formel zur Berechnung des Difficulty-Targets in diesem Format lautet:

```
target = coeffizient * 2^(8 * (exponent - 3))
```

Mit dieser Formel und dem Target-Bits-Wert `0x1903a30c` erhalten wir Folgendes:

```
target = 0x03a30c * 2^(0x08 * (0x19 - 0x03))^

=> target = 0x03a30c * 2^(0x08 * 0x16)^

=> target = 0x03a30c * 2^0xB0^
```

oder dezimal:

```
=> target = 238348 * 2^176^

=> target = 22829202948393929850749706076701368331072452018388575715328
```

oder hexadezimal:

```
=> target = 0x0000000000000003A30C00000000000000000000000000000000000000000000
```

Das bedeutet, dass ein gültiger Block für die Höhe 277.316 einen Block-Header-Hash aufweisen muss, der unter diesem Target liegt. Im Binärformat müssen bei dieser Zahl die ersten 60 Bits auf null gesetzt sein. Bei dieser Difficulty würde ein einzelner Miner, der 1 Billion Hashes pro Sekunde verarbeitet (ein Terahash pro Sekunde, kurz 1 TH/s), eine Lösung im Schnitt nur alle 8.496 Blocke (oder alle 59 Tage) finden.

Retargeting zur Anpassung der Difficulty

Wie wir gesehen haben, bestimmt das Target die Difficulty und damit die Dauer für das Finden einer Lösung für den Proof-of-Work-Algorithmus. Das führt zu offensichtlichen Fragen: Warum kann die Difficulty angepasst werden, wer passt sie an, und wie passt man sie an?

Bitcoin-Blöcke werden im Schnitt alle zehn Minuten erzeugt. Das ist der Herzschlag des Bitcoins, der die Geschwindigkeit der Ausgabe neuer Bitcoins und der Verarbeitung von Transaktionen festlegt. Dieser soll nicht nur über eine kurze Zeitspanne konstant bleiben, sondern über viele Dekaden hinweg. Man kann davon ausgehen, dass in dieser Zeitspanne die Leistungsfähigkeit von Computern dramatisch ansteigen wird. Darüber hinaus wird sich die Zahl der Miner (und der genutzten Hardware) ständig ändern. Um die Blockgenerierungszeit bei zehn Minuten zu halten, muss die Mining-Difficulty angepasst werden, um auf diese Änderungen zu reagieren. Tatsächlich ist das Proof-of-Work-Target ein dynamischer Parameter, der in regelmäßigen Abständen angepasst wird, um das Blockintervall von zehn Minuten zu erhalten. Einfach ausgedrückt, wird das Target so gesetzt, dass die aktuelle Mining-Leistung zu einem Blockintervall von zehn Minuten führt.

Wie läuft aber eine solche Anpassung in einem vollständig dezentralisierten Netzwerk ab? Dieses Retargeting erfolgt auf jeder Node unabhängig und automatisch. Alle 2.016 Blöcke passen alle Nodes die Difficulty an. Die Retargeting-Gleichung misst die Zeit, die es gedauert hat, die letzten 2.016 Blöcke zu schürfen, und vergleicht sie mit der gewünschten Zeit von 20.160 Minuten (2.016 Blöcke mal dem gewünschten Blockintervall von 10 Minuten). Das Verhältnis zwischen aktueller Dauer und gewünschter Dauer wird berechnet, und eine anteilige Korrektur (nach oben oder unten) wird am Target vorgenommen. Findet das Netzwerk also Blöcke in weniger als zehn Minuten, wird die Difficulty erhöht (das Target wird kleiner). Dauert es länger als erwartet, wird die Difficulty verringert (das Target wird größer).

Die Gleichung lässt sich wie folgt zusammenfassen:

```
Neues Target = Altes Target * (Dauer der letzten 2016 Blöcke / 20160 Minuten)
```

Beispiel 10-13 zeigt den im Bitcoin-Core-Client verwendeten Code.

Beispiel 10-13: Retargeting des Proof-of-Work – CalculateNextWorkRequired() in pow.cpp

```
// Limit adjustment step
int64_t nActualTimespan = pindexLast->GetBlockTime() - nFirstBlockTime;
LogPrintf("  nActualTimespan = %d  before bounds\n", nActualTimespan);
if (nActualTimespan < params.nPowTargetTimespan/4)
    nActualTimespan = params.nPowTargetTimespan/4;
if (nActualTimespan > params.nPowTargetTimespan*4)
    nActualTimespan = params.nPowTargetTimespan*4;
```

```
// Retarget
const arith_uint256 bnPowLimit = UintToArith256(params.powLimit);
arith_uint256 bnNew;
arith_uint256 bnOld;
bnNew.SetCompact(pindexLast->nBits);
bnOld = bnNew;
bnNew *= nActualTimespan;
bnNew /= params.nPowTargetTimespan;

if (bnNew > bnPowLimit)
    bnNew = bnPowLimit;
```

> Zwar findet die Rekalibrierung alle 2.016 Blöcke statt, doch aufgrund eines Off-by-One-Fehlers im Original-Bitcoin-Core-Client basiert sie auf der Zeit der vergangenen 2.015 Blöcke (nicht 2.016, wie es eigentlich sein sollte), was zu einem Retargeting-Fehler mit einer erhöhten Difficulty von 0,05 % führt.

Die Parameter `Interval` (2.016 Blöcke) und `TargetTimespan` (zwei Wochen als 1.209.600 Sekunden) sind in *chainparams.cpp* definiert.

Um eine extreme Volatilität der Difficulty zu vermeiden, darf die Korrektur des Targets den Faktor vier bei einem Durchlauf nicht überschreiten. Liegt die benötigte Target-Anpassung über dem Faktor vier, wird er um den Faktor vier angepasst und nicht mehr. Eine weitere Anpassung erfolgt in der nächsten Retargeting-Periode, weil das Ungleichgewicht über die nächsten 2.016 Blöcke bestehen bleibt. Bei großen Unterschieden zwischen Hashing-Leistung und Difficulty kann es mehrere 2.016-Block-Zyklen dauern, bis das Verhältnis wieder passt.

> Die Difficulty des Minings eines Bitcoin-Blocks entspricht ungefähr »10 Minuten Bearbeitung« durch das gesamte Netzwerk, basierend auf der Zeit, die nötig war, um die vorherigen 2.016 Blöcke zu schürfen. Erreicht wird das durch eine Korrektur alle 2.016 Blöcke, bei der das Target entsprechend erhöht oder verringert wird.

Beachten Sie, dass das Target unabhängig von der Anzahl und dem Wert der Transaktionen ist. Das bedeutet, dass die Hashing-Leistung (und damit die Stromkosten) zur Sicherung des Bitcoin ebenfalls völlig unabhängig von der Zahl der Transaktionen ist. Bitcoin kann skalieren und eine weitere Verbreitung erreichen, ohne die Hashing-Leistung steigern zu müssen. Die Erhöhung der Hashing-Leistung spiegelt die Marktsituation wider, wenn neue Miner den Wettstreit um die Belohnung aufnehmen. Solange ausreichend Hashing-Leistung unter der Kontrolle verschiedener Miner steht, die ernsthaft um die Belohnung kämpfen, ist man vor Übernahmeangriffen sicher, und damit ist auch der Bitcoin ausreichend geschützt.

Die Difficulty des Minings ist eng mit den Stromkosten verknüpft sowie dem Wechselkurs des Bitcoin für die Währung, in der man diesen Strom bezahlt. Hochleistungs-Mining-Systeme sind mit der aktuellen Generation der Halbleiterfertigung so effizient wie möglich und wandeln Strom in die höchstmögliche Hashing-

Rate um. Wesentlichen Einfluss auf den Mining-Markt hat der Preis pro Kilowattstunde in Bitcoin, weil das die Profitabilität des Minings bestimmt und damit den Anreiz, in den Mining-Markt einzusteigen oder auch daraus auszusteigen.

Den Block erfolgreich schürfen

Wie wir vorhin gesehen haben, hat Jings Node einen Anwärterblock erzeugt und für das Mining vorbereitet. Jing betreibt mehrere Hardware-Mining-Rigs mit anwendungsspezifischen Schaltkreisen (ASICs), bei denen Hundertausende integrierte Schaltungen den SHA256-Algorithmus mit unglaublicher Geschwindigkeit parallel ausführen. Viele dieser spezialisierten Maschinen sind mit dem Mining-Node über USB oder das lokale Netzwerk verbunden. Die Mining-Node, die auf Jings Desktop läuft, überträgt den Block-Header nun an die Mining-Hardware, die damit beginnt, Billionen von Nonces pro Sekunde zu testen.

Etwa elf Minuten nach dem Start des Minings von Block 277.316 findet einer der Hardware-Miner eine Lösung und sendet diese zurück an die Mining-Node. Fügt man sie in den Block-Header ein, erzeugt die Nonce 924591752 den Block-Hash:

```
0000000000000001b6b9a13b095e96db41c4a928b97ef2d944a9b31b2cc7bdc4
```

der unter dem Target liegt:

```
0000000000000003A30C00000000000000000000000000000000000000000000
```

Sofort überträgt Jings Mining-Node den Block an alle seine Peers. Diese empfangen und validieren den Block und propagieren ihn dann weiter. Während sich der Block über das Netzwerk verbreitet, fügt ihn jede Node in ihre eigene Blockchain ein und erweitert sie so auf die neue Höhe von 277.316 Blöcken. Sobald Mining-Nodes den Block empfangen und validiert haben, brechen sie die Suche nach einem Block der gleichen Höhe ab und beginnen sofort damit, den nächsten Block zu berechnen. Jings Block wird dabei als »Parent« verwendet. Da sie mit Jings neu entdecktem Block arbeiten, stimmen sie mit ihrer Mining-Leistung für Jings Block und für die Kette, die er erweitert.

Im nächsten Abschnitt sehen wir uns den Prozess an, mit dem jede Node einen Block validiert und die längste Kette wählt. So entsteht der Konsens, der die dezentrale Blockchain aufbaut.

Einen neuen Block validieren

Der dritte Schritt des Konsensmechanismus von Bitcoin ist die unabhängige Validierung jedes neuen Blocks durch jede Node. Während der neu gefundene Block sich durch das Netzwerk ausbreitet, führt jede Node eine Reihe von Tests durch, um diesen zu validieren, bevor sie ihn an ihre Peers weiterleitet. Damit wird sichergestellt, dass nur gültige Blöcke im Netzwerk propagiert werden. Die unabhängige

Validierung stellt außerdem sicher, dass die Blöcke der redlichen Miner in die Blockchain aufgenommen werden und diese ihre Belohnung erhalten. Die Blöcke der unlauter arbeitenden Miner werden abgelehnt. Diese Miner verlieren nicht nur die Belohnung, sondern verschwenden auch Rechenleistung für den Proof-of-Work und bleiben auf ihren Stromkosten sitzen.

Wenn eine Node einen neuen Block empfängt, muss sie diesen mit einer langen Liste von Kriterien abgleichen, die alle erfüllt werden müssen. Anderenfalls wird der Block abgelehnt. Diese Kriterien finden sich im Bitcoin-Core-Client in den Funktionen `CheckBlock` und `CheckBlockHeader` und umfassen Folgendes:

- Die Datenstruktur des Blocks ist syntaktisch korrekt.
- Der Block-Header-Hash ist kleiner als das Target (setzt den Proof-of-Work durch).
- Der Zeitstempel des Blocks liegt weniger als zwei Stunden in der Zukunft (was eine gewisse Fehlertoleranz erlaubt).
- Die Blockgröße liegt innerhalb der erlaubten Grenzen.
- Die erste Transaktion (und nur die erste) ist eine Coinbase-Transaktion.
- Alle Transaktionen innerhalb des Blocks sind laut Prüfliste aus »Unabhängige Verifikation von Transaktionen« auf Seite 220 gültig.

Die unabhängige Validierung jedes neuen Block durch jede Node des Netzwerks stellt sicher, dass die Miner nicht schummeln können. In den vorigen Abschnitten haben wir gesehen, wie Miner eine neue Transaktion aufbauen, die ihnen die durch den Block neu generierten Bitcoins und die Transaktionsgebühren zuspricht. Warum erzeugen die Miner nicht einfach eine Transaktion, die ihnen 1.000 Bitcoin anstelle der gültigen Belohnung zuspricht? Weil jede Node die Blöcke nach den gleichen Regeln validiert. Eine ungültige Coinbase-Transaktion macht den gesamten Block ungültig, d.h., der Block wird abgelehnt, und die Transaktion wird niemals Teil des Kassenbuchs. Die Miner müssen einen sauberen Block aufbauen, der auf den von allen Nodes verwendeten Regeln basiert, und eine korrekte Lösung für den Proof-of-Work liefern. Dazu wenden sie sehr viel Strom für das Mining auf, und der gesamte Strom und der Aufwand sind umsonst, wenn sie schummeln. Die unabhängige Validierung ist daher eine Schlüsselkomponente des dezentralisierten Konsenses.

Ketten von Blöcken zusammensetzen und auswählen

Der letzte Schritt bei Bitcoins dezentralisiertem Konsensmechanismus ist das Zusammensetzen der Blöcke in Ketten und die Wahl der Kette mit dem meisten Proof-of-Work. Sobald eine Node einen neuen Block validiert hat, versucht sie, eine Kette zusammenzusetzen, indem sie den Block mit der existierenden Blockchain verbindet.

Nodes halten drei Gruppen von Blöcken vor: solche, die mit der Haupt-Blockchain verbunden sind, solche, die von der Haupt-Blockchain abzweigen (sekundäre Chains), und schließlich Blöcke, für die kein Parent in den bekannten Chains vorhanden ist (Waise). Ungültige Blöcke werden abgelehnt, sobald ein Validierungskriterium nicht erfüllt ist, und werden daher nie in eine der Chains aufgenommen.

Die *Haupt-Chain* ist zu jeder Zeit die *gültige* Kette von Blöcken mit dem höchsten kumulierten Proof-of-Work. In den meisten Fällen ist das auch die Chain mit den meisten Blöcken, es sei denn, bei zwei gleich langen Chains hat eine den höheren Proof-of-Work. Die Haupt-Chain weist auch Verzweigungen auf mit Blöcken, die »Geschwister« von Blöcken der Haupt-Chain sind. Diese Blöcke sind gültig, aber kein Teil der Haupt-Chain. Sie werden zur späteren Verwendung vorgehalten, falls eine der Chains erweitert wird und die Haupt-Chain überrundet. Im nächsten Abschnitt (»Blockchain-Forks« auf Seite 243) sehen wir uns an, wie solche sekundären Chains durch nahezu gleichzeitiges Mining von Blöcken der gleichen Höhe entstehen.

Wird ein neuer Block empfangen, versucht die Node, sie in die vorhandene Blockchain einzufügen. Die Node sieht sich das Feld *vorheriger Block-Hash* an, in dem der Verweis auf den Parent des Blocks steht. Die Node versucht dann, diesen Parent in der vorhandenen Blockchain zu finden. Meistens ist der Parent die »Spitze« der Haupt-Chain, d.h., dieser neue Block erweitert die Haupt-Chain. Zum Beispiel enthält der neue Block 277.315 eine Referenz auf den Hash seines Parent-Blocks 277.315. Die meisten Nodes, die 277.316 empfangen, werden Block 277.315 an der Spitze ihrer Haupt-Chain vorfinden und daher den neuen Block einfügen und so die Kette erweitern.

Wie Sie in »Blockchain-Forks« auf Seite 243 sehen werden, erweitert der neue Block eine Kette, die nicht die Haupt-Chain ist. In diesem Fall hängt die Node den neuen Block an ihre Sekundär-Chain an und vergleicht dann die Arbeit dieser Sekundär-Chain mit der Haupt-Chain. Hat die Sekundär-Chain mehr Arbeit geleistet als die Haupt-Chain, wird die Sekundär-Chain zur neuen Haupt-Chain und die alte Haupt-Chain zu einer Sekundär-Chain. Ist die Node ein Miner, erzeugt dieser nun einen Block, der diese neue längere Chain erweitert.

Wird ein gültiger Block empfangen, aber kein passender Parent in den existierenden Chains gefunden, gilt der Block als *Waise*. Verwaiste Blöcke werden in einem weiteren Pool vorgehalten, bis ein passender Parent empfangen wird. Sobald ein Parent empfangen und in die existierenden Ketten eingefügt ist, kann die Waise aus dem Pool genommen, mit dem Parent verknüpft und so zu einem Teil der Kette werden. Verwaiste Blöcke treten auf, wenn zwei Blöcke innerhalb kurzer Zeit erschürft und in umgekehrter Reihenfolge (Child vor Parent) empfangen werden.

Durch die Wahl der gültigen Chain mit der kumulativ größten geleisteten Arbeit erreichen alle Nodes irgendwann einen netzwerkweiten Konsens. Temporäre Unterschiede zwischen den Chains werden letztendlich aufgelöst, sobald mehr

Arbeit erledigt ist und eine der möglichen Chains erweitert wurde. Die Mining-Nodes stimmen durch das Mining des nächsten Blocks mit ihrer Mining-Leistung darüber ab, welche Chain erweitert wird.

Im nächsten Abschnitt sehen wir uns an, wie Unterschiede zwischen konkurrierenden Chains (Forks) durch die Wahl der Chain mit dem größten kumulierten Proof-of-Work aufgelöst wird.

Blockchain-Forks

Da die Blockchain eine dezentralisierte Datenstruktur ist, sind die unterschiedlichen Kopien nicht immer konsistent. Blöcke können auf verschiedenen Nodes zu unterschiedlichen Zeiten eintreffen, sodass die Nodes immer eine etwas andere Sicht der Blockchain haben. Um das zu lösen, wählt jede Node immer die Chain mit der größten kumulierten Arbeitsleistung und versucht, diese zu erweitern. Durch Aufsummierung der Arbeitsleistung für jeden Block in der Kette kann eine Node die Gesamtarbeitsleistung berechnen, die zum Aufbau dieser Chain aufgewendet wurde. Solange alle Nodes immer die Chain mit der größten geleisteten Arbeit wählen, gelangt das globale Bitcoin-Netzwerk letztlich zu einem konsistenten Zustand. Forks entstehen als temporäre Inkonsistenzen zwischen Versionen der Blockchain, die sich letztlich auflösen, wenn zusätzliche Blöcke zu einem der Forks hinzugefügt werden.

> Die in diesem Abschnitt beschriebenen Bitcoin-Forks sind das natürliche Ergebnis der zeitlichen Verzögerungen der Datenübertragung im globalen Netzwerk. Vorsätzlich veranlasste Forks sehen wir uns später in diesem Kapitel noch an.

In den folgenden Diagrammen verfolgen wir den Fortschritt eines »Fork«-Ereignisses über das Netzwerk. Das Diagramm ist eine vereinfachte Darstellung des Bitcoin-Netzwerks. Zur Veranschaulichung sind unterschiedliche Blöcke, die sich über das Netzwerk verteilen, in unterschiedlichen Formen (Stern, Dreieck, umgekehrtes Dreieck, Diamant) dargestellt. Jede Node des Netzwerks wird durch einen Kreis dargestellt.

Die Nodes haben jeweils eine eigene Sicht auf die globale Blockchain. Während eine Node Blöcke von ihren Nachbarn empfängt, aktualisiert sie ihre eigene Kopie der Blockchain und wählt die Chain mit der größten kumulierten Arbeitsleistung. Zur Veranschaulichung enthält jede Node eine geometrische Form, die den Block repräsentiert, von dem sie glaubt, dass er die Spitze der Haupt-Blockchain ist. Wenn Sie also einen Stern in der Node sehen, bedeutet das, dass für diese Node der »Stern«-Block die Spitze der Haupt-Chain ist.

Im ersten Diagramm (Abbildung 10-2) hat das Netzwerk eine einheitliche Sicht auf die Blockchain, und der »Stern«-Block bildet die Spitze der Haupt-Chain.

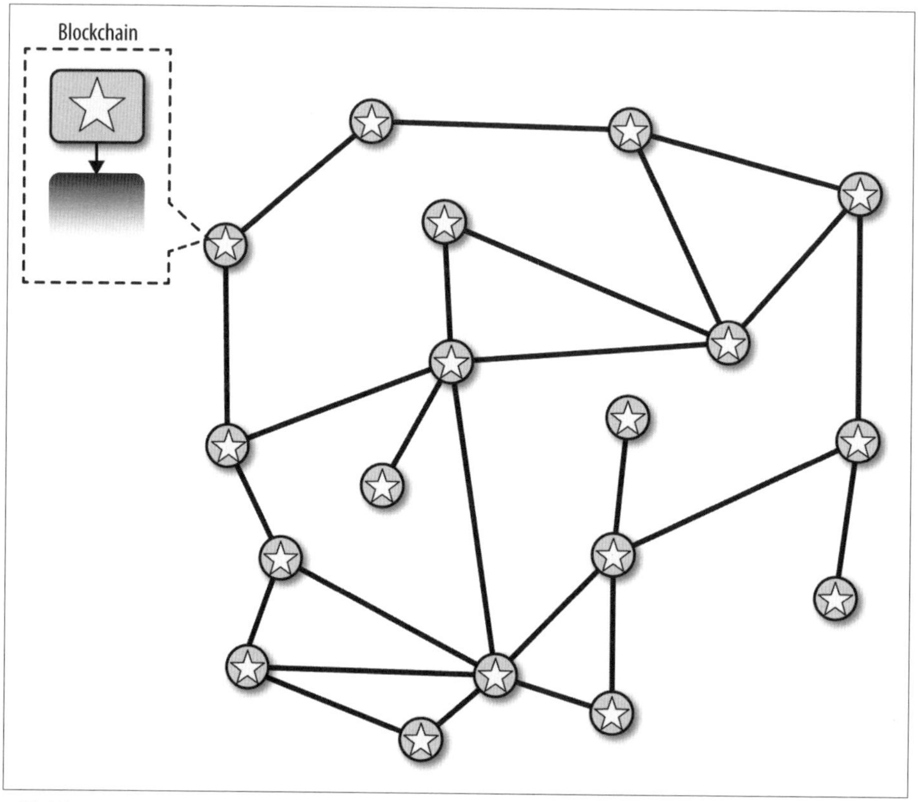

Abbildung 10-2: Vor dem Fork – alle Nodes haben eine einheitliche Sicht.

Ein »Fork« tritt immer dann ein, wenn zwei Anwärterblöcke darum konkurrieren, die längste Blockchain zu bilden. Das geschieht unter normalen Bedingungen immer dann, wenn zwei Miner den Proof-of-Work-Algorithmus (mehr oder weniger) gleichzeitig lösen. Da beide Miner eine Lösung für ihre jeweiligen Kandidaten gefunden haben, übertragen sie die Lösung für ihren »Siegerblock« an ihre unmittelbaren Nachbarn, die mit der Propagation des Blocks durch das Netzwerk beginnen. Jede Node, die einen gültigen Block empfängt, trägt diesen in ihre Blockchain ein und erweitert sie um einen Block. Erkennt die Node später einen weiteren Kandidatenblock, der den gleichen Parent erweitert, verknüpft er den zweiten Kandidaten mit einer Sekundär-Chain. Also »sehen« einige Nodes einen Kandidatenblock zuerst, während andere Nodes den anderen Kandidaten zuerst sehen, und es entstehen zwei konkurrierende Versionen der Blockchain.

In Abbildung 10-3 sehen wir zwei Miner (Node X und Node Y), die zwei verschiedene Blöcke nahezu gleichzeitig erschürfen. Beide Blöcke sind Children des »Stern«-Blocks und erweitern die Kette, indem sie den neuen Block auf den »Stern«-Block aufsetzen. Um das nachhalten zu können, wird einer als Dreieck (von Node X) und der andere als umgekehrtes Dreieck (von Node Y) dargestellt.

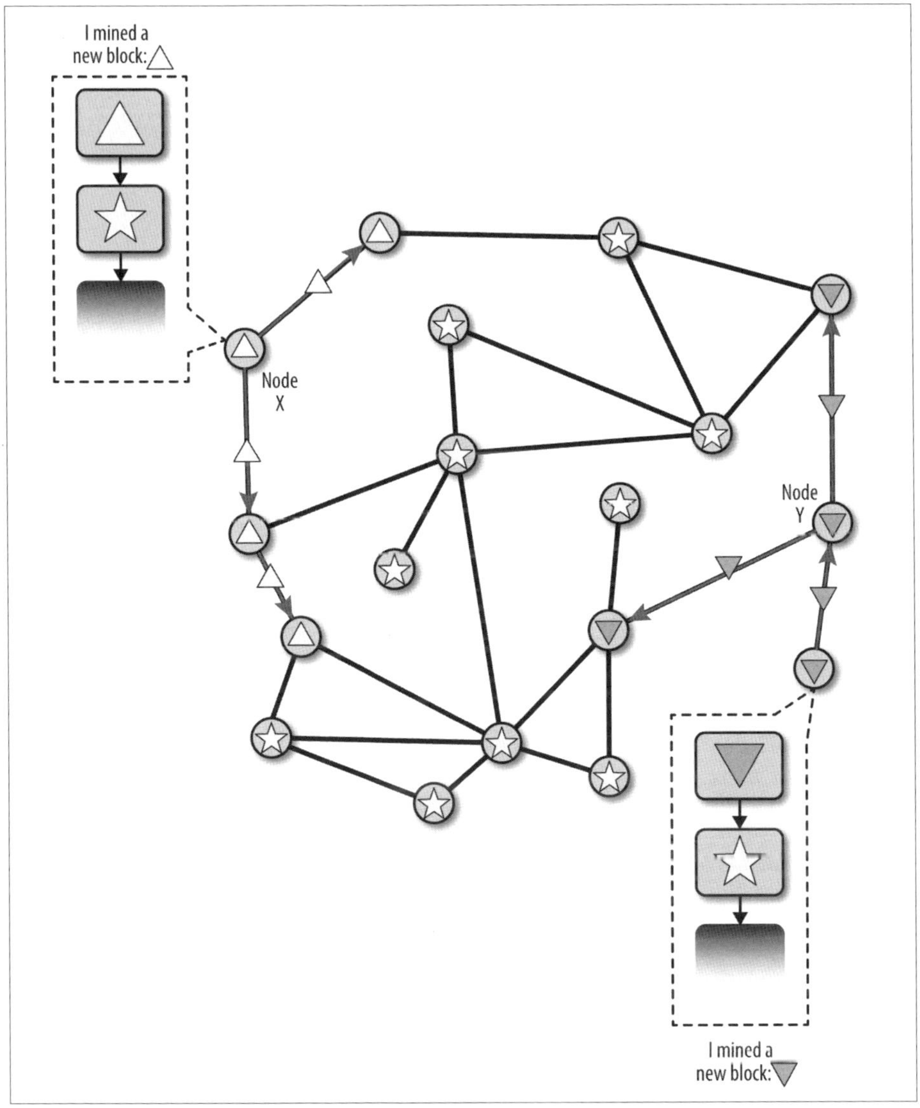

Abbildung 10-3: Visualisierung eines Blockchain-Forks: Zwei Blöcke wurden gleichzeitig gefunden.

Nehmen wir zum Beispiel an, dass der Miner an Node X eine Proof-of-Work-Lösung für den Block »Dreieck« findet, der die Blockchain erweitert und auf dem Parent-Block »Stern« aufsetzt. Nahezu gleichzeitig findet der Miner an Node Y, der ebenfalls die Kette von Block »Stern« erweitert, eine Lösung für seinen Kandidatenblock »umgekehrtes Dreieck«. Nun gibt es zwei mögliche Blöcke, einen namens »Dreieck« von Node X und einen namens »umgekehrtes Dreieck« von Node Y. Beide Blöcke sind gültig, beide Blöcke enthaltene eine gültige Lösung für den Proof-of-Work, und beide Blöcke erweitern den gleichen Parent (den Stern-Block). Beide

Blöcke enthalten größtenteils die gleichen Transaktionen mit nur wenigen Unterschieden bei der Anordnung der Transaktionen.

Während die beiden Blöcke durchpropagiert werden, erhalten einige Nodes zuerst den Block »Dreieck« und andere den Block »umgekehrtes Dreieck«. Wie in Abbildung 10-4 zu sehen, teilt sich das Netzwerk in zwei verschiedene Perspektiven der Blockchain auf. Bei einer Seite liegt der »Dreieck«-Block obenauf, bei der anderen Seite der Block »umgekehrtes Dreieck«.

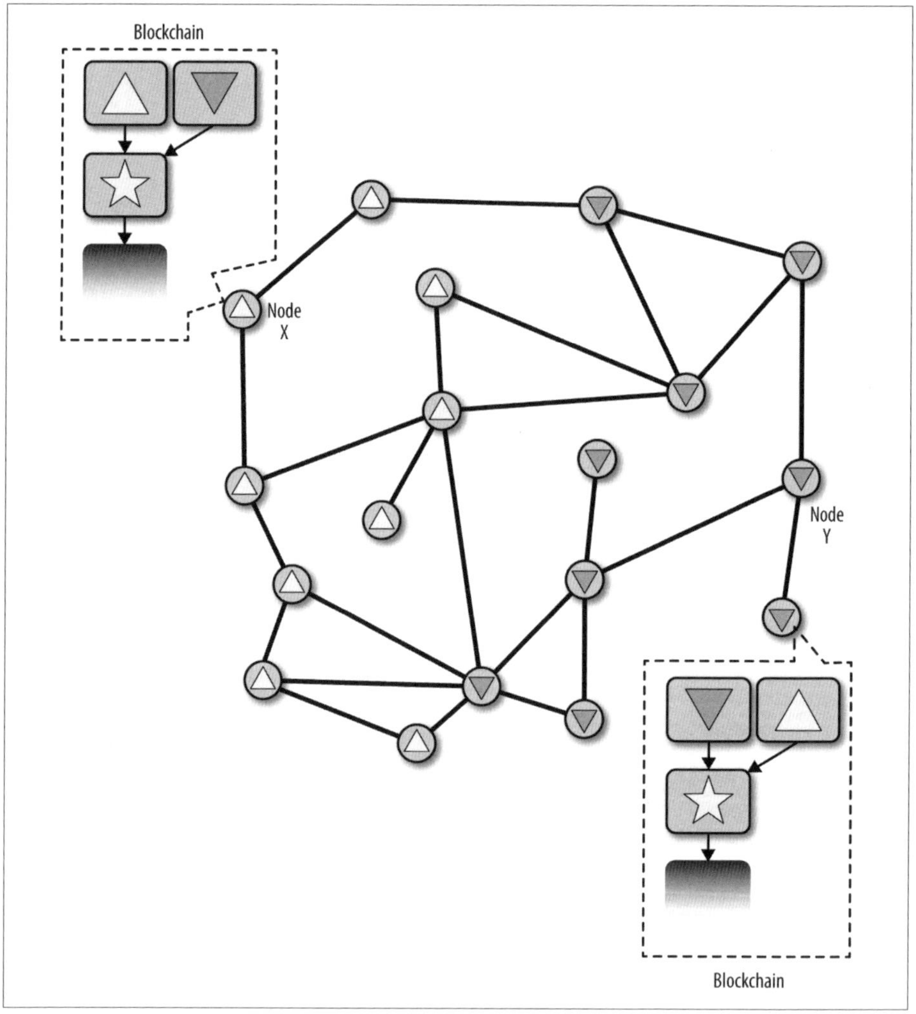

Abbildung 10-4: Visualisierung eines Blockchain-Forks: Zwei Blöcke propagieren und teilen das Netzwerk.

Im Diagramm hat eine zufällig gewählte »Node X« den »Dreieck«-Block zuerst empfangen und erweitert die »Stern«-Chain um diesen Block. Node X hat die Chain mit dem »Dreieck«-Block als Haupt-Chain gewählt. Später hat Node X auch noch den Block »umgekehrtes Dreieck« empfangen. Da er als zweiter empfangen wurde, geht man davon aus, dass er »das Rennen verloren« hat. Dennoch wird dieser Block nicht verworfen. Er wird mit dem »Stern«-Block-Parent verknüpft und bildet eine sekundäre Chain. Node X geht davon aus, dass sie die richtige Chain gewählt hat, hält aber die »Verlierer«-Chain weiter vor. Damit stehen alle Informationen für eine Korrektur der Kette zur Verfügung, sollte sich die »Verlierer«-Chain doch als »Sieger« entpuppen.

Auf der anderen Seite des Netzwerks baut Node Y basierend auf ihrer Abfolge der Ereignisse eine eigene Sicht auf die Blockchain auf. Sie hat »umgekehrtes Dreieck« zuerst empfangen und betrachtet diese Chain als »Sieger«. Wenn sie später den »Dreieck«-Block empfängt, verbindet sie ihn mit dem »Stern«-Block-Parent in einer sekundären Chain.

Beide Seiten liegen weder »richtig« noch »falsch«. Beides sind gültige Perspektiven der Blockchain. Welche das Rennen macht, entscheidet sich erst später basierend auf der Arbeit, durch die die Chains erweitert werden.

Mining-Nodes mit der gleichen Perspektive wie Node X beginnen sofort mit dem Mining eines Anwärterblocks, der die Chain mit dem »Dreieck« an der Spitze erweitert. Durch Verknüpfung des »Dreiecks« als Parent für ihren Anwärterblock lassen sie ihre Hashing-Leistung abstimmen. Ihre Stimme unterstützt die Chain, die sie als Haupt-Chain gewählt haben.

Jede Mining-Node mit der gleichen Perspektive wie Node Y baut einen Anwärterblock auf. Und so beginnt das Rennen von vorn.

Forks werden fast immer innerhalb eines Blocks aufgelöst. Während ein Teil des Netzwerks seine Hashing-Leistung für das »Dreieck« verwendet, konzentriert der andere Teil des Netzwerk seine Hashing-Leistung auf das »umgekehrte Dreieck«. Selbst wenn die Hashing-Leistung gleichmäßig verteilt ist, ist es sehr wahrscheinlich, dass eine Miner-Gruppe schneller eine Lösung findet und durchpropagiert als die andere Miner-Gruppe. Nehmen wir beispielsweise an, dass die Miner der »Dreieck«-Chain einen neuen Block »Raute« finden, der diese Chain entsprechend erweitert (also »Stern-Dreieck-Raute«). Sie propagieren diesen neuen Block sofort, und das ganze Netzwerk sieht das als gültige Lösung an (siehe Abbildung 10-5).

Alle Nodes, die »Dreieck« in der vorherigen Runde als »Sieger« gesehen haben, ergänzen die Chain einfach um einen weiteren Block. Die Nodes, die sich für »umgekehrtes Dreieck« entschieden haben, sehen nun aber zwei Chains: »Stern-Dreieck-Raute« und »Stern-umgekehrtes Dreieck-Raute«. Die Chain »Stern-Dreieck-Raute« ist jetzt länger (mehr kumulierte Arbeitsleistung) als die andere Chain. Aufgrund dessen legen diese Nodes die Chain »Stern-Dreieck-Raute« als Haupt-Chain fest und machen »Stern-umgekehrtes Dreieck-Raute« zu einer Sekundär-Chain (siehe Abbildung 10-6). Die Chain wird also neu ausgerichtet, weil die Nodes gezwungen sind, ihre Sicht der Blockchain zu korrigieren, um die (bewiesenermaßen) längere Chain zu integrieren. Alle Miner, die an einem neuen Block für »Stern-umgekehrtes Dreieck-Raute« arbeiten, beenden diese Arbeit sofort, weil ihr Anwärterblock nun »verwaist« ist, da der Parent »umgekehrtes Dreieck« nicht mehr in der längsten Chain steht. Die Transaktionen in »umgekehrtes Dreieck« werden jetzt wieder in den Mempool eingetragen, um im nächsten Block eingefügt zu werden, da der Block, in dem sie enthalten waren, nicht mehr in der Haupt-Chain liegt. Das gesamte Netzwerk verwendet nun »Stern-Dreieck-Raute« als Haupt-Blockchain mit »Raute« als letztem Block der Chain. Sämtliche Miner beginnen sofort mit der Arbeit an Anwärterblöcken, die »Raute« als Parent angeben und die Chain »Stern-Dreieck-Raute« erweitern.

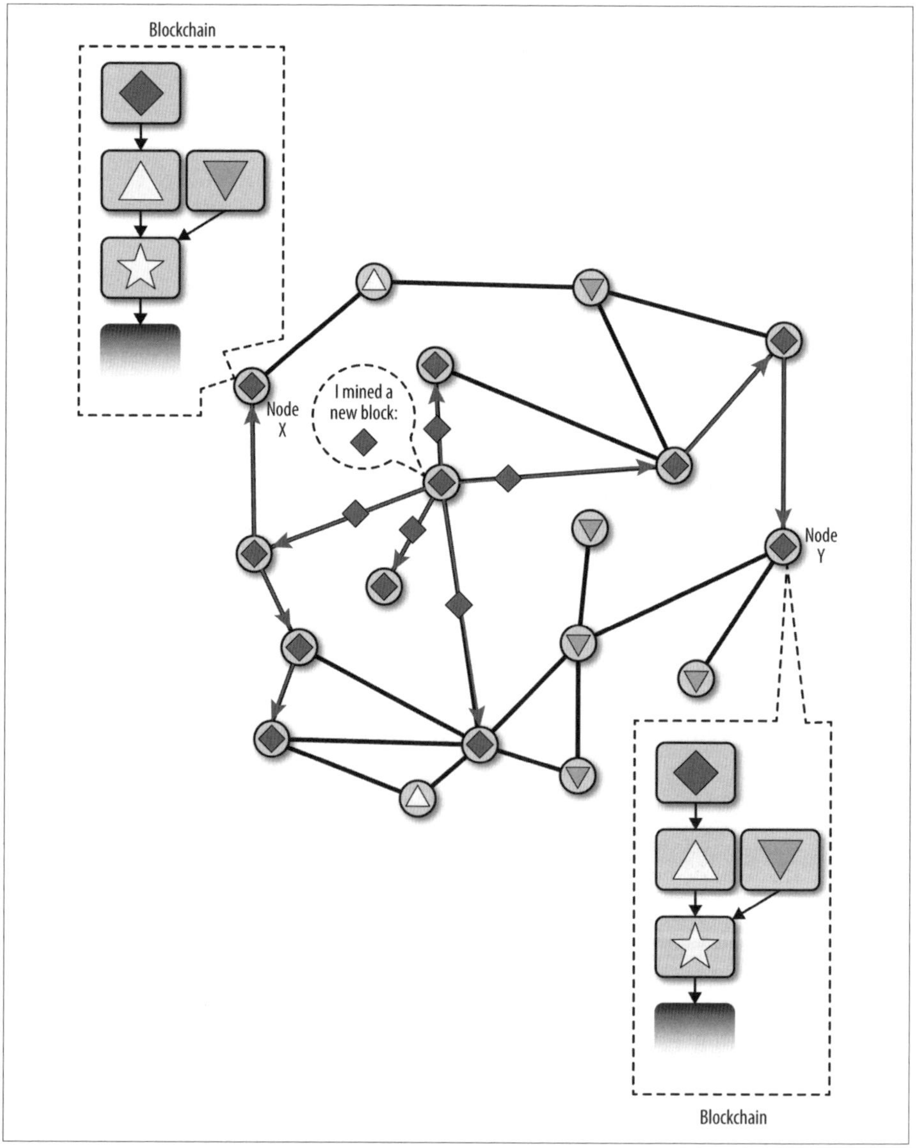

Abbildung 10-5: Visualisierung eines Blockchain-Forks: Ein neuer Block erweitert einen Fork und richtet das Netzwerk neu aus.

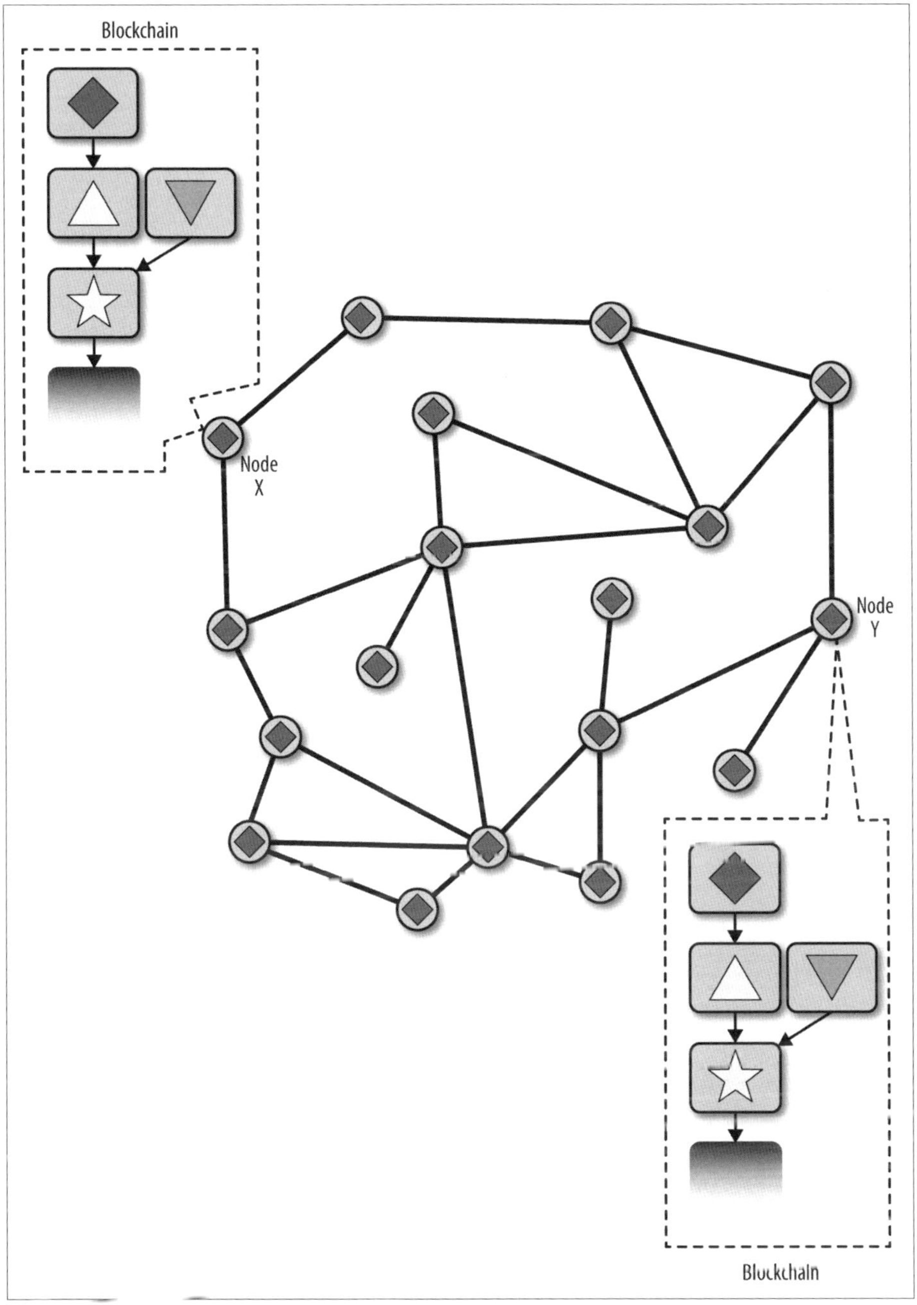

Abbildung 10-6: Visualisierung eines Blockchain-Forks: Das Netzwerk richtet sich an der neuen längsten Chain aus.

Es ist theoretisch möglich, dass ein Fork auf zwei Blöcke anwächst, wenn diese nahezu gleichzeitig von den Minern beider »Seiten« eines vorherigen Forks gefunden werden. Allerdings ist die Chance, dass das passiert, sehr gering. Während ein Ein-Block-Fork täglich eintreten kann, kommen Zwei-Block-Forks höchstens alle paar Wochen mal vor.

Das Blockintervall von zehn Minuten ist bei Bitcoin ein Kompromiss zwischen schneller Bestätigung (Abwicklung von Transaktionen) und der Wahrscheinlichkeit eines Forks. Eine kürzere Blockzeit würde Transaktionen schneller verarbeiten, gleichzeitig aber auch zu mehr Forks führen. Eine längere Blockzeit würde die Zahl der Forks verringern, die Abwicklung von Transaktionen aber verlangsamen.

Mining und der Hashing-Wettlauf

Die Konkurrenz beim Bitcoin-Mining ist extrem hoch. Die Hashing-Leistung steigt seit Einführung des Bitcoins exponentiell an. In bestimmten Jahren spiegelt der Anstieg einen vollständigen Technologiewechsel wider, z.B. als 2010 und 2011 viele Miner vom CPU-Mining auf GPU- und FPGA-Mining umstiegen. Im Jahr 2013 führte die Einführung von ASIC-Minern zu einem weiteren Quantensprung in der Mining-Leistung. Dazu wurde die SHA256-Funktion direkt in für das Mining spezialisierte Chips »gegossen«. Die ersten dieser Chips konnten mehr Mining-Leistung in einem einzigen Gerät zur Verfügung stellen als das gesamte Bitcoin-Netzwerk im Jahr 2010.

Die folgende Liste zeigt die gesamte Hashing-Leistung des Bitcoin-Netzwerks in den ersten acht Betriebsjahren:

2009
: 0,5 MH/s–8 MH/s (16-fach)

2010
: 8 MH/s–116 GH/s (14,500-fach)

2011
: 16 GH/s–9 TH/s (562-fach)

2012
: 9 TH/s–23 TH/s (2,5-fach)

2013
: 23 TH/s–10 PH/s (450-fach)

2014
: 10 PH/s–300 PH/s (3000-fach)

2015
: 300 PH/s-800 PH/s (266-fach)

2016
: 800 PH/s-2,5 EH/s (312-fach)

Das Diagramm in Abbildung 10-7 zeigt, wie sich die Hashing-Leistung des Bitcoin-Netzwerks in den letzten beiden Jahren erhöht hat. Wie Sie sehen können, hat die

Konkurrenz zwischen den Minern und das Wachstum des Bitcoin zu einem exponentiellen Anstieg der Hashing-Leistung geführt (Hashes pro Sekunde im gesamten Netzwerk).

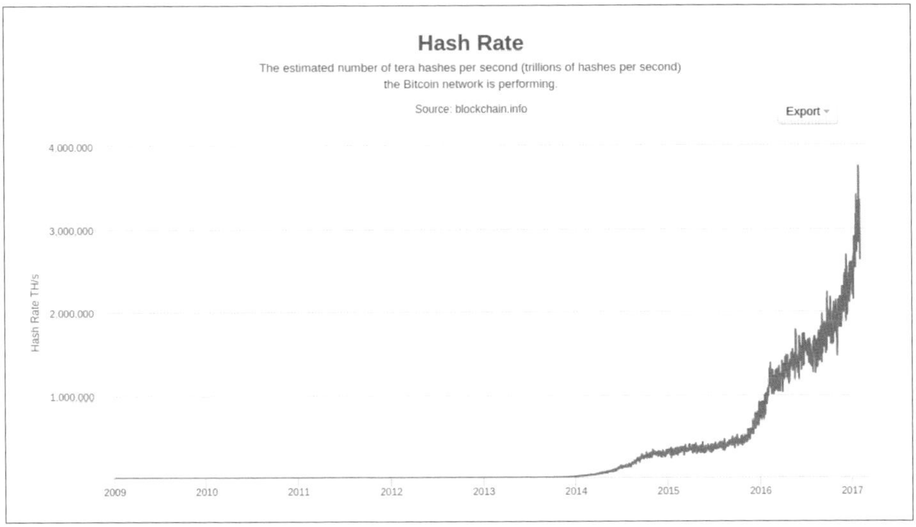

Abbildung 10-7: Gesamt Hashing-Leistung, Terahashes pro Sekunde(TH/s)

Während die zum Bitcoin-Mining aufgewandte Hashing-Leistung explodierte, passte sich die Difficulty entsprechend an. Die Difficulty im Diagramm in Abbildung 10-8 zeigt das Verhältnis der aktuellen Difficulty zur minimalen Difficulty (des ersten Blocks).

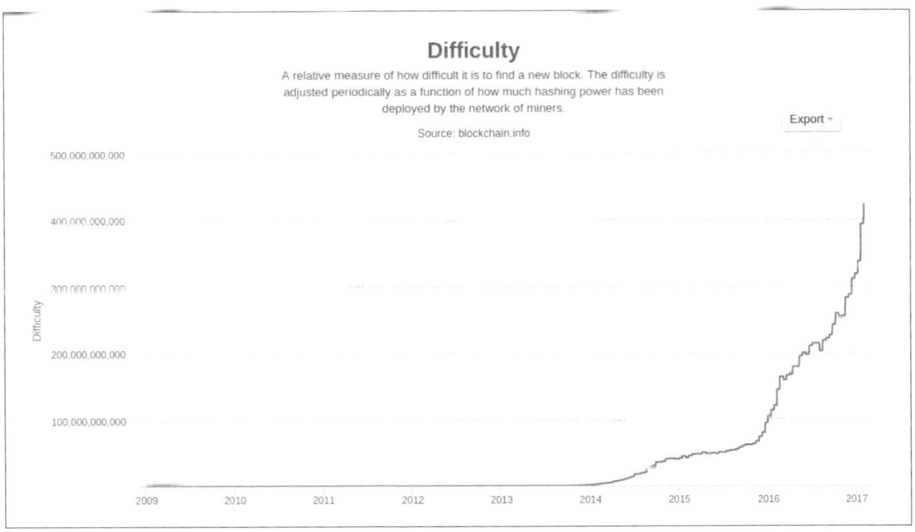

Abbildung 10-8: Entwicklung der Mining-Difficulty

In den letzten beiden Jahren wurden die ASIC-Mining-Chips zunehmend dichter und näherten sich dem neuesten Stand der Halbleiterfertigung von 16 nm (Nanometern) an. Momentan schicken sich die ASIC-Hersteller an, die Hersteller normaler CPUs mit Größen von nur 14 nm zu überholen. Die Profitabilität des Minings treibt diese Industrie noch schneller voran als die normale Datenverarbeitung. Große Sprünge sind beim Mining allerdings nicht mehr möglich, weil sich die Industrie dem Moore'schen Gesetz angenähert hat, nach dem sich die Komplexität integrierter Schaltkreise etwa alle 18 Monate verdoppelt. Dennoch steigt die Mining-Leistung des Netzwerks auch weiterhin exponentiell an, da das Rennen um die Packungsdichte der Chips mit dem Rennen um eine höhere Packungsdichte in den Rechenzentren einhergeht. Es geht nicht mehr darum, wie viel Mining mit einem einzelnen Chip möglich ist, sondern wie viele Chips man in einem Gebäude (Rechenzentrum) unterbringen kann, während gleichzeitig ausreichend Strom zur Verfügung steht und die entstehende Wärme noch abgeleitet werden kann.

Die Lösung mit der Extra-Nonce

Seit 2012 hat sich das Bitcoin-Mining so weiterentwickelt, dass es eine fundamentale Beschränkung der Struktur des Block-Headers behoben hat. In den frühen Tagen des Bitcoin konnte ein Miner einen Block finden, indem er über die Nonce iterierte, bis der resultierende Hash unter dem Target lag. Als sich die Difficulty erhöhte, sind die Miner häufig alle möglichen 4 Milliarden Werte der Nonce durchgegangen, ohne einen Block zu finden. Das konnte allerdings einfach gelöst werden, indem man den Blockzeitstempel aktualisierte, um die verstrichene Zeit zu berücksichtigen. Da der Zeitstempel Teil des Headers ist, erlaubte es diese Änderung, die Werte der Nonce noch einmal durchzugehen und andere Ergebnisse zu erhalten. Ab dem Zeitpunkt, da die Mining-Hardware die Grenze von 4 GH/s überstieg, wurde auch dieser Ansatz schwierig, weil die Nonce-Werte nach weniger als einer Sekunde verbraucht waren. Als ASIC-Hardware aufkam und die Hashrate 1TH/s überschritt, benötigte die Mining-Software mehr Platz für Nonce-Werte, um überhaupt gültige Blöcke finden zu können. Der Zeitstempel konnte ein wenig gestreckt werden, doch wenn man ihn zu weit in die Zukunft legte, wurde der Block ungültig. Eine neue Quelle der »Veränderung« wurde im Block-Header benötigt. Die Lösung bestand darin, die Coinbase-Transaktion als Quelle für zusätzliche Nonce-Werte zu verwenden. Da das Coinbase-Skript zwischen 2 und 100 Bytes Daten speichern kann, begannen die Miner damit, diesen Platz als zusätzlichen Nonce-Speicher zu nutzen. So erhielten sie eine wesentlich größere Auswahl an Block-Header-Werten, um einen gültigen Block zu finden. Die Coinbase-Transaktion ist in der Merkle Root enthalten, d. h., jede Änderung des Coinbase-Skripts ändert auch die Merkle Root. Acht Bytes an »Extra-Nonce« und vier Bytes »Standard-Nonce« erlauben den Minern, insgesamt 2^{96} (eine 8 gefolgt von 28 Nullen) Möglichkeiten *pro Sekunde* durchzuprobieren, ohne den Zeitstempel modifizieren zu müssen. Wenn die Miner in Zukunft auch alle diese Möglichkeiten verarbeiten, können sie noch den Zeitstempel modifizieren. Darüber hinaus ist im

Coinbase-Skript weiterhin ausreichend Platz für eine zukünftige Erweiterung der Extra-Nonce.

Mining-Pools

In dieser hart umkämpften Umgebung haben allein arbeitende Miner (sogenannte Solo-Miner) keine Chance. Die Wahrscheinlichkeit, einen Block zu finden, mit dem sie ihre Strom- und Hardwarekosten wieder reinholen, ist so klein, dass es sich eher um ein Glücksspiel handelt. Selbst die schnellsten Mining-Systeme für Endverbraucher können nicht mit den kommerziellen Systemen mithalten, die Zehntausende dieser Chips in riesigen Datenzentren in der Nähe von Wasserkraftwerken betreiben. Miner arbeiten daher in Form von Mining-Pools zusammen, d.h., sie bündeln ihre Hashing-Leistung und teilen die Belohnung unter den Teilnehmern auf. Durch die Teilnahme an einem Pool erhält der Miner einen kleineren Anteil an der Belohnung, doch üblicherweise erhält er diese Belohnung jeden Tag, was das Risiko reduziert.

Sehen uns ein Beispiel an. Angenommen, ein Miner hat eine Mining-Hardware mit einer Gesamt-Hashrate von ungefähr 14.000 Gigahashes pro Sekunde (GH/s) oder 14 TH/s gekauft. 2017 kostete dieses Gerät etwa 2.500 Dollar. Die Hardware verbraucht während des Betriebs 1.375 Watt (1,3 kW) Strom, also 32 Kilowattstunden pro Tag, die ihn (bei sehr günstigen Strompreisen) etwa ein bis zwei Dollar pro Tag kosten. Bei der aktuellen Difficulty findet der Miner ungefähr alle vier Jahre einen Block. Findet der Miner in dieser Zeitspanne einen Block, bekommt er dafür (während diese Zeilen geschrieben werden) ungefähr 1.000 US-Dollar pro Bitcoin. Diese einzelne Zahlung von 12.500 Dollar deckt nicht einmal die Kosten für die Hardware und den über diesen Zeitraum verbrauchten Strom. Tatsächlich steht er mit einem Minus von 1.000 Dollar da. Die Chance, innerhalb dieser vier Jahre einen Block zu finden, hängt aber vom Glück des Miners ab. Er könnte in diesen vier Jahren zwei Blöcke finden und einen satten Gewinn einstreichen oder aber fünf Jahre lang keinen Block finden und hohe Verluste einfahren. Doch es kommt noch schlimmer: Die Difficulty des Proof-of-Work-Algorithmus wird in dieser Zeit wahrscheinlich deutlich ansteigen (wenn man sich das aktuelle Wachstum der Hashing-Leistung ansieht), was bedeutet, dass der Miner bestenfalls ein Jahr Zeit hat, um seinen Schnitt zu machen, bevor die Hardware veraltet ist und durch eine neue ersetzt werden muss. Nimmt der Miner hingegen an einem Mining-Pool teil, muss er nicht auf den warmen Geldregen von 12.500 Dollar alle vier Jahre hoffen, sondern erhält (während diese Zeilen geschrieben werden) etwa 50 bis 60 Dollar pro Woche. Die regelmäßigen Auszahlungen helfen ihm, die Kosten für Hardware und Strom mit der Zeit wieder reinzuholen, ohne ein allzu großes Risiko einzugehen. Die Hardware ist in ein bis zwei Jahren dennoch veraltet, und das Risiko ist weiterhin hoch, doch das Geld kommt über den Zeitraum gesehen regelmäßig und zuverlässig rein. Finanziell ist das nur bei niedrigen Stromkosten (von unter einem Cent pro kW) und nur in großem Maßstab sinnvoll.

Mining-Pools koordinieren Hunderte oder Tausende von Minern über spezialisierte Mining-Pool-Protokolle. Die einzelnen Miner richten ihre Mining-Hardware so ein, dass sie die Verbindung mit einem Poolserver herstellen (nachdem sie einen Account bei diesem Pool eingerichtet haben). Die Mining-Hardware bleibt während des Minings mit dem Poolserver verbunden, der die Arbeit mit den anderen Minern abgleicht. Die Pool-Miner teilen sich also die Arbeit beim Mining eines Blocks und teilen sich dann die Belohnung.

Erfolgreich geschürfte Blöcke werden an die Bitcoin-Adresse des Pools ausgezahlt, nicht an einzelne Miner. Der Poolserver führt regelmäßig Auszahlungen an die Bitcoin-Adressen der Miner durch, sobald der jeweilige Anteil eine gewisse Höhe erreicht hat. Üblicherweise behält der Pool eine kleine Gebühr für die Bereitstellung des Diensts ein.

Die an einem Pool teilnehmenden Miner teilen die Suche nach einer Lösung für den Anwärterblock auf und erhalten dafür entsprechend ihrem Beitrag »Anteile« (engl. Shares). Der Mining-Pool definiert ein höheres Target (niedrigere Difficulty) für den Erhalt einer Share, das üblicherweise tausendmal kleiner ist als das Target des Bitcoin-Netzwerks. Schürft jemand im Pool erfolgreich einen Block, erhält der Pool die Belohnung und teilt sie dann unter allen Minern proportional zur Anzahl der Shares, die sie zur Lösung beigetragen haben, auf.

Pools sind für jeden Miner offen, egal ob groß oder klein, ob Profi oder Amateur. Ein Pool wird daher ein paar Teilnehmer mit einer einzelnen kleinen Maschine haben, aber auch andere mit einer Garage voller High-End-Mining-Hardware. Einige werden mit einigen Zehntel Kilowatt schürfen, andere werden Rechenzentren betreiben, die ein Megawatt Leistung verbraten. Wie misst der Mining-Pool den individuellen Beitrag, sodass die Belohnungen fair verteilt werden können, ohne dass jemand schummelt? Die Lösung ist, den Proof-of-Work-Algorithmus zu verwenden, um den Beitrag jedes Miners zu messen, diesen aber auf eine kleinere Difficulty zu setzen, damit selbst die kleinsten Miner einen Anteil erhalten, der die Teilnahme an einem Pool lohnenswert macht. Sobald ein Pool-Miner einen Block-Header-Hash findet, der unter dem Pool-Target liegt, beweist er, dass er Hashing-Arbeit geleistet hat, um diese Lösung zu finden. Noch wichtiger ist, dass die Arbeit an Shares statistisch messbar zu den Gesamtbemühungen beiträgt, einen Hash unter dem Bitcoin-Target zu finden. Tausende von Minern, die versuchen, Hashes mit niedrigen Werten zu finden, werden schließlich auch einen finden, der unter dem Target des Bitcoin-Netzwerks liegt.

Kehren wir noch einmal zu unseren Würfelspielern zurück. Wenn die Spieler mit dem Ziel würfeln, weniger als 4 zu werfen (die eigentliche Difficulty), würde der Pool ein einfacheres Target wählen und zählen, wie oft ein Spieler weniger als 8 wirft. Würfelt ein Spiel weniger als 8 (das Pool-Target für eine Share), erhält er einen Anteil, gewinnt aber das Spiel nicht, weil er das Spiel-Target (weniger als 4) nicht erreicht hat. Die Spieler erreichen das Pool-Target wesentlich häufiger und erhalten sehr regelmäßig Anteile, selbst wenn sie das viel schwierige Spiel-Target nicht erreichen. Hin und wieder würfelt einer der Poolspieler weniger als 4, und der Pool gewinnt. Dann können die Erträge, basierend auf den jeweiligen Shares, an die Poolspieler verteilt werden. Auch wenn das Target 8 nicht gewonnen hat, war es ein faires Maß für die Würfe der Spieler, und gelegentlich kommt dabei auch ein Wurf unter 4 heraus.

In gleicher Weise setzt ein Mining-Pool ein (höheres und einfacheres) Pool-Target, das sicherstellt, dass ein einzelner Pool-Miner Block-Header-Hashes findet, die häufig unter dem Pool-Target liegen, sodass er regelmäßig Shares erhält. Hin und wieder liefert einer dieser Versuche einen Block-Header-Hash zurück, der unter dem Target des Bitcoin-Netzwerks liegt, was einen gültigen Block ergibt, und der gesamte Pool gewinnt.

Managed Pools

Die meisten Mining-Pools sind *Managed Pools*, d. h., dass es ein Unternehmen oder eine Einzelperson gibt, die den Poolserver betreibt. Der Betreiber des Poolservers, im Englischen *Pool Operator* genannt, erhebt von den Pool-Minern eine prozentuale Gebühr von den Einnahmen.

Der Poolserver führt spezialisierte Software und ein Pool-Mining-Protokoll aus, die die Aktivitäten der Pool-Miner koordinieren. Der Poolserver ist darüber hinaus mit einem oder mehreren Full Nodes verbunden und hat direkten Zugriff auf eine Kopie der Blockchain-Datenbank. Das erlaubt dem Poolserver, Blöcke und Transaktionen für die Pool-Miner zu validieren, die sich den Betrieb einer Full Node ersparen. Für Pool-Miner ist das ein wichtiger Aspekt, weil eine Full Node einen dedizierten Rechner mit mindestens 100 bis 150 GByte Plattenplatz und 2 bis 4 GByte RAM benötigt. Darüber hinaus muss die auf der Full Node laufende Software überwacht, gepflegt und häufig aktualisiert werden. Jede Downtime wegen mangelnder Pflege oder fehlenden Ressourcen wirkt sich direkt auf die Profitabilität des Miners aus. Für viele Miner ist die Möglichkeit des Minings ohne den Betrieb einer Full Node ein weiterer Grund dafür, einem solchen Pool beizutreten.

Pool-Miner stellen die Verbindung zum Poolserver über Mining-Protokolle wie Stratum (STM) oder GetBlockTemplate (GBT) her. Ein alter Standard namens GetWork (GWK) gilt seit Ende 2012 als veraltet, da es das Mining mit Hashraten über 4 GH/s nicht so einfach unterstützt. Sowohl STM als auch GBT erzeugen *Block-Templates*, die eine »Schablone« des Anwärterblocks enthalten. Der Poolserver baut einen Anwärterblock auf, indem er die Transaktionen zusammenfasst, eine Coinbase-Transaktion (mit Extra-Nonce) hinzufügt, die Merkle Root berechnet und den Hash des vorherigen Blocks verlinkt. Der Header des Anwärterblocks wird anschließend als Template an alle Pool-Miner geschickt. Jeder Pool-Miner schürft dann über dieses Block-Template mit einem höheren (einfacheren) Target als dem eigentlichen Bitcoin-Target und sendet erfolgreiche Ergebnisse an den Poolserver zurück, um Shares einzunehmen.

Peer-to-Peer-Mining-Pool (P2Pool)

Bei Managed Pools ist es dem Poolbetreiber möglich zu schummeln, da er die Poolleistung auf ein Double-Spending von Transaktionen oder die Annullierung von Blöcken (siehe »Konsensangriffe« weiter unten) ansetzen kann. Außerdem stellen zentralisierte Poolserver einen *Single-Point-of-Failure*, also eine einzelne Schwachstelle dar. Ist ein Poolserver down oder wegen eines DoS-Angriffs langsam, können die Pool-Miner nicht schürfen. Im Jahr 2011 wurden diese Aspekte der Zentralisierung gelöst, und eine neue Methode des Pool-Minings wurde vorgeschlagen und implementiert: P2Pool, ein Peer-to-Peer-Mining-Pool ohne zentralen Betreiber.

P2Pool basiert auf der Dezentralisierung der Funktionen des Poolservers und implementiert ein paralleles, Blockchain-artiges System namens *Share Chain*. Eine Share Chain ist eine Blockchain, die mit einer geringeren Difficulty läuft als die Bitcoin-Blockchain. Die Share Chain erlaubt Pool-Minern die Zusammenarbeit in einem dezentralisierten Pool durch das Schürfen von Shares in der Share Chain mit einer Geschwindigkeit von einem Share-Block alle 30 Sekunden. Jeder Block in der Share Chain hält eine anteilige Belohnung für die von den Pool-Minern geleistete Arbeit fest, wobei die Shares aus dem vorherigen Share-Block übernommen werden. Erreicht einer der Share-Blöcke auch das Bitcoin-Target, wird er propagiert und in die Bitcoin-Blockchain eingetragen. Die Pool-Miner, die vor dem »Siegerblock« in den bisherigen Share-Blöcken stehen, werden dann ausbezahlt. Anstelle eines Poolservers, der die Shares und Belohnungen der Miner nachhält, erlaubt die Share Chain allen Pool-Minern, alle Shares nachzuhalten. Dabei wird ein dezentralisierter Konsensmechanismus wie bei der Bitcoin-Blockchain verwendet.

P2Pool-Mining ist komplexer als Pool-Mining, da die Pool-Miner einen dedizierten Rechner betreiben müssen, der über ausreichend Plattenplatz, Speicher und Internetbandbreite verfügt, um eine Full Node und die P2Pool-Node-Software zu betreiben. Bei P2Pool verbinden sie ihre Mining-Hardware mit ihrer lokalen P2Pool-Node, die die Funktionen eines Poolservers simuliert, indem sie Block-Templates an die Mining-Hardware schickt. Bei P2Pool erzeugen einzelne Pool-Miner eigene Anwärterblöcke, d.h., sie fassen Transaktionen wie Solo-Miner zusammen, schürfen dann aber gemeinsam auf der Share Chain. P2Pool ist ein hybrider Ansatz, der (gegenüber dem Solo-Mining) den Vorteil regelmäßiger Auszahlungen bietet, ohne zu viel Kontrolle an einen Poolbetreiber abzugeben.

Auch wenn P2Pool die Konzentration der Leistung auf Mining-Pool-Betreiber reduziert, ist es möglicherweise anfällig für 51-%-Angriffe auf die Share Chain selbst. Eine weitere Verbreitung von P2Pool löst das Risiko eines 51-%-Angriffs für Bitcoin nicht. Vielmehr macht P2Pool als Teil eines diversifizierten Mining-Ökosystems den Bitcoin robuster.

Konsensangriffe

Bitcoins Konsensmechanismus ist, zumindest theoretisch, anfällig für Angriffe durch Miner (oder Pools), die ihre Hashing-Leistung für unlautere oder schädliche

Zwecke einsetzen. Wie wir gesehen haben, ist der Konsensmechanismus davon abhängig, dass die Mehrheit der Miner aus eigenem Interesse ehrlich agiert. Wenn aber ein Miner, oder eine Gruppe von Minern, einen signifikanten Anteil an der Mining-Leistung erreicht, kann der Konsensmechanismus angegriffen und Sicherheit sowie Verfügbarkeit des Bitcoin-Netzwerks können gestört werden.

Es ist wichtig, anzumerken, dass sich Konsensangriffe nur auf den zukünftigen Konsens auswirken oder bestenfalls auf die jüngste Vergangenheit. Bitcoins Kassenbuch wird mit der Zeit immer unveränderlicher. Zwar kann ein Fork theoretisch mit jeder Tiefe erfolgen, doch in der Praxis ist die Rechenleistung immens, die für einen sehr tiefen Fork notwendig ist. Alte Blöcke lassen sich daher praktisch nicht mehr ändern. Konsensangriffe wirken sich auch nicht auf die Sicherheit privater Schlüssel oder den Signaturalgorithmus (ECDSA) aus. Ein Konsensangriff kann weder Bitcoins stehlen noch Bitcoins ohne Signatur einlösen, Bitcoins umleiten oder in anderer Weise abgeschlossene Transaktionen und Eigentumsnachweise verändern. Konsensangriffe können sich nur auf die jüngsten Blöcke auswirken und durch Denial-of-Service zu Unterbrechungen bei der Generierung neuer Blöcke führen.

Ein Angriffsszenario gegen den Konsensmechanismus wird »51-%-Angriff« genannt. Bei diesem Szenario tut sich eine Gruppe von Minern zusammen, die den Großteil der Hashing-Leistung des Netzwerks (51 %) unter ihrer Kontrolle haben, um Bitcoin anzugreifen. Da sie den Großteil der Blöcke schürfen, können sie bewusst »Forks« erzeugen und Transaktionen doppelt einlösen (Double-Spending) oder DoS-Angriffe gegen bestimmte Transaktionen oder Adressen fahren. Bei einem Fork/Double-Spend-Angriff sorgt der Angreifer dafür, dass bereits bestätigte Blöcke für ungültig erklärt werden, indem er einen Fork und den Wechsel zu einer anderen Chain erzwingt. Bei ausreichend Leistung kann ein Angreifer sechs oder mehr Blöcke auf einmal annullieren, was bedeutet, dass Transaktionen, die als unveränderlich galten (sechs Bestätigungen), ungültig werden. Beachten Sie, dass ein Double-Spending nur für die Transaktionen des Angreifers möglich ist, für die er gültige Signaturen vorweisen kann. Das Double-Spending eigener Transaktionen lohnt sich, wenn der Angreifer durch die Annullierung eine unwiderrufliche Überweisung oder ein Produkt erhält, ohne dafür bezahlen zu müssen.

Sehen wir uns ein praktisches Beispiel für einen 51-%-Angriff an. Im ersten Kapitel haben wir die Transaktion zwischen Alice und Bob für eine Tasse Kaffee verfolgt. Bob, der Besitzer des Cafés, akzeptiert die Zahlung für eine Tasse Kaffee, ohne auf die Bestätigung (das Mining eines Blocks) zu warten, da das Risiko eines Double-Spendings bei einer Tasse Kaffee gering ist. Das entspricht der (amerikanischen) Praxis, Kreditkartenzahlungen unter 25 Dollar ohne Unterschrift zu akzeptieren. Das Risiko der Rückbelastung ist gering. Im Gegensatz dazu ist das Risiko eines Double-Spending-Angriffs beim Verkauf eines teureren Produkts deutlich höher. Dabei erzeugt der Käufer zwei konkurrierende Inputs (UTXOs) und widerruft die Zahlung an den Verkäufer. Ein Double-Spending-Angriff kann auf zwei Arten erfolgen: entweder vor der Bestätigung einer Transaktion oder indem der Angreifer einen Blockchain-Fork nutzt, um mehrere Blöcke zu widerrufen. Ein 51-%-Angriff erlaubt dem Angreifer, seine eigenen Transaktionen in der neuen Chain erneut auszugeben, indem er die entsprechende Transaktion in der alten Chain rückgängig macht.

In unserem Beispiel besucht der böse Angreifer Mallory Carols Galerie und kauft ein wundervolles Triptychon, das Satoshi Nakamoto als Prometheus zeigt. Carol verkauft »Das Große Feuer« für 250.000 Dollar in Bitcoin an Mallory. Statt auf sechs oder mehr Bestätigungen für die Transaktion zu warten, übergibt Carol es nach nur einer Bestätigung an Mallory. Dieser arbeitet mit einem Komplizen, Paul, zusammen, der einen großen Mining-Pool betreibt. Paul startet den 51-%-Angriff, sobald Mallorys Transaktion in einem Block enthalten ist. Paul sorgt dafür, dass der Mining-Pool einen Block mit der gleichen Blockhöhe wie der Block, in dem Mallorys Transaktion enthalten ist, noch einmal schürft, und ersetzt dadurch Mallorys Zahlung an Carol durch eine Transaktion, die den gleichen Input wie bei Mallorys Zahlung noch einmal ausgibt. Diese Double-Spending-Transaktion verbraucht den gleichen UTXO und zahlt ihn an Mallorys Wallet zurück, statt Carol zu bezahlen. Mallory behält seine Bitcoins also. Paul sorgt dann dafür, dass der Mining-Pool einen zusätzlichen Block schürft, sodass die Chain, die die Double-Spending-Transaktion enthält, länger ist als die ursprüngliche Chain (was zu einem Fork unter dem Block mit Mallorys Transaktion führt). Wenn der Blockchain-Fork zugunsten der neuen (längeren) Chain aufgelöst wird, ersetzt die Double-Spending-Transaktion die ursprüngliche Zahlung an Carol. Carol ist jetzt um ein Triptychon ärmer, und Bitcoins hat sie auch nicht bekommen. Die Miner in Pauls Pool bekommen von diesem Double-Spending-Versuch nichts mit, weil das Mining automatisiert erfolgt und nicht jede Transaktion oder jeder Block überwacht werden kann.

Um sich vor dieser Art von Angriff zu schützen, muss ein teurere Produkte verkaufender Händler auf mindestens sechs Bestätigungen warten, bevor er das Produkt dem Käufer übergibt. Alternativ kann der Verkäufer einen treuhänderischen Multisignatur-Account nutzen und auch hier wieder auf einige Bestätigungen warten. Je mehr Bestätigungen eingehen, desto schwieriger wird es, eine Transaktion mit einem 51-%-Angriff zu annullieren. Bei hochwertigen Gütern ist die Zahlung per Bitcoin immer noch bequem und effizient, selbst wenn der Käufer 24 Stunden auf die Lieferung warten muss (was in etwa 144 Bestätigungen entspricht).

Neben dem Double-Spending-Angriff ist ein weiteres Szenario eines Konsensangriffs die »Dienstverweigerung« (Denial-of-Service) für bestimmte Bitcoin-Teilnehmer (also bestimmte Bitcoin-Adressen). Ein Angreifer, der über einen Großteil der Mining-Leistung verfügt, kann bestimmte Transaktionen einfach ignorieren. Sind diese in einem Block enthalten, der von einem anderen Miner geschürft wurde, kann der Angreifer ganz bewusst einen Fork vornehmen und den Block erneut schürfen, was die Transaktionen wieder ausschließt. Diese Art des Angriffs kann zu einem anhaltenden Denial-of-Service führen, solange der Angreifer den Großteil der Mining-Leistung kontrolliert.

Trotz des Namens benötigt ein 51-%-Angriff nicht 51 % der Hashing-Leistung. Tatsächlich kann ein solcher Angriff auch mit einem geringeren Anteil der Hashing-Leistung durchgeführt werden. Der Schwellenwert von 51 % sagt nur aus, dass ein Angriff auf diesem Level nahezu immer erfolgreich ist. Ein Konsensangriff ist im Wesentlichen ein Tauziehen um den nächsten Block, und die »stärkere« Gruppe wird wahrscheinlich gewinnen. Bei weniger Hashing-Leistung sinkt die Erfolgswahrscheinlichkeit, weil andere Miner die Generierung einiger Blöcke mit ihrer Mining-Leistung kontrollieren. Anders ausgedrückt: Je mehr Hashing-Leistung ein Angreifer hat, desto länger kann der bewusst erzeugte Fork sein, desto mehr Blöcke der jüngsten Vergangenheit kann er annullieren, und desto mehr zukünftige Blöcke kann er kontrollieren. Laut den statistischen Modellen einiger Sicherheitsforscher sind bestimmte Arten von Konsensangriffen mit einer Hashing-Leistung von nur 30 % möglich.

Die massive Zunahme der Hashing-Leistung macht den Bitcoin gegen Angriffe durch einzelne Miner immun. Ein Solo-Miner kann nur einen kleinen Prozentsatz der gesamten Hashing-Leistung kontrollieren. Allerdings birgt die durch die Mining-Pools erfolgte Zentralisierung das Risiko gewinnorientierter Angriffe durch Poolbetreiber. Der Betreiber eines Managed Pools kontrolliert die Erzeugung von Anwärterblöcken, und er kontrolliert auch, welche Transaktionen enthalten sind. Der Poolbetreiber hat die Möglichkeit, Transaktionen auszuschließen oder Double-Spending-Angriffe durchzuführen. Erfolgt dieser Missbrauch der Leistung in eingeschränkter und unauffälliger Form, kann ein Poolbetreiber nachhaltig Profit aus dem Konsensangriff schlagen, ohne weiter aufzufallen.

Nicht allen Angreifern geht es um Profit. Bei einem anderen möglichen Angriffsszenario möchte der Angreifer nur das Bitcoin-Netzwerk lahmlegen, ohne aus dieser Unterbrechung Profit schlagen zu können. Ein Angriff, der Bitcoin lahmlegen soll, verlangt Unsummen an Geld und eine gute Planung, könnte von einem finanziell gut gerüsteten (wahrscheinlich von einem Staat unterstützten) Angreifer aber durchgeführt werden. Ein finanziell gut ausgestatteter Angreifer kann den Konsens alternativ angreifen, indem er konzentriert Mining-Hardware ansammelt, Poolbetreiber kompromittiert und andere Pools mit DoS-Angriffen überzieht. All diese Szenarien sind theoretisch möglich, werden aber kaum noch realisierbar sein, wenn die Gesamt-Hashing-Leistung weiterhin exponentiell ansteigt.

Zweifellos würde ein ernsthafter Konsensangriff das Vertrauen in den Bitcoin kurzfristig erschüttern und zu einem deutlichen Preisverfall führen. Allerdings entwickelt sich das Bitcoin-Netzwerk und die Software ständig weiter, d.h., ein Konsensangriff würde zu sofortigen Gegenmaßnahmen durch die Bitcoin-Community führen und den Bitcoin härter, schlauer und robuster denn je machen.

Die Konsensregeln ändern

Die Konsensregeln bestimmen die Gültigkeit von Transaktionen und Blöcken. Diese Regeln bilden die Basis der Zusammenarbeit aller Bitcoin-Knoten und sorgen dafür, dass alle lokalen Ansichten in einer einzigen konsistenten Blockchain im gesamten Netzwerk münden.

Zwar sind die Konsensregeln kurzfristig unveränderlich und über alle Nodes hinweg gleich, doch langfristig können sie sich durchaus ändern. Damit sich das Bitcoin-System entwickeln und wachsen kann, müssen die Regeln von Zeit zu Zeit angepasst werden, um neue Features, Verbesserungen und Bug-Fixes zu integrieren. Im Gegensatz zur traditionellen Softwareentwicklung ist ein Upgrade des Konsenssystems jedoch wesentlich schwieriger und verlangt die Koordination zwischen allen Teilnehmern.

Hard Forks

In »Blockchain-Forks« auf Seite 243 haben Sie erfahren, wie sich das Bitcoin-Netzwerk kurz in zwei Teile aufspaltet und zwei unterschiedlichen Ästen der Blockchain folgt. Sie wissen nun, dass dieser Vorgang während des normalen Betriebs des Netzwerks auftreten kann und wie das Netzwerk nach einem oder mehr Blöcken wieder zu einer einheitlichen Blockchain findet.

Es gibt einen weiteren Fall, in dem sich das Netzwerk in zwei Chains aufteilen kann: bei einer Änderung der Konsensregeln. Diese Art Fork wird als *Hard Fork* bezeichnet, weil das Netzwerk nach dem Fork nicht mehr zu einer einzelnen Chain zurückkehrt. Stattdessen entwickeln sich zwei voneinander unabhängige Chains. Hard Forks treten ein, wenn ein Teil des Netzwerks mit anderen Konsensregeln betrieben wird als der Rest des Netzwerks. Das kann infolge eines Bugs passieren oder aufgrund einer bewussten Änderung der Konsensregeln.

Mit Hard Forks kann man die Konsensregeln ändern, doch sie verlangen die Koordinierung aller Teilnehmer des Systems. Alle Nodes, die die neuen Konsensregeln nicht übernehmen, können nicht mehr am Konsensmechanismus teilnehmen und werden im Augenblick des Hard Fork Teil einer anderen Chain. Eine durch einen Hard Fork herbeigeführte Änderung ist also nicht »vorwärtskompatibel«, d.h., nicht aktualisierte Systeme können die neuen Konsensregeln nicht länger verarbeiten.

Sehen wir uns den Mechanismus eines Hard Fork an einem konkreten Beispiel an.

Abbildung 10-9 zeigt eine Blockchain mit zwei Forks. An Blockhöhe 4 kommt eines zu einem Ein-Block-Fork. Das ist die Art spontaner Fork, die wir in »Blockchain-Forks« auf Seite 243 gesehen haben. Mit dem Schürfen von Block 5 wird der Fork aufgelöst, und das Netzwerk kehrt wieder zu einer gemeinsamen Chain zurück.

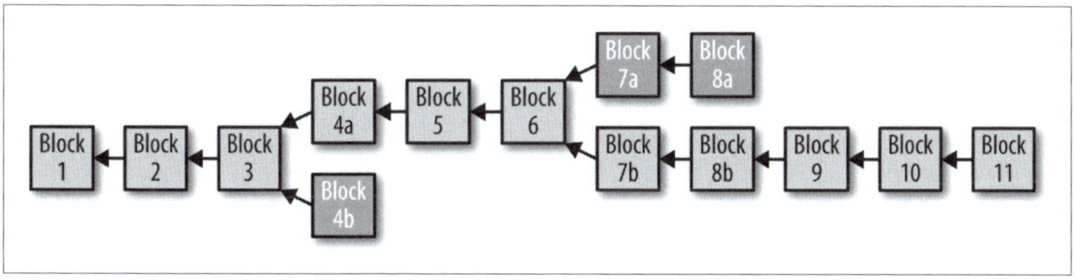

Abbildung 10-9: Eine Blockchain mit Forks

Später kommt es an Blockhöhe 6 allerdings zu einem Hard Fork. Nehmen wir an, dass eine neue Implementierung des Clients veröffentlicht wurde, die eine Änderung der Konsensregeln enthält. Beginnend bei Block 7, akzeptieren Miner, die die neue Implementierung ausführen, eine neue digitale Signatur (wir wollen sie »Smores-Signatur« nennen), die nicht auf ECDSA basiert. Unmittelbar danach erzeugt eine Node, die diese Implementierung nutzt, einen neuen Block, der eine Smores-Signatur enthält, und ein Miner mit der aktualisierten Software schürft Block 7b, der diese Transaktion enthält.

Jede Node bzw. jeder Miner, der die Software nicht aktualisiert hat, kann die Smores-Signatur nicht validieren und Block 7b nicht verarbeiten. Aus ihrer Sicht sind sowohl die Transaktion, die die Smores-Signatur enthält, als auch Block 7b ungültig, weil die Prüfung nach den alten Konsensregeln erfolgt. Diese Nodes lehnen die Transaktion und den Block ab und propagieren sie nicht weiter. Alle Miner, die noch den alten Regeln folgen, werden Block 7b nicht akzeptieren und versuchen weiterhin, einen Anwärterblock zu schürfen, dessen Parent Block 6 ist. Tatsächlich bekommen die den alten Regeln folgenden Miner Block 7b gar nicht zu sehen, wenn die Nodes, mit denen sie verbunden sind, ebenfalls den alten Regeln folgen und den Block gar nicht erst weiterleiten. Irgendwann werden sie Block 7a schürfen, der nach den alten Regeln gültig ist und keine Transaktionen mit Smores-Signaturen enthält.

Von diesem Punkt an driften die beiden Chains auseinander. Miner auf der »b«-Chain akzeptieren und schürfen Transaktionen mit Smores-Signaturen, während die Miner in der »a«-Chain diese Transaktionen ignorieren. Selbst wenn Block 8b keine Smore-signierten Transaktionen enthält, können die Miner in der »a«-Chain sie nicht verarbeiten. Für sie ist er ein verwaister Block, weil der Parent »7b« nicht als gültiger Block erkannt wurde.

Hard Forks: Software, Netzwerk, Mining und die Chain

Für Softwareentwickler hat der Begriff »Fork« eine andere Bedeutung, was beim Begriff »Hard Fork« für zusätzliche Verwirrung sorgt. Bei Open-Source-Software kommt es zu einem Fork, wenn eine Gruppe von Entwicklern einem anderen »Software-Fahrplan« folgt und mit einer konkurrierenden Implementierung der

Open-Source-Software beginnt. Wir haben bereits zwei Umstände erläutert, bei denen es zu einem Hard Fork kommen kann: bei einem Bug in den Konsensregeln und einer bewussten Modifikation der Konsensregeln. Im Fall der bewussten Änderung der Konsensregeln steht vor dem Hard Fork ein Software-Fork. Damit diese Art von Hard Fork eintreten kann, muss zuerst eine neue Software für die Konsensregeln entwickelt, übernommen und eingeführt werden.

Beispiele für Software-Forks, die die Konsensregeln ändern wollten, sind Bitcoin XT, Bitcoin Classic und zuletzt Bitcoin Unlimited. Allerdings hat keiner dieser Software-Forks zu einem Hard Fork geführt. Zwar ist ein Software-Fork eine notwendige Voraussetzung für einen Hard Fork, reicht für sich genommen aber nicht aus, um diesen auch zu erzwingen. Damit der Hard Fork eintritt, muss die konkurrierende Implementierung von Minern, Wallets und vermittelnden Nodes verwendet und die neuen Regeln müssen aktiviert werden. Beispiele für erfolgreiche Hard Forks sind Bitcoin Cash und Bitcoin Gold. Umgekehrt gibt es eine Vielzahl alternativer Bitcoin-Core-Implementierungen und sogar Software-Forks, die die Konsensregeln nicht ändern und (sofern sie keinen Bug enthalten) im Netzwerk koexistieren, ohne zu einem Hard Fork zu führen.

Konsensregeln können sich auf offensichtliche und eindeutige Weise in der Validierung von Transaktionen oder Blöcken unterscheiden. Die Regeländerungen können auch subtiler sein, etwa ihre Anwendung auf Bitcoin-Skripte oder kryptografische Primitive (wie digitale Signaturen). Die Konsensregeln können aber auch auf unerwartete Weise abweichen, etwa durch Einschränkungen, die einem System oder einer Implementierung geschuldet sind. Letzteres ist zum Beispiel bei einem unerwarteten Hard Fork während des Upgrades von Bitcoin Core 0.7 auf 0.8 passiert, der durch eine Einschränkung der Berkley DB-Implementierung (die zur Speicherung der Blöcke verwendet wird) verursacht wurde.

Konzeptionell entwickelt sich ein Hard Fork in vier Schritten: einem Software-Fork, einem Netzwerk-Fork, einem Mining-Fork und einem Chain-Fork.

Der Prozess beginnt, wenn von den Programmierern eine alternative Implementierung des Clients mit modifizierten Konsensregeln entwickelt wird.

Sobald diese Implementierung im Netzwerk zur Verfügung steht, wird ein gewisser Prozentsatz der Miner, Wallet-Nutzer und der vermittelnden Nodes diese übernehmen und ausführen. Ein Fork ergibt sich je nachdem, ob die neuen Konsensregeln Blöcke, Transaktionen oder einen anderen Aspekt des Systems betreffen. Gelten die neuen Regeln für Transaktionen, kann eine Wallet, die eine Transaktion nach den neuen Regeln erstellt, einen Netzwerk-Fork herbeiführen, auf den ein Hard Fork folgt, wenn die Transaktion in einen Block geschürft wird. Betreffen die neuen Regeln Blöcke, beginnt der Hard-Fork-Prozess, wenn ein Block nach den neuen Regeln geschürft wird.

Zuerst erfolgt die Spaltung des Netzwerks. Auf der ursprünglichen Implementierung der Konsensregeln basierende Nodes lehnen alle Transaktionen und Blöcke ab, die nach den neuen Konsensregeln erstellt wurden. Darüber hinaus werden die

Nodes, die den ursprünglichen Konsensregeln folgen, alle Nodes temporär sperren und vom Netz trennen, die ihnen ungültige Transaktionen und Blöcke senden. Infolgedessen spaltet sich das Netzwerk in zwei Teile auf: Alte Nodes bleiben mit anderen alten Nodes verbunden, und neue Nodes stellen die Verbindung nur zu neuen Nodes her. Eine einzelne Transaktion oder ein einzelner Block breitet sich durch das Netzwerk aus und führt zu einer Spaltung in zwei Netzwerke.

Sobald ein den neuen Regeln folgender Miner einen Block schürft, teilen sich auch die Mining-Leistung und die Chain. Neue Miner schürfen auf den neuen Block, während alte Miner eine separate Chain schürfen, die auf den alten Regeln basiert. Die nach unterschiedlichen Konsensregeln arbeitenden Miner senden sich nicht gegenseitig Blöcke zu, da sie mit verschiedenen Netzwerken verbunden sind.

Divergierende Miner und Difficulty

Während die Miner sich auf zwei verschiedene Chains aufteilen, teilt sich auch die Hashing-Leistung zwischen den Chains auf. Die Mining-Leistung kann sich in beliebigen Proportionen zwischen den beiden Chains aufteilen. Den neuen Regeln kann nur eine kleine Minderheit oder ein Großteil der Miner (und damit der Mining-Leistung) folgen.

Nehmen wir zum Beispiel einen 80-%-20-%-Split an, bei dem ein Großteil der Miner den neuen Konsensregeln folgt. Nehmen wir außerdem an, dass der Fork unmittelbar nach einem Retargeting erfolgt.

Die beiden Chains würden also die Difficulty der aktuellen Retargeting-Periode erben. Die neuen Konsensregeln versammeln 80 % der alten Mining-Leistung auf sich. Aus Sicht dieser Chain ist die Mining-Leistung gegenüber der vorherigen Periode plötzlich um 20 % gefallen. Blöcke werden durchschnittlich alle zwölf Minuten gefunden, d.h., die zur Erweiterung der Chain verfügbare Mining-Leistung ist um 20 % gesunken. Diese Geschwindigkeit, mit der neue Blöcke gefunden werden, setzt sich nun fort, bis 2.016 Blöcke geschürft wurden (wenn man eventuell neu hinzugekommene Mining-Leistung ignoriert), was (bei zwölf Minuten pro Block) ungefähr 24.192 Minuten oder 16,8 Tage dauert. Nach 16,8 Tagen erfolgt ein Retargeting, und die Difficulty wird angepasst (um 20 % reduziert). Basierend auf der reduzierten Hashing-Leistung dieser Chain wird nun wieder alle zehn Minuten ein Block geschürft.

Die Chain, die auch weiterhin nach den alten Regeln schürft, verfügt jetzt nur noch über 20 % der Hashing-Leistung und steht vor einer wesentlich schwierigeren Aufgabe. Bei dieser Chain werden Blöcke im Schnitt alle 50 Minuten geschürft. Die Difficulty wird 2.016 Blöcke lang nicht angepasst, was etwa 100.800 Minuten bzw. ca. zehn Wochen dauert. Geht man von einer festen Kapazität pro Block aus, führt das auch zu einer Reduzierung der Transaktionskapazität um den Faktor 5, weil jetzt weniger Blöcke pro Stunde zur Verfügung stehen, in denen Transaktionen festgehalten werden können.

Umstrittene Hard Forks

Dies ist erst der Beginn der Entwicklung von Konsenssoftware. Genau wie die Open-Source-Entwicklung sowohl die Methoden als auch die Softwareprodukte verändert und in ihrem Kielwasser neue Vorgehensweisen, Tools und neue Communitys geschaffen hat, stellt auch die Entwicklung von Konsenssoftware einen neuen Bereich der Informatik dar. Aus den Debatten, Experimenten und dem Ärger um die Entwicklungs-Roadmap werden neue Entwicklungswerkzeuge, Praktiken, Methoden und Communitys entstehen.

Hard Forks werden als Risiko betrachtet, weil sie eine Minderheit dazu zwingen, entweder ihre Software zu aktualisieren oder in der »kleineren« Chain zu verbleiben. Die Spaltung des gesamten Systems in zwei konkurrierende Systeme wird von vielen als inakzeptabel angesehen. Deshalb zögern viele Entwickler bei der Nutzung des Hard-Fork-Mechanismus zur Implementierung von Änderungen an den Konsensregeln, solange es nicht ein nahezu einstimmiges Einverständnis des Netzwerks gibt. Bei jedem Vorschlag eines Hard Fork, der nicht nahezu einstimmig unterstützt wird, gilt das Risiko einer Aufspaltung des Systems als zu hoch.

Des Thema Hard Forks wird in der Bitcoin-Entwickler-Community sehr kontrovers diskutiert, insbesondere in Bezug auf vorgeschlagene Änderungen der Konsensregeln bezüglich der maximalen Blockgröße. Einige Entwickler betrachten sie als zu riskant und lehnen jede Form von Hard Fork ab. Andere sehen den Mechanismus des Hard Fork als grundlegendes Mittel zur Aktualisierung der Konsensregeln, die »technische Altlasten« vermeidet und mit der Vergangenheit sauber abschließt. Und schließlich gibt es einige Entwickler, die Hard Forks als Mechanismus betrachten, der nur selten genutzt werden sollte und eine sorgfältige Planung sowie einen nahezu einstimmigen Konsens verlangt.

Bereits heute sind neue Methoden entstanden, die sich mit den Risiken von Hard Forks beschäftigen. Im nächsten Abschnitt sehen wir uns Soft Forks sowie die BIP-34- und BIP-9-Methoden zur Signalisierung und Aktivierung von Konsensänderungen an.

Soft Forks

Nicht alle Änderungen der Konsensregeln führen zu einem Hard Fork. Nur Konsensregeln, die »vorwärtsinkompatibel« sind, führen zu einem Fork. Wird die Implementierung in einer Weise implementiert, dass ein nicht modifizierter Client die Transaktion oder den Block nach den alten Regeln immer noch als gültig erachtet, kann die Änderung ohne Fork erfolgen.

Der Begriff *Soft Fork* wurde eingeführt, um diese Update-Methode von einem Hard Fork zu unterscheiden. Praktisch gesehen, ist ein Soft Fork gar kein Fork. Ein Soft Fork ist eine vorwärtskompatible Änderung der Konsensregeln, die es allen alten Clients erlaubt, im Konsens mit den neuen Regeln weiterzulaufen.

Ein nicht direkt offensichtlicher Aspekt von Soft Forks ist die Tatsache, dass Soft-Fork-Upgrades nur verwendet werden können, um die Konsensregeln zu beschränken, und nicht, um sie zu erweitern. Um vorwärtskompatibel zu sein, müssen unter den neuen Regeln erzeugte Transaktionen und Blöcke auch nach den alten Regeln gültig sein, nicht aber umgekehrt. Die neuen Regeln können nur beschränken, was gültig ist. Anderenfalls würden sie einen Hard Fork auslösen, wenn sie nach den alten Regeln abgelehnt werden.

Soft Forks können auf unterschiedliche Weise implementiert werden – der Begriff definiert keine einzelne Methode, sondern eine Reihe von Methoden, die alle eines gemeinsam haben: Sie verlangen keinen Upgrade der Nodes und drängen nicht aktualisierte Nodes nicht aus dem Konsens.

NOP-Opcodes umdefinierende Soft Forks

Eine Reihe von Soft Forks wurde bei Bitcoin implementiert, die auf der Umdefinition von NOP-Opcodes basieren. Bitcoin Script hat die zehn Opcodes NOP1 bis NOP10 für die zukünftige Verwendung reserviert. Nach den Konsensregeln werden diese Opcodes in einem Skript als Null-Operatoren betrachtet, d.h., sie haben keinerlei Effekt. Die Ausführung geht nach einem NOP-Opcode weiter, als wäre er nicht vorhanden.

Ein Soft Fork kann daher die Semantik eines NOP-Codes verändern und ihm eine neue Bedeutung geben. Zum Beispiel interpretiert BIP-65 (`CHECKLOCKTIMEVERIFY`) den Opcode NOP2 neu. BIP-65 implementierende Clients interpretieren NOP2 als `OP_CHECKLOCKTIMEVERIFY` und erzwingen eine absolute Locktime-Regel bei UTXOs, die diesen Opcode in ihren Locking-Skripten enthalten. Diese Änderung ist ein Soft Fork, weil eine unter BIP-65 gültige Transaktion auch bei jedem Client gültig ist, der BIP-65 nicht implementiert. Für die alten Clients enthält das Skript einen NOP-Opcode, den sie ignorieren.

Andere Wege des Soft-Fork-Upgrades

Die Neuinterpretation von NOP-Opcodes war für Konsens-Upgrades geplant sowie auch ein offensichtlicher Mechanismus dafür. Für einen sehr spezifischen Typ von Konsensänderung wurde aber noch ein anderer Soft-Fork-Mechanismus vorgestellt, der nicht auf NOP-Opcodes basiert. Dieser wird in Anhang D genauer behandelt. Segwit ist eine architektonische Änderung an der Struktur einer Transaktion, die das Unlocking-Skript (den »Zeugen«, engl. Witness)) aus der Transaktion in eine externe Datenstruktur »separiert« (engl. segregate). Segwit war ursprünglich als Hard Fork gedacht, da es eine fundamentale Struktur (Transaktion) modifiziert. Im November 2015 schlug ein an Bitcoin Core arbeitender Entwickler einen Mechanismus vor, über den Segwit als Soft Fork eingeführt werden konnte. Der Mechanismus, der für diese Modifikation verwendet wird, besteht in der Modifikation des Locking-Skripts, das nach Segwit-Regeln erstellt wurde. Alte Clients geben das Locking-Skript mit jedem beliebigen Unlocking-Skript frei.

Dadurch konnte Segwit eingeführt werden, ohne ein Upgrade aller Nodes zu verlangen oder die Chain aufzuspalten – ein Soft Fork.

Es ist wahrscheinlich, dass es noch andere (erst zu entwickelnde) Mechanismen gibt, mit denen Upgrades vorwärtskompatibel als Soft Forks implementiert werden können.

Kritik an Soft Forks

Auf NOP-Opcodes basierende Soft Forks sind relativ unumstritten. Die NOP-Opcodes wurden in Bitcoin Script mit dem expliziten Ziel implementiert, kompatible Upgrades zu ermöglichen.

Allerdings machen sich viele Entwickler Sorgen darüber, dass andere Methoden des Soft-Fork-Upgrades inakzeptable Kompromisse darstellen. Häufig geäußerte Kritikpunkte an Soft Forks sind:

Technische Schuld
: Da Soft Forks technisch komplexer sind als ein Hard-Fork-Upgrade, führen sie zu einer *technischen Schuld*. Dieser Begriff steht für die Steigerung der zukünftigen Wartungskosten für den Code, der durch in der Vergangenheit eingegangene Kompromisse am Design verursacht wird. Die Komplexität des Codes erhöht im Gegenzug die Wahrscheinlichkeit von Bugs und Sicherheitslücken

Lockerung der Validierung
: Nicht modifizierte Clients betrachten Transaktionen als gültig, ohne die modifizierten Konsensregeln zu evaluieren. Die alten Clients validieren also nicht nach allen Konsensregeln, da sie für die neuen Regeln blind sind. Das gilt für NOP-basierte Upgrades, aber auch für andere Arten von Soft Forks.

Unumkehrbare Upgrades
: Da Soft Forks Transaktionen mit zusätzlichen Konsensbeschränkungen erzeugen, sind sie praktisch unumkehrbar. Müsste ein Soft Fork nach der Aktivierung rückgängig gemacht werden, könnten alle Transaktionen, die unter den neuen Regeln erzeugt wurden, nach den alten Regeln zu einem Verlust der Bitcoins führen. Wird zum Beispiel eine CLTV-Transaktion nach den alten Regeln evaluiert, gibt es keinen Timelock, und die Transaktion kann zu einem beliebigen Zeitpunkt ausgegeben werden. Kritiker behaupten daher, dass ein fehlgeschlagener Soft Fork, der aufgrund eines Bugs rückgängig gemacht werden muss, zweifellos zum Verlust von Bitcoins führen würde.

Soft-Fork-Signalisierung mittels Blockversion

Da Soft Forks alten Clients erlauben, innerhalb des Konsenses weiterzulaufen, erfolgt die »Aktivierung« eines Soft Fork dadurch, dass die Miner ihre Bereitschaft signalisieren. Das heißt, ein Großteil der Miner muss zustimmen, dass sie bereit und willens sind, die neuen Konsensregeln zu befolgen. Um ihre Aktionen zu koordinieren, gibt es einen Signalisierungsmechanismus, der ihnen erlaubt, die Unterstützung für eine Änderung der Konsensregeln anzuzeigen. Dieser Mechanismus wurde durch die Aktivierung von BIP-34 im März 2013 eingeführt und durch die Aktivierung von BIP-9 im Juli 2016 ersetzt.

BIP-34-Signalisierung und -Aktivierung

Die erste Implementierung in BIP-34 nutzte das Blockversionsfeld, um es den Minern zu ermöglichen, ihre Bereitschaft für eine bestimmte Änderung der Konsensregeln zu signalisieren. Vor BIP-34 war die Blockversion per *Konvention*, nicht per *Konsens*, auf »1« gesetzt.

BIP-34 definierte eine Änderung der Konsensregeln, die verlangte, dass das Coinbase-Feld (Input) der Coinbase-Transaktion die Blockhöhe enthielt. Vor BIP-34 konnte die Coinbase beliebige vom Miner frei gewählte Daten enthalten. Nach der Aktivierung von BIP-34 mussten gültige Blöcke die jeweilige Blockhöhe am Anfang der Coinbase eintragen und mit einer Versionsnummer größer oder gleich »2« identifizieren.

Um die Änderung und Aktivierung von BIP-34 zu signalisieren, änderten die Miner die Blockversion von »1« auf »2«. Das machte Version-1-Blöcke nicht sofort ungültig. Einmal aktiviert, wären Version-1-Blöcke ungültig, und alle Version-2-Blöcke müssten die Blockhöhe in der Coinbase angeben, um gültig zu sein.

BIP-34 definierte einen zweistufigen Aktivierungsmechanismus mit einem Fenster von 1.000 Blöcken. Ein Miner würde seine Bereitschaft für BIP-34 signalisieren, indem er Blöcke mit der Versionsnummer »2« erzeugt. Genau genommen mussten diese Blöcke den neuen Konsensregeln (also der Aufnahme der Blockhöhe in die Coinbase-Transaktion) noch nicht entsprechen, weil die Konsensregel noch nicht aktiviert war. Diese Aktivierung erfolgte in zwei Schritten:

- Wenn 75 % (750 der letzten 1.000 Blöcke) mit der Version »2« markiert wurden, müssen Version-2-Blöcke die Blockhöhe in der Coinbase-Transaktion enthalten, oder sie werden als ungültig abgelehnt. Version-1-Blöcke werden vom Netzwerk weiterhin akzeptiert und müssen die Blockhöhe nicht enthalten. Die alten und die neuen Konsensregeln sind während dieser Periode beide gültig.
- Wenn 95 % (950 der letzten 1.000 Blöcke) auf Version »2« basieren, werden Version-1-Blöcke nicht länger als gültig erachtet. Version-2 Blöcke sind nur gültig, wenn sie (wie im ersten Schritt) die Blockhöhe in der Coinbase enthalten. Danach mussen alle Blöcke den neuen Konsensregeln folgen, und alle gültigen Blöcke müssen die Blockhöhe in der Coinbase-Transaktion enthalten.

Nach der erfolgreichen Signalisierung und Aktivierung unter den BIP-34-Rgeln wurde dieser Mechanismus noch zweimal zur Aktivierung von Soft Forks genutzt:

- BIP-66 (*https://github.com/bitcoin/bips/blob/master/bip-0066.mediawiki*): Die strikte DER-Codierung von Signaturen wurde durch eine Signalisierung im BIP-34-Stil aktiviert. Die Blockversion wurde auf »3« gesetzt, und Version-2-Blöcke wurden ungültig.
- BIP-65 (*https://github.com/bitcoin/bips/blob/master/bip-0065.mediawiki*): `CHECKLOCKTIMEVERIFY` wurde durch eine Signalisierung im BIP-34-Stil aktiviert. Die Blockversion wurde auf »4« gesetzt, und Version-3-Blöcke wurden ungültig.

Nach der Aktivierung von BIP-65 wurde der Signalisierungs- und Aktivierungsmechanismus von BIP-34 »außer Dienst gestellt« und durch den BIP-9-Signalisierungsmechanismus ersetzt, den wir nachfolgend erläutern.

Der Standard ist in BIP-34 (Block v2, Height in Coinbase) (*https://github.com/bitcoin/bips/blob/master/bip-0034.mediawiki*) definiert.

BIP-9-Signalisierung und -Aktivierung

Der bei BIP-34, BIP-66 und BIP-65 verwendete Mechanismus war bei der Aktivierung von drei Soft Forks erfolgreich. Aufgrund verschiedener Einschränkungen wurde er dennoch ersetzt:

- Durch die Verwendung eines Integerwerts für die Blockversion konnte nur jeweils ein Soft Fork aktiviert werden. Das verlangte die Koordinierung der Soft-Fork-Proposals und die Zustimmung zu deren Priorisierung und Sequenzierung.
- Da die Blockversion inkrementiert wurde, bot dieser Mechanismus keine einfache Möglichkeit, eine Änderung abzulehnen und dann eine andere vorzuschlagen. Alte Clients könnten die Signalisierung einer neuen Änderung als Signalisierung einer vorher abgelehnten Änderung interpretieren.
- Jede neue Änderung reduzierte unwiderruflich die Anzahl der Blockversionen für zukünftige Änderungen.

BIP-9 wurde vorgeschlagen, um diese Probleme zu lösen und die Geschwindigkeit und Einfachheit der Implementierung zukünftiger Änderungen zu verbessern.

BIP-9 interpretiert die Blockversion nicht als Integerwert, sondern als Bitfeld. Da die Blockversion ursprünglich als Integerwert für die Versionen 1 bis 4 verwendet wurde, bleiben nur 29 Bit für das Bitfeld übrig. Diese 29 Bit können unabhängig und simultan genutzt werden, um die Bereitschaft für 29 verschiedene Proposals zu signalisieren.

BIP-9 legt außerdem eine maximale Zeitspanne für die Signalisierung und Aktivierung fest. Auf diese Weise müssen die Miner ihre Bereitschaft nicht ständig signalisieren. Wird ein Vorschlag nicht innerhalb der `TIMEOUT`-Periode aktiviert (die im Proposal definiert ist), wird er als abgelehnt betrachtet. Das Proposal kann durch Signalisierung über ein anderes Bit für eine weitere Aktivierungsperiode erneut vorgeschlagen werden.

Ist die TIMEOUT-Periode verstrichen und ein Feature aktiviert oder abgelehnt worden, kann das Signalisierungsbit außerdem ohne Probleme für ein anderes Feature wiederverwendet werden. Insgesamt können also 29 Änderungen gleichzeitig angezeigt werden, und nach der TIMEOUT-Periode können die Bits für neue Änderungen wiederverwendet werden.

> Zwar können die Bits recycelt werden, doch solange sich die Wahlperioden nicht überlappen, empfehlen die Autoren von BIP-9, die Bits nur bei Bedarf wiederzuverwenden, da es durch Bugs in älterer Software zu unerwartetem Verhalten kommen kann. Kurz gesagt, Sie werden kein Recycling sehen, solange nicht alle 29 Bits einmal verwendet wurden.

Die vorgeschlagenen Änderungen werden durch eine Datenstruktur identifiziert, die die folgenden Felder enthält:

name
: Eine kurze Beschreibung zur Unterscheidung der Vorschläge, meist das den Vorschlag beschreibende Proposal als »bipN«, wobei N für die BIP-Nummer steht.

bit
: 0 bis 28. Das Bit in der Blockversion, über das die Miner ihre Zustimmung zu diesem Proposal signalisieren.

starttime
: Die Zeit (basierend auf *Median Time Past*, kurz MTP), ab der der Bitwert als Bereitschaftssignal für das Proposal interpretiert wird.

endtime
: Die Zeit (basierend auf MTP), nach der die Änderung als abgelehnt gilt, wenn die Aktivierungsgrenze nicht erreicht wird.

Im Gegensatz zu BIP-34 zählt BIP-9 die Aktivierungssignalisierung in ganzen Intervallen, die auf der Retargeting-Periode von 2.016 Blöcken basiert. Übersteigt in einer Periode die Summe der Blöcke, die für eine Änderung sind, 95 % (1.916 von 2.016), wird das Proposal eine Retargeting-Periode später aktiviert.

BIP-9 stellt ein Zustandsdiagramm für Proposals bereit, das die verschiedenen Phasen und Übergänge eines Proposals illustriert und das in Abbildung 10-10 zu sehen ist.

Proposals beginnen mit dem Zustand DEFINED, sobald ihre Parameter in der Bitcoin-Software bekannt (definiert) sind. Bei Blöcken mit einer MTP über der Startzeit wechselt der Zustand zu STARTED. Ist die Aktivierungsschwelle innerhalb einer Retargeting-Periode erreicht und das Timeout noch nicht überschritten, geht das Proposal in den Zustand LOCKED_IN über. Eine Retargeting-Periode später wird das Proposal ACTIVE. Proposals bleiben im ACTIVE-Zustand, wenn sie diesen Status einmal erreicht haben. Kommt es zum Timeout, bevor der Schwellenwert erreicht ist, geht das Proposal in den Zustand FAILED über, d. h., das Proposal wurde abgelehnt. Abgelehnte Proposals verbleiben in diesem Zustand.

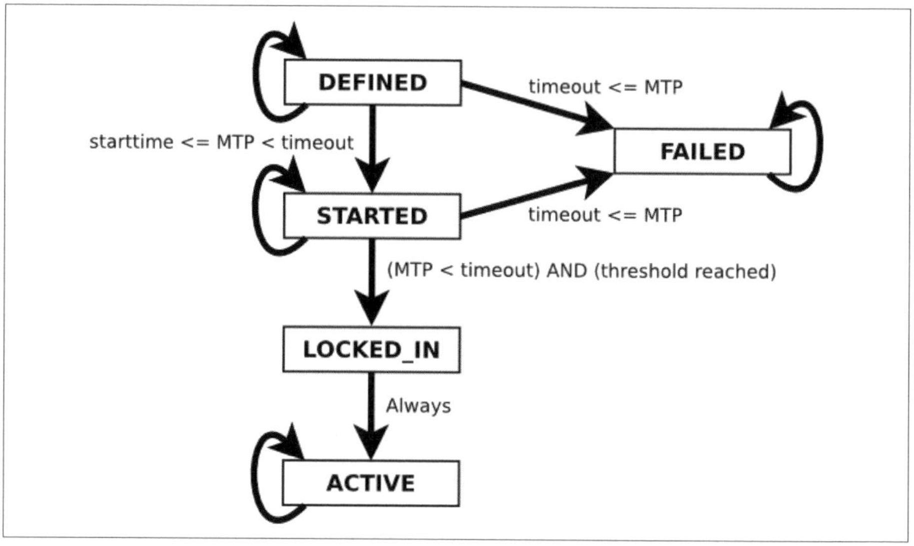

Abbildung 10-10: BIP-9 Zustandsübergangsdiagramm

BIP-9 wurde erstmals für die Aktivierung von `CHECKSEQUENCEVERIFY` und den zugehörigen BIPs (68, 112, 113) implementiert. Das Proposal namens »csv« wurde im Juli 2016 erfolgreich aktiviert.

Der Standard ist in BIP-9 (Version bits with timeout and delay) (*https://github.com/bitcoin/bips/blob/master/bip-0009.mediawiki*) definiert.

Entwicklung von Konsenssoftware

Die Entwicklung von Konsenssoftware schreitet ständig weiter fort, und es gibt viele Diskussionen zu den verschiedenen Mechanismen zur Änderung der Konsensregeln. Naturgemäß legt Bitcoin die Latte für die Koordinierung und den Konsens bei Änderungen sehr hoch. Als dezentralisiertes System gibt es keine »Autorität«, die ihren Willen gegenüber den Teilnehmern des Netzwerks durchsetzen kann. Die Macht teilt sich auf verschiedene »Wahlberechtigte« wie Miner, Core-Entwickler, Wallet-Entwickler, Börsen, Händler und Endanwender auf. Beispielsweise können die Miner die Regeln durch einfache Mehrheit (51 %) ändern, sind aber durch den Konsens der anderen Wahlberechtigten eingeschränkt. Wenn sie zu einseitig handeln, könnten die restlichen Teilnehmer die Gefolgschaft schlicht verweigern und ihre wirtschaftlichen Aktivitäten auf eine andere Chain verlagern. Ohne diese wirtschaftlichen Aktivitäten schürfen die Miner einen wertlosen Coin voller leerer Blöcke. Diese Streuung der Macht bedeutet, dass alle Teilnehmer koordiniert handeln müssen, da sonst keine Änderungen durchgeführt werden können. Status quo ist der stabile Zustand dieses Systems, bei dem nur wenige Änderungen möglich sind, wenn starker Konsens durch eine sehr große Mehrheit herrscht. Der Schwellenwert von 95 % für Soft Forks spiegelt diese Realität wider.

Es ist wichtig, zu erkennen, dass es keine perfekte Lösung für die Herstellung des Konsenses gibt. Sowohl Hard als auch Soft Forks verlangen Kompromisse. Für einige Änderungen mögen Soft Forks die bessere Wahl sein, bei anderen sind es Hard Forks. Es gibt nicht die perfekte Wahl, beide bergen Risiken. Die einzig konstante Charakteristik der Entwicklung der Konsenssoftware besteht darin, dass Änderungen schwierig sind und dass der Konsens Kompromisse erzwingt.

Einige betrachten das als Schwäche des Konsenssystems. Mit der Zeit werden sie es vielleicht so sehen wie ich, nämlich als eine der größten Stärken des Systems.

KAPITEL 11

Bitcoins und Sicherheit

Die Sicherheit von Bitcoin ist eine Herausforderung, weil Bitcoin kein abstrakter Verweis auf einen Wert ist, wie etwa der Kontostand bei der Bank. Bitcoin ist viel mehr wie digitales Bargeld oder Gold. Vielleicht kennen Sie den Ausdruck: »Das Recht steht auf der Seite der Besitzenden.« Nun, beim Bitcoin gilt das ganz besonders. Der Besitz des Schlüssels, der die Bitcoins freigibt, entspricht dem Besitz von Geld oder einem Stück seltenen Metalls. Wenn Sie ihn verlieren, verlegen, wenn er gestohlen wird oder wenn Sie ihn versehentlich dem Falschen geben, ist er verloren. So, als würde Ihnen Geld aus der Tasche fallen, so können Sie in all diesen Fällen niemanden haftbar machen.

Allerdings besitzt Bitcoin Fähigkeiten, die Bargeld, Gold und Bankkonten fehlen. Eine Bitcoin-Wallet, die ihre Schlüssel enthält, kann wie eine beliebige Datei gesichert werden. Sie können mehrere Kopien anlegen und sie sogar auf Papier ausdrucken. Ein Backup von Bargeld, Gold oder Ihrem Bankkonto können Sie nicht erstellen. Bitcoin unterscheidet sich von allem bisher Dagewesenen so stark, dass wir über die Bitcoin-Sicherheit ebenfalls neu nachdenken müssen.

Sicherheitsgrundsätze

Das Kernprinzip des Bitcoin ist die Dezentralisierung, was wichtige Auswirkungen auf die Sicherheit hat. Ein zentralisiertes System wie eine traditionelle Bank oder ein Zahlungsnetzwerk basiert auf Zugriffkontrollen und gründlicher Prüfung, um die »bösen Jungs« aus dem System herauszuhalten. Im Vergleich dazu übergibt ein dezentralisiertes System wie der Bitcoin die Verantwortung und die Kontrolle an die Benutzer. Da die Sicherheit des Netzwerks auf dem Proof-of-Work basiert und nicht auf Zugriffskontrollen, kann das Netzwerk offen sein, und der Bitcoin-Datenverkehr benötigt keine Verschlüsselung.

Bei traditionellen Zahlungsnetzwerken, wie etwa einem Kreditkartensystem, ist die Zahlung offen, weil sie die private Kennung des Nutzers (die Kreditkartennummer) enthält. Jeder, der Zugriff auf diese Kennung hat, kann Geldmittel »abgreifen« und den Eigentümer immer und immer wieder belasten. Daher muss das Zahlungsnetzwerk durch eine Ende-zu-Ende-Verschlüsselung geschützt werden, und es muss sichergestellt sein, dass kein Lauscher den Zahlungsverkehr abhören kann. Gelingt den bösen Jungs der Zugriff auf das System, können sie aktuelle Transaktionen und auch Zahlungen kompromittieren, die für neue Transaktionen verwendet werden können. Schlimmer noch, wenn die Daten des Kunden bekannt werden, besteht die Gefahr des Identitätsdiebstahls, und er muss Maßnahmen treffen, um sich vor einer betrügerischen Nutzung seines Kontos zu schützen.

Bitcoin ist da radikal anders. Eine Bitcoin-Transaktion autorisiert nur einen bestimmten Wert an einen bestimmten Empfänger und kann weder gefälscht noch manipuliert werden. Sie gibt keine privaten Informationen wie die Identität der Parteien preis und kann nicht verwendet werden, um zusätzliche Zahlungen zu autorisieren. Aus diesem Grund muss das Zahlungsnetzwerk des Bitcoin weder verschlüsselt noch vor Lauschern geschützt werden. Tatsächlich können Sie Bitcoin-Transaktionen über öffentliche Kanäle wie ungesicherte Wi-Fi- oder Bluetooth-Verbindungen abwickeln, ohne an Sicherheit zu verlieren.

Bitcoins dezentralisiertes Sicherheitsmodell gibt dem Nutzer sehr viel Macht in die Hand. Mit dieser Macht geht aber auch die Verantwortung für die Sicherheit der Schlüssel einher. Für die meisten Nutzer ist das nicht so einfach, insbesondere auf internetfähigen Allzweckgeräten wie Smartphones oder Notebooks. Zwar verhindert Bitcoins dezentralisiertes Modell die Art von Massenangriffen, die wir von Kreditkarten kennen, doch viele Nutzer sind nicht in der Lage, ihre Schlüssel adäquat zu schützen, und werden einer nach dem anderen gehackt.

Bitcoin-Systeme sicher entwickeln

Das wichtigste Prinzip für Bitcoin-Entwickler ist die Dezentralisierung. Die meisten Entwickler sind mit zentralisierten Sicherheitsmodellen vertraut und könnten versucht sein, dieses Modell auf ihre Bitcoin-Anwendungen anzuwenden. Das hätte katastrophale Folgen.

Bitcoins Sicherheit hängt von der dezentralen Kontrolle über die Schlüssel sowie die unabhängige Validierung der Transaktionen durch die Miner ab. Wenn Sie die Sicherheit von Bitcoin erhalten wollen, müssen Sie sich innerhalb des Bitcoin-Sicherheitsmodells bewegen. Einfach ausgedrückt: Entziehen Sie den Nutzern nicht die Kontrolle über ihre Schlüssel und nehmen Sie Transaktionen nicht aus der Blockchain heraus.

Zum Beispiel haben viele frühe Bitcoin-Börsen die Einlagen aller Nutzer in einer einzigen Wallet vorgehalten und alle Schlüssel auf einem einzigen Server gespeichert. Ein solches Design entzieht dem Nutzer die Kontrolle über die Schlüssel und zentralisiert diese auf einem einzigen System. Viele dieser Systeme wurden gehackt – mit katastrophalen Folgen für die Kunden.

Ein weiterer typischer Fehler besteht darin, Transaktionen »abseits der Blockchain« zu verarbeiten in dem Bemühen, Transaktionsgebühren zu senken oder die Verarbeitung von Transaktionen zu erhöhen. Ein solches »Off-Blockchain-System« hält Transaktionen in einem internen zentralisierten Kassenbuch fest und gleicht dieses nur gelegentlich mit der Bitcoin-Blockchain ab. Auch diese Praxis ersetzt die dezentralisierte Bitcoin-Sicherheit durch einen proprietären und zentralisierten Ansatz. Werden Transaktionen abseits der Blockchain festgehalten, können fehlerhaft gesicherte zentralisierte Kassenbücher unbemerkt verfälscht, Guthaben umgeleitet und Reserven geleert werden.

Solange Sie nicht bereit sind, sehr viel in die Betriebssicherheit sowie mehrstufige Zugriffskontrollen und Audits zu investieren (wie traditionelle Banken das machen), sollten Sie es sich sorgfältig überlegen, bevor Sie Einlagen aus Bitcoins dezentralisiertem Sicherheitssystem abziehen. Selbst wenn Sie über die Mittel und die Disziplin verfügen, ein robustes Sicherheitsmodell zu implementieren, kopiert dieser Ansatz lediglich das fragile Modell traditioneller Finanznetzwerke, die von Identitätsdiebstahl, Korruption und Veruntreuung geplagt sind. Um die Vorteile des einmaligen dezentralen Sicherheitsmodells des Bitcoin nutzen zu können, müssen Sie der Versuchung zentralisierter Architekturen widerstehen, die einem zwar vertraut sind, letztendlich aber die Sicherheit des Bitcoin untergraben.

Die Wurzel des Vertrauens

Traditionelle Sicherheitsarchitekturen basieren auf dem Konzept des *Root of Trust*, also der »Wurzel des Vertrauens«. Dabei bildet ein vertrauenswürdiger Kern die Grundlage der Sicherheit des gesamten Systems oder der Anwendung. Die Sicherheitsarchitektur wird wie eine Zwiebel in konzentrischen Kreisen um diesen Root of Trust herum aufgebaut und dehnt so das Vertrauen vom Zentrum weg aus. Jede Schicht baut auf der »vertrauenswürdigeren« inneren Schicht über Zugriffskontrollen, digitale Signaturen, Verschlüsselung und andere Sicherheitselemente auf. Je komplexer Softwaresysteme werden, desto wahrscheinlicher enthalten sie Fehler, und desto anfälliger sind sie für Sicherheitslücken. Je komplexer ein Softwaresystem ist, desto schwieriger ist es abzusichern. Das Root-of-Trust-Konzept stellt sicher, dass ein Großteil des »Vertrauens« im einfachsten Teil des Systems konzentriert ist, während komplexere Software in Schichten darübergelegt wird. Diese Sicherheitsarchitektur wird auf verschiedenen Ebenen wiederholt, d.h., zuerst wird ein Root of Trust innerhalb der Hardware eines einzelnen Systems etabliert, dann wird dieser Root of Trust auf das Betriebssystem ausgedehnt, dann auf die Systemdienste und schließlich auf viele verschiedene Server.

Die Sicherheitsarchitektur von Bitcoin ist anders. Beim Bitcoin sorgt das Konsenssystem für ein vertrauenswürdiges, vollständig dezentralisiertes Kassenbuch. Eine korrekt validierte Blockchain nutzt den Genesis-Block als Root of Trust und baut darauf eine »Kette des Vertrauens« (Chain of Trust) bis zum aktuellen Block auf. Bitcoin-Systeme können und sollten die Blockchain als ihre Root of Trust verwenden. Wenn Sie komplexe Bitcoin-Anwendungen entwickeln, die mehrere Dienste umfassen, sollten Sie die Sicherheitsarchitektur sorgfältig untersuchen, um herauszufinden, wo das Vertrauen ansetzt. Doch letztendlich sollten Sie nur einer vollständig validierten Blockchain vertrauen. Wenn Ihre Anwendung explizit oder implizit etwas anderem als der Blockchain vertraut, sollten Sie stutzig werden, da das eine potenzielle Sicherheitslücke darstellt. Eine gute Methode, die Sicherheitsarchitektur einer Anwendung zu evaluieren, besteht darin, jede einzelne Komponente zu betrachten und ein hypothetisches Szenario durchzuspielen, bei dem die Komponente unter die vollständige Kontrolle eines Angreifers gerät. Gehen Sie nacheinander jede Komponente Ihrer Anwendung durch und bewerten Sie die Auswirkungen auf die Sicherheit des Gesamtsystems, wenn diese Komponente kompromittiert wird. Ist Ihre Anwendung dann nicht mehr sicher, ist das »Vertrauen« in diesen Komponenten nicht richtig integriert. Eine Bitcoin-Anwendung ohne Sicherheitslücken ist nur beim Kompromittieren des Bitcoin-Konsensmechanismus anfällig, d.h., ihr Root of Trust basiert auf dem stärksten Teil der Bitcoin-Sicherheitsarchitektur.

Die zahllosen Beispiele gehackter Bitcoin-Börsen unterstreichen diesen Punkt, da deren Sicherheitsarchitektur und deren Design selbst einer einfachen Überprüfung nicht standhalten. Diese zentralisierten Implementierungen haben Vertrauen explizit in eine Vielzahl von Komponenten außerhalb der Blockchain investiert, etwa in »Hot Wallets«, zentralisierte Kassenbücher, anfällige Schlüssel und ähnliche Dinge.

Best Practices für den Nutzer

Menschen verwenden Sicherheitskontrollen seit Jahrtausenden. Im Vergleich dazu reicht unsere Erfahrung mit digitaler Sicherheit erst 50 Jahre zurück. Moderne Allzweckbetriebssysteme sind nicht besonders sicher und eignen sich insbesondere nicht zur Speicherung digitalen Gelds. Unsere Computer sind über permanente Internetverbindungen laufend externen Angriffen ausgesetzt. Sie führen Tausende von Softwarekomponenten von Tausenden Autoren aus, die häufig uneingeschränkten Zugang zu den Dateien des Benutzers haben. Ein einziges Stück bösartige Software, das sich unter den Tausenden Programmen auf Ihrem Computer versteckt, kann Ihre Tastatur und Ihre Dateien übernehmen und alle Bitcoins aus Ihrer Wallet stehlen. Das Wissen und der Aufwand, die notwendig sind, um einen Computer viren- und trojanerfrei zu halten, gehen weit über die Fähigkeiten eines Durchschnittsanwenders hinaus.

Trotz jahrzehntelanger Forschung und einiger Fortschritte in der Informationssicherheit sind digitale Vermögenswerte vor entschlossenen Angreifern kaum sicher. Selbst stark gesicherte Systeme bei Finanzdienstleistern, Geheimdiensten und der Verteidigungsindustrie werden häufig geknackt. Bitcoin erzeugt digitale Vermögenswerte, die einen eigenen Wert besitzen und unmittelbar und unwiderruflich an neue Besitzer übertragen werden können. Für Hacker ist das ein enormer Anreiz. Bisher mussten Hacker nach dem Diebstahl die Identitäten bzw. Informationen wie Kreditkarten und Bankdaten zu »Geld« machen. Trotz der damit verbundenen

Schwierigkeiten ist es zu immer größeren Diebstählen gekommen. Bitcoin vergrößert dieses Problem noch, weil es nicht erst einer Geldwäsche unterzogen werden muss, sondern das digitale Asset selbst einen Wert darstellt.

Glücklicherweise schafft Bitcoin auch einen Anreiz, um die Computersicherheit zu erhöhen. War das Risiko des Kompromittierens eines Computers vorher eher vage und indirekt, macht der Bitcoin die Risiken klar und offensichtlich. Liegen Bitcoins auf einem Computer, erkennt der Nutzer schnell den Bedarf an erhöhter Sicherheit. Als direkte Folge der Verbreitung von Bitcoin und anderen digitalen Währungen sehen wir einen deutlichen Anstieg der Hacking-Techniken, aber auch der Sicherheitslösungen. Einfach ausgedrückt, haben Hacker jetzt ein sehr attraktives Ziel und die Nutzer ein klares Interesse daran, sich selbst zu schützen.

In den letzten Jahren haben wir, als direktes Ergebnis der Verbreitung von Bitcoin, sehr viele Innovationen im Bereich Computersicherheit gesehen: Hardwareverschlüsselung, Speicherung von Schlüsseln und Hardware-Wallets, Multisignatur-Techniken und digitale Treuhanddienste. In den folgenden Abschnitten wollen wir uns die verschiedenen Best Practices für die Sicherheit ansehen.

Physische Speicherung von Bitcoins

Da die meisten Nutzer mit physischer Sicherheit deutlich vertrauter sind als mit Informationssicherheit, besteht eine sehr effektive Form des Schutzes von Bitcoin darin, sie in physische Form umzuwandeln. Bitcoin-Schlüssel sind nicht mehr als lange Zahlen, was bedeutet, dass man sie in physischer Form speichern kann, etwa auf Papier oder einer Münze. Der Schutz der Schlüssel besteht dann einfach in der physischen Sicherung der ausgedruckten Kopie der Bitcoin-Schlüssel. Eine auf Papier ausgedruckte Reihe von Bitcoin-Schlüsseln bezeichnet man als »Paper-Wallet«, und es gibt viele kostenlose Tools, mit deren Hilfe man sie erzeugen kann. Ich persönlich halte den Großteil meiner Bitcoins (über 99 %) in Paper-Wallets vor. Diese sind nach BIP-38 verschlüsselt, und mehrere Kopien liegen in verschiedenen Safes. Bitcoins offline vorzuhalten, bezeichnet man als *Cold Storage*, und das ist eine der effektivsten Sicherheitstechniken. Bei einem solchen System werden die Schlüssel auf einem Offlinesystem (das nie mit dem Internet verbunden ist) erzeugt und auch offline gespeichert, entweder auf Papier oder einem digitalen Medium wie einem USB-Stick.

Hardware-Wallets

Auf lange Sicht wird sich die Bitcoin-Sicherheit zunehmend in Richtung manipulationssicherer Hardware-Wallets entwickeln. Im Gegensatz zu einem Smartphone oder einem Desktoprechner dient eine Hardware-Wallet nur einem Zweck: Bitcoins sicher zu verwahren. Ohne Allzwecksoftware, die man kompromittieren könnte, und mit eingeschränkten Schnittstellen bieten Hardware-Wallets Nichtfachleuten ein hohes Maß an Sicherheit. Ich erwarte, dass Hardware-Wallets die dominierende Methode zur Bitcoin-Speicherung werden. Ein Beispiel für eine solche Hardware-Wallet finden Sie auf Trezor (*https://trezor.io/*).

Risiken abwägen

Den meisten Nutzern ist das Risiko eines Bitcoin-Diebstahls durchaus bewusst, doch es gibt ein noch größeres Risiko: Dateien gehen immer wieder verloren. Enthalten diese Dateien Bitcoins, ist der Verlust umso schmerzhafter. In ihrem Bemühen, ihre Bitcoin-Wallets zu schützen, dürfen Nutzer nicht zu weit gehen, um ihre Bitcoins nicht zu verlieren. Im Juli 2011 verlor ein bekanntes Bitcoin-bezogenes Projekt fast 7.000 Bitcoins. Durch ihr Bestreben, einen Diebstahl zu verhindern, verwendeten die Eigentümer eine komplexe Serie verschlüsselter Backups. Letztlich gingen die Schlüssel aber verloren, die Backups wurden wertlos, und sie verloren ein Vermögen. Analog zu Bargeld, das man irgendwo in der Wüste vergräbt, riskieren Sie auch bei Bitcoin, Ihr Geld zu verlieren, wenn Sie es zu gut schützen.

Risiken verteilen

Würden Sie Ihr gesamtes Vermögen in Ihrem Portemonnaie mit sich herumtragen? Nahezu alle Menschen sehen das zu Recht als fahrlässig an, und doch halten die meisten Nutzer ihre Bitcoins in einer einzigen Wallet vor. Stattdessen sollten sie das Risiko auf mehrere und unterschiedliche Wallets verteilen. Umsichtige Nutzer halten nur einen kleinen Teil (5 % oder weniger) ihrer Bitcoins in einer Online- oder Mobile-Wallet als »Kleingeld« vor, den Rest verteilen sie auf unterschiedliche Speichermechanismen wie Desktop-Wallets oder Cold Storage.

Multisignaturen und Kontrolle

Wenn Unternehmen oder Einzelpersonen große Mengen an Bitcoins speichern, sollten sie immer die Nutzung einer Multisignatur-Adresse in Erwägung ziehen. Multisignatur-Adressen sichern Vermögenswerte ab, indem sie mehrere Signaturen für eine Auszahlung verlangen. Die signierenden Schlüssel sollten an unterschiedlichen Orten gespeichert sein und von verschiedenen Leuten kontrolliert werden. In einem Unternehmen sollten die Schlüssel beispielsweise unabhängig voneinander erzeugt werden und im Besitz verschiedener leitender Angestellter sein. So wird sichergestellt, dass eine einzelne Person nicht an die Mittel herankommt. Multisignatur-Adressen bieten auch Redundanz, wenn eine einzelne Person mehrere Schlüssel an verschiedenen Orten vorhält.

Überlebensfähigkeit

Ein wichtiger Sicherheitsaspekt, der häufig übersehen wird, ist die Verfügbarkeit. Das gilt besonders im Fall des Todes oder der Rechtsunfähigkeit des Besitzers. Bitcoin-Nutzern wird eingebläut, komplizierte Passwörter zu verwenden, ihre Schlüssel sicher zu verwahren und sie mit niemandem zu teilen. Leider macht es diese Praxis den Familienangehörigen nahezu unmöglich, an das Vermögen zu gelangen, wenn der Besitzer nicht mehr da ist und sie freigeben kann. Tatsächlich wissen die Familien von Bitcoin-Nutzern häufig gar nichts von der Existenz der Bitcoins.

Wenn Sie viele Bitcoins besitzen, sollten Sie darüber nachdenken, Details mit einer vertrauenswürdigen Person oder einem Anwalt zu teilen. Ein anspruchsvolleres Schema könnte mit Multisignaturen arbeiten und mit einem Nachlassplan, der durch einen spezialisierten »digitalen Nachlassverwalter« abgewickelt wird.

Fazit

Bitcoin ist eine völlig neue, noch nie dagewesene und komplexe Technologie. Mit der Zeit werden wir bessere Sicherheitstools und Praktiken entwickeln, deren Einsatz auch für Nichtexperten leichter sein wird. Bis dahin können Bitcoin-Nutzer viele der hier vorgestellten Tipps ausprobieren, um Bitcoins sicher und problemlos zu verwenden.

KAPITEL 12

Blockchain-Anwendungen

Wir wollen nun auf unserem Wissen um Bitcoin aufbauen und es uns als *Plattform für Anwendungen* ansehen. Heutzutage verwenden viele Menschen den Begriff »Blockchain« für jede Anwendungsplattform, die den Entwurfsprinzipien des Bitcoin folgt. Der Begriff wird häufig missbraucht und auf Dinge angewendet, die nicht die wesentlichen Eigenschaften haben, welche die Bitcoin-Blockchain bietet.

In diesem Kapitel sehen wir uns die Features der Bitcoin-Blockchain als Anwendungsplattform an. Sie erfahren, wie Anwendungen *Primitive* aufbauen, die den Grundbaustein jeder Blockchain-Anwendung bilden. Außerdem werfen wir einen Blick auf verschiedene wichtige Anwendungen, die diese Primitive nutzen, etwa Colored Coins, Zahlungskanäle und Lightning Networks.

Einführung

Das Bitcoin-System wurde als dezentrales Währungs- und Zahlungssystem entworfen. Allerdings leitet sich ein Großteil dieser Funktionalität aus Konstrukten ab, die auf weit niedrigerer Ebene angesiedelt und für eine breite Palette von Anwendungen geeignet sind. Bitcoin basiert nicht auf Komponenten wie Konten, Nutzern, Salden oder Zahlungen. Stattdessen nutzt es eine transaktionale Skriptsprache mit auf niedriger Ebene angesiedelten kryptografischen Funktionen, die wir in Kapitel 6 kennengelernt haben. Genau so, wie übergeordnete Konzepte wie Konten, Salden und Zahlungen aus diesen grundlegenden Primitiven abgeleitet werden können, lassen sich auch viele weitere komplexe Anwendungen entwickeln. Die Bitcoin-Blockchain kann so zu einer Anwendungsplattform werden, die Anwendungen wie etwa Treuhanddienste für Smart Contracts ermöglicht und damit weit über den ursprünglichen Zweck eines digitalen Währungs- und Zahlungssystems hinausgeht.

Grundbausteine (Primitive)

Wird das Bitcoin-System langfristig korrekt betrieben, bietet es bestimmte Garantien an, die als Grundbausteine für die Entwicklung von Anwendungen genutzt werden können. Hierzu gehören:

Kein Double-Spending
: Die grundlegendste Garantie des dezentralisierten Konsensalgorithmus des Bitcoin stellt sicher, dass kein UTXO zweimal ausgegeben werden kann.

Unveränderlichkeit
: Sobald eine Transaktion in der Blockchain festgehalten ist und ausreichend Arbeit in zusätzlichen Blöcken geleistet wurde, lassen sich die Transaktionsdaten nicht mehr verändern. Diese Unveränderlichkeit wird durch »Energie« garantiert, da ein Umschreiben der Blockchain durch den Proof-of-Work die Aufwendung von Energie verlangt. Die benötigte Energie und damit der Grad der Unveränderlichkeit steigen mit der Zahl bestätigter Blöcke, die über dem entsprechenden Transaktions-Block liegen.

Neutralität
: Das dezentralisierte Bitcoin-Netzwerk propagiert gültige Transaktionen unabhängig vom Ursprung oder Inhalt dieser Transaktionen. Das bedeutet, dass jeder, der eine gültige Transaktion (mit ausreichend Gebühren) erstellt, darauf vertrauen kann, dass diese Transaktion übertragen und in die Blockchain eingetragen wird.

Sichere Zeitstempel
: Die Konsensregeln lehnen alle Blöcke ab, deren Zeitstempel zu weit in der Vergangenheit oder Zukunft liegen. Das stellt sicher, dass man den Zeitstempeln in Blöcken vertrauen kann. Der Zeitstempel in einem Block garantiert, dass die Inputs aller in einem Block enthaltenen Transaktionen vor diesem Zeitpunkt garantiert nicht ausgegeben wurden.

Autorisierung
: Digitale Signaturen, validiert durch ein dezentralisiertes Netzwerk, garantieren die Autorisierung. Skripte, die eine digitale Signatur für die Ausführung verlangen, können ohne Zustimmung des Eigentümers des privaten Schlüssels nicht ausgeführt werden.

Überprüfbarkeit
: Alle Transaktionen sind öffentlich und können überprüft werden. Alle Transaktionen und Blöcke können in einer ununterbrochenen Kette bis zum Genesis-Block zurückverfolgt werden.

Buchhaltung
: In jeder Transaktion (mit Ausnahme der Coinbase-Transaktion) entspricht der Wert der Inputs dem Wert der Outputs plus der Gebühren. Es ist unmöglich, Bitcoin-Werte in einer Transaktion zu erzeugen oder zu löschen. Die Outputs können die Inputs nicht übersteigen.

Kein Verfallsdatum
: Eine gültige Transaktion verfällt nicht. Ist sie heute gültig, bleibt sie auch in naher Zukunft gültig, solange die Inputs nicht ausgegeben werden und die Konsensregeln sich nicht ändern.

Integrität
: Eine mit `SIGHASH_ALL` signierte Transaktion oder mit `SIGHASH` signierte Teile einer Transaktion können nicht geändert werden, ohne die Signatur, und damit die Transaktion selbst, ungültig zu machen.

Atomische Transaktionen
: Bitcoin-Transaktionen sind atomisch. Sie sind entweder gültig und bestätigt (geschürft) oder nicht. Partielle Transaktionen können nicht geschürft werden, und es gibt keinen Übergangszustand für eine Transaktion. Zu jedem Zeitpunkt ist eine Transaktion entweder geschürft oder nicht.

Diskrete (unteilbare) Werteeinheiten
: Transaktions-Outputs sind diskrete und unteilbare Werteeinheiten. Sie können entweder vollständig ausgegeben werden oder gar nicht. Sie können nicht geteilt und nur partiell ausgegeben werden.

Beschlussfähigkeit
: Multisignaturen erzwingen in Skripten einen Mehrheitsbeschluss, der durch das Multisignatur-Schema vordefiniert ist. Diese M-von-N-Forderung wird durch die Konsensregeln erzwungen.

Zeitsperren/Alterung
: Jedes Skript, das eine Klausel mit einer relativen oder absoluten Zeitsperre (Timelock) enthält, kann erst ausgeführt werden, wenn die festgelegte Zeit erreicht ist.

Replikation
: Die dezentrale Speicherung in der Blockchain stellt sicher, dass eine Transaktion im gesamten Netzwerk repliziert wird, sobald sie geschürft wurde und ausreichend Bestätigungen vorliegen. Auf diese Weise wird sie haltbar und robust bei Stromausfällen, Datenverlusten etc.

Fälschungssicherheit
: Eine Transaktion kann nur existierende validierte Outputs einlösen. Einen Wert zu fälschen, ist nicht möglich.

Konsistenz
: Die Wahrscheinlichkeit von Änderungen oder Ungereimtheiten bei Blöcken nimmt exponentiell ab, je tiefer ein Block in der Blockchain steht. Einmal tief integriert, macht die benötigte Energie eine Änderung praktisch unmöglich.

Externe Zustände festhalten
: Eine Transaktion kann über `OP_RETURN` einen Wert binden, was einem Zustandsübergang in einem externen Zustandsautomaten entspricht.

Vorhersehbare Emission
: Weniger als 21 Millionen Bitcoins werden mit einer kalkulierbaren Geschwindigkeit ausgegeben.

Die Liste dieser Grundbausteine ist nicht vollständig, und neue kommen hinzu, wenn neue Features für Bitcoin eingeführt werden.

Anwendungen aus Grundbausteinen

Die von Bitcoin angebotenen Grundbausteine sind Elemente einer Vertrauensplattform, die zur Entwicklung von Anwendungen genutzt werden können. Hier einige Beispiele für heute existierende Anwendungen sowie die Grundbausteine, die sie verwenden:

Proof of Existence (digitaler Notar)
: Unveränderlichkeit, Zeitstempel und Langlebigkeit. Ein digitaler Fingerabdruck kann mit einer Transaktion an die Blockchain übergeben werden und so beweisen, dass ein Dokument zu der Zeit, zu der die Transaktion festgehalten wurde, existierte (Zeitstempel). Der Fingerabdruck kann nachträglich nicht modifiziert werden (Unveränderlichkeit), und der Beweis wird permanent gespeichert (Langlebigkeit).

Kickstarter (Lighthouse)
: Konsistenz, Atomarität und Integrität. Wenn Sie einen Input und den Output (Integrität) einer Fundraising-Transaktion signieren, können andere dem Fundraiser etwas zukommen lassen, der Betrag kann aber nicht ausgegeben werden (Atomarität), bis das Ziel (Output-Wert) erreicht ist (Konsistenz).

Zahlungskanäle
: Mehrheitsbeschluss, Zeitsperre, kein Double-Spending, kein Verfallsdatum, Zensurschutz und Autorisierung. Eine 2-von-2-Multisignatur (Beschlussfähigkeit) mit einer Zeitsperre, die als »Settlement«-Transaktion für einen Zahlungskanal genutzt wird, kann von jeder Partei (Autorisierung) gehalten (kein Verfallsdatum) und eingelöst werden (Zensurschutz). Beide Parteien können dann Commitment-Transaktionen erzeugen, die das Settlement zu einem früherem Zeitpunkt erlauben.

Colored Coins

Die erste von uns betrachtete Bitcoin-Anwendung sind *Colored Coins*.

Colored Coins stehen für eine Reihe ähnlicher Techniken, die Bitcoin-Transaktionen zur Erzeugung, dem Besitz und der Übertragung extrinsischer Vermögenswerte festzuhalten. Mit »extrinsisch« meinen wir Vermögenswerte, die nicht direkt in der Bitcoin-Blockchain gespeichert werden, im Gegensatz zum Bitcoin, der einen Blockchain-eigenen (»intrinsischen«) Vermögenswert darstellt.

Colored Coins werden genutzt, um digitale, aber auch physische Vermögenswerte nachzuhalten, die von Dritten über Colored-Coins-Eigentumszertifikate gehandelt werden. Colored Coins für digitale Assets können immaterielle Vermögenswerte darstellen wie etwa Börsenzertifikate, Lizenzen, virtuelle Güter (z.B. aus Spielen) oder jede andere Form lizenzierten intellektuellen Eigentums (Schutzmarken, Urheberrechte etc.) Colored Coins für materielle Vermögenswerte repräsentieren Eigentumszertifikate für Güter (Gold, Silber, Öl), Landtitel, Pkws, Schiffe, Flugzeuge etc.

Der Begriff leitet sich aus der Idee ab, einen namentlichen Bitcoin-Betrag, z.B. einen einzelnen Satoshi, so zu markieren (»einzufärben«), dass er etwas anderes darstellt als den Bitcoin-Wert selbst. Stellen Sie sich eine Ein-Dollar-Note vor, auf der »das ist ein Börsenzertifikat von ACME« oder »diese Note kann gegen eine Unze Silber getauscht werden« aufgedruckt ist. Die erste Implementierung von Colored Coins namens *Enhanced Padded-Order-Based Coloring*, kurz *EPOBC*, wies extrinsischen Assets einen 1-Satoshi-Output zu. Damit war sie ein echter »Colored Coin«, da jedes Asset als Attribut (Farbe) zu einem einzelnen Satoshi hinzugefugt wurde.

Jüngere Implementierungen von Colored Coins verwenden den Skript-Opcode `OP_RETURN`, um Metadaten in einer Transaktion festzuhalten, und kombinieren das mit externen Datenspeichern, die diese Metadaten mit bestimmten Assets verknüpfen.

Die beiden prominentesten Implementierungen von Colored Coins sind heutzutage *Open Assets* (*http://www.openassets.org/*) und *Colored Coins by Colu* (*http://coloredcoins.org*). Beide Systeme verwenden unterschiedliche Ansätze und sind nicht kompatibel. In einem System erzeugte Colored Coins können vom anderen System weder gesehen noch verwendet werden.

Colored Coins nutzen

Colored Coins werden in speziellen Wallets erzeugt, transferiert und verwaltet, die das Colored-Coins-Protokoll interpretieren können, das mit den Bitcoin-Transaktionen verknüpft ist. Sie müssen vor allem darauf achten, keine Colored-Coins-bezogenen Schlüssel in einer normalen Bitcoin-Wallet zu nutzen, da die reguläre Wallet die Metadaten zerstören kann. Ebenso dürfen Colored Coins nicht an Adressen gesendet werden, die von regulären Wallets verwaltet werden, sondern nur an Wallets, die mit Colored Coins umgehen können. Sowohl Colu- als auch Open-Assets-Systeme verwenden spezielle Colored-Coins-Adressen, um die Risiken abzumildern und sicherzustellen, dass Colored Coins nicht an inkompatible Wallets geschickt werden.

Colored Coins sind in den meisten allgemeinen Blockchain-Explorern nicht sichtbar. Sie müssen stattdessen einen Colored-Coins-Explorer nutzen, der die Metadaten der Colored-Coins-Transaktionen versteht.

Eine Open-Assets-kompatible Wallet und einen passenden Blockchain-Explorer finden Sie bei coinprism (*https://www.coinprism.info*).

Eine Colu-Colored-Coins-kompatible Wallet und einen passenden Blockchain-Explorer gibt es hier: Blockchain Explorer (*http://coloredcoins.org/explorer/*).

Und ein Copay-Wallet-Plug-in finden Sie bei Colored Coins Copay Add-on (*http://coloredcoins.org/colored-coins-copay-addon/*).

Colored Coins ausstellen

Jede Colored-Coins-Implementierung verwendet einen anderen Ansatz zur Generierung von Colored Coins, doch alle bieten eine vergleichbare Funktionalität. Der Prozess der Erzeugung eines Colored-Coins-Assets wird als *Emission* (engl. Issuance) bezeichnet. Eine initiale Transaktion, die sogenannte *Issuance-Transaktion*, registriert das Asset in der Bitcoin-Blockchain und erzeugt eine *Asset ID*, die zur Referenzierung des Assets verwendet wird. Einmal emittiert, können Assets über *Transfertransaktionen* zwischen Adressen transferiert werden.

Als Colored Coins ausgegebene Assets können mehrere Eigenschaften besitzen. Sie können *teilbar* oder *unteilbar* sein, die Menge eines Assets in einem Transfer kann also ein ganzzahliger Wert sein (z.B. 5) oder sich dezimal aufteilen lassen (z.B. 4,321). Assets können *einmal emittiert* werden, das heißt, eine bestimmte Menge wird nur einmal ausgegeben, oder *reemittiert* werden, was bedeutet, dass nach der Erstausgabe neue Einheiten des Assets ausgegeben werden können.

Schließlich gibt es bei manchen Colored Coins *Dividenden*, was die Ausschüttung von Bitcoins an die Besitzer der Colored Coins proportional zu ihrem Anteil erlaubt.

Colored-Coins-Transaktionen

Die Metadaten, die einer Colored-Coins-Transaktion erst ihre Bedeutung verleihen, werden üblicherweise mit einem `OP_RETURN`-Opcode in einem der Outputs festgehalten. Unterschiedliche Colored-Coins-Protokolle verwenden unterschiedliche Codierungen für die `OP_RETURN`-Daten. Der den `OP_RETURN` enthaltende Output wird *Marker-Output* genannt.

Die Reihenfolge der Outputs und die Position des Marker-Outputs haben im Colored-Coins-Protokoll eine besondere Bedeutung. Bei Open Assets stehen beispielsweise alle Outputs vor dem Marker-Output für die Asset-Emittierung. Alle Outputs hinter dem Marker repräsentieren den Asset-Transfer. Der Marker-Output weist den anderen Outputs spezifische Werte und Farben zu, indem er deren Reihenfolge in der Transaktion referenziert.

Im Vergleich dazu codieren die Marker-Outputs bei Colored Coins (Colu) einen Opcode, der festlegt, wie die Metadaten interpretiert werden. Die Opcodes 0x01 bis 0x0F stehen für eine Emittierungstransaktion. Einem Emittierungs-Opcode folgt üblicherweise eine Asset-ID oder ein anderer Bezeichner, mit dessen Hilfe die Asset-Informationen aus einer externen Quelle (z.B. BitTorrent) abgerufen werden können. Die Opcodes 0x10 bis 0x1F repräsentieren Transfertransaktionen. Metadaten von Transfertransaktionen enthalten einfache Skripte, die bestimmte Mengen von Assets von Inputs (über deren Index) an Outputs transferieren. Die Reihenfolge der Inputs und Outputs ist für die Interpretation des Skripts daher wichtig.

Sind die Metadaten zu lang, um in OP_RETURN zu passen, kann das Colored-Coins-Protokoll andere »Tricks« nutzen, um Metadaten in einer Transaktion zu speichern. Beispielsweise können die Metadaten in ein Redeem-Skript gepackt werden, dem OP_DROP-Opcodes folgen, um sicherzustellen, dass das Skript die Metadaten ignoriert. Ein anderer einzusetzender Mechanismus ist ein 1-von-N-Multisig-Skript, bei dem nur der erste öffentliche Schlüssel der Schlüssel ist, der den Output einlösen kann, und die nachfolgenden »Schlüssel« durch codierte Metadaten ersetzt werden.

Um die Metadaten in einer Colored-Coins-Transaktion korrekt interpretieren zu können, müssen Sie eine kompatible Wallet bzw. einen kompatiblen Block-Explorer verwenden. Anderenfalls sieht die Transaktion wie eine »normale« Bitcoin-Transaktion mit einem OP_RETURN-Output aus.

Als Beispiel habe ich ein MasterBTC-Asset mit Colored Coins erzeugt und emittiert. Das MasterBTC-Asset ist ein »Gutschein« für eine kostenlose Kopie dieses Buchs. Solche Gutscheine können mit einer Colored-Coins-kompatiblen Wallet übertragen, gehandelt und eingelöst werden.

Für dieses Beispiel habe ich die Wallet und den Explorer auf *https://coinprism.info* genutzt, der das Colored-Coins-Protokoll von Open Assets nutzt.

Abbildung 12-1 zeigt die Emissionstransaktion im Coinprism Block Explorer:

https://www.coinprism.info/tx/10d7c4e022f35288779be6713471151ede967caaa39eecd35296aa36d9c109ec

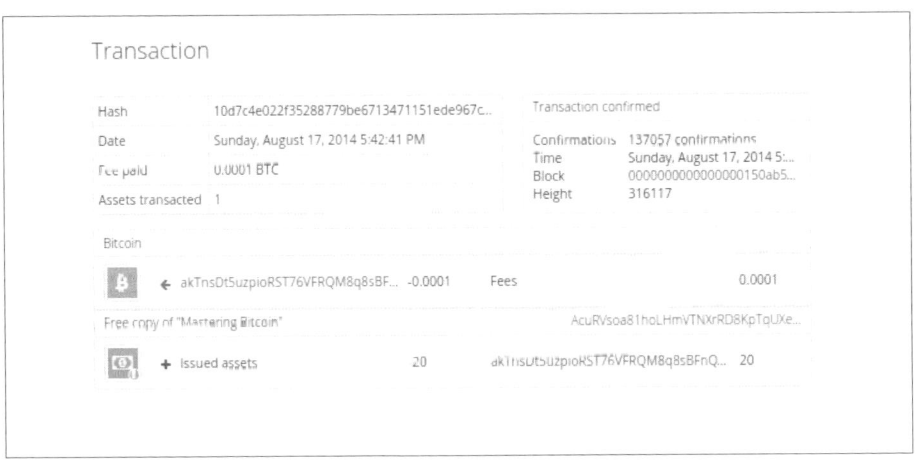

Abbildung 12-1: Emissionstransaktion auf coinprism.info

Wie Sie sehen können, zeigt Coinprism die Emission von 20 Einheiten der *Free copy of »Mastering Bitcoin«*, dem MasterBTC-Asset, an eine spezielle Colored-Coins-Adresse:

```
akTnsDt5uzpioRST76VFRQM8q8sBFnQiwcx
```

Alle Mittel oder Colored Assets, die an diese Adresse gesendet werden, sind für immer verloren! Senden Sie keine Beträge an diese Beispieladresse!

Die Transaktions-ID der Emissionstransaktion ist eine »normale« Bitcoin-Transaktions-ID. Abbildung 12-2 zeigt die gleiche Transaktion in einem Block-Explorer, der Colored Coins nicht decodiert. Wir wollen *blockchain.info* nutzen:

https://blockchain.info/tx/10d7c4e022f35288779be6713471151ede967caaa39eecd35296aa36d9c109ec

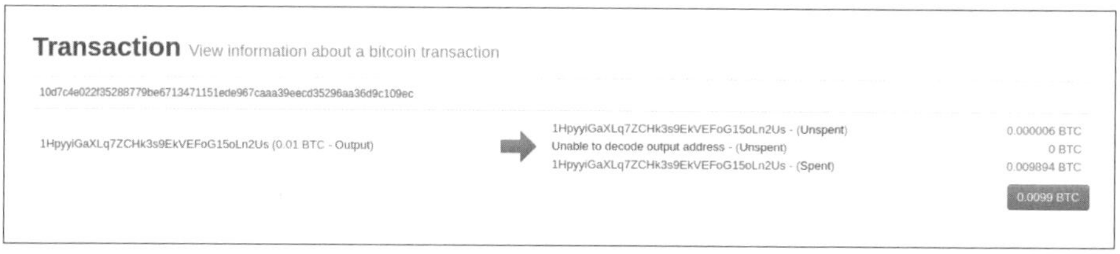

Abbildung 12-2: Emissionstransaktion in einem Block-Explorer, der Colored Coins nicht decodieren kann

Wie Sie sehen, erkennt *blockchain.info* nicht, dass es sich hier um eine Colored-Coins-Transaktion handelt. Vielmehr markiert er den zweiten Output in roten Buchstaben mit *Unable to decode output address.*

Wenn Sie auf dieser Seite *Show scripts & coinbase* wählen, können Sie sich die Transaktion genauer ansehen (siehe Abbildung 12-3).

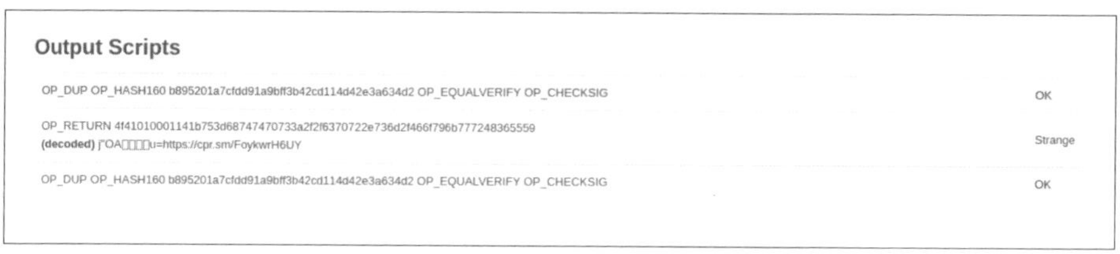

Abbildung 12-3: Die Skripte der Emissionstransaktion

Auch hier versteht *blockchain.info* den zweiten Output nicht. Er markiert ihn in roten Buchstaben als *Strange*. Doch wie Sie sehen, sind einige Metadaten im Marker-Output auch für uns lesbar:

```
OP_RETURN 4f41010001141b753d68747470733a2f2f6370722e736d2f466f796b777248365559
(decoded) "OA____u=https://cpr.sm/FoykwrH6UY
```

Rufen wir die Transaktion mit `bitcoin-cli` ab:

```
$ bitcoin-cli decoderawtransaction `bitcoin-cli getrawtransaction
10d7c4e022f35288779be6713471151ede967caaa39eecd35296aa36d9c109ec`
```

Der zweite Output sieht wie folgt aus (den Rest haben wir weggelassen):

```
{
  "value": 0.00000000,
  "n": 1,
  "scriptPubKey": "OP_RETURN
4f41010001141b753d68747470733a2f2f6370722e736d2f466f796b777248365559"

}
```

Das Präfix `4F41` repräsentiert die Buchstaben »OA«, was für *Open Assets* steht. Wir erkennen auf diese Weise, dass die nachfolgenden Metadaten nach dem Open-Assets-Protokoll definiert sind. Der nun folgende ASCII-codierte String ist ein Link auf eine Asset-Definition:

```
u=https://cpr.sm/FoykwrH6UY
```

Rufen wir diese URL ab, erhalten wir die folgende JSON-codierte Asset-Definition:

```
{
  "asset_ids": [
    "AcuRVsoa81hoLHmVTNXrRD8KpTqUXeqwgH"
  ],
  "contract_url": null,
  "name_short": "MasterBTC",
  "name": "Free copy of \"Mastering Bitcoin\"",
  "issuer": "Andreas M. Antonopoulos",
  "description": "This token is redeemable for a free copy of the book
\"Mastering Bitcoin\"",
  "description_mime": "text/x-markdown; charset=UTF-8",
  "type": "Other",
  "divisibility": 0,
  "link_to_website": false,
  "icon_url": null,
  "image_url": null,
  "version": "1.0"
}
```

Counterparty

Counterparty ist eine auf Bitcoin aufsetzende Protokollschicht. Das Counterparty-Protokoll schafft, ähnlich wie Colored Coins, die Möglichkeit, virtuelle Assets und Tokens zu erzeugen und zu handeln. Zusätzlich bietet Counterparty einen dezentralen Handelsplatz für Assets. Counterparty implementiert außerdem Smart Contracts, die auf der *Ethereum Virtual Machine* (EVM) basieren.

Genau wie Colored-Coins-Protokolle bettet Counterparty Metadaten in Bitcoin-Transaktionen ein und nutzt dabei den `OP_RETURN`-Opcode oder 1-von-N-Multisignatur-Adressen, um codierte Metadaten anstelle der öffentlichen Schlüssel einzubinden. Mithilfe dieser Mechanismen implementiert Counterparty eine in Bitcoin-Transaktionen codierte Protokollschicht. Diese zusätzliche Protokollschicht kann von Counterparty-kompatiblen Anwendungen interpretiert werden, also etwa von Wallets und Blockchain-Explorern, sowie von jeder mit den Counterparty-Bibliotheken entwickelten Anwendung.

Counterparty kann wiederum als Plattform für weitere Anwendungen und Dienste fungieren. Zum Beispiel ist Tokenly eine auf Counterparty aufsetzende Plattform, die Erfindern, Künstlern und Unternehmen das Ausstellen von Tokens erlaubt, die digitale Eigentumsrechte ausdrücken. Diese können dann genutzt werden, um Inhalte, Produkte und Dienste zu mieten, zu nutzen, zu handeln oder zu verkaufen. Weitere Counterparty nutzende Anwendungen sind Spiele (Spells of Genesis) und Grid-Computing-Projekte (Folding Coin).

Mehr Details zu Counterparty gibt es auf *https://counterparty.io*. Das Open-Source-Projekt finden Sie auf *https://github.com/CounterpartyXCP*.

Zahlungs- und Zustandskanäle

Zahlungskanäle sind ein »vertrauensunabhängiger« Mechanismus zum Austausch von Bitcoin-Transaktionen zwischen zwei Parteien außerhalb der Bitcoin-Blockchain. Diese Transaktionen, die gültig wären, wenn man sie in der Bitcoin-Blockchain platzieren würde, werden stattdessen außerhalb der Blockchain festgehalten und dienen als »Schuldscheine« für die spätere Abrechnung. Da die Transaktionen nicht abgerechnet werden, können sie ohne die übliche Abrechnungslatenz ausgetauscht werden, was einen sehr hohen Transaktionsdurchsatz, niedrige Latenzen (unter einer Millisekunde) und eine hohe Granularität (im Satoshi-Bereich) erlaubt.

Tatsächlich ist der Begriff *Kanal* eine Metapher. Zustandskanäle sind virtuelle Konstrukte, die den Austausch von Zuständen zwischen zwei Parteien außerhalb der Blockchain repräsentieren. Es gibt per se keine »Kanäle«, und der zugrunde liegende Transportmechanismus ist ebenfalls kein Kanal. Wir verwenden den Begriff Kanal, um die Beziehung und den einvernehmlichen Zustand zwischen zwei Parteien außerhalb der Blockchain darzustellen.

Um dieses Konzept weiter zu erläutern, wollen wir uns einen TCP-Stream vorstellen. Aus Sicht des übergeordneten Protokolls ist das ein »Socket«, der zwei Anwendungen über das Internet miteinander verbindet. Sieht man sich hingegen den Datenverkehr an, ist ein TCP-Stream nur ein virtueller Kanal über IP-Pakete. Jeder Endpunkt des TCP-Streams sequenziert die IP-Pakete und fasst sie zusammen, sodass die Illusion eines Bytestreams entsteht. Letztendlich handelt es sich aber um unzusammenhängende Pakete. In gleicher Weise ist ein Zahlungskanal nur eine Folge von Transaktionen. Richtig sequenziert und verbunden, erzeugen sie einlösbare Verbindlichkeiten, denen man vertrauen kann, auch wenn man der anderen Seite des Kanals nicht vertraut.

In diesem Abschnitt sehen wir uns die verschiedenen Formen von Zahlungskanälen an. Zuerst betrachten wir die Mechanismen, die zum Aufbau eines (unidirektionalen) Einwegkanals für einen Micropayment-Dienst, wie etwa das Streaming von Videos, genutzt werden können. Wir erweitern diesen Mechanismus dann um bidirektionale Zahlungskanäle. Abschließend sehen wir uns an, wie man bidirektionale Kanäle »Ende zu Ende« verbindet, um Multihop-Kanäle in gerouteten Netzwerken aufzubauen. Diese Technik wurde erstmals unter dem Namen *Lightning Network* vorgeschlagen.

Zahlungskanäle sind Teil des weiter gefassten Konzepts eines *Zustandskanals*, der die Änderung eines Zustands außerhalb der Chain repräsentiert, die durch eine abschließende Verrechnung in der Blockchain gesichert wird. Ein Zahlungskanal ist ein Zustandskanal, bei dem der geänderte Zustand der Saldo einer virtuellen Währung ist.

Zustandskanäle – grundlegende Konzepte und Terminologie

Ein Zustandskanal wird zwischen zwei Parteien aufgebaut. Eine Transaktion legt dabei einen für beide Parteien geltenden Zustand in der Blockchain fest. Das ist die sogenannte *Funding*- oder *Anker-Transaktion*. Diese Transaktion muss an das Netzwerk übermittelt und geschürft werden, um den Kanal aufzubauen. Bei einem Zahlungskanal ist der festgehaltene Zustand des Kanals der initiale Saldo.

Die beiden Parteien tauschen dann signierte Transaktionen, sogenannte *Commitment-Transaktionen*, aus, die diesen initialen Zustand verändern. Diese Transaktionen sind gültige Transaktionen, da sie von jeder Partei zur Abrechnung übertragen werden könnten. Beide Parteien zögern das Schließen des Kanals aber hinaus und behalten die Transaktion offline in einem schwebenden Zustand. Zustandsänderungen können so schnell erzeugt werden, wie die Parteien eine Transaktion erzeugen, signieren und an die andere Partei senden können. Das bedeutet in der Praxis, dass Tausende Transaktionen pro Sekunde ausgetauscht werden können.

Beim Austausch von Commitment-Transaktionen zwischen den Parteien wird der vorherige Zustand ungültig, sodass die aktuelle Commitment-Transaktion auch immer die einzige ist, die eingelöst werden kann. Das verhindert, dass eine der Parteien schummelt und einseitig den Kanal mit einem veralteten Zustand schließt, wenn dieser gerade günstig für die Partei ist. Im Verlauf des Kapitels werden wir uns die verschiedenen Methoden ansehen, mit denen man ältere Zustände für ungültig erklären kann.

Abschließend kann der Kanal entweder einvernehmlich geschlossen werden, indem eine letzte *Settlement-Transaktion* an die Blockchain geschickt wird, oder einseitig, indem eine der Parteien eine letzte Commitment-Transaktion an die Blockchain sendet. Das einseitige Schließen eines Kanals muss möglich sein, falls die Verbindung zwischen den Parteien unerwartet unterbrochen wird. Die Settlement-Transaktion bildet den abschließenden Zustand des Kanals und wird in der Blockchain festgehalten.

Während der gesamten Lebensdauer des Kanals müssen nur zwei Transaktionen für das Mining an die Blockchain übermittelt werden: die Funding- und die Settlement-Transaktion. Zwischen diesen beiden Zuständen können beide Parteien eine beliebige Anzahl von Commitment-Transaktionen austauschen, die von niemandem sonst gesehen werden können und die auch nicht an die Blockchain übertragen werden.

Abbildung 12-4 zeigt einen Zahlungskanal zwischen Bob und Alice mit Funding-, Commitment- und Settlement-Transaktionen.

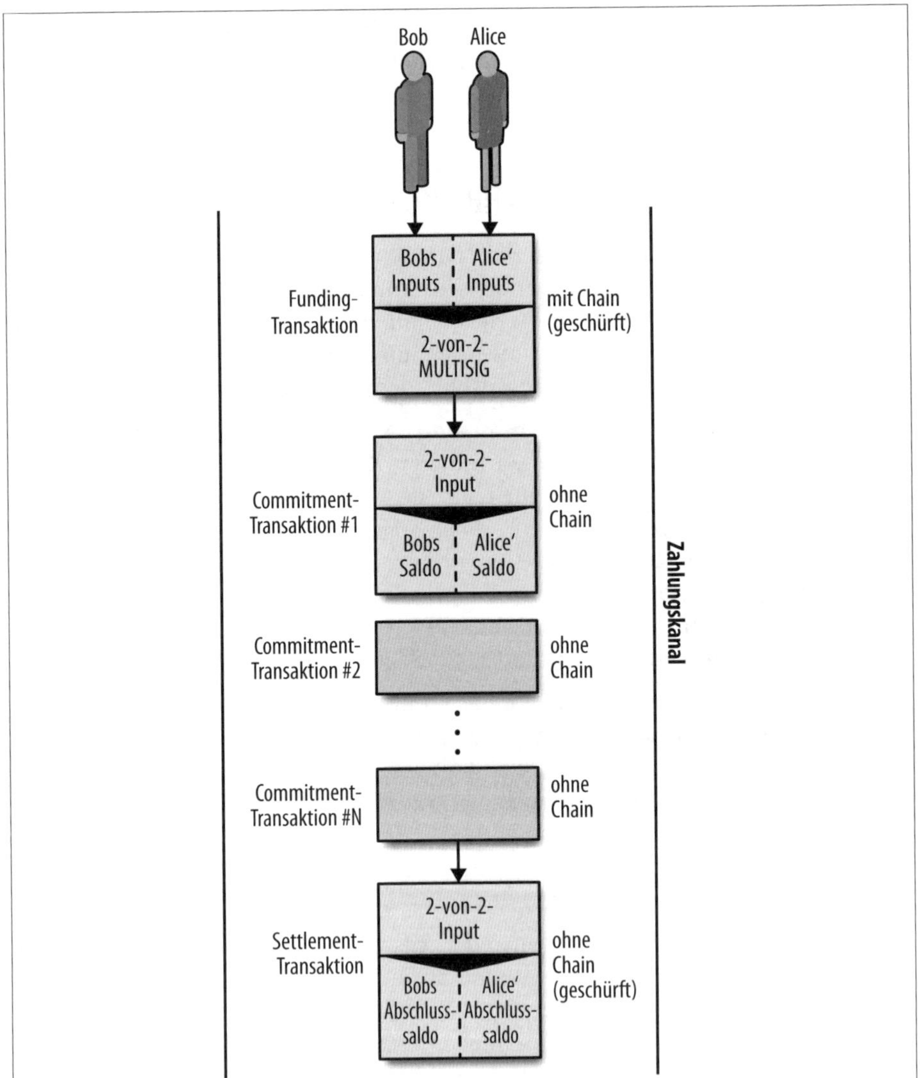

Abbildung 12-4: Zahlungskanal zwischen Bob und Alice mit Funding-, Commitment- und Settlement-Transaktionen

Einfaches Zahlungskanalbeispiel

Um Zustandskanäle zu erklären, wollen wir mit einem sehr einfachen Beispiel beginnen. Wir demonstrieren einen Einwegkanal, d.h., der Wert fließt nur in eine Richtung. Um die Dinge einfach zu halten, gehen wir auch von der naiven Annahme aus, dass niemand schummelt. Sobald die grundlegende Kanal-Idee klar ist, sehen wir uns an, wie man das für beide Parteien »vertrauensfrei« gestalten kann, damit niemand betrügen kann, selbst wenn er es versucht.

In unserem Beispiel gehen wir von zwei Teilnehmern aus: Emma und Fabian. Fabian bietet einen Videostreaming-Dienst an, der sekundengenau über einen Micropayment-Kanal abgerechnet wird. Fabian berechnet 0,01 Millibit (0,00001 BTC) für jede Sekunde Video, also 36 Millibit (0,036 BTC) pro Stunde.[1] Emma ist eine Anwenderin, die diesen Streaming-Dienst von Fabian nutzt. Abbildung 12-5 zeigt, wie Emma den Videostream von Fabian über einen Zahlungskanal kauft.

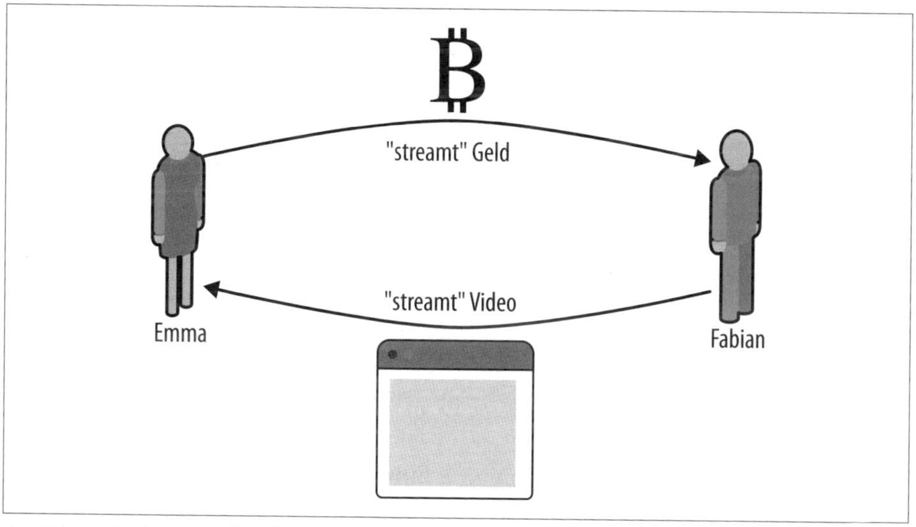

Abbildung 12-5: Emma kauft einen Videostream von Fabian über einen Zahlungskanal mit sekundengenauer Abrechnung.

In diesem Beispiel nutzen Fabian und Emma eine spezielle Software, die sowohl den Zahlungskanal als auch das Videostreaming verarbeitet. Emma führt die Software in ihrem Browser aus, Fabian auf einem Server. Die Software verfügt über grundlegende Wallet-Funktionalitäten und kann Bitcoin-Transaktionen erzeugen und signieren. Sowohl das Konzept als auch der Begriff »Zahlungskanal« werden vor den Nutzern vollständig versteckt. Was diese sehen, ist ein Video, das sekundenweise abgerechnet wird.

Um den Zahlungskanal aufzubauen, richten Emma und Fabian eine 2-von-2-Multisignatur-Adresse ein, wobei jeder einen der Schlüssel besitzt. Für Emma stellt die

1 Anm. des Übers.: Dies ist ein Rechenbeispiel; der aktuelle Bitcoin-Kurs könnte hier unrealistische Preise ergeben.

Software im Browser einen QR-Code mit einer P2SH-Adresse (die mit 3 beginnt) bereit und fordert sie auf, eine »Einzahlung« für bis zu eine Stunde Videostreaming vorzunehmen. An diese Adresse überweist Emma. Emmas Transaktion, also die Überweisung an die Multisignatur-Adresse, bildet die Funding- oder Anker-Transaktion für den Zahlungskanal.

Nehmen wir an, dass Emma 36 Millibit (0,036 BTC) an den Kanal überweist. Das erlaubt ihr, bis zu eine Stunde Video zu schauen. Die Funding-Transaktion legt in diesem Fall den Maximalbetrag fest, der in diesem Kanal übertragen werden kann (die sogenannte *Kanal-Kapazität*).

Die Funding-Transaktion verbraucht ein oder mehr Inputs aus Emmas Wallet, um die Zahlung vorzunehmen. Sie erzeugt einen Output von 36 Millibit, der an die 2-von-2-Multisignatur-Adresse überwiesen wird, die von Emma und Fabian gemeinsam kontrolliert wird. Die Transaktion könnte zusätzliche Outputs enthalten, um Emma ihr Wechselgeld zu erstatten.

Sobald die Funding-Transaktion bestätigt ist, kann Emma mit dem Videostreaming beginnen. Emmas Software erzeugt und signiert eine Commitment-Transaktion, die Fabians Adresse 0,01 Millibit gutschreibt und Emma 35,99 Millibit zurücküberweist. Die von Emma signierte Transaktion verbraucht den 36-Millibit-Output und erzeugt zwei Outputs: eine für ihr Wechselgeld und eine weitere für die Zahlung an Fabian. Die Transaktion ist nur zum Teil signiert, sie benötigt zwei Signaturen (2-von-2), enthält aber nur Emmas Signatur. Wenn Fabians Server diese Transaktion empfängt, fügt er die zweite Signatur hinzu (für den 2-von-2-Input) und liefert ihn (zusammen mit dem Gegenwert von einer Sekunde Videostream) an Emma zurück. Beide Parteien besitzen nun eine vollständig signierte Commitment-Transaktion (die jeder einlösen kann), die den aktuellen Kontostand des Kanals widerspiegelt. Keine der beiden Parteien sendet diese Transaktion an das Netzwerk.

In der nächsten Runde erzeugt und signiert Emmas Software eine weitere Commitment-Transaktion (Commitment #2), die denselben 2-von-2-Output aus der Funding-Transaktion nutzt. Diese zweite Transaktion erstellt einen Output mit 0,2 Millibit an Fabians Adresse und einen Output mit 35,98 Millibit zurück an Emmas Adresse. Diese neue Transaktion ist die Bezahlung für zwei kumulierte Sekunden Video. Fabians Software signiert die zweite Commitment-Transaktion und gibt sie mit einer weiteren Sekunde Video zurück.

Auf diese Weise sendet Emmas Software fortlaufend Commitment-Transaktionen an Fabians Server im Tausch gegen den Videostream. Der Saldo verschiebt sich schrittweise in Richtung Fabian, während Emma weitere Sekunden des Videos anschaut. Nehmen wir an, Emma schaut 600 Sekunden Video (10 Minuten) und erzeugt und signiert dabei 600 Commitment-Transaktionen. Die letzte Commitment-Transaktion (#600) umfasst zwei Outputs, die den Saldo des Kanals aufteilt: 6 Millibit an Fabian und 30 Millibit an Emma.

Zum Schluss klickt Emma auf *Stop*, um das Video anzuhalten. Nun kann entweder Fabian oder Emma die letzte Transaktion übertragen, um den abschließenden Zustand festzuhalten. Diese letzte Transaktion ist die *Settlement-Transaktion*, die Fabian für Emmas Videokonsum vergütet und den Rest an Emma zurücküberweist.

Abbildung 12-6 zeigt den Kanal zwischen Emma und Fabian mit den Commitment-Transaktionen, die den Saldo des Kanals aktualisieren.

Am Ende werden nur zwei Transaktionen in der Blockchain festgehalten: die Funding-Transaktion, die den Kanal aufbaut, sowie die Settlement-Transaktion, die den finalen Kontostand zwischen den beiden Teilnehmern korrekt festhält.

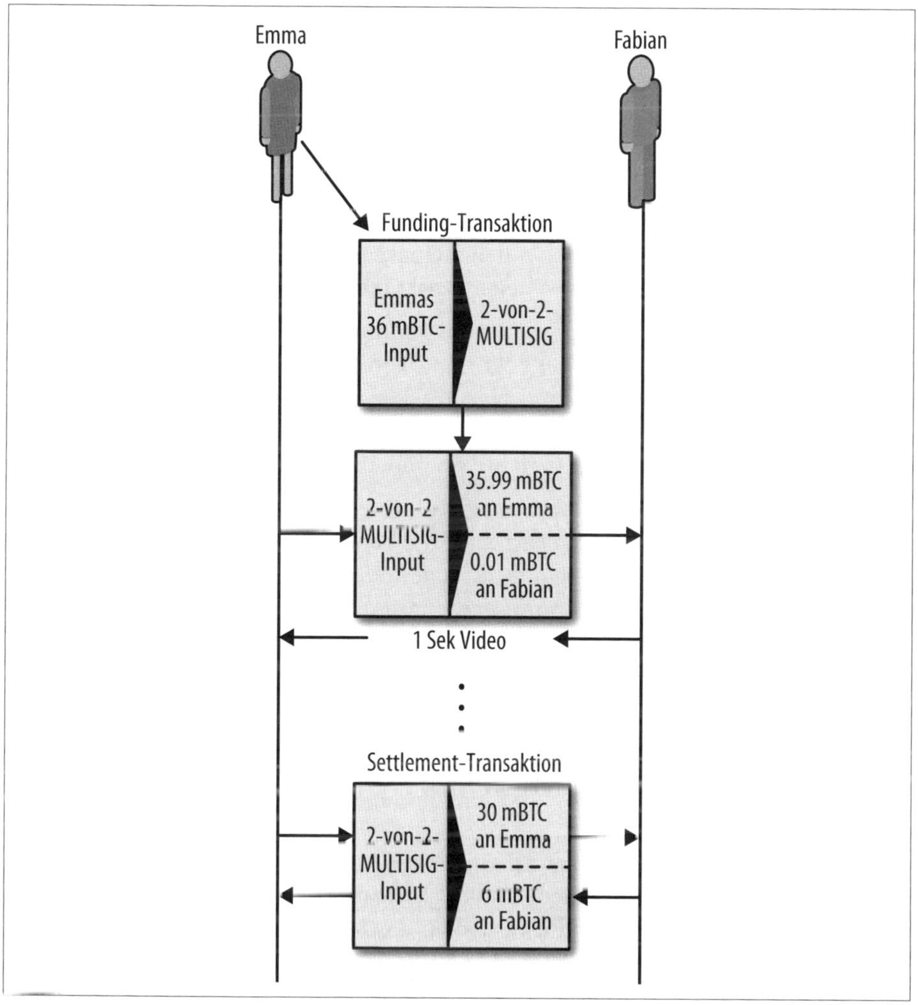

Abbildung 12-6: Die Commitment-Transaktionen in Emmas und Fabians Zahlungskanal, die den Kontostand des Kanals aktualisieren

Vertrauensfreie Kanäle aufbauen

Der gerade beschriebene Kanal funktioniert, aber nur solange beide Parteien kooperieren, keine Fehler machen und nicht betrügen. Betrachten wir einige Szenarien, die diesen Kanal sprengen, und was nötig ist, um das zu beheben:

- Sobald die Funding-Transaktion erfolgt ist, braucht Emma Fabians Signatur, um ihr Geld zurückzubekommen. Wenn Fabian verschwindet, ist Emmas Geld in einer 2-von-2-Multisignatur gefangen und effektiv verloren. Dieser Kanal führt, so wie er konstruiert ist, zum Verlust der Einlage, wenn eine der Parteien die Verbindung trennt, bevor zumindest eine Commitment-Transaktion von beiden Seiten signiert wurde.
- Während der Kanal offen ist, kann Emma jede von Fabian gegengezeichnete Commitment-Transaktion an die Blockchain senden. Warum 600 Sekunden Video bezahlen, wenn sie Commitment-Transaktion #1 senden kann und nur eine Sekunde Video bezahlen muss? Der Kanal funktioniert nicht, weil Emma betrügen kann, indem sie ein altes (für sie vorteilhaftes) Commitment überträgt.

Diese beiden Probleme lassen sich mit Timelocks lösen – sehen wir uns an, wie wir dazu Timelocks auf Transaktionsebene (`nLocktime`) verwenden können.

Emma kann es nicht riskieren, eine 2-von-2-Multisig zu bezahlen, solange sie ihr Geld nicht garantiert rückerstattet bekommt. Um dieses Problem zu lösen, erzeugt sie gleichzeitig eine Zahlungs- und eine Rückerstattungstransaktion. Sie signiert die Funding-Transaktion, sendet diese aber an niemanden. Sie sendet nur die Rückerstattungstransaktion und erhält von Fabian die Signatur.

Diese Rückerstattungstransaktion fungiert als erste Commitment-Transaktion, und ihr Timelock legt die obere Grenze für die Lebensdauer des Kanals fest. In diesem Fall sollte Emma `nLocktime` auf 30 Tage (oder 4.320 Blöcke) in der Zukunft setzen. Alle nachfolgenden Commitment-Transaktionen müssen einen kürzeren Timelock haben, damit sie vor der Rückerstattungstransaktion eingelöst werden können.

Emma besitzt nun eine vollständig signierte Rückerstattungstransaktion und kann beruhigt signierte Funding-Transaktionen übertragen, weil sie weiß, dass sie letztlich (wenn der Timelock abläuft) ihr Restguthaben zurückerhält, auch wenn Fabian verschwindet.

Jede Commitment-Transaktion, die die Parteien während der Lebensdauer des Kanals austauschen, ist mit einem Timelock versehen. Doch die Zeitspanne wird für jedes Commitment etwas kürzer, sodass das letzte Commitment schon eingelöst werden kann, bevor das vorherige abläuft. Aufgrund des `nLockTime` kann keine Partei irgendwelche Commitment-Transaktionen im Netz verbreiten, bis deren Timelocks abgelaufen sind. Geht alles gut, kooperieren beide Seiten und schließen den Kanal sauber mit einer Settlement-Transaktion ab, was die Übertragung einer

Commitment-Transaktion unnötig macht. Commitment-Transaktionen werden nur verwendet, wenn eine Partei die Verbindung unterbricht und die andere Partei den Kanal einseitig schließen muss.

Wird der Timelock der Commitment-Transaktion #1 auf 4.320 Blöcke in der Zukunft gesetzt, bekommt Commitment-Transaktion #2 einen Timelock von 4.319 Blöcken. Die Commitment-Transaktion #600 kann 600 Blöcke vor Commitment-Transaktion #1 eingelöst werden.

Abbildung 12-7 zeigt, wie jede Commitment-Transaktion einen kürzeren Timelock setzt und es damit erlaubt, vor früheren Commitments eingelöst zu werden.

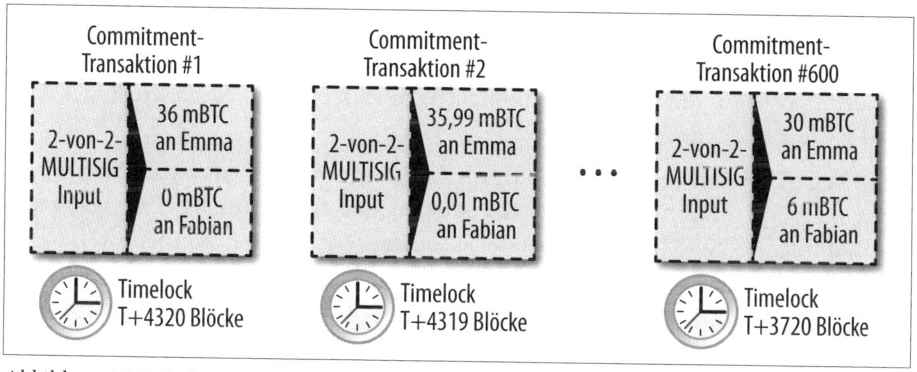

Abbildung 12-7: Jedes Commitment legt einen kürzeren Timelock fest, sodass es vor früheren Commitments eingelöst werden kann.

Jede folgende Commitment-Transaktion muss einen kürzeren Timelock verwenden, damit sie vor ihren Vorgängern und vor der Rückerstattungstransaktion eingelöst werden kann. Die Möglichkeit, ein Commitment früher im Netz zu propagieren, stellt sicher, dass ein Output eingelöst werden kann, und verhindert gleichzeitig, dass frühere Transaktionen eingelöst werden können. Die von der Bitcoin-Blockchain gebotenen Garantien, wie die Unterbindung von Double-Spendings und das Einhalten von Timelocks, ermöglichen jeder Commitment-Transaktion, ihre Vorgänger effizient zu annullieren.

Zustandskanäle verwenden Timelocks, um Smart Contracts über eine Zeitdimension hinweg durchzusetzen. Dieses Beispiel zeigt, wie diese Zeitdimension garantiert, dass die jüngste Commitment-Transaktion vor früheren Commitments gültig wird. Die aktuelle Commitment-Transaktion kann also übertragen und die Inputs können eingelöst werden, wodurch ältere Commitment-Transaktionen automatisch ungültig werden. Dieses Erzwingen von Smart Contracts über absolute Timelocks schützt vor Betrügereien durch eine der beiden Parteien. Die Implementierung verlangt nur Timelocks auf Transaktionsebene (`nLocktime`). Als Nächstes sehen wir uns Timelocks auf Skriptebene an (`CHECKLOCKTIMEVERIFY` und `CHECKSEQUENCEVERIFY`), mit deren Hilfe flexiblere, nützlichere und anspruchsvollere Zustandskanäle aufgebaut werden können.

Die erste Form eines unidirektionalen Zahlungskanals wurde 2015 als Prototyp einer Videostreaming-Anwendung von einem argentinischen Entwicklerteam vorgestellt. Sie finden es immer noch auf *streamium.io*.

Timelocks sind nicht die einzige Möglichkeit, ältere Commitment-Transaktionen zu annullieren. In den nächsten Abschnitten zeigen wir, wie man mit einem *Widerrufsschlüssel* (Revocation Key) das gleiche Ergebnis erzielt. Timelocks sind effizient, haben aber zwei Nachteile. Die Festlegung eines maximalen Timelocks schränkt die Lebensdauer des Kanals ein. Schlimmer noch, gleichzeitig müssen die Implementierungen langlebige Kanäle erlauben, wodurch eine der beiden Parteien gezwungen ist, im Fall einer vorzeitigen Schließung sehr lange auf die Rückerstattung zu warten. Darf ein Kanal beispielsweise 30 Tage offen bleiben und eine Partei fällt direkt aus, muss die andere Partei 30 Tage auf die Rückerstattung warten. Je weiter der maximale Timelock entfernt ist, desto länger dauert die Rückerstattung.

Das zweite Problem besteht darin, dass jede Commitment-Transaktion den Timelock um 1 verringern muss, was die Anzahl der Commitment-Transaktionen beschränkt, die zwischen den Parteien ausgetauscht werden können. Wird beispielsweise bei einem 30-Tage-Kanal der Timelock auf 4.320 Blöcke gesetzt, können nur 4.320 Commitment-Transaktionen ausgeführt werden, bevor der Kanal geschlossen werden muss. Setzt man das Timelock-Intervall zwischen Commitment-Transaktionen auf nur einen Block, stehen die Parteien unter Druck, weil sie online bleiben und bereit sein müssen, um zu jeder Zeit die richtige Commitment-Transaktion zu senden.

Nachdem Sie nun verstehen, wie Timelocks zur Annullierung älterer Transaktionen verwendet werden können, können Sie auch den Unterschied zwischen einem kooperativen Schließen des Kanals und einem Schließen durch das einseitige Senden einer Commitment-Transaktion erkennen. Alle Commitment-Transaktionen enthalten einen Timelock, d. h., bei der Übertragung einer Commitment-Transaktion muss man warten, bis der Timelock abläuft. Sind sich beide Parteien beim abschließenden Saldo einig und halten beide Commitment-Transaktionen, die diesen Saldo irgendwann ergeben, können sie eine Settlement-Transaktion erzeugen, die den gleichen Saldo ohne Timelock enthält. Beim kooperativen Schließen nimmt eine Partei die jüngste Transaktion und erzeugt daraus eine Settlement-Transaktion, die in allen Punkten identisch ist, nur dass der Timelock fehlt. Beide Parteien können diese Settlement-Transaktion signieren, wohl wissend, dass niemand betrügen und sich einen besseren Saldo erschleichen kann. Durch die gemeinsame Signierung und Übertragung der Settlement-Transaktion kann der Kanal geschlossen werden und der Ausgleich der Salden sofort erfolgen. Schlimmstenfalls kann sich eine Partei querstellen, die Kooperation verweigern und die andere Partei zum einseitigen Schließen mit der jüngsten Commitment-Transaktion zwingen. Doch in diesem Fall müssen sie ebenfalls auf den Ausgleich der Salden warten.

Asymmetrisch widerrufliche Commitments

Eine bessere Möglichkeit, ältere Commitment-Zustände zu handhaben, besteht darin, sie explizit zu widerrufen. Allerdings ist das nicht so einfach zu erreichen. Eine wesentliche Charakteristik von Bitcoin ist ja, dass eine Transaktion, sobald sie gültig ist, auch gültig bleibt und nicht verfällt. Die einzige Möglichkeit, eine Transaktion zu annullieren, ist ein Double-Spending des Inputs durch eine andere Transaktion, bevor sie geschürft wird. Aus diesem Grund haben wir in unserem einfachen Zahlungskanal-Beispiel Timelocks genutzt. So konnten wir sicherstellen, dass jüngere Commitments eingelöst werden, bevor ältere Commitments gültig werden. Allerdings ergeben sich durch die Sequenzierung der Commitments nach und nach einige Beschränkungen, die die Nutzung von Zahlungskanälen schwierig machen.

Zwar kann eine Transaktion nicht widerrufen werden, doch sie kann so aufgebaut werden, dass ihre Nutzung unvorteilhaft wird. Dazu geben wir jeder Partei einen *Widerrufsschlüssel* (Revocation Key), mit dem die andere Partei bestraft werden kann, wenn sie einen Betrugsversuch unternimmt. Dieser Mechanismus des Widerrufs vorangegangener Commitment-Transaktionen wurde erstmals als Teil des Lightning Network vorgeschlagen.

Um Widerrufsschlüssel zu erklären, wollen wir einen etwas komplexeren Zahlungskanal zwischen zwei Börsen aufbauen. Hitesh und Irene betreiben ihre Bitcoin-Börsen in Indien bzw. den USA. Die Kunden von Hiteshs indischer Börse senden oft Zahlungen an Kunden von Irenes amerikanischer Börse und umgekehrt. Momentan laufen diese Transaktionen über die Bitcoin-Blockchain, d.h., man muss Gebühren bezahlen und mehrere Blöcke auf die Bestätigung warten. Die Einrichtung eines Zahlungskanals zwischen den Börsen würde die Kosten deutlich reduzieren und den Transaktionsfluss beschleunigen.

Hitesh und Irene starten den Kanal, indem sie gemeinsam eine Funding-Transaktion aufbauen, bei der beide jeweils 5 Bitcoin in den Kanal einzahlen. Der Anfangssaldo ist also 5 Bitcoin für Hitesh und 5 Bitcoin für Irene. Die Funding-Transaktion versetzt den Kanal in einen 2-von-2-Multisig-Zustand (genau wie bei unserem Beispiel mit einem einfachen Kanal).

Die Funding-Transaktion kann ein oder mehr Inputs von Hitesh (die sich auf 5 oder mehr Bitcoin aufsummieren) und ein oder mehr Inputs von Irene (die sich ebenfalls auf 5 oder mehr Bitcoin aufsummieren) enthalten. Die Inputs müssen leicht über der Kapazität des Kanals liegen, um die Transaktionsgebühren abzudecken. Die Transaktion hat einen Output, der die insgesamt 10 Bitcoin an eine 2-von-2-Multisig-Adresse koppelt, die sowohl von Hitesh als auch von Irene kontrolliert wird. Die Funding-Transaktion kann auch eine oder mehrere Outputs enthalten, die Wechselgeld an Hitesh und Irene rausgeben, falls deren Inputs den vereinbarten Beitrag übersteigen. Das ist die einzige Transaktion, bei der Inputs von beiden Parteien angeboten und signiert werden. Sie muss von beiden Parteien gemeinsam erzeugt und signiert werden, bevor sie übertragen wird.

Anstelle einer einzigen Commitment-Transaktion, die von beiden Parteien signiert wird, erzeugen Hitesh und Irene nun zwei verschiedene, *asymmetrische*, Commitment-Transaktionen.

Hiteshs Commitment-Transaktion hat zwei Outputs. Der erste Output zahlt Irene die von ihr eingebrachten 5 Bitcoin unmittelbar zurück. Der zweite Output zahlt Hitesh die von ihm eingebrachten 5 Bitcoin zurück, aber erst nach einem Timelock von 1.000 Blöcken. Die Transaktions-Outputs sehen wie folgt aus:

```
Input: 2-von-2-Funding-Output, signiert von Irene

Output 0 <5 bitcoin>:
    <Irenes Public Key> CHECKSIG

Output 1:
    <1000 Blöcke>
    CHECKSEQUENCEVERIFY
    DROP
    <Hiteshs Public Key> CHECKSIG
```

Irene verwendet eine andere Commitment-Transaktion, ebenfalls mit zwei Outputs. Die erste zahlt Hitesh die von ihm eingebrachten 5 Bitcoin sofort zurück. Der zweite Output zahlt Irene die von ihr eingebrachten 5 Bitcoin zurück, aber erst nach einem Timelock von 1.000 Blöcken. Irenes Commitment-Transaktion (die von Hitesh signiert ist) sieht wie folgt aus:

```
Input: 2-von-2-Funding-Output, signiert von Hitesh

Output 0 <5 bitcoin>:
    <Hiteshs Public Key> CHECKSIG

Output 1:
    <1000 Blöcke>
    CHECKSEQUENCEVERIFY
    DROP
    <Irenes Public Key> CHECKSIG
```

Jede Partei besitzt also eine Commitment-Transaktion, die den 2-von-2-Funding-Output einlöst. Dieser Input ist von der jeweils *anderen* Partei signiert. Die Partei, welche die Transaktion besitzt, kann sie jederzeit signieren (und damit das 2-von-2 vervollständigen) und ans Netzwerk senden. Sendet man allerdings diese Commitment-Transaktion, wird die andere Partei sofort ausbezahlt, während man selbst auf den Ablauf des Timelocks warten muss. Wenn man eine »Zeitverzögerung« für die Auszahlung eines Outputs verhängt, sind beide Parteien leicht im Nachteil, wenn sich eine Partei entscheiden sollte, eine einseitige Commitment-Transaktion zu senden. Doch eine Zeitverzögerung allein reicht nicht aus, um eine faire Abwicklung sicherzustellen.

Abbildung 12-8 zeigt zwei asymmetrische Commitment-Transaktionen mit verzögerter Auszahlung an den Halter der Transaktion.

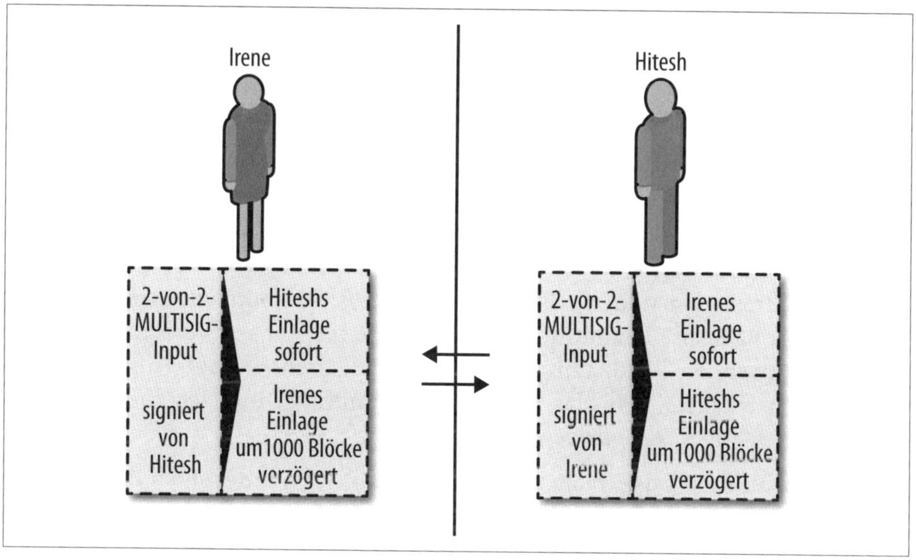

Abbildung 12-8: Zwei asymmetrische Commitment-Transaktionen mit verzögerter Auszahlung an den Halter der Transaktion

Nun führen wir das letzte Element dieses Schemas ein: einen Widerrufsschlüssel, der es einer benachteiligten Partei erlaubt, den Betrüger zu bestrafen, indem ihm der gesamte Saldo des Kanals entzogen wird.

Jede Commitment-Transaktion besitzt einen »verzögerten« Output. Das Freigabeskript erlaubt einer Partei, ihn nach 1.000 Blöcken einzulösen, *oder* der anderen Partei, ihn zu annullieren, wenn sie den Widerrufsschlüssel besitzt. Wenn also Hitesh eine Commitment-Transaktion erzeugt, die Irene signieren soll, macht er den zweiten Output nach 1.000 Blöcken an sich selbst zahlbar oder an jeden, der den Widerrufsschlüssel vorlegen kann. Hitesh baut diese Transaktion auf und erzeugt einen Widerrufsschlüssel, den er geheim hält. Er wird ihn Irene nur bekanntgeben, wenn er bereit ist, in einen neuen Kanalzustand zu wechseln und dieses Commitment zu widerrufen. Das Skript des zweiten Outputs sieht wie folgt aus:

```
Output 0 <5 Bitcoin>:
    <Irenes Public Key> CHECKSIG

Output 1 <5 Bitcoin>:
IF
    # Widerruf
    <Public Key des Widerrufs>
ELSE
    <1000 Blöcke>
    CHECKSEQUENCEVERIFY
```

```
        DROP
        <Hiteshs Public Key>
    ENDIF
    CHECKSIG
```

Irene kann diese Transaktion getrost signieren, da sie ihre Einlage sofort zurückerhält, wenn sie ins Netz übertragen wird. Hitesh hält die Transaktion, doch er weiß, dass er 1.000 Blöcke auf sein Geld warten muss, wenn er den Kanal einseitig schließt.

Bevor der Kanal in den nächsten Zustand übergeht, muss Hitesh diese Commitment-Transaktion widerrufen, bevor Irene bereit ist, die nächste Commitment-Transaktion zu signieren. Dazu muss er nur den Widerrufsschlüssel an Irene senden. Sobald Irene den Widerrufsschlüssel für dieses Commitment kennt, kann sie beruhigt das nächste Commitment signieren. Sie weiß, dass sie den Widerrufsschlüssel verwenden kann, um Hiteshs zeitverzögerten Output zu annullieren, sollte Hitesh betrügen und das vorherige Commitment ins Netz stellen. *Wenn Hitesh betrügt, erhält Irene beide Outputs.*

Das Widerrufsprotokoll ist bilateral, das heißt, in jeder Runde, in der der Kanalzustand geändert wird, tauschen beide Parteien neue Commitments aus sowie die Widerrufsschlüssel für das vorangegangene Commitment und signieren die Commitment-Transaktionen des jeweils anderen. Sobald der neue Zustand akzeptiert ist, wird der alte Zustand unbrauchbar gemacht, indem die notwendigen Widerrufsschlüssel ausgetauscht werden, die jeden Betrugsversuch bitter bestrafen.

Sehen wir uns an, wie das funktioniert. Einer von Irenes Kunden möchte 2 Bitcoin an einen von Hiteshs Kunden senden. Um 2 Bitcoin über den Kanal zu übertragen, müssen Hitesh und Irene den Zustand des Kanals so ändern, dass er den neuen Kontostand widerspiegelt. Sie bestätigen diesen neuen Zustand (Zustand 2), bei dem die 10 Bitcoin des Kanals aufgeteilt werden: 7 Bitcoin für Hitesh und 3 Bitcoin für Irene. Um den Zustand zu ändern, erzeugen beide neue Commitment-Transaktionen, die den neuen Kontostand des Kanals widerspiegeln.

Wie zuvor sind auch diese Commitment-Transaktionen asymmetrisch. Das bedeutet, die Commitment-Transaktionen, die jede Partei hält, zwingen sie zu warten, ob sie eingelöst werden. Wesentlich ist, dass zuerst Widerrufsschlüssel ausgetauscht werden müssen, um vorherige Commitments zu annullieren. In diesem Beispiel ist Hitesh am korrekten Zustand des Kanals interessiert und hat daher kein Interesse daran, den vorangegangenen Zustand zu veröffentlichen. Doch bei Zustand 1 hat Irene einen höheren Kontostand als bei Zustand 2. Wenn Irene den Widerrufsschlüssel für ihre vorangegangene Commitment-Transaktion (Zustand 1) an Hitesh übergibt, verzichtet sie faktisch darauf, Profit aus der vorherigen Transaktion zu schlagen, weil Hitesh beide Outputs der vorangegangenen Commitment-Transaktion sofort einlösen kann. Überträgt Irene also den vorherigen Zustand ins Netz, kann Hitesh von seinem Recht Gebrauch machen und beide Outputs einlösen.

Noch wichtiger ist, dass der Widerruf nicht automatisch erfolgt. Solange Hitesh in der Lage ist, Irene für einen Betrug zu bestrafen, muss er die Blockchain aufmerksam nach Anzeichen für einen Betrug beobachten. Taucht eine vorangegangene Commitment-Transaktion in der Blockchain auf, hat er 1.000 Blöcke Zeit, zu handeln und den Widerrufsschlüssel zu nutzen, um Irenes Betrugsversuch zu vereiteln und sie zu bestrafen, indem er den gesamten Kontostand, also 10 Bitcoin, einlöst.

Asymmetrische, widerrufbare Commitments mit relativen Timelocks (`CSV`) sind eine wesentlich bessere Möglichkeit zur Implementierung von Zahlungskanälen und eine grundlegende Innovation dieser Technik. Mit diesem Konstrukt kann der Kanal unendlich lang offen bleiben und Milliarden von Commitment-Transaktionen durchführen. Die Implementierung des Prototyps des Lightning Network nutzt zur Identifizierung des Commitment-Zustands einen 48-Bit-Index, also mehr als 281 Billionen ($2,8 \times 10^{14}$) Zustandsübergänge in einem einzigen Kanal!

Hash Time Lock Contracts (HTLC)

Zahlungskanäle können mit einer speziellen Form von Smart Contracts noch erweitert werden. Diese erlauben den Teilnehmern eine Zahlung an widerrufbare Secrets mit einem Verfallsdatum. Diese Möglichkeit wird *Hash Time Lock Contract*, kurz *HTLC*, genannt und wird sowohl in bidirektionalen als auch in gerouteten Zahlungskanälen verwendet.

Kommen wir zuerst zum »Hash«-Teil des HTLC. Um ein HTLC zu erzeugen, generiert der vorgesehene Empfänger der Zahlung zuerst ein Secret `R`. Dann berechnet er den Hash `H` dieses Secrets:

```
H = Hash(R)
```

Der so erzeugte Hash `H` kann in das Locking-Skript des Outputs eingebunden werden. Wer dieses Secret kennt, kann den Output einlösen. Das Secret `R` wird auch als das *Preimage* für die Hashfunktion bezeichnet. Das Preimage entspricht einfach den Daten, die als Eingabe für die Hashfunktion dienen.

Der zweite Teil eines HTLC ist die »Timelock«-Komponente. Wird das Secret nicht preisgegeben, kann der »Zahlungspflichtige« des HTLC nach einiger Zeit eine »Rückerstattung« erhalten. Das wird mit einem absoluten Timelock per `CHECKLOCKTIMEVERIFY` erreicht.

Ein HTLC implementierendes Skript könnte wie folgt aussehen:

```
IF
    # Zahlung, wenn Sie das Secret R kennen
    HASH160 <H> EQUALVERIFY
```

```
ELSE
    # Rückerstattung nach Timeout
    <locktime> CHECKLOCKTIMEVERIFY DROP
    <Zahlungspflichtiger Pubic Key> CHECKSIG
ENDIF
```

Jeder, der das Secret `R` kennt (das nach dem Hashing `H` entspricht), kann diese Output einlösen, indem er die erste Klausel der `IF`/`ELSE`-Anweisung ausführt.

Wird das Secret nicht vorgelegt und der HTLC eingefordert, kann der Zahlungspflichtige nach ein paar Blöcken eine Rückerstattung über die zweite Klausel der `IF`/`ELSE`-Anweisung einfordern.

Das ist eine grundlegende Implementierung des HTLC. Er kann von jedem eingelöst werden, der das Secret `R` kennt. Ein HTLC kann viele verschiedene Formen mit leichten Veränderungen des Skripts annehmen. Fügt man beispielsweise einen `CHECKSIG`-Operator und einen Public Key in die erste Klausel ein, beschränkt man die Freigabe auf einen benannten Empfänger, der außerdem das Secret `R` kennen muss.

Geroutete Zahlungskanäle (Lightning Network)

Das Lightning Network ist ein vorgeschlagenes geroutetes Netzwerk von bidirektionalen Zahlungskanälen, die »Ende zu Ende« miteinander verbunden sind. Ein solches Netzwerk erlaubt den Teilnehmern, eine Zahlung von Kanal zu Kanal zu übertragen (zu routen), ohne den dazwischenliegenden Teilnehmern vertrauen zu müssen. Das Lightning Network wurde im Februar 2015 erstmals von Joseph Poon und Thadeus Dryja beschrieben (*https://lightning.network/lightning-network-paper.pdf*), basierend auf einem Konzept für Zahlungskanäle, das von vielen anderen vorgeschlagen und verfeinert wurde.

Lightning Network verweist auf ein spezifisches Design für ein geroutetes Zahlungskanalnetzwerk, das mittlerweile von fünf verschiedenen Open-Source-Teams implementiert wurde. Die unabhängigen Implementierungen werden durch eine Reihe von Interoperabilitätsstandards koordiniert, die im *Basics of Lightning Technology (BOLT)*-Paper (*http://bit.ly/2rBHeoL*) beschrieben sind.

Prototypimplementierungen des Lightning Network wurden von verschiedenen Teams veröffentlicht. Diese Implementierungen standen vor der Segwit-Aktivierung im Testnet bereit und sind seit Ende August 2017 auch im Mainnet aktiv.

Das Lightning Network ist eine Möglichkeit, geroutete Zahlungskanäle zu implementieren. Es gibt verschiedene Designs wie z. B. Teechan und Tumblebit, die ähnliche Ziele verfolgen.

Einfaches Lightning-Network-Beispiel

Sehen wir uns an, wie es funktioniert.

In unserem Beispiel haben wir fünf Teilnehmer: Alice, Bob, Carol, Diana und Eric. Diese fünf Teilnehmer haben paarweise Kanäle miteinander geöffnet: Alice mit Bob, Bob mit Carol, Carol mit Diana und Diana mit Eric. Der Einfachheit halber wollen wir annehmen, dass jeder Teilnehmer 2 Bitcoin in den jeweiligen Kanal eingezahlt hat, insgesamt also 4 Bitcoin pro Kanal.

Abbildung 12-9 zeigt die fünf Teilnehmer in einem Lightning Network, die über bidirektionale Zahlungskanäle verbunden sind. Diese können miteinander verbunden werden, damit Alice eine Zahlung an Eric vornehmen kann (»Geroutete Zahlungskanäle (Lightning Network)« auf Seite 304).

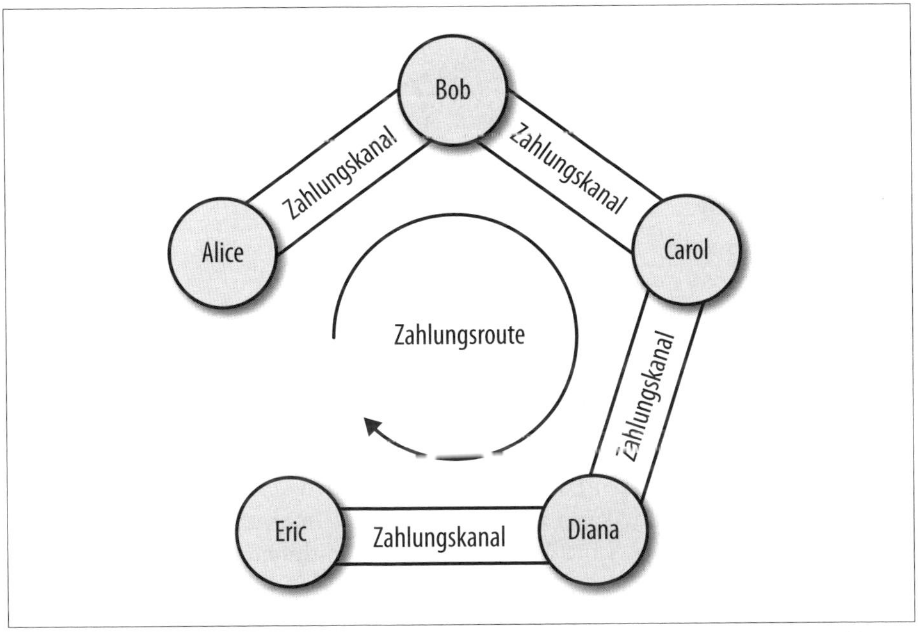

Abbildung 12-9: Eine Reihe miteinander verbundener bidirektionaler Zahlungskanäle bilden ein Lightning Network, das eine Zahlung von Alice an Eric routen kann.

Alice möchte Eric 1 Bitcoin bezahlen. Allerdings ist Alice nicht über einen Zahlungskanal mit Eric verbunden. Um den Zahlungskanal einzurichten, wird eine Funding-Transaktion benötigt, die an die Bitcoin-Blockchain übergeben werden muss. Alice möchte keinen neuen Zahlungskanal öffnen und noch mehr Kapital binden. Gibt es eine indirekte Möglichkeit, Eric zu bezahlen?

Abbildung 12-10 zeigt das schrittweise Routing einer Zahlung von Alice an Eric über eine Folge von HTLC-Commitments an die Zahlungskanäle, die die Teilnehmer miteinander verbinden.

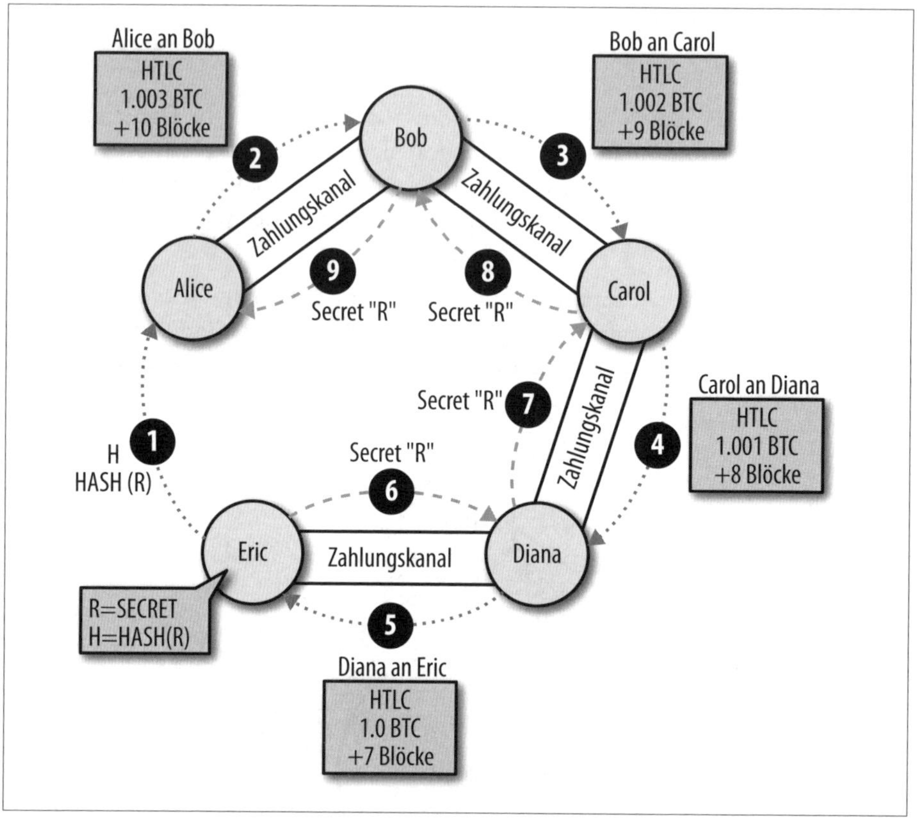

Abbildung 12-10: Schrittweises Zahlungs-Routing durch ein Lightning Network

Alice betreibt einen Lightning-Network-Node (LN), der ihren Zahlungskanal mit Bob aufrechterhält und in der Lage ist, Routen zwischen den Zahlungskanälen aufzuspüren. Alice' LN-Node kann außerdem über das Internet die Verbindung mit Erics LN-Node herstellen. Erics LN-Node erzeugt mithilfe eines Zufallszahlengenerators ein Secret `R`, das sie niemandem preisgibt. Vielmehr berechnet Erics Node einen Hash `H` des Secrets `R` und sendet diesen Hash an Alice' Node (Schritt 1 in Abbildung 12-10).

Alice' LN-Node konstruiert nun eine Route zwischen Alice' und Erics LN-Node. Den verwendeten Routing-Algorithmus sehen wir uns später noch genauer an. Im Moment gehen wir einfach davon aus, dass Alice' Node eine effiziente Route findet.

Alice' Node baut nun einen HTLC über 1,003 Bitcoin auf (siehe Abbildung 12-10, Schritt 2), zahlbar an den Hash `H`, mit einem Rückerstattungs-Timeout von 10 Blöcken (aktueller Block + 10). Die zusätzlichen 0,003 Bitcoin werden genutzt, um die dazwischenliegenden Nodes für ihre Teilnahme an diesem Zahlungskanal zu entschädigen. Alice bietet Bob diesen HTLC an, der 1,003 Bitcoin von ihrem Kanalsaldo mit Bob abzieht und dem HTLC zuspricht. Der HTLC definiert Folgendes:

Alice zahlt 1,003 BTC ihres Kanalsaldos an Bob, wenn Bob das Secret kennt, anderenfalls wird der Betrag nach Ablauf von 10 Blöcken an Alice zurückerstattet. Der Kanalsaldo zwischen Alice und Bob wird nur über Commitment-Transaktionen mit drei Outputs ausgedrückt: 2 Bitcoin Saldo an Bob, 0,997 Bitcoin Saldo an Alice, 1,003 Bitcoin in Alice' HTLC. Alice' Saldo wird um den im HTLC festgelegten Betrag reduziert.

Bob hat nun die Bestätigung, dass er die 1,003 BTC von Alice einlösen kann, wenn er innerhalb der nächsten 10 Blöcke das Secret `R` vorlegt. Basierend auf diesem Commitment, erzeugt Bobs Node ein HTLC in seinem Zahlungskanal mit Carol. Bobs HTLC spricht dem Hash `H` 1,002 BTC für 9 Blöcke zu, die Carol einlösen kann, wenn sie das Secret `R` kennt (siehe Abbildung 12-10, Schritt 3). Bob weiß, dass Carol `R` vorlegen muss, um seinen HTLC einlösen zu können. Wenn Bob `R` innerhalb von 9 Blöcken erhält, kann er ihn nutzen, um Alice' HTLC an sich einzulösen. Er bekommt außerdem 0,001 BTC, weil er seinen Kanalsaldo für 9 Blöcke zur Verfügung stellt. Kann Carol den HTLC nicht einlösen, wird alles auf die alten Kanalsalden zurückgesetzt, und niemand erleidet einen Verlust. Die Kanalsalden zwischen Bob und Carol sehen nun wie folgt aus: 2 an Carol, 0,998 an Bob, 1,002 von Bob im HTLC.

Carol hat nun ein Commitment, mit dem sie die 1,002 Bitcoin von Bob einlösen kann, wenn sie innerhalb der nächsten 9 Blöcke `R` erhält. Sie kann jetzt ein HTLC-Commitment über ihren Kanal mit Diana erzeugen. Ihr HTLC umfasst 1,001 BTC an Hash `H` für 8 Blöcke, die Diana mit dem Secret `R` einlösen kann (siehe Abbildung 12-10, Schritt 4). Aus Carols Sicht steht sie um 0,001 BTC besser da, wenn das funktioniert, und wenn nicht, hat sie auch nichts verloren. Ihr HTLC an Diana ist nur gültig, wenn `R` offengelegt wird, und in diesem Moment kann sie den HTLC von Bob einlösen. Der Kanalsaldo zwischen Carol und Diana ist nun: 2 für Diana, 0,999 für Carol und 1,001 von Carol im HTLC.

Zum Schluss kann Diana Eric einen HTLC anbieten, der 1 Bitcoin für 7 Blöcke an den Hash `H` vergibt (siehe Abbildung 12-10, Schritt 5). Der Kanalsaldo zwischen Diana und Eric ist nun: 2 für Eric, 1 für Diana und 1 von Diana im HTLC.

An diesem Punkt (»Hop«) der Route besitzt Eric das Secret `R`. Er kann daher den von Diana angebotenen HTLC einlösen. Er sendet `R` an Diana, löst den Bitcoin ein und fügt ihn seinem Kanalsaldo hinzu (siehe Abbildung 12-10, Schritt 6). Der Kanalsaldo ist nun: 1 für Diana und 3 für Eric.

Diana besitzt jetzt das Secret `R` und kann den HTLC von Carol einlösen. Diana sendet `R` an Carol und fügt ihrem Kanal 1,001 BTC hinzu (siehe Abbildung 12-10, Schritt 7). Der Kanalsaldo zwischen Carol und Diana ist nun: 0,999 für Carol, 3,001 für Diana. Diana hat 0,001 BTC »verdient«, weil sie an dieser Zahlungsroute teilgenommen hat.

Während das Secret `R` über die Route zurückfließt, kann jeder Teilnehmer den ausstehenden HTLC einlösen. Carol erhält 1,002 von Bob, d.h., der Saldo auf ihrem Kanal ist: 0,998 für Bob und 3,002 für Carol (siehe Abbildung 12-10, Schritt 8).

Zum Schluss löst Bob den HTLC von Alice ein (siehe Abbildung 12-10, Schritt 9), und ihr Kanalsaldo sieht wie folgt aus: 0,997 für Alice und 3,003 für Bob.

Alice hat Eric 1 Bitcoin bezahlt, ohne einen Kanal mit Eric zu öffnen. Keine der in die Zahlung involvierten Parteien musste einem anderen vertrauen. Für die kurzfristige Überlassung ihrer Einlagen erhalten sie eine kleine Gebühr, und die einzige Gefahr ist eine leichte Verzögerung bei der Rückerstattung, falls der Kanal geschlossen wird oder die Zahlung fehlschlägt.

Lightning Network – Transport und Routing

Die gesamte Kommunikation zwischen den LN-Nodes erfolgt durch Ende-zu-Ende Verschlüsselung. Zusätzlich besitzen alle Nodes einen dauerhaften Public Key, den sie zur Identifikation und zur gegenseitigen Authentifizierung verwenden (*http://bit.ly/2r5TACm*).

Will eine Node eine Zahlung an eine andere Node senden, muss sie zuerst einen *Pfad* durch das Netzwerk konstruieren, indem sie Zahlungskanäle mit ausreichender Kapazität verbindet. Nodes bieten Routing-Informationen an, darunter auch die offenen Kanäle, die Kapazität jedes Kanals und die für Routing-Zahlungen geforderten Gebühren. Die Routing-Informationen können auf vielfältige Weise geteilt werden, und sehr wahrscheinlich werden sich verschiedene Routing-Protokolle entwickeln, während sich die Lightning-Network-Technik weiterentwickelt. Einige Lightning-Network-Implementierungen verwenden für die Nodes das IRC-Protokoll als bequemen Mechanismus zur Bekanntgabe ihrer Routing-Informationen. Eine andere Implementierung zum Aufspüren von Routen nutzt ein P2P-Modell, bei dem Nodes Kanalmeldungen an ihre Peers propagieren. Dieses »Flooding-Modell« ähnelt der Bitcoin-Propagation von Transaktionen. Zukünftige Pläne umfassen ein Proposal namens Flare (*http://bit.ly/2r5TACm*), ein hybrides Routing-Modell mit »Nachbarschaften« lokaler Nodes und Nodes mit großer Reichweite (sogenannte *Beacon-Nodes*).

Im vorigen Beispiel hat Alice' Node einen dieser Routenerkennungsmechanismen genutzt, um einen oder mehrere Pfade zu finden, die ihre Node mit Erics Node verbinden. Sobald Alice' Node einen Pfad aufgebaut hat, initialisiert sie ihn durch das Netzwerk, indem sie eine Folge verschlüsselter und verschachtelter Anweisungen sendet, um alle angrenzenden Zahlungskanäle zu verbinden.

Tatsächlich kennt nur Alice' Node den gesamten Pfad. Alle anderen Teilnehmer der Zahlungsroute kennen lediglich die benachbarten Nodes. Aus Carols Sicht sieht es nach einer Zahlung von Bob an Diana aus. Carol weiß nicht, dass Bob eigentlich eine Zahlung von Alice weiterleitet. Sie weiß auch nicht, dass Diana eine Zahlung an Eric weiterleitet.

Das ist ein wesentliches Merkmal des Lightning Network, weil es den Datenschutz bei Zahlungen gewährleistet und Überwachung, Zensur und Blacklists sehr schwierig macht. Doch wie baut Alice diesen Zahlungspfad auf, ohne etwas an die dazwischenliegenden Nodes zu verraten?

Das Lightning Network implementiert ein Onion Routing-Protokoll, das auf einem Schema basiert, welches »Sphinx« (*http://bit.ly/2q6ZDrP*) genannt wird. Dieses Routing-Protokoll stellt sicher, dass der Zahlungssender einen Pfad durch das Lightning Network aufbauen (und darüber kommunizieren) kann, das die folgenden Eigenschaften aufweist:

- Zwischengeschaltete Nodes können ihren Teil der Routing-Information verifizieren und entschlüsseln, um den nächsten Hop zu finden.
- Außer über den vorherigen und den nächsten Hop erfahren sie nichts über die anderen Nodes, die Teil des Pfads sind.
- Sie können die Länge des Zahlungspfads oder ihre eigene Position innerhalb dieses Pfads nicht erkennen.
- Jeder Teil des Pfads ist so verschlüsselt, dass ein Angreifer auf Netzwerkebene Pakete von verschiedenen Teilen des Pfads nicht miteinander assoziieren kann.
- Im Gegensatz zu Tor (einem Onion-Routing-Netzwerk) gibt es keine »Exit-Nodes«, die überwacht werden könnten. Die Zahlungen müssen nicht an die Bitcoin-Blockchain übermittelt werden, was bedeutet, dass die Nodes nur die Kanalsalden aktualisieren.

Mithilfe des Onion-Routing-Protokolls packt Alice jedes Element des Pfads in eine Verschlüsselungsschicht, die am Ende beginnt und sich zurückarbeitet. Sie verschlüsselt eine Nachricht an Eric mit Erics öffentlichem Schlüssel. Diese Nachricht wird in eine Nachricht gepackt, die verschlüsselt an Diana geht und Eric als nächsten Empfänger identifiziert. Die Nachricht an Diana wird in eine Nachricht verpackt, die mit Carols Public Key verschlüsselt wird und Diana als nächsten Empfänger identifiziert. Die Nachricht an Carol wird mit Bobs Schlüssel verschlüsselt. Alice hat so eine »Multilayer-Onion« von Nachrichten aufgebaut. Sie sendet diese an Bob, der nur die äußere Schicht entschlüsseln und entpacken kann. Darin findet Bob eine an Carol adressierte Nachricht, die er an Carol weiterleiten, aber nicht selbst entschlüsseln kann. Dem Pfad folgend wird die Nachricht weitergeleitet, entschlüsselt, weitergeleitet und so weiter, bis sie Eric erreicht. Jeder Teilnehmer kennt bei jedem Hop nur die vor- und nachgelagerte Node.

Jedes Element des Pfads enthält Informationen im HTLC, die auf den nächsten Hop ausgedehnt werden müssen: die gesendete Menge, die einzufügende Gebühr und das Verfallsdatum des HTLC als CLTV-Locktime (in Blöcken). Während die Routeninformationen propagiert werden, machen die Nodes HTLC-Commitments an den nächsten Hop.

An diesem Punkt fragen Sie sich vielleicht, wie es möglich ist, dass die Nodes die Länge des Pfads und ihre Position darin nicht kennen. Schließlich empfangen sie eine Nachricht und leiten sie an den nächsten Hop weiter. Wird diese nicht kürzer, und lässt sich so die Größe des Pfads und die Position darin nicht ableiten? Um das zu vermeiden, ist der Pfad immer 20 Hop lang und wird mit zufälligen Daten aufgefüllt. Jede Node sieht den nächsten Hop und eine verschlüsselte Nachricht fester

Länge, die sie weiterleiten soll. Nur der eigentliche Empfänger sieht, dass es keinen nächsten Hop gibt. Für alle anderen sieht es so aus, als lägen noch 20 Hops vor ihnen.

Vorteile des Lightning Network

Ein Lightning Network ist eine auf dem sogenannten Second-Layer angesiedelte Routing-Technik. Sie kann auf jede Blockchain angewandt werden, die einige grundlegende Fähigkeiten wie Multisignatur-Transaktionen, Timelocks und einfache Smart Contracts besitzt.

Liegt ein Lightning Network über dem Bitcoin-Netzwerk, erfährt das Bitcoin-Netzwerk eine deutliche Steigerung an Kapazität, Privatsphäre, Granularität und Geschwindigkeit, ohne die Prinzipien des »vertrauensfreien« Betriebs ohne Mittelsmänner zu verletzen:

Privatsphäre
: Zahlungen im Lightning Network sind wesentlich privater als Zahlungen in der Bitcoin-Blockchain, da sie nicht öffentlich sind. Zwar sehen die Teilnehmer an einer Route, dass Zahlungen über ihre Kanäle laufen, aber sie kennen weder Sender noch Empfänger.

Übertragbarkeit
: Ein Lightning Network macht eine Überwachung und den Einsatz von Blacklists beim Bitcoin wesentlich schwieriger, was die Übertragbarkeit der Währung deutlich erhöht.

Geschwindigkeit
: Bitcoin-Transaktionen im Lightning Network können innerhalb von Millisekunden (und nicht Minuten) festgehalten werden, da die HTLCs verrechnet werden, ohne Transaktionen in einen Block eintragen zu müssen.

Granularität
: Ein Lightning Network erlaubt kleine Zahlungen am Bitcoin-»Dust«-Limit, vielleicht sogar darunter. Einige Proposals erlauben Beträge unter einem Satoshi.

Kapazität
: Ein Lightning Network erhöht die Kapazität des Bitcoin-Systems um mehrere Größenordnungen. Es gibt praktisch keine obere Grenze für die Anzahl der Zahlungen pro Sekunde, die über ein Lightning Network übertragen werden können, da diese nur von der Kapazität und Geschwindigkeit der Node abhängt.

»Vertrauensfreier« Betrieb
: Ein Lightning Network nutzt Bitcoin-Transaktionen zwischen als Peers betriebenen Nodes, die einander nicht vertrauen (müssen). Ein Lightning Network hält also an den Prinzipien des Bitcoin-Systems fest, während es gleichzeitig die Betriebsparameter signifikant erweitert.

Wie vorhin bereits erwähnt, ist das Lightning-Network-Protokoll nicht die einzige Möglichkeit, geroutete Zahlungsprotokolle zu implementieren. Zu den anderen vorgeschlagenen Systemen gehören etwa Tumblebit und Teechan. Zu diesem Zeitpunkt wird das Lightning Network aber bereits im Testnet eingesetzt. Mehrere verschiedene Teams haben konkurrierende LN-Implementierungen entwickelt und arbeiten an einem gemeinsamen Standard (namens BOLT) für die Interoperabilität. Es ist wahrscheinlich, dass das Lightning Network das erste geroutete Zahlungskanalnetzwerk im Produktivbetrieb sein wird.

Fazit

Wir haben einige der neu auftauchenden Anwendungen kennengelernt, die auf der Bitcoin-Blockchain als Vertrauensplattform aufsetzen. Diese Anwendungen erweitern den Einsatzbereich von Bitcoin als Zahlungs- und Finanzinstrument um Anwendungen, bei denen Vertrauen wesentlich ist. Durch die Dezentralisierung der Vertrauensbasis wird die Bitcoin-Blockchain viele revolutionäre Anwendungen in den unterschiedlichsten Industrien hervorbringen.

ANHANG A

Das Bitcoin-Whitepaper von Satoshi Nakamoto

Hier erhalten Sie das Original-Whitepaper, und zwar genau so, wie es von Satoshi Nakamoto im Oktober 2008 veröffentlicht wurde.

Bitcoin - A Peer-to-Peer Electronic Cash System

Satoshi Nakamoto

satoshin@gmx.com

www.bitcoin.org

Abstract. A purely peer-to-peer version of electronic cash would allow online payments to be sent directly from one party to another without going through a financial institution. Digital signatures provide part of the solution, but the main benefits are lost if a trusted third party is still required to prevent double-spending. We propose a solution to the double-spending problem using a peer-to-peer network. The network timestamps transactions by hashing them into an ongoing chain of hash-based proof-of-work, forming a record that cannot be changed without redoing the proof-of-work. The longest chain not only serves as proof of the sequence of events witnessed, but proof that it came from the largest pool of CPU power. As long as a majority of CPU power is controlled by nodes that are not cooperating to attack the network, they'll generate the longest chain and outpace attackers. The network itself requires minimal structure. Messages are broadcast on a best effort basis, and nodes can leave and rejoin the network at will, accepting the longest proof-of-work chain as proof of what happened while they were gone.

Introduction

Commerce on the Internet has come to rely almost exclusively on financial institutions serving as trusted third parties to process electronic payments. While the system works well enough for most transactions, it still suffers from the inherent weaknesses of the trust based model. Completely non-reversible transactions are not really possible, since financial institutions cannot avoid mediating disputes. The cost of mediation increases transaction costs, limiting the minimum practical transaction size and cutting off the possibility for small casual transactions, and there is a broader cost in the loss of ability to make non-reversible payments for nonreversible services. With the possibility of reversal, the need for trust spreads. Merchants must be wary of their customers, hassling them for more information than they would otherwise need. A certain percentage of fraud is accepted as unavoidable. These costs and payment uncertainties can be avoided in person by using physical currency, but no mechanism exists to make payments over a communications channel without a trusted party.

What is needed is an electronic payment system based on cryptographic proof instead of trust, allowing any two willing parties to transact directly with each other without the need for a trusted third party. Transactions that are computationally impractical to reverse would protect sellers from fraud, and routine escrow mechanisms could easily be implemented to protect buyers. In this paper, we propose a solution to the double-spending problem using a peer-to-peer distributed timestamp server to generate computational proof of the chronological order of transactions. The system is secure as long as honest nodes collectively control more CPU power than any cooperating group of attacker nodes.

Transactions

We define an electronic coin as a chain of digital signatures. Each owner transfers the coin to the next by digitally signing a hash of the previous transaction and the public key of the next owner and adding these to the end of the coin. A payee can verify the signatures to verify the chain of ownership.

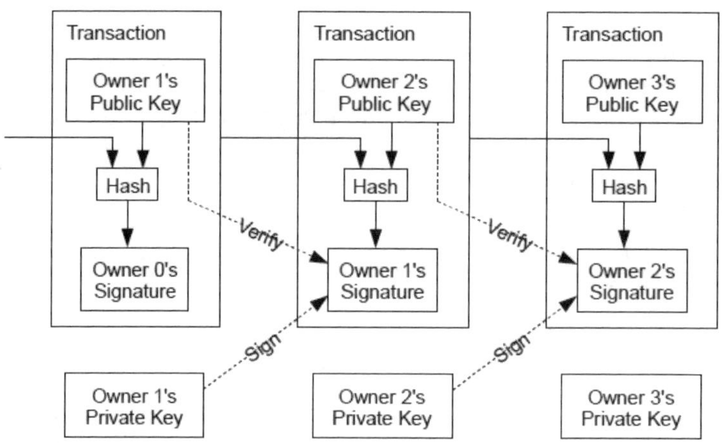

The problem of course is the payee can't verify that one of the owners did not double-spend the coin. A common solution is to introduce a trusted central authority, or mint, that checks every transaction for double spending. After each transaction, the coin must be returned to the mint to issue a new coin, and only coins issued directly from the mint are trusted not to be double-spent. The problem with this solution is that the fate of the entire money system depends on the company running the mint, with every transaction having to go through them, just like a bank.

We need a way for the payee to know that the previous owners did not sign any earlier transactions. For our purposes, the earliest transaction is the one that counts, so we don't care about later attempts to double-spend. The only way to confirm the absence of a transaction is to be aware of all transactions. In the mint based model, the mint was aware of all transactions and decided which arrived first. To accomplish this without a trusted party, transactions must be publicly announced [1], and we need a system for participants to agree on a single history of the order in which they were received. The payee needs proof that at the time of each transaction, the majority of nodes agreed it was the first received.

Timestamp Server

The solution we propose begins with a timestamp server. A timestamp server works by taking a hash of a block of items to be timestamped and widely publishing the hash, such as in a newspaper or Usenet post [2-5]. The timestamp proves that the data must have existed at the time, obviously, in order to get into the hash. Each timestamp includes the previous timestamp in its hash, forming a chain, with each additional timestamp reinforcing the ones before it.

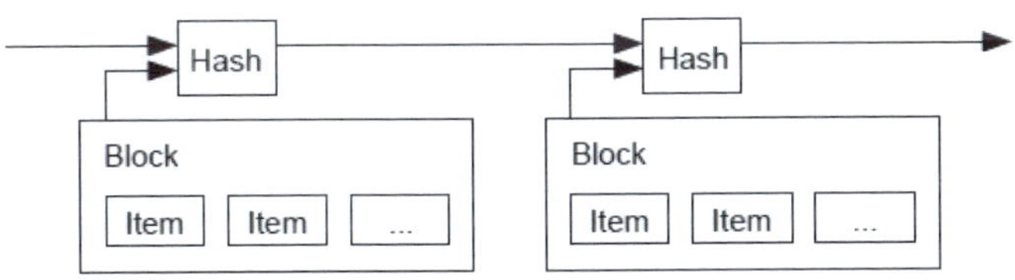

Proof-of-Work

To implement a distributed timestamp server on a peer-to-peer basis, we will need to use a proof-of-work system similar to Adam Back's Hashcash [6], rather than newspaper or Usenet posts. The proof-of-work involves scanning for a value that when hashed, such as with SHA-256, the hash begins with a number of zero bits. The average work required is exponential in the number of zero bits required and can be verified by executing a single hash. For our timestamp network, we implement the proof-of-work by incrementing a nonce in the block until a value is found that gives the block's hash the required zero bits. Once the CPU effort has been expended to make it satisfy the proof-of-work, the block cannot be changed without redoing the work. As later blocks are chained after it, the work to change the block would include redoing all the blocks after it.

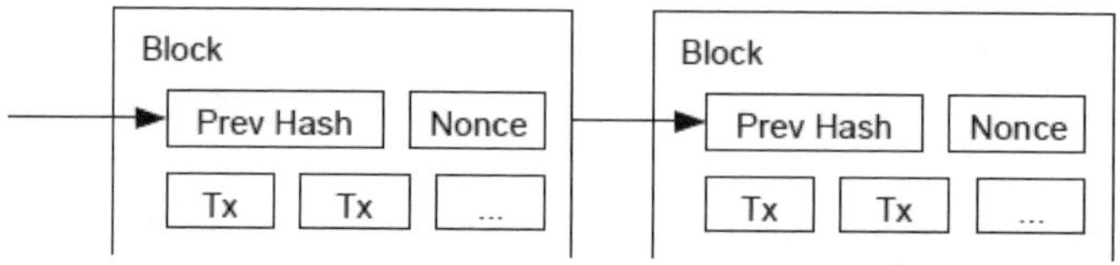

The proof-of-work also solves the problem of determining representation in majority decision making. If the majority were based on one-IP-address-one-vote, it could be subverted by anyone able to allocate many IPs. Proof-of-work is essentially one-CPU-one-vote. The majority decision is represented by the longest chain, which has the greatest proof-of-work effort invested in it. If a majority of CPU power is controlled by honest nodes, the honest chain will grow the fastest and outpace any competing chains. To modify a past block, an attacker would have to redo the proof-of-work of the block and all blocks after it and then catch up with and surpass the work of the honest nodes. We will show later that the probability of a slower attacker catching up diminishes exponentially as subsequent blocks are added.

To compensate for increasing hardware speed and varying interest in running nodes over time, the proof-of-work difficulty is determined by a moving average targeting an average number of blocks per hour. If they're generated too fast, the difficulty increases.

Network

The steps to run the network are as follows:

1. New transactions are broadcast to all nodes.
2. Each node collects new transactions into a block.
3. Each node works on finding a difficult proof-of-work for its block.
4. When a node finds a proof-of-work, it broadcasts the block to all nodes.
5. Nodes accept the block only if all transactions in it are valid and not already spent.
6. Nodes express their acceptance of the block by working on creating the next block in the chain, using the hash of the accepted block as the previous hash.

Nodes always consider the longest chain to be the correct one and will keep working on extending it. If two nodes broadcast different versions of the next block simultaneously, some nodes may receive one or the other first. In that case, they work on the first one they received, but save the other branch in case it becomes longer. The tie will be broken when the next proof-of-work is found and one branch becomes longer; the nodes that were working on the other branch will then switch to the longer one.

New transaction broadcasts do not necessarily need to reach all nodes. As long as they reach many nodes, they will get into a block before long. Block broadcasts are also tolerant of dropped messages. If a node does not receive a block, it will request it when it receives the next block and realizes it missed one.

Incentive

By convention, the first transaction in a block is a special transaction that starts a new coin owned by the creator of the block. This adds an incentive for nodes to support the network, and provides a way to initially distribute coins into circulation, since there is no central authority to issue them. The steady addition of a constant of amount of new coins is analogous to gold miners expending resources to add gold to circulation. In our case, it is CPU time and electricity that is expended.

The incentive can also be funded with transaction fees. If the output value of a transaction is less than its input value, the difference is a transaction fee that is added to the incentive value of the block containing the transaction. Once a predetermined number of coins have entered circulation, the incentive can transition entirely to transaction fees and be completely inflation free.

The incentive may help encourage nodes to stay honest. If a greedy attacker is able to assemble more CPU power than all the honest nodes, he would have to choose between using it to defraud people by stealing back his payments, or using it to generate new coins. He ought to find it more profitable to play by the rules, such rules that favour him with more new coins than everyone else combined, than to undermine the system and the validity of his own wealth.

Reclaiming Disk Space

Once the latest transaction in a coin is buried under enough blocks, the spent transactions before it can be discarded to save disk space. To facilitate this without breaking the block's hash, transactions are hashed in a Merkle Tree [7] [2] [5], with only the root included in the block's hash. Old blocks can then be compacted by stubbing off branches of the tree. The interior hashes do not need to be stored.

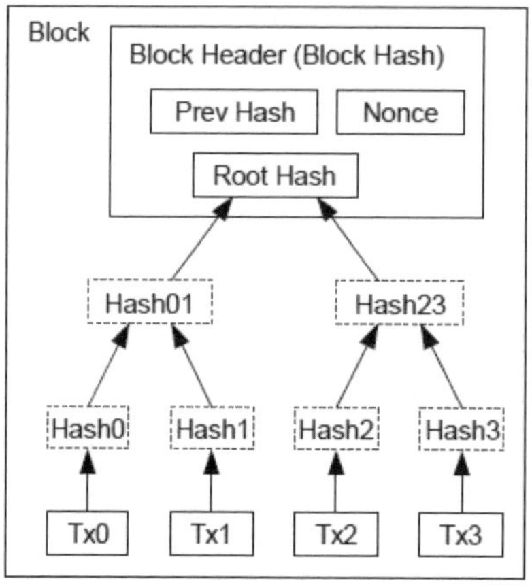

Transactions Hashed in a Merkle Tree

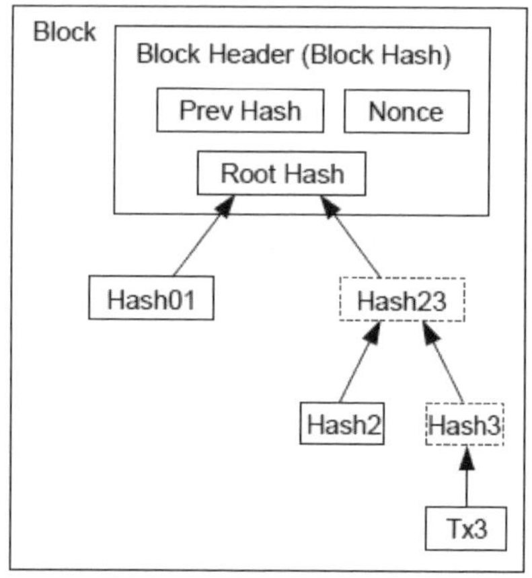

After Pruning Tx0-2 from the Block

A block header with no transactions would be about 80 bytes. If we suppose blocks are generated every 10 minutes, `80 bytes * 6 * 24 * 365 == 4.2MB` per year. With computer systems typically selling with 2GB of RAM as of 2008, and Moore's Law predicting current growth of 1.2GB per year, storage should not be a problem even if the block headers must be kept in memory.

Simplified Payment Verification

It is possible to verify payments without running a full network node. A user only needs to keep a copy of the block headers of the longest proof-of-work chain, which he can get by querying network nodes until he's convinced he has the longest chain, and obtain the Merkle branch linking the transaction to the block it's timestamped in. He can't check the transaction for himself, but by linking it to a place in the chain, he can see that a network node has accepted it, and blocks added after it further confirm the network has accepted it.

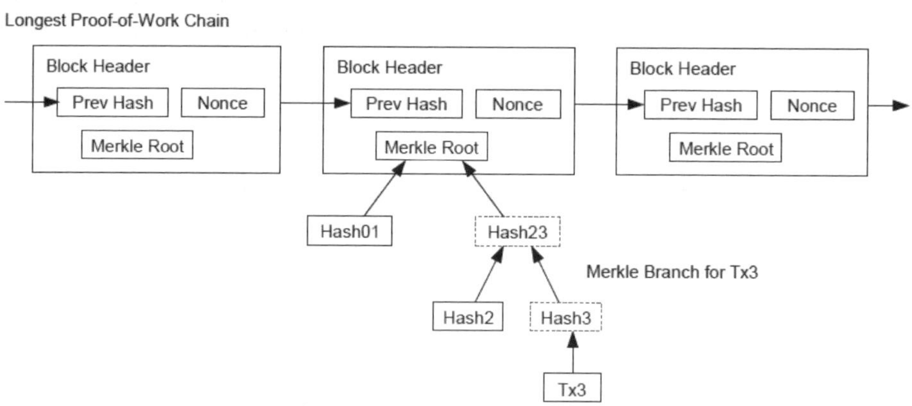

As such, the verification is reliable as long as honest nodes control the network, but is more vulnerable if the network is overpowered by an attacker. While network nodes can verify transactions for themselves, the simplified method can be fooled by an attacker's fabricated transactions for as long as the attacker can continue to overpower the network. One strategy to protect against this would be to accept alerts from network nodes when they detect an invalid block, prompting the user's software to download the full block and alerted transactions to confirm the inconsistency. Businesses that receive frequent payments will probably still want to run their own nodes for more independent security and quicker verification.

Combining and Splitting Value

Although it would be possible to handle coins individually, it would be unwieldy to make a separate transaction for every cent in a transfer. To allow value to be split and combined, transactions contain multiple inputs and outputs. Normally there will be either a single input from a larger previous transaction or multiple inputs combining smaller amounts, and at most two outputs: one for the payment, and one returning the change, if any, back to the sender.

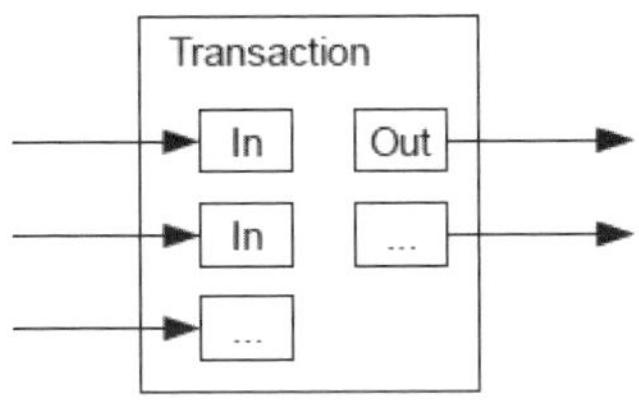

It should be noted that fan-out, where a transaction depends on several transactions, and those transactions depend on many more, is not a problem here. There is never the need to extract a complete standalone copy of a transaction's history.

Privacy

The traditional banking model achieves a level of privacy by limiting access to information to the parties involved and the trusted third party. The necessity to announce all transactions publicly precludes this method, but privacy can still be maintained by breaking the flow of information in another place: by keeping public keys anonymous. The public can see that someone is sending an amount to someone else, but without information linking the transaction to anyone. This is similar to the level of information released by stock exchanges, where the time and size of individual trades, the "tape", is made public, but without telling who the parties were.

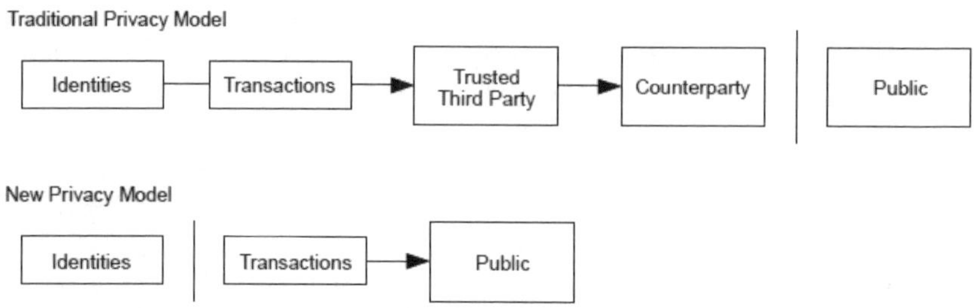

As an additional firewall, a new key pair should be used for each transaction to keep them from being linked to a common owner. Some linking is still unavoidable with multi-input transactions, which necessarily reveal that their inputs were owned by the same owner. The risk is that if the owner of a key is revealed, linking could reveal other transactions that belonged to the same owner.

Calculations

We consider the scenario of an attacker trying to generate an alternate chain faster than the honest chain. Even if this is accomplished, it does not throw the system open to arbitrary changes, such as creating value out of thin air or taking money that never belonged to the attacker. Nodes are not going to accept an invalid transaction as payment, and honest nodes will never accept a block containing them. An attacker can only try to change one of his own transactions to take back money he recently spent.

The race between the honest chain and an attacker chain can be characterized as a Binomial Random Walk. The success event is the honest chain being extended by one block, increasing its lead by +1, and the failure event is the attacker's chain being extended by one block, reducing the gap by -1.

The probability of an attacker catching up from a given deficit is analogous to a Gambler's Ruin problem. Suppose a gambler with unlimited credit starts at a deficit and plays potentially an infinite number of trials to try to reach breakeven. We can calculate the probability he ever reaches breakeven, or that an attacker ever catches up with the honest chain, as follows [8]:

p == probability an honest node finds the next block

q == probability the attacker finds the next block

q_z == probability the attacker will ever catch up from z blocks behind

$$q_z = \begin{Bmatrix} 1 & \text{if } p \leq q \\ (q/p)^z & \text{if } p > q \end{Bmatrix}$$

Given our assumption that $p > q$, the probability drops exponentially as the number of blocks the attacker has to catch up with increases. With the odds against him, if he doesn't make a lucky lunge forward early on, his chances become vanishingly small as he falls further behind.

We now consider how long the recipient of a new transaction needs to wait before being sufficiently certain the sender can't change the transaction. We assume the sender is an attacker who wants to make the recipient believe he paid him for a while, then switch it to pay back to himself after some time has passed. The receiver will be alerted when that happens, but the sender hopes it will be too late.

The receiver generates a new key pair and gives the public key to the sender shortly before signing. This prevents the sender from preparing a chain of blocks ahead of time by working on it continuously until he is lucky enough to get far enough ahead, then executing the transaction at that moment. Once the transaction is sent, the dishonest sender starts working in secret on a parallel chain containing an alternate version of his transaction.

The recipient waits until the transaction has been added to a block and z blocks have been linked after it. He doesn't know the exact amount of progress the attacker has made, but assuming the honest blocks took the average expected time per block, the attacker's potential progress will be a Poisson distribution with expected value:

$$\lambda = z\frac{q}{p}$$

To get the probability the attacker could still catch up now, we multiply the Poisson density for each amount of progress he could have made by the probability he could catch up from that point:

$$\sum_{k=0}^{\infty} \frac{\lambda^k e^{-\lambda}}{k!} \cdot \begin{Bmatrix} (q/p)^{(z-k)} & if\, k \le z \\ 1 & if\, k > z \end{Bmatrix}$$

Rearranging to avoid summing the infinite tail of the distribution...

$$1 - \sum_{k=0}^{z} \frac{\lambda^k e^{-\lambda}}{k!} \left(1 - (q/p)^{(z-k)}\right)$$

Converting to C code...

```
#include <math.h>
double AttackerSuccessProbability(double q, int z)
{
    double p == 1.0 - q;
    double lambda == z * (q / p);
    double sum -- 1.0;
    int i, k;
    for (k == 0; k <== z; k++)
    {
```

```
        double poisson == exp(-lambda);
        for (i == 1; i <== k; i++)
            poisson *== lambda / i;
        sum -== poisson * (1 - pow(q / p, z - k));
    }
    return sum;
}
```

Running some results, we can see the probability drop off exponentially with z.

```
q=0.1
z=0 P=1.0000000
z=1 P=0.2045873
z=2 P=0.0509779
z=3 P=0.0131722
z=4 P=0.0034552
z=5 P=0.0009137
z=6 P=0.0002428
z=7 P=0.0000647
z=8 P=0.0000173
z=9 P=0.0000046
z=10 P=0.0000012

q=0.3
z=0 P=1.0000000
z=5 P=0.1773523
z=10 P=0.0416605
z=15 P=0.0101008
z=20 P=0.0024804
z=25 P=0.0006132
z=30 P=0.0001522
z=35 P=0.0000379
z=40 P=0.0000095
z=45 P=0.0000024
z=50 P=0.0000006
```

Solving for P less than 0.1%...

```
P < 0.001
q=0.10 z=5
q=0.15 z=8
q=0.20 z=11
q=0.25 z=15
q=0.30 z=24
q=0.35 z=41
q=0.40 z=89
q=0.45 z=340
```

Conclusion

We have proposed a system for electronic transactions without relying on trust. We started with the usual framework of coins made from digital signatures, which provides strong control of ownership, but is incomplete without a way to prevent double-spending. To solve this, we proposed a peer-to-peer network using proof-of-work to record a public history of transactions that quickly becomes computationally impractical for an attacker to change if honest nodes control a majority of CPU power. The network is robust in its unstructured simplicity. Nodes work all at once with little coordination. They do not need to be identified, since messages are not routed to any particular place and only need to be delivered on a best effort basis. Nodes can leave and rejoin the network at will, accepting the proof-of-work chain as proof of what happened while they were gone. They vote with their CPU power, expressing their acceptance of valid blocks by working on extending them and rejecting invalid blocks by refusing to work on them. Any needed rules and incentives can be enforced with this consensus mechanism.

References

[1] W. Dai, "b-money," *http://www.weidai.com/bmoney.txt*, 1998.

[2] H. Massias, X.S. Avila, and J.-J. Quisquater, "Design of a secure timestamping service with minimal trust requirements," In 20th Symposium on Information Theory in the Benelux, May 1999.

[3] S. Haber, W.S. Stornetta, "How to time-stamp a digital document," In Journal of Cryptology, vol 3, no 2, pages 99-111, 1991.

[4] D. Bayer, S. Haber, W.S. Stornetta, "Improving the efficiency and reliability of digital time-stamping," In Sequences II: Methods in Communication, Security and Computer Science, pages 329-334, 1993.

[5] S. Haber, W.S. Stornetta, "Secure names for bit-strings," In Proceedings of the 4th ACM Conference on Computer and Communications Security, pages 28-35, April 1997.

[6] A. Back, "Hashcash - a denial of service counter-measure," *http://www.hashcash.org/papers/hashcash.pdf*, 2002.

[7] R.C. Merkle, "Protocols for public key cryptosystems," In Proc. 1980 Symposium on Security and Privacy, IEEE Computer Society, pages 122-133, April 1980.

[8] W. Feller, "An introduction to probability theory and its applications," 1957.

License

ware without restriction, including without limitation the rights to use, copy, modify, merge, publish, distribute, sublicense, and/or sell copies of the Software, and to permit persons to whom the Software is furnished to do so, subject to the following conditions:

The above copyright notice and this permission notice shall be included in all copies or substantial portions of the Software.

THE SOFTWARE IS PROVIDED "AS IS," WITHOUT WARRANTY OF ANY KIND, EXPRESS OR IMPLIED, INCLUDING BUT NOT LIMITED TO THE WARRANTIES OF MERCHANTABILITY, FITNESS FOR A PARTICULAR PURPOSE AND NONINFRINGEMENT. IN NO EVENT SHALL THE AUTHORS OR COPYRIGHT HOLDERS BE LIABLE FOR ANY CLAIM, DAMAGES OR OTHER LIABILITY, WHETHER IN AN ACTION OF CONTRACT, TORT OR OTHERWISE, ARISING FROM, OUT OF OR IN CONNECTION WITH THE SOFTWARE OR THE USE OR OTHER DEALINGS IN THE SOFTWARE.

ANHANG B

Operatoren, Konstanten und Symbole der Transaktions-Skriptsprache

Tabellen und Beschreibungen sind frei übersetzt aus *https://en.bitcoin.it/wiki/Script*.

Tabelle B-1 fasst die Operatoren zusammen, die Werte auf dem Stack ablegen (»pushen«).

Tabelle B-1: Werte auf den Stack schieben (Push)

Symbol	Wert (hex)	Beschreibung
OP_0 oder OP_FALSE	0x00	Ein leeres Array wird auf dem Stack abgelegt.
1-75	0x01-0x4b	Legt die nächsten N Byte auf dem Stack ab, wobei N zwischen 1 und 75 liegt.
OP_PUSHDATA1	0x4c	Das nächste Skript-Byte enthält N. Legt die nachfolgenden N Byte auf dem Stack ab.
OP_PUSHDATA2	0x4d	Die nächsten beiden Skript-Bytes enthalten N. Legt die nachfolgenden N Byte auf dem Stack ab.
OP_PUSHDATA4	0x4e	Die nächsten vier Skript-Bytes enthalten N. Legt die nächsten N Byte auf dem Stack ab.
OP_1NEGATE	0x4f	Legt den Wert -1 auf dem Stack ab.
OP_RESERVED	0x50	Halt – ungültige Transaktion, es sei denn, sie steht in einer nicht ausgeführten OP_IF-Klausel.
OP_1 oder OP_TRUE	0x51	Legt den Wert 1 auf dem Stack ab
OP_2 bis OP_16	0x52 to 0x60	Für OP_N wird der Wert N auf dem Stack abgelegt. Beispielsweise legt OP_2 den Wert 2 auf den Stack.

Tabelle B-2 fasst die Operatoren für die Ablaufsteuerung zusammen.

Tabelle B-2: Ablaufsteuerung

Symbol	Wert (hex)	Beschreibung
OP_NOP	0x61	Macht nichts (No Operation).
OP_VER	0x62	Halt – ungültige Transaktion, es sei denn, sie steht in einer nicht ausgeführten OP_IF-Klausel.
OP_IF	0x63	Führt die nachfolgenden Anweisungen aus, wenn auf dem Stack keine 0 liegt.
OP_NOTIF	0x64	Führt die nachfolgenden Anweisungen aus, wenn auf dem Stack eine 0 liegt.
OP_VERIF	0x65	Halt – ungültige Transaktion.
OP_VERNOTIF	0x66	Halt – ungültige Transaktion.
OP_ELSE	0x67	Nur ausführen, wenn die vorherigen Anweisungen nicht ausgeführt wurden.
OP_ENDIF	0x68	Ende des `OP_IF`-, `OP_NOTIF`- und `OP_ELSE`-Blocks.
OP_VERIFY	0x69	Wenn TOS ungleich TRUE, anhalten und Transaktion annullieren.
OP_RETURN	0x6a	Anhalten und Transaktion annullieren.

Tabelle B-3 fasst die Operatoren für Timelocks zusammen.

Tabelle B-3: Timelock-Operationen

Symbol	Wert (hex)	Beschreibung
OP_CHECKLOCKTIMEVERIFY (früher OP_NOP2)	0xb1	Markiert eine Transaktion als ungültig, wenn das TOS-Element größer ist als das `nLockTime`-Feld der Transaktion. Anderenfalls verhält sich das Skript so, als wäre ein `OP_NOP` ausgeführt worden. Die Transaktion ist auch ungültig, wenn 1. der Stack leer ist oder 2. das TOS-Element negativ ist oder 3. das TOS-Element größer oder gleich 500.000.000 ist, während die `nLockTime` kleiner als 500.000.000 ist, oder umgekehrt, oder wenn 4. die `nSequence` des Inputs gleich 0xffffffff ist. Die genaue Semantik wird in BIP-65 beschrieben.
OP_CHECKSEQUENCEVERIFY (früher OP_NOP3)	0xb2	Markiert eine Transaktion als ungültig, wenn die relative Locktime des Inputs (laut BIP 0068 per `nSequence`) ungleich oder länger als das TOS-Element ist. Die genaue Semantik wird in BIP-112 beschrieben.

Tabelle B-4 fasst die Operatoren für die Manipulation des Stacks zusammen.

Tabelle B-4: Stackoperationen

Symbol	Wert (hex)	Beschreibung
OP_TOALTSTACK	0x6b	Entfernt das oberste Element vom Stack und schiebt es auf den alternativen Stack.

Tabelle B-4: Stackoperationen (Fortsetzung)

Symbol	Wert (hex)	Beschreibung
OP_FROMALTSTACK	0x6c	Entfernt das oberste Element vom alternativen Stack und schiebt es auf den Stack.
OP_2DROP	0x6d	Die beiden obersten Elemente vom Stack entfernen.
OP_2DUP	0x6e	Die beiden obersten Elemente des Stacks duplizieren.
OP_3DUP	0x6f	Die drei obersten Elemente des Stacks duplizieren.
OP_2OVER	0x70	Kopiert das dritte und vierte Element des Stacks und schiebt sie auf den Stack.
OP_2ROT	0x71	Verschiebt das fünfte und sechste Element des Stacks auf den Stack.
OP_2SWAP	0x72	Vertauscht die beiden oberen Elementpaare des Stacks.
OP_IFDUP	0x73	Dupliziert das oberste Element des Stacks, wenn es nicht 0 ist.
OP_DEPTH	0x74	Zählt die Elemente des Stacks und schiebt das Ergebnis auf den Stack.
OP_DROP	0x75	Entfernt das oberste Element vom Stack.
OP_DUP	0x76	Dupliziert das oberste Element des Stacks.
OP_NIP	0x77	Entfernt das zweite Element vom Stack.
OP_OVER	0x78	Kopiert das zweite Element des Stacks und schiebt es auf den Stack.
OP_PICK	0x79	Wert N vom Stack nehmen, dann N-tes Element auf den Stack kopieren.
OP_ROLL	0x7a	Wert N vom Stack nehmen, dann N-tes Element auf den Stack verschieben.
OP_ROT	0x7b	Rotiert die drei obersten Elemente auf dem Stack.
OP_SWAP	0x7c	Vertauscht die zwei obersten Elemente auf dem Stack.
OP_TUCK	0x7d	Kopiert das oberste Element auf dem Stack und fügt es zwischen dem obersten und zweiten Element ein.

Tabelle B-5 fasst die String-Operatoren zusammen.

Tabelle B-5: Splicing-Operationen

Symbol	Wert (hex)	Beschreibung
OP_CAT	0x7e	Deaktiviert (verkettet die beiden obersten Elemente).
OP_SUBSTR	0x7f	Deaktiviert (gibt einen Substring zurück).
OP_LEFT	0x80	Deaktiviert (gibt linken Substring zurück)
OP_RIGHT	0x81	Deaktiviert (gibt rechten Substring zurück).
OP_SIZE	0x82	Berechnet die String-Länge des obersten Elements und legt sie auf dem Stack ab.

Tabelle B-6 fasst die Operatoren für binäre Arithmetik und boolesche Logik zusammen.

Tabelle B-6: Binary arithmetic and conditionals

Symbol	Wert (hex)	Beschreibung
OP_INVERT	0x83	Deaktiviert (Bits des obersten Elements invertieren).
OP_AND	0x84	Deaktiviert (boolesches UND der beiden oberen Elemente).
OP_OR	0x85	Deaktiviert (boolesches ODER der beiden oberen Elemente).
OP_XOR	0x86	Deaktiviert (boolesches XODER der beiden oberen Elemente).
OP_EQUAL	0x87	TRUE (1) auf dem Stack ablegen, wenn die beiden obersten Elemente genau gleich sind, sonst FALSE (0).
OP_EQUALVERIFY	0x88	Wie `OP_EQUAL`, führt danach aber `OP_VERIFY` aus, um das Skript anzuhalten, falls das Ergebnis nicht TRUE ist.
OP_RESERVED1	0x89	Halt – ungültige Transaktion, es sei denn, sie steht in einer nicht ausgeführten `OP_IF`-Klausel.
OP_RESERVED2	0x8a	Halt – ungültige Transaktion, es sei denn, sie steht in einer nicht ausgeführten `OP_IF`-Klausel.

Tabelle B-7 führt die numerischen (arithmetischen) Operatoren auf.

Tabelle B-7: Numerische Operatoren

Symbol	Wert (hex)	Beschreibung
OP_1ADD	0x8b	Addiert eine 1 zum obersten Element.
OP_1SUB	0x8c	Subtrahiert eine 1 vom obersten Element.
OP_2MUL	0x8d	Deaktiviert (multipliziert oberstes Element mit 2).
OP_2DIV	0x8e	Deaktiviert (dividiert oberstes Element durch 2).
OP_NEGATE	0x8f	Wechselt das Vorzeichen des obersten Elements.
OP_ABS	0x90	Ändert das Vorzeichen des obersten Elements in ein Plus.
OP_NOT	0x91	Ist das oberste Element 0 oder 1, dann boolesch invertieren, sonst 0 zurückgeben.
OP_0NOTEQUAL	0x92	Ist das oberste Element 0, dann 0 zurückgeben, sonst 1.
OP_ADD	0x93	Entfernt die beiden obersten Elemente vom Stack, addiert sie und schiebt das Ergebnis auf den Stack.
OP_SUB	0x94	Entfernt die beiden obersten Elemente vom Stack, subtrahiert das erste vom zweiten und schiebt das Ergebnis auf den Stack.
OP_MUL	0x95	Deaktiviert (multipliziert die beiden obersten Elemente).
OP_DIV	0x96	Deaktiviert (dividiert das zweite Element durch das erste).
OP_MOD	0x97	Deaktiviert (dividiert das zweite Element durch das erste und schiebt den Rest auf den Stack).

Tabelle B-7: Numerische Operatoren (Fortsetzung)

Symbol	Wert (hex)	Beschreibung
OP_LSHIFT	0x98	Deaktiviert (schiebt das zweite Element um die Anzahl an Bits im ersten Element nach links).
OP_RSHIFT	0x99	Deaktiviert (schiebt das zweite Element um die Anzahl an Bits im ersten Element nach rechts).
OP_BOOLAND	0x9a	Boolesches UND der beiden oberen Elemente.
OP_BOOLOR	0x9b	Boolesches ODER der beiden oberen Elemente.
OP_NUMEQUAL	0x9c	Gibt TRUE zurück, wenn die beiden Zahlen auf dem Stack gleich sind.
OP_NUMEQUALVERIFY	0x9d	Wie `NUMEQUAL` und dann `OP_VERIFY`, um das Skript anzuhalten, wenn der Wert nicht TRUE ist.
OP_NUMNOTEQUAL	0x9e	Gibt TRUE zurück, wenn die beiden Zahlen auf dem Stack nicht gleich sind.
OP_LESSTHAN	0x9f	Gibt TRUE zurück, wenn das zweite Element kleiner ist als das erste.
OP_GREATERTHAN	0xa0	Gibt TRUE zurück, wenn das zweite Element größer ist als das erste.
OP_LESSTHANOREQUAL	0xa1	Gibt TRUE zurück, wenn das zweite Element kleiner oder gleich dem obersten Element ist.
OP_GREATERTHANOREQUAL	0xa2	Gibt TRUE zurück, wenn das zweite Element größer oder gleich dem obersten Element ist.
OP_MIN	0xa3	Gibt das kleinere der beiden obersten Elemente zurück.
OP_MAX	0xa4	Gibt das größere der beiden obersten Elemente zurück.
OP_WITHIN	0xa5	Gibt TRUE zurück, wenn das dritte Element zwischen (oder gleich) dem zweiten und dem ersten Element ist.

Tabelle B-8 fasst die kryptografischen Operatoren zusammen.

Tabelle B-8: Kryptografie- und Hashing-Operatoren

Symbol	Wert (hex)	Beschreibung
OP_RIPEMD160	0xa6	Gibt RIPEMD160-Hash des obersten Elements zurück.
OP_SHA1	0xa7	Gibt SHA1-Hash des obersten Elements zurück.
OP_SHA256	0xa8	Gibt SHA256-Hash des obersten Elements zurück.
OP_HASH160	0xa9	Gibt RIPEMD160(SHA256(x)) Hash des obersten Elements zurück.
OP_HASH256	0xaa	Gibt SHA256(SHA256(x))-Hash des obersten Elements zurück.
OP_CODESEPARATOR	0xab	Markiert den Anfang der signaturgeprüften Daten.
OP_CHECKSIG	0xac	Nimmt einen Public Key und eine Signatur vom Stack und validiert die Signatur für die gehashten Daten der Transaktion. Gibt TRUE zurück, wenn sie stimmt.
OP_CHECKSIGVERIFY	0xad	Wie `CHECKSIG` und dann `OP_VERIFY`, um das Skript anzuhalten, wenn der Wert nicht TRUE ist.

Tabelle B-8: Kryptografie- und Hashing-Operatoren (Fortsetzung)

Symbol	Wert (hex)	Beschreibung
OP_CHECKMULTISIG	0xae	Führt CHECKSIG für jedes bereitgestellte Public Key/Signatur-Paar aus. Alle müssen stimmen. Bug in der Implementierung entfernt einen zusätzlichen Wert. Stellen Sie als Workaround ein OP_NOP voran.
OP_CHECKMULTISIGVERIFY	0xaf	Wie CHECKMULTISIG und dann OP_VERIFY, um das Skript anzuhalten, wenn der Wert nicht TRUE ist.

Tabelle B-9 führt die »Nichtoperatoren« auf.

Tabelle B-9: Nichtoperatoren

Symbol	Wert (hex)	Beschreibung
OP_NOP1-OP_NOP10	0xb0-0xb9	Macht nichts (No Operation), wird ignoriert.

Tabelle B-10 führt Operatorcodes auf, die intern vom Skript-Parser genutzt werden.

Tabelle B-10: Für die interne Nutzung durch den Parser reservierte OP-Codes

Symbol	Wert (hex)	Beschreibung
OP_SMALLDATA	0xf9	Repräsentiert ein kleines Datenfeld.
OP_SMALLINTEGER	0xfa	Repräsentiert ein kleines Integer-Datenfeld.
OP_PUBKEYS	0xfb	Repräsentiert Public-Key-Felder.
OP_PUBKEYHASH	0xfd	Repräsentiert ein Public-Key-Hashfeld.
OP_PUBKEY	0xfe	Repräsentiert ein Public-Key-Feld.
OP_INVALIDOPCODE	0xff	Jeder Opcode, der momentan nicht vergeben ist.

ANHANG C

Bitcoin Improvement Proposals

Bitcoin Improvement Proposals sind Designdokumente mit Informationen für die Bitcoin-Community oder um ein neues Feature für Bitcoin, seine Prozesse oder seine Umgebung zu beschreiben.

Seit BIP-01, *BIP Purpose and Guidelines*, gibt es drei Arten von BIPs:

Standard-BIP
: Beschreibt jede Änderung, die die meisten (oder alle) Bitcoin-Implementierungen betreffen, etwa Änderungen im Netzwerkprotokoll, Änderungen der Validierungsregeln für Blöcke oder Transaktionen oder jede Änderung/Ergänzung, die die Interoperabilität Bitcoin nutzender Anwendungen betrifft.

Informatives BIP
: Beschreibt einen Designaspekt von Bitcoin oder stellt allgemeine Richtlinien/Informationen für die Bitcoin-Community bereit. Neue Features werden nicht vorgeschlagen. Informative BIPs stellen nicht unbedingt den Konsens oder eine Empfehlung der Bitcoin-Community dar, d.h., Implementoren können informative BIPs ignorieren oder deren Rat beherzigen.

Prozess-BIPs
: Beschreibt einen Bitcoin-Prozess oder schlägt eine Änderung an einem Prozess bzw. an einem Event in einem Prozess vor. Prozess-BIPs ähneln Standard-BIPs, gelten aber für Bereiche abseits des Bitcoin-Protokolls selbst. Häufig verlangen sie den Konsens der Community, und im Gegensatz zu informativen BIPs sind sie mehr als Empfehlungen, d.h., die Nutzer können sie nicht einfach ignorieren. Zu den Beispielen gehören Prozeduren, Richtlinien, Änderungen am Entscheidungsfindungsprozess und Änderungen an den Tools oder der Umgebung, die für die Bitcoin-Entwicklung genutzt werden. Jedes Meta-BIP wird auch als Prozess-BIP betrachtet.

BIPs werden in einem versionierten Repository auf GitHub festgehalten: *https://github.com/bitcoin/bips*. Tabelle C-1 zeigt einen Schnappschuss der BIPs vom April 2017. Aktuelle Informationen zu existierenden BIPs und deren Inhalte finden Sie im autoritativen Repository.

Tabelle C-1: Schnappschuss der BIPs

BIP#	Titel	Owner	Art	Status
BIP-1 (*https://github.com/bitcoin/bips/blob/master/bip-0001.mediawiki*)	BIP Purpose and Guidelines	Amir Taaki	Prozess	Ersetzt
BIP-2 (*https://github.com/bitcoin/bips/blob/master/bip-0002.mediawiki*)	BIP process, revised	Luke Dashjr	Prozess	Aktiv
BIP-8 (*https://github.com/bitcoin/bips/blob/master/bip-0008.mediawiki*)	Version bits with guaranteed lock-in	Shaolin Fry	Informativ	Entwurf
BIP-9 (*https://github.com/bitcoin/bips/blob/master/bip-0009.mediawiki*)	Version bits with timeout and delay	Pieter Wuille, Peter Todd, Greg Maxwell, Rusty Russell	Informativ	Final
BIP-10 (*https://github.com/bitcoin/bips/blob/master/bip-0010.mediawiki*)	Multi-Sig Transaction Distribution	Alan Reiner	Informativ	Zurückgezogen
BIP-11 (*https://github.com/bitcoin/bips/blob/master/bip-0011.mediawiki*)	M-of-N Standard Transactions	Gavin Andresen	Standard	Final
BIP-12 (*https://github.com/bitcoin/bips/blob/master/bip-0012.mediawiki*)	OP_EVAL	Gavin Andresen	Standard	Zurückgezogen
BIP-13 (*https://github.com/bitcoin/bips/blob/master/bip-0013.mediawiki*)	Address Format for pay-to-script-hash	Gavin Andresen	Standard	Final
BIP-14 (*https://github.com/bitcoin/bips/blob/master/bip-0014.mediawiki*)	Protocol Version and User Agent	Amir Taaki, Patrick Strateman	Standard	Final
BIP-15 (*https://github.com/bitcoin/bips/blob/master/bip-0015.mediawiki*)	Aliases	Amir Taaki	Standard	Zurückgestellt
BIP-16 (*https://github.com/bitcoin/bips/blob/master/bip-0016.mediawiki*)	Pay to Script Hash	Gavin Andresen	Standard	Final
BIP-17 (*https://github.com/bitcoin/bips/blob/master/bip-0017.mediawiki*)	OP_CHECKHASHVERIFY (CHV)	Luke Dashjr	Standard	Zurückgezogen
BIP-18 (*https://github.com/bitcoin/bips/blob/master/bip-0018.mediawiki*)	hashScriptCheck	Luke Dashjr	Standard	Vorgeschlagen
BIP-19 (*https://github.com/bitcoin/bips/blob/master/bip-0019.mediawiki*)	M-of-N Standard Transactions (Low SigOp)	Luke Dashjr	Standard	Entwurf
BIP-20 (*https://github.com/bitcoin/bips/blob/master/bip-0020.mediawiki*)	URI Scheme	Luke Dashjr	Standard	Ersetzt
BIP-21 (*https://github.com/bitcoin/bips/blob/master/bip-0021.mediawiki*)	URI Scheme	Nils Schneider, Matt Corallo	Standard	Final
BIP-22 (*https://github.com/bitcoin/bips/blob/master/bip-0022.mediawiki*)	getblocktemplate - Fundamentals	Luke Dashjr	Standard	Final
BIP-23 (*https://github.com/bitcoin/bips/blob/master/bip-0023.mediawiki*)	getblocktemplate - Pooled Mining	Luke Dashjr	Standard	Final
BIP-30 (*https://github.com/bitcoin/bips/blob/master/bip-0030.mediawiki*)	Duplicate transactions	Pieter Wuille	Standard	Final

Tabelle C-1: Schnappschuss der BIPs (Fortsetzung)

BIP#	Titel	Owner	Art	Status
BIP-31 (*https://github.com/bitcoin/bips/blob/master/bip-0031.mediawiki*)	Pong message	Mike Hearn	Standard	Final
BIP-32 (*https://github.com/bitcoin/bips/blob/master/bip-0032.mediawiki*)	Hierarchical Deterministic Wallets	Pieter Wuille	Informativ	Final
BIP-33 (*https://github.com/bitcoin/bips/blob/master/bip-0033.mediawiki*)	Stratized Nodes	Amir Taaki	Standard	Entwurf
BIP-34 (*https://github.com/bitcoin/bips/blob/master/bip-0034.mediawiki*)	Block v2, Height in Coinbase	Gavin Andresen	Standard	Final
BIP-35 (*https://github.com/bitcoin/bips/blob/master/bip-0035.mediawiki*)	mempool message	Jeff Garzik	Standard	Final
BIP-36 (*https://github.com/bitcoin/bips/blob/master/bip-0036.mediawiki*)	Custom Services	Stefan Thomas	Standard	Entwurf
BIP-37 (*https://github.com/bitcoin/bips/blob/master/bip-0037.mediawiki*)	Connection Bloom filtering	Mike Hearn, Matt Corallo	Standard	Final
BIP-38 (*https://github.com/bitcoin/bips/blob/master/bip-0038.mediawiki*)	Passphrase-protected private key	Mike Caldwell, Aaron Voisine	Standard	Entwurf
BIP-39 (*https://github.com/bitcoin/bips/blob/master/bip-0039.mediawiki*)	Mnemonic code for generating deterministic keys	Marek Palatinus, Pavol Rusnak, Aaron Voisine, Sean Bowe	Standard	Vorgeschlagen
BIP-40 (*https://github.com/bitcoin/bips/blob/master/bip-0040.mediawiki*)	Stratum wire protocol	Marek Palatinus	Standard	BIP-Nummer zugeteilt
BIP-41 (*https://github.com/bitcoin/bips/blob/master/bip-0041.mediawiki*)	Stratum mining protocol	Marek Palatinus	Standard	BIP-Nummer zugeteilt
BIP-42 (*https://github.com/bitcoin/bips/blob/master/bip-0042.mediawiki*)	A finite monetary supply for Bitcoin	Pieter Wuille	Standard	Entwurf
BIP-43 (*https://github.com/bitcoin/bips/blob/master/bip-0043.mediawiki*)	Purpose Field for Deterministic Wallets	Marek Palatinus, Pavol Rusnak	Informativ	Entwurf
BIP-44 (*https://github.com/bitcoin/bips/blob/master/bip-0044.mediawiki*)	Multi-Account Hierarchy for Deterministic Wallets	Marek Palatinus, Pavol Rusnak	Standard	Vorgeschlagen
BIP-45 (*https://github.com/bitcoin/bips/blob/master/bip-0045.mediawiki*)	Structure for Deterministic P2SH Multisignature Wallets	Manuel Araoz, Ryan X. Charles, Matias Alejo Garcia	Standard	Vorgeschlagen
BIP-47 (*https://github.com/bitcoin/bips/blob/master/bip-0047.mediawiki*)	Reusable Payment Codes for Hierarchical Deterministic Wallets	Justus Ranvier	Informativ	Entwurf
BIP-49 (*https://github.com/bitcoin/bips/blob/master/bip-0049.mediawiki*)	Derivation scheme for P2WPKH-nested-in-P2SH based accounts	Daniel Weigl	Informativ	Entwurf

Tabelle C-1: Schnappschuss der BIPs (Fortsetzung)

BIP#	Titel	Owner	Art	Status
BIP-50 (*https://github.com/bitcoin/bips/blob/master/bip-0050.mediawiki*)	March 2013 Chain Fork Post-Mortem	Gavin Andresen	Informativ	Final
BIP-60 (*https://github.com/bitcoin/bips/blob/master/bip-0060.mediawiki*)	Fixed Length "version" Message (Relay-Transactions Field)	Amir Taaki	Standard	Entwurf
BIP-61 (*https://github.com/bitcoin/bips/blob/master/bip-0061.mediawiki*)	Reject P2P message	Gavin Andresen	Standard	Final
BIP-62 (*https://github.com/bitcoin/bips/blob/master/bip-0062.mediawiki*)	Dealing with malleability	Pieter Wuille	Standard	Zurückgezogen
BIP-63 (*https://github.com/bitcoin/bips/blob/master/bip-0063.mediawiki*)	Stealth Addresses	Peter Todd	Standard	BIP-Nummer zugeteilt
BIP-64 (*https://github.com/bitcoin/bips/blob/master/bip-0064.mediawiki*)	getutxo message	Mike Hearn	Standard	Entwurf
BIP-65 (*https://github.com/bitcoin/bips/blob/master/bip-0065.mediawiki*)	OP_ CHECKLOCKTIME-VERIFY	Peter Todd	Standard	Final
BIP-66 (*https://github.com/bitcoin/bips/blob/master/bip-0066.mediawiki*)	Strict DER signatures	Pieter Wuille	Standard	Final
BIP-67 (*https://github.com/bitcoin/bips/blob/master/bip-0067.mediawiki*)	Deterministic Pay-to-script-hash multi-signature addresses through public key sorting	Thomas Kerin, Jean-Pierre Rupp, Ruben de Vries	Standard	Vorgeschlagen
BIP-68 (*https://github.com/bitcoin/bips/blob/master/bip-0068.mediawiki*)	Relative lock-time using consensus-enforced sequence numbers	Mark Friedenbach, BtcDrak, Nicolas Dorier, kinoshitajona	Standard	Final
BIP-69 (*https://github.com/bitcoin/bips/blob/master/bip-0069.mediawiki*)	Lexicographical Indexing of Transaction Inputs and Outputs	Kristov Atlas	Informativ	Vorgeschlagen
BIP-70 (*https://github.com/bitcoin/bips/blob/master/bip-0070.mediawiki*)	Payment Protocol	Gavin Andresen, Mike Hearn	Standard	Final
BIP-71 (*https://github.com/bitcoin/bips/blob/master/bip-0071.mediawiki*)	Payment Protocol MIME types	Gavin Andresen	Standard	Final
BIP-72 (*https://github.com/bitcoin/bips/blob/master/bip-0072.mediawiki*)	bitcoin: uri extensions for Payment Protocol	Gavin Andresen	Standard	Final
BIP-73 (*https://github.com/bitcoin/bips/blob/master/bip-0073.mediawiki*)	Use "Accept" header for response type negotiation with Payment Request URLs	Stephen Pair	Standard	Final

Tabelle C-1: Schnappschuss der BIPs (Fortsetzung)

BIP#	Titel	Owner	Art	Status
BIP-74 (*https://github.com/bitcoin/bips/blob/master/bip-0074.mediawiki*)	Allow zero value OP_RETURN in Payment Protocol	Toby Padilla	Standard	Entwurf
BIP-75 (*https://github.com/bitcoin/bips/blob/master/bip-0075.mediawiki*)	Out of Band Address Exchange using Payment Protocol Encryption	Justin Newton, Matt David, Aaron Voisine, James MacWhyte	Standard	Entwurf
BIP-80 (*https://github.com/bitcoin/bips/blob/master/bip-0080.mediawiki*)	Hierarchy for Non-Colored Voting Pool Deterministic Multisig Wallets	Justus Ranvier, Jimmy Song	Informativ	Zurückgestellt
BIP-81 (*https://github.com/bitcoin/bips/blob/master/bip-0081.mediawiki*)	Hierarchy for Colored Voting Pool Deterministic Multisig Wallets	Justus Ranvier, Jimmy Song	Informativ	Zurückgestellt
BIP-83 (*https://github.com/bitcoin/bips/blob/master/bip-0083.mediawiki*)	Dynamic Hierarchical Deterministic Key Trees	Eric Lombrozo	Standard	Entwurf
BIP-90 (*https://github.com/bitcoin/bips/blob/master/bip-0090.mediawiki*)	Buried Deployments	Suhas Daftuar	Informativ	Entwurf
BIP-99 (*https://github.com/bitcoin/bips/blob/master/bip-0099.mediawiki*)	Motivation and deployment of consensus rule changes ([soft/hard]forks)	Jorge Timón	Informativ	Entwurf
BIP-101 (*https://github.com/bitcoin/bips/blob/master/bip-0101.mediawiki*)	Increase maximum block size	Gavin Andresen	Standard	Zurückgezogen
BIP-102 (*https://github.com/bitcoin/bips/blob/master/bip-0102.mediawiki*)	Block size increase to 2MB	Jeff Garzik	Standard	Entwurf
BIP-103 (*https://github.com/bitcoin/bips/blob/master/bip-0103.mediawiki*)	Block size following technological growth	Pieter Wuille	Standard	Entwurf
BIP-104 (*https://github.com/bitcoin/bips/blob/master/bip-0104.mediawiki*)	*Block75* - Max block size like difficulty	t.khan	Standard	Entwurf
BIP-105 (*https://github.com/bitcoin/bips/blob/master/bip-0105.mediawiki*)	Consensus based block size retargeting algorithm	BtcDrak	Standard	Entwurf
BIP-106 (*https://github.com/bitcoin/bips/blob/master/bip-0106.mediawiki*)	Dynamically Controlled Bitcoin Block Size Max Cap	Upal Chakraborty	Standard	Entwurf
BIP-107 (*https://github.com/bitcoin/bips/blob/master/bip-0107.mediawiki*)	Dynamic limit on the block size	Washington Y. Sanchez	Standard	Entwurf
BIP-109 (*https://github.com/bitcoin/bips/blob/master/bip-0109.mediawiki*)	Two million byte size limit with sigop and sighash limits	Gavin Andresen	Standard	Abgelehnt

Tabelle C-1: Schnappschuss der BIPs (Fortsetzung)

BIP#	Titel	Owner	Art	Status
BIP-111 (*https://github.com/bitcoin/bips/blob/master/bip-0111.mediawiki*)	NODE_BLOOM service bit	Matt Corallo, Peter Todd	Standard	Vorgeschlagen
BIP-112 (*https://github.com/bitcoin/bips/blob/master/bip-0112.mediawiki*)	CHECKSEQUENCE-VERIFY	BtcDrak, Mark Friedenbach, Eric Lombrozo	Standard	Final
BIP-113 (*https://github.com/bitcoin/bips/blob/master/bip-0113.mediawiki*)	Median time-past as endpoint for lock-time calculations	Thomas Kerin, Mark Friedenbach	Standard	Final
BIP-114 (*https://github.com/bitcoin/bips/blob/master/bip-0114.mediawiki*)	Merkelized Abstract Syntax Tree	Johnson Lau	Standard	Entwurf
BIP-120 (*https://github.com/bitcoin/bips/blob/master/bip-0120.mediawiki*)	Proof of Payment	Kalle Rosenbaum	Standard	Entwurf
BIP-121 (*https://github.com/bitcoin/bips/blob/master/bip-0121.mediawiki*)	Proof of Payment URI scheme	Kalle Rosenbaum	Standard	Entwurf
BIP-122 (*https://github.com/bitcoin/bips/blob/master/bip-0122.mediawiki*)	URI scheme for Blockchain references / exploration	Marco Pontello	Standard	Entwurf
BIP-123 (*https://github.com/bitcoin/bips/blob/master/bip-0123.mediawiki*)	BIP Classification	Eric Lombrozo	Prozess	Aktiv
BIP-124 (*https://github.com/bitcoin/bips/blob/master/bip-0124.mediawiki*)	Hierarchical Deterministic Script Templates	Eric Lombrozo, William Swanson	Informativ	Entwurf
BIP-125 (*https://github.com/bitcoin/bips/blob/master/bip-0125.mediawiki*)	Opt-in Full Replace-by-Fee Signaling	David A. Harding, Peter Todd	Standard	Vorgeschlagen
BIP-126 (*https://github.com/bitcoin/bips/blob/master/bip-0126.mediawiki*)	Best Practices for Heterogeneous Input Script Transactions	Kristov Atlas	Informativ	Entwurf
BIP-130 (*https://github.com/bitcoin/bips/blob/master/bip-0130.mediawiki*)	sendheaders message	Suhas Daftuar	Standard	Vorgeschlagen
BIP-131 (*https://github.com/bitcoin/bips/blob/master/bip-0131.mediawiki*)	"Coalescing Transaction" Specification (wildcard inputs)	Chris Priest	Standard	Entwurf
BIP-132 (*https://github.com/bitcoin/bips/blob/master/bip-0132.mediawiki*)	Committee-based BIP Acceptance Process	Andy Chase	Prozess	Zurückgezogen
BIP-133 (*https://github.com/bitcoin/bips/blob/master/bip-0133.mediawiki*)	feefilter message	Alex Morcos	Standard	Entwurf
BIP-134 (*https://github.com/bitcoin/bips/blob/master/bip-0134.mediawiki*)	Flexible Transactions	Tom Zander	Standard	Entwurf
BIP-140 (*https://github.com/bitcoin/bips/blob/master/bip-0140.mediawiki*)	Normalized TXID	Christian Decker	Standard	Entwurf

Tabelle C-1: Schnappschuss der BIPs (Fortsetzung)

BIP#	Titel	Owner	Art	Status
BIP-141 (*https://github.com/bitcoin/bips/blob/master/bip-0141.mediawiki*)	Segregated Witness (Consensus layer)	Eric Lombrozo, Johnson Lau, Pieter Wuille	Standard	Entwurf
BIP-142 (*https://github.com/bitcoin/bips/blob/master/bip-0142.mediawiki*)	Address Format for Segregated Witness	Johnson Lau	Standard	Zurückgestellt
BIP-143 (*https://github.com/bitcoin/bips/blob/master/bip-0143.mediawiki*)	Transaction Signature Verification for Version 0 Witness Program	Johnson Lau, Pieter Wuille	Standard	Entwurf
BIP-144 (*https://github.com/bitcoin/bips/blob/master/bip-0144.mediawiki*)	Segregated Witness (Peer Services)	Eric Lombrozo, Pieter Wuille	Standard	Entwurf
BIP-145 (*https://github.com/bitcoin/bips/blob/master/bip-0145.mediawiki*)	getblocktemplate Updates for Segregated Witness	Luke Dashjr	Standard	Entwurf
BIP-146 (*https://github.com/bitcoin/bips/blob/master/bip-0146.mediawiki*)	Dealing with signature encoding malleability	Johnson Lau, Pieter Wuille	Standard	Entwurf
BIP-147 (*https://github.com/bitcoin/bips/blob/master/bip-0147.mediawiki*)	Dealing with dummy stack element malleability	Johnson Lau	Standard	Entwurf
BIP-148 (*https://github.com/bitcoin/bips/blob/master/bip-0148.mediawiki*)	Mandatory activation of segwit deployment	Shaolin Fry	Standard	Entwurf
BIP-150 (*https://github.com/bitcoin/bips/blob/master/bip-0150.mediawiki*)	Peer Authentication	Jonas Schnelli	Standard	Entwurf
BIP-151 (*https://github.com/bitcoin/bips/blob/master/bip-0151.mediawiki*)	Peer-to-Peer Communication Encryption	Jonas Schnelli	Standard	Entwurf
BIP-152 (*https://github.com/bitcoin/bips/blob/master/bip-0152.mediawiki*)	Compact Block Relay	Matt Corallo	Standard	Entwurf
BIP-171 (*https://github.com/bitcoin/bips/blob/master/bip-0171.mediawiki*)	Currency/exchange rate information API	Luke Dashjr	Standard	Entwurf
BIP-180 (*https://github.com/bitcoin/bips/blob/master/bip-0180.mediawiki*)	Block size/weight fraud proof	Luke Dashjr	Standard	Entwurf
BIP-199 (*https://github.com/bitcoin/bips/blob/master/bip-0199.mediawiki*)	Hashed Time-Locked Contract transactions	Sean Bowe, Daira Hopwood	Standard	Entwurf

ANHANG D

Segregated Witness

Segregated Witness (Segwit) ist ein Update der Bitcoin-Konsensregeln und des Netzwerkprotokolls. Es wurde in BIP-9 als Soft Fork vorgeschlagen und implementiert und nach lang anhaltenden und heftigen Diskussionen im August 2017 erfolgreich aktiviert.

In der Kryptografie beschreibt der Begriff »Witness« (deutsch bezeugen/beglaubigen) die Lösung eines kryptografischen Puzzles. Bei Bitcoin erfüllt die Witness eine kryptografische Bedingung, die mit einem noch nicht eingelösten Transaktions-Output (UTXO) verknüpft wurde.

Im Bitcoin-Kontext ist eine digitale Signatur eine Art Witness, doch weiter gefasst ist eine Witness jede Lösung, die die Bedingungen erfüllt, die mit einem UTXO verknüpft sind und ihn freigeben, sodass dieser UTXO eingelöst werden kann. *Witness* ist also ein etwas allgemeiner gehaltener Begriff für ein *Freigabeskript* oder *scriptSig*.

Vor der Einführung von Segwit folgten auf jeden Input einer Transaktion die Witness-Daten, die sie freigaben. Die Witness-Daten waren als Teil jedes Inputs in der Transaktion enthalten. Der Begriff *Segregated Witness*, oder kurz *Segwit*, bedeutet einfach die Trennung des Signatur- oder Freigabeskripts von einem bestimmten Output. Stellen Sie sich das (in seiner einfachsten Form) als »separates scriptSig« oder »separate Signatur« vor.

Segregated Witness ist daher eine architektonische Änderung des Bitcoin, die die Witness-Daten aus dem `scriptSig`-Feld (Freigabeskript) einer Transaktion in eine separate *witness*-Datenstruktur verschiebt, die mit der Transaktion einhergeht. Clients können Transaktionsdaten mit oder ohne die zugehörigen Witness-Daten anfordern.

In diesem Abschnitt sehen wir uns die Vorteile von Segregated Witness an, beschreiben die zum Einsatz und der Implementierung dieser Architekturänderung notwendigen Mechanismen und demonstrieren den Einsatz von Segregated Witness in Transaktionen und Adressen.

Segregated Witness ist durch folgende BIPs definiert:

BIP-141 (https://github.com/bitcoin/bips/blob/master/bip-0141.mediawiki)
: The main definition of Segregated Witness.

BIP-143 (https://github.com/bitcoin/bips/blob/master/bip-0143.mediawiki)
: Transaction Signature Verification for Version 0 Witness Program

BIP-144 (https://github.com/bitcoin/bips/blob/master/bip-0144.mediawiki)
: Peer Services – New network messages and serialization formats

BIP-145 (https://github.com/bitcoin/bips/blob/master/bip-0145.mediawiki)
: getblocktemplate Updates for Segregated Witness (for mining)

Warum Segregated Witness?

Segregated Witness ist eine architektonische Änderung, die verschiedene Auswirkungen auf die Skalierbarkeit, die Sicherheit, auf ökonomische Anreize und die Performance des Bitcoin hat:

Transaktionsveränderung
: Da die Witness aus der Transaktion entfernt wird, enthält der als Identifier verwendete Transaktions-Hash keine Witness-Daten mehr. Da die Witness-Daten der einzige Teil einer Transaktion sind, die durch eine dritte Partei verändert werden können (siehe »Transaktions-IDs« auf Seite 348), verschwindet durch deren Herausnahme auch die Möglichkeit von Veränderungen an den Transaktionen (und entsprechenden Angriffen). Mit Segregated Witness können Transaktions-Hashes nur noch vom Urheber der Transaktion geändert werden, was die Implementierung vieler anderer Protokolle stark verbessert, die auf fortgeschrittenen Transaktionskonstrukten aufbauen, wie etwa Zahlungskanäle, verkettete Transaktionen oder Lightning Networks.

Skriptversionierung
: Mit der Einführung von Segregated-Witness-Skripten wurde jedem Locking-Skript eine *Script Version* vorangestellt (genau wie bei Transaktionen und Blöcken). Das Hinzufügen einer Skriptversion erlaubt es, die Skriptsprache rückwärtskompatibel zu aktualisieren (d.h. über Soft-Fork-Upgrades), um Operanden, Syntax oder Semantik zu erweitern. Die Fähigkeit, die Skriptsprache ohne Kompatibilitätsverlust zu aktualisieren, wird die Innovationsgeschwindigkeit des Bitcoin deutlich erhöhen.

Netzwerk- und Speicherskalierung
: Die Witness-Daten haben häufig den größten Anteil an der Gesamtgröße einer Transaktion. Komplexere Skripte, etwa für Multisig oder Zahlungskanäle, sind sehr groß. In manchen Fällen bilden diese Skripte den Großteil (über 75 %) der Daten einer Transaktion, Segregated Witness verbessert die Skalierbarkeit des Bitcoin. Nodes können die Witness-Daten nach der Validierung der Signatur kürzen oder bei vereinfachter Zahlungsverifikation (SPV) ganz ignorieren. Die Witness-Daten müssen nicht an alle Nodes übertragen

werden und müssen auch nicht von allen Nodes auf der Festplatte gespeichert werden.

Optimierung der Signaturverifikation
: Segregated Witness aktualisiert die Signaturfunktionen (`CHECKSIG`, `CHECKMULTISIG` etc.), um die Berechnungskomplexität der Algorithmen zu reduzieren. Vor Segwit verwendete der Algorithmus, der eine Signatur erzeugt, eine Anzahl von Hashoperationen, die proportional zur Größe der Transaktion war. Daten-Hashing-Berechnungen erhöhten sich um $O(n^2)$ in Bezug auf die Anzahl der Signaturoperationen, was eine rechnerische Belastung für alle Nodes darstellte, die die Signatur verifizieren. Mit Segwit reduzierte sich die Komplexität des Algorithmus auf $O(n)$.

Verbesserung der Offlinesignierung
: Segregated-Witness-Signaturen integrieren den durch jeden Input referenzierten Wert (die Menge) im zu signierenden Hash. Ein offline signierendes Gerät wie z. B. eine Hardware-Wallet musste früher die Menge jedes Inputs verifizieren, bevor eine Transaktion signiert werden konnte. Das wurde üblicherweise durch das Streaming sehr großer Datenmengen über die als Inputs referenzierten früheren Transaktionen erreicht. Da diese Menge nun Teil des zu signierenden Commitment-Hash ist, benötigt ein Offlinegerät die früheren Transaktionen nicht mehr. Stimmt die Menge nicht (weil sie von einem kompromittierten Onlinesystem falsch dargestellt wird), ist die Signatur ungültig.

Wie Segregated Witness funktioniert

Auf den ersten Blick scheint Segregated Witness ein Feature auf Transaktionsebene zu sein, da es die Art und Weise ändert, wie Transaktionen aufgebaut werden. Doch tatsächlich ist das nicht der Fall, weil Segregated Witness auch die Art und Weise verändert, wie individuelle UTXOs eingelöst werden. Es ist daher ein Output-bezogenes Feature.

Eine Transaktion kann Segregated-Witness- oder traditionelle Outputs (mit integrierter Witness) oder beides einlösen. Es ist daher nicht sinnvoll, von einer »Segregated-Witness-Transaktion« zu sprechen. Stattdessen sollten wir die entsprechenden Transaktions-Inputs als »Segregated-Witness-Inputs« bezeichnen.

Löst eine Transaktion einen UTXO ein, muss sie die Witness bereitstellen. Bei einem traditionellen UTXO erwartet das Locking-Skript die Witness-Daten als direkten Teil des Inputs dieser Transaktion. Ein Segregated-Witness-UTXO definiert hingegen ein Locking Skript, das mit außerhalb des Inputs liegenden Witness-Daten freigegeben werden kann.

Soft Fork (Rückwärtskompatibilität)

Segregated Witness stellt eine wesentliche Änderung der Architektur von Outputs und Transaktionen dar. Normalerweise verlangt eine solche Änderung der Konsensregeln einen simultanen Wechsel jeder Bitcoin-Node und -Wallet, was man als Hard Fork bezeichnet. Segregated Witness wurde stattdessen mit einem Soft Fork eingeführt, der rückwärtskompatibel und weit weniger disruptiv ist. Diese Art des Upgrades erlaubt es älterer Software, die Änderungen zu ignorieren und ihre Arbeit ohne Beeinträchtigung fortzusetzen.

Segregated-Witness-Outputs sind so aufgebaut, dass ältere, nicht Segwit-fähige Systeme sie dennoch validieren können. Für eine alte Wallet oder Node sieht ein Segregated-Witness-Output so aus, als könnte er von jedem eingelöst werden. Solche Outputs können mit einer leeren Signatur eingelöst werden, weshalb das Fehlen der Signatur (die abgetrennt wurde) die Transaktion nicht ungültig macht. Neuere Wallets und Mining-Nodes erkennen hingegen den Segregated-Witness-Output und erwarten eine gültige Witness in den Witness-Daten der Transaktion.

Beispiele für Segregated-Witness-Outputs und -Transaktionen

Sehen wir uns einige beispielhafte Transaktionen an und wie sich diese durch Segregated Witness verändern. Zuerst wollen wir uns anschauen, wie sich eine P2PKH-Zahlung (Pay-to-Public-Key-Hash) mit dem Segregated-Witness-Programm verändert. Danach betrachten wir das Segregated-Witness-Gegenstück zu P2SH-Skripten (Pay-to-Script-Hash). Abschließend sehen wir uns an, wie diese beiden Segwit-Programme in ein P2SH-Skript eingebettet werden können.

Pay-to-Witness-Public-Key-Hash (P2WPKH)

In »Eine Tasse Kaffee kaufen« auf Seite 16 hat Alice eine Transaktion erzeugt, die Bob für eine Tasse Kaffee bezahlt hat. Diese Transaktion hat einen P2PKH-Output mit einem Wert von 0,015 BTC erzeugt, der von Bob eingelöst werden konnte. Das Skript des Outputs sieht wie folgt aus:

```
DUP HASH160 ab68025513c3dbd2f7b92a94e0581f5d50f654e7 EQUALVERIFY CHECKSIG
```

Mit Segregated Witness würde Alice ein Pay-to-Witness-Public-Key-Hash-(P2WPKH-)Skript erzeugen, das so aussieht:

```
0 ab68025513c3dbd2f7b92a94e0581f5d50f654e7
```

Wie Sie sehen können, ist das Locking-Skript für den Segregated-Witness-Output wesentlich einfacher als für einen traditionellen Output. Es besteht aus zwei Werten, die auf dem Evaluierungsstack abgelegt werden. Für einen alten (nicht Segwit-fähigen) Bitcoin-Client sieht dieser Output aus, als könnte ihn jeder einlösen, ohne eine Signatur vorzeigen zu müssen. (Genauer gesagt, reicht eine leere Signatur). Für einen neueren, Segwit-fähigen Client ist die erste Zahl (`0`) eine Versionsnummer (die *Witness-Version*), und der zweite Teil (20 Bytes) ist das Äquivalent eines Locking-Skripts, das als *Witness-Programm* bezeichnet wird. Dieses 20-Byte-Witness-Programm ist einfach der Hash des Public Key, genau wie bei einem P2PKH-Skript.

Sehen wir uns nun die Transaktion an, die Bob verwendet, um diesen Output einzulösen. Im Originalskript (ohne Segwit) muss Bobs Transaktion eine Signatur innerhalb des Transaktions-Inputs einbinden:

```
[...]
"Vin" : [
"txid": "0627052b6f28912f2703066a912ea577f2ce4da4caa5a5fbd8a57286c345c2f2",
"vout": 0,
        "scriptSig": "<Bobs scriptSig>",
]
[...]
```

Um den Segregated-Witness-Output einzulösen, enthält die Transaktion nun keine Signatur mehr im Input. Stattdessen enthält Bobs Transaktion eine leere `scriptSig` und fügt eine Segregated Witness außerhalb der Transaktion hinzu:

```
[...]
"Vin" : [
"txid": "0627052b6f28912f2703066a912ea577f2ce4da4caa5a5fbd8a57286c345c2f2",
"vout": 0,
        "scriptSig": "",
]
[...]
"witness": "<Bobs Witness-Daten>"
[...]
```

Konstruktion von P2WPKH durch die Wallet

Es ist extrem wichtig, zu beachten, dass P2WPKH nur vom Zahlungsempfänger und nicht vom Sender aus einem bekannten Public Key, P2PKH-Skript oder einer Adresse erzeugt werden darf. Der Sender kann nicht wissen, ob die Wallet des Empfängers Segwit-Transaktionen konstruieren und P2WPKH-Outputs einlösen kann.

Zusätzlich müssen P2WPKH-Outputs aus dem Hash eines *komprimierten* öffentlichen Schlüssels erzeugt werden. Unkomprimierte Public Keys sind bei Segwit kein Standard und könnten bei einem zukünftigen Soft Fork explizit deaktiviert werden. Stammt der Hash im P2WPKH von einem unkomprimierten Public Key, könnte es passieren, dass er nicht eingelöst werden kann, und Sie verlieren Geld. P2WPKH-Outputs müssen von der Wallet des Empfängers erzeugt werden, indem ein komprimierter öffentlicher Schlüssel aus dem privaten Schlüssel abgeleitet wird.

> P2WPKH muss durch den Zahlungsempfänger erzeugt werden, indem ein komprimierter Public Key in einen P2WPKH-Hash umgewandelt wird. Sie dürfen niemals ein P2PKH-Skript, eine Bitcoin-Adresse oder einen unkomprimierten Public Key in ein P2WPKH-Witness Skript umwandeln.

Pay-to-Witness-Script-Hash (P2WSH)

Die zweite Form des Witness-Programms entspricht einem P2SH-Skript (Pay-to-Script-Hash). Wir haben diese Art Skript in »Pay-to-Script-Hash (P2SH)« auf

Seite 153 kennengelernt. Im dortigen Beispiel wurde P2SH von Mohammeds Unternehmen für ein Multisignatur-Skript genutzt. Zahlungen an Mohammed wurden mit einem Locking-Skript wie dem folgenden versehen:

```
HASH160 54c557e07dde5bb6cb791c7a540e0a4796f5e97e EQUAL
```

Dieses P2SH-Skript referenziert den Hash eines *Redeem-Skripts*, das eine 2-von-3-Multisignatur für die Freigabe der Mittel verlangt. Um diesen Output einzulösen, präsentiert Mohammeds Unternehmen das Redeem-Skript (dessen Hash dem Skript-Hash im P2SH-Output entspricht) sowie die Signaturen, die benötigt werden, um die Bedingungen des Redeem-Skripts zu erfüllen. All das steht im Transaktions-Input:

```
[...]
"Vin" : [
"txid": "abcdef12345...",
"vout": 0,
        "scriptSig": "<SigA> <SigB> <2 PubA PubB PubC PubD PubE 5 CHECKMULTISIG>",
]
```

Sehen wir uns nun dieses Beispiel an, wenn es auf Segwit aktualisiert wird. Verwendet Mohammeds Kunde eine Segwit-kompatible Wallet, könnte er eine Zahlung mit einem P2WSH-Output (Pay-to-Witness-Script-Hash) aufbauen, der wie folgt aussehen würde:

```
0 9592d601848d04b172905e0ddb0adde59f1590f1e553ffc81ddc4b0ed927dd73
```

Wie zuvor beim P2WPKH-Beispiel ist das Segregated-Witness-Äquivalent des Skripts wesentlich einfacher und lässt verschiedene Operanden weg, die man in P2SH-Skripten sieht. Das Segregated-Witness-Programm besteht stattdessen aus zwei Werten, die auf dem Stack abgelegt werden: der Witness-Version (0) und dem 32-Byte-SHA256-Hash des Redeem-Skripts.

> Während P2SH den 20 Byte langen `RIPEMD160(SHA256(skript))`-Hash verwendet, nutzt das P2WSH-Witness-Programm einen 32 Byte langen `SHA256(script)`-Hash. Die unterschiedlichen Hashing-Algorithmen wurden bewusst gewählt. Sie werden genutzt, um die beiden Arten von Witness-Programmen (P2WPKH und P2WSH) über die Länge der Hashes zu unterscheiden und um für P2WSH eine höhere Sicherheit zu erreichen (128 Bit gegenüber 80 Bit bei P2SH).

Mohammeds Unternehmen kann die P2WSH-Outputs einlösen, indem es das passende Redeem-Skript und ausreichend Signaturen präsentiert. Sowohl das Redeem-Skript als auch die Signaturen würden *außerhalb* der Transaktion als Teil der Witness-Daten vorliegen. In den Transaktions-Input würde Mohammeds Wallet ein leeres `scriptSig` eintragen:

```
[...]
"Vin" : [
"txid": "abcdef12345...",
```

```
"vout": 0,
        "scriptSig": "",
]
[...]
"witness": "<SigA> <SigB> <2 PubA PubB PubC PubD PubE 5 CHECKMULTISIG>"
[...]
```

Zwischen P2WPKH und P2WSH unterscheiden

In den beiden vorigen Abschnitten haben wir zwei Arten von Witness-Programmen kennengelernt: »Pay-to-Witness-Public-Key-Hash (P2WPKH)« auf Seite 342 und »Pay-to-Witness-Script-Hash (P2WSH)« auf Seite 343. Beide bestehen eine einer Versionsnummer (1 Byte), gefolgt von einem längeren Hash. Sie sehen sich recht ähnlich, werden aber unterschiedlich interpretiert: der eine als Public-Key-Hash, der durch eine Signatur erfüllt wird, und der andere als Skript-Hash, das durch ein Redeem-Skript erfüllt wird. Der wesentliche Unterschied zwischen beiden liegt in der Länge des Hash:

- Der Public-Key-Hash ist bei P2WPKH 20 Byte lang.
- Der Skript-Hash ist bei P2WSH 32 Byte lang.

Das ist der eine Unterschied, der ein Wallet zwischen den beiden Arten von Witness-Programmen unterscheiden lässt. Ein Blick auf die Länge des Hash erlaubt einer Wallet, zu entscheiden, um welche Art Witness-Programm es sich handelt: P2WPKH oder P2WSH.

Auf Segregated Witness aktualisieren

Wie wir aus den vorangegangenen Beispielen ersehen konnten, ist das Upgrade auf Segregated Witness ein zweistufiger Prozess. Zuerst müssen Wallets spezielle Segwit-Outputs erzeugen. Diese Outputs können dann durch Wallets eingelöst werden, die wissen, wie Segregated-Witness-Transaktionen zu konstruieren sind. In den Beispielen war Alice' Wallet Segwit-fähig und in der Lage, spezielle Outputs mit Segregated-Witness-Skripten zu erzeugen. Bobs Wallet ist ebenfalls Segwit-fähig und in der Lage, diese Outputs einzulösen. Was bei diesem Beispiel nicht offensichtlich ist, ist die Tatsache, dass Alice' Wallet zwingend wissen muss, dass Bob eine Segwit-fähige Wallet nutzt und diese Outputs einlösen kann. Ist Bobs Wallet nicht aktualisiert und führt Alice eine Segwit-Zahlung an Bob aus, ist Bobs Wallet nicht in der Lage, diese Zahlung zu erkennen.

> Bei P2WPKH- und P2WSH-Zahlungen müssen die Wallets des Senders und des Empfängers aktualisiert werden, um Segwit nutzen zu können. Darüber hinaus muss die Wallet des Senders wissen, dass die Wallet des Empfängers Segwit-fähig ist.

Segregated Witness wird nicht gleichzeitig im gesamten Netzwerk implementiert. Vielmehr wurde Segregated Witness als rückwärtskompatibles Upgrade konzipiert, bei dem alte und neue Clients nebeneinander existieren können. Wallet-Entwickler werden ihre Software unabhängig um Segwit-Fähigkeiten erweitern. P2WPKH- und P2WSH-Zahlungen werden genutzt, wenn sowohl Sender als auch Empfänger Segwit-fähig sind. Traditionelle P2PKH- und P2SH-Zahlungen werden bei älteren Wallets weiterhin funktionieren. Bleiben zwei wichtige Szenarien, die wir im nächsten Abschnitt behandeln:

- Die Fähigkeit einer nicht Segwit-fähigen Wallet, Zahlungen an die Segwit-fähige Wallet des Empfängers vorzunehmen.
- Die Fähigkeit der Segwit-fähigen Wallet des Senders, anhand der Adressen erkennen zu können, ob der Empfänger Segwit verarbeiten kann oder nicht.

Segregated Witness in P2SH einbetten

Nehmen wir zum Beispiel an, dass Alice' Wallet nicht auf Segwit aktualisiert wurde, während Bobs Wallet aktuell ist und Segwit-Transaktionen verarbeiten kann. Alice und Bob können »alte« Nicht-Segwit-Transaktionen verwenden. Doch Bob würde Segwit gern einsetzen, um die Transaktionsgebühren zu reduzieren und den »Rabatt« zu nutzen, der auf Witness-Daten gewährt wird.

In diesem Fall kann Bobs Wallet eine P2SH-Adresse erzeugen, in der ein Segwit-Skript enthalten ist. Alice' Wallet sieht eine »normale« P2SH-Adresse und kann entsprechende Zahlungen anweisen, ohne etwas über Segwit wissen zu müssen. Bobs Wallet kann diese Zahlung dann in einer Segwit-Transaktion einlösen, alle Vorteile von Segwit nutzen und die Transaktionsgebühren reduzieren.

Beide Arten von Witness-Skripten, P2WPKH und P2WSH, können in einer P2SH-Adresse eingebettet werden. Wir sprechen dann von P2SH(P2WPKH) bzw. P2SH(P2WSH).

Pay-to-Witness-Public-Key-Hash in Pay-to-Script-Hash

Die erste Form von Witness-Skript, die wir uns ansehen wollen, ist P2SH(P2WPKH). Das ist ein Pay-to-Witness-Public-Key-Hash-Witness-Programm, eingebettet in ein Pay-to-Script-Hash-Skript. Es kann daher von einer Wallet genutzt werden, die Segwit nicht kennt.

Bobs Wallet konstruiert ein P2WPKH-Witness-Programm mit Bobs Public Key. Dieses Witness-Programm wird dann gehasht, und das Ergebnis wird als P2SH-Skript codiert. Das P2SH-Skript wird in eine Bitcoin-Adresse umgewandelt, die mit einer 3 beginnt (wie wir in »Pay-to-Script-Hash (P2SH)« auf Seite 153 gesehen haben).

Bobs Wallet beginnt mit dem P2WPKH-Witness-Programm, das wir vorhin gesehen haben:

```
0 ab68025513c3dbd2f7b92a94e0581f5d50f654e7
```

Das P2WPKH-Witness-Programm besteht aus der Witness-Version und Bobs 20 Byte langem Public-Key-Hash.

Bobs Wallet hasht dann das obige Witness-Programm zuerst mit SHA256 und dann mit RIPEMD160 und erzeugt so einen weiteren 20-Byte-Hash:

```
3e0547268b3b19288b3adef9719ec8659f4b2b0b
```

Der Hash des Witness-Programms wird anschließend in ein P2SH-Skript eingebettet:

```
HASH160 3e0547268b3b19288b3adef9719ec8659f4b2b0b EQUAL
```

Zum Schluss wird das P2SH-Skript in eine P2SH-Bitcoin-Adresse umgewandelt:

```
37Lx99uaGn5avKBxiW26HjedQE3LrDCZru
```

Diese Adresse kann Bob nun seinen Kunden geben, damit diese ihren Kaffee bezahlen können. Alice' Wallet überweist eine Zahlung an `37Lx99uaGn5avKBxiW26HjedQE3LrDCZru`, als wäre sie eine ganz gewöhnliche Bitcoin-Adresse. Obwohl Alice' Wallet Segwit nicht unterstützt, kann die von ihr erzeugte Zahlung von Bob in einer Segwit-Transaktion eingelöst werden.

Pay-to-Witness-Script-Hash in Pay-to-Script-Hash

Auch ein P2WSH-Witness-Programm für ein Multisig- oder ein anderes kompliziertes Skript kann in ein P2SH-Skript und eine Adresse eingebettet werden. Auf diese Weise wird es für jede Wallet möglich, Segwit-kompatible Zahlungen vorzunehmen.

Wie wir in »Pay-to-Witness-Script-Hash (P2WSH)« auf Seite 343 gesehen haben, verwendet Mohammeds Unternehmen Segregated-Witness-Zahlungen an Multisignatur-Skripte. Um es jedem Kunden zu ermöglichen, das Unternehmen unabhängig davon zu bezahlen, ob dessen Wallets Segwit unterstützt oder nicht, bettet Mohammeds Wallet das P2WSH-Witness-Programm in ein P2SH-Skript ein.

Zuerst erzeugt Mohammeds Wallet das P2WSH-Witness-Programm. Das entspricht dem mit SHA256 gehashten Multisig-Skript:

```
0 9592d601848d04b172905e0ddb0adde59f1590f1e553ffc81ddc4b0ed927dd73
```

Dann wird das Witness-Programm selbst mit SHA256 und RIPEMD160 gehasht, um einen neuen 20-Byte-Hash zu erzeugen, der in einem traditionellen P2SH verwendet wird:

```
86762607e8fe87c0c37740cddee880988b9455b2
```

Als Nächstes packt Mohammeds Wallet den Hash in ein P2SH-Skript:

```
HASH160 86762607e8fe87c0c37740cddee880988b9455b2 EQUAL
```

Abschließend erzeugt die Wallet eine Bitcoin-Adresse aus diesem Skript:

```
3Dwz1MXhM6EfFoJChHCxh1jWHb8GQqRenG
```

Mohammeds Kunden können nun Zahlungen an diese Adresse vornehmen, ohne Segwit unterstützen zu müssen. Mohammeds Unternehmen kann dann Segwit-Transaktionen erzeugen, um diese Zahlungen einzulösen und alle Vorteile von Segwit nutzen, inklusive geringerer Transaktionsgebühren.

Segregated-Witness-Adressen

Zwar wurde Segwit mittlerweile im Bitcoin-Netzwerk aktiviert, doch es wird sicher noch einige Zeit dauern, bis alle Wallets aktualisiert wurden. Daher ist es recht wahrscheinlich, dass Segwit größtenteils in P2SH eingebettet wird, zumindest noch einige Monate.

Irgendwann werden aber nahezu alle Wallets Segwit-Zahlungen unterstützen. Dann wird es nicht länger notwendig sein, Segwit in P2SH einzubetten. Es gilt als wahrscheinlich, dass sich dann eine neue Form von Bitcoin-Adresse entwickelt, die die Segwit-Fähigkeit des Empfängers anzeigt und direkt ein Witness-Programm codiert. Es gibt eine Reihe von Vorschlägen für ein Segregated-Witness-Adressschema, von denen aber noch keines aktiv verfolgt wird.

Transaktions-IDs

Einer der größten Vorteile von Segregated Witness ist, dass es eine mögliche Manipulation von Transaktionen durch Dritte verhindert.

Vor Segwit konnten die Signaturen von Transaktionen auf subtile Art von Dritten modifiziert werden, d.h., die Transaktions-ID (Hash) konnte manipuliert werden, ohne fundamentale Eigenschaften (Inputs, Outputs, Mengen) zu verändern. Das bot Raum für Denial-of-Service-Angriffe sowie Angriffe gegen schlecht geschriebene Wallet-Software, die davon ausgingen, dass unbestätigte Transaktionen unveränderlich seien.

Mit der Einführung von Segregated Witness besitzen Transaktionen zwei Identifier: `txid` und `wtxid`. Die traditionelle Transaktions-ID `txid` ist ein doppelter SHA256-Hash der serialisierten Transaktion ohne Witness-Daten. Eine `wtxid` ist ein doppelter SHA256-Hash des neuen Serialisierungsformats mit Witness-Daten.

Die traditionelle `txid` wird wie eine normale Transaktion ohne Segwit berechnet. Da die Segwit-Transaktionen allerdings in jedem Input eine `scriptSig` haben, kann kein Teil der Transaktion von einer dritten Partei modifiziert werden. Daher kann bei einer Segwit-Transaktion die `txid` nicht verändert werden, selbst wenn die Transaktion unbestätigt ist.

Die `wtxid` ist eine Art »erweiterte« ID, da der Hash auch die Witness-Daten mit einschließt. Wird eine Transaktion ohne Witness-Daten übertragen, sind `wtxid` und `txid` identisch. Da die `wtxid` Witness-Daten (Signaturen) enthält und weil Witness-Daten verändert werden könnten, sollte die `wtxid` als manipulierbar betrachtet werden, bis die Transaktion bestätigt ist. Nur die `txid` einer Segwit-Transaktion kann durch Dritte nicht verändert werden, aber auch nur dann, wenn sämtliche

Inputs der Transaktion Segwit-Inputs sind.

> Segregated-Witness-Transaktionen haben zwei IDs: `txid` und `wtxid`. Die `txid` ist der Hash der Transaktion ohne Witness-Daten, und die `wtxid` ist der Hash mit Witness-Daten. Die `txid` einer Transaktion, bei der alle Inputs Segwit-Inputs sind, kann von einer dritten Partei nicht manipuliert werden.

Der neue Signierungsalgorithmus von Segregated Witness

Segregated Witness verändert die Semantik der vier Signaturverifikationsfunktionen (`CHECKSIG`, `CHECKSIGVERIFY`, `CHECKMULTISIG` und `CHECKMULTISIGVERIFY`) und ändert so die Berechnung des Commitment-Hash einer Transaktion.

Signaturen in Bitcoin-Transaktionen werden auf einen *Commitment-Hash* angewandt, der sich aus den Transaktionsdaten berechnet. Dadurch werden bestimmte Teile der Daten gesperrt, und die Werte dieser Daten werden durch den Unterzeichner bestätigt. Beispielsweise umfasst bei einer einfachen `SIGHASH_ALL`-Signatur der Commitment-Hash alle Inputs und Outputs.

Leider war es durch die Art, wie der Commitment-Hash berechnet wurde, möglich, dass die die Signatur verifizierende Node eine signifikante Anzahl von Hashes berechnen musste. Genauer gesagt, stiegen die Hashberechnungen mit der Zahl der Signaturoperationen im Verhältnis $O(n^2)$ an. Ein Angreifer konnte daher eine Transaktion mit einer sehr großen Anzahl von Signaturoperationen erzeugen, und das Bitcoin-Netzwerk hätte Hundertausende Hashoperationen ausführen müssen, um die Transaktion zu verifizieren.

Segwit bot eine Möglichkeit, dieses Problem durch eine Änderung der Berechnung des Commitment-Hash anzugehen. Für Witness-Programme der Segwit-Version 0 erfolgt die Signaturverifikation mit einem verbesserten Commitment-Hashalgorithmus, der in BIP-143 spezifiziert ist.

Der neue Algorithmus erreicht zwei wichtige Ziele. Erstes steigt die Anzahl der Hashoperationen nur noch im Verhältnis $O(n)$ zur Anzahl der Signaturoperationen an, was die Möglichkeit von Denial-of-Service-Angriffen durch sehr komplexe Transaktionen reduziert. Zweitens enthält der Commitment-Hash nun auch die Werte (Mengen) jedes Inputs als Teil des Commitments. Das bedeutet, dass der Unterzeichner einen bestimmten Wert festlegen kann, ohne vorangegangene Transaktionen abrufen und prüfen zu müssen, die durch diesen Input referenziert werden. Bei Offlinegeräten wie Hardware-Wallets vereinfacht das die Kommunikation zwischen Host und Hardware-Wallet erheblich, da ältere Transaktionen nicht mehr zur Prüfung übergeben werden müssen. Eine Hardware-Wallet kann den Input-Wert »als gegeben« annehmen. Weil die Signatur ungültig ist, wenn der Input-Wert falsch ist, muss die Hardware-Wallet den Wert nicht validieren, bevor sie den Input signiert.

Ökonomische Anreize für Segregated Witness

Bei Bitcoin-Mining-Nodes und Full Nodes fallen Kosten für die Ressourcen an, die zur Unterstützung des Bitcoin-Netzwerks und der Blockchain benötigt werden. Wenn das Volumen der Bitcoin-Transaktionen zunimmt, steigen auch die Kosten für die Ressourcen (CPU, Netzwerkbandbreite, Plattenplatz, Speicher). Miner werden für diese Kosten durch Gebühren entschädigt, die proportional zur Größe einer Transaktion (in Byte) anwachsen. Nicht schürfende Full Nodes werden nicht entschädigt, d.h., sie nehmen diese Kosten in Kauf, weil sie eine autoritative, vollständig validierende Node mit vollständigem Index brauchen, beispielsweise weil sie ein Bitcoin-Unternehmen betreiben.

Ohne Transaktionsgebühren würden die Bitcoin-Daten zweifellos dramatisch ansteigen. Gebühren sollen die Bedürfnisse der Nutzer an die Last angleichen, die diese Transaktionen für das Netz darstellen, wobei ein »marktorientierter« Preisbildungsmechanismus genutzt wird.

Die Berechnung der Gebühren basierend auf der Transaktionsgröße betrachtet alle Daten der Transaktion als gleich teuer. Doch aus Sicht der Full Nodes und Miner haben einige Teile einer Transaktion einen wesentlich höheren Preis. Jede zum Bitcoin-Netzwerk hinzugefügte Transaktion verbraucht bei den Nodes vier verschiedene Ressourcen:

Plattenplatz
: Jede Transaktion wird in der Blockchain festgehalten, was deren Gesamtgröße erhöht. Die Blockchain wird auf der Festplatte gespeichert, doch der Speicherplatz kann reduziert werden, indem man ältere Transaktionen »stutzt«.

CPU
: Jede Transaktion muss validiert werden, was CPU-Zeit verbraucht.

Bandbreite
: Jede Transaktion wird zumindest einmal (mittels »Flooding«) durch das Netzwerk propagiert. Ohne irgendeine Form der Optimierung des Blockpropagationsprotokolls werden Transaktionen erneut als Teil eines Blocks übertragen, was die Last für das Netzwerk verdoppelt.

Speicher
: Transaktionen validierende Nodes halten den UTXO-Index oder das gesamte UTXO-Set im Speicher vor, um die Geschwindigkeit der Validierung zu erhöhen. Da Speicher um mindestens eine Größenordnung teurer ist als Festplatten, stellt das Wachstum des UTXO-Sets einen unverhältnismäßig großen Anteil an den Betriebskosten einer Node dar.

Wie Sie aus der Liste ersehen können, hat nicht jeder Teil einer Transaktion den gleichen Einfluss auf die Betriebskosten einer Node bzw. auf die Skalierbarkeit von Transaktionen im Bitcoin-System. Der teuerste Teil einer Transaktion sind neu erzeugte Outputs, da sie dem speicherinternen UTXO-Set hinzugefügt werden. Im

Vergleich dazu sind Signaturen (Witness-Daten) für das Netzwerk und den Betrieb einer Node die geringste Bürde, da Witness-Daten nur einmal verifiziert und danach nie wieder verwendet werden. Darüber hinaus können die Nodes unmittelbar nach dem Empfang einer neuen Transaktion und der Validierung die Witness-Daten direkt löschen. Werden Gebühren über die Transaktionsgröße berechnet, ohne diese beiden Arten von Daten zu unterscheiden, entspricht der Marktanreiz für die Gebühren nicht den tatsächlich durch eine Transaktion verursachten Kosten. Vielmehr fördert die aktuelle Gebührenstruktur genau das gegenteilige Verhalten, weil Witness-Daten den größten Teil einer Transaktion ausmachen.

Die durch Gebühren geschaffenen Anreize spielen eine Rolle, weil sie das Verhalten der Wallets beeinflussen. Alle Wallets müssen eine Strategie implementieren, nach der sie eine Transaktion aufbauen. Diese Strategie berücksichtigt verschiedene Faktoren wie Privatsphäre (reduzierte Wiederverwendung von Adressen), Fragmentierung (Umgang mit »Wechselgeld«) und Gebühren. Werden Wallets durch die Gebühren motiviert, so wenige Inputs wie möglich zu verwenden, führt das zu Strategien bei der UTXO-Wahl und den Wechselgeldadressen, die ungewollt das UTXO-Set aufblähen.

Transaktionen verbrauchen UTXOs in ihren Inputs und erzeugen neue UTXOs mit den Outputs. Hat eine Transaktion mehr Inputs als Outputs, führt das zu einer Reduzierung des UTXO-Sets, während eine Transaktion mit mehr Outputs als Inputs eine Vergrößerung des UTXO-Sets nach sich zieht. Betrachten wir die *Differenz* zwischen Inputs und Outputs als *Neue-UTXOs-netto*. Das ist eine wichtige Größe, weil sie angibt, welchen Effekt eine Transaktion auf die teuerste netzwerkweite Ressource hat: das im Speicher liegende UTXO-Set. Eine Transaktion mit positivem *Neue-UTXOs-netto* erhöht die Belastung, während eine Transaktion mit negativem *Neue-UTXOs-netto* sie reduziert. Wir wollen daher Transaktionen fördern, deren *Neue-UTXOs-netto* negativ oder neutral (null) sind.

Sehen wir uns an, welche Anreize geschaffen werden, wenn man sich die Gebührenberechnung mit und ohne Segregated Witness ansieht. Wir nehmen beispielhaft zwei verschiedene Transaktionen. Transaktion A ist eine »3 Input, 2 Output«-Transaktion mit einem *Neue-UTXOs-netto* von –1. Sie verbraucht also ein UTXO mehr, als sie erzeugt, und reduziert so das UTXO-Set um eins. Transaktion B ist eine »2 Input, 3 Output«-Transaktion mit einem *Neue-UTXOs-netto* von 1, d. h., sie fügt dem UTXO-Set ein UTXO hinzu, das zu zusätzlichen Kosten für das gesamte Bitcoin-Netzwerk führt. Beide Transaktionen verwenden Multisignatur-Skripte (2-von-3), um zu demonstrieren, wie sich komplexe Skripte bei Segregated Witness auf die Gebühren auswirken. Wir gehen von einer Transaktionsgebühr von 30 Satoshi pro Byte und einem Preisnachlass von 75 % für Witness-Daten aus:

Ohne Segregated Witness

Gebühr für Transaktion A: 25710 Satoshi

Gebühr für Transaktion B: 18990 Satoshi

Mit Segregated Witness

Gebühr für Transaktion A: 8130 Satoshi

Gebühr für Transaktion B: 12045 Satoshi

Beide Transaktionen sind mit Segregated Witness günstiger. Wenn man die Kosten beider Transaktionen vergleicht, sieht man aber, dass vor Segregated Witness die Gebühr für eine negative *Neue-UTXOs-netto* höher war. Mit Segregated Witness schaffen die Gebühren einen Anreiz, die Zahl neu erzeugter UTXOs zu minimieren, ohne gleichzeitig Transaktionen mit vielen Inputs zu bestrafen.

Segregated Witness hat daher zwei wesentliche Auswirkungen auf die von Bitcoin-Nutzern zu zahlenden Gebühren. Erstens reduziert Segwit die Gesamtkosten von Transaktionen, indem es Witness-Daten rabattiert und die Kapazität der Bitcoin-Blockchain erhöht, und zweitens korrigiert der Preisnachlass für Witness-Daten den falschen Anreiz, das UTXO-Set aufzublähen.

ANHANG E

Bitcore

Bitcore ist eine von BitPay bereitgestellte Sammlung von Tools. Ihr Ziel ist es, einfach zu nutzende Werkzeuge für Bitcoin-Entwickler zur Verfügung zu stellen. Nahezu der gesamte Bitcore-Code ist in JavaScript geschrieben. Einige Module wurden speziell für NodeJS entwickelt. Das »node«-Modul von Bitcore enthält auch den C++-Code von Bitcoin Core. Weitere Informationen finden Sie auf *https://bitcore.io*.

Bitcore-Features

- Bitcoin Full Node (bitcore-node)
- Block-Explorer (insight)
- Block-, Transaktions- und Wallet-Utilities (bitcore-lib)
- Direkte Kommunikation mit Bitcoins P2P-Netzwerk (bitcore-p2p)
- Generierung von Seed-Entropie-Mnemonics (bitcore-mnemonic)
- Zahlungsprotokoll (bitcore-payment-protocol)
- Verifikation und Signierung von Nachrichten (bitcore-message)
- Elliptic-Curve-Integrated-Encryption-Schema (bitcore-ecies)
- Wallet-Service (bitcore-wallet-service)
- Wallet-Client (bitcore-wallet-client)
- Playground (bitcore-playground)
- Direkte Integration von Diensten in Bitcoin Core (bitcore-node)

Nutzungsbeispiele für die Bitcore-Bibliothek

Systemvoraussetzungen

- NodeJS >= 4.x oder verwenden Sie den online Playground (*https://bitcore.io/playground*)

Wenn Sie NodeJS und die Node-REPL nutzen:

```
$ npm install -g bitcore-lib bitcore-p2p
$ NODE_PATH=$(npm list -g | head -1)/node_modules node
```

Wallet-Beispiele mit bitcore-lib

Erzeugen einer neuen Bitcoin-Adresse mit dazugehörigem privatem Schlüssel:

```
> bitcore = require('bitcore-lib')
> privateKey = new bitcore.PrivateKey()
> address = privateKey.toAddress().toString()
```

Erzeugen eines deterministischen privaten Schlüssels und einer Adresse:

```
> hdPrivateKey = bitcore.HDPrivateKey()
> hdPublicKey = bitcore.HDPublicKey(hdPrivateKey)
> hdAddress = new bitcore.Address(hdPublicKey.publicKey).toString()
```

Erzeugen und Signieren einer Transaktion aus einem UTXO:

```
> utxo = {
  txId: Transaktions-ID mit nicht eingelöstem Output,
  outputIndex: Output-Index, z.B. 0,
  address: addressOfUtxo,
  script: bitcore.Script.buildPublicKeyHashOut(addressOfUtxo).toString(),
  satoshis: zu überweisender Betrag
}
> fee = 3000 //passende Gebühr verwenden
> tx = new bitcore.Transaction()
        .from(utxo)
        .to(address, 35000)
        .fee(fee)
        .enableRBF()
        .sign(privateKeyOfUtxo)
```

Letzte Transaktion im Mempool ersetzen (Replace-By-Fee):

```
> rbfTx = new Transaction()
           .from(utxo)
           .to(address, 35000)
           .fee(fee*2)
           .enableRBF()
           .sign(privateKeyOfUtxo);
> tx.serialize();
> rbfTx.serialize();
```

Broadcasting einer Transaktion im Bitcoin-Netzwerk (übertragen Sie nur gültige Transaktionen; für Peer-Hosts siehe *https://bitnodes.21.co/nodes*):

1. Kopieren Sie nachfolgenden Code in eine Datei namens *broadcast.js*.
2. Die Variablen `tx` und `rbfTx` sind das Ergebnis von `tx.serialize()` bzw. `rbfTx.serialize()`.
3. Für Replace-By-Fee muss der Peer die bitcoind-Option `mempoolreplace` unterstützen und auf `1` gesetzt haben.
4. Führen Sie node *broadcast.js* aus:

```
var p2p = require('bitcore-p2p');
var bitcore = require('bitcore-lib');
var tx = new bitcore.Transaction('output from serialize function');
var rbfTx = new bitcore.Transaction('output from serialize function');
var host = 'ip address'; //use valid peer listening on tcp 8333
var peer = new p2p.Peer({host: host});
var messages = new p2p.Messages();
peer.on('ready', function() {
  var txs = [messages.Transaction(tx), messages.Transaction(rbfTx)];
  var index = 0;
  var interval = setInterval(function() {
    peer.sendMessage(txs[index++]);
    console.log('tx: ' + index + ' sent');
    if (index === txs.length) {
      clearInterval(interval);
      console.log('disconnecting from peer: ' + host);
      peer.disconnect();
    }
  }, 2000);
});
peer.connect();
```

ANHANG F
pycoin, ku und tx

Die Python-Bibliothek *pycoin* (*http://github.com/richardkiss/pycoin*), ursprünglich von Richard Kiss entwickelt und gepflegt, dient der Verarbeitung von Bitcoin-Schlüsseln und Transaktionen und unterstützt die Skriptsprache gut genug, um mit Transaktionen umgehen zu können, die vom Standard abweichen.

Die `pycoin`-Bibliothek unterstützt sowohl Python 2 (2.7.x) als auch Python 3 (ab 3.3) und umfasst darüber hinaus die praktischen Kommandozeilen-Utilities `ku` und `tx`.

Key Utility (ku)

Das Kommandozeilen-Utility `ku` (»Key Utility«) ist das Schweizer Messer zur Bearbeitung von Schlüsseln. Es unterstützt BIP-32-Schlüssel, WIF und Adressen (Bitcoin und Altcoins). Hier einige Beispiele.

Dies erzeugt einen BIP-32-Schlüssel mit den Standard-Entropie-Quellen GPG und */dev/random*:

```
$ ku create

input           : create
network         : Bitcoin
wallet key      : xprv9s21ZrQH143K3LU5ctPZTBnb9kTjA5Su9DcWHvXJemiJBsY7VqXUG7hipgdWaU
                  m2nhnzdvxJf5KJo9vjP2nABX65c5sFsWsV8oXcbpehtJi
public version  : xpub661MyMwAqRbcFpYYiuvZpKjKhnJDZYAkWSY76JvvD7FH4fsG3Nqiov2CfxzxY8
                  DGcpfT56AMFeo8M8KPkFMfLUtvwjwb6WPv8rY65L2q8Hz
tree depth      : 0
fingerprint     : 9d9c6092
parent f'print  : 00000000
child index     : 0
chain code      : 80574fb260edaa4905bc86c9a47d30c697c50047ed466c0d4a5167f6821e8f3c
private key     : yes
secret exponent : 112471538590155650688604752840386134637231974546906847202389294096
                  567806844862
hex             : f8a8a28b28a916e1043cc0aca52033a18a13cab1638d544006469bc171fddfbe
wif             : L5Z54xi6qJusQT42JHA44mfPVZGjyb4XBRWfxAzUWwRiGx1kV4sP
uncompressed    : 5KhoEavGNNH4GHKoy2Ptu4KfdNp4r56L5B5un8FP6RZnbsz5Nmb
```

```
public pair x    : 764606382405464783648433974782784681018771177678734621270215603682
                   90114016034
public pair y    : 598078796574697741020401202982722077309212917366332477370774067536
                   76825777701
x as hex         : a90b3008792432060fa04365941e09a8e4adf928bdbdb9dad41131274e379322
y as hex         : 843a0f6ed9c0eb1962c74533795406914fe3f1957c5238951f4fe245a4fcd625
y parity         : odd
key pair as sec  : 03a90b3008792432060fa04365941e09a8e4adf928bdbdb9dad41131274e379322
uncompressed     : 04a90b3008792432060fa04365941e09a8e4adf928bdbdb9dad41131274e379322
                   843a0f6ed9c0eb1962c74533795406914fe3f1957c5238951f4fe245a4fcd625
hash160          : 9d9c609247174ae323acfc96c852753fe3c8819d
uncompressed     : 8870d869800c9b91ce1eb460f4c60540f87c15d7
Bitcoin address  : 1FNNRQ5fSv1wBi5gyfVBs2rkNheMGt86sp
uncompressed     : 1DSS5isnH4FsVaLVjeVXewVSpfqktdiQAM
```

Dies erzeugt einen BIP-32-Schlüssel aus einer Passphrase:

Die Passphrase in diesem Beispiel kann viel zu leicht erraten werden.

```
$ ku P:foo

input            : P:foo
network          : Bitcoin
wallet key       : xprv9s21ZrQH143K31AgNK5pyVvW23gHnkBq2wh5aEk6g1s496M8ZMjxncCKZKgb5j
                   ZoY5eSJMJ2Vbyvi2hbmQnCuHBujZ2WXGTux1X2k9Krdtq
public version   : xpub661MyMwAqRbcFVF9ULcqLdsEa5WnCCugQAcgNd9iEMQ31tgH6u4DLQWoQayvtS
                   VYFvXz2vPPpbXE1qpjoUFidhjFj82pVShWu9curWmb2zy
tree depth       : 0
fingerprint      : 5d353a2e
parent f'print   : 00000000
child index      : 0
chain code       : 5eeb1023fd6dd1ae52a005ce0e73420821e1d90e08be980a85e9111fd7646bbc
private key      : yes
secret exponent  : 658257305470973057160571604379707902201238642997619089487468358860
                   07793998275
hex              : 91880b0e3017ba586b735fe7d04f1790f3c46b818a2151fb2def5f14dd2fd9c3
wif              : L26c3H6jEPVSqAr1usXUp9qtQJw6NHgApq6Ls4ncyqtsvcq2MwKH
uncompressed     : 5JvNzA5vXDoKYJdw8SwwLHxUxaWvn9mDea6k1vRPCX7KLUVWa7W
public pair x    : 818219827193811040617773492691304190244936166509935893945534043477
                   74393168191
public pair y    : 589942180696054242783207032506897801547850995092776917231263250512
                   00459038290
x as hex         : b4e599dfa44555a4ed38bcfff0071d5af676a86abf123c5b4b4e8e67a0b0b13f
y as hex         : 826d8b4d3010aea16ff4c1c1d3ae68541d9a04df54a2c48cc241c2983544de52
y parity         : even
key pair as sec  : 02b4e599dfa44555a4ed38bcfff0071d5af676a86abf123c5b4b4e8e67a0b0b13f
uncompressed     : 04b4e599dfa44555a4ed38bcfff0071d5af676a86abf123c5b4b4e8e67a0b0b13f
                   826d8b4d3010aea16ff4c1c1d3ae68541d9a04df54a2c48cc241c2983544de52
hash160          : 5d353a2ecdb262477172852d57a3f11de0c19286
uncompressed     : e5bd3a7e6cb62b4c820e51200fb1c148d79e67da
Bitcoin address  : 19Vqc8uLTfUonmxUEZac7fz1M5c5ZZbAii
uncompressed     : 1MwkRkogzBRMehBntgcq2aJhXCXStJTXHT
```

Eine Info im JSON-Format abrufen:

```
$ ku P:foo -P -j
```


```
{
   "y_parity": "even",
   "public_pair_y_hex":
"826d8b4d3010aea16ff4c1c1d3ae68541d9a04df54a2c48cc241c2983544de52",
   "private_key": "no",
   "parent_fingerprint": "00000000",
   "tree_depth": "0",
   "network": "Bitcoin",
   "btc_address_uncompressed": "1MwkRkogzBRMehBntgcq2aJhXCXStJTXHT",
   "key_pair_as_sec_uncompressed":
"04b4e599dfa44555a4ed38bcfff0071d5af676a86abf123c5b4b4e8e67a0b0b13f826d8b4d3010aea
16ff4c1c1d3ae68541d9a04df54a2c48cc241c2983544de52",
   "public_pair_x_hex":
"b4e599dfa44555a4ed38bcfff0071d5af676a86abf123c5b4b4e8e67a0b0b13f",
   "wallet_key":
"xpub661MyMwAqRbcFVF9ULcqLdsEa5WnCCugQAcgNd9iEMQ31tgH6u4DLQWoQayvtSVYFvXz2vPPpbXE1
qpjoUFidhjFj82pVShWu9curWmb2zy",
   "chain_code":
"5eeb1023fd6dd1ae52a005ce0e73420821e1d90e08be980a85e9111fd7646bbc",
   "child_index": "0",
   "hash160_uncompressed": "e5bd3a7e6cb62b4c820e51200fb1c148d79e67da",
   "btc_address": "19Vqc8uLTfUonmxUEZac7fz1M5c5ZZbAii",
   "fingerprint": "5d353a2e",
   "hash160": "5d353a2ecdb262477172852d57a3f11de0c19286",
   "input": "P:foo",
   "public_pair_x":
"81821982719381104061777349269130419024493616650993589394553404347774393168191",
   "public_pair_y":
"58994218069605424278320703250689780154785099509277691723126325051200459038290",
   "key_pair_as_sec":
"02b4e599dfa44555a4ed38bcfff0071d5af676a86abf123c5b4b4e8e67a0b0b13f"
}
```


Öffentlicher BIP-32-Schlüssel:

```
$ ku -w -P P:foo
xpub661MyMwAqRbcFVF9ULcqLdsEa5WnCCugQAcgNd9iEMQ31tgH6u4DLQWoQayvtSVYFvXz2vPPpbXE1q
pjoUFidhjFj82pVShWu9curWmb2zy
```

Subkey erzeugen:

```
$ ku -w -s3/2 P:foo
xprv9wTErTSkjVyJa1v4cUTFMFkWMe5eu8ErbQcs9xajnsUzCBT7ykHAwdrxvG3g3f6BFk7ms5hHBvmbdu
tNmyg6iogWKxx6mefEw4M8EroLgKj
```

Gehärteter Subkey:

```
$ ku -w -s3/2H P:foo
xprv9wTErTSu5AWGkDeUPmqBcbZWX1xq85ZNX9iQRQW9DXwygFp7iRGJo79dsVctcsCHsnZ3XU3DhsuaGZ
bDh81DkBN45k67UKsJUXM1JfRCdn1
```

WIF:

```
$ ku -W P:foo
L26c3H6jEPVSqAr1usXUp9qtQJw6NHgApq6Ls4ncyqtsvcq2MwKH
```

Adresse:

```
$ ku -a P:foo
19Vqc8uLTfUonmxUEZac7fz1M5c5ZZbAii
```

Mehrere Subkeys erzeugen:

```
$ ku P:foo -s 0/0-5 -w
xprv9xWkBDfyBXmZjBG9EiXBpy67KK72fphUp9utJokEBFtjsjiuKUUDF5V3TU8U8cDzytqYnSekc8bYuJ
S8G3bhXxKWB89Ggn2dzLcoJsuEdRK
xprv9xWkBDfyBXmZnzKf3bAGifK593gT7WJZPnYAmvc77gUQVej5QHckc5Adtwxa28ACmANi9XhCrRvtFq
QcUxt8rUgFz3souMiDdWxJDZnQxzx
xprv9xWkBDfyBXmZqdXA8y4SWqfBdy71gSW9sjx9JpCiJEiBwSMQyRxan6srXUPBtj3PTxQFkZJAiwoUpm
vtrxKZu4zfsnr3pqyy2vthpkwuoVq
xprv9xWkBDfyBXmZsA85GyWj9uYPyoQv826YAadKWMaaEosNrFBKgj2TqWuiWY3zuqxYGpHfv9cnGj5P7e
8EskpzKL1Y8Gk9aX6QbryA5raK73p
xprv9xWkBDfyBXmZv2q3N66hhZ8DAcEnQDnXML1J62krJAcf7Xb1HJwuW2VMJQrCofY2jtFXdiEY8UsRNJ
fqK6DAdyZXoMvtaLHyWQx3FS4A9zw
xprv9xWkBDfyBXmZw4jEYXUHYc9fT25k9irP87n2RqfJ5bqbjKdT84Mm7Wtc2xmzFuKg7iYf7XFHKkSsaY
KWKJbR54bnyAD9GzjUYbAYTtN4ruo
```

Die dazugehörigen Adressen erzeugen:

```
$ ku P:foo -s 0/0-5 -a
1MrjE78H1R1rqdFrmkjdHnPUdLCJALbv3x
1AnYyVEcuqeoVzH96zj1eYKwoWfwte2pxu
1GXr1kZfxE1FcK6ZRD5sqqqs5YfvuzA1Lb
116AXZc4bDVQrqmcinzu4aaPdrYqvuiBEK
1Cz2rTLjRM6pMnxPNrRKp9ZSvRtj5dDUML
1WstdwPnU6HEUPme1DQayN9nm6j7nDVEM
```

Die dazugehörigen WIFs erzeugen:

```
$ ku P:foo -s 0/0-5 -W
L5a4iE5k9gcJKGqX3FWmxzBYQc29PvZ6pgBaePLVqT5YByEnBomx
Kyjgne6GZwPGB6G6kJEhoPbmyjMP7D5d3zRbHVjwcq4iQXD9QqKQ
L4B3ygQxK6zH2NQGxLDee2H9v4Lvwg14cLJW7QwWPzCtKHdWMaQz
L2L2PZdorybUqkPjrmhem4Ax5EJvP7ijmxbNoQKnmTDMrqemY8UF
L2oD6vA4TUyqPF8QG4vhUFSgwCyuuvFZ3v8SKHYFDwkbM765Nrfd
KzChTbc3kZFxUSJ3Kt54cxsogeFAD9CCM4zGB22si8nfKcThQn8C
```

Funktionsprüfung durch die Wahl eines BIP-32-Strings (der dem Subkey 0/3 entspricht):

```
$ ku -W
xprv9xWkBDfyBXmZsA85GyWj9uYPyoQv826YAadKWMaaEosNrFBKgj2TqWuiWY3zuqxYGpHfv9cnGj5P7e
8EskpzKL1Y8Gk9aX6QbryA5raK73p
L2L2PZdorybUqkPjrmhem4Ax5EJvP7ijmxbNoQKnmTDMrqemY8UF
$ ku -a
xprv9xWkBDfyBXmZsA85GyWj9uYPyoQv826YAadKWMaaEosNrFBKgj2TqWuiWY3zuqxYGpHfv9cnGj5P7e
8EskpzKL1Y8Gk9aX6QbryA5raK73p
116AXZc4bDVQrqmcinzu4aaPdrYqvuiBEK
```

Ja, sieht vertraut aus.

Von Secret Exponent:

```
$ ku 1

input           : 1
network         : Bitcoin
secret exponent : 1
hex             : 1
wif             : KwDiBf89QgGbjEhKnhXJuH7LrciVrZi3qYjgd9M7rFU73sVHnoWn
uncompressed    : 5HpHagT65TZzG1PH3CSu63k8DbpvD8s5ip4nEB3kEsreAnchuDf
public pair x   : 550662630222773436695787188951685343262506034537775941755001873603
                  89116729240
public pair y   : 326705100207588169780830851305070431844712733806592432759389043357
                  57337482424
x as hex        : 79be667ef9dcbbac55a06295ce870b07029bfcdb2dce28d959f2815b16f81798
y as hex        : 483ada7726a3c4655da4fbfc0e1108a8fd17b448a68554199c47d08ffb10d4b8
y parity        : even
key pair as sec : 0279be667ef9dcbbac55a06295ce870b07029bfcdb2dce28d959f2815b16f81798
uncompressed    : 0479be667ef9dcbbac55a06295ce870b07029bfcdb2dce28d959f2815b16f81798
                  483ada7726a3c4655da4fbfc0e1108a8fd17b448a68554199c47d08ffb10d4b8
hash160         : 751e76e8199196d454941c45d1b3a323f1433bd6
uncompressed    : 91b24bf9f5288532960ac687abb035127b1d28a5
Bitcoin address : 1BgGZ9tcN4rm9KBzDn7KprQz87SZ26SAMH
uncompressed    : 1EHNa6Q4Jz2uvNExL497mE43ikXhwF6kZm
```

Litecoin-Version:

```
$ ku -nL 1

input            : 1
network          : Litecoin
secret exponent  : 1
hex              : 1
wif              : T33ydQRKp4FCW5LCLLUB7deioUMoveiwekdwUwyfRDeGZm76aUjV
uncompressed     : 6u823ozcyt2rjPH8Z2ErsSXJB5PPQwK7VVTwwN4mxLBFrao69XQ
public pair x    : 550662630222773436695787188951685343262506034537775941755001873603
                   89116729240
public pair y    : 326705100207588169780830851305070431844712733806592432759389043357
                   57337482424
x as hex         : 79be667ef9dcbbac55a06295ce870b07029bfcdb2dce28d959f2815b16f81798
y as hex         : 483ada7726a3c4655da4fbfc0e1108a8fd17b448a68554199c47d08ffb10d4b8
y parity         : even
key pair as sec  : 0279be667ef9dcbbac55a06295ce870b07029bfcdb2dce28d959f2815b16f81798
uncompressed     : 0479be667ef9dcbbac55a06295ce870b07029bfcdb2dce28d959f2815b16f81798
                   483ada7726a3c4655da4fbfc0e1108a8fd17b448a68554199c47d08ffb10d4b8
hash160          : 751e76e8199196d454941c45d1b3a323f1433bd6
uncompressed     : 91b24bf9f5288532960ac687abb035127b1d28a5
Litecoin address : LVuDpNCSSj6pQ7t9Pv6d6sUkLKoqDEVUnJ
uncompressed     : LYWKqJhtPeGyBAw7WC8R3F7ovxtzAiubdM
```

Dogecoin-WIF:

```
$ ku -nD -W 1
QNcdLVw8fHkixm6NNyN6nVwxKek4u7qrioRbQmjxac5TVoTtZuot
```

Vom Public-Paar (im Testnet):

```
$ ku -nT
55066263022277343669578718895168534326250603453777594175500187360389116729240,even

input                    :
550662630222773436695787188951685343262506034537775941755001873603
                           89116729240,even
network                  : Bitcoin testnet
public pair x            :
55066263022277343669578718895168534326250603453777594175500187360389116729240
public pair y            :
32670510020758816978083085130507043184471273380659243275938904335757337482424
x as hex                 :
79be667ef9dcbbac55a06295ce870b07029bfcdb2dce28d959f2815b16f81798
y as hex                 :
483ada7726a3c4655da4fbfc0e1108a8fd17b448a68554199c47d08ffb10d4b8
y parity                 : even
key pair as sec          :
0279be667ef9dcbbac55a06295ce870b07029bfcdb2dce28d959f2815b16f81798
uncompressed             :
0479be667ef9dcbbac55a06295ce870b07029bfcdb2dce28d959f2815b16f81798
483ada7726a3c4655da4fbfc0e1108a8fd17b448a68554199c47d08ffb10d4b8
hash160                  : 751e76e8199196d454941c45d1b3a323f1433bd6
uncompressed             : 91b24bf9f5288532960ac687abb035127b1d28a5
Bitcoin testnet address  : mrCDrCybB6J1vRfbwM5hemdJz73FwDBC8r
uncompressed             : mtoKs9V381UAhUia3d7Vb9GNak8Qvmcsme
```

Von hash160:

```
$ ku 751e76e8199196d454941c45d1b3a323f1433bd6

input            : 751e76e8199196d454941c45d1b3a323f1433bd6
network          : Bitcoin
hash160          : 751e76e8199196d454941c45d1b3a323f1433bd6
Bitcoin address  : 1BgGZ9tcN4rm9KBzDn7KprQz87SZ26SAMH
```

Als Dogecoin-Adresse:

```
$ ku -nD 751e76e8199196d454941c45d1b3a323f1433bd6

input            : 751e76e8199196d454941c45d1b3a323f1433bd6
network          : Dogecoin
hash160          : 751e76e8199196d454941c45d1b3a323f1433bd6
Dogecoin address : DFpN6QqFfUm3gKNaxN6tNcab1FArL9cZLE
```

Transaction Utility (tx)

Das Kommandozeilen-Utility tx stellt Transaktionen in für uns Menschen lesbarer Form dar, ruft Transaktionen aus pycoins Transaktions-Cache oder über Webdienste ab (*blockchain.info*, *blockcypher.com*, *blockr.io* und *chain.so* werden momentan unterstützt), fasst Transaktionen zusammen, löscht Inputs/Outputs oder fügt sie hinzu und signiert Transaktionen.

Hier einige Beispiele.

Die berühmte »Pizza«-Transaktion anschauen:

```
$ tx 49d2adb6e476fa46d8357babf78b1b501fd39e177ac7833124b3f67b17c40c2a
warning: consider setting environment variable PYCOIN_CACHE_DIR=~/.pycoin_cache
to cache transactions fetched via web services
warning: no service providers found for get_tx; consider setting environment
variable PYCOIN_BTC_PROVIDERS
usage: tx [-h] [-t TRANSACTION_VERSION] [-l LOCK_TIME] [-n NETWORK] [-a]
          [-i address] [-f path-to-private-keys] [-g GPG_ARGUMENT]
          [--remove-tx-in tx_in_index_to_delete]
          [--remove-tx-out tx_out_index_to_delete] [-F transaction-fee] [-u]
          [-b BITCOIND_URL] [-o path-to-output-file]
          argument [argument ...]
tx: error: can't find Tx with id
49d2adb6e476fa46d8357babf78b1b501fd39e177ac7833124b3f67b17c40c2a
```

Hoppla! Wir haben keine Webdienste eingerichtet. Das holen wir schnell nach:

```
$ PYCOIN_CACHE_DIR=~/.pycoin_cache
$ PYCOIN_BTC_PROVIDERS="block.io blockchain.info blockexplorer.com"
$ export PYCOIN_CACHE_DIR PYCOIN_BTC_PROVIDERS
```

Das geschieht nicht automatisch, damit das Kommandozeilentool keine möglicherweise privaten Informationen über die sie interessierenden Transaktionen an eine fremde Website weitergibt. Wenn Sie das nicht kümmert, können Sie diese Zeilen in Ihre *.profile* eintragen.

Versuchen wir es noch einmal:

```
$ tx 49d2adb6e476fa46d8357babf78b1b501fd39e177ac7833124b3f67b17c40c2a
Version:  1  tx hash
49d2adb6e476fa46d8357babf78b1b501fd39e177ac7833124b3f67b17c40c2a  159 bytes
TxIn count: 1; TxOut count: 1
Lock time: 0 (valid anytime)
Input:
  0:                          (unknown) from
1e133f7de73ac7d074e2746a3d6717dfc99ecaa8e9f9fade2cb8b0b20a5e0441:0
Output:
  0: 1CZDM6oTttND6WPdt3D6bydo7DYKzd9Qik receives 10000000.00000 mBTC
Total output 10000000.00000 mBTC
including unspents in hex dump since transaction not fully signed
010000000141045e0ab2b0b82cdefaf9e9a8ca9ec9df17673d6a74e274d0c73ae77d3f131e00000000
4a493046022100a7f26eda874931999c90f87f01ff1ffc76bcd058fe16137e0e63fdb6a35c2d780221
00a61e9199238eb73f07c8f209504c84b80f03e30ed8169edd44f80ed17dd451901ffffffff010010
a5d4e80000001976a9147ec1003336542cae8bded8909cdd6b5e48ba0ab688ac00000000

** can't validate transaction as source transactions missing
```

Die letzte Zeile erscheint, weil die Validierung der Transaktionssignaturen die Quelltransaktionen benötigt. Ergänzen wir die Transaktionen also um diese Quellinformationen mit der Option `-a`:

```
$ tx -a 49d2adb6e476fa46d8357babf78b1b501fd39e177ac7833124b3f67b17c40c2a
warning: transaction fees recommendations casually calculated and estimates may
```

```
be incorrect
warning: transaction fee lower than (casually calculated) expected value of
0.1 mBTC, transaction might not propogate
Version:  1  tx hash
49d2adb6e476fa46d8357babf78b1b501fd39e177ac7833124b3f67b17c40c2a  159 bytes
TxIn count: 1; TxOut count: 1
Lock time: 0 (valid anytime)
Input:
  0: 17WFx2GQZUmh6Up2NDNCEDk3deYomdNCfk from
1e133f7de73ac7d074e2746a3d6717dfc99ecaa8e9f9fade2cb8b0b20a5e0441:0
10000000.00000 mBTC  sig ok
Output:
  0: 1CZDM6oTttND6WPdt3D6bydo7DYKzd9Qik receives 10000000.00000 mBTC
Total input  10000000.00000 mBTC
Total output 10000000.00000 mBTC
Total fees        0.00000 mBTC

010000000141045e0ab2b0b82cdefaf9e9a8ca9ec9df17673d6a74e274d0c73ae77d3f131e00000000
4a493046022100a7f26eda874931999c90f87f01ff1ffc76bcd058fe16137e0e63fdb6a35c2d780221
00a61e9199238eb73f07c8f209504c84b80f03e30ed8169edd44f80ed17ddf451901ffffffff010010
a5d4e80000001976a9147ec1003336542cae8bded8909cdd6b5e48ba0ab688ac00000000

all incoming transaction values validated
```

Betrachten wir nun die nicht eingelösten Outputs einer bestimmten Adresse an. In Block #1 haben wir eine Coinbase-Transaktion an `12c6DSiU4Rq3P4ZxziKxzrL5LmMBrzjrJX` gesehen. Lassen Sie uns `fetch_unspent` nutzen, um alle Coins in dieser Adresse aufzuspüren:

```
$ fetch_unspent 12c6DSiU4Rq3P4ZxziKxzrL5LmMBrzjrJX
a3a6f902a51a2cbebede144e48a88c05e608c2cce28024041a5b9874013a1e2a/0/
76a914119b098e2e980a229e139a9ed01a469e518e6f2688ac/333000
cea36d008badf5c7866894b191d3239de9582d89b6b452b596f1f1b76347f8cb/31/
76a914119b098e2e980a229e139a9ed01a469e518e6f2688ac/10000
065ef6b1463f552f675622a5d1fd2c08d6324b4402049f68e767a719e2049e8d/86/
76a914119b098e2e980a229e139a9ed01a469e518e6f2688ac/10000
a66dddd42f9f2491d3c336ce5527d45cc5c2163aaed3158f81dc054447f447a2/0/
76a914119b098e2e980a229e139a9ed01a469e518e6f2688ac/10000
ffd901679de65d4398de90cefe68d2c3ef073c41f7e8dbec2fb5cd75fe71dfe7/0/
76a914119b098e2e980a229e139a9ed01a469e518e6f2688ac/100
d658ab87cc053b8dbcfd4aa2717fd23cc3edfe90ec75351fadd6a0f7993b461d/5/
76a914119b098e2e980a229e139a9ed01a469e518e6f2688ac/911
36ebe0ca3237002acb12e1474a3859bde0ac84b419ec4ae373e63363ebef731c/1/
76a914119b098e2e980a229e139a9ed01a469e518e6f2688ac/100000
fd87f9adebb17f4ebb1673da76ff48ad29e64b7afa02fda0f2c14e43d220fe24/0/
76a914119b098e2e980a229e139a9ed01a469e518e6f2688ac/1
dfdf0b375a987f17056e5e919ee6eadd87dad36c09c4016d4a03cea15e5c05e3/1/
76a914119b098e2e980a229e139a9ed01a469e518e6f2688ac/1337
cb2679bfd0a557b2dc0d8a6116822f3fcbe281ca3f3e18d3855aa7ea378fa373/0/
76a914119b098e2e980a229e139a9ed01a469e518e6f2688ac/1337
d6be34ccf6edddc3cf69842dce99fe503bf632ba2c2adb0f95c63f6706ae0c52/1/
76a914119b098e2e980a229e139a9ed01a469e518e6f2688ac/2000000

    0e3e2357e806b6cdb1f70b54c3a3a17b6714ee1f0e68bebb44a74b1efd512098/0/
410496b538e853519c726a2c91e61ec11600ae1390813a627c66fb8be7947be63c52da758
9379515d4e0a604f8141781e62294721166bf621e73a82cbf2342c858eeac/5000000000
```

ANHANG G

Bitcoin-Explorer-(bx-)Befehle

Bitcoin Explorer (bx) ist ein Kommandozeilenwerkzeug, das eine Vielzahl von Befehlen zur Verwaltung von Schlüsseln und die Erzeugung von Transaktionen bietet. Es ist Teil der Bitcoin-Bibliothek libbitcoin.

```
Usage: bx COMMAND [--help]

Info: the bx commands are:

address-decode
address-embed
address-encode
address-validate
base16-decode
base16-encode
base58-decode
base58-encode
base58check-decode
base58check-encode
base64-decode
base64-encode
bitcoin160
bitcoin256
btc-to-satoshi
ec-add
ec-add-secrets
ec-multiply
ec-multiply-secrets
ec-new
ec-to-address
ec-to-public
ec-to-wif
fetch-balance
fetch-header
fetch-height
fetch-history
fetch-stealth
fetch-tx
fetch-tx-index
hd-new
```

```
hd-private
hd-public
hd-to-address
hd-to-ec
hd-to-public
hd-to-wif
help
input-set
input-sign
input-validate
message-sign
message-validate
mnemonic-decode
mnemonic-encode
ripemd160
satoshi-to-btc
script-decode
script-encode
script-to-address
seed
send-tx
send-tx-node
send-tx-p2p
settings
sha160
sha256
sha512
stealth-decode
stealth-encode
stealth-public
stealth-secret
stealth-shared
tx-decode
tx-encode
uri-decode
uri-encode
validate-tx
watch-address
wif-to-ec
wif-to-public
wrap-decode
wrap-encode
```

Weitere Informationen finden Sie auf der Bitcoin-Explorer-Homepage (*https://github.com/libbitcoin/libbitcoin-explorer*) und in der Bitcoin-Explorer-Benutzer-Dokumentation (*https://github.com/libbitcoin/libbitcoin-explorer/wiki*).

Beispiele für die Nutzung der bx-Befehle

Sehen wir uns einige Beispiele für die Nutzung der Bitcoin-Explorer-Befehle an, um mit Schlüsseln und Adressen zu experimentieren.

Erzeugen Sie einen zufälligen »Seed-Wert« mit dem seed-Befehl, der den Zufallszahlengenerator des Betriebssystems verwendet. Übergeben Sie den Seed-Wert an den ec-new-Befehl, um einen neuen privaten Schlüssel zu erzeugen. Wir leiten die Standardausgabe in die Datei *private_key* um:

```
$ bx seed | bx ec-new > private_key
$ cat private_key
73096ed11ab9f1db6135857958ece7d73ea7c30862145bcc4bbc7649075de474
```

Nun erzeugen wir mithilfe des ec-to-public-Befehls den Public Key aus dem privaten Schlüssel. Wir übergeben die Datei *private_key* in der Standardeingabe und speichern die Standardausgabe des Befehls in einer neuen Datei namens *public_key*:

```
$ bx ec-to-public < private_key > public_key
$ cat public_key
02fca46a6006a62dfdd2dbb2149359d0d97a04f430f12a7626dd409256c12be500
```

Wir können public_key mit ec-to-address in eine Adresse umformatieren. Dazu übergeben wir den *public_key* in der Standardeingabe:

```
$ bx ec-to-address < public_key
17re1S4Q8ZHyCP8Kw7xQad1Lr6XUzWUnkG
```

Auf diese Weise erzeugte Schlüssel produzieren eine nichtdeterministische Wallet vom Typ 0. Das bedeutet, dass jeder Schlüssel aus einem unabhängigen Seed generiert wird. Bitcoin-Explorer-Befehle können Schlüssel nach BIP-32 auch deterministisch erzeugen. In diesem Fall wird ein »Master-Schlüssel« aus dem Seed erzeugt und dann deterministisch erweitert, um einen Baum aus Subkeys zu erzeugen, was eine deterministische Wallet vom Typ 2 ergibt.

Zuerst verwenden wir die Befehle seed und hd-new, um einen Master-Schlüssel zu erzeugen, der die Basis unserer Schlüsselhierarchie bildet:

```
$ bx seed > seed
$ cat seed
eb68ee9f3df6bd4441a9fcadcc179ff1

$ bx hd-new < seed > master
$ cat master
xprv9s21ZrQH143K2BEhMYpNQoUvAgiEjArAVaZaCTgsaGe6LsAnwubeiTcDzd23mAoyizm9cApe51gNfL
MkBqkYoWWMCRwzfuJk8RwF1SVEpAQ
```

Wir verwenden nun den hd-private-Befehl, um einen gehärteten »Account-Schlüssel« und zwei private Schlüssel innerhalb dieses Accounts zu erzeugen:

```
$ bx hd-private --hard < master > account
$ cat account
xprv9vkDLt81dTKjwHB8fsVB5QK8cGnzveChzSrtCfvu3aMWvQaThp59ueufuyQ8Qi3qpjk4aKsbmbfxwc
gS8PYbgoR2NWHeLyvg4DhoEE68A1n

$ bx hd-private --index 0 < account
xprv9xHfb6w1vX9xgZyPNXVgAhPxSsEkeRcPHEUV5iJcVEsuUEACvR3NRY3fpGhcnBiDbvG4LgndirDsia
1e9F3DWPkX7Tp1V1u97HKG1FJwUpU

$ bx hd-private --index 1 < account
xprv9xHfb6w1vX9xjc8XbN4GN86jzNAZ6xHEqYxzbLB4fzHFd6VqCLPGRZFsdjsuMVERadbgDbziCRJru9
n6tzEWrASVpEdrZrFidt1RDfn4yA3
```

Als Nächstes verwenden wir hd-public, um die dazugehörigen beiden Public Keys zu erzeugen:

```
$ bx hd-public --index 0 < account
xpub6BH1zcTuktiFu43rUZ2gXqLgzu5F3tLEeTQ5t6iE3aQtM2VMTxMcyLN9fYHiGhGpQe9QQYmqL2eYPF
J3vezHz5wzaSW4FiGrseNDR4LKqTy

$ bx hd-public --index 1 < account
xpub6BH1zcTuktiFx6CzhPbGjG3UYQ13WR16CmtbPiagEKpEVtpyjshWyMaMV1cn7nUPUkgQHPVXJVqsrA
8xWbGQDhohEcDFTEYMvYzwRD7Juf8
```

Die öffentlichen Schlüssel können aus dem dazugehörigen privaten Schlüssel auch mit hd-to-public abgeleitet werden:

```
$ bx hd-private --index 0 < account | bx hd-to-public
xpub6BH1zcTuktiFu43rUZ2gXqLgzu5F3tLEeTQ5t6iE3aQtM2VMTxMcyLN9fYHiGhGpQe9QQYmqL2eYPF
J3vezHz5wzaSW4FiGrseNDR4LKqTy

$ bx hd-private --index 1 < account | bx hd-to-public
xpub6BH1zcTuktiFx6CzhPbGjG3UYQ13WR16CmtbPiagEKpEVtpyjshWyMaMV1cn7nUPUkgQHPVXJVqsrA
8xWbGQDhohEcDFTEYMvYzwRD7Juf8
```

Wir können nun eine praktisch unbegrenzte Anzahl von Schlüsseln in einer deterministischen Kette generieren, die alle aus einem einzigen Seed-Wert abgeleitet werden. Diese Technik wird von vielen Wallet-Anwendungen genutzt, um Schlüssel zu erzeugen, die mit nur einem Seed-Wert gesichert und wiederhergestellt werden können. Das ist einfacher, als die Wallet jedes Mal mit all ihren zufällig erzeugten Schlüsseln sichern zu müssen, wenn ein neuer Schlüssel generiert wurde.

Der Seed-Wert kann mit dem Befehl mnemonic-encode codiert:

```
$ bx hd-mnemonic < seed > words
adore repeat vision worst especially veil inch woman cast recall dwell appreciate
```

und mit dem Befehl mnemonic-decode decodiert werden:

```
$ bx mnemonic-decode < words
eb68ee9f3df6bd4441a9feadec179ff1
```

Die mnemonische Codierung erlaubt eine einfache Speicherung des Seed-Werts (und man kann ihn sich eventuell leichter merken).

Index

C

D

E

F

G

H

I

O

P

Q

R

S

T

U

V

W

Z

Über den Autor

Andreas M. Antonopoulos ist Technologe und Entrepreneur und eine der bekanntesten und angesehensten Persönlichkeiten in der Bitcoin-Welt. Als Redner, Lehrer und Autor macht Andreas komplexe Themen zugänglich und leicht verständlich. Als Berater hilft er Start-ups dabei, Sicherheits- und Geschäftsrisiken zu erkennen, zu bewerten und zu vermeiden.

Andreas ist mit dem Internet groß geworden und hat seine erste Firma (ein frühes BBS- und ISP-Unternehmen) als Teenager in seiner Heimat Griechenland gegründet. Er hat einen Abschluss in Informatik, Datenkommunikation und verteilten Systemen des University College London (UCL), das jüngst zu einer der 10 besten Universitäten der Welt gekürt wurde. Nach seinem Umzug in die USA hat Andreas ein erfolgreiches Technologie-Forschungsunternehmen mitbegründet und geleitet. In dieser Rolle hat er Dutzende Manager von Fortune 500-Unternehmen in Sachen Netzwerke, Sicherheit, Rechenzentren und Cloud-Computing beraten. Mehr als 200 seiner Artikel zu diesen Themen wurden weltweit veröffentlicht. Er besitzt zwei Patente im Bereich Netzwerke und Sicherheit.

Im Jahr 1990 begann Andreas damit, diverse IT-Themen im privaten, professionellen und akademischen Umfeld zu unterrichten. Seine Fähigkeit als Redner zu fesseln, hat er vor einem Publikum verfeinert, das von fünf Managern der Vorstandsetage bis zu Tausenden von Zuhörern auf großen Konferenzen reicht. Mit über 400 Vorträgen auf dem Buckel gilt er als erstklassiger und charismatischer Redner. 2014 übernahm er eine Lehrtätigkeit an der Universität Nikosia, der ersten Universität der Welt, die einen Master-Abschluss in Digitalwährungen anbot. Hier beriet er bei der Entwicklung des Studienplans und unterrichtete außerdem den Kurs »Introduction to Digital Currencies«, der von der Universität auch als »massiver offener Online-Kurs« (MOOC) angeboten wird.

Als Bitcoin-Entrepreneur hat Andreas eine Reihe von Bitcoin-Unternehmen gegründet und mehrere Open-Source-Projekte in der Community gestartet. Er arbeitet als Berater für verschiedene Bitcoin- und Kryptowährungsunternehmen. Er ist Autor von Artikeln und Blog-Posts zum Thema Bitcoin, fester Moderator des beliebten »Let's Talk Bitcoin«-Podcasts und Sprecher auf zahlreichen Technologie- und Sicherheitskonferenzen weltweit.

Über den Übersetzer

Peter Klicman arbeitet seit 1996 als freier Softwareentwickler, Administrator und Berater. Seine Arbeit für O'Reilly/dpunkt, für die er mittlerweile über 15.000 Seiten übersetzt hat, brachte ihn zur technischen Dokumentation.

Mit Bitcoin und anderen Kryptowährungen beschäftigt er sich seit 2013 intensiv und entwickelt Tools und Bots für das Multi-Exchange-/Multi-Asset-Trading. Sie erreichen ihn über *peter@oreilly.de*.

Über die Fachgutachterin

Dr. Susanne Guth-Orlowski ist Expertin im Bereich Computersicherheit. Sie beschäftigt sich intensiv mit all jenen Technologien, auf denen auch die Blockchain-Technologie aufbaut. 2004 promovierte sie an der Wirtschaftsuniversität Wien zum Thema »Digital Rights Management« (DRM) und publizierte während dieser Zeit wiederholt zum Thema Sicherheit und DRM. Heute berät sie sowohl große Mobilfunkunternehmen als auch kleine Start-ups, die den Vertrieb von Videos, Musik und anderen Medien absichern müssen.

Kolophon

Das Tier auf dem Cover ist eine Blattschneiderameise (Atta colombica). Die Blattschneiderameise ist eine tropische, auf Pilze spezialisierte Ameise, die in Süd- und Mittelamerika, Mexiko und den südlichen Vereinigten Staaten vorkommt. Neben dem Menschen bilden die Völker der Blattschneiderameisen die größten und komplexesten Tiergesellschaften der Welt. Der Name kommt daher, dass sie Blätter mit ihren scherenartigen Mandibeln abschneiden und zerkauen. Dieser Blattbrei wird im Nest als Nahrungssubstrat in besonderen Höhlen ausgebreitet und hierauf ein Schimmelpilz der Gattung der Egerlingsschirmlinge wie in einer Pilzfarm »angebaut«. Von diesem Pilz ernähren sich die Ameisen.

Ist die Zeit für die Gründung einer neuen Kolonie gekommen, schwärmen geflügelte Ameisen, sowohl männliche als auch weibliche, aus und nehmen am Hochzeitsflug (der »Revoada«) teil. Die Weibchen paaren sich mit mehreren Männchen, um die 300 Millionen Spermien zu sammeln, die notwendig sind, um eine neue Kolonie aufzubauen. Die Weibchen nehmen auch Teile des Pilz-Mycels in einer Tasche der Mundhöhle mit; diese bilden die Grundlage, um eigene Pilzgärten anzulegen. Sobald die Weibchen wieder gelandet sind, verlieren sie ihre Flügel und bauen unterirdische Höhlen für ihre Kolonie. Die Erfolgsrate für neue Königinnen ist gering: 2,5 % schaffen es, eine langlebige Kolonie zu gründen.

Sobald die Kolonie sich stabilisiert hat, werden die Ameisen je nach Körpergröße in Kasten unterteilt, wobei jede Kaste verschiedene Funktionen erfüllt. Normalerweise gibt es vier Kasten: Die kleinsten Arbeiterinnen halten sich ausschließlich im Nest auf und kümmern sich um den Nachwuchs und die Pilzgärten; die etwas größeren Ameisen sind die erste Verteidigungslinie für die Kolonie und patrouillieren das umliegende Gelände und greifen Feinde an; die Erntesammlerinnen schneiden die Blätter und bringen die Blattteile zum Nest zurück; die größten Arbeiterameisen agieren als Soldaten und verteidigen das Nest vor Eindringlingen. Außerdem säubern sie wichtige Futterpfade und tragen sperrige Gegenstände zurück ins Nest.